权威·前沿·原创

皮书系列为
"十二五""十三五""十四五"时期国家重点出版物出版专项规划项目

BLUE BOOK

智库成果出版与传播平台

宏观经济蓝皮书

BLUE BOOK OF MACRO-ECONOMY

丛书主编／张　平　张自然

中国经济增长报告（2022~2023）

ANNUAL REPORT ON CHINA'S ECONOMIC GROWTH (2022-2023)

中国式现代化与城市可持续发展

Chinese—style Modernization and Sustainable
Development of Cities

张自然　张　鹏　张　平　张小溪　楠　玉／著

社会科学文献出版社
SOCIAL SCIENCES ACADEMIC PRESS（CHINA）

图书在版编目（CIP）数据

中国经济增长报告. 2022-2023：中国式现代化与城
市可持续发展／张自然等著. --北京：社会科学文献
出版社，2023.9
　（宏观经济蓝皮书）
　ISBN 978-7-5228-2518-2

　Ⅰ.①中…　Ⅱ.①张…　Ⅲ.①中国经济-经济增长-
研究报告-2022-2023　Ⅳ.①F124.1

中国国家版本馆 CIP 数据核字（2023）第 176569 号

宏观经济蓝皮书

中国经济增长报告（2022~2023）
——中国式现代化与城市可持续发展

著　　者／张自然　张　鹏　张　平　张小溪　楠　玉

出 版 人／冀祥德
组稿编辑／周　丽
责任编辑／张丽丽
责任印制／王京美

出　　版／社会科学文献出版社·城市和绿色发展分社（010）59367143
　　　　　地址：北京市北三环中路甲 29 号院华龙大厦　邮编：100029
　　　　　网址：www.ssap.com.cn
发　　行／社会科学文献出版社（010）59367028
印　　装／天津千鹤文化传播有限公司

规　　格／开　本：787mm×1092mm　1/16
　　　　　印　张：24　字　数：360 千字
版　　次／2023 年 9 月第 1 版　2023 年 9 月第 1 次印刷
书　　号／ISBN 978-7-5228-2518-2
定　　价／128.00 元

读者服务电话：4008918866

致　谢

本书得到以下项目资助：

国家社会科学基金重大招标课题"基于中国实践的经济增长理论创新研究"（批准文号：22&ZD053）；中国社会科学院哲学社会科学创新工程"低碳转型与绿色增长研究""双循环战略与中国经济增长"；国家社会科学基金青年项目"消费与人力资本关联机制及其对创新效率影响研究"（批准文号：20CJL032）；广东省社科规划2022年度一般项目"'双碳'目标下粤港澳大湾区能源稳定与金融安全对策研究"。

特此致谢。

宏观经济蓝皮书编委会

丛 书 主 编　　张　平　张自然

丛 书 编 委 会　（按姓氏笔画排序）

马　岩	王宏淼	付敏杰	仲继银	刘霞辉
汤铎铎	苏桅芳	李　扬	李江涛	杨耀武
吴延兵	辛　超	汪红驹	张　平	张　鹏
张　磊	张小溪	张自然	张晓晶	陆明涛
陈昌兵	林跃勤	岳清唐	赵志君	袁富华
郭　路	黄志钢	常　欣	楠　玉	魏　枫

执 行 编 委　　张自然　张　鹏

本年度报告执笔人

　　　　　　张自然　张　鹏　张　平　张小溪　楠　玉

主要编撰者简介

张 平 中国社会科学院经济研究所研究员，中国社会科学院大学教授、博士生导师。参加和主持了与世界银行、亚洲开发银行、世界劳工组织等的多项国际合作以及社科基金重点课题和国家交办的课题。负责了中国社会科学院重大课题"中国经济增长的前沿"及国家社会科学基金重大招标课题"我国经济结构战略性调整和增长方式转变"、"加快经济结构调整与促进经济自主协调发展研究"和"基于中国实践的经济增长理论创新研究"等。四次获孙冶方经济科学奖。出版专著若干，在《经济研究》等核心期刊上发表或合作发表几十篇论文，共计百余万字。

张自然 中国社会科学院经济研究所经济增长理论研究室主任、研究员，中国社会科学院大学教授、博士生导师，中国城市发展研究会副秘书长兼城市碳中和工作委员会主任委员。两次主持完成国家社会科学基金重点项目。作为子课题负责人或主要成员参与了多项国家社会科学基金重大招标课题。在核心学术期刊上发表论文多篇。所参与编撰的《中国经济增长报告》分别获 2014 年、2015 年和 2018 年中国社会科学院优秀皮书报告奖一等奖，2020 年、2023 年中国社会科学院优秀皮书报告奖二等奖；2014 年中国社会科学院优秀皮书奖三等奖，2018 年、2019 年中国社会科学院优秀皮书奖二等奖；专著《中国城市化模式、演进机制和可持续发展研究》入选中国社会科学院文库，并被评选为中国社会科学院 2016 年十项重大理论与现实问题研究成果之一。

摘　要

本书认为，在内外部环境剧烈变化冲击影响下，2023 年中国经济步入复苏轨道，持续向上面临挑战。短期经济增长景气度有一定回落，进一步增加市场主体风险偏好，加快形成预期与增长螺旋向上的景气通道，需要短期政策靠前与不断释放红利和长期体制机制改革与完善。

本书强调，中国面临人口规模巨大的现代化的挑战。从压力和考验看，我国人口高增长期已过，人口规模将会长期保持稳定或略有下降，但人口结构老化亦是不争的事实，对长期增长形成掣肘和压力，对中国式现代化而言也是压力和考验。在人口规模巨大的现代化方面，中国面临总量负债、结构负债、性别负债和人力资本负债四大负债。

本书指出，中国式现代化与传统现代化有所不同，中国式现代化除了是人口规模巨大、全体人民共同富裕的现代化，还要实现低碳转型、绿色发展，推动精神文明与物质文明协调发展，同时中国式现代化也是依靠中国人民自立自强的现代化。要更好地推进实现共享发展、绿色发展、协调发展、和平发展等目标，对中国式现代化指标进行探讨，从而更好地推进中国式现代化。

本书通过翔实的数据研究提出中国式现代化路径选择：（1）促进人力资本向智力资本转化，对冲人口负增长冲击和促进人力资源高效利用，全面开发人口质量红利、充分挖掘人才红利与知识红利、持续提高健康红利，挖潜提高老龄化红利。同时发展数字经济，加快数字化转型。（2）加快形成预期与增长螺旋向上的景气通道，扭转紧缩与下行循环负反馈态势。一方面，要继续

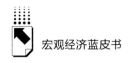

实施积极的财政政策和稳健的货币政策，同时以政策的持续性稳定市场预期，促使市场主体从修复资产负债表转向积极投资，彻底扭转紧缩与下行循环负反馈态势；另一方面，要大力发展民营经济，持续激发民营经济发展活力。（3）推动降碳、减污、扩绿、增长一体化协同增效，将绿色转型约束转化为绿色转型激励。同时中国式现代化还需要重视创新驱动和效率升级。

本书以翔实的统计数据和实地调查资料为依据，分三大板块，分别为总报告、可持续发展专题、中国式现代化指标设计专题，分析讨论2023年中国宏观经济运行状况、增长动力、近期和远期增长前景，并对中国城市可持续发展状况进行评估，提出政策建议。总报告分析了2023年中国宏观经济运行状况，人口规模巨大的现代化所面临的人口转型的挑战和机遇，对中国式现代化进行了远景预测，基于中国式现代化对中国城市可持续发展状况进行评估，并提出中国式现代化的路径选择。可持续发展专题基于中国式现代化的五大特征，对中国284个地级及地级以上城市可持续发展情况进行评估。中国式现代化指标设计专题基于促进人的高质量集聚、实现共富共进、发展精神文化、实现人与自然和谐共生、加强对外交流五大方面构建了中国式现代化大都市评价指标体系，并根据主要城市的现实数据进行测度和评价。结果发现，更加注重人的高质量集聚与人的现代化是未来中国式现代化大都市建设的重中之重与核心主题，稳步推进型城市要充分汲取国内外优秀现代化城市案例经验。

关键词： 中国式现代化指标设计　中国城市发展　智力资本　可持续发展评价

目 录 ↖

Ⅰ 总报告

B.1 经济复苏与中国式现代化路径选择

················· 中国经济增长前沿课题组 / 001

    一 2023 年经济复苏，需培固向好预期 ················· / 003

    二 人口规模巨大的现代化：人口转型的挑战和机遇

················· / 018

    三 中国式现代化远景预测与推进方向 ················· / 023

    四 基于中国式现代化的城市可持续发展评价 ················· / 029

    五 中国式现代化路径选择 ················· / 063

Ⅱ 可持续发展专题

B.2 1990~2022 年中国城市可持续发展报告

················· 张自然 张 平 / 068

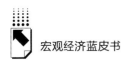

Ⅲ 中国式现代化指标设计专题

B.3 2023年大都市中国式现代化进展评价报告 ············· 张小溪 / 332

Abstract ··· / 358

Contents ··· / 361

皮书数据库阅读**使用指南**

总 报 告
General Report

B.1
经济复苏与中国式现代化
路径选择

中国经济增长前沿课题组*

摘　要： 在内外部环境剧烈变化冲击影响下，2023年中国经济步入复苏
轨道，持续向上面临挑战。短期经济增长景气度有一定回落，进
一步增加市场主体风险偏好，加快形成预期与增长螺旋向上的景
气通道，需要短期政策靠前与不断释放红利和长期体制机制改革
与完善。同时中国面临人口规模巨大的现代化的挑战。从压力和
考验看，我国人口高增长期已过，人口规模将会长期保持稳定或

---

* 中国经济增长前沿课题组负责人张平、张自然。本文执笔人张自然、张鹏、张平、楠玉。张
自然，中国社会科学院经济研究所经济增长理论研究室主任、研究员，博士生导师，主要研
究方向为城市化、技术进步与经济增长；张鹏，博士，中国社会科学院经济研究所副研究
员，主要研究方向为经济增长与资本市场；张平，博士，中国社会科学院经济研究所研究
员，博士生导师，主要研究方向为经济增长；楠玉，博士，中国社会科学院经济研究所副研
究员，主要研究方向为人力资本与经济增长。参加讨论的人员有刘霞辉、赵志君、仲继银、
常欣、李江涛、汤铎铎、吴延兵、王宏淼、陈昌兵、李江涛、付敏杰、张小溪、陆明涛、郭
路、杨耀武、张晓奇、陆江源、侯燕磊、张红霞、何竞、马原、薛村等。

略有下降，但人口结构老化亦是不争的事实，对长期增长形成掣肘和压力，对中国式现代化而言也是压力和考验。在人口规模巨大的现代化方面，中国面临总量负债、结构负债、性别负债和人力资本负债四大负债。中国式现代化与传统现代化有所不同，中国式现代化除了是人口规模巨大、全体人民共同富裕的现代化，还要实现低碳转型、绿色发展，推动精神文明与物质文明协调发展，同时中国式现代化也是依靠中国人民自立自强的现代化。要更好地推进实现共享发展、绿色发展、协调发展、和平发展等目标，对中国式现代化指标进行探讨，从而更好地推进中国式现代化。本文在中国式现代化五大特征的基础上，依据经济发展质量的本质和基本特征，参考国际上相关五大指标体系和省域经济高质量发展指标，构建了地级及地级以上城市的可持续发展评价指标体系。最后提出中国式现代化路径选择：（1）促进人力资本向智力资本转化，对冲人口负增长冲击和促进人力资源高效利用，全面开发人口质量红利、充分挖掘人才红利与知识红利、持续提高健康红利，挖潜提高老龄化红利。同时发展数字经济，加快数字化转型。（2）加快形成预期与增长螺旋向上的景气通道，扭转紧缩与下行循环负反馈态势。一方面，要继续实施积极的财政政策和稳健的货币政策，同时以政策的持续性稳定市场预期，促使市场主体从修复资产负债表转向积极投资，彻底扭转紧缩与下行循环负反馈态势；另一方面，要大力发展民营经济，持续激发民营经济发展活力。（3）推动降碳、减污、扩绿、增长一体化协同增效，将绿色转型约束转化为绿色转型激励。此外，中国式现代化还需要重视创新驱动和效率升级。

关键词：　中国式现代化路径　中国城市发展　智力资本　可持续发展评价

一 2023年经济复苏，需培固向好预期

（一）宏观经济总体步入复苏轨道，但持续向上面临新的挑战

2023年以来，我国经济总体步入复苏轨道，总量录得新高、结构持续优化。从经济总量看，居民餐饮、出行和交通等服务行业的快速增长叠加供应链堵点被打通，使得节后经济开局迎来了短暂的高速修复期，第一季度GDP同比增速达到4.5%，较2022年第四季度有明显回升（见图1）。从产业内部看，2023年第一季度第一产业占GDP的比重上升至4.06%，第二产业占GDP的比重下降至37.88%，而第三产业占GDP的比重上升至58.06%（见图2），充分证明经济复苏主要来自服务业修复。得益于服务业逐步回到正轨，2023年第一季度最终消费支出拉动GDP增长3.00个百分点，最终消费支出对GDP增长贡献率达到66.60%，达到历史新高。

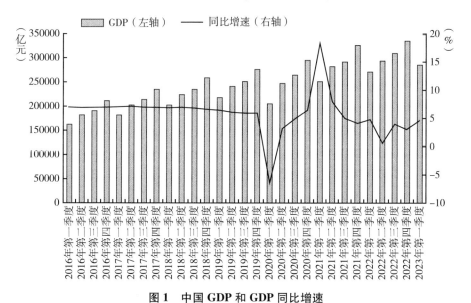

图1 中国GDP和GDP同比增速

资料来源：Wind金融资讯终端。下文如无特殊说明，数据皆来源于此。

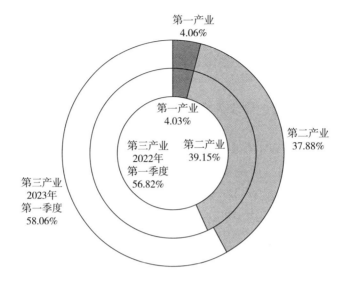

图2　2022年第一季度、2023年第一季度中国三次产业结构

但复苏之路并非一番坦途，受内外经济周期不同步和长期人口转变等因素影响，宏观经济在经历第一季度快速反弹后面临增长斜率趋缓、经济景气度下降、预期转弱等迹象。一方面，欧美等发达国家经济复苏态势并不稳固（见图3），进入第二季度后，美联储停止加息也反映了经济复苏前景不明朗、

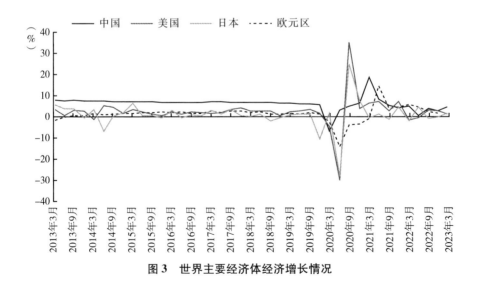

图3　世界主要经济体经济增长情况

消费者信心减弱以及通胀预期的存在等，这些客观上都会减小外需规模，对中国外贸形成拖累；另一方面，经济主体的风险偏好大幅下降，外部形势变化和人口负增长等内部环境变化，对经济主体预期和信心造成较大干扰。从非制造业（商务活动）PMI的变化可以发现其在3月冲高后掉头向下，制造业PMI也在3月之后连续两个月位于荣枯线下（见图4），说明经济复苏的基础、主体尚不牢固，采取更具针对性、更加系统化的政策措施提振市场信心和主体预期是当务之急，也只有这样才能使复苏之路越走越宽、越走越实。

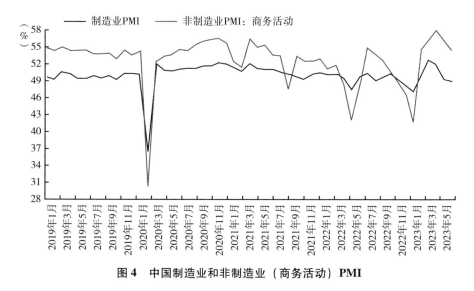

图4 中国制造业和非制造业（商务活动）PMI

（一）价格运行稳中有降，需要警惕PPI收缩传导至CPI的影响

如图5所示，2023年以来CPI持续承压，5月CPI当月同比仅增长0.2%。从CPI构成看，以猪肉和石油为代表的商品价格下跌幅度较大是拉低CPI的主要因素，5月猪肉CPI同比增速为-3.2%，较2022年12月下降了25.4个百分点，而油价下跌叠加高基数导致交通工具用燃料价格同比下降同样对CPI形成拖累。从PPI来看，PPI依然处于下行区间且下行幅度有所增大。PPI当月同比跌幅由2023年1月的0.8%增长至5月的4.6%。这一方面与高基数下原油、天然气、煤炭等能源大宗商品价格同比逐月走弱有关，5月煤炭开采和

洗选业、石油和天然气开采业 PPI 当月同比跌幅分别为 13.1% 和 19.1%；另一方面也与内外需不足导致工业生产走弱有关，1~4 月工业增加值累计增速同比较 1~2 月上升 1.2 个百分点至 3.6%，但两年复合增速却由 4.9% 下降至 3.8%，其中制造业降幅大于采矿业和公共事业。如图 6 所示，2023 年第一季度全部工业产能利用率为 74.3%，比 2022 年第四季度下降 1.4 个百分点，工业产能利用率同比增长幅度自 2021 年第三季度以来一直处于负值区间。

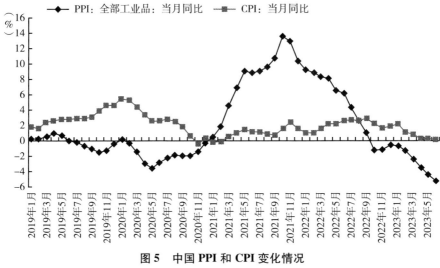

图 5　中国 PPI 和 CPI 变化情况

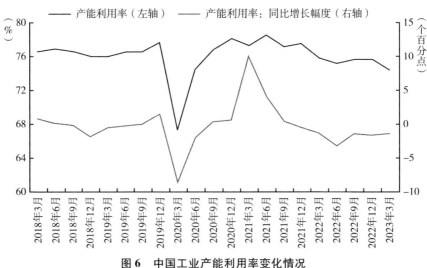

图 6　中国工业产能利用率变化情况

另外，值得注意的是，由于产业链上下游、生产与销售具有联动性和高度相关性，PPI 的持续收缩必然会传导至消费端对 CPI 运行形成压力。如图 7 所示，考虑翘尾效应对实际价格变动的干扰，自 2023 年 4 月以来 CPI 变动的翘尾效应已经高于 CPI 当月同比增幅，事实上反映出剔除翘尾效应后 CPI 实际变动幅度已落负值区间，通缩压力显现，因此需要警惕 PPI 持续收缩传导至 CPI 进而带来通缩的压力。

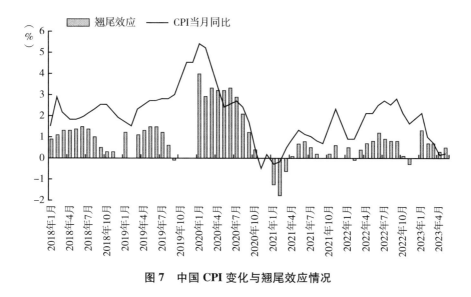

图 7　中国 CPI 变化与翘尾效应情况

（三）汇率市场总体保持稳定，支撑汇率保持在均衡区间的因素不断加固

2023 年以来，人民币汇率在 6.57 至 7.05 的区间内呈现双向波动的态势，汇率市场总体保持稳定。从影响人民币汇率变化的主要因素看，中美利差倒挂、内部复苏节奏趋缓和中美货币政策分化对人民币汇率走势形成重要影响。截至 2023 年 6 月 25 日，美联储将联邦基金目标利率上调至 5.25%，欧元区将基准利率上调至 4.00%。日本央行隔夜拆借利率仍维持在 -0.10% 的水平上，2016 年 2 月 16 日以来一直未变（见图 8）。而随着美国经济出现分化，抗通胀取得一定效果，美联储将暂停加息步伐，人民币汇率会在震荡中保持稳定。但从促使人民币汇率变动的因素看，随着新一轮稳增长政策持续出台，国内经济基本面不断向好，人民币国际化进程将展现出前所未有的挺进步伐，支撑人民币汇率向上的因素不断加固，后续汇率将会在合理均衡区间内波动、稳定运行。

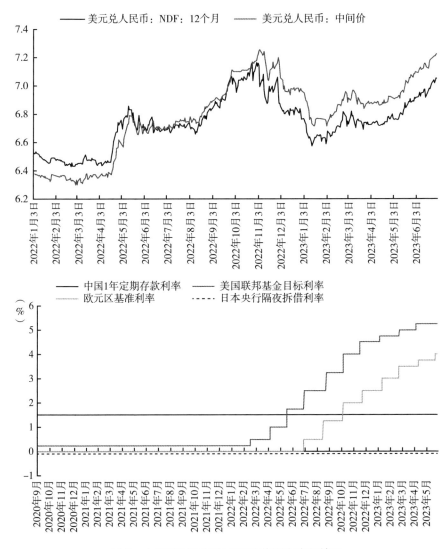

图8 人民币汇率和主要经济体利率变化情况

（四）消费复苏惯性遇阻，收入增长放缓对消费增长和预期形成掣肘

2023 年以来，消费总体处于复苏轨道。如图 9 所示，1~5 月，社会消费品零售总额累计同比增长 9.3%，但从增长惯性看，2023 年经历 3 月和 4 月的爆发式增长后，5 月增长动能明显减弱。另外，从增长潜力看，2023 年以来消费市场更多还是处于恢复疫情前既有消费水平的路径上，消费市场的潜在持续增长并没有明显痕迹。具体来看，接触式消费和服务消费恢复较为强劲，截至 4 月服务业生产指数和餐饮收入累计同比分别增长 8.4% 和 19.8%，两年复合增速分别为 3.8% 和 6.6%，两种口径下均维持较快增速。相较之下商品零售表现较为低迷，截至 4 月商品零售累计同比为 7.3%，两年复合增速为 2.3%。从限额以上商品来看，汽车、房地产等后周期商品表现较弱对商品零售形成拖累，前者与 2022 年汽车消费政策透支一部分需求有关，后者主要是因为当前房地产市场处于周期底部。

关于消费变化原因，消费支出与当前收入和预期收入息息相关。2023 年第一季度，中国城镇居民人均可支配收入累计同比增长 2.70%，人均消费性支出累计同比增长 3.50%，从趋势上可以看出收入曲线斜率明显平坦，支撑消费支出大幅增长的基础并不稳定（见图 11）。从消费预期看，中国消费者信心在经历疫情冲击后大幅降低并保持在较低水平，目前消费者信心指数仍然没有恢复到疫情前水平。如图 12 所示，2023 年 3 月，消费者信心指数为 94.90，远远低于疫情前平均水平，提振消费者信心仍然任重道远。

（五）固定资产投资保持较快增长，投资增速和结构有所分化

截至 2023 年 5 月，全国固定资产投资累计达 18.88 万亿元，同比增长 4.00%。分产业看，2023 年 1~5 月，第一产业投资累计同比增长 0.1%，第二产业投资累计同比增长 8.8%，第三产业投资累计同比增长 2%（见图 13）。

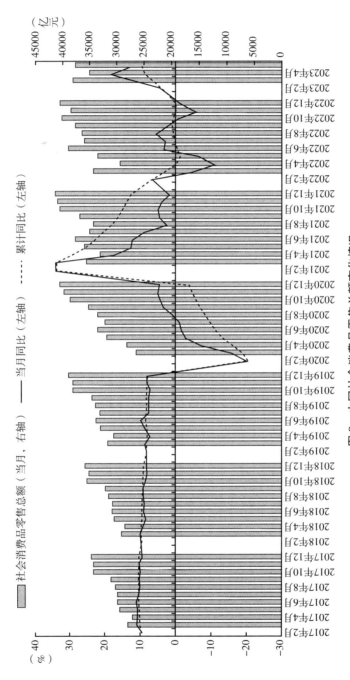

图 9　中国社会消费品零售总额变化情况

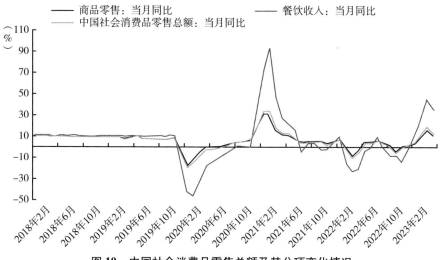

图 10　中国社会消费品零售总额及其分项变化情况

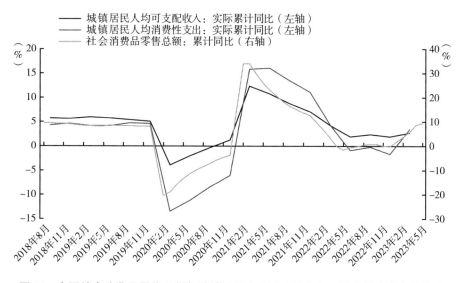

图 11　中国社会消费品零售总额与城镇居民人均可支配收入、消费性支出变化情况

虽然趋势上增长情形得以确认，但增长曲线逐步平坦化甚至下行需要引起关注，这在第三产业上表现得最为明显，中国经济增长驱动力和消费复苏的关键在于服务业，而目前服务业固定资产投资增长趋势变缓需要予以重视。从投资类型看，目前国有企业和外资企业固定资产投资都处于快速修复期，但

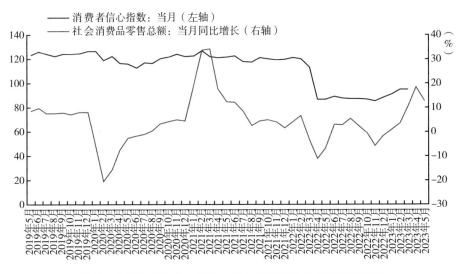

图 12　中国消费者信心指数与社会消费品零售总额变化情况

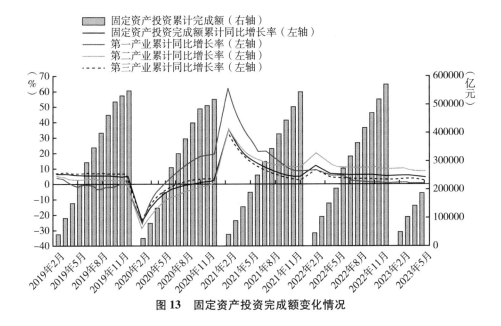

图 13　固定资产投资完成额变化情况

民营企业固定资产投资增长从 2021 年 2 月之后持续下降（见图 14），民营企业是承担就业、消费和收入的关键主体，尽快恢复民营经济投资信心、出台各类措施推动民营经济发展重入增长轨道显得尤为重要。

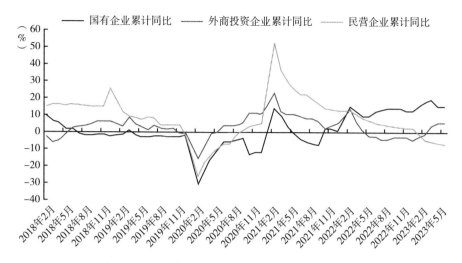

图 14　不同属性企业固定资产投资累计同比变化情况

（六）外贸增长仍然保持为正，但外需逐步趋弱压力不容忽视

2023 年 1~5 月，我国进出口金额达 16.61 万亿元人民币，同比增长 3.9%。其中，出口 9.47 万亿元，同比增长 6.7%；进口 7.14 万亿元，同比增长 0.5%（见图 15）；贸易顺差 2.33 万亿元，同比扩大 38%。逐月看，春

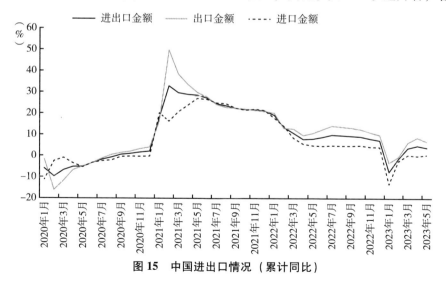

图 15　中国进出口情况（累计同比）

节后 2~4 月进出口金额保持了较快增长，5 月出口同比增速转负（见图 16）。一方面，主要受 2022 年同期基数较高影响。若剔除基数效应，5 月出口增速仅较上一个月放缓 2 个百分点。另一方面，从出口区域看，我国外贸区域结构正在优化，如图 17 所示，自 2019 年 10 月我国与东盟的外贸进出口金额首次超越欧盟与美国后，除个别月份外，东盟稳居我国第一大贸易伙伴位置，有效对冲了欧美宏观经济变化对我国外贸进出口的冲击。前瞻性地看，下半年我国外贸仍面临压力，外需逐步趋弱问题不容忽视。考虑到欧美经济回升遇到"逆风"，而欧美等主要经济体不仅贡献了全球超过 50% 以上的终端需求，也是我国主要的几大贸易伙伴之一，外部需求减小必然将对我国外贸进出口产生重要影响。

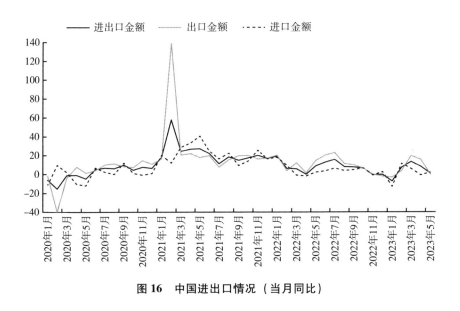

图 16　中国进出口情况（当月同比）

（七）青年结构性就业摩擦加大，实际利率上升降低投资意愿

从宏观经济供给端看，影响劳动力投入和资本形成最重要的变量就是失业率和实际利率。如图 18 所示，2023 年 5 月城镇调查失业率为 5.2%，与 4 月持平，就业市场出现向好的趋势。但从分年龄结构看，

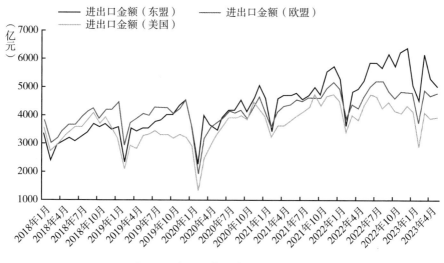

图 17　中国进出口情况（分区域）

25~59 岁人口城镇调查失业率持续下降，但 16~24 岁人口城镇调查失业率持续上升，2023 年 5 月该年龄段人口城镇调查失业率达到 20.8%，比 4 月增加 0.4 个百分点。青年结构性就业摩擦加大，一方面与短期内经济复苏变缓及大学毕业生数量创下新高有直接关系，就业岗位的减少与就业人员的增加加剧了青年就业摩擦，就业等待时间延长、就业搜寻过程艰辛；但另一方面也需要看到，青年群体失业率持续升高主要与我国经济结构转型和教育改革等长期变量有关。从图 18 可以看出，从 2018 年至今青年人口城镇调查失业率总体处于上升状态，反映了青年就业摩擦问题的长期性和结构性，未来应继续加强经济转型与教育改革的匹配性，更好地促进青年劳动力从教育阶段迈向就业阶段，将青年失业的"摩擦性系数"降至最低。

从利率看，受货币政策总体稳健和偏松影响，2023 年 M2 同比增长率和社会融资规模在剔除季节性影响后都保持在较高水平，货币供给增长带动了资金短端和长端利率稳中有降。不过值得注意的是，2023 年以来 M2 和 M1 同比增长率"缺口"即 M2 与 M1 同比增长率之差持续扩大，如定期存款等长期资金来源增长较快，一定程度上反映了市场主体储蓄意愿较为强烈，而

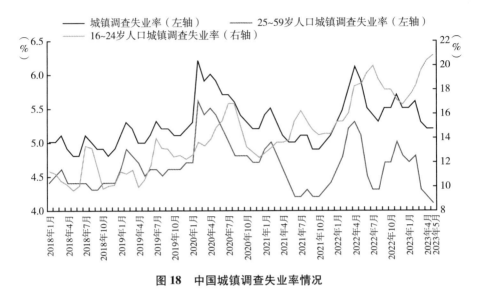

图18　中国城镇调查失业率情况

投资意愿则较为柔弱（见图19）。同时，市场主体投资主要受长期预期因素影响，如图20所示，10年期国债到期收益率下降，2023年5月达到2.72%。虽然名义利率下降可以带动资金成本下降，但市场主体投资意愿主要取决于实际利率。我们将PPI作为价格因素，按照费雪效应等式，匡算得到实际利率，发现实际利率近期呈上升趋势。实际利率呈上升趋势反映了资金成本将更高，投资的必要报酬率也将进一步提高，这会压低市场主体投资意愿。

（八）2023年中国经济增长预测

国内经济复苏之路虽已确立，但复苏之途却需要培固向上预期，提振市场主体消费信心、投资信心，短期周期调节政策措施紧密出台实施之余，长期结构性改革政策也需相伴而行。一方面，市场主体风险偏好下降，导致投资保守、消费谨慎，进而使得消费市场复苏不明朗、房地产市场积极变化转瞬即逝，不利于民营企业良好投资态势的形成。当前中国短期政策刚柔有度，但还需要实施更加精准、有力且能兼顾短期与长期的体制机制改革，培育促进经济长期不断向好的"元气"和"底气"，巩固复苏向上向好趋势，

图 19　M1、M2 同比增长率和社会融资规模变化情况

注：为排除季节性因素波动干扰，社会融资规模采取三个月移动平均方法计算得到。

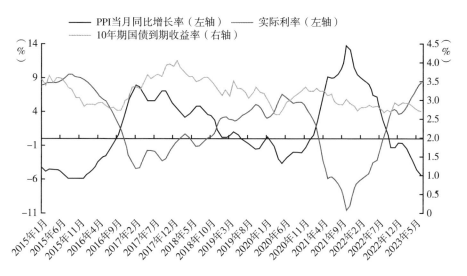

图 20　中国 10 年期国债到期收益率与 PPI、实际利率变化情况

所谓固本培元的寓意便在此。另一方面，海外市场特别是发达国家经济增速放缓，国际需求受到冲击。海外产业链重新回归正常一定程度上减少了国外市场对中国进口的依赖；美国持续加息以抑制通胀，但逐步企高的利率水平无疑会对消费和投资产生干扰，IMF 预计美国经济增长率将从 2022 年的 2% 放缓至 2023 年的 1.4%，2024 年将进一步下降为 1%，这些都会对中国外需形成负面影响。

2023 年第一季度中国 GDP 同比增长率为 4.5%，比 2022 年第四季度增长 2.2%。但由于第二季度各项经济指标变化轨迹与第一季度各项经济指标变化轨迹不同，各项经济指标增速有所回落，我们预计 2023 年第二季度 GDP 环比增速将会下降至 0.6%（见表 1），但受 2022 年同期低基数影响，2023 年第二季度 GDP 同比增长率预计为 7.5%。随着稳增长措施不断加码，影响经济增长和市场主体预期的各类体制机制改革将"快马加鞭"，预计我国全年 GDP 增长率为 5%，将圆满完成年初政府工作报告提出的国内生产总值增长 5% 左右的目标。

表 1　中国 GDP 季度环比增长率情况

单位：%

季度	2018 年	2019 年	2020 年	2021 年	2022 年	2023 年
第一季度	1.8	1.6	-10.3	0.7	0.8	2.2
第二季度	1.7	1.4	11.8	1.6	-2.3	0.6
第三季度	1.4	1.3	3.3	0.4	3.9	
第四季度	1.4	1.2	2.5	1.6	0.6	

二　人口规模巨大的现代化：人口转型的挑战和机遇

党的二十大报告指出："中国式现代化是人口规模巨大的现代化。我国十四亿多人口整体迈进现代化社会，规模超过现有发达国家人口的总和，艰巨性和复杂性前所未有，发展途径和推进方式也必然具有自己的特点。"人口规模巨大的现代化既是压力和考验，也是优势和红利。从压力和考验看，我国人口高增长期已过，人口规模将会长期保持稳定或略有下降，但人口结构老化亦是不争的事实（见图21），会对长期增长形成掣肘和压力，对中国式现代化而言也是压力和考验。第七次全国人口普查数据显示，中国60岁以上和65岁以上人口比例分别达到18.7%和13.5%，2020年中国老龄化水平不仅高于低收入、中下收入和中上收入国家，更高于发达国家均值。作为我国经济增长主要驱动力之一的充裕劳动力优势禀赋正在丧失，人口红利窗口逐步关闭，人口红利期的劳动力资源"资产"逐步转变为人口老龄化时期的高抚养人口"负债"。从优势和红利看，人口规模巨大也意味着蕴含着巨大的红利和优势，特别是人力资本，并且从理论和发达国家经验看，充分发挥主观能动性，适时适度干预人口转变过程，充分认识和挖掘新发展阶段中国人口转型潜在挑战和机遇，就能化被动为主动、化危机为机会，实现从数量型人口向质量型人口转变，这对长期增长而言是动力，对中国式现代化而言也是巨大的红利。

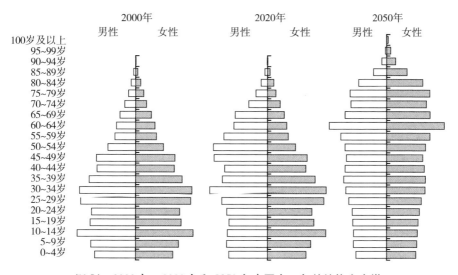

图21　2000年、2020年和2050年中国人口年龄结构金字塔

资料来源：联合国《世界人口展望2019》（World Population Prospects 2019），其中2050年数据为假设生育率不变情形下的人口年龄结构预测数据。

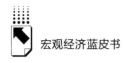

（一）人口规模巨大的现代化所面临的挑战

目前中国人口转型所面临的挑战主要体现在以下几个方面。

第一，总量负债。总量负债可以从总人口规模和劳动力规模两个维度来理解。一是人口转型必然会使人口总量发生改变。中国人口增长高峰期基本出现在新中国成立后至 20 世纪 90 年代之前，这段时间内中国人口增长率都大于 1%。1990 年后人口增长率便一路下降，2015~2020 年中国人口增长率仅有 0.4%。人口增长率下降，人口零增长和负增长将成为常态。二是结构上，劳动力规模在达到峰值后也会进入负增长区间，使劳动力总量短缺和用工成本上涨。20~64 岁和 25~64 岁年龄段人口增长峰值都出现在 2015 年，此后便不断下降。

第二，结构负债。一是少儿抚养比总体下降和老年抚养比持续上升使不同时期抚养负担差异明显。新中国成立后随着"婴儿潮"的出现，人口负担主要体现在少儿人口上。计划生育政策实施后，少儿抚养负担持续下降，老年人口抚养负担不断上升，特别是 2010 年后，老年抚养比加速上升，人口负担主要体现在老年人口上。二是与抚养负担上升相对应，我国劳动力年龄结构也将深度调整。劳动力规模将从 2020 年的 70.3% 下降至 2050 年的 59.8%，劳动力年龄结构不断老化，2020 年中国人口年龄中位数为 38.4 岁，已逼近主要发达国家，高于发展中国家平均水平。三是劳动力年龄结构老化还会影响创新、企业家精神等，导致社会整体创新活力下降，可能拖累经济增长。

第三，性别负债。20 世纪 70 年代计划生育政策推行后，一孩硬性要求使育龄夫妇更加偏好要男孩，性别负债问题愈发突出。一是性别比例失衡，"消失"女孩的问题值得重视。目前中国性别比例失调水平高于世界平均水平，更高于东亚国家、中等收入国家和发达国家平均水平。二是性别负债对婚姻匹配、生育等行为造成明显冲击，对人口增长和社会稳定产生负面影响。从每 100 名男性所对应的女性人数看（见表 2），真正处于婚育年龄段的男性，譬如 18~23 岁或 25~49 岁的人口明显偏多，性别失衡现象较为明显。性别失衡直接导致处于婚育年龄的男性婚姻匹配面临障碍，婚姻匹配概率降低，"男大不能当婚"现象更加普遍，这在农村地区或边远、欠发达地区表现得更为明显。

表2　分年龄段中国女性比率情况

年份	0~19岁	18~23岁	25~49岁	50~59岁	60~64岁	65~69岁	70~74岁	75岁以上
1980	94.8	94.4	91.7	102.3	114.1	125.2	140.8	158.4
1985	94.7	95.2	92.9	100.0	110.7	118.6	133.0	154.3
1990	93.9	95.7	94.2	98.0	106.2	114.5	125.0	146.0
1995	92.9	94.4	95.4	98.2	105.1	111.8	123.7	138.5
2000	91.7	94.4	95.5	99.8	104.5	111.0	121.0	137.9
2005	90.0	94.2	95.5	100.1	103.9	108.7	118.1	132.5
2010	87.8	92.7	95.6	101.0	105.6	109.3	116.8	131.0
2015	87.0	89.3	95.3	102.3	107.2	112.4	119.1	131.4
2020	87.1	87.9	94.1	103.5	108.7	113.3	121.9	133.2

注：女性比率是指每100位男性所对应的女性数量。
资料来源：联合国《世界人口展望2019》（World Population Prospects 2019）。

第四，人力资本负债。人力资本负债的产生主要是由于改革开放后我国以廉价劳动力开启的快速工业化过程强化了"干中学""两头在外"的出口加工模式，这种模式对劳动力人力资本要求较低，中低层次人力资本即能满足工业化大规模生产需要。随着我国从工业化向城市化转型，工业化时期大量中低层次劳动力转型将面临较大障碍，新发展阶段对高层次人力资本的需求和中低层次人力资本供给存在错配，有效人力资本供需存在缺口。目前在向城市化转型过程中，中低层次人力资本"壅塞"和高层次人力资本不足问题并存，矛盾也十分明显。主要表现在两个方面：一是与产业结构升级不匹配的大量低层次劳动力漂移在城市边缘和城市低端产业，原因在于服务业发展时期工业比重持续下降带来中等教育程度的劳动力需求萎缩；二是低端服务业蔓延和低质量城市化又会对产业升级形成掣肘，使得实际上相对不足的高层次劳动力反而显得相对"过剩"，对经济转型造成负面影响。

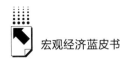

（二）人口规模巨大的现代化所面临的机遇

虽然中国人口向"负债"方向转变的趋势难以扭转，但新发展阶段我们要从更广义的视角认识人口转型对长期增长的作用机制和影响渠道，特别是要改变人口红利时代将人口仅仅作为充裕和廉价劳动力的代名词的做法，要将人口转型与人力资本提高、资本深化、劳动生产率改进、创新行为加强等人口质量特征相联系，通过久久为功的长期政策设计充分挖掘人口知识红利、人才红利，持续提高国民健康红利，挖潜提高老龄化红利，将国家行动与个体生育、储蓄、教育、就业等异质性行为关联起来，实现人口由"负债"性转化为"资产"性。

第一，全面开发人口质量红利。一是通过加大教育投入，特别是加大基础教育、职业教育投入，强基补短，提高整体人力资本水平；二是要更加重视不同人口生命周期不同阶段人力资本积累的有效衔接。从具体内容看，人力资本积累分为学龄前干预即儿童早期发展、学龄人口接受基础教育、青年时期接受进一步的高等教育或者职业教育、工作时期通过在职学习培训提高技能等。今天的学龄儿童就是明天的青年、今天的青年就是昨天的学龄期儿童，任一环节内容建设缺失都会对个体不同生命周期人力资本积累形成负面影响。从目前我国现实看，青年时期接受大专以上教育后向工作时期过渡的衔接环节常常会出现问题，未来应大力发展类似于德国的双元制教育模式，将教育与职业发展有效衔接，实现个体进步与国家发展相统一。

第二，充分挖掘人口知识红利、人才红利。以数量特征为主的人口红利消失必然会使得中国大规模工业化时期以劳动密集型和使用通用技术为主要特征的传统部门丧失优势，传统廉价劳动力优势向人口质量优势转变是新发展阶段的必然要求。随着新一轮科技革命在经济发展和各类社会场景中的广泛渗透，新经济、新业态、新模式层出不穷，经济发展对劳动力要素的质量要求不断提高。一是我国人口转型也对应着受教育程度提高的劳动力，以及与产业转型相伴的大规模的产业工人群体；二是各地区劳动力质量的提高以及高素质劳动力占比的持续上升，必将带来丰富的人才红利、知识红利、工程师红利，必将有利于第二次人口红利的开发，并形成新发展阶段劳动力的数量溢价不断消失而知识溢价不断上升的新局面，推动宏观经济增长、中观产业和微观企业主体迈向高端水平。

第三，持续提高健康红利。人力资本是体现在劳动者身上的资本，如劳动者的知识技能、文化技术水平与健康状况等。目前，我们关注人力资本提高主要强调增强劳动者知识、技能的储备，而对劳动力健康情况的关注度不够高。劳动力健康不仅包含生理健康，更蕴含心理健康。特别是中国城市化水平还在提高中，对于广大进城农民工和迁移至城市的新型农民而言，除要破除户籍、生育、就业和子女就学等方面的不平等规定之外，还应该特别关注进城人员与城市的社会融合程度，真正做到人进城、心落地，完成进城人员向市民化的转变，这也是保障劳动力心理健康的重要途径。

第四，挖潜提高老龄化红利。人口负债时代要将老年人口作为经济社会发展的"资产"而非"负债"来看待。一是要提高老年劳动参与率，充分利用老年人口所蕴含的人力资本。目前相对刚性的退休制度，使得老年人口在达到法定退休年龄之后生理退休年龄之前就退出了劳动力市场，而企业和机关事业单位的一些退休人员，都是老年人口中人力资本层次较高的群体，他们的过早退休造成人力资本的极大浪费。二是未来应逐步实行弹性退休制度，有效和合理利用老年人资源。鼓励老年人从事社会公益、社区服务和老年服务等活动。变退休人口隐性就业为显性就业，既不增加就业压力又能客观反映中国就业人口结构和就业分布状况，实现从提高劳动年龄人口就业率目标向提高总人口就业率目标转变。

三　中国式现代化远景预测与推进方向

中国式现代化是中国共产党领导的社会主义现代化。党的十九大报告明确提出，要"开启全面建设社会主义现代化国家新征程，向第二个百年奋

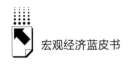

斗目标进军"，并提出"从 2020 年至本世纪中叶可以分两阶段来安排"，即从 2020 年到 2035 年，基本实现社会主义现代化；从 2035 年到 21 世纪中叶，建成富强民主文明和谐美丽的社会主义现代化强国。以中国特色社会主义理论为指导，集中力量进行社会主义现代化建设，是党和国家的根本任务。党的二十大报告阐明了中国式现代化的丰富内涵，强调了中国式现代化的本质要求、重要特征。中国式现代化是人口规模巨大的现代化，是全体人民共同富裕的现代化，是物质文明和精神文明相协调的现代化，是人与自然和谐共生的现代化，是走和平发展道路的现代化。高质量发展是实现中国式现代化的根本要求，只有在高质量发展的基础上，才能更好地推进实现共享发展、绿色发展、协调发展、和平发展等目标。基于此，我们这一部分重点关注中国经济增长情况以及如何实现高质量发展。

（一）中国经济增长核算与2035年经济增长预测

中国经济整体特征如下：（1）劳动投入增长和劳动年龄人口增长表现为负值。如表 3 所示，2008～2022 年劳动投入增长率已表现为负值，年均下降 0.104%。劳动年龄人口增长率也呈趋势性下滑特征，由于人口老龄化、生育率下降等因素综合影响，劳动年龄人口增长率年均水平已由 1985～2007 年的 1.58% 下降至 2008～2022 年的 0.036%。随之，劳动对经济增长的贡献份额也逐渐降低，当前已表现为负贡献，2008～2022 年劳动贡献份额年均水平为 -0.73%，预计未来还将进一步下降，"十四五"期间劳动贡献份额预期会下降 2.31%。（2）资本对经济增长的贡献较大，但资本使用效率并未表现出明显的改善特征。如表 3 所示，资本对经济增长的贡献份额始终处于较高水平，2008～2022 年资本贡献份额年均水平为 81.84%，高于 1985～2007 年的年均水平。资本投入增长率年均水平保持在 11% 左右，但资本使用效率却并未呈现出明显的改善，2008～2022 年资本效率年均水平为 0.232，低于 1985～2007 年的年均水平，预计"十四五"期间资本投入增长率和资本贡献份额年均水平分别为 8.95% 和 78.76%。（3）全要素生产率（TFP）略有改善，预计未来将会逐步提升。2008～2022 年 TFP 年均增长率为 1.64%，对经济增长的贡献份额达到 18.89%。2020 年受疫情冲击，TFP 下降较为明显，据测算，2020 年 TFP 增长率为−0.5%，2021 年略有恢复，TFP 增长率回升至 3.9%，2022 年受疫情多点散发影响以及高基数等原因，TFP 增长率又下降至−0.3% 的水平。预计"十四五"期间 TFP 年均增长率会达到 1.24%，TFP 贡献份额年均水平预计会增长至 23.55%。

表 3　生产函数分解

指标	历史(峰-峰)：1985~2007 年	现状：2008~2022 年	"十四五"预测：2021~2025 年
[1]潜在增长(生产函数拟合)三因素(%)	10.10	7.20	5.0
[2]资本投入(K)：弹性	0.60	0.492	0.44
[3]资本贡献份额=([2]×[8])/[1](%)	68.72	81.84	78.76
[4]劳动投入(L)：弹性	0.40	0.508	0.56
[5]劳动贡献份额=([4]×[11])/[1](%)	6.17	−0.73	−2.31
[6]TFP：增长率(%)	2.82	1.64	1.24
[7]TFP 贡献份额=100−[3]−[5](%)	25.11	18.89	23.55
[8]资本投入增长率($k=dK/K$)=[9]×[10](%)	11.13	11.64	8.95
[9](净)投资率(I/Y)(%)	21.32	45.08	—
[10]资本效率(Y/K)	0.52	0.232	—
[11]劳动投入增长率($l=dL/L$)=[12]+[13](%)	1.50	−0.104	−0.218
[12]劳动年龄人口增长率(pop_l)(%)	1.58	0.036	−0.446
[13]劳动参与率变化率(θ_L)(%)	−0.07	−0.140	0.228
[14]劳动生产率增长率($y=Y/L$)=[15]+[16](%)	8.54	7.95	—
[15]资本效率(Y/K)增长率(%)	−0.89	−3.88	—
[16]人均资本(K/L)增长率(%)	9.43	11.83	—
[17]城市化率(%)	33	56.99	68.0

资料来源：《新中国六十年统计资料汇编》、历年《中国统计年鉴》及各省（区、市）统计年鉴。

依据世界银行数据，我国人均收入 2019 年突破 10000 美元，2022 年达到 11880 美元[①]，按世界银行对经济增长阶段的划分标准，我国当前处于中

---

① 该人均收入为按 Atlas 测度方法衡量的人均 GNI 水平，数据来源于世界银行 WDI 数据库。

等偏高收入阶段,即将跨越高收入阶段门槛①。2021 年 OECD 国家人均收入为 42000 美元左右,高收入国家人均收入为 48000 美元左右。我国要完成 2035 年基本实现社会主义现代化的发展目标,经济增长水平至少要达到高收入国家的中等层次才行。中国式现代化研究课题组(2022)预计中国人均 GDP 在 2030 年前后达到 2 万美元,在 2040 年前后达到 3 万美元,在 2045 年前后达到 4 万美元,在 2050 年前后达到 5 万美元。以 2019 年为基准,假设 2035 年人均收入翻一番达到 2 万美元,则人均收入年均增长率至少要达到 4.16%;若假设 2035 年人均收入达到 25000 美元,则人均收入年均增长率至少要达到 5.54%;若假设 2035 年人均收入达到 30000 美元,则人均收入年均增长率至少要达到 6.68%。2020 年遭遇疫情冲击,人均 GNI 下降 5.04%,2021 年增长 5.99%。随着疫情逐步平息和经济逐步恢复,未来人均收入增长率还会有所提升。基于此,我们认为要在 2035 年基本实现社会主义现代化目标,则人均收入年均增长率在未来十几年要保持在 4%~5.5%才行。

(二)推进实现中国式现代化需要重视人力资本的更新迭代

我国人口进入负增长时代后,重视人力资本更新迭代是提升存量人口质量和最大限度地发挥人力资本效能的前提。巴罗-李教育数据库中关于中国人力资本及其结构的最新数据显示(见表 4),中国整体人力资本水平有较为显著的提升,初级教育追赶已趋于饱和,中级和高级教育水平还有较大的提升空间。中国整体劳动年龄(15~64 岁)人口教育平均年限从 1955 年的 2.18 年逐步提升至 2015 年的 8.71 年的水平。对比不同国家过去半个多世纪的教育表现,中国整体教育水平虽然与发达经济体存在一定的差距,但提升幅度是较大的。从分层次教育年限变动情况来看,中国劳动年龄人口初级教育水平接近发达经济体的水平,但中级和高级教育水平与发达经济体仍有较大差距。2015 年,中国中级和高级教育平均年限分别为 3.11 年和 0.23 年,与发达经济体均存在较大的差距,尤其是高级教育平均年限甚至低于样

---

① 2019 年高收入阶段门槛为 12536 美元。

本中的其他发展中国家。整体而言，我国人力资本结构中中级教育劳动者仍占绝对主导地位，高层次人力资本积累不足且人力资本升级滞后，通过人力资本梯度升级激发人口质量红利仍有较大的空间，人力资本升级能更好地促进增长潜能释放，加快增长跨越和现代化进程。

表4 劳动年龄（15~64岁）人口各级教育平均年限

单位：年

国　　家	整体教育平均年限							初级教育平均年限						
	1955年	1965年	1975年	1985年	1995年	2005年	2015年	1955年	1965年	1975年	1985年	1995年	2005年	2015年
美　国	9.14	10.42	11.73	12.35	12.83	13.01	13.28	5.37	5.65	5.85	5.89	5.95	5.96	5.96
英　国	6.73	7.65	8.39	8.76	9.67	11.57	12.85	5.11	5.30	5.45	5.51	5.59	5.82	5.94
日　本	7.40	7.79	8.85	10.12	11.26	12.12	12.83	5.29	5.47	5.63	5.76	5.87	5.93	5.96
韩　国	5.22	5.68	7.54	9.52	11.17	12.27	12.84	4.56	4.27	5.12	5.49	5.82	5.90	5.93
巴　西	2.30	2.82	2.87	4.12	5.79	7.67	8.63	1.85	2.11	2.04	2.95	4.38	5.69	5.68
阿根廷	5.24	6.03	7.04	8.09	8.89	9.57	10.21	4.61	5.03	5.53	5.96	6.33	6.69	6.59
马来西亚	2.50	3.54	5.06	7.025	8.66	10.16	11.37	2.02	2.76	3.66	4.43	5.02	5.39	5.67
泰　国	2.44	2.39	3.24	4.45	5.79	7.46	8.76	2.14	2.05	2.68	3.51	4.35	5.0	5.45
中　国	2.18	3.4	4.87	6.16	7.17	8.02	8.71	1.76	2.69	3.69	4.43	4.79	5.13	5.38
国　　家	中级教育平均年限							高级教育平均年限						
	1955年	1965年	1975年	1985年	1995年	2005年	2015年	1955年	1965年	1975年	1985年	1995年	2005年	2015年
美　国	3.30	4.17	5.01	5.24	5.47	5.52	5.61	0.47	0.59	0.88	1.23	1.40	1.53	1.71
英　国	1.57	2.19	2.61	2.89	3.42	4.94	5.68	0.05	0.15	0.33	0.37	0.66	0.81	1.23
日　本	1.95	2.16	2.84	3.72	4.50	5.05	5.43	0.16	0.10	0.38	0.65	0.89	1.15	1.44
韩　国	0.60	1.28	2.20	3.60	4.61	5.19	5.43	0.06	0.13	0.22	0.42	0.74	1.18	1.48
巴　西	0.43	0.66	0.70	1.00	1.22	1.76	2.50	0.03	0.05	0.13	0.16	0.20	0.22	0.44
阿根廷	0.57	0.88	1.30	1.81	2.25	2.62	3.13	0.06	0.12	0.20	0.31	0.32	0.26	0.49
马来西亚	0.44	0.73	1.35	2.43	3.40	4.38	5.03	0.04	0.05	0.05	0.16	0.24	0.38	0.67
泰　国	0.29	0.32	0.49	0.77	1.24	2.03	2.66	0.02	0.02	0.07	0.17	0.19	0.43	0.65
中　国	0.41	0.68	1.12	1.69	2.27	2.73	3.11	0.02	0.03	0.03	0.05	0.11	0.16	0.23

资料来源：巴罗-李教育数据库（Barro-Lee Educational Atttainment Dataset，2021 September）。

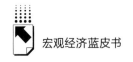

宏观经济蓝皮书

同时，需要注意的是人力资本形成主要依托两个方面，即教育和健康投入。教育和良好的健康状况可以提高人的生产力，促进经济增长。增强人力资本要强调教育的作用，但健康的影响也不容忽视。舒尔茨早在1961年就指出，健康的改善也是人力资本积累的重要方式。教育投入要想更好地转化为人力资本并发挥作用，需要劳动者拥有良好的健康状况。基于此，国家在加强公共教育投资的同时，也应加强对公共卫生、健康的投资，激励并进行积极引导家庭加大健康投资，促进居民的健康水平提升，从而增强人力资本作用发挥的韧性和持久性。

（三）推进中国式现代化需要重视创新驱动和效率升级

全要素生产率（TFP）提升是实现高质量发展的关键。在经济增速面临趋势性放缓和要素成本不断上升的背景下，依靠要素投入驱动增长的模式已不可持续，只有推动全要素生产率提升才能对冲成本上升压力，使经济向高效增长转型。全要素生产率是现代化建设中衡量经济发展质量的核心要素，是经济实现长期持续增长的重要源泉。我国1979年以来的TFP增长率及贡献率情况如图22所示。1991~2011年TFP贡献率基本保持在高位水平，年均贡献率达到37.56%左右。这一阶段基本是邓小平南方谈话后至经济结构性减速之前的阶段。在经济进入结构性减速阶段之后至疫情暴发前阶段（2012~2019年），中国TFP增长虽有所放缓，但TFP贡献率仍基本保持稳定，在20%左右的水平波动。2020年疫情暴发后，TFP增长受到较大震动，2020年和2022年TFP增长率和贡献率均表现为负值。未来随着经济的逐步恢复，预计TFP增长也会逐步趋向平稳。就国际比较而言，中国与发达经济体全要素生产率仍有较大差距。联合国PWT数据显示，当前中国全要素生产率水平不足美国的40%，未来中国TFP仍有较大的提升空间。

全要素生产率反映了要素投入转化为产出的整体效率，主要囊括要素质量和要素配置效率两个方面，既能反映要素质量提升带来的产出增长，也能反映要素配置效率改善带来的产出增加。当前我国已全面建成小康社

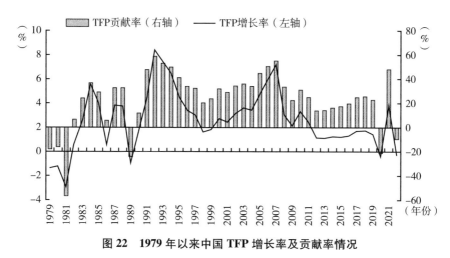

图22　1979年以来中国TFP增长率及贡献率情况

资料来源：笔者测算所得。

会，开启全面建设社会主义现代化国家新征程，面对新一轮科技改革冲击、大国博弈加剧以及全球价值链重构等世界经济形势的急剧变化，如何实现自身的创新能力提升和效率改进，是当前我国急需解决的关键问题。在向新征程迈进过程中，需要摆脱对传统资源配置方式和技术升级路径的依赖，积极顺应国内外经济形势的新变化，从产业前瞻布局、创新战略转型、新要素挖掘以及要素配置效率优化等方面积极探索，推动产业链、人才链、创新链的深入融合，提升全要素生产率，为我国经济高质量发展打下坚实基础。

四　基于中国式现代化的城市可持续发展评价

中国式现代化与传统现代化有所不同，中国式现代化除了是人口规模巨大、全体人民共同富裕的现代化，还要实现低碳转型、绿色发展，推动精神文明与物质文明协调发展，同时中国式现代化也是依靠中国人民自立自强的现代化。要更好地推进实现共享发展、绿色发展、协调发展、和平发展等目标，对中国式现代化指标进行探讨，从而更好地推进

中国式现代化。本文在中国式现代化五大特征的基础上，依据经济发展质量的本质和基本特征，参考国际上的相关五大指标体系和省域经济高质量发展指标，构建了地级及地级以上城市的可持续发展评价指标体系。

本文在《中国城市规模、空间聚集与管理模式研究》一书中相关研究基础上将 264 个地级市升级为 284 个地级市，除两个地级市数据不太全外，其他地级及地级以上城市数据基本都包括在里面。同时本文也对评估数据和方法进行了优化。按地级市年常住人口计算，本文的 284 个地级及地级以上城市覆盖人口 131275 万人，占全国总人口 141178 万人的 92.99%。2020 年 284 个地级及地级以上城市地区生产总值现价 974800 亿元，占全国国内生产总值的 1013567 亿元的 96.18%。即使考虑到各城市地区生产总值加总可能略大于全国国内生产总值的情况，本文 284 个地级及地级以上城市的地区生产总值占全国国内生产总值的比重至少也在 90%~95%，因此无论是从常住人口看还是从地区生产总值看，本文 284 个地级及地级以上城市都具有较强的代表性。同时我们注意到，个别地级市和中、西部相当部分地市州由于数据原因未被纳入其所在区域地级及地级以上城市的研究体系，故分区域部分指标数据和常识有偏差，比如新疆只有乌鲁木齐和克拉玛依两个城市进入本评估系统。今后在条件允许情况下将继续加入未被纳入的地级市及少数民族自治州。

（一）中国城市可持续发展评价指标设计

拟将城市可持续发展评价指标分为三级，其中一级指标包括经济增长、增长潜力、政府效率、人民生活和环境质量五个。每个一级指标包含若干二级指标。其中经济增长包括产出效率、经济结构、经济稳定；增长潜力包括产出消耗和增长可持续性；政府效率包括公共服务效率和社会保障；人民生活包括收入水平、健康保障、生活质量等；环境质量包括生态环境、工业及生活排放、空气监测。二级指标再下设相应的 61 个具体指标。以期通过完整的指标体系来了解各地级及地级以上城市可持续发展情况，见表 5。

表5　中国284个城市可持续发展评价指标体系设计

一级指标	二级指标	具体指标
经济增长	产出效率	TFP
		全社会劳动生产率
		资本产出率
		投资效果系数
	经济结构	GDP2（第二产业增加值占GDP比重）
		GDP3（第三产业增加值占GDP比重）
		非农就业比重
		城市化率
	经济稳定	经济增长波动率指标*
		对外开放稳定性*
		人均GDP增长率
		通货膨胀率指标*
		失业率指标*
		房价收入比指标*
增长潜力	产出消耗	劳动投入弹性指标*
		资本投入弹性指标*
		万元GDP电力消耗指标*
	增长可持续性	教育基础设施指数
		地方财政教育事业费支出比
		劳动力受教育水平（用人力资本表示）
		地方财政科学事业费支出比
		人口增长率
		城市建设用地占市辖区面积比重
		可用土地面积比重
政府效率	公共服务效率	市政基础设施指数
		交通基础设施指数
		电信基础设施指数
		万人公共图书馆藏书量
	社会保障	每公共汽电车客运总数
		地方财政预算内支出收入比
		城镇基本养老保险覆盖率
		城镇基本医疗保险覆盖率
		城镇失业保险覆盖率
		农村社会养老保险覆盖率
		社会保障和就业财政支出比

续表

一级指标	二级指标	具体指标
人民生活	收入水平	人均 GDP
		城镇家庭平均每人可支配收入
		工资收入占 GDP 的比重
		储蓄存款占 GDP 的比重
		人均财富
	健康保障	万人医院数
		万人拥有医生数
		万人床位数
	生活质量	人均液化石油气家庭用量
		人均生活用电量
		人均供水量
		城镇人均住房建筑面积
		人口密度指标 *
环境质量	生态环境	建成区绿化覆盖率
		绿地提供指数
	工业及生活排放	工业固体废弃物综合利用率
		工业废水排放量指标 *
		工业二氧化硫排放量指标 *
		工业烟尘排放达标率
		城镇生活污水处理率
	空气监测	PM_{10} 指标 *
		$PM_{2.5}$ 指标 *
		二氧化硫指标 *
		二氧化氮指标 *
		臭氧指标 *
		空气质量优良天数

　　* 表示该项指标为负向指标，但本文在计算时予以了正向化。

　　资料来源：历年《中国城市年鉴》、《中国统计年鉴》、各省（区、市）及城市统计年鉴、各地级及地级以上城市统计公报等。

（二）2022年中国城市可持续发展评价结果

1. 2022年中国城市可持续发展综合排名及一级指标排名情况

　　2022 年中国城市可持续发展及一级指标排名情况见表 6。需要说明的是，2022 年 284 个城市中，有 8 个城市综合排名高于其各一级指标排名，分别为无锡（8）、宁波（4）、嘉兴（3）、金华（1）、福州（11）、厦门（40）、肇庆（45）、克拉玛依（4）（括号内数值为城市一级指标的最高排名低于其综合排名的名次），有 17 个城市综合排名低于其各一级指标排名，分别为邯郸（2）、张家口（12）、吕梁（2）、信阳（10）、益阳（3）、江门（1）、百色（10）、贵阳（35）、六盘水（8）、保山（12）、普洱（12）、临沧（2）、商洛（11）、白银（1）、平凉（23）、酒泉（10）、陇南（5）（括号内数值为城市一级指标的最低排名高于其综合排名的名次）。这是由于城市可持续发展综合排名是城市各一级指标的算术平均值，不同指标值不一样。将各一级指标进行正向标准化并利用功效系数法进行处理，结果稍有改进，有一个城市（深圳）综合排名高于其各一级指标排名，仍然有 10 个城市综合排名低于其各一级指标排名，利用归一化方法进行算术平均得到的结果也类似。为了保持城市可持续发展综合排名和各一级指标排名处理方法的一致性，本文依然采用对一级指标进行加权的方式获取可持续发展综合排名。

表 6　2022 年中国城市可持续发展综合排名及一级指标排名情况

城　　市	综合	经济增长	增长潜力	政府效率	人民生活	环境质量	城　　市	综合	经济增长	增长潜力	政府效率	人民生活	环境质量
北　京	2	272	253	2	2	7	运　城	202	154	18	161	140	280
天　津	149	198	262	116	36	103	忻　州	229	136	34	156	147	281
石家庄	213	78	233	243	141	146	临　汾	151	114	63	187	176	269
唐　山	185	5	120	253	118	247	吕　梁	278	276	77	181	207	221
秦皇岛	192	197	222	232	154	145	呼和浩特	69	22	170	117	60	172
邯　郸	270	40	144	268	206	215	包　头	12	1	213	139	7	211
邢　台	227	185	250	246	221	183	乌　海	29	4	14	157	31	156
保　定	216	173	122	233	116	140	赤　峰	174	48	207	118	106	272
张家口	255	138	123	240	142	243	通　辽	284	201	284	201	248	152
承　德	201	115	116	255	223	255	鄂尔多斯	117	21	171	237	86	85
沧　州	272	23	241	281	211	257	呼伦贝尔	140	103	19	110	78	284
廊　坊	266	190	266	248	165	196	巴彦淖尔	260	262	45	129	148	278
衡　水	232	128	160	276	210	213	乌兰察布	276	283	67	141	186	239
太　原	145	132	185	84	41	259	沈　阳	84	116	245	51	23	165
大　同	58	108	13	142	64	192	大　连	62	39	177	48	28	101
阳　泉	167	110	47	145	42	283	鞍　山	214	118	252	63	58	275
长　治	148	80	26	197	162	245	抚　顺	65	145	228	49	33	258
晋　城	225	45	136	204	173	273	本　溪	45	43	65	45	123	14
朔　州	224	32	169	211	99	279	丹　东	156	211	80	111	69	187
晋　中	132	187	89	216	215	170	锦　州	183	240	165	54	127	217

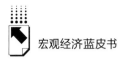

城 市	综合	经济增长	增长潜力	政府效率	人民生活	环境质量	城 市	综合	经济增长	增长潜力	政府效率	人民生活	环境质量
营 口	51	162	168	71	39	203	苏 州	40	56	50	15	14	153
阜 新	146	204	275	122	90	198	南 通	28	85	132	26	72	133
辽 阳	111	30	265	83	68	262	连云港	55	217	48	20	267	59
盘 锦	43	166	3	99	25	194	淮 安	71	188	141	19	137	162
铁 岭	53	260	31	107	80	227	盐 城	68	156	97	23	187	144
朝 阳	134	230	43	124	119	180	扬 州	23	86	111	22	126	90
葫芦岛	81	282	1	112	115	190	镇 江	44	52	52	16	89	115
长 春	107	99	179	131	172	39	泰 州	46	121	173	24	139	92
吉 林	211	91	269	93	105	248	宿 迁	87	169	81	25	257	151
四 平	120	147	95	61	216	142	杭 州	4	207	181	1	18	18
辽 源	47	50	15	96	235	110	宁 波	3	148	217	7	16	9
通 化	30	46	9	101	94	185	温 州	5	160	148	3	24	34
白 山	251	226	272	97	150	130	嘉 兴	7	134	142	10	74	15
松 原	283	223	283	148	276	112	湖 州	39	144	182	12	61	11
白 城	250	271	216	123	179	106	绍 兴	20	109	195	8	13	16
哈尔滨	143	250	278	29	133	53	金 华	10	131	143	11	34	22
齐齐哈尔	37	237	201	13	40	84	衢 州	74	238	157	9	48	23
鸡 西	59	167	209	31	103	45	舟 山	136	192	35	5	10	2
鹤 岗	52	214	167	33	46	58	台 州	16	194	183	18	35	13
双鸭山	88	239	109	35	66	158	丽 水	32	268	192	6	45	31
大 庆	15	35	30	40	49	8	合 肥	219	200	227	120	111	230
伊 春	85	231	2	4	17	100	芜 湖	95	42	91	126	161	176
佳木斯	130	242	176	36	131	148	蚌 埠	223	149	224	125	237	168
七台河	124	254	268	27	121	44	淮 南	234	177	112	136	219	250
牡丹江	108	112	230	39	166	111	马鞍山	82	3	118	150	156	191
黑 河	22	278	58	53	1	87	淮 北	125	69	57	144	194	209
绥 化	247	277	86	52	284	147	铜 陵	126	47	178	159	208	67
上 海	6	199	247	30	3	19	安 庆	205	119	150	134	217	228
南 京	21	176	55	14	20	6	黄 山	67	180	164	115	29	43
无 锡	13	76	37	21	38	81	滁 州	264	124	153	132	271	265
徐 州	60	161	68	17	254	125	阜 阳	200	195	93	109	231	225
常 州	36	113	76	28	70	95	宿 州	273	266	79	186	273	244

续表

城　市	综合	经济增长	增长潜力	政府效率	人民生活	环境质量	城　市	综合	经济增长	增长潜力	政府效率	人民生活	环境质量
六　安	233	123	54	192	234	268	泰　安	91	77	154	38	239	122
亳　州	236	236	140	167	245	229	威　海	75	60	251	41	109	63
池　州	194	178	82	174	178	206	日　照	105	24	137	91	246	174
宣　城	257	130	128	179	190	264	临　沂	129	49	199	64	263	134
福　州	11	57	114	81	22	74	德　州	155	70	221	47	270	205
厦　门	9	58	226	50	50	49	聊　城	127	67	206	67	204	179
莆　田	113	98	139	147	65	167	滨　州	54	16	24	77	157	260
三　明	24	15	152	34	98	161	菏　泽	154	142	90	60	275	200
泉　州	118	31	273	86	91	113	郑　州	235	107	246	234	93	124
漳　州	80	25	121	70	202	143	开　封	265	206	259	272	244	184
南　平	164	175	244	59	124	166	洛　阳	230	37	263	280	195	271
龙　岩	77	129	124	56	52	195	平顶山	171	79	70	254	169	193
宁　德	86	72	131	65	164	137	安　阳	241	92	223	271	203	189
南　昌	177	75	236	194	100	121	鹤　壁	228	34	214	282	233	155
景德镇	99	65	126	137	175	82	新　乡	258	106	260	270	251	238
萍　乡	157	100	134	162	200	128	焦　作	196	61	130	265	171	208
九　江	175	73	187	178	168	181	濮　阳	243	159	235	277	249	214
新　余	115	127	129	208	76	52	许　昌	261	125	280	284	214	224
鹰　潭	160	18	237	200	144	178	漯　河	198	96	254	279	198	149
赣　州	220	140	138	154	197	233	三门峡	191	29	184	235	155	263
吉　安	142	104	88	198	183	91	南　阳	259	150	242	274	243	237
宜　春	170	53	29	210	218	249	商　丘	231	234	56	283	280	173
抚　州	179	51	194	176	259	108	信　阳	267	208	215	257	253	129
上　饶	279	151	59	171	240	282	周　口	262	244	240	275	274	197
济　南	131	93	145	32	67	3	驻马店	268	203	127	273	255	163
青　岛	17	9	197	43	101	68	武　汉	210	215	239	104	114	188
淄　博	26	13	220	66	63	60	黄　石	79	27	163	74	149	157
枣　庄	64	54	28	72	238	126	十　堰	159	257	62	113	112	199
东　营	48	2	33	75	19	76	宜　昌	163	59	204	90	73	276
烟　台	31	10	202	37	151	93	襄　阳	158	38	98	158	129	267
潍　坊	35	11	188	57	128	96	鄂　州	176	252	36	189	79	204
济　宁	116	41	186	58	247	171	荆　门	188	229	172	114	120	251

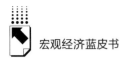
续表

城　市	综合	经济增长	增长潜力	政府效率	人民生活	环境质量	城　市	综合	经济增长	增长潜力	政府效率	人民生活	环境质量
孝　感	221	228	257	127	205	274	清　远	180	235	73	242	232	160
荆　州	162	84	106	94	167	270	东　莞	50	62	274	250	6	12
黄　冈	197	224	117	103	163	254	中　山	187	122	258	269	30	88
咸　宁	104	88	83	180	135	73	潮　州	139	189	271	239	252	38
随　州	96	111	156	177	159	20	揭　阳	103	259	281	236	283	65
长　沙	34	12	208	166	26	62	云　浮	254	253	16	238	281	222
株　洲	72	14	234	128	143	37	南　宁	123	143	147	225	81	28
湘　潭	133	90	231	133	153	64	柳　州	161	139	238	214	102	29
衡　阳	147	137	102	130	193	118	桂　林	269	212	276	153	225	47
邵　阳	138	158	105	175	84	123	梧　州	97	63	8	224	268	61
岳　阳	150	74	133	138	224	175	北　海	106	64	69	261	97	33
常　德	128	81	151	146	182	94	防城港	57	17	78	244	57	54
张家界	141	251	196	140	83	30	钦　州	178	179	101	221	236	32
益　阳	212	153	205	149	209	135	贵　港	195	170	41	228	201	131
郴　州	102	87	96	100	132	186	玉　林	207	82	218	215	185	114
永　州	189	205	113	199	110	154	百　色	237	227	44	222	160	218
怀　化	218	246	135	87	189	220	贺　州	245	155	53	278	278	50
娄　底	190	174	174	121	260	99	河　池	217	264	20	202	213	177
广　州	8	196	107	165	11	4	来　宾	249	241	27	262	222	98
韶　关	144	222	25	229	51	119	崇　左	186	186	125	256	272	141
深　圳	25	95	191	193	4	66	海　口	18	261	61	105	37	5
珠　海	14	102	149	185	8	21	三　亚	19	267	21	92	9	1
汕　头	193	165	229	251	145	78	重　庆	109	183	38	184	174	35
佛　山	114	44	166	264	15	127	成　都	119	182	261	85	59	48
江　门	253	171	193	252	228	56	自　贡	56	68	159	42	226	36
湛　江	209	274	232	263	256	69	攀枝花	73	55	87	78	55	242
茂　名	169	269	248	259	269	159	泸　州	90	105	115	95	184	57
肇　庆	173	232	219	218	258	226	德　阳	98	20	203	98	170	169
惠　州	242	117	249	249	82	79	绵　阳	63	146	11	46	56	104
梅　州	238	279	99	205	227	71	广　元	61	202	42	73	44	136
汕　尾	215	213	84	258	282	109	遂　宁	27	26	103	55	220	25
河　源	137	270	277	203	229	97	内　江	70	83	64	62	212	86
阳　江	135	216	6	245	130	105	乐　山	76	97	100	76	92	138

续表

城　市	综合	经济增长	增长潜力	政府效率	人民生活	环境质量	城　市	综合	经济增长	增长潜力	政府效率	人民生活	环境质量
南　充	101	157	162	79	122	83	延　安	222	89	212	226	71	232
眉　山	112	28	75	82	117	40	汉　中	166	247	267	182	136	246
宜　宾	93	71	94	108	192	102	榆　林	83	6	51	260	87	231
广　安	94	135	119	88	152	75	安　康	204	275	22	207	125	132
达　州	122	245	104	106	196	27	商　洛	277	258	46	143	264	266
雅　安	89	133	12	80	32	150	兰　州	152	219	255	267	88	210
巴　中	121	220	200	68	104	70	嘉峪关	41	33	225	220	5	80
资　阳	92	225	17	102	199	77	金　昌	33	8	4	212	21	277
贵　阳	252	193	180	217	108	182	白　银	280	221	279	191	138	202
六盘水	274	126	110	266	241	207	天　水	240	255	161	170	177	120
遵　义	239	218	108	163	261	139	武　威	203	248	49	219	62	223
安　顺	208	273	189	231	262	72	张　掖	244	265	210	135	75	212
昆　明	182	141	155	206	53	219	平　凉	256	233	146	195	188	164
曲　靖	100	66	7	213	250	116	酒　泉	271	164	211	227	54	261
玉　溪	168	94	190	152	107	216	庆　阳	199	281	10	247	180	55
保　山	246	209	60	223	146	234	定　西	172	284	23	169	266	10
昭　通	165	256	32	89	265	117	陇　南	248	243	39	155	242	241
丽　江	78	120	74	188	113	24	西　宁	226	181	264	172	96	107
普　洱	275	263	85	164	191	253	银　川	184	191	198	209	134	51
临　沧	281	249	92	241	279	201	石嘴山	42	19	72	168	77	89
西　安	38	172	158	69	27	42	吴　忠	206	210	40	151	181	252
铜　川	49	101	66	160	47	46	固　原	66	163	71	44	230	41
宝　鸡	181	36	175	190	158	240	中　卫	263	280	243	183	277	236
咸　阳	282	184	282	196	95	256	乌鲁木齐	110	152	256	173	43	17
渭　南	153	168	270	230	85	235	克拉玛依	1	7	5	119	12	26

2. 2022年城市可持续发展综合得分和排名变化情况

可持续发展综合排名前十位的城市：克拉玛依、北京、宁波、杭州、温州、上海、嘉兴、广州、厦门、金华。排名后十位的城市：通辽、松原、咸阳、临沧、白银、上饶、吕梁、商洛、乌兰察布、普洱。

2022年284个地级及地级以上城市可持续发展综合得分情况见表7。

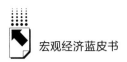

表7　2022年城市可持续发展综合得分情况

城　市	2022年	城　市	2022年	城　市	2022年	城　市	2022年	城　市	2022年	城　市	2022年
克拉玛依	0.677	金　昌	0.471	抚　顺	0.430	随　州	0.387	临　沂	0.354	柳　州	0.321
北　京	0.629	长　沙	0.468	固　原	0.429	梧　州	0.387	佳木斯	0.352	荆　州	0.320
宁　波	0.624	潍　坊	0.467	黄　山	0.428	德　阳	0.385	济　南	0.351	宜　昌	0.320
杭　州	0.610	常　州	0.464	盐　城	0.427	景德镇	0.385	晋　中	0.348	南　平	0.320
温　州	0.594	齐齐哈尔	0.462	呼和浩特	0.426	曲　靖	0.384	湘　潭	0.347	昭　通	0.319
上　海	0.552	西　安	0.460	鄂尔多斯	0.366	南　充	0.383	朝　阳	0.345	汉　中	0.319
嘉　兴	0.530	湖　州	0.458	内　江	0.425	郴　州	0.383	阳　江	0.345	阳　泉	0.316
广　州	0.528	苏　州	0.458	淮　安	0.424	揭　阳	0.383	舟　山	0.344	玉　溪	0.314
厦　门	0.528	嘉峪关	0.457	株　洲	0.424	咸　宁	0.382	河　源	0.343	茂　名	0.314
金　华	0.514	石嘴山	0.454	攀枝花	0.420	日　照	0.379	邵　阳	0.342	宜　春	0.313
福　州	0.512	盘　锦	0.452	衢　州	0.419	北　海	0.378	潮　州	0.341	平顶山	0.313
包　头	0.511	镇　江	0.451	威　海	0.418	长　春	0.378	呼伦贝尔	0.341	定　西	0.312
无　锡	0.509	本　溪	0.448	乐　山	0.417	牡丹江	0.377	张家界	0.341	肇　庆	0.311
珠　海	0.506	泰　州	0.447	龙　岩	0.417	重　庆	0.377	吉　安	0.341	赤　峰	0.311
大　庆	0.506	辽　源	0.447	丽　江	0.417	乌鲁木齐	0.374	哈尔滨	0.341	九　江	0.309
台　州	0.504	东　营	0.446	黄　石	0.414	辽　阳	0.374	韶　关	0.340	鄂　州	0.309
青　岛	0.501	铜　川	0.446	漳　州	0.413	眉　山	0.373	太　原	0.340	南　昌	0.308
海　口	0.499	东　莞	0.445	葫芦岛	0.413	莆　田	0.373	阜　新	0.338	钦　州	0.307
三　亚	0.499	营　口	0.444	马鞍山	0.411	佛　山	0.373	衡　阳	0.338	抚　州	0.306
绍　兴	0.499	鹤　岗	0.443	榆　林	0.409	新　余	0.369	长　治	0.332	清　远	0.305
南　京	0.494	铁　岭	0.442	沈　阳	0.409	济　宁	0.369	天　津	0.330	宝　鸡	0.304
黑　河	0.493	滨　州	0.442	伊　春	0.404	泉　州	0.364	岳　阳	0.329	昆　明	0.302
扬　州	0.492	连云港	0.442	宁　德	0.404	成　都	0.362	临　汾	0.329	锦　州	0.299
三　明	0.491	自　贡	0.441	宿　迁	0.403	四　平	0.362	兰　州	0.329	银　川	0.299
深　圳	0.491	防城港	0.438	双鸭山	0.401	巴　中	0.362	渭　南	0.328	唐　山	0.299
淄　博	0.490	大　同	0.437	雅　安	0.400	达　州	0.361	菏　泽	0.327	崇　左	0.298
遂　宁	0.488	鸡　西	0.436	泸　州	0.400	南　宁	0.360	德　州	0.327	中　山	0.298
南　通	0.486	徐　州	0.436	泰　安	0.397	七台河	0.359	丹　东	0.325	荆　门	0.297
乌　海	0.485	广　元	0.435	资　阳	0.394	淮　北	0.357	萍　乡	0.323	永　州	0.296
通　化	0.484	大　连	0.434	宜　宾	0.391	铜　陵	0.355	襄　阳	0.323	娄　底	0.296
烟　台	0.477	绵　阳	0.431	广　安	0.388	聊　城	0.354	十　堰	0.323	三门峡	0.296
丽　水	0.474	枣　庄	0.431	芜　湖	0.387	常　德	0.354	鹰　潭	0.323	秦皇岛	0.295

续表

城 市	2022年	城 市	2022年	城 市	2022年	城 市	2022年	城 市	2022年	城 市	2022年
汕 头	0.294	湛 江	0.281	晋 城	0.268	安 阳	0.258	宣 城	0.246	宿 州	0.224
池 州	0.294	武 汉	0.280	西 宁	0.266	惠 州	0.257	新 乡	0.242	六盘水	0.219
贵 港	0.291	吉 林	0.279	邢 台	0.266	濮 阳	0.257	南 阳	0.242	普 洱	0.218
焦 作	0.291	益 阳	0.278	鹤 壁	0.266	张 掖	0.257	巴彦淖尔	0.241	乌兰察布	0.216
黄 冈	0.291	石家庄	0.277	忻 州	0.264	贺 州	0.257	许 昌	0.239	商 洛	0.210
漯 河	0.289	鞍 山	0.276	洛 阳	0.263	保 山	0.257	周 口	0.237	吕 梁	0.210
庆 阳	0.288	汕 尾	0.276	商 丘	0.261	绥 化	0.256	中 卫	0.237	上 饶	0.209
阜 阳	0.288	保 定	0.275	衡 水	0.261	陇 南	0.255	滁 州	0.236	白 银	0.185
承 德	0.288	河 池	0.275	六 安	0.260	来 宾	0.253	开 封	0.236	临 沧	0.177
运 城	0.287	怀 化	0.274	淮 南	0.260	白 城	0.253	廊 坊	0.235	咸 阳	0.162
武 威	0.286	合 肥	0.272	郑 州	0.260	白 山	0.253	信 阳	0.235	松 原	0.161
安 康	0.286	赣 州	0.272	亳 州	0.259	贵 阳	0.252	驻马店	0.234	通 辽	0.122
安 庆	0.286	孝 感	0.271	百 色	0.259	江 门	0.250	桂 林	0.233	东部地区	0.431
吴 忠	0.283	延 安	0.271	梅 州	0.258	云 浮	0.247	邯 郸	0.233	中部地区	0.306
玉 林	0.282	蚌 埠	0.271	遵 义	0.258	张家口	0.247	酒 泉	0.231	西部地区	0.335
安 顺	0.281	朔 州	0.268	天 水	0.258	平 凉	0.246	沧 州	0.226	东北地区	0.379

和 2021 年相比，2022 年可持续发展综合排名上升的城市有 128 个，排名下降的城市有 145 个，其他城市 2022 年排名不变（见表 8）。

表 8　2022 年城市可持续发展综合排名变化情况

可持续发展综合 排名变化情况	城市
排名上升 （共 128 个）	柳州（+83）、盘锦（+71）、邵阳（+63）、池州（+59）、崇左（+55）、眉山（+54）、抚顺（+51）、焦作（+47）、株洲（+47）、保定（+45）、唐山（+45）、辽阳（+43）、贵港（+42）、蚌埠（+41）、舟山（+40）、宜春（+39）、西安（+39）、阳泉（+37）、郑州（+37）、商丘（+35）、赤峰（+34）、玉林（+33）、汕尾（+33）、庆阳（+32）、太原（+32）、马鞍山（+30）、北海（+30）、金昌（+30）、萍乡（+29）、营口（+28）、巴中（+27）、安阳（+27）、乌海（+27）、青岛（+26）、伊春（+26）、保山（+25）、呼伦贝尔（+25）、漳州（+23）、临汾（+22）、衡水（+22）、资阳（+21）、济南（+21）、石嘴山（+19）、嘉峪关（+19）、巴彦淖尔（+18）、梧州（+18）、昆明（+18）、东营（+18）、鹤岗（+17）、荆州（+17）、承德（+17）、连云港（+16）、包头（+16）、吴忠（+15）、成都（+15）、长沙（+15）、南宁（+14）、

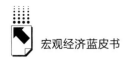

续表

可持续发展综合 排名变化情况	城市
排名上升 （共128个）	岳阳（+14）、鄂尔多斯（+13）、长春（+13）、淮北（+13）、抚州（+13）、襄阳（+13）、三明（+13）、呼和浩特（+13）、大同（+12）、广州（+12）、石家庄（+12）、张家口（+12）、安庆（+11）、莆田（+11）、贵阳（+11）、常德（+11）、长治（+11）、朔州（+11）、达州（+10）、防城港（+10）、宝鸡（+10）、渭南（+10）、江门（+9）、运城（+9）、绵阳（+9）、扬州（+9）、宜昌（+9）、随州（+8）、来宾（+8）、衡阳（+8）、湘潭（+8）、阳江（+8）、兰州（+8）、汉中（+8）、晋中（+8）、三门峡（+8）、河池（+7）、郴州（+7）、黄石（+7）、榆林（+7）、雅安（+7）、酒泉（+6）、龙岩（+6）、丽江（+6）、湛江（+6）、百色（+5）、永州（+5）、福州（+5）、九江（+5）、本溪（+5）、咸宁（+4）、广安（+4）、内江（+4）、洛阳（+4）、铜川（+4）、廊坊（+4）、四平（+3）、邯郸（+3）、张家界（+3）、上饶（+2）、临沧（+2）、沧州（+2）、嘉兴（+2）、宁德（+2）、鹰潭（+2）、南京（+2）、亳州（+2）、遂宁（+2）、宜宾（+1）、台州（+1）、温州（+1）
排名不变 （共11个）	邢台、宁波、吉安、通辽、海口、乐山、杭州、克拉玛依、攀枝花、北京、漯河
排名下降 （共145个）	怀化（-1）、武威（-1）、乌兰察布（-1）、自贡（-1）、白银（-1）、黑河（-1）、常州（-1）、松原（-1）、潍坊（-1）、上海（-1）、朝阳（-1）、枣庄（-2）、德州（-2）、固原（-2）、厦门（-2）、金华（-2）、平顶山（-2）、咸阳（-2）、黄冈（-2）、清远（-2）、吕梁（-2）、晋城（-3）、阜阳（-3）、无锡（-3）、重庆（-3）、日照（-3）、曲靖（-3）、大庆（-3）、珠海（-3）、湖州（-3）、辽源（-3）、天水（-4）、菏泽（-4）、广元（-4）、泰安（-4）、云浮（-4）、烟台（-4）、齐齐哈尔（-4）、通化（-4）、益阳（-5）、淮南（-5）、张掖（-5）、绍兴（-5）、德阳（-5）、泸州（-5）、六盘水（-5）、娄底（-6）、芜湖（-6）、三亚（-6）、南充（-6）、镇江（-6）、南通（-6）、深圳（-6）、荆门（-6）、赣州（-7）、开封（-7）、周口（-7）、景德镇（-7）、信阳（-7）、泰州（-7）、铁岭（-7）、临沂（-8）、丽水（-8）、鹤壁（-8）、驻马店（-9）、滨州（-9）、铜陵（-9）、韶关（-9）、银川（-9）、南昌（-9）、孝感（-9）、许昌（-10）、新余（-10）、泉州（-11）、定西（-11）、新乡（-12）、南阳（-12）、商洛（-12）、淄博（-12）、合肥（-14）、昭通（-14）、衢州（-15）、苏州（-15）、绥化（-15）、梅州（-15）、葫芦岛（-16）、济宁（-16）、盐城（-16）、哈尔滨（-16）、安康（-17）、濮阳（-17）、聊城（-17）、中山（-17）、滁州（-19）、普洱（-19）、安顺（-19）、玉溪（-19）、宿迁（-19）、徐州（-19）、东莞（-19）、桂林（-20）、淮安（-20）、黄山（-20）、宿州（-21）、阜新（-21）、钦州（-21）、吉林（-21）、大连（-22）、六安（-23）、平凉（-23）、天津（-23）、茂名（-24）、肇庆（-26）、贺州（-26）、汕头（-26）、鞍山（-26）、威海（-27）、丹东（-28）、宣城（-29）、鸡西（-29）、佳木斯（-29）、乌鲁木齐（-30）、南平（-33）、七台河（-33）、牡丹江（-33）、双鸭山（-34）、忻州（-36）、遵义（-36）、秦皇岛（-36）、佛山（-36）、白山（-37）、十堰（-37）、河源（-38）、沈阳（-42）、西宁（-43）、揭阳（-45）、鄂州（-47）、白城（-54）、中卫（-57）、潮州（-58）、惠州（-61）、陇南（-63）、武汉（-64）、延安（-64）、锦州（-65）

注：括号里面加号表示排名上升，减号表示排名下降，数值为与上年相比变化的名次，下同。

3. 2022年城市经济增长综合得分和排名变化情况

经济增长排名前十位的城市：包头、东营、马鞍山、乌海、唐山、榆林、克拉玛依、金昌、青岛、烟台。排名后十位的城市：定西、乌兰察布、葫芦岛、庆阳、中卫、梅州、黑河、绥化、吕梁、安康。

2022年284个地级及地级以上城市经济增长综合得分情况见表9。

表9　2022年城市经济增长综合得分情况

城市	2022年	城市	2022年	城市	2022年	城市	2022年	城市	2022年	城市	2022年
包头	0.744	眉山	0.503	攀枝花	0.450	玉林	0.414	绍兴	0.384	忻州	0.348
东营	0.646	三门峡	0.500	苏州	0.447	内江	0.414	阳泉	0.383	衡阳	0.347
马鞍山	0.617	辽阳	0.496	福州	0.444	荆州	0.413	随州	0.382	张家口	0.345
乌海	0.616	泉州	0.495	厦门	0.444	南通	0.413	牡丹江	0.382	柳州	0.344
唐山	0.613	朔州	0.493	宜昌	0.443	扬州	0.411	常州	0.381	赣州	0.344
榆林	0.608	嘉峪关	0.492	威海	0.443	郴州	0.410	临汾	0.380	昆明	0.344
克拉玛依	0.596	鹤壁	0.491	焦作	0.443	咸宁	0.410	承德	0.378	昆明	0.344
金昌	0.593	大庆	0.488	东莞	0.443	延安	0.409	沈阳	0.377	南宁	0.342
青岛	0.588	宝鸡	0.487	梧州	0.441	湘潭	0.408	惠州	0.377	湖州	0.341
烟台	0.586	洛阳	0.482	北海	0.440	吉林	0.408	鞍山	0.376	抚顺	0.340
潍坊	0.576	襄阳	0.481	景德镇	0.440	安阳	0.407	安庆	0.373	绵阳	0.338
长沙	0.574	大连	0.478	曲靖	0.437	济南	0.407	丽江	0.373	四平	0.337
淄博	0.572	邯郸	0.476	聊城	0.437	玉溪	0.404	泰州	0.373	宁波	0.337
株洲	0.571	济宁	0.474	自贡	0.435	深圳	0.403	中山	0.372	蚌埠	0.336
三明	0.568	芜湖	0.473	淮北	0.434	漯河	0.402	六安	0.372	南阳	0.335
滨州	0.567	本溪	0.470	德州	0.434	乐山	0.402	滁州	0.371	上饶	0.334
防城港	0.557	佛山	0.470	宜宾	0.433	莆田	0.401	许昌	0.371	乌鲁木齐	0.332
鹰潭	0.549	晋城	0.467	宁德	0.433	长春	0.401	六盘水	0.369	益阳	0.331
石嘴山	0.538	通化	0.467	九江	0.429	萍乡	0.400	新余	0.367	运城	0.331
德阳	0.534	铜陵	0.467	岳阳	0.425	铜川	0.397	衡水	0.362	贺州	0.331
鄂尔多斯	0.531	赤峰	0.462	南昌	0.425	珠海	0.396	龙岩	0.361	盐城	0.330
呼和浩特	0.522	临沂	0.461	无锡	0.424	呼伦贝尔	0.393	宣城	0.360	南充	0.330
沧州	0.516	辽源	0.460	泰安	0.424	吉安	0.393	金华	0.358	邵阳	0.330
日照	0.516	抚州	0.460	石家庄	0.419	泸州	0.392	太原	0.356	濮阳	0.330
漳州	0.507	镇江	0.457	平顶山	0.418	新乡	0.391	雅安	0.355	温州	0.329
遂宁	0.506	宜春	0.455	长治	0.417	郑州	0.391	嘉兴	0.354	徐州	0.328
黄石	0.505	枣庄	0.454	常德	0.415	大同	0.384	广安	0.349	营口	0.328

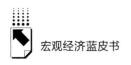
续表

城市	2022年	城市	2022年	城市	2022年	城市	2022年	城市	2022年	城市	2022年
固原	0.326	咸阳	0.309	永州	0.284	白山	0.257	汉中	0.225	丽水	0.178
酒泉	0.326	邢台	0.308	开封	0.282	百色	0.256	武威	0.223	茂名	0.176
汕头	0.324	崇左	0.306	杭州	0.279	孝感	0.254	临沧	0.221	河源	0.172
盘锦	0.324	晋中	0.303	信阳	0.276	荆门	0.248	哈尔滨	0.221	白城	0.168
鸡西	0.324	淮安	0.301	保山	0.274	朝阳	0.247	张家界	0.218	北京	0.163
渭南	0.323	潮州	0.300	吴忠	0.273	伊春	0.247	鄂州	0.215	安顺	0.156
宿迁	0.318	廊坊	0.300	丹东	0.271	肇庆	0.244	云浮	0.213	湛江	0.140
贵港	0.318	银川	0.298	桂林	0.271	平凉	0.244	七台河	0.212	安康	0.139
江门	0.318	舟山	0.298	汕尾	0.270	商丘	0.243	天水	0.212	吕梁	0.137
西安	0.318	贵阳	0.298	鹤岗	0.269	清远	0.243	昭通	0.211	绥化	0.124
保定	0.317	台州	0.298	武汉	0.268	亳州	0.242	十堰	0.200	黑河	0.118
娄底	0.317	阜阳	0.297	阳江	0.267	齐齐哈尔	0.241	商洛	0.198	梅州	0.110
南平	0.317	广州	0.296	连云港	0.267	衢州	0.234	揭阳	0.194	中卫	0.105
南京	0.316	秦皇岛	0.295	遵义	0.266	双鸭山	0.233	铁岭	0.192	庆阳	0.104
淮南	0.315	天津	0.295	兰州	0.265	锦州	0.232	海口	0.190	葫芦岛	0.100
池州	0.314	上海	0.293	巴中	0.263	来宾	0.232	巴彦淖尔	0.190	乌兰察布	0.086
钦州	0.314	合肥	0.292	白银	0.263	佳木斯	0.231	普洱	0.188	定西	0.028
黄山	0.312	通辽	0.292	韶关	0.258	陇南	0.231	河池	0.186	东部地区	0.394
西宁	0.311	广元	0.289	松原	0.258	周口	0.230	张掖	0.184	中部地区	0.370
成都	0.310	驻马店	0.287	黄冈	0.258	达州	0.226	宿州	0.184	西部地区	0.340
重庆	0.309	阜新	0.286	资阳	0.257	怀化	0.225	三亚	0.181	东北地区	0.305

和2021年相比，2022年经济增长排名上升的城市有146个，排名下降的城市有123个，其他城市2022年排名不变（见表10）。

表10　2022年城市经济增长排名变化情况

经济增长排名变化情况	城市
排名上升（共146个）	邵阳（+45）、昆明（+43）、张家口（+37）、南宁（+36）、广州（+31）、贵港（+31）、乌鲁木齐（+31）、郑州（+30）、焦作（+29）、池州（+27）、商丘（+24）、济南（+23）、金华（+22）、舟山（+21）、兰州（+21）、苏州（+21）、西安（+20）、莆田（+20）、嘉兴（+20）、福州（+19）、保山（+19）、石家庄（+18）、南京（+18）、贵阳（+17）、常州（+17）、汕尾（+16）、江门（+16）、扬州（+16）、赤峰（+15）、眉山（+15）、宜春（+14）、阳泉（+14）、辽阳（+14）、陇南（+14）、丽江（+14）、巴彦淖尔（+13）、固原（+13）、邢台（+13）、平

续表

经济增长 排名变化情况	城市
排名上升 （共146个）	凉（+13）、驻马店（+12）、郴州（+11）、巴中（+11）、大同（+11）、通化（+11）、盘锦（+11）、银川（+11）、承德（+11）、赣州（+11）、厦门（+10）、珠海（+10）、呼和浩特（+10）、漳州（+10）、杭州（+10）、廊坊（+10）、深圳（+10）、吴忠（+10）、温州（+10）、宁波（+10）、牡丹江（+9）、无锡（+9）、洛阳（+9）、安阳（+9）、永州（+9）、衢州（+9）、南阳（+9）、张家界（+8）、青岛（+8）、鹤岗（+8）、信阳（+8）、保定（+8）、安庆（+8）、合肥（+7）、成都（+7）、日照（+7）、南通（+7）、开封（+6）、汕头（+6）、双鸭山（+6）、天水（+6）、连云港（+6）、周口（+6）、嘉峪关（+6）、济宁（+6）、亳州（+6）、太原（+6）、柳州（+6）、上饶（+6）、南充（+5）、哈尔滨（+5）、抚州（+5）、长春（+5）、呼伦贝尔（+5）、邯郸（+5）、南昌（+5）、玉林（+5）、张掖（+5）、揭阳（+5）、惠州（+5）、衡水（+5）、阜新（+4）、宝鸡（+4）、达州（+4）、锦州（+4）、株洲（+4）、长沙（+4）、临沂（+4）、马鞍山（+4）、荆州（+4）、菏泽（+4）、盐城（+4）、宁德（+3）、河源（+3）、丽水（+3）、遂宁（+3）、沧州（+3）、武威（+3）、普洱（+3）、营口（+3）、河池（+3）、淮安（+3）、绵阳（+3）、衡阳（+3）、益阳（+3）、广元（+2）、齐齐哈尔（+2）、北京（+2）、德州（+2）、德阳（+2）、铁岭（+2）、黑河（+2）、湛江（+2）、北海（+2）、伊春（+2）、泰州（+2）、常德（+1）、松原（+1）、中卫（+1）、金昌（+1）、辽源（+1）、庆阳（+1）、绥化（+1）、潍坊（+1）、吕梁（+1）、咸宁（+1）、资阳（+1）、四平（+1）
排名不变 （共15个）	阜阳、朝阳、乌兰察布、酒泉、清远、石嘴山、榆林、肇庆、包头、定西、东营、乌海、梅州、龙岩、广安
排名下降 （共123个）	桂林（-1）、天津（-1）、台州（-1）、宿州（-1）、茂名（-1）、鄂尔多斯（-1）、攀枝花（-1）、临沧（-1）、鹤壁（-1）、海口（ 1）、安顺（ 1）、岳阳（-1）、云浮（-1）、雅安（-1）、宜宾（-2）、三明（-2）、昭通（-2）、滨州（-2）、烟台（-2）、克拉玛依（-2）、镇江（-2）、黄石（-2）、唐山（-2）、娄底（-2）、百色（-2）、运城（-2）、萍乡（-3）、重庆（-3）、新乡（-3）、韶关（-3）、白银（-3）、佛山（-3）、鹰潭（-3）、淄博（-3）、聊城（-3）、怀化（-3）、湖州（-3）、景德镇（-4）、东莞（-4）、淮北（-4）、佳木斯（-4）、襄阳（-4）、来宾（-4）、泉州（-4）、朔州（-4）、随州（-4）、白山（-5）、渭南（-5）、晋中（-5）、平顶山（-5）、商洛（-5）、枣庄（-5）、内江（-5）、沈阳（-5）、宣城（-5）、许昌（-5）、蚌埠（ 5）、忻州（ 5）、乐山（-6）、汉中（-6）、防城港（-6）、湘潭（-6）、自贡（-6）、阳江（-7）、本溪（-7）、晋城（-7）、泰安（-7）、三门峡（-8）、白城（-8）、宿迁（-8）、秦皇岛（-9）、南平（-9）、长治（-9）、淮南（-9）、六盘水（-9）、铜陵（-10）、绍兴（-10）、吉安（-10）、六安（-10）、滁州（-10）、黄山（-11）、梧州（-11）、曲靖（-11）、三亚（-11）、崇左（-12）、泸州（-12）、大庆（-12）、芜湖（-12）、威海（-12）、吉林（-12）、鞍山（-12）、上海（-13）、玉溪（-13）、九江（-13）、漯河（-13）、葫芦岛（-13）、中山（-13）、西宁（-14）、铜川（-15）、大连（-15）、通辽（-16）、潮州（-16）、濮阳（-16）、宜昌（-17）、鸡西（-17）、新余（-17）、七台河（-18）、遵义（-19）、临汾（-19）、丹东（-21）、徐州（-22）、钦州（-24）、贺州（-27）、黄冈（-28）、延安（-30）、安康（-41）、咸阳（-42）、抚顺（-45）、孝感（-50）、十堰（-51）、武汉（-68）、荆门（-93）、鄂州（-137）

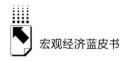

4. 2022年城市增长潜力综合得分和排名变化情况

增长潜力排名前十位的城市：葫芦岛、伊春、盘锦、金昌、克拉玛依、阳江、曲靖、梧州、通化、庆阳。排名后十位的城市：通辽、松原、咸阳、揭阳、许昌、白银、哈尔滨、河源、桂林、阜新。

2022年284个地级及地级以上城市增长潜力综合得分情况见表11。

表11 2022年城市增长潜力综合得分情况

城市	2022年	城市	2022年	城市	2022年	城市	2022年	城市	2022年	城市	2022年
葫芦岛	0.544	韶关	0.438	武威	0.418	清远	0.396	盐城	0.376	漳州	0.362
伊春	0.537	长治	0.437	苏州	0.416	丽江	0.395	襄阳	0.376	保定	0.362
盘锦	0.520	来宾	0.437	榆林	0.416	眉山	0.395	梅州	0.376	张家口	0.362
金昌	0.515	枣庄	0.436	镇江	0.416	常州	0.394	乐山	0.375	龙岩	0.362
克拉玛依	0.509	宜春	0.435	贺州	0.416	吕梁	0.394	钦州	0.375	崇左	0.361
阳江	0.500	大庆	0.433	六安	0.415	防城港	0.392	衡阳	0.375	景德镇	0.361
曲靖	0.497	铁岭	0.430	南京	0.414	宿州	0.392	遂宁	0.373	驻马店	0.361
梧州	0.494	昭通	0.430	商丘	0.413	丹东	0.391	达州	0.373	宣城	0.361
通化	0.494	东营	0.430	淮北	0.412	宿迁	0.389	邵阳	0.371	新余	0.360
庆阳	0.492	忻州	0.429	黑河	0.411	池州	0.389	荆州	0.370	焦作	0.360
绵阳	0.490	舟山	0.429	上饶	0.410	咸宁	0.388	广州	0.369	宁德	0.360
雅安	0.481	鄂州	0.425	保山	0.410	汕尾	0.387	遵义	0.367	南通	0.360
大同	0.478	无锡	0.424	海口	0.406	普洱	0.386	双鸭山	0.367	岳阳	0.359
乌海	0.475	重庆	0.423	十堰	0.405	绥化	0.384	六盘水	0.367	萍乡	0.357
辽源	0.469	陇南	0.423	临汾	0.405	攀枝花	0.384	扬州	0.367	怀化	0.356
云浮	0.468	吴忠	0.423	内江	0.404	吉安	0.381	淮南	0.367	晋城	0.356
资阳	0.466	贵港	0.422	本溪	0.402	晋中	0.380	永州	0.366	日照	0.356
运城	0.461	广元	0.422	铜川	0.402	菏泽	0.380	福州	0.365	赣州	0.355
呼伦贝尔	0.459	朝阳	0.421	乌兰察布	0.402	芜湖	0.379	泸州	0.364	莆田	0.354
河池	0.458	百色	0.420	徐州	0.400	临沧	0.378	承德	0.363	亳州	0.354
三亚	0.445	巴彦淖尔	0.420	北海	0.398	阜阳	0.377	黄冈	0.363	淮安	0.353
安康	0.445	商洛	0.419	平顶山	0.398	宜宾	0.377	马鞍山	0.362	嘉兴	0.353
定西	0.445	阳泉	0.419	固原	0.397	四平	0.377	广安	0.362	金华	0.353
滨州	0.441	连云港	0.419	石嘴山	0.397	郴州	0.376	唐山	0.362	邯郸	0.352

续表

城市	2022年	城市	2022年	城市	2022年	城市	2022年	城市	2022年	城市	2022年	城市	2022年
济南	0.352	朔州	0.336	江门	0.323	宁波	0.307	沧州	0.277	辽阳	0.249		
平凉	0.352	呼和浩特	0.335	抚州	0.323	玉林	0.307	南阳	0.275	廊坊	0.242		
南宁	0.351	鄂尔多斯	0.334	绍兴	0.323	肇庆	0.306	中卫	0.275	汉中	0.238		
温州	0.351	荆门	0.334	张家界	0.322	淄博	0.306	南平	0.273	七台河	0.238		
珠海	0.351	泰州	0.333	青岛	0.322	德州	0.306	沈阳	0.272	吉林	0.237		
安庆	0.350	娄底	0.333	银川	0.320	秦皇岛	0.302	郑州	0.271	渭南	0.236		
常德	0.350	宝鸡	0.332	临沂	0.320	安阳	0.302	上海	0.270	潮州	0.233		
三明	0.350	佳木斯	0.332	巴中	0.320	蚌埠	0.302	茂名	0.269	白山	0.233		
滁州	0.348	大连	0.331	齐齐哈尔	0.317	嘉峪关	0.302	惠州	0.268	泉州	0.232		
泰安	0.348	铜陵	0.330	烟台	0.317	厦门	0.300	邢台	0.266	东莞	0.228		
昆明	0.348	长春	0.330	德阳	0.316	合肥	0.299	威海	0.264	阜新	0.226		
随州	0.347	贵阳	0.330	宜昌	0.316	抚顺	0.298	鞍山	0.263	桂林	0.226		
衢州	0.347	杭州	0.329	益阳	0.316	汕头	0.296	北京	0.263	河源	0.225		
西安	0.346	湖州	0.329	聊城	0.316	牡丹江	0.293	漯河	0.263	哈尔滨	0.225		
自贡	0.346	台州	0.328	赤峰	0.316	湘潭	0.291	兰州	0.262	白银	0.225		
衡水	0.345	三门峡	0.328	长沙	0.315	湛江	0.288	乌鲁木齐	0.260	许昌	0.224		
天水	0.344	太原	0.327	鸡西	0.313	石家庄	0.287	孝感	0.260	揭阳	0.201		
南充	0.344	济宁	0.327	张掖	0.312	株洲	0.287	中山	0.260	咸阳	0.200		
黄石	0.342	九江	0.326	酒泉	0.312	濮阳	0.286	开封	0.259	松原	0.200		
黄山	0.341	潍坊	0.326	延安	0.311	南昌	0.285	新乡	0.258	通辽	0.146		
锦州	0.339	安顺	0.326	包头	0.310	鹰潭	0.282	成都	0.256	东部地区	0.367		
佛山	0.339	玉溪	0.325	鹤壁	0.309	柳州	0.282	天津	0.255	中部地区	0.348		
鹤岗	0.339	深圳	0.325	信阳	0.308	武汉	0.279	洛阳	0.251	西部地区	0.368		
营口	0.338	丽水	0.324	白城	0.308	周口	0.278	西宁	0.250	东北地区	0.349		

　　和2021年相比，2022年增长潜力排名上升的城市有125个，排名下降的城市有154个，其他城市2022年排名不变（见表12）。

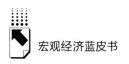

表 12　2022 年城市增长潜力排名变化情况

增长潜力排名变化情况	城市
排名上升 （共 125 个）	商丘（+151）、焦作（+133）、池州（+126）、邵阳（+114）、眉山（+107）、广州（+106）、汕尾（+97）、连云港（+95）、巴彦淖尔（+90）、盘锦（+89）、西安（+89）、漳州（+83）、舟山（+82）、太原（+81）、马鞍山（+71）、鹤岗（+70）、安康（+69）、扬州（+68）、呼和浩特（+61）、青岛（+60）、江门（+58）、酒泉（+56）、石嘴山（+55）、抚顺（+54）、萍乡（+54）、朔州（+54）、固原（+52）、上饶（+52）、吕梁（+51）、三明（+49）、深圳（+49）、蚌埠（+48）、龙岩（+47）、贵阳（+47）、鄂尔多斯（+46）、柳州（+45）、北海（+45）、福州（+44）、济南（+42）、赤峰（+41）、玉林（+40）、株洲（+39）、巴中（+39）、保山（+38）、晋城（+38）、承德（+38）、三亚（+38）、随州（+36）、嘉峪关（+35）、营口（+35）、黄石（+35）、阳泉（+35）、荆州（+34）、郑州（+33）、宜春（+33）、崇左（+31）、贵港（+30）、宜昌（+30）、临汾（+30）、天水（+29）、鄂州（+28）、唐山（+26）、长治（+26）、内江（+25）、淮南（+25）、邯郸（+25）、吴忠（+23）、宝鸡（+22）、铜川（+22）、南京（+22）、长春（+21）、呼伦贝尔（+21）、长沙（+21）、无锡（+20）、安庆（+20）、张掖（+20）、咸宁（+19）、岳阳（+19）、遂宁（+18）、临沧（+18）、安阳（+18）、莆田（+18）、资阳（+18）、厦门（+17）、庆阳（+17）、辽阳（+16）、南宁（+15）、张家口（+15）、金昌（+14）、运城（+14）、衡水（+13）、枣庄（+13）、大同（+12）、石家庄（+12）、乌海（+12）、昆明（+11）、宜宾（+10）、保定（+9）、泰安（+9）、绵阳（+9）、百色（+9）、洛阳（+8）、成都（+8）、沧州（+8）、阳江（+8）、攀枝花（+7）、泸州（+7）、襄阳（+7）、防城港（+7）、日照（+7）、兰州（+6）、伊春（+5）、梧州（+5）、银川（+4）、来宾（+4）、湘潭（+4）、重庆（+4）、广元（+4）、葫芦岛（+3）、达州（+3）、河池（+2）、永州（+2）、丽江（+2）、乌兰察布（+2）、淮北（+1）
排名不变 （共 5 个）	常德、通辽、自贡、海口、雅安
排名下降 （共 154 个）	廊坊（-1）、阜新（-1）、六盘水（-1）、云浮（-1）、榆林（-1）、曲靖（-1）、定西（-2）、娄底（-2）、南通（-2）、怀化（-2）、克拉玛依（-2）、许昌（-3）、东营（-3）、松原（-3）、白银（-4）、邢台（-4）、乐山（-4）、平凉（-4）、咸阳（-4）、黑河（-4）、泉州（-5）、衡阳（-5）、揭阳（-5）、宁德（-5）、鹰潭（-5）、齐齐哈尔（-6）、烟台（-6）、桂林（-6）、韶关（-6）、广安（-6）、宿迁（-6）、常州（-6）、荆门（-7）、温州（-7）、辽源（-7）、南充（-7）、通化（-7）、绥化（-8）、南昌（-8）、抚州（-9）、驻马店（-9）、商洛（-10）、亳州（-11）、益阳（-12）、九江（-12）、七台河（-12）、苏州（-12）、合肥（-13）、滨州（-13）、平顶山（-14）、哈尔滨（-14）、朝阳（-15）、昭通（-15）、威海（-15）、东莞（-15）、河源（-15）、新乡（-16）、德州（-16）、武威（-16）、开封（-17）、白山（-17）、潮州（-17）、菏泽（-17）、渭南（-17）、郴州（-17）、黄冈（-17）、十堰（-17）、汉中（-17）、吉林（-17）、忻州（-18）、贺州（-19）、张家界（-20）、武汉（-21）、本溪（-21）、吉安（-21）、临沂（-22）、盐城（-23）、宿州（-24）、濮阳（-25）、济宁（-25）、徐州（-25）、西宁（-26）、嘉兴（-26）、铁岭（-26）、清远（-26）、芜湖（-26）、遵义（-27）、四平（-27）、阜阳（-27）、包头（-29）、镇江（-29）、天津（-29）、滁州（-29）、大庆（-29）、陇南（-29）、六安（-30）、赣州（-30）、南阳（-31）、杭州（-31）、孝感（-32）、乌鲁木齐（-32）、茂名（-32）、鞍山（-32）、北京（-32）、漯河（-32）、

续表

增长潜力 排名变化情况	城市
排名下降 （共154个）	中山（-32）、肇庆（-33）、宁波（-34）、惠州（-34）、汕头（-35）、信阳（-35）、上海（-35）、绍兴（-35）、德阳（-35）、沈阳（-36）、台州（-36）、南平（-38）、铜陵（-39）、潍坊（-39）、景德镇（-39）、晋中（-40）、泰州（-41）、新余（-43）、珠海（-43）、中卫（-44）、丽水（-44）、宣城（-48）、周口（-49）、鹤壁（-50）、三门峡（-50）、淮安（-51）、淄博（-53）、钦州（-53）、安顺（-53）、湛江（-54）、普洱（-56）、佳木斯（-56）、梅州（-60）、聊城（-61）、衢州（-62）、湖州（-63）、金华（-71）、丹东（-71）、双鸭山（-72）、牡丹江（-77）、黄山（-81）、佛山（-82）、玉溪（-87）、秦皇岛（-97）、白城（-104）、鸡西（-108）、延安（-113）、锦州（-114）、大连（-117）

5. 2022年城市政府效率综合得分和排名变化情况

政府效率排名前十位的城市：杭州、北京、温州、伊春、舟山、丽水、宁波、绍兴、衢州、嘉兴。排名后十位的城市：许昌、商丘、鹤壁、沧州、洛阳、漯河、贺州、濮阳、衡水、周口。

2022年284个地级及地级以上城市政府效率综合得分情况见表13。

表13 2022年城市政府效率综合得分情况

城 市	2022年	城 市	2022年	城 市	2022年	城 市	2022年	城 市	2022年	城 市	2022年
杭 州	0.798	徐 州	0.656	鹤 岗	0.542	抚 顺	0.494	宁 德	0.456	福 州	0.432
北 京	0.794	台 州	0.651	三 明	0.541	厦 门	0.491	淄 博	0.456	眉 山	0.432
温 州	0.773	淮 安	0.643	双鸭山	0.539	沈 阳	0.487	聊 城	0.456	辽 阳	0.425
伊 春	0.738	连云港	0.639	佳木斯	0.532	绥 化	0.486	巴 中	0.452	太 原	0.423
舟 山	0.737	无 锡	0.628	烟 台	0.527	黑 河	0.485	西 安	0.451	成 都	0.421
丽 水	0.728	扬 州	0.627	泰 安	0.525	锦 州	0.484	漳 州	0.450	泉 州	0.420
宁 波	0.720	盐 城	0.619	牡丹江	0.519	遂 宁	0.482	营 口	0.450	怀 化	0.417
绍 兴	0.720	泰 州	0.616	大 庆	0.517	龙 岩	0.479	枣 庄	0.446	广 安	0.417
衢 州	0.719	宿 迁	0.612	威 海	0.516	潍 坊	0.476	广 元	0.445	昭 通	0.415
嘉 兴	0.713	南 通	0.609	自 贡	0.510	济 宁	0.474	黄 石	0.444	宜 昌	0.415
金 华	0.711	七台河	0.597	青 岛	0.510	南 平	0.466	东 营	0.444	日 照	0.414
湖 州	0.679	常 州	0.591	固 原	0.509	菏 泽	0.464	乐 山	0.442	三 亚	0.414
齐齐哈尔	0.678	哈尔滨	0.586	本 溪	0.499	四 平	0.462	滨 州	0.439	吉 林	0.413
南 京	0.675	上 海	0.572	绵 阳	0.497	内 江	0.457	攀枝花	0.439	荆 州	0.412
苏 州	0.668	鸡 西	0.572	德 州	0.497	鞍 山	0.457	南 充	0.435	泸 州	0.411
镇 江	0.657	济 南	0.545	大 连	0.495	临 沂	0.456	雅 安	0.434	辽 源	0.410

续表

城　市	2022年	城　市	2022年	城　市	2022年	城　市	2022年	城　市	2022年	城　市	2022年
白　山	0.408	巴彦淖尔	0.358	运　城	0.307	深　圳	0.275	南　宁	0.205	信　阳	0.149
德　阳	0.406	衡　阳	0.356	萍　乡	0.307	南　昌	0.268	延　安	0.205	汕　尾	0.143
盘　锦	0.405	长　春	0.355	遵　义	0.306	平　凉	0.267	酒　泉	0.202	茂　名	0.143
郴　州	0.403	滁　州	0.353	普　洱	0.304	咸　阳	0.265	贵　港	0.197	榆　林	0.140
通　化	0.402	湘　潭	0.353	广　州	0.304	长　治	0.265	韶　关	0.197	北　海	0.136
资　阳	0.402	安　庆	0.352	长　沙	0.303	吉　安	0.265	渭　南	0.193	来　宾	0.136
黄　冈	0.401	张　掖	0.351	亳　州	0.302	永　州	0.263	安　顺	0.192	湛　江	0.135
武　汉	0.401	淮　南	0.349	石嘴山	0.299	鹰　潭	0.261	秦皇岛	0.191	佛　山	0.133
海　口	0.399	景德镇	0.347	定　西	0.299	通　辽	0.261	保　定	0.188	焦　作	0.131
达　州	0.393	岳　阳	0.345	天　水	0.299	河　池	0.261	郑　州	0.187	六盘水	0.130
铁　岭	0.393	包　头	0.344	上　饶	0.298	河　源	0.260	三门峡	0.183	兰　州	0.116
宜　宾	0.392	张家界	0.341	西　宁	0.297	晋　城	0.256	揭　阳	0.182	邯　郸	0.115
阜　阳	0.391	乌兰察布	0.338	乌鲁木齐	0.295	梅　州	0.255	鄂尔多斯	0.180	中　山	0.114
呼伦贝尔	0.391	大　同	0.337	池　州	0.292	昆　明	0.248	云　浮	0.180	新　乡	0.113
丹　东	0.391	商　洛	0.335	邵　阳	0.291	安　康	0.246	潮　州	0.176	安　阳	0.113
葫芦岛	0.389	淮　北	0.333	抚　州	0.289	新　余	0.246	张家口	0.176	开　封	0.111
十　堰	0.388	阳　泉	0.331	随　州	0.288	银　川	0.244	临　沧	0.174	驻马店	0.110
荆　门	0.387	常　德	0.330	九　江	0.287	宜　春	0.243	清　远	0.172	南　阳	0.109
黄　山	0.387	莆　田	0.328	宣　城	0.285	朔　州	0.241	石家庄	0.171	周　口	0.109
天　津	0.385	松　原	0.326	咸　宁	0.283	金　昌	0.240	防城港	0.171	衡　水	0.105
呼和浩特	0.385	益　阳	0.325	吕　梁	0.283	曲　靖	0.240	阳　江	0.171	濮　阳	0.098
赤　峰	0.384	马鞍山	0.325	汉　中	0.283	柳　州	0.239	邢　台	0.169	贺　州	0.097
克拉玛依	0.382	吴　忠	0.324	中　卫	0.282	玉　林	0.237	庆　阳	0.168	漯　河	0.088
合　肥	0.379	玉　溪	0.323	重　庆	0.282	晋　中	0.234	廊　坊	0.167	洛　阳	0.087
娄　底	0.376	桂　林	0.322	珠　海	0.280	贵　阳	0.231	惠　州	0.166	沧　州	0.082
阜　新	0.376	赣　州	0.322	宿　州	0.279	肇　庆	0.227	东　莞	0.162	鹤　壁	0.081
白　城	0.371	陇　南	0.321	临　汾	0.279	武　威	0.225	汕　头	0.162	商　丘	0.069
朝　阳	0.368	忻　州	0.320	丽　江	0.279	嘉峪关	0.219	江　门	0.161	许　昌	0.066
蚌　埠	0.368	乌　海	0.319	鄂　州	0.278	钦　州	0.219	唐　山	0.160	东部地区	0.452
芜　湖	0.364	襄　阳	0.313	宝　鸡	0.277	百　色	0.209	平顶山	0.157	中部地区	0.282
孝　感	0.362	铜　陵	0.310	白　银	0.276	保　山	0.209	承　德	0.151	西部地区	0.301
株　洲	0.360	铜　川	0.307	六　安	0.276	梧　州	0.206	崇　左	0.150	东北地区	0.472

　　和2021年相比，2022年政府效率排名上升的城市有117个，排名下降的城市有133个，其他城市2022年排名不变（见表14）。

表 14　2022 年城市政府效率排名变化情况

政府效率排名变化情况	城市
排名上升（共 117 个）	马鞍山(+18)、抚州(+17)、九江(+17)、萍乡(+15)、阜阳(+14)、郴州(+14)、达州(+13)、广安(+13)、宣城(+13)、淮北(+12)、宿州(+12)、亳州(+11)、普洱(+11)、南昌(+11)、池州(+11)、铜陵(+10)、海口(+10)、景德镇(+10)、上饶(+10)、邢台(+9)、吕梁(+9)、芜湖(+9)、安庆(+9)、成都(+9)、怀化(+9)、乌兰察布(+8)、宜春(+8)、吉安(+8)、西安(+8)、鹰潭(+8)、盘锦(+8)、六安(+8)、三门峡(+7)、鄂尔多斯(+7)、滁州(+7)、防城港(+7)、常德(+7)、玉溪(+7)、秦皇岛(+7)、临沧(+7)、包头(+6)、黄山(+6)、赣州(+6)、丽江(+6)、邯郸(+6)、安顺(+6)、阳泉(+6)、绵阳(+6)、贵港(+6)、新余(+6)、合肥(+5)、德阳(+5)、淮南(+5)、保山(+5)、宁德(+5)、宜昌(+5)、新乡(+5)、本溪(+5)、株洲(+4)、石家庄(+4)、来宾(+4)、嘉峪关(+4)、辽阳(+4)、四平(+4)、襄阳(+4)、大庆(+4)、自贡(+4)、黄石(+4)、内江(+4)、唐山(+3)、蚌埠(+3)、柳州(+3)、龙岩(+3)、湖州(+3)、泉州(+3)、乐山(+3)、三明(+3)、泸州(+3)、雅安(+3)、宁波(+3)、鹤岗(+3)、梧州(+3)、承德(+3)、桂林(+2)、郑州(+2)、北海(+2)、廊坊(+2)、黑河(+2)、荆门(+2)、酒泉(+2)、宜宾(+2)、安阳(+2)、营口(+2)、烟台(+2)、焦作(+2)、泰州(+2)、德州(+2)、牡丹江(+2)、赤峰(+2)、湘潭(+1)、衡阳(+1)、漳州(+1)、西宁(+1)、嘉兴(+1)、巴彦淖尔(+1)、七台河(+1)、台州(+1)、南平(+1)、绥化(+1)、昆明(+1)、无锡(+1)、齐齐哈尔(+1)、汕尾(+1)、济南(+1)、淮安(+1)、榆林(+1)、咸阳(+1)
排名不变（共 34 个）	吉林、鄂州、徐州、绍兴、枣庄、鸡西、衡水、葫芦岛、乌海、温州、舟山、哈尔滨、鹤壁、杭州、许昌、洛阳、伊春、北京、镇江、商丘、盐城、漯河、沧州、濮阳、贺州、张家口、泰安、丽水、眉山、上海、开封、武威、保定、通辽
排名下降（共 133 个）	六盘水(−1)、通化(−1)、平顶山(−1)、朔州(−1)、钦州(−1)、遂宁(−1)、青岛(−1)、威海(−1)、重庆(−1)、济宁(−1)、南通(−1)、扬州(−1)、延安(−1)、白城(−1)、潍坊(−1)、常州(−1)、梅州(−1)、长治(−1)、福州(−1)、巴中(−1)、宿迁(−1)、晋中(−1)、百色(−1)、益阳(−1)、呼伦贝尔(−1)、中山(−1)、咸宁(−1)、晋城(−1)、崇左(−2)、茂名(−2)、曲靖(−2)、张家界(−2)、淄博(−2)、驻马店(−2)、长春(−2)、抚顺(−2)、玉林(−2)、厦门(−2)、金华(−2)、连云港(−2)、鞍山(−2)、南京(−2)、衢州(−2)、汕头(−2)、佳木斯(−2)、临沂(−2)、苏州(−2)、肇庆(−2)、攀枝花(−2)、佛山(−2)、菏泽(−2)、滨州(−2)、资阳(−3)、金昌(−3)、锦州(−3)、双鸭山(−3)、兰州(−3)、太原(−3)、南宁(−3)、韶关(−3)、湛江(−3)、娄底(−3)、铁岭(−3)、莆田(−3)、乌鲁木齐(−3)、临汾(−3)、中卫(−3)、孝感(−3)、三亚(−4)、荆州(−4)、南阳(−4)、聊城(−4)、东莞(−4)、定西(−4)、天水(−4)、信阳(−5)、天津(−5)、岳阳(−5)、广元(−5)、白银(−5)、昭通(−5)、白山(−5)、大连(−5)、贵阳(−5)、遵义(−5)、丹东(−5)、石嘴山(−5)、日照(−5)、长沙(−5)、南充(−5)、东营(−6)、黄冈(−6)、沈阳(−6)、惠州(−6)、大同(−6)、庆阳(−6)、周口(−6)、随州(−6)、揭阳(−6)、江门(−7)、云浮(−7)、渭南(−7)、朝阳(−7)、银川(−7)、阳江(−7)、清远(−7)、潮州(−7)、十堰(−8)、邵阳(−8)、松原(−8)、铜川(−8)、安康(−8)、张掖(−9)、吴忠(−9)、阜新(−9)、固原(−9)、珠海(−9)、呼和浩特(−9)、忻州(−10)、辽源(−11)、河池(−11)、运城(−11)、永州(−11)、广州(−11)、武汉(−13)、平凉(−13)、河源(−16)、商洛(−16)、宝鸡(−16)、克拉玛依(−17)、陇南(−18)、汉中(−18)、深圳(−21)

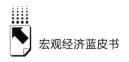

6. 2022年城市人民生活综合得分和排名变化情况

人民生活排名前十位的城市：黑河、北京、上海、深圳、嘉峪关、东莞、包头、珠海、三亚、舟山。排名后十位的城市：绥化、揭阳、汕尾、云浮、商丘、临沧、贺州、中卫、松原、菏泽。

2022年284个地级及地级以上城市人民生活综合得分情况见表15。

表15　2022年城市人民生活综合得分情况

城　市	2022年	城　市	2022年	城　市	2022年	城　市	2022年	城　市	2022年	城　市	2022年
黑　河	0.920	福　州	0.599	乌鲁木齐	0.501	大　同	0.457	渭　南	0.407	赤　峰	0.373
北　京	0.871	沈　阳	0.574	广　元	0.498	莆　田	0.456	鄂尔多斯	0.404	玉　溪	0.372
上　海	0.847	温　州	0.574	丽　水	0.494	双鸭山	0.451	榆　林	0.401	贵　阳	0.372
深　圳	0.840	盘　锦	0.574	鹤　岗	0.491	济　南	0.450	兰　州	0.394	威　海	0.372
嘉峪关	0.828	长　沙	0.573	铜　川	0.489	辽　阳	0.449	镇　江	0.394	永　州	0.371
东　莞	0.824	西　安	0.563	衢　州	0.484	丹　东	0.445	阜　新	0.392	合　肥	0.370
包　头	0.781	大　连	0.552	大　庆	0.482	常　州	0.439	泉　州	0.389	十　堰	0.369
珠　海	0.769	黄　山	0.549	厦　门	0.480	延　安	0.434	乐　山	0.388	丽　江	0.369
三　亚	0.769	中　山	0.547	韶　关	0.479	南　通	0.433	郑　州	0.388	武　汉	0.368
舟　山	0.752	乌　海	0.537	龙　岩	0.478	宜　昌	0.432	通　化	0.386	葫芦岛	0.368
广　州	0.690	雅　安	0.529	昆　明	0.476	嘉　兴	0.431	咸　阳	0.385	保　定	0.368
克拉玛依	0.674	抚　顺	0.526	酒　泉	0.475	张　掖	0.430	西　宁	0.385	眉　山	0.366
绍　兴	0.672	金　华	0.524	攀枝花	0.475	新　余	0.429	北　海	0.384	唐　山	0.365
苏　州	0.647	台　州	0.519	绵　阳	0.475	石嘴山	0.429	三　明	0.383	朝　阳	0.365
佛　山	0.644	天　津	0.511	防城港	0.471	呼伦贝尔	0.419	朔　州	0.382	荆　门	0.363
宁　波	0.636	海　口	0.508	鞍　山	0.468	鄂　州	0.418	南　昌	0.379	七台河	0.362
伊　春	0.634	无　锡	0.505	成　都	0.465	铁　岭	0.416	青　岛	0.379	南　充	0.355
杭　州	0.627	营　口	0.504	呼和浩特	0.464	南　宁	0.415	柳　州	0.378	本　溪	0.355
东　营	0.622	齐齐哈尔	0.503	湖　州	0.462	惠　州	0.413	鸡　西	0.378	南　平	0.354
南　京	0.612	太　原	0.502	武　威	0.459	张家界	0.408	巴　中	0.374	安　康	0.354
金　昌	0.611	阳　泉	0.501	淄　博	0.458	邵　阳	0.407	吉　林	0.374	扬　州	0.354

续表

城　市	2022年	城　市	2022年	城　市	2022年	城　市	2022年	城　市	2022年	城　市	2022年
锦　州	0.353	秦皇岛	0.317	吴　忠	0.282	铜　陵	0.244	辽　源	0.213	安　顺	0.166
潍　坊	0.351	三门峡	0.316	常　德	0.281	益　阳	0.244	钦　州	0.212	临　沂	0.162
襄　阳	0.349	马鞍山	0.315	吉　安	0.279	衡　水	0.244	蚌　埠	0.212	商　洛	0.160
阳　江	0.348	滨　州	0.315	泸　州	0.278	沧　州	0.237	枣　庄	0.210	昭　通	0.158
佳木斯	0.346	宝　鸡	0.314	玉　林	0.275	内　江	0.235	泰　安	0.209	定　西	0.157
郴　州	0.346	随　州	0.314	乌兰察布	0.274	河　池	0.231	上　饶	0.207	连云港	0.157
哈尔滨	0.342	百　色	0.309	盐　城	0.269	许　昌	0.230	六盘水	0.206	梧　州	0.156
银　川	0.342	芜　湖	0.309	平　凉	0.268	晋　中	0.230	陇　南	0.204	茂　名	0.156
咸　宁	0.340	长　治	0.308	怀　化	0.268	四　平	0.229	南　阳	0.204	德　州	0.147
汉　中	0.340	黄　冈	0.308	宣　城	0.267	安　庆	0.228	开　封	0.200	滁　州	0.145
淮　安	0.337	宁　德	0.307	普　洱	0.263	宜　春	0.226	亳　州	0.200	崇　左	0.141
白　银	0.330	廊　坊	0.307	宜　宾	0.263	淮　南	0.226	日　照	0.198	宿　州	0.139
泰　州	0.330	牡丹江	0.307	衡　阳	0.259	遂　宁	0.225	济　宁	0.195	周　口	0.137
运　城	0.330	荆　州	0.305	淮　北	0.258	邢　台	0.225	通　辽	0.195	菏　泽	0.136
石家庄	0.330	九　江	0.304	洛　阳	0.255	来　宾	0.225	濮　阳	0.194	松　原	0.132
张家口	0.329	平顶山	0.303	达　州	0.254	承　德	0.224	曲　靖	0.193	中　卫	0.120
株　洲	0.329	德　阳	0.298	赣　州	0.254	岳　阳	0.223	新　乡	0.187	贺　州	0.116
鹰　潭	0.328	焦　作	0.298	漯　河	0.252	桂　林	0.223	潮　州	0.186	临　沧	0.115
汕　头	0.327	长　春	0.297	资　阳	0.251	自　贡	0.222	信　阳	0.184	商　丘	0.107
保　山	0.326	晋　城	0.296	萍　乡	0.250	梅　州	0.221	徐　州	0.181	云　浮	0.104
忻　州	0.326	重　庆	0.294	贵　港	0.250	江　门	0.221	驻马店	0.181	汕　尾	0.085
巴彦淖尔	0.325	景德镇	0.294	漳　州	0.248	河　源	0.221	湛　江	0.180	揭　阳	0.073
黄　石	0.323	临　汾	0.292	安　阳	0.248	固　原	0.221	宿　迁	0.178	绥　化	0.059
白　山	0.322	天　水	0.292	聊　城	0.247	阜　阳	0.219	肇　庆	0.177	东部地区	0.424
烟　台	0.320	池　州	0.289	孝　感	0.247	清　远	0.215	抚　州	0.176	中部地区	0.293
广　安	0.319	白　城	0.287	邯　郸	0.247	鹤　壁	0.214	娄　底	0.172	西部地区	0.343
湘　潭	0.319	庆　阳	0.286	吕　梁	0.245	六　安	0.214	遵　义	0.168	东北地区	0.408

　　和2021年相比，2022年人民生活排名上升的城市有135个，排名下降的城市有120个，其他城市2022年排名不变（见表16）。

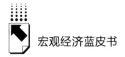

表16 2022年城市人民生活排名变化情况

人民生活 排名变化情况	城市
排名上升 （共135个）	四平（+18）、邵阳（+15）、通化（+15）、吉林（+15）、三明（+14）、三门峡（+14）、韶关（+14）、许昌（+14）、来宾（+13）、柳州（+12）、马鞍山（+12）、唐山（+12）、巴中（+12）、营口（+12）、乌兰察布（+11）、防城港（+11）、六安（+11）、咸阳（+11）、百色（+11）、阳泉（+10）、新余（+10）、宣城（+10）、眉山（+10）、张家界（+10）、渭南（+9）、亳州（+9）、岳阳（+9）、漳州（+9）、朔州（+9）、九江（+9）、贵港（+9）、衡阳（+8）、永州（+8）、辽源（+8）、石嘴山（+8）、乐山（+8）、河池（+8）、佳木斯（+7）、吴忠（+7）、滨州（+7）、大庆（+7）、汉中（+7）、鹰潭（+7）、安庆（+7）、抚顺（+7）、天津（+7）、固原（+6）、湘潭（+6）、湛江（+6）、南充（+6）、北海（+6）、株洲（+6）、运城（+6）、抚州（+5）、潍坊（+5）、保定（+5）、绵阳（+5）、乌海（+5）、黄山（+5）、芜湖（+5）、通辽（+5）、雅安（+5）、漯河（+5）、张家口（+5）、焦作（+5）、晋城（+5）、泉州（+5）、随州（+4）、钦州（+4）、张掖（+4）、白城（+4）、黄石（+4）、信阳（+4）、南阳（+4）、保山（+4）、齐齐哈尔（+4）、酒泉（+4）、安康（+4）、武威（+4）、双鸭山（+4）、巴彦淖尔（+4）、呼伦贝尔（+4）、潮州（+3）、聊城（+3）、宜昌（+3）、常德（+3）、益阳（+3）、玉溪（+3）、肇庆（+3）、吉安（+3）、广安（+3）、邯郸（+3）、盘锦（+3）、怀化（+3）、广元（+3）、松原（+3）、白银（+3）、滁州（+3）、驻马店（+3）、长春（+3）、遂宁（+3）、德州（+3）、晋中（+3）、荆门（+2）、宝鸡（+2）、沧州（+2）、曲靖（+2）、郴州（+2）、福州（+2）、宁波（+2）、哈尔滨（+2）、龙岩（+2）、包头（+2）、商洛（+2）、昭通（+2）、襄阳（+2）、济宁（+2）、庆阳（+1）、赤峰（+1）、嘉兴（+1）、淄博（+1）、东营（+1）、铜川（+1）、绍兴（+1）、嘉峪关（+1）、广州（+1）、大连（+1）、上海（+1）、临沧（+1）、淮北（+1）、池州（+1）、宜春（+1）、温州（+1）、南通（+1）、泰州（+1）
排名不变 （共29个）	泰安、自贡、金昌、娄底、枣庄、茂名、舟山、西安、台州、铜陵、德阳、黑河、绥化、汕尾、揭阳、佛山、北京、贺州、菏泽、盐城、延安、丹东、临沂、伊春、云浮、梧州、阜阳、淮安、镇江
排名下降 （共120个）	南平（-1）、东莞（-1）、三亚（-1）、崇左（-1）、珠海（-1）、中卫（-1）、安阳（-1）、南京（-1）、克拉玛依（-1）、南宁（-1）、邢台（-1）、宿州（-1）、深圳（-1）、沈阳（-1）、定西（-1）、辽阳（-1）、苏州（-1）、郑州（-1）、赣州（-1）、河源（-2）、攀枝花（-2）、黄冈（-2）、洛阳（-2）、莆田（-2）、葫芦岛（-2）、杭州（-2）、宁德（-2）、达州（-2）、石家庄（-2）、白山（-2）、铁岭（-2）、普洱（-2）、鞍山（-3）、长沙（-3）、上饶（-3）、商丘（-3）、锦州（-3）、临汾（-3）、玉林（-3）、鹤壁（-3）、天水（-3）、安顺（-3）、开封（-3）、阜新（-3）、金华（-4）、鹤岗（-4）、中山（-4）、周口（-4）、平顶山（-4）、乌鲁木齐（-4）、湖州（-4）、厦门（-4）、海口（-4）、日照（-4）、蚌埠（-5）、淮南（-5）、兰州（-5）、威海（-5）、大同（-5）、濮阳（-5）、新乡（-5）、鸡西（-6）、孝感（-6）、衡水（-6）、青岛（-6）、无锡（-6）、本溪（-6）、宿迁（-6）、榆林（-6）、内江（-6）、徐州（-6）、十堰（-7）、济南（-7）、丽水（-7）、衢州（-7）、鄂州（-7）、烟台（-7）、牡丹江（-8）、长治（-8）、昆明（-8）、桂林（-8）、景德镇（-8）、银川（-8）、承德（-8）、惠州（-8）、常州（-8）、宜宾（-8）、平凉（-8）、汕头（-9）、萍乡（-9）、资阳（-9）、成都（-9）、吕梁（-9）、鄂尔多斯（-9）、太原（-10）、七台河（-10）、咸宁（-10）、清远（-10）、扬州（-11）、呼和浩特（-11）、阳江（-11）、梅州（-11）、丽江（-11）、荆州（-11）、连云港（-11）、遵义（-11）、六盘水（-12）、秦皇岛（-12）、西宁（-12）、泸州（-12）、南昌（-12）、合肥（-13）、忻州（-15）、陇南（-17）、重庆（-17）、朝阳（-18）、贵阳（-18）、廊坊（-20）、江门（-23）、武汉（-23）

7. 2022年环境质量综合得分和排名变化情况

环境质量排名前十位的城市：三亚、舟山、济南、广州、海口、南京、北京、大庆、宁波、定西。排名后十位的城市：呼伦贝尔、阳泉、上饶、忻州、运城、朔州、巴彦淖尔、金昌、宜昌、鞍山。

2022年284个地级及地级以上城市环境质量综合得分情况见表17。

表17　2022年城市环境质量综合得分情况

城　市	2022年	城　市	2022年	城　市	2022年	城　市	2022年	城　市	2022年	城　市	2022年
三　亚	0.805	金　华	0.510	黄　山	0.453	湘　潭	0.418	鄂尔多斯	0.397	白　城	0.373
舟　山	0.769	衢　州	0.506	七台河	0.448	揭　阳	0.415	内　江	0.397	西　宁	0.373
济　南	0.671	丽　江	0.503	鸡　西	0.442	深　圳	0.414	黑　河	0.396	抚　州	0.371
广　州	0.662	遂　宁	0.499	铜　川	0.442	铜　陵	0.413	中　山	0.392	汕　尾	0.371
海　口	0.657	克拉玛依	0.499	桂　林	0.441	青　岛	0.413	石嘴山	0.391	辽　源	0.369
南　京	0.635	达　州	0.495	成　都	0.440	湛　江	0.413	扬　州	0.388	牡丹江	0.369
北　京	0.623	南　宁	0.493	厦　门	0.438	巴　中	0.412	吉　安	0.387	松　原	0.366
大　庆	0.590	柳　州	0.489	贺　州	0.438	梅　州	0.412	泰　州	0.387	泉　州	0.364
宁　波	0.589	张家界	0.478	银　川	0.437	安　顺	0.410	烟　台	0.387	玉　林	0.363
定　西	0.588	丽　水	0.469	新　余	0.435	咸　宁	0.408	常　德	0.386	镇　江	0.363
湖　州	0.587	钦　州	0.467	哈尔滨	0.435	福　州	0.406	常　州	0.382	曲　靖	0.362
东　莞	0.583	北　海	0.466	防城港	0.434	广　安	0.406	潍　坊	0.382	昭　通	0.360
台　州	0.576	温　州	0.466	庆　阳	0.432	东　营	0.406	河　源	0.381	衡　阳	0.359
本　溪	0.556	重　庆	0.462	江　门	0.431	资　阳	0.405	来　宾	0.380	韶　关	0.357
嘉　兴	0.542	自　贡	0.461	泸　州	0.428	汕　头	0.403	娄　底	0.379	天　水	0.356
绍　兴	0.538	株　洲	0.458	鹤　岗	0.426	惠　州	0.403	伊　春	0.379	南　昌	0.355
乌鲁木齐	0.537	潮　州	0.456	连云港	0.426	嘉峪关	0.402	大　连	0.377	泰　安	0.355
杭　州	0.526	长　春	0.455	淄　博	0.423	无　锡	0.402	宜　宾	0.377	邵　阳	0.355
上　海	0.525	眉　山	0.455	梧　州	0.423	景德镇	0.400	天　津	0.377	郑　州	0.354
随　州	0.519	固　原	0.454	长　沙	0.422	南　充	0.399	绵　阳	0.377	徐　州	0.354
珠　海	0.518	西　安	0.453	威　海	0.420	齐齐哈尔	0.398	阳　江	0.374	枣　庄	0.353

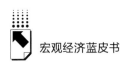
续表

城 市	2022年	城 市	2022年	城 市	2022年	城 市	2022年	城 市	2022年	城 市	2022年
佛 山	0.353	永 州	0.338	九 江	0.322	焦 作	0.295	渭 南	0.258	辽 阳	0.210
萍 乡	0.352	鹤 壁	0.338	贵 阳	0.320	淮 北	0.294	中 卫	0.255	三门峡	0.209
信 阳	0.350	乌 海	0.338	邢 台	0.319	兰 州	0.291	南 阳	0.254	宣 城	0.200
白 山	0.350	黄 石	0.337	开 封	0.318	包 头	0.291	新 乡	0.253	滁 州	0.198
贵 港	0.349	双鸭山	0.337	通 化	0.317	张 掖	0.290	乌兰察布	0.251	商 洛	0.189
安 康	0.349	茂 名	0.337	郴 州	0.317	衡 水	0.290	宝 鸡	0.251	襄 阳	0.185
南 通	0.349	清 远	0.337	丹 东	0.316	濮 阳	0.289	陇 南	0.249	六 安	0.185
临 沂	0.349	三 明	0.334	武 汉	0.316	邯 郸	0.287	攀枝花	0.245	临 汾	0.184
益 阳	0.348	淮 安	0.332	安 阳	0.314	玉 溪	0.282	张家口	0.244	荆 州	0.184
广 元	0.348	驻马店	0.332	葫芦岛	0.313	锦 州	0.281	宿 州	0.244	洛 阳	0.183
宁 德	0.347	平 凉	0.332	马鞍山	0.313	百 色	0.278	长 治	0.242	赤 峰	0.181
乐 山	0.347	沈 阳	0.332	大 同	0.313	昆 明	0.275	汉 中	0.241	晋 城	0.176
遵 义	0.346	南 平	0.331	平顶山	0.313	怀 化	0.274	唐 山	0.241	孝 感	0.171
保 定	0.346	莆 田	0.329	盘 锦	0.313	吕 梁	0.273	吉 林	0.238	鞍 山	0.160
崇 左	0.346	蚌 埠	0.328	龙 岩	0.312	云 浮	0.272	宜 春	0.238	宜 昌	0.153
四 平	0.346	德 阳	0.328	廊 坊	0.310	武 威	0.271	淮 南	0.232	金 昌	0.150
漳 州	0.345	晋 中	0.327	周 口	0.309	许 昌	0.268	荆 门	0.231	巴彦淖尔	0.145
盐 城	0.345	济 宁	0.327	阜 新	0.308	阜 阳	0.268	吴 忠	0.231	朔 州	0.143
秦皇岛	0.345	呼和浩特	0.327	十 堰	0.307	肇 庆	0.268	普 洱	0.229	运 城	0.117
石家庄	0.344	商 丘	0.327	菏 泽	0.306	铁 岭	0.267	黄 冈	0.221	忻 州	0.083
绥 化	0.343	日 照	0.325	临 沧	0.306	安 庆	0.265	承 德	0.218	上 饶	0.083
佳木斯	0.342	岳 阳	0.325	白 银	0.304	亳 州	0.264	咸 阳	0.218	阳 泉	0.078
漯 河	0.341	芜 湖	0.324	营 口	0.302	合 肥	0.264	沧 州	0.215	呼伦贝尔	0.067
雅 安	0.341	河 池	0.324	鄂 州	0.299	榆 林	0.262	抚 顺	0.213	东部地区	0.437
宿 迁	0.340	鹰 潭	0.324	德 州	0.299	延 安	0.262	太 原	0.213	中部地区	0.293
通 辽	0.340	聊 城	0.323	池 州	0.297	赣 州	0.261	滨 州	0.212	西部地区	0.352
苏 州	0.339	朝 阳	0.322	六盘水	0.296	保 山	0.261	酒 泉	0.211	东北地区	0.353

和 2021 年相比，2022 年环境质量排名上升的城市有 119 个，排名下降的城市有 133 个，其他城市 2022 年排名不变（见表 18）。

表 18　2022 年城市环境质量排名变化情况

环境质量排名变化情况	城市
排名上升（共 119 个）	贵港（+34）、崇左（+29）、白山（+21）、河池（+20）、梧州（+17）、德阳（+17）、四平（+15）、玉林（+15）、贵阳（+14）、来宾（+14）、岳阳（+14）、衡阳（+13）、百色（+13）、九江（+12）、益阳（+11）、资阳（+10）、乐山（+9）、温州（+9）、玉溪（+8）、昭通（+8）、聊城（+8）、钦州（+8）、临沧（+8）、桂林（+8）、怀化（+8）、保山（+8）、广安（+8）、攀枝花（+8）、郴州（+8）、十堰（+8）、永州（+8）、贺州（+7）、白城（+7）、防城港（+7）、黄石（+7）、通化（+7）、长沙（+7）、肇庆（+7）、辽源（+6）、六盘水（+6）、焦作（+6）、淮安（+6）、巴中（+5）、葫芦岛（+5）、乌海（+5）、南昌（+5）、鹤壁（+5）、襄阳（+5）、曲靖（+4）、丽水（+4）、湘潭（+4）、萍乡（+4）、牡丹江（+4）、内江（+4）、重庆（+4）、普洱（+4）、鸡西（+4）、潍坊（+4）、滨州（+4）、杭州（+4）、眉山（+4）、武威（+4）、包头（+4）、吉安（+4）、绵阳（+3）、北海（+3）、绥化（+3）、娄底（+3）、遵义（+3）、昆明（+3）、吉林（+3）、烟台（+3）、赣州（+3）、金华（+3）、荆州（+3）、雅安（+3）、宁波（+3）、宝鸡（+3）、衢州（+3）、三门峡（+2）、广元（+2）、绍兴（+2）、铁岭（+2）、呼和浩特（+2）、新乡（+2）、松原（+2）、宜昌（+2）、大庆（+2）、泸州（+2）、鄂州（+2）、抚顺（+2）、邢台（+2）、成都（+2）、遂宁（+2）、商洛（+2）、云浮（+1）、安顺（+1）、中卫（+1）、宜宾（+1）、菏泽（+1）、嘉兴（+1）、张家界（+1）、伊春（+1）、株洲（+1）、荆门（+1）、上饶（+1）、周口（+1）、达州（+1）、台州（+1）、沧州（+1）、巴彦淖尔（+1）、柳州（+1）、承德（+1）、张家口（+1）、黄冈（+1）、随州（+1）、东营（+1）、南充（+1）、咸宁（+1）
排名不变（共 32 个）	佛山、汕尾、新余、邵阳、湖州、南京、泰州、营口、海口、宜春、北京、三亚、舟山、孝感、鞍山、忻州、呼伦贝尔、运城、广州、济南、渭南、梅州、朝阳、河源、金昌、济宁、张掖、中山、开封、铜川、南平、莆田
排名下降（共 133 个）	赤峰（-1）、乌兰察布（-1）、临沂（-1）、西安（-1）、辽阳（-1）、唐山（-1）、汉中（-1）、锦州（-1）、丽江（-1）、韶关（-1）、青岛（-1）、黑河（-1）、本溪（-1）、阳泉（-1）、珠海（-1）、扬州（-1）、信阳（-1）、洛阳（-2）、酒泉（-2）、自贡（-2）、长春（-2）、抚州（-2）、定西（-2）、上海（-2）、乌鲁木齐（-2）、池州（-2）、滁州（-2）、鹤岗（-2）、清远（-2）、哈尔滨（-2）、郑州（-2）、日照（-2）、临汾（-2）、咸阳（-2）、延安（-2）、景德镇（-2）、江门（-2）、六安（-2）、常州（-2）、双鸭山（-2）、衡水（-2）、淄博（-2）、揭阳（-2）、无锡（-2）、宣城（-2）、七台河（-2）、厦门（-2）、兰州（-2）、鹰潭（-3）、芜湖（-3）、通辽（-3）、东莞（-3）、朔州（-3）、常德（-3）、西宁（-3）、晋城（-3）、白银（-3）、齐齐哈尔（-3）、泉州（-3）、泰安（-3）、淮南（-3）、德州（-3）、威海（-3）、许昌（-3）、铜陵（-3）、鄂尔多斯（-3）、大连（-3）、惠州（-3）、银川（-3）、南宁（-4）、商丘（-4）、吴忠（-4）、湛江（-4）、长治（-4）、亳州（-4）、濮阳（-4）、吕梁（-4）、石嘴山（-4）、驻马店（-4）、福州（-4）、深圳（-4）、枣庄（-5）、佳木斯（-5）、潮州（-5）、龙岩（-5）、榆林（-5）、蚌埠（-5）、保定（-5）、宿州（-5）、南阳（-5）、漳州（-6）、秦皇岛（-6）、阳江（-6）、三明（-6）、太原（-6）、汕头（-6）、连云港（-6）、盘锦（-6）、武汉（-6）、宿迁（-7）、宁德（-7）、克拉玛依（-7）、阜新（-7）、镇江（-7）、阜阳（-7）、陇南（-7）、丹东（-8）、安庆（-8）、徐州（-8）、漯河（-9）、天津（-9）、南通（-9）、淮北（-9）、盐城（-10）、庆阳（-10）、邯郸（-10）、石家庄（-10）、大同（-11）、黄山（-11）、沈阳（-11）、合肥（-11）、茂名（-11）、固原（-12）、苏州（-12）、平凉（-12）、马鞍山（-13）、安阳（-13）、廊坊（-13）、嘉峪关（-14）、天水（-15）、平顶山（-16）、安康（-21）、晋中（-25）

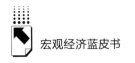

（三）中国城市可持续发展水平分级情况

1. 2022年地级及地级以上城市可持续发展水平分级情况

和2021年相比，2022年可持续发展水平等级从第Ⅱ级到第Ⅰ级上升一级的城市有金昌、西安、嘉峪关、石嘴山、盘锦、东营、营口、鹤岗、连云港、防城港、大同等城市。从第Ⅰ级到第Ⅱ级下降一级的有黄山、盐城、淮安、衢州、威海、沈阳、双鸭山、揭阳等城市；从第Ⅲ级到第Ⅱ级上升一级的有北海、辽阳、眉山、巴中、南宁、淮北、常德、济南、晋中、湘潭、阳江、舟山、呼伦贝尔等城市；从第Ⅳ级到第Ⅱ级上升两级的有邵阳等城市。从第Ⅱ级到第Ⅲ级下降一级的有哈尔滨、韶关、阜新、天津、丹东、十堰、南平、鄂州、锦州等城市；从第Ⅴ级到第Ⅲ级上升两级的有柳州、崇左、池州、焦作等城市；从第Ⅳ级到第Ⅲ级上升一级的有阳泉、宜春、赤峰、昆明、唐山、三门峡、贵港、庆阳、承德、运城、武威等城市。从第Ⅴ级到第Ⅳ级上升一级的有玉林、汕尾、保定、蚌埠、商丘、衡水、郑州、亳州、百色、安阳等城市；从第Ⅲ级到第Ⅳ级下降一级的有安顺、武汉、吉林、鞍山、延安、西宁、忻州、惠州等城市。从第Ⅳ级到第Ⅴ级下降一级的有贺州、绥化、白山、平凉、宣城、中卫等城市；从第Ⅲ级到第Ⅴ级下降两级的有陇南、白城等城市。

2022年中国284个城市可持续发展水平分级情况见表19。

表19　2022年城市可持续发展水平等级划分

可持续发展水平等级	城市
第Ⅰ级（共62个）	克拉玛依、北京、宁波、杭州、温州、上海、嘉兴、广州、厦门、金华、福州、包头、无锡、珠海、大庆、台州、青岛、海口、三亚、绍兴、南京、黑河、扬州、三明、深圳、淄博、遂宁、南通、乌海、通化、烟台、丽水、金昌、长沙、潍坊、常州、齐齐哈尔、西安、湖州、苏州、嘉峪关、石嘴山、盘锦、镇江、本溪、泰州、辽源、东营、铜川、东莞、营口、鹤岗、铁岭、滨州、连云港、自贡、防城港、大同、鸡西、徐州、广元、大连

续表

可持续发展 水平等级	城市
第Ⅱ级 （共78个）	绵阳、枣庄、抚顺、固原、黄山、盐城、呼和浩特、内江、淮安、株洲、攀枝花、衢州、威海、乐山、龙岩、丽江、黄石、漳州、葫芦岛、马鞍山、榆林、沈阳、伊春、宁德、宿迁、双鸭山、雅安、泸州、泰安、资阳、宜宾、广安、芜湖、随州、梧州、德阳、景德镇、曲靖、南充、郴州、揭阳、咸宁、日照、北海、长春、牡丹江、重庆、乌鲁木齐、辽阳、眉山、莆田、佛山、新余、济宁、鄂尔多斯、泉州、成都、四平、巴中、达州、南宁、七台河、淮北、铜陵、聊城、常德、临沂、佳木斯、济南、晋中、湘潭、朝阳、阳江、舟山、河源、邵阳、潮州、呼伦贝尔
第Ⅲ级 （共64个）	张家界、吉安、哈尔滨、韶关、太原、阜新、衡阳、长治、天津、岳阳、临汾、兰州、渭南、菏泽、德州、丹东、萍乡、襄阳、十堰、鹰潭、柳州、荆州、宜昌、南平、昭通、汉中、阳泉、玉溪、茂名、宜春、平顶山、定西、肇庆、赤峰、九江、鄂州、南昌、钦州、抚州、清远、宝鸡、昆明、锦州、银川、唐山、崇左、中山、荆门、永州、娄底、三门峡、秦皇岛、汕头、池州、贵港、焦作、黄冈、漯河、庆阳、阜阳、承德、运城、武威、安康
第Ⅳ级 （共39个）	安庆、吴忠、玉林、安顺、湛江、武汉、吉林、益阳、石家庄、鞍山、汕尾、保定、河池、怀化、合肥、赣州、孝感、延安、蚌埠、朔州、晋城、西宁、邢台、鹤壁、忻州、洛阳、商丘、衡水、六安、淮南、郑州、亳州、百色、梅州、遵义、天水、安阳、惠州、濮阳
第Ⅴ级 （共41个）	张掖、贺州、保山、绥化、陇南、来宾、白城、白山、贵阳、江门、云浮、张家口、平凉、宣城、新乡、南阳、巴彦淖尔、许昌、周口、中卫、滁州、开封、廊坊、信阳、驻马店、桂林、邯郸、酒泉、沧州、宿州、六盘水、普洱、乌兰察布、商洛、吕梁、上饶、白银、临沧、咸阳、松原、通辽

2. 2022年城市经济增长水平分级情况

和2021年相比，2022年经济增长水平从第Ⅱ级到第Ⅰ级上升一级的有赤峰、宜春、苏州、福州、厦门等城市。从第Ⅰ级到第Ⅱ级下降一级的有宜昌、威海、东莞、梧州、曲靖、九江、延安等城市；从第Ⅲ级到第Ⅱ级上升一级的有金华、太原等城市。从第Ⅱ级到第Ⅲ级下降一级的有广安、忻州、抚顺、贺州等城市；从第Ⅳ级到第Ⅲ级上升一级的有邵阳、贵港、池州、廊坊、银川、舟山、贵阳等城市。从第Ⅲ级到第Ⅳ级下降一级的有秦皇岛、天津、上海、通辽、丹东、武汉、遵义、黄冈、孝感等城市；从第Ⅴ级到第Ⅳ级上升一级的有兰州等城市；从第Ⅱ级到第Ⅳ级下降两级的有荆门等城市。从第Ⅳ级到第Ⅴ级下降一级的有清远、十堰、安康等城市；从第Ⅱ级到第Ⅴ级下降三级的有鄂州等城市。

2022年中国284个城市经济增长水平分级情况见表20。

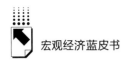

表20　2022年城市经济增长水平等级划分

经济增长水平等级	城市
第Ⅰ级 （共58个）	包头、东营、马鞍山、乌海、唐山、榆林、克拉玛依、金昌、青岛、烟台、潍坊、长沙、淄博、株洲、三明、滨州、防城港、鹰潭、石嘴山、德阳、鄂尔多斯、呼和浩特、沧州、日照、漳州、遂宁、黄石、眉山、三门峡、辽阳、泉州、朔州、嘉峪关、鹤壁、大庆、宝鸡、洛阳、襄阳、大连、邯郸、济宁、芜湖、本溪、佛山、晋城、通化、铜陵、赤峰、临沂、辽源、抚州、镇江、宜春、枣庄、攀枝花、苏州、福州、厦门
第Ⅱ级 （共75个）	宜昌、威海、焦作、东莞、梧州、北海、景德镇、曲靖、聊城、自贡、淮北、德州、宜宾、宁德、九江、岳阳、南昌、无锡、泰安、石家庄、平顶山、长治、常德、玉林、内江、荆州、南通、扬州、郴州、咸宁、延安、湘潭、吉林、安阳、济南、玉溪、深圳、漯河、乐山、莆田、长春、萍乡、铜川、珠海、呼伦贝尔、吉安、泸州、新乡、郑州、大同、绍兴、阳泉、随州、牡丹江、常州、临汾、承德、沈阳、惠州、鞍山、安庆、丽江、泰州、中山、六安、滁州、许昌、六盘水、新余、衡水、龙岩、宣城、金华、太原、雅安
第Ⅲ级 （共62个）	嘉兴、广安、忻州、衡阳、张家口、柳州、赣州、昆明、菏泽、南宁、湖州、抚顺、绵阳、四平、宁波、蚌埠、南阳、上饶、乌鲁木齐、益阳、运城、贺州、盐城、南充、邵阳、濮阳、温州、徐州、营口、固原、酒泉、汕头、盘锦、鸡西、渭南、宿迁、贵港、江门、西安、保定、娄底、南平、南京、淮南、池州、钦州、黄山、西宁、成都、重庆、咸阳、邢台、崇左、晋中、淮安、潮州、廊坊、银川、舟山、贵阳、台州、阜阳
第Ⅳ级 （共37个）	广州、秦皇岛、天津、上海、合肥、通辽、广元、驻马店、阜新、永州、开封、杭州、信阳、保山、吴忠、丹东、桂林、汕尾、鹤岗、武汉、阳江、连云港、遵义、兰州、巴中、白银、韶关、松原、黄冈、资阳、白山、百色、孝感、荆门、朝阳、伊春、肇庆
第Ⅴ级 （共52个）	平凉、商丘、清远、亳州、齐齐哈尔、衢州、双鸭山、锦州、来宾、佳木斯、陇南、周口、达州、怀化、汉中、武威、临沧、哈尔滨、张家界、鄂州、云浮、七台河、天水、昭通、十堰、商洛、揭阳、铁岭、海口、巴彦淖尔、普洱、河池、张掖、宿州、三亚、丽水、茂名、河源、白城、北京、安顺、湛江、安康、吕梁、绥化、黑河、梅州、中卫、庆阳、葫芦岛、乌兰察布、定西

3. 2022年城市增长潜力水平分级情况

和2021年相比，2022年增长潜力水平从第Ⅱ级到第Ⅰ级上升一级的有盘锦、安康、舟山、巴彦淖尔、阳泉、连云港、南京、上饶、保山、临汾、内江、铜川等城市；从第Ⅲ级到第Ⅰ级上升两级的有商丘等城市。从第Ⅰ级到第Ⅱ级下降一级的有平顶山、清远、常州、宿州、丹东、普洱、吉安、晋中、芜湖、阜阳、四平、梅州、钦州、双鸭山等城市；从第Ⅲ级到第Ⅱ级上升一级的有眉山、池州、汕尾、广州、扬州、福州、承德、马鞍山、漳州、

龙岩、崇左、萍乡、晋城、莆田、邯郸、济南、南宁等城市；从第Ⅳ级到第
Ⅱ级上升两级的有邵阳等城市；从第Ⅴ级到第Ⅱ级上升三级的有焦作等城
市。从第Ⅱ级到第Ⅲ级下降一级的有常德、滁州、衢州、黄山、佛山、泰
州、佳木斯、铜陵、杭州、湖州、台州、三门峡、潍坊、安顺、玉溪、丽
水、聊城、鸡西等城市；从第Ⅴ级到第Ⅲ级上升两级的有西安、太原、江
门、青岛、赤峰等城市；从第Ⅰ级到第Ⅲ级下降两级的有锦州、大连等城
市；从第Ⅳ级到第Ⅲ级上升一级的有鹤岗、朔州、呼和浩特、鄂尔多斯、贵
阳、深圳、巴中、宜昌、长沙等城市。从第Ⅴ级到第Ⅳ级上升一级的有酒
泉、玉林、蚌埠、嘉峪关、抚顺、株洲、柳州、沧州等城市；从第Ⅱ级到第
Ⅳ级下降两级的有延安、白城、秦皇岛、牡丹江等城市；从第Ⅲ级到第Ⅳ级
下降一级的有包头、鹤壁、信阳、宁波、肇庆、淄博、德州、汕头、湛江、
濮阳、周口、南阳、中卫等城市。从第Ⅲ级到第Ⅴ级下降两级的有南平、沈
阳、上海等城市；从第Ⅳ级到第Ⅴ级下降一级的有茂名、惠州、邢台、威
海、鞍山、北京、漯河、乌鲁木齐、孝感、中山、开封、新乡、天津、西宁
等城市。

2022 年中国 284 个城市增长潜力水平分级情况见表 21。

表 21　2022 年城市增长潜力水平等级划分

增长潜力水平等级	城市
第Ⅰ级（共 68 个）	葫芦岛、伊春、盘锦、金昌、克拉玛依、阳江、曲靖、梧州、通化、庆阳、绵阳、雅安、大同、乌海、辽源、云浮、资阳、运城、呼伦贝尔、河池、三亚、安康、定西、滨州、韶关、长治、来宾、枣庄、宜春、大庆、铁岭、昭通、东营、忻州、舟山、鄂州、无锡、重庆、陇南、吴忠、贵港、广元、朝阳、百色、巴彦淖尔、商洛、阳泉、连云港、武威、苏州、榆林、镇江、贺州、六安、南京、商丘、淮北、黑河、上饶、保山、海口、十堰、临汾、内江、本溪、铜川、乌兰察布、徐州
第Ⅱ级（共 81 个）	北海、平顶山、固原、石嘴山、清远、丽江、眉山、常州、吕梁、防城港、宿州、丹东、宿迁、池州、咸宁、汕尾、普洱、绥化、攀枝花、吉安、晋中、菏泽、芜湖、临沧、阜阳、宜宾、四平、郴州、盐城、襄阳、梅州、乐山、钦州、衡阳、遂宁、达州、邵阳、荆州、广州、遵义、双鸭山、六盘水、扬州、淮南、永州、福州、泸州、承德、黄冈、马鞍山、广安、唐山、漳州、保定、张家口、龙岩、崇左、景德镇、驻马店、宣城、新余、焦作、宁德、南通、岳阳、萍乡、怀化、晋城、日照、赣州、莆田、亳州、淮安、嘉兴、金华、邯郸、济南、平凉、南宁、温州、珠海

续表

增长潜力 水平等级	城市
第Ⅲ级 （共 60 个）	安庆、常德、三明、滁州、泰安、昆明、随州、衢州、西安、自贡、衡水、天水、南充、黄石、黄山、锦州、佛山、鹤岗、营口、朔州、呼和浩特、鄂尔多斯、荆门、泰州、娄底、宝鸡、佳木斯、大连、铜陵、长春、贵阳、杭州、湖州、台州、三门峡、太原、济宁、九江、潍坊、安顺、玉溪、深圳、丽水、江门、抚州、绍兴、张家界、青岛、银川、临沂、巴中、齐齐哈尔、烟台、德阳、宜昌、益阳、聊城、赤峰、长沙、鸡西
第Ⅳ级 （共 34 个）	张掖、酒泉、延安、包头、鹤壁、信阳、白城、宁波、玉林、肇庆、淄博、德州、秦皇岛、安阳、蚌埠、嘉峪关、厦门、合肥、抚顺、汕头、牡丹江、湘潭、湛江、石家庄、株洲、濮阳、南昌、鹰潭、柳州、武汉、周口、沧州、南阳、中卫
第Ⅴ级 （共 41 个）	南平、沈阳、郑州、上海、茂名、惠州、邢台、威海、鞍山、北京、漯河、兰州、乌鲁木齐、孝感、中山、开封、新乡、成都、天津、洛阳、西宁、辽阳、廊坊、汉中、七台河、吉林、渭南、潮州、白山、泉州、东莞、阜新、桂林、河源、哈尔滨、白银、许昌、揭阳、咸阳、松原、通辽

4. 2022 年城市政府效率水平分级情况

和 2021 年相比，2022 年政府效率水平从第Ⅱ级到第Ⅰ级上升一级的有本溪、绵阳、德州等城市。从第Ⅰ级到第Ⅱ级下降一级的有厦门、沈阳等城市；从第Ⅲ级到第Ⅱ级上升一级的有达州、阜阳、黄山、赤峰等城市。从第Ⅱ级到第Ⅲ级下降一级的有娄底、阜新、朝阳等城市；从第Ⅳ级到第Ⅲ级上升一级的有上饶、池州、抚州、九江、宣城等城市。从第Ⅲ级到第Ⅳ级下降一级的有汉中、珠海、宝鸡、深圳等城市；从第Ⅴ级到第Ⅳ级上升一级的有武威等城市。

2022 年中国 284 个城市政府效率水平分级情况见表 22。

表 22　2022 年城市政府效率水平等级划分

政府效率 水平等级	城市
第Ⅰ级 （共 49 个）	杭州、北京、温州、伊春、舟山、丽水、宁波、绍兴、衢州、嘉兴、金华、湖州、齐齐哈尔、南京、苏州、镇江、徐州、台州、淮安、连云港、无锡、扬州、盐城、泰州、宿迁、南通、七台河、常州、哈尔滨、上海、鸡西、济南、鹤岗、三明、双鸭山、佳木斯、烟台、泰安、牡丹江、大庆、威海、自贡、青岛、固原、本溪、绵阳、德州、大连、抚顺

续表

政府效率 水平等级	城市
第Ⅱ级 （共70个）	厦门、沈阳、绥化、黑河、锦州、遂宁、龙岩、潍坊、济宁、南平、菏泽、四平、内江、鞍山、临沂、宁德、淄博、聊城、巴中、西安、漳州、营口、枣庄、广元、黄石、东营、乐山、滨州、攀枝花、南充、雅安、福州、眉山、辽阳、太原、成都、泉州、怀化、广安、昭通、宜昌、日照、三亚、吉林、荆州、泸州、辽源、白山、德阳、盘锦、郴州、通化、资阳、黄冈、武汉、海口、达州、铁岭、宜宾、阜阳、呼伦贝尔、丹东、葫芦岛、十堰、荆门、黄山、天津、呼和浩特、赤峰、克拉玛依
第Ⅲ级 （共61个）	合肥、娄底、阜新、白城、朝阳、蚌埠、芜湖、孝感、株洲、巴彦淖尔、衡阳、长春、滁州、湘潭、安庆、张掖、淮南、景德镇、岳阳、包头、张家界、乌兰察布、大同、商洛、淮北、阳泉、常德、莆田、松原、益阳、马鞍山、吴忠、玉溪、桂林、赣州、陇南、忻州、乌海、襄阳、铜陵、铜川、运城、萍乡、遵义、普洱、广州、长沙、亳州、石嘴山、定西、天水、上饶、西宁、乌鲁木齐、池州、邵阳、抚州、随州、九江、宣城、咸宁
第Ⅳ级 （共39个）	吕梁、汉中、中卫、重庆、珠海、宿州、临汾、丽江、鄂州、宝鸡、白银、六安、深圳、南昌、平凉、咸阳、长治、吉安、永州、鹰潭、通辽、河池、河源、晋城、梅州、昆明、安康、新余、银川、宜春、朔州、金昌、曲靖、柳州、玉林、晋中、贵阳、肇庆、武威
第Ⅴ级 （共65个）	嘉峪关、钦州、百色、保山、梧州、南宁、延安、酒泉、贵港、韶关、渭南、安顺、秦皇岛、保定、郑州、三门峡、揭阳、鄂尔多斯、云浮、潮州、张家口、临沧、清远、石家庄、防城港、阳江、邢台、庆阳、廊坊、惠州、东莞、汕头、江门、唐山、平顶山、承德、崇左、信阳、汕尾、茂名、榆林、北海、来宾、湛江、佛山、焦作、六盘水、兰州、邯郸、中山、新乡、安阳、开封、驻马店、南阳、周口、衡水、濮阳、贺州、漯河、洛阳、沧州、鹤壁、商丘、许昌

5. 2022年城市人民生活水平分级情况

和2021年相比，2022年人民生活水平从第Ⅱ级到第Ⅰ级上升一级的有阳泉、大庆等城市。从第Ⅰ级到第Ⅱ级下降一级的有厦门、昆明、成都、呼和浩特等城市；从第Ⅲ级到第Ⅱ级上升一级的有眉山、唐山、南充等城市。从第Ⅱ级到第Ⅲ级下降一级的有本溪、南平、扬州、锦州、阳江、银川、咸宁等城市。从第Ⅲ级到第Ⅳ级下降一级的有盐城、平凉、普洱、宜宾、资阳等城市；从第Ⅴ级到第Ⅳ级上升一级的有四平、来宾、岳阳等城市。从第Ⅳ级到第Ⅴ级下降一级的有梅州、江门、河源、清远、鹤壁、六盘水、陇南等城市。

2022年中国284个城市人民生活水平分级情况见表23。

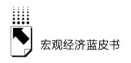

表 23　2022 年城市人民生活水平等级划分

人民生活 水平等级	城市
第 I 级 （共 49 个）	黑河、北京、上海、深圳、嘉峪关、东莞、包头、珠海、三亚、舟山、广州、克拉玛依、绍兴、苏州、佛山、宁波、伊春、杭州、东营、南京、金昌、福州、沈阳、温州、盘锦、长沙、西安、大连、黄山、中山、乌海、雅安、抚顺、金华、台州、天津、海口、无锡、营口、齐齐哈尔、太原、阳泉、乌鲁木齐、广元、丽水、鹤岗、铜川、衢州、大庆
第 II 级 （共 73 个）	厦门、韶关、龙岩、昆明、酒泉、攀枝花、绵阳、防城港、鞍山、成都、呼和浩特、湖州、武威、淄博、大同、莆田、双鸭山、济南、辽阳、丹东、常州、延安、南通、宜昌、嘉兴、张掖、新余、石嘴山、呼伦贝尔、鄂州、铁岭、南宁、惠州、张家界、邵阳、渭南、鄂尔多斯、榆林、兰州、镇江、阜新、泉州、乐山、郑州、通化、咸阳、西宁、北海、三明、朔州、南昌、青岛、柳州、鸡西、巴中、吉林、赤峰、玉溪、贵阳、威海、永州、合肥、十堰、丽江、武汉、葫芦岛、保定、眉山、唐山、朝阳、荆门、七台河、南充
第 III 级 （共 63 个）	本溪、南平、安康、扬州、锦州、潍坊、襄阳、阳江、佳木斯、郴州、哈尔滨、银川、咸宁、汉中、淮安、白银、泰州、运城、石家庄、张家口、株洲、鹰潭、汕头、保山、忻州、巴彦淖尔、黄石、白山、烟台、广安、湘潭、秦皇岛、三门峡、马鞍山、滨州、宝鸡、随州、百色、芜湖、长治、黄冈、宁德、廊坊、牡丹江、荆州、九江、平顶山、德阳、焦作、长春、晋城、重庆、景德镇、临汾、天水、池州、白城、庆阳、吴忠、常德、吉安、泸州、玉林
第 IV 级 （共 41 个）	乌兰察布、盐城、平凉、怀化、宣城、普洱、宜宾、衡阳、淮北、洛阳、达州、赣州、漯河、资阳、萍乡、贵港、漳州、安阳、聊城、孝感、邯郸、吕梁、铜陵、益阳、衡水、沧州、内江、河池、许昌、晋中、四平、安庆、宜春、淮南、遂宁、邢台、来宾、承德、岳阳、桂林、自贡
第 V 级 （共 58 个）	梅州、江门、河源、固原、阜阳、清远、鹤壁、六安、辽源、钦州、蚌埠、枣庄、泰安、上饶、六盘水、陇南、南阳、开封、亳州、日照、济宁、通辽、濮阳、曲靖、新乡、潮州、信阳、徐州、驻马店、湛江、宿迁、肇庆、抚州、娄底、遵义、安顺、临沂、商洛、昭通、定西、连云港、梧州、茂名、德州、滁州、崇左、宿州、周口、菏泽、松原、中卫、贺州、临沧、商丘、云浮、汕尾、揭阳、绥化

6. 2022 年城市环境质量水平分级情况

和 2021 年相比，2022 年环境质量水平从第 II 级到第 I 级上升一级的有防城港等城市。从第 I 级到第 II 级下降一级的有淄博等城市；从第 III 级到第 II 级上升一级的有白山、贵港、益阳、乐山等城市。从第 II 级到第 III 级下降一级的有保定、漳州、盐城、石家庄等城市；从第 IV 级到第 III 级上升一级的有十堰等城市。从第 III 级到第 IV 级下降一级的有白银等城市；从第 V 级到第 IV 级上升一级的有赣州、保山、渭南等城市。从第 IV 级到第 V 级下降一级的有南阳、陇南等城市。

2022 年中国 284 个城市环境质量水平分级情况见表 24。

表 24　2022 年城市环境质量水平等级划分

环境质量水平等级	城市
第 I 级 （共 59 个）	三亚、舟山、济南、广州、海口、南京、北京、大庆、宁波、定西、湖州、东莞、台州、本溪、嘉兴、绍兴、乌鲁木齐、杭州、上海、随州、珠海、金华、衢州、丽江、遂宁、克拉玛依、达州、南宁、柳州、张家界、丽水、钦州、北海、温州、重庆、自贡、株洲、潮州、长春、眉山、固原、西安、黄山、七台河、鸡西、铜川、桂林、成都、厦门、贺州、银川、新余、哈尔滨、防城港、庆阳、江门、泸州、鹤岗、连云港
第 II 级 （共 79 个）	淄博、梧州、长沙、威海、湘潭、揭阳、深圳、铜陵、青岛、湛江、巴中、梅州、安顺、咸宁、福州、广安、东营、资阳、汕头、惠州、嘉峪关、无锡、景德镇、南充、齐齐哈尔、鄂尔多斯、内江、黑河、中山、石嘴山、扬州、吉安、泰州、烟台、常德、常州、潍坊、河源、来宾、娄底、伊春、大连、宜宾、天津、绵阳、阳江、白城、西宁、抚州、汕尾、辽源、牡丹江、松原、泉州、玉林、镇江、曲靖、昭通、衡阳、韶关、天水、南昌、泰安、邵阳、郑州、徐州、枣庄、佛山、萍乡、信阳、白山、贵港、安康、南通、临沂、益阳、广元、宁德、乐山
第 III 级 （共 61 个）	遵义、保定、崇左、四平、漳州、盐城、秦皇岛、石家庄、绥化、佳木斯、漯河、雅安、宿迁、通辽、苏州、永州、鹤壁、乌海、黄石、双鸭山、茂名、清远、三明、淮安、驻马店、平凉、沈阳、南平、莆田、蚌埠、德阳、晋中、济宁、呼和浩特、商丘、日照、岳阳、芜湖、河池、鹰潭、聊城、朝阳、九江、贵阳、邢台、开封、通化、郴州、丹东、武汉、安阳、葫芦岛、马鞍山、大同、平顶山、盘锦、龙岩、廊坊、周口、阜新、十堰
第 IV 级 （共 36 个）	菏泽、临沧、白银、营口、鄂州、德州、池州、六盘水、焦作、淮北、兰州、包头、张掖、衡水、濮阳、邯郸、玉溪、锦州、百色、昆明、怀化、吕梁、云浮、武威、许昌、阜阳、肇庆、铁岭、安庆、亳州、合肥、榆林、延安、赣州、保山、渭南
第 V 级 （共 49 个）	中卫、南阳、新乡、乌兰察布、宝鸡、陇南、攀枝花、张家口、宿州、长治、汉中、唐山、吉林、宜春、淮南、荆门、吴忠、晋洱、黄冈、承德、咸阳、沧州、抚顺、太原、滨州、酒泉、辽阳、三门峡、宣城、滁州、商洛、襄阳、六安、临汾、荆州、洛阳、赤峰、晋城、孝感、鞍山、宜昌、金昌、巴彦淖尔、朔州、运城、忻州、上饶、阳泉、呼伦贝尔

五　中国式现代化路径选择

（一）促进人力资本向智力资本转化，对冲人口负增长冲击和促进人力资源高效利用

2022 年我国正式进入人口负增长时代。在全社会讨论未来人口老龄化冲

击之时，当下最重要的还是要利用好存量高质量的人力资源。改革开放以来，经济和产业结构剧烈转型带动了劳动力结构的深刻转型，转型最显著的特征就是人口和劳动力总量从过剩逐步转向平衡甚至紧缺，人口红利窗口逐步关闭，人口结构从资产型转变为负债型，且其对经济增长和结构转型的短期冲击和长期影响逐步显现出来。但人口转型除人口规模和年龄结构发生变化之外，人口质量与经济高质量发展转型的一致性也不断提高。我国积累了丰厚的人力资本，只有将人力资本（human capital）转化为智力资本（Intellectual capital），我国才能更好地利用充沛的人力资源，才能切切实实以人口质量替代人口数量，这样不仅能解决短期内失业率特别是青年失业率居高不下问题，还能在长期内形成增长动力和促进经济高质量发展。智力资本按照 Quinn（1992）和 Ulrich（1998）等的研究，主要指与人力资本形成互补机制的平台或能力。人力资本是储藏或蕴含在个人身上的"资本"，释放劳动力的人力资本潜力需要良好的平台作为支撑。未来中国要创造条件和平台将巨大的人力资本优势转化为智力资本优势，只有这样才能有效对冲人口负增长冲击和促进人力资源高效利用。就目前而言，第一，要大力发展新经济、新模式和新业态，促进产业结构迭代升级，以产业更新和市场主体扩容吸纳存量不断增大的大学毕业生等就业群体，实现青年就业与人力资本积累相互促进。第二，要创造条件为劳动力跨区域、跨行业和跨属性流动提供便利，充分挖掘青年劳动力流动红利。从理论和现实经验看，劳动力自由流动是实现个人收入提高和个人价值不断提升的重要路径，特别是青年就业群体流动性高是世界各国的普遍特征，要创造条件为青年就业减少流动障碍、降低流动摩擦，使就业搜寻过程与人力资本积累过程更加匹配。第三，要促进产学研一体化，使产业、教育与科研系统紧密结合，将三者变革深度绑定，使产业瞄准前沿、教育紧随产业、科研超前发力，这是减少摩擦性失业和增强青年群体就业韧性的根本之策。第四，要大力发展数字经济和促进数字化转型。继续挖掘"人口红利"提高要素配置效率，加速传统行业迭代升级，推动传统行业规模不断拓展。同时要发挥数字化和数字经济的产业内生增长和网络效应，不断扩大范围经济，促进产业生命周期替代，实现从人口红利向数字红利转变。

（二）加快形成预期与增长螺旋向上的景气通道，扭转紧缩与下行循环负反馈态势

在内外部环境剧烈变化冲击影响下，中国经济增长景气度有一定回落，而且预期、不确定性等因素，一定程度上影响了中国居民和私人部门的信心，使市场主体的风险偏好大大下降，也使得2023年上半年人们久盼的复苏轨迹面临向下波动的风险。进一步增加市场主体风险偏好，加快形成预期与增长螺旋向上的景气通道，需要短期政策靠前与不断释放红利和长期体制机制改革与完善。一方面，要继续实施积极的财政政策和稳健的货币政策，根据经济运行特征采取更加精准的政策措施，将政策的短期需求调节和长期结构调整功能相结合，坚持系统和全局性思维，促进长端和短端名义利率持续下降，为市场主体特别是小微市场主体降低企业成本提供支持。同时以政策的持续性稳定市场预期，促使市场主体从修复资产负债表转向积极投资，彻底扭转紧缩与下行循环负反馈态势。另一方面，要大力发展民营经济，持续激发民营经济发展活力。民营经济事关财政税收、民生就业和经济复苏，二十届中央全面深化改革委员会第一次会议鲜明指出"支持民营经济发展是党中央的一贯方针"，明确要求"促进民营经济发展壮大"。要持续破除民营企业公平参与市场竞争的制度障碍，深入实施市场准入负面清单制度，破除妨碍民营企业公平准入的隐性壁垒。继续加大对民营企业平等使用资源要素的保障力度，降低企业融资成本、用工成本和材料成本。以创优营商环境为契机，全面构建亲清政商关系，持续激发民营经济发展活力。鼓励和吸引更多民营企业参与国家重人战略、国家重大工程、重点产业链供应链项目建设。

（三）推动降碳、减污、扩绿、增长一体化协同增效，将绿色转型约束转化为绿色转型激励

党的二十大报告指出加快发展方式绿色转型，推动形成绿色低碳的生产方式和生活方式，并提出"中国式现代化是人与自然和谐共生的现代化"。

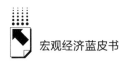

显然，加快发展方式绿色转型，推动经济社会发展绿色化、低碳化是实现高质量发展的关键。同时从国际上看，全球对气候变化的潜在风险达成空前共识，应对气候变化开启新征程，《巴黎协定》得到国际社会的广泛支持和参与。因此，中国作为国际社会负责任的国家，一方面要坚定扛起绿色转型大旗，以实际行动为国际社会做出表率；另一方面也要以绿色转型为契机，将降碳、减污的绿色转型约束转化为扩绿、增长的绿色转型激励。

中国作为世界上最大的发展中国家，无论是实现 2035 年远期目标还是实现 21 世纪中叶的前景目标，都需要对增长的路径进行探讨。绿色治理的减量化操作只有从中国结构转型视角出发才能找到推动增长的潜在落脚点，才能完成绿色转型和增长提高双重任务。一方面，现阶段中国绿色转型必然伴随着传统化石能源和高碳排放传统部门的退出，我们要从中观产业视角出发，从绿色能源和绿色部门转型中获取新的增长支撑，在产业轮动中获得增长潜力；另一方面，我们也要从增长核算视角下各增长驱动因素入手，挖掘绿色转型对劳动力就业、资本投资以及技术进步的作用，推动就业结构（比如发展"绿领"工作）、资本结构以及由此衍生出的技术等发生根本变革。因此，积极稳妥推进碳达峰、碳中和，立足我国能源资源禀赋，坚持先立后破，有计划有步骤地实施碳达峰、碳中和行动，有助于中国这样的后发国家在绿色转型中发展和绿色兼得，完成绿色转型和持续增长的目标任务。

参考文献

[1] Quinn J. B., *Intelligent Enterprise: A Knowledge and Service Based Paradigm for Industry*, New York: Free Press, 1992.

[2] Ulrich D., "Intellectual Capital = Competence * Commitment", *Sloan Management Review*, 1998, 39（2）.

[3] 习近平：《高举中国特色社会主义伟大旗帜　为全面建设社会主义现代化国家而团结奋斗——在中国共产党第二十次全国代表大会上的报告》，人民出版社，2022。

［4］中国式现代化研究课题组：《中国式现代化的理论认识、经济前景与战略任务》，《经济研究》2022 年第 8 期。

［5］黄群慧：《中国式现代化的理论价值及实现路径》，《北京工业大学学报》（社会科学版）2023 年第 4 期。

［6］蔡昉：《生产率、新动能与制造业——中国经济如何提高资源重新配置效率》，《中国工业经济》2021 年第 5 期。

［7］楠玉、袁富华、张平：《论当前我国全要素生产率的提升路径》，《上海经济研究》2017 年第 3 期。

［8］张自然等：《中国城市规模、空间聚集与管理模式研究》，社会科学文献出版社，2022。

［9］张自然、张平、刘霞辉等：《中国城市化模式、演进机制和可持续发展研究》，中国社会科学出版社，2016。

可持续发展专题

Subject of Sustainable Development

B.2

1990~2022年中国城市可持续发展报告

张自然　张　平*

摘　要： 基于中国式现代化的五大特征，在前期城市可持续发展评价研究的基础上，本文对地级及地级以上城市可持续发展评价体系进行了升级优化。本文的城市可持续发展评价体系一级指标包括经济增长、增长潜力、政府效率、人民生活和环境质量，通过产出效率、经济结构、经济稳定、产出消耗、增长可持续性、公共服务效率、社会保障、收入水平、健康保障、生活质量、生态环境、工业及生活排放、空气监测等方面的61个具体指标，运用主成分分析法对284个地级及地级以上城市可持续发展状况进行客观分析，得出了中国284个地级及地级以上城市1990~2022年的可持续发展综合排名和以上年、1990年为基期的指数，并分别按2010年以来、2000年以来、1990年以来三个阶段以及2015~

---

* 张自然，博士，中国社会科学院经济研究所经济增长理论研究室主任、研究员，中国社会科学院大学教授、博士生导师，主要研究方向为城市化、技术进步与经济增长；张平，博士，中国社会科学院经济研究所研究员，博士生导师，主要研究方向为经济增长。

2022年8个年份，依照权重比3∶3∶2∶1∶1对284个地级及地级以上城市的可持续发展水平划分了5个等级。此外，还分析了可持续发展各具体指标的权重，并绘制了2022年主要城市以经济增长、增长潜力、政府效率、人民生活和环境质量为一级指标的可持续发展雷达图。

关键词： 经济发展质量　可持续发展评价　地级及地级以上城市

一　引言

党的二十大报告指出，中国式现代化是人口规模巨大的现代化；中国式现代化是全体人民共同富裕的现代化；中国式现代化是物质文明和精神文明相协调的现代化；中国式现代化是人与自然和谐共生的现代化；中国式现代化是走和平发展道路的现代化。中国式现代化与传统现代化有所不同，中国式现代化除了是人口规模巨大、全体人民共同富裕的现代化，还要实现低碳转型、绿色发展，推动精神文明与物质文明协调发展，同时中国式现代化也是依靠中国人民自立自强的现代化。要更好地推进实现共享发展、绿色发展、协调发展、和平发展等目标，对中国式现代化指标进行探讨，从而更好地推进中国式现代化。本文在中国式现代化五大特征的基础上，依据经济发展质量的本质和基本特征，参考国际上相关五大指标体系和省域经济高质量发展指标，构建了地级及地级以上城市的可持续发展评价指标体系。

为客观评价1990~2011年中国264个地级及地级以上城市可持续发展水平，1990~2011年中国城市可持续发展评价报告[①]提出了一套地级及地级

---

① 引自张自然、张平、刘霞辉等《中国城市化模式、演进机制和可持续发展研究》，中国社会科学出版社，2016。下同。

以上城市可持续发展评价体系。此可持续发展评价体系一级指标包括经济增长、增长可持续性、环境质量、政府效率和人民生活，通过产出效率、经济结构、经济稳定、产出消耗、增长潜力、居住环境、环境质量、政府效率、人民生活等方面的 42 个具体指标，运用主成分分析法对 264 个地级及地级以上城市可持续发展状况进行客观分析，得出了中国 264 个地级及地级以上城市 1990~2011 年的可持续发展排名。并分别按 1990 年以来、2000 年以来两个阶段以及 2009 年、2010 年和 2011 年三个年份，依照权重比 3∶3∶2∶1∶1 把 264 个地级及地级以上城市的可持续发展状况划分了 5 个级别。此外，还分析了一些影响地级及地级以上城市可持续发展的因素，包括一级指标权重与其主要影响因素，并绘制了 1990 年以来、2000 年以来、2009 年、2010 年和 2011 年地级及地级以上城市以经济增长、增长可持续性、环境质量、政府效率和人民生活为一级指标的可持续发展雷达图，列出了各具体指标的权重。

我们认为中国经济应该从以 GDP 为核心的评价标准转向以劳动生产率与 TFP 增长为基准的以创新和效率为核心的评估方式，强调可持续性和包容性的增长，中国经济评估结果对区域可持续发展水平和发展方向有一定的指导意义。经济发展前景指标亦即可持续发展指标本质上是评估高质量发展情况的指标，《中国城市规模、空间聚集与管理模式研究》在 1990~2011 年中国城市可持续发展评价报告的基础上将可持续发展评价指标体系分为三级，其中一级指标共包括五项：经济增长、增长潜力、政府效率、人民生活和环境质量。每个一级指标包含若干二级指标。其中经济增长包括产出效率、经济结构、经济稳定；增长潜力包括产出消耗和增长可持续性；政府效率包括公共服务效率和社会保障；人民生活包括收入水平、健康保障、生活质量等；环境质量包括生态环境、工业及生活排放、空气监测等。二级指标下设相应的 61 个具体指标，比 1990~2011 年中国城市可持续发展评价报告多了 19 个指标。在环境质量方面增加了人们密切关注的 $PM_{2.5}$ 指标、PM_{10} 指标、二氧化硫指标、二氧化氮指标、臭氧指标、空气质量优良天数等相关指标，以工业废水排放量指标替代工业废水排放达标率、以工业二氧化硫排放量指标替代工业二氧化硫排放达标率，删掉了工业三废综合利用产品产值比。经济增长的产出效率指标方面增加了投资效果系数，经济稳定指标方面，增加了人均 GDP 增长率（原来在人民生活指标下）、房价收入比指标。增长潜力的增长可持续性指标方面，增加了教育基础设施指数（替换原来的万人教师数）、人口增长率、可用土地面积比重。政府效率的社会保障指标方面，增加了城镇基本养老保险覆盖率、城镇基本医疗保险覆盖率、城镇失业保险覆盖率、农村社会养老保险覆盖率、社会保障和就业财政支出比。人民生活的收入水平指标方面增加了城镇家庭平均每人可支配收入、人均财富，健康保障指标方面增加了万人医院数、万人床位数（替代卫生设施指数），生活质量指标方面增加了人均生活用电量、人均供水量、城镇人均住房建筑面积、人口密度指标（负向指标，原来在环境质量指标中），由于数据可获得性方面的原因减少了万人影剧院数指标。在评估方法方面，也进行了优化，即用主成分分析法分别对经济增长、增长潜力、政府效率、人民生活和环境质量五个一级指标进行分析，利用五个一级指标的计算结果加权平均得出地级及地级以上城市的可持续发展水平。这样五个一级指标的权重一致，能避免个别一级指标权重过大造成指标间的不平衡，评估失真。

本文在《中国城市规模、空间聚集与管理模式研究》基础上将 264 个地级市升级为 284 个地级市，除两个地级市数据不太全外，其他地级及地级以上城市数据基本都包括在里面。按地级市常住人口计算，本文的 284 个地级及地级以上城市覆盖人口 131275 万人，占全国总人口 141178 万人的92.99%。2020 年 284 个地级及地级以上城市地区生产总值现价 974800 亿元，占全国国内生产总值的 1013567 亿元的 96.18%。即使考虑到各城市地区生产总值加总可能略大于全国国内生产总值的情况，本文 284 个地级及地级以上城市的地区生产总值占全国国内生产总值的比重至少也在 90%~95%，因此无论是从常住人口看还是从地区生产总值看，本文 284 个地级及地级以上城市都具有较强的代表性。同时我们注意到，个别地级市和中、西部相当部分地市州由于数据原因未被纳入其所在区域地级及地级以上城市的研究体系，故分区域部分指标数据和常识有偏差，比如新疆只有乌鲁木齐和

克拉玛依两个城市进入本评估系统。今后在条件允许的情况下将继续加入未被纳入的地级市及少数民族自治州。

本文第二部分为中国284个城市可持续发展评价结果，第三部分为284个城市可持续发展及各一级指标水平分级情况，第四部分为284个城市可持续发展的影响因素分析，第五部分为结论，附录1为指标设计及数据处理，附录2为评价过程，附录3为评价结果相关图表。下面将通过61个具体指标运用主成分分析法对284个城市1990~2022年的可持续发展情况进行分析，并按权重将284个城市可持续发展及各一级指标水平分为五级，进而对影响284个城市可持续发展的相关因素进行分析。

二 中国城市可持续发展评价结果

中国284个城市可持续发展评价指标设计、数据来源及处理和可持续发展评价过程见附录1、附录2。

（一）2022年城市可持续发展综合排名及一级指标排名情况

2022年城市可持续发展综合排名及一级指标排名情况见表1。需要说明的是，2022年284个城市中，有8个城市综合排名高于其各一级指标排名，分别为无锡（8）、宁波（4）、嘉兴（3）、金华（1）、福州（11）、厦门（40）、肇庆（45）、克拉玛依（4）（括号内数值为城市一级指标的最高排名低于其综合排名的名次）；有17个城市综合排名低于其各一级指标排名，分别为邯郸（2）、张家口（12）、吕梁（2）、信阳（10）、益阳（3）、江门（1）、百色（10）、贵阳（35）、六盘水（8）、保山（12）、普洱（12）、临沧（2）、商洛（11）、白银（1）、平凉（23）、酒泉（10）、陇南（5）（括号内数值为城市一级指标的最低排名高于其综合排名的名次）。这是由于城市可持续发展综合排名是城市各一级指标排名的算术平均值，不同指标值不一样。将各一级指标进行正向标准化并利用功效系数法进行处理，结果稍有改进，有一个城市（深圳）综合排名高于其各一级指标排名，但仍然有10

个城市综合排名低于其各一级指标排名，利用归一化方法进行算术平均得到的结果也类似。为了保持城市可持续发展综合排名和各一级指标排名处理方法的一致性，本文仍然采用对一级指标进行加权的方式获取可持续发展综合排名。

表1　2022年城市可持续发展综合排名及一级指标排名情况

城　市	综合	经济增长	增长潜力	政府效率	人民生活	环境质量	城　市	综合	经济增长	增长潜力	政府效率	人民生活	环境质量
北　京	2	272	253	2	2	7	包　头	12	1	213	139	7	211
天　津	149	198	262	116	36	103	乌　海	29	4	14	157	31	156
石家庄	213	78	233	243	141	146	赤　峰	174	48	207	118	106	272
唐　山	185	5	120	253	118	247	通　辽	284	201	284	201	248	152
秦皇岛	192	197	222	232	154	145	鄂尔多斯	117	21	171	237	86	85
邯　郸	270	40	144	268	206	215	呼伦贝尔	140	103	19	110	78	284
邢　台	227	185	250	246	221	183	巴彦淖尔	260	262	45	129	148	278
保　定	216	173	122	233	116	140	乌兰察布	276	283	67	141	186	239
张家口	255	138	123	240	142	243	沈　阳	84	116	245	51	23	165
承　德	201	115	116	255	223	255	大　连	62	39	177	48	28	101
沧　州	272	23	241	281	211	257	鞍　山	214	118	252	63	58	275
廊　坊	266	190	266	248	165	196	抚　顺	65	145	228	49	33	258
衡　水	232	128	160	276	210	213	本　溪	45	43	65	45	123	14
太　原	145	132	185	84	41	259	丹　东	156	211	80	111	69	187
大　同	58	108	13	142	64	192	锦　州	183	240	165	54	127	217
阳　泉	167	110	47	145	42	283	营　口	51	162	168	71	39	203
长　治	148	80	26	197	162	245	阜　新	146	204	275	122	90	198
晋　城	225	45	136	204	173	273	辽　阳	111	30	265	83	68	262
朔　州	224	32	169	211	99	279	盘　锦	43	166	3	99	25	194
晋　中	132	187	89	216	215	170	铁　岭	53	260	31	107	80	227
运　城	202	154	18	161	140	280	朝　阳	134	230	43	124	119	180
忻　州	229	136	34	156	147	281	葫芦岛	81	282	1	112	115	190
临　汾	151	114	63	187	176	269	长　春	107	99	179	131	172	39
吕　梁	278	276	77	181	207	221	吉　林	211	91	269	93	105	248
呼和浩特	69	22	170	117	60	172	四　平	120	147	95	61	216	142

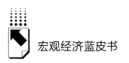

续表

城 市	综合	经济增长	增长潜力	政府效率	人民生活	环境质量	城 市	综合	经济增长	增长潜力	政府效率	人民生活	环境质量
辽 源	47	50	15	96	235	110	宁 波	3	148	217	7	16	9
通 化	30	46	9	101	94	185	温 州	5	160	148	3	24	34
白 山	251	226	272	97	150	130	嘉 兴	7	134	142	10	74	15
松 原	283	223	283	148	276	112	湖 州	39	144	182	12	61	11
白 城	250	271	216	123	179	106	绍 兴	20	109	195	8	13	16
哈尔滨	143	250	278	29	133	53	金 华	10	131	143	11	34	22
齐齐哈尔	37	237	201	13	40	84	衢 州	74	238	157	9	48	23
鸡 西	59	167	209	31	103	45	舟 山	136	192	35	5	10	2
鹤 岗	52	214	167	33	46	58	台 州	16	194	183	18	35	13
双鸭山	88	239	109	35	66	158	丽 水	32	268	192	6	45	31
大 庆	15	35	30	40	49	8	合 肥	219	200	227	120	111	230
伊 春	85	231	2	4	17	100	芜 湖	95	42	91	126	161	176
佳木斯	130	242	176	36	131	148	蚌 埠	223	149	224	125	237	168
七台河	124	254	268	27	121	44	淮 南	234	177	112	136	219	250
牡丹江	108	112	230	39	166	111	马鞍山	82	3	118	150	156	191
黑 河	22	278	58	53	1	87	淮 北	125	69	57	144	194	209
绥 化	247	277	86	52	284	147	铜 陵	126	47	178	159	208	67
上 海	6	199	247	30	3	19	安 庆	205	119	150	134	217	228
南 京	21	176	55	14	20	6	黄 山	67	180	164	115	29	43
无 锡	13	76	37	21	38	81	滁 州	264	124	153	132	271	265
徐 州	60	161	68	17	254	125	阜 阳	200	195	93	109	231	225
常 州	36	113	76	28	70	95	宿 州	273	266	79	186	273	244
苏 州	40	56	50	15	14	153	六 安	233	123	54	192	234	268
南 通	28	85	132	26	72	133	亳 州	236	236	140	167	245	229
连云港	55	217	48	20	267	59	池 州	194	178	82	174	178	206
淮 安	71	188	141	19	137	162	宣 城	257	130	128	179	190	264
盐 城	68	156	97	23	187	144	福 州	11	57	114	81	22	74
扬 州	23	86	111	22	126	90	厦 门	9	58	226	50	50	49
镇 江	44	52	52	16	89	115	莆 田	113	98	139	147	65	167
泰 州	46	121	173	24	139	92	三 明	24	15	152	34	98	161
宿 迁	87	169	81	25	257	151	泉 州	118	31	273	86	91	113
杭 州	4	207	181	1	18	18	漳 州	80	25	121	70	202	143

城　　市	综合	经济增长	增长潜力	政府效率	人民生活	环境质量	城　　市	综合	经济增长	增长潜力	政府效率	人民生活	环境质量
南　平	164	175	244	59	124	166	洛　阳	230	37	263	280	195	271
龙　岩	77	129	124	56	52	195	平顶山	171	79	70	254	169	193
宁　德	86	72	131	65	164	137	安　阳	241	92	223	271	203	189
南　昌	177	75	236	194	100	121	鹤　壁	228	34	214	282	233	155
景德镇	99	65	126	137	175	82	新　乡	258	106	260	270	251	238
萍　乡	157	100	134	162	200	128	焦　作	196	61	130	265	171	208
九　江	175	73	187	178	168	181	濮　阳	243	159	235	277	249	214
新　余	115	127	129	208	76	52	许　昌	261	125	280	284	214	224
鹰　潭	160	18	237	200	144	178	漯　河	198	96	254	279	198	149
赣　州	220	140	138	154	197	233	三门峡	191	29	184	235	155	263
吉　安	142	104	88	198	183	91	南　阳	259	150	242	274	243	237
宜　春	170	53	29	210	218	249	商　丘	231	234	56	283	280	173
抚　州	179	51	194	176	259	108	信　阳	267	208	215	257	253	129
上　饶	279	151	59	171	240	282	周　口	262	244	240	275	274	197
济　南	131	93	145	32	67	3	驻马店	268	203	127	273	255	163
青　岛	17	9	197	43	101	68	武　汉	210	215	239	104	114	188
淄　博	26	13	220	66	63	60	黄　石	79	27	163	74	149	157
枣　庄	64	54	28	72	238	126	十　堰	159	257	62	113	112	199
东　营	48	2	33	75	19	76	宜　昌	163	59	204	90	73	276
烟　台	31	10	202	37	151	93	襄　阳	158	38	98	158	129	267
潍　坊	35	11	188	57	128	96	鄂　州	176	252	36	189	79	204
济　宁	116	41	186	58	247	171	荆　门	188	229	172	114	120	251
泰　安	91	77	154	38	239	122	孝　感	221	228	257	127	205	274
威　海	75	60	251	41	109	63	荆　州	162	84	106	94	167	270
日　照	105	24	137	91	246	174	黄　冈	197	224	117	103	163	254
临　沂	129	49	199	64	263	134	咸　宁	104	88	83	180	135	73
德　州	155	70	221	47	270	205	随　州	96	111	156	177	159	20
聊　城	127	67	206	67	204	179	长　沙	34	12	208	166	26	62
滨　州	54	16	24	77	157	260	株　洲	72	14	234	128	143	37
菏　泽	154	142	90	60	275	200	湘　潭	133	90	231	133	153	64
郑　州	235	107	246	234	93	124	衡　阳	147	137	102	130	193	118
开　封	265	206	259	272	244	184	邵　阳	138	158	105	175	84	123

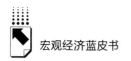

续表

城　　市	综合	经济增长	增长潜力	政府效率	人民生活	环境质量	城　　市	综合	经济增长	增长潜力	政府效率	人民生活	环境质量
岳　阳	150	74	133	138	224	175	梧　州	97	63	8	224	268	61
常　德	128	81	151	146	182	94	北　海	106	64	69	261	97	33
张家界	141	251	196	140	83	30	防城港	57	17	78	244	57	54
益　阳	212	153	205	149	209	135	钦　州	178	179	101	221	236	32
郴　州	102	87	96	100	132	186	贵　港	195	170	41	228	201	131
永　州	189	205	113	199	110	154	玉　林	207	82	218	215	185	114
怀　化	218	246	135	87	189	220	百　色	237	227	44	222	160	218
娄　底	190	174	174	121	260	99	贺　州	245	155	53	278	278	50
广　州	8	196	107	165	11	4	河　池	217	264	20	202	213	177
韶　关	144	222	25	229	51	119	来　宾	249	241	27	262	222	98
深　圳	25	95	191	193	4	66	崇　左	186	186	125	256	272	141
珠　海	14	102	149	185	8	21	海　口	18	261	61	105	37	5
汕　头	193	165	229	251	145	78	三　亚	19	267	21	92	9	1
佛　山	114	44	166	264	15	127	重　庆	109	183	38	184	174	35
江　门	253	171	193	252	228	56	成　都	119	182	261	85	59	48
湛　江	209	274	232	263	256	69	自　贡	56	68	159	42	226	36
茂　名	169	269	248	259	269	159	攀枝花	73	55	87	78	55	242
肇　庆	173	232	219	218	258	226	泸　州	90	105	115	95	184	57
惠　州	242	117	249	249	82	79	德　阳	98	20	203	98	170	169
梅　州	238	279	99	205	227	71	绵　阳	63	146	11	46	56	104
汕　尾	215	213	84	258	282	109	广　元	61	202	42	73	44	136
河　源	137	270	277	203	229	97	遂　宁	27	26	103	55	220	25
阳　江	135	216	6	245	130	105	内　江	70	83	64	62	212	86
清　远	180	235	73	242	232	160	乐　山	76	97	100	76	92	138
东　莞	50	62	274	250	6	12	南　充	101	157	162	79	122	83
中　山	187	122	258	269	30	88	眉　山	112	28	75	82	117	40
潮　州	139	189	271	239	252	38	宜　宾	93	71	94	108	192	102
揭　阳	103	259	281	236	283	65	广　安	94	135	119	88	152	75
云　浮	254	253	16	238	281	222	达　州	122	245	104	106	196	27
南　宁	123	143	147	225	81	28	雅　安	89	133	12	80	32	150
柳　州	161	139	238	214	102	29	巴　中	121	220	200	68	104	70
桂　林	269	212	276	153	225	47	资　阳	92	225	17	102	199	77

续表

城　市	综合	经济增长	增长潜力	政府效率	人民生活	环境质量	城　市	综合	经济增长	增长潜力	政府效率	人民生活	环境质量
贵　阳	252	193	180	217	108	182	商　洛	277	258	46	143	264	266
六盘水	274	126	110	266	241	207	兰　州	152	219	255	267	88	210
遵　义	239	218	108	163	261	139	嘉峪关	41	33	225	220	5	80
安　顺	208	273	189	231	262	72	金　昌	33	8	4	212	21	277
昆　明	182	141	155	206	53	219	白　银	280	221	279	191	138	202
曲　靖	100	66	7	213	250	116	天　水	240	255	161	170	177	120
玉　溪	168	94	190	152	107	216	武　威	203	248	49	219	62	223
保　山	246	209	60	223	146	234	张　掖	244	265	210	135	75	212
昭　通	165	256	32	89	265	117	平　凉	256	233	146	195	188	164
丽　江	78	120	74	188	113	24	酒　泉	271	164	211	227	54	261
普　洱	275	263	85	164	191	253	庆　阳	199	281	10	247	180	55
临　沧	281	249	92	241	279	201	定　西	172	284	23	169	266	10
西　安	38	172	158	69	27	42	陇　南	248	243	39	155	242	241
铜　川	49	101	66	160	47	46	西　宁	226	181	264	172	96	107
宝　鸡	181	36	175	190	158	240	银　川	184	191	198	209	134	51
咸　阳	282	184	282	196	95	256	石嘴山	42	19	72	168	77	89
渭　南	153	168	270	230	85	235	吴　忠	206	210	40	151	181	252
延　安	222	89	212	226	71	232	固　原	66	163	71	44	230	41
汉　中	166	247	267	182	136	246	中　卫	263	280	243	183	277	236
榆　林	83	6	51	260	87	231	乌鲁木齐	110	152	256	173	43	17
安　康	204	275	22	207	125	132	克拉玛依	1	7	5	119	12	26

（二）2022年城市可持续发展及各一级指标综合得分和排名变化情况

可持续发展综合排名前十位的城市：克拉玛依、北京、宁波、杭州、温州、上海、嘉兴、广州、厦门、金华。排名后十位的城市：通辽、松原、咸阳、临沧、白银、上饶、吕梁、商洛、乌兰察布、普洱。

2022年284个地级及地级以上城市可持续发展综合得分情况见表2。

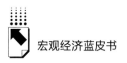

表2 2022年城市可持续发展综合得分情况

城 市	2022年	城 市	2022年	城 市	2022年	城 市	2022年	城 市	2022年	城 市	2022年
克拉玛依	0.677	长 沙	0.468	黄 山	0.428	曲 靖	0.384	晋 中	0.348	昭 通	0.319
北 京	0.629	潍 坊	0.467	盐 城	0.427	南 充	0.383	湘 潭	0.347	汉 中	0.319
宁 波	0.624	常 州	0.464	呼和浩特	0.426	朝 阳	0.345	阳 泉	0.316	玉 溪	0.314
杭 州	0.610	齐齐哈尔	0.462	内 江	0.425	郴 州	0.383	阳 江	0.345	茂 名	0.314
温 州	0.594	西 安	0.460	淮 安	0.424	揭 阳	0.383	舟 山	0.344	宜 春	0.313
上 海	0.552	湖 州	0.458	株 洲	0.424	咸 宁	0.382	河 源	0.343	平顶山	0.313
嘉 兴	0.530	苏 州	0.458	攀枝花	0.420	日 照	0.379	邵 阳	0.342	定 西	0.312
广 州	0.528	嘉峪关	0.457	衢 州	0.419	北 海	0.378	潮 州	0.341	肇 庆	0.311
厦 门	0.528	石嘴山	0.454	威 海	0.418	长 春	0.378	呼伦贝尔	0.341	赤 峰	0.311
金 华	0.514	盘 锦	0.452	乐 山	0.417	牡丹江	0.377	张家界	0.341	九 江	0.309
福 州	0.512	镇 江	0.451	龙 岩	0.417	重 庆	0.377	吉 安	0.341	鄂 州	0.309
包 头	0.511	本 溪	0.448	丽 江	0.417	乌鲁木齐	0.374	哈尔滨	0.341	南 昌	0.308
无 锡	0.509	泰 州	0.447	黄 石	0.414	辽 阳	0.374	韶 关	0.340	钦 州	0.307
珠 海	0.506	辽 源	0.447	漳 州	0.413	眉 山	0.373	太 原	0.340	抚 州	0.306
大 庆	0.506	东 营	0.446	葫芦岛	0.413	莆 田	0.373	阜 新	0.338	清 远	0.305
台 州	0.504	铜 川	0.446	马鞍山	0.411	佛 山	0.373	衡 阳	0.338	宝 鸡	0.304
青 岛	0.501	东 莞	0.445	榆 林	0.409	新 余	0.369	长 治	0.332	昆 明	0.302
海 口	0.499	营 口	0.444	沈 阳	0.409	济 宁	0.369	天 津	0.330	锦 州	0.299
三 亚	0.499	鹤 岗	0.443	伊 春	0.404	鄂尔多斯	0.366	岳 阳	0.329	银 川	0.299
绍 兴	0.499	铁 岭	0.442	宁 德	0.404	泉 州	0.364	临 汾	0.329	唐 山	0.299
南 京	0.494	滨 州	0.442	宿 迁	0.403	成 都	0.362	兰 州	0.329	崇 左	0.298
黑 河	0.493	连云港	0.442	双鸭山	0.401	四 平	0.362	渭 南	0.328	中 山	0.298
扬 州	0.492	自 贡	0.441	雅 安	0.400	巴 中	0.362	菏 泽	0.327	荆 门	0.297
三 明	0.491	防城港	0.438	泸 州	0.400	达 州	0.361	德 州	0.327	永 州	0.296
深 圳	0.491	大 同	0.437	泰 安	0.397	南 宁	0.360	丹 东	0.325	娄 底	0.296
淄 博	0.490	鸡 西	0.436	资 阳	0.394	七台河	0.359	萍 乡	0.323	三门峡	0.296
遂 宁	0.488	徐 州	0.436	宜 宾	0.391	淮 北	0.357	襄 阳	0.323	秦皇岛	0.295
南 通	0.486	广 元	0.435	广 安	0.388	铜 陵	0.355	十 堰	0.323	汕 头	0.294
乌 海	0.485	大 连	0.434	芜 湖	0.387	聊 城	0.354	鹰 潭	0.323	池 州	0.294
通 化	0.484	绵 阳	0.431	随 州	0.387	常 德	0.354	柳 州	0.321	贵 港	0.291
烟 台	0.477	枣 庄	0.431	梧 州	0.387	临 沂	0.354	荆 州	0.320	焦 作	0.291
丽 水	0.474	抚 顺	0.430	德 阳	0.385	佳木斯	0.352	宜 昌	0.320	黄 冈	0.291
金 昌	0.471	固 原	0.429	景德镇	0.385	济 南	0.351	南 平	0.320	漯 河	0.289

续表

城市	2022年	城市	2022年	城市	2022年	城市	2022年	城市	2022年	城市	2022年
庆阳	0.288	鞍山	0.276	忻州	0.264	张掖	0.257	南阳	0.242	六盘水	0.219
阜阳	0.288	汕尾	0.276	洛阳	0.263	贺州	0.257	巴彦淖尔	0.241	普洱	0.218
承德	0.288	保定	0.275	商丘	0.261	保山	0.257	许昌	0.239	乌兰察布	0.216
运城	0.287	河池	0.275	衡水	0.261	绥化	0.256	周口	0.237	商洛	0.210
武威	0.286	怀化	0.274	六安	0.260	陇南	0.255	中卫	0.237	吕梁	0.210
安康	0.286	合肥	0.272	淮南	0.260	来宾	0.253	滁州	0.236	上饶	0.209
安庆	0.286	赣州	0.272	郑州	0.260	白城	0.253	开封	0.236	白银	0.185
吴忠	0.283	孝感	0.271	亳州	0.259	白山	0.253	廊坊	0.235	临沧	0.177
玉林	0.282	延安	0.271	百色	0.259	贵阳	0.252	信阳	0.235	咸阳	0.162
安顺	0.281	蚌埠	0.271	梅州	0.258	江门	0.250	驻马店	0.234	松原	0.161
湛江	0.281	朔州	0.268	遵义	0.258	云浮	0.247	桂林	0.233	通辽	0.122
武汉	0.280	晋城	0.268	天水	0.258	张家口	0.247	邯郸	0.233	东部地区	0.431
吉林	0.279	西宁	0.266	安阳	0.258	平凉	0.246	酒泉	0.231	中部地区	0.306
益阳	0.278	邢台	0.266	惠州	0.257	宣城	0.246	沧州	0.226	西部地区	0.335
石家庄	0.277	鹤壁	0.266	濮阳	0.257	新乡	0.242	宿州	0.224	东北地区	0.379

和2021年相比,2022年可持续发展综合排名上升的城市有128个,排名下降的城市有145个,其他城市2022年排名不变,见表3。

表3　2022年城市可持续发展综合排名变化情况

可持续发展综合排名变化情况	城市
排名上升（共128个）	柳州(+83)、盘锦(+71)、邵阳(+63)、池州(+59)、崇左(+55)、眉山(+54)、抚顺(+51)、焦作(+47)、株洲(+47)、保定(+45)、唐山(+45)、辽阳(+43)、贵港(+42)、蚌埠(+41)、舟山(+40)、宜春(+39)、西安(+39)、阳泉(+37)、郑州(+37)、商丘(+35)、赤峰(+34)、玉林(+33)、汕尾(+33)、庆阳(+32)、太原(+32)、马鞍山(+30)、北海(+30)、金昌(+30)、萍乡(+29)、营口(+28)、巴中(+27)、安阳(+27)、乌海(+27)、青岛(+26)、伊春(+26)、保山(+25)、呼伦贝尔(+25)、漳州(+23)、临汾(+22)、衡水(+22)、资阳(+21)、济南(+21)、石嘴山(+19)、嘉峪关(+19)、巴彦淖尔(+18)、梧州(+18)、昆明(+18)、东营(+18)、鹤岗(+17)、荆州(+17)、承德(+17)、

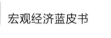

续表

可持续发展综合排名变化情况	城市
排名上升 （共128个）	连云港（+16）、包头（+16）、吴忠（+15）、成都（+15）、长沙（+15）、南宁（+14）、岳阳（+14）、鄂尔多斯（+13）、长春（+13）、淮北（+13）、抚州（+13）、襄阳（+13）、三明（+13）、呼和浩特（+13）、大同（+12）、广州（+12）、石家庄（+12）、张家口（+12）、安庆（+11）、莆田（+11）、贵阳（+11）、常德（+11）、长治（+11）、朔州（+11）、达州（+10）、防城港（+10）、宝鸡（+10）、渭南（+10）、江门（+9）、运城（+9）、绵阳（+9）、扬州（+9）、宜昌（+9）、随州（+8）、来宾（+8）、衡阳（+8）、湘潭（+8）、阳江（+8）、兰州（+8）、汉中（+8）、晋中（+8）、三门峡（+8）、河池（+7）、郴州（+7）、黄石（+7）、榆林（+7）、雅安（+7）、酒泉（+6）、龙岩（+6）、丽江（+6）、湛江（+6）、百色（+5）、永州（+5）、福州（+5）、九江（+5）、本溪（+5）、咸宁（+4）、广安（+4）、内江（+4）、洛阳（+4）、铜川（+4）、廊坊（+4）、四平（+3）、邯郸（+3）、张家界（+3）、上饶（+2）、临沧（+2）、沧州（+2）、嘉兴（+2）、宁德（+2）、鹰潭（+2）、南京（+2）、亳州（+2）、遂宁（+2）、宜宾（+1）、台州（+1）、温州（+1）
排名不变 （共11个）	邢台、宁波、吉安、通辽、海口、乐山、杭州、克拉玛依、攀枝花、北京、漯河
排名下降 （共145个）	怀化（-1）、武威（-1）、乌兰察布（-1）、自贡（-1）、白银（-1）、黑河（-1）、常州（-1）、松原（-1）、潍坊（-1）、上海（-1）、朝阳（-1）、枣庄（-2）、德州（-2）、固原（-2）、厦门（-2）、金华（-2）、平顶山（-2）、咸阳（-2）、黄冈（-2）、清远（-2）、吕梁（-2）、晋城（-3）、阜阳（-3）、无锡（-3）、重庆（-3）、日照（-3）、曲靖（-3）、大庆（-3）、珠海（-3）、湖州（-3）、辽源（-3）、天水（-4）、菏泽（-4）、广元（-4）、泰安（-4）、云浮（-4）、烟台（-4）、齐齐哈尔（-4）、通化（-4）、益阳（-5）、淮南（-5）、张掖（-5）、绍兴（-5）、德阳（-5）、泸州（-5）、六盘水（-5）、娄底（-6）、芜湖（-6）、三亚（-6）、南充（-6）、镇江（-6）、南通（-6）、深圳（-6）、荆门（-6）、赣州（-7）、开封（-7）、周口（-7）、景德镇（-7）、信阳（-7）、泰州（-7）、铁岭（-7）、临沂（-8）、丽水（-8）、鹤壁（-8）、驻马店（-9）、滨州（-9）、铜陵（-9）、韶关（-9）、银川（-9）、南昌（-9）、孝感（-9）、许昌（-10）、新余（-10）、泉州（-11）、定西（-11）、新乡（-12）、南阳（-12）、商洛（-12）、淄博（-12）、合肥（-14）、昭通（-14）、衢州（-15）、苏州（-15）、绥化（-15）、梅州（-15）、葫芦岛（-16）、济宁（-16）、盐城（-16）、哈尔滨（-16）、安康（-17）、濮阳（-17）、聊城（-17）、中山（-17）、滁州（-19）、普洱（-19）、安顺（-19）、玉溪（-19）、宿迁（-19）、徐州（-19）、东莞（-19）、桂林（-20）、淮安（-20）、黄山（-20）、宿州（-21）、阜新（-21）、钦州（-21）、吉林（-21）、大连（-22）、六安（-23）、平凉（-23）、天津（-23）、茂名（-24）、肇庆（-26）、贺州（-26）、汕头（-26）、鞍山（-26）、威海（-27）、丹东（-28）、宣城（-29）、鸡西（-29）、佳木斯（-29）、乌鲁木齐（-30）、南平（-33）、七台河（-33）、牡丹江（-33）、双鸭山（-34）、忻州（-36）、遵义（-36）、秦皇岛（-36）、佛山（-36）、白山（-37）、十堰（-37）、河源（-38）、沈阳（-42）、西宁（-43）、揭阳（-45）、鄂州（-47）、白城（-54）、中卫（-57）、潮州（-58）、惠州（-61）、陇南（-63）、武汉（-64）、延安（-64）、锦州（-65）

注：括号里面加号表示排名上升，减号表示排名下降，数值为与上年相比变化的名次，下同。

1. 2022年经济增长综合得分和排名变化情况

经济增长排名前十位的城市：包头、东营、马鞍山、乌海、唐山、榆林、克拉玛依、金昌、青岛、烟台。排名后十位的城市：定西、乌兰察布、葫芦岛、庆阳、中卫、梅州、黑河、绥化、吕梁、安康。

2022年284个地级及地级以上城市经济增长综合得分情况见表4。

表4　2022年城市经济增长综合得分情况

城　市	2022年	城　市	2022年	城　市	2022年	城　市	2022年	城　市	2022年	城　市	2022年
包　头	0.744	沧　州	0.516	晋　城	0.467	聊　城	0.437	延　安	0.409	随　州	0.382
东　营	0.646	日　照	0.516	通　化	0.467	自　贡	0.435	湘　潭	0.408	牡丹江	0.382
马鞍山	0.617	漳　州	0.507	铜　陵	0.467	淮　北	0.434	吉　林	0.408	常　州	0.381
乌　海	0.616	遂　宁	0.506	赤　峰	0.462	德　州	0.434	安　阳	0.407	临　汾	0.380
唐　山	0.613	黄　石	0.505	临　沂	0.461	宜　宾	0.433	济　南	0.407	承　德	0.378
榆　林	0.608	眉　山	0.503	辽　源	0.460	宁　德	0.433	玉　溪	0.404	沈　阳	0.377
克拉玛依	0.596	三门峡	0.500	抚　州	0.460	九　江	0.429	深　圳	0.403	惠　州	0.377
金　昌	0.593	辽　阳	0.496	镇　江	0.457	岳　阳	0.425	漯　河	0.402	鞍　山	0.376
青　岛	0.588	泉　州	0.495	宜　春	0.455	南　昌	0.425	乐　山	0.402	安　庆	0.373
烟　台	0.586	朔　州	0.493	枣　庄	0.454	无　锡	0.424	莆　田	0.401	丽　江	0.373
潍　坊	0.576	嘉峪关	0.492	攀枝花	0.450	泰　安	0.424	长　春	0.401	泰　州	0.373
长　沙	0.574	鹤　壁	0.491	苏　州	0.447	石家庄	0.419	萍　乡	0.400	中　山	0.372
淄　博	0.572	大　庆	0.488	福　州	0.444	平顶山	0.418	铜　川	0.397	六　安	0.372
株　洲	0.571	宝　鸡	0.487	厦　门	0.444	长　治	0.417	珠　海	0.396	滁　州	0.371
三　明	0.568	洛　阳	0.482	宜　昌	0.443	常　德	0.415	呼伦贝尔	0.393	许　昌	0.371
滨　州	0.567	襄　阳	0.481	威　海	0.443	玉　林	0.414	吉　安	0.393	六盘水	0.369
防城港	0.557	大　连	0.478	焦　作	0.443	内　江	0.414	泸　州	0.392	新　余	0.367
鹰　潭	0.549	邯　郸	0.476	东　莞	0.443	荆　州	0.413	新　乡	0.391	衡　水	0.362
石嘴山	0.538	济　宁	0.474	梧　州	0.441	南　通	0.413	郑　州	0.391	龙　岩	0.361
德　阳	0.534	芜　湖	0.473	北　海	0.440	扬　州	0.411	大　同	0.384	宣　城	0.360
鄂尔多斯	0.531	本　溪	0.470	景德镇	0.440	郴　州	0.410	绍　兴	0.384	金　华	0.358
呼和浩特	0.522	佛　山	0.470	曲　靖	0.437	咸　宁	0.410	阳　泉	0.383	太　原	0.356

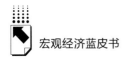

续表

城 市	2022 年	城 市	2022 年	城 市	2022 年	城 市	2022 年	城 市	2022 年	城 市	2022 年
雅 安	0.355	濮 阳	0.330	邢 台	0.308	丹 东	0.271	齐齐哈尔	0.241	普 洱	0.188
嘉 兴	0.354	温 州	0.329	崇 左	0.306	桂 林	0.271	衢 州	0.234	河 池	0.186
广 安	0.349	徐 州	0.328	晋 中	0.303	汕 尾	0.270	双鸭山	0.233	张 掖	0.184
忻 州	0.348	营 口	0.328	淮 安	0.301	鹤 岗	0.269	锦 州	0.232	宿 州	0.184
衡 阳	0.347	固 原	0.326	潮 州	0.300	武 汉	0.268	来 宾	0.232	三 亚	0.181
张家口	0.345	酒 泉	0.326	廊 坊	0.300	阳 江	0.267	佳木斯	0.231	丽 水	0.178
柳 州	0.344	汕 头	0.324	银 川	0.298	连云港	0.267	陇 南	0.231	茂 名	0.176
赣 州	0.344	盘 锦	0.324	舟 山	0.298	遵 义	0.266	周 口	0.230	河 源	0.172
昆 明	0.344	鸡 西	0.324	贵 阳	0.298	兰 州	0.265	达 州	0.226	白 城	0.168
菏 泽	0.343	渭 南	0.323	台 州	0.298	巴 中	0.263	怀 化	0.225	北 京	0.163
南 宁	0.342	宿 迁	0.318	阜 阳	0.297	白 银	0.263	汉 中	0.225	安 顺	0.156
湖 州	0.341	贵 港	0.318	广 州	0.296	韶 关	0.258	武 威	0.223	湛 江	0.140
抚 顺	0.340	江 门	0.318	秦皇岛	0.295	松 原	0.258	临 沧	0.221	安 康	0.139
绵 阳	0.338	西 安	0.318	天 津	0.295	黄 冈	0.258	哈尔滨	0.221	吕 梁	0.137
四 平	0.337	保 定	0.317	上 海	0.293	资 阳	0.257	张家界	0.218	绥 化	0.124
宁 波	0.337	娄 底	0.317	合 肥	0.292	白 山	0.257	鄂 州	0.215	黑 河	0.118
蚌 埠	0.336	南 平	0.317	通 辽	0.292	百 色	0.256	云 浮	0.213	梅 州	0.110
南 阳	0.335	南 京	0.316	广 元	0.289	孝 感	0.254	七台河	0.212	中 卫	0.105
上 饶	0.334	淮 南	0.315	驻马店	0.287	荆 门	0.248	天 水	0.212	庆 阳	0.104
乌鲁木齐	0.332	池 州	0.314	阜 新	0.286	朝 阳	0.247	昭 通	0.211	葫芦岛	0.100
益 阳	0.331	钦 州	0.314	永 州	0.284	伊 春	0.247	十 堰	0.200	乌兰察布	0.086
运 城	0.331	黄 山	0.312	开 封	0.282	肇 庆	0.244	商 洛	0.198	定 西	0.028
贺 州	0.331	西 宁	0.311	杭 州	0.279	平 凉	0.244	揭 阳	0.194	东部地区	0.394
盐 城	0.330	成 都	0.310	信 阳	0.276	商 丘	0.243	铁 岭	0.192	中部地区	0.370
南 充	0.330	重 庆	0.309	保 山	0.274	清 远	0.243	海 口	0.190	西部地区	0.340
邵 阳	0.330	咸 阳	0.309	吴 忠	0.273	亳 州	0.242	巴彦淖尔	0.190	东北地区	0.305

和2021年相比,2022年经济增长排名上升的城市有146个,排名下降的城市有123个,其他城市2022年排名不变(见表5)。

表5 2022年城市经济增长排名变化情况

经济增长排名变化情况	城市
排名上升 （共146个）	邵阳（+45）、昆明（+43）、张家口（+37）、南宁（+36）、广州（+31）、贵港（+31）、乌鲁木齐（+31）、郑州（+30）、焦作（+29）、池州（+27）、商丘（+24）、济南（+23）、金华（+22）、舟山（+21）、兰州（+21）、苏州（+21）、西安（+20）、莆田（+20）、嘉兴（+20）、福州（+19）、保山（+19）、石家庄（+18）、南京（+18）、贵阳（+17）、常州（+17）、汕尾（+16）、江门（+16）、扬州（+16）、赤峰（+15）、眉山（+15）、宜春（+14）、阳泉（+14）、辽阳（+14）、陇南（+14）、丽江（+14）、巴彦淖尔（+13）、固原（+13）、邢台（+13）、平凉（+13）、驻马店（+12）、郴州（+11）、巴中（+11）、大同（+11）、通化（+11）、盘锦（+11）、银川（+11）、承德（+11）、赣州（+11）、厦门（+10）、珠海（+10）、呼和浩特（+10）、漳州（+10）、杭州（+10）、廊坊（+10）、深圳（+10）、吴忠（+10）、温州（+10）、宁波（+10）、牡丹江（+9）、无锡（+9）、洛阳（+9）、安阳（+9）、永州（+9）、衢州（+9）、南阳（+9）、张家界（+8）、青岛（+8）、鹤岗（+8）、信阳（+8）、保定（+8）、安庆（+8）、合肥（+7）、成都（+7）、日照（+7）、南通（+7）、开封（+6）、汕头（+6）、双鸭山（+6）、天水（+6）、连云港（+6）、周口（+6）、嘉峪关（+6）、济宁（+6）、亳州（+6）、太原（+6）、柳州（+6）、上饶（+6）、南充（+5）、哈尔滨（+5）、抚州（+5）、长春（+5）、呼伦贝尔（+5）、邯郸（+5）、南昌（+5）、玉林（+5）、张掖（+5）、揭阳（+5）、惠州（+5）、衡水（+5）、阜新（+4）、宝鸡（+4）、达州（+4）、锦州（+4）、株洲（+4）、长沙（+4）、临沂（+4）、马鞍山（+4）、荆州（+4）、菏泽（+4）、盐城（+4）、宁德（+3）、河源（+3）、丽水（+3）、遂宁（+3）、沧州（+3）、武威（+3）、普洱（+3）、营口（+3）、河池（+3）、淮安（+3）、绵阳（+3）、衡阳（+3）、益阳（+3）、广元（+2）、齐齐哈尔（+2）、北京（+2）、德州（+2）、德阳（+2）、铁岭（+2）、黑河（+2）、湛江（+2）、北海（+2）、伊春（+2）、泰州（+2）、常德（+1）、松原（+1）、中卫（+1）、金昌（+1）、辽源（+1）、庆阳（+1）、绥化（+1）、潍坊（+1）、吕梁（+1）、咸宁（+1）、资阳（+1）、四平（+1）
排名不变 （共15个）	阜阳、朝阳、乌兰察布、酒泉、清远、石嘴山、榆林、肇庆、包头、定西、东营、乌海、梅州、龙岩、广安
排名下降 （共123个）	桂林（-1）、天津（-1）、台州（-1）、宿州（-1）、茂名（-1）、鄂尔多斯（-1）、攀枝花（-1）、临沧（-1）、鹤壁（-1）、海口（-1）、安顺（-1）、岳阳（-1）、云浮（-1）、雅安（-1）、宜宾（-2）、三明（-2）、昭通（-2）、滨州（-2）、烟台（-2）、克拉玛依（-2）、镇江（-2）、黄石（-2）、唐山（-2）、娄底（-2）、百色（-2）、运城（-2）、萍乡（-3）、重庆（-3）、新乡（-3）、韶关（-3）、白银（-3）、佛山（-3）、鹰潭（-3）、淄博（-3）、聊城（-3）、怀化（-3）、湖州（-3）、景德镇（-4）、东莞（-4）、淮北（-4）、佳木斯（-4）、襄阳（-4）、来宾（-4）、泉州（-4）、朔州（-4）、随州（-4）、白山（-5）、渭南（-5）、晋中（-5）、平顶山（-5）、商洛（-5）、枣庄（-5）、内江（-5）、沈阳（-5）、宜城（-5）、许昌（-5）、蚌埠（-5）、忻州（-5）、乐山（-6）、汉中（-6）、防城港（-6）、湘潭（-6）、自贡（-6）、阳江（-7）、本溪（-7）、晋城（-7）、泰安（-7）、三门峡（-8）、白城（-8）、宿迁（-8）、秦皇岛（-9）、南平（-9）、长治（-9）、淮南（-9）、六盘水（-9）、铜陵（-10）、绍兴（-10）、吉安（-10）、六安（-10）、滁州（-10）、黄山（-11）、梧州（-11）、曲靖（-11）、三亚（-11）、崇左（-12）、泸州（-12）、大庆（-12）、芜湖（-12）、威海（-12）、

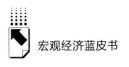

续表

经济增长 排名变化情况	城市
排名下降 （共123个）	吉林（-12）、鞍山（-12）、上海（-13）、玉溪（-13）、九江（-13）、漯河（-13）、葫芦岛（-13）、中山（-13）、西宁（-14）、铜川（-15）、大连（-15）、通辽（-16）、潮州（-16）、濮阳（-16）、宜昌（-17）、鸡西（-17）、新余（-17）、七台河（-18）、遵义（-19）、临汾（-19）、丹东（-21）、徐州（-22）、钦州（-24）、贺州（-27）、黄冈（-28）、延安（-30）、安康（-41）、咸阳（-42）、抚顺（-45）、孝感（-50）、十堰（-51）、武汉（-68）、荆门（-93）、鄂州（-137）

2. 2022年城市增长潜力综合得分和排名变化情况

增长潜力排名前十位的城市：葫芦岛、伊春、盘锦、金昌、克拉玛依、阳江、曲靖、梧州、通化、庆阳。排名后十位的城市：通辽、松原、咸阳、揭阳、许昌、白银、哈尔滨、河源、桂林、阜新。

2022年284个地级及地级以上城市增长潜力综合得分情况见表6。

表6 2022年城市增长潜力综合得分情况

城市	2022年	城市	2022年	城市	2022年	城市	2022年	城市	2022年	城市	2022年
葫芦岛	0.544	辽源	0.469	宜春	0.435	朝阳	0.421	淮北	0.412	固原	0.397
伊春	0.537	云浮	0.468	大庆	0.433	百色	0.420	黑河	0.411	石嘴山	0.397
盘锦	0.520	资阳	0.466	铁岭	0.430	巴彦淖尔	0.420	上饶	0.410	清远	0.396
金昌	0.515	运城	0.461	昭通	0.430	商洛	0.419	保山	0.410	丽江	0.395
克拉玛依	0.509	呼伦贝尔	0.459	东营	0.430	阳泉	0.419	海口	0.406	眉山	0.395
阳江	0.500	河池	0.458	忻州	0.429	连云港	0.419	十堰	0.405	常州	0.394
曲靖	0.497	三亚	0.445	舟山	0.429	武威	0.418	临汾	0.405	吕梁	0.394
梧州	0.494	安康	0.445	鄂州	0.425	苏州	0.416	内江	0.404	防城港	0.392
通化	0.494	定西	0.445	无锡	0.424	榆林	0.416	本溪	0.402	宿州	0.392
庆阳	0.492	滨州	0.441	重庆	0.423	镇江	0.416	铜川	0.402	丹东	0.391
绵阳	0.490	韶关	0.438	陇南	0.423	贺州	0.416	乌兰察布	0.402	宿迁	0.389
雅安	0.481	长治	0.437	吴忠	0.423	六安	0.415	徐州	0.400	池州	0.389
大同	0.478	来宾	0.437	贵港	0.422	南京	0.414	北海	0.398	咸宁	0.388
乌海	0.475	枣庄	0.436	广元	0.422	商丘	0.413	平顶山	0.398	汕尾	0.387

续表

城　市	2022年	城　市	2022年	城　市	2022年	城　市	2022年	城　市	2022年	城　市	2022年
普　洱	0.386	广　安	0.362	滁　州	0.348	九　江	0.326	德　州	0.306	兰　州	0.262
绥　化	0.384	唐　山	0.362	泰　安	0.348	潍　坊	0.326	秦皇岛	0.302	乌鲁木齐	0.260
攀枝花	0.384	漳　州	0.362	昆　明	0.348	安　顺	0.326	安　阳	0.302	孝　感	0.260
吉　安	0.381	保　定	0.362	随　州	0.347	玉　溪	0.325	蚌　埠	0.302	中　山	0.260
晋　中	0.380	张家口	0.362	衢　州	0.347	深　圳	0.325	嘉峪关	0.302	开　封	0.259
菏　泽	0.380	龙　岩	0.362	西　安	0.346	丽　水	0.324	厦　门	0.300	新　乡	0.258
芜　湖	0.379	崇　左	0.361	自　贡	0.346	江　门	0.323	合　肥	0.299	成　都	0.256
临　沧	0.378	景德镇	0.361	衡　水	0.345	抚　州	0.323	抚　顺	0.298	天　津	0.255
阜　阳	0.377	驻马店	0.361	天　水	0.344	绍　兴	0.323	汕　头	0.296	洛　阳	0.251
宜　宾	0.377	宣　城	0.361	南　充	0.344	张家界	0.322	牡丹江	0.293	西　宁	0.250
四　平	0.377	新　余	0.360	黄　石	0.342	青　岛	0.322	湘　潭	0.291	辽　阳	0.249
郴　州	0.376	焦　作	0.360	黄　山	0.341	银　川	0.320	湛　江	0.288	廊　坊	0.242
盐　城	0.376	宁　德	0.360	锦　州	0.339	临　沂	0.320	石家庄	0.287	汉　中	0.238
襄　阳	0.376	南　通	0.360	佛　山	0.339	巴　中	0.320	株　洲	0.287	七台河	0.238
梅　州	0.376	岳　阳	0.359	鹤　岗	0.339	齐齐哈尔	0.317	濮　阳	0.286	吉　林	0.237
乐　山	0.375	萍　乡	0.357	营　口	0.338	烟　台	0.317	南　昌	0.285	渭　南	0.236
钦　州	0.375	怀　化	0.356	朔　州	0.336	德　阳	0.316	鹰　潭	0.282	潮　州	0.233
衡　阳	0.375	晋　城	0.356	呼和浩特	0.335	宜　昌	0.316	柳　州	0.282	白　山	0.233
遂　宁	0.373	日　照	0.356	鄂尔多斯	0.334	益　阳	0.316	武　汉	0.279	泉　州	0.232
达　州	0.373	赣　州	0.355	荆　门	0.334	聊　城	0.316	周　口	0.278	东　莞	0.228
邵　阳	0.371	莆　田	0.354	泰　州	0.333	赤　峰	0.316	沧　州	0.277	阜　新	0.226
荆　州	0.370	亳　州	0.354	娄　底	0.333	长　沙	0.315	南　阳	0.275	桂　林	0.226
广　州	0.369	淮　安	0.353	宝　鸡	0.332	鸡　西	0.313	中　卫	0.275	河　源	0.225
遵　义	0.367	嘉　兴	0.353	佳木斯	0.332	张　掖	0.312	南　平	0.273	哈尔滨	0.225
双鸭山	0.367	金　华	0.353	大　连	0.331	酒　泉	0.312	沈　阳	0.272	白　银	0.225
六盘水	0.367	邯　郸	0.352	铜　陵	0.330	延　安	0.311	郑　州	0.271	许　昌	0.224
扬　州	0.367	济　南	0.352	长　春	0.330	包　头	0.310	上　海	0.270	揭　阳	0.201
淮　南	0.367	平　凉	0.352	贵　阳	0.330	鹤　壁	0.309	茂　名	0.269	咸　阳	0.200
永　州	0.366	南　宁	0.351	杭　州	0.329	信　阳	0.308	惠　州	0.268	松　原	0.200
福　州	0.365	温　州	0.351	湖　州	0.329	白　城	0.308	邢　台	0.266	通　辽	0.146
泸　州	0.364	珠　海	0.351	台　州	0.328	宁　波	0.307	威　海	0.264	东部地区	0.367
承　德	0.363	安　庆	0.350	三门峡	0.328	玉　林	0.307	鞍　山	0.263	中部地区	0.348
黄　冈	0.363	常　德	0.350	太　原	0.327	肇　庆	0.306	北　京	0.263	西部地区	0.368
马鞍山	0.362	三　明	0.350	济　宁	0.327	淄　博	0.306	漯　河	0.263	东北地区	0.349

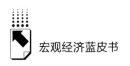

和 2021 年相比，2022 年增长潜力排名上升的城市有 125 个，排名下降的城市有 154 个，其他城市 2022 年排名不变，见表 7。

表 7   2022 年城市增长潜力排名变化情况

增长潜力 排名变化情况	城市
排名上升 （共 125 个）	商丘（+151）、焦作（+133）、池州（+126）、邵阳（+114）、眉山（+107）、广州（+106）、汕尾（+97）、连云港（+95）、巴彦淖尔（+90）、盘锦（+89）、西安（+89）、漳州（+83）、舟山（+82）、太原（+81）、马鞍山（+71）、鹤岗（+70）、安康（+69）、扬州（+68）、呼和浩特（+61）、青岛（+60）、江门（+58）、酒泉（+56）、石嘴山（+55）、抚顺（+54）、萍乡（+54）、朔州（+54）、固原（+52）、上饶（+52）、吕梁（+51）、三明（+49）、深圳（+49）、蚌埠（+48）、龙岩（+47）、贵阳（+47）、鄂尔多斯（+46）、柳州（+45）、北海（+45）、福州（+44）、济南（+42）、赤峰（+41）、玉林（+40）、株洲（+39）、巴中（+39）、保山（+38）、晋城（+38）、承德（+38）、三亚（+38）、随州（+36）、嘉峪关（+35）、营口（+35）、黄石（+35）、阳泉（+35）、荆州（+34）、郑州（+33）、宜春（+33）、崇左（+31）、贵港（+30）、宜昌（+30）、临汾（+30）、天水（+29）、鄂州（+28）、唐山（+26）、长治（+26）、内江（+25）、淮南（+25）、邯郸（+25）、吴忠（+23）、宝鸡（+22）、铜川（+22）、南京（+22）、长春（+21）、呼伦贝尔（+21）、长沙（+21）、无锡（+20）、安庆（+20）、张掖（+20）、咸宁（+19）、岳阳（+19）、遂宁（+18）、临沧（+18）、安阳（+18）、莆田（+18）、资阳（+18）、厦门（+17）、庆阳（+17）、辽阳（+16）、南宁（+15）、张家口（+15）、金昌（+14）、运城（+14）、衡水（+13）、枣庄（+13）、大同（+12）、石家庄（+12）、乌海（+12）、昆明（+11）、宜宾（+10）、保定（+9）、泰安（+9）、绵阳（+9）、百色（+9）、洛阳（+8）、成都（+8）、沧州（+8）、阳江（+8）、攀枝花（+7）、泸州（+7）、襄阳（+7）、防城港（+7）、日照（+7）、兰州（+6）、伊春（+5）、梧州（+5）、银川（+4）、来宾（+4）、湘潭（+4）、重庆（+4）、广元（+4）、葫芦岛（+3）、达州（+3）、河池（+2）、永州（+2）、丽江（+2）、乌兰察布（+2）、淮北（+1）
排名不变 （共 5 个）	常德、通辽、自贡、海口、雅安
排名下降 （共 154 个）	廊坊（−1）、阜新（−1）、六盘水（−1）、云浮（−1）、榆林（−1）、曲靖（−1）、定西（−2）、娄底（−2）、南通（−2）、怀化（−2）、克拉玛依（−2）、许昌（−3）、东营（−3）、松原（−3）、白银（−4）、邢台（−4）、乐山（−4）、平凉（−4）、咸阳（−4）、黑河（−4）、泉州（−5）、衡阳（−5）、揭阳（−5）、宁德（−5）、鹰潭（−5）、齐齐哈尔（−6）、烟台（−6）、桂林（−6）、韶关（−6）、广安（−6）、宿迁（−6）、常州（−6）、荆门（−7）、温州（−7）、辽源（−7）、南充（−7）、通化（−7）、绥化（−8）、南昌（−8）、抚州（−9）、驻马店（−9）、商洛（−10）、亳州（−11）、益阳（−12）、九江（−12）、七台河（−12）、苏州（−12）、合肥（−13）、滨州（−13）、平顶山（−14）、哈尔滨（−14）、朝阳（−15）、昭通（−15）、威海（−15）、东莞（−15）、河源（−15）、新乡（−16）、德州（−16）、武威（−16）、开封（−17）、白山（−17）、潮州（−17）、菏泽（−17）、渭南（−17）、郴州（−17）、黄冈（−17）、十堰（−17）、汉中（−17）、吉林（−17）、忻州（−18）、贺州（−19）、张家界（−20）、武汉（−21）、本溪（−21）、吉安（−21）、临沂（−22）、盐城（−23）、宿州（−24）、濮阳（−25）、

续表

增长潜力 排名变化情况	城市
排名下降 （共154个）	济宁（-25）、徐州（-25）、西宁（-26）、嘉兴（-26）、铁岭（-26）、清远（-26）、芜湖（-26）、遵义（-27）、四平（-27）、阜阳（-27）、包头（-29）、镇江（-29）、天津（-29）、滁州（-29）、大庆（-29）、陇南（-29）、六安（-30）、赣州（-30）、南阳（-31）、杭州（-31）、孝感（-32）、乌鲁木齐（-32）、茂名（-32）、鞍山（-32）、北京（-32）、漯河（-32）、中山（-32）、肇庆（-33）、宁波（-34）、惠州（-34）、汕头（-35）、信阳（-35）、上海（-35）、绍兴（-35）、德阳（-35）、沈阳（-36）、台州（-36）、南平（-38）、铜陵（-39）、潍坊（-39）、景德镇（-39）、晋中（-40）、泰州（-41）、新余（-43）、珠海（-43）、中卫（-44）、丽水（-44）、宣城（-48）、周口（-49）、鹤壁（-50）、三门峡（-50）、淮安（-51）、淄博（-53）、钦州（-53）、安顺（-53）、湛江（-54）、普洱（-56）、佳木斯（-56）、梅州（-60）、聊城（-61）、衢州（-62）、湖州（-63）、金华（-71）、丹东（-71）、双鸭山（-72）、牡丹江（-77）、黄山（-81）、佛山（-82）、玉溪（-87）、秦皇岛（-97）、白城（-104）、鸡西（-108）、延安（-113）、锦州（-114）、大连（-117）

3. 2022年政府效率综合得分和排名变化情况

政府效率排名前十位的城市：杭州、北京、温州、伊春、舟山、丽水、宁波、绍兴、衢州、嘉兴。排名后十位的城市：许昌、商丘、鹤壁、沧州、洛阳、漯河、贺州、濮阳、衡水、周口。

2022年284个地级及地级以上城市政府效率综合得分情况见表8。

表8　2022年城市政府效率综合得分情况

城 市	2022年	城 市	2022年	城 市	2022年	城 市	2022年	城 市	2022年	城 市	2022年
杭 州	0.798	嘉 兴	0.713	淮 安	0.643	常 州	0.591	烟 台	0.527	绵 阳	0.497
北 京	0.794	金 华	0.711	连云港	0.639	哈尔滨	0.586	泰 安	0.525	德 州	0.497
温 州	0.773	湖 州	0.679	无 锡	0.628	上 海	0.572	牡丹江	0.519	大 连	0.495
伊 春	0.738	齐齐哈尔	0.678	扬 州	0.627	鸡 西	0.572	大 庆	0.517	抚 顺	0.494
舟 山	0.737	南 京	0.675	盐 城	0.619	济 南	0.545	威 海	0.516	厦 门	0.491
丽 水	0.728	苏 州	0.668	泰 州	0.616	鹤 岗	0.542	自 贡	0.510	沈 阳	0.487
宁 波	0.720	镇 江	0.657	宿 迁	0.612	三 明	0.541	青 岛	0.510	绥 化	0.486
绍 兴	0.720	徐 州	0.656	南 通	0.609	双鸭山	0.539	固 原	0.509	黑 河	0.485
衢 州	0.719	台 州	0.651	七台河	0.597	佳木斯	0.532	本 溪	0.499	锦 州	0.484

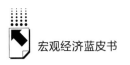

续表

城市	2022年	城市	2022年	城市	2022年	城市	2022年	城市	2022年	城市	2022年
遂宁	0.482	广安	0.417	娄底	0.376	赣州	0.322	临汾	0.279	嘉峪关	0.219
龙岩	0.479	昭通	0.415	阜新	0.376	陇南	0.321	丽江	0.279	钦州	0.219
潍坊	0.476	宜昌	0.415	白城	0.371	忻州	0.320	鄂州	0.278	百色	0.209
济宁	0.474	日照	0.414	朝阳	0.368	乌海	0.319	宝鸡	0.277	保山	0.209
南平	0.466	三亚	0.414	蚌埠	0.368	襄阳	0.313	白银	0.276	梧州	0.206
菏泽	0.464	吉林	0.413	芜湖	0.364	铜陵	0.310	六安	0.276	南宁	0.205
四平	0.462	荆州	0.412	孝感	0.362	铜川	0.307	深圳	0.275	延安	0.205
内江	0.457	泸州	0.411	株洲	0.360	运城	0.307	南昌	0.268	酒泉	0.202
鞍山	0.457	辽源	0.410	巴彦淖尔	0.358	萍乡	0.307	平凉	0.267	贵港	0.197
临沂	0.456	白山	0.408	衡阳	0.356	遵义	0.306	咸阳	0.265	韶关	0.197
宁德	0.456	德阳	0.406	长春	0.355	普洱	0.304	长治	0.265	渭南	0.193
淄博	0.456	盘锦	0.405	滁州	0.353	广州	0.304	吉安	0.265	安顺	0.192
聊城	0.456	郴州	0.403	湘潭	0.353	长沙	0.303	永州	0.263	秦皇岛	0.191
巴中	0.452	通化	0.402	安庆	0.352	亳州	0.302	鹰潭	0.261	保定	0.188
西安	0.451	资阳	0.402	张掖	0.351	石嘴山	0.299	通辽	0.261	郑州	0.187
漳州	0.450	黄冈	0.401	淮南	0.349	定西	0.299	河池	0.261	三门峡	0.183
营口	0.450	武汉	0.401	景德镇	0.347	天水	0.299	河源	0.260	揭阳	0.182
枣庄	0.446	海口	0.399	岳阳	0.345	上饶	0.298	晋城	0.256	鄂尔多斯	0.180
广元	0.445	达州	0.393	包头	0.344	西宁	0.297	梅州	0.255	云浮	0.180
黄石	0.444	铁岭	0.393	张家界	0.341	乌鲁木齐	0.295	昆明	0.248	潮州	0.176
东营	0.444	宜宾	0.392	乌兰察布	0.338	池州	0.292	安康	0.246	张家口	0.176
乐山	0.442	阜阳	0.391	大同	0.337	邵阳	0.291	新余	0.246	临沧	0.174
滨州	0.439	呼伦贝尔	0.391	商洛	0.335	抚州	0.289	银川	0.244	清远	0.172
攀枝花	0.439	丹东	0.391	淮北	0.333	随州	0.288	宜春	0.243	石家庄	0.171
南充	0.435	葫芦岛	0.389	阳泉	0.331	九江	0.287	朔州	0.241	防城港	0.171
雅安	0.434	十堰	0.388	常德	0.330	宣城	0.285	金昌	0.240	阳江	0.171
福州	0.432	荆门	0.387	莆田	0.328	咸宁	0.283	曲靖	0.240	邢台	0.169
眉山	0.432	黄山	0.387	松原	0.326	吕梁	0.283	柳州	0.239	庆阳	0.168
辽阳	0.425	天津	0.385	益阳	0.325	汉中	0.283	玉林	0.237	廊坊	0.167
太原	0.423	呼和浩特	0.385	马鞍山	0.325	中卫	0.282	晋中	0.234	惠州	0.166
成都	0.421	赤峰	0.384	吴忠	0.324	重庆	0.282	贵阳	0.231	东莞	0.162
泉州	0.420	克拉玛依	0.382	玉溪	0.323	珠海	0.280	肇庆	0.227	汕头	0.162
怀化	0.417	合肥	0.379	桂林	0.322	宿州	0.279	武威	0.225	江门	0.161

续表

城市	2022年	城市	2022年	城市	2022年	城市	2022年	城市	2022年	城市	2022年
唐　山	0.160	茂　名	0.143	焦　作	0.131	安　阳	0.113	濮　阳	0.098	商　丘	0.069
平顶山	0.157	榆　林	0.140	六盘水	0.130	开　封	0.111	贺　州	0.097	许　昌	0.066
承　德	0.151	北　海	0.136	兰　州	0.116	驻马店	0.110	漯　河	0.088	东部地区	0.452
崇　左	0.150	来　宾	0.136	邯　郸	0.115	南　阳	0.109	洛　阳	0.087	中部地区	0.282
信　阳	0.149	湛　江	0.135	中　山	0.114	周　口	0.109	沧　州	0.082	西部地区	0.301
汕　尾	0.143	佛　山	0.133	新　乡	0.113	衡　水	0.105	鹤　壁	0.081	东北地区	0.472

和2021年相比，2022年政府效率排名上升的城市有117个，排名下降的城市有133个，其他城市2022年排名不变，见表9。

表9　2022年城市政府效率排名变化情况

政府效率排名变化情况	城市
排名上升（共117个）	马鞍山(+18)、抚州(+17)、九江(+17)、萍乡(+15)、阜阳(+14)、郴州(+14)、达州(+13)、广安(+13)、宣城(+13)、淮北(+12)、宿州(+12)、亳州(+11)、普洱(+11)、南昌(+11)、池州(+11)、铜陵(+10)、海口(+10)、景德镇(+10)、上饶(+10)、邢台(+9)、吕梁(+9)、芜湖(+9)、安庆(+9)、成都(+9)、怀化(+9)、乌兰察布(+8)、宜春(+8)、吉安(+8)、西安(+8)、鹰潭(+8)、盘锦(+8)、六安(+8)、三门峡(+7)、鄂尔多斯(+7)、滁州(+7)、防城港(+7)、常德(+7)、玉溪(+7)、秦皇岛(+7)、临沧(+7)、包头(+6)、黄山(+6)、赣州(+6)、丽江(+6)、邯郸(+6)、安顺(+6)、阳泉(+6)、绵阳(+6)、贵港(+6)、新余(+6)、合肥(+5)、德阳(+5)、淮南(+5)、保山(+5)、宁德(+5)、宜昌(+5)、新乡(+5)、本溪(+5)、株洲(+4)、石家庄(+4)、来宾(+4)、嘉峪关(+4)、辽阳(+4)、四平(+4)、襄阳(+4)、大庆(+4)、自贡(+4)、黄石(+4)、内江(+4)、唐山(+3)、蚌埠(+3)、柳州(+3)、龙岩(+3)、湖州(+3)、泉州(+3)、乐山(+3)、三明(+3)、泸州(+3)、雅安(+3)、宁波(+3)、鹤岗(+3)、梧州(+3)、承德(+3)、桂林(+2)、郑州(+2)、北海(+2)、廊坊(+2)、黑河(+2)、荆门(+2)、酒泉(+2)、宜宾(+2)、安阳(+2)、营口(+2)、烟台(+2)、焦作(+2)、泰州(+2)、德州(+2)、牡丹江(+2)、赤峰(+2)、湘潭(+1)、衡阳(+1)、漳州(+1)、西宁(+1)、嘉兴(+1)、巴彦淖尔(+1)、七台河(+1)、台州(+1)、南平(+1)、绥化(+1)、昆明(+1)、无锡(+1)、齐齐哈尔(+1)、汕尾(+1)、济南(+1)、淮安(+1)、榆林(+1)、咸阳(+1)
排名不变（共34个）	吉林、鄂州、徐州、绍兴、枣庄、鸡西、衡水、葫芦岛、乌海、温州、舟山、哈尔滨、鹤壁、杭州、许昌、洛阳、伊春、北京、镇江、商丘、盐城、漯河、沧州、濮阳、贺州、张家口、泰安、丽水、眉山、上海、开封、武威、保定、通辽

续表

政府效率 排名变化情况	城市
排名下降 （共133个）	六盘水(-1)、通化(-1)、平顶山(-1)、朔州(-1)、钦州(-1)、遂宁(-1)、青岛(-1)、威海(-1)、重庆(-1)、济宁(-1)、南通(-1)、扬州(-1)、延安(-1)、白城(-1)、潍坊(-1)、常州(-1)、梅州(-1)、长治(-1)、福州(-1)、巴中(-1)、宿迁(-1)、晋中(-1)、百色(-1)、益阳(-1)、呼伦贝尔(-1)、中山(-1)、咸宁(-1)、晋城(-1)、崇左(-2)、茂名(-2)、曲靖(-2)、张家界(-2)、淄博(-2)、驻马店(-2)、长春(-2)、抚顺(-2)、玉林(-2)、厦门(-2)、金华(-2)、连云港(-2)、鞍山(-2)、南京(-2)、衢州(-2)、汕头(-2)、佳木斯(-2)、临沂(-2)、苏州(-2)、肇庆(-2)、攀枝花(-2)、佛山(-2)、菏泽(-2)、滨州(-2)、资阳(-3)、金昌(-3)、锦州(-3)、双鸭山(-3)、兰州(-3)、太原(-3)、南宁(-3)、韶关(-3)、湛江(-3)、娄底(-3)、铁岭(-3)、莆田(-3)、乌鲁木齐(-3)、临汾(-3)、中卫(-3)、孝感(-3)、三亚(-4)、荆州(-4)、南阳(-4)、聊城(-4)、东莞(-4)、定西(-4)、天水(-4)、信阳(-5)、天津(-5)、岳阳(-5)、广元(-5)、白银(-5)、昭通(-5)、白山(-5)、大连(-5)、贵阳(-5)、遵义(-5)、丹东(-5)、石嘴山(-5)、日照(-5)、长沙(-5)、南充(-6)、东营(-6)、黄冈(-6)、沈阳(-6)、惠州(-6)、大同(-6)、庆阳(-6)、周口(-6)、随州(-6)、揭阳(-6)、江门(-7)、云浮(-7)、渭南(-7)、朝阳(-7)、银川(-7)、阳江(-7)、清远(-7)、潮州(-7)、十堰(-8)、邵阳(-8)、松原(-8)、铜川(-8)、安康(-8)、张掖(-9)、吴忠(-9)、阜新(-9)、固原(-9)、珠海(-9)、呼和浩特(-9)、忻州(-10)、辽源(-11)、河池(-11)、运城(-11)、永州(-11)、广州(-11)、武汉(-13)、平凉(-13)、河源(-16)、商洛(-16)、宝鸡(-16)、克拉玛依(-17)、陇南(-18)、汉中(-18)、深圳(-21)

4. 2022年人民生活综合得分和排名变化情况

人民生活排名前十位的城市：黑河、北京、上海、深圳、嘉峪关、东莞、包头、珠海、三亚、舟山。排名后十位的城市：绥化、揭阳、汕尾、云浮、商丘、临沧、贺州、中卫、松原、菏泽。

2022年284个地级及地级以上城市人民生活综合得分情况见表10。

表10　2022年城市人民生活综合得分情况

城　市	2022年	城　市	2022年	城　市	2022年	城　市	2022年	城　市	2022年	城　市	2022年
黑　河	0.920	上　海	0.847	嘉峪关	0.828	包　头	0.781	三　亚	0.769	广　州	0.690
北　京	0.871	深　圳	0.840	东　莞	0.824	珠　海	0.769	舟　山	0.752	克拉玛依	0.674

续表

城　市	2022年	城　市	2022年	城　市	2022年	城　市	2022年	城　市	2022年	城　市	2022年
绍　兴	0.672	鹤　岗	0.491	鄂　州	0.418	十　堰	0.369	汕　头	0.327	池　州	0.289
苏　州	0.647	铜　川	0.489	铁　岭	0.416	丽　江	0.369	保　山	0.326	白　城	0.287
佛　山	0.644	衢　州	0.484	南　宁	0.415	武　汉	0.368	忻　州	0.326	庆　阳	0.286
宁　波	0.636	大　庆	0.482	惠　州	0.413	葫芦岛	0.368	巴彦淖尔	0.325	吴　忠	0.282
伊　春	0.634	厦　门	0.480	张家界	0.408	保　定	0.368	黄　石	0.323	常　德	0.281
杭　州	0.627	韶　关	0.479	邵　阳	0.407	眉　山	0.366	白　山	0.322	吉　安	0.279
东　营	0.622	龙　岩	0.478	渭　南	0.407	唐　山	0.365	烟　台	0.320	泸　州	0.278
南　京	0.612	昆　明	0.476	鄂尔多斯	0.404	朝　阳	0.365	广　安	0.319	玉　林	0.275
金　昌	0.611	酒　泉	0.475	榆　林	0.401	荆　门	0.363	湘　潭	0.319	乌兰察布	0.274
福　州	0.599	攀枝花	0.475	兰　州	0.394	七台河	0.362	秦皇岛	0.317	盐　城	0.269
沈　阳	0.574	绵　阳	0.475	镇　江	0.394	南　充	0.355	三门峡	0.316	平　凉	0.268
温　州	0.574	防城港	0.471	阜　新	0.392	本　溪	0.355	马鞍山	0.315	怀　化	0.268
盘　锦	0.574	鞍　山	0.468	泉　州	0.389	南　平	0.354	滨　州	0.315	宣　城	0.267
长　沙	0.573	成　都	0.465	乐　山	0.388	安　康	0.354	宝　鸡	0.314	普　洱	0.263
西　安	0.563	呼和浩特	0.464	郑　州	0.388	扬　州	0.354	随　州	0.314	宜　宾	0.263
大　连	0.552	湖　州	0.462	通　化	0.386	锦　州	0.353	百　色	0.309	衡　阳	0.259
黄　山	0.549	武　威	0.459	咸　阳	0.385	潍　坊	0.351	芜　湖	0.309	淮　北	0.258
中　山	0.547	淄　博	0.458	西　宁	0.385	襄　阳	0.349	长　治	0.308	洛　阳	0.255
乌　海	0.537	大　同	0.457	北　海	0.384	阳　江	0.348	黄　冈	0.308	达　州	0.254
雅　安	0.529	莆　田	0.456	三　明	0.383	佳木斯	0.346	宁　德	0.307	赣　州	0.254
抚　顺	0.526	双鸭山	0.451	朔　州	0.382	郴　州	0.346	廊　坊	0.307	漯　河	0.252
金　华	0.524	济　南	0.450	南　昌	0.379	哈尔滨	0.342	牡丹江	0.307	资　阳	0.251
台　州	0.519	辽　阳	0.449	青　岛	0.379	银　川	0.342	荆　州	0.305	萍　乡	0.250
天　津	0.511	丹　东	0.445	柳　州	0.378	咸　宁	0.340	九　江	0.304	贵　港	0.250
海　口	0.508	常　州	0.439	鸡　西	0.378	汉　中	0.340	平顶山	0.303	漳　州	0.248
无　锡	0.505	延　安	0.434	巴　中	0.374	淮　安	0.337	德　阳	0.298	安　阳	0.248
营　口	0.504	南　通	0.433	吉　林	0.374	白　银	0.330	焦　作	0.298	聊　城	0.247
齐齐哈尔	0.503	宜　昌	0.432	赤　峰	0.373	泰　州	0.330	长　春	0.297	孝　感	0.247
太　原	0.502	嘉　兴	0.431	玉　溪	0.372	运　城	0.330	晋　城	0.296	邯　郸	0.247
阳　泉	0.501	张　掖	0.430	贵　阳	0.372	石家庄	0.330	重　庆	0.294	吕　梁	0.245
乌鲁木齐	0.501	新　余	0.429	威　海	0.372	张家口	0.329	景德镇	0.294	铜　陵	0.244
广　元	0.498	石嘴山	0.429	永　州	0.371	株　洲	0.329	临　汾	0.292	益　阳	0.244
丽　水	0.494	呼伦贝尔	0.419	合　肥	0.370	鹰　潭	0.328	天　水	0.292	衡　水	0.244

续表

城市	2022年	城市	2022年	城市	2022年	城市	2022年	城市	2022年	城市	2022年
沧州	0.237	岳阳	0.223	蚌埠	0.212	曲靖	0.193	临沂	0.162	松原	0.132
内江	0.235	桂林	0.223	枣庄	0.210	新乡	0.187	商洛	0.160	中卫	0.120
河池	0.231	自贡	0.222	泰安	0.209	潮州	0.186	昭通	0.158	贺州	0.116
许昌	0.230	梅州	0.221	上饶	0.207	信阳	0.184	定西	0.157	临沧	0.115
晋中	0.230	江门	0.221	六盘水	0.206	徐州	0.181	连云港	0.157	商丘	0.107
四平	0.229	河源	0.221	陇南	0.204	驻马店	0.181	梧州	0.156	云浮	0.104
安庆	0.228	固原	0.221	南阳	0.204	湛江	0.180	茂名	0.156	汕尾	0.085
宜春	0.226	阜阳	0.219	开封	0.200	宿迁	0.178	德州	0.147	揭阳	0.073
淮南	0.226	清远	0.215	亳州	0.200	肇庆	0.177	滁州	0.145	绥化	0.059
遂宁	0.225	鹤壁	0.214	日照	0.198	抚州	0.176	崇左	0.141	东部地区	0.424
邢台	0.225	六安	0.214	济宁	0.195	娄底	0.172	宿州	0.139	中部地区	0.293
来宾	0.225	辽源	0.213	通辽	0.195	遵义	0.168	周口	0.137	西部地区	0.343
承德	0.224	钦州	0.212	濮阳	0.194	安顺	0.166	菏泽	0.136	东北地区	0.408

和 2021 年相比，2022 年人民生活排名上升的城市有 135 个，排名下降的城市有 120 个，其他城市 2022 年排名不变，见表 11。

表 11　2022 年城市人民生活排名变化情况

人民生活排名变化情况	城市
排名上升（共135个）	四平（+18）、邵阳（+15）、通化（+15）、吉林（+15）、三明（+14）、三门峡（+14）、韶关（+14）、许昌（+14）、来宾（+13）、柳州（+12）、马鞍山（+12）、唐山（+12）、巴中（+12）、营口（+12）、乌兰察布（+11）、防城港（+11）、六安（+11）、咸阳（+11）、百色（+11）、阳泉（+10）、新余（+10）、宣城（+10）、眉山（+10）、张家界（+10）、渭南（+9）、亳州（+9）、岳阳（+9）、漳州（+9）、朔州（+9）、九江（+9）、贵港（+9）、衡阳（+8）、永州（+8）、辽源（+8）、石嘴山（+8）、乐山（+8）、河池（+8）、佳木斯（+7）、吴忠（+7）、滨州（+7）、大庆（+7）、汉中（+7）、鹰潭（+7）、安庆（+7）、抚顺（+7）、天津（+7）、固原（+6）、湘潭（+6）、湛江（+6）、南充（+6）、北海（+6）、株洲（+6）、运城（+6）、抚州（+5）、潍坊（+5）、保定（+5）、绵阳（+5）、乌海（+5）、黄山（+5）、芜湖（+5）、通辽（+5）、雅安（+5）、漯河（+5）、张家口（+5）、焦作（+5）、晋城（+5）、泉州（+5）、随州（+4）、钦州（+4）、张掖（+4）、白城（+4）、黄石（+4）、信阳（+4）、南阳（+4）、保山（+4）、齐齐哈尔（+4）、酒泉（+4）、安康（+4）、武威（+4）、双鸭山（+4）、巴彦淖尔（+4）、呼伦贝尔（+4）、潮州（+3）、聊城（+3）、宜昌（+3）、常德（+3）、益阳（+3）、玉

续表

人民生活排名变化情况	城市
排名上升（共135个）	溪(+3)、肇庆(+3)、吉安(+3)、广安(+3)、邯郸(+3)、盘锦(+3)、怀化(+3)、广元(+3)、松原(+3)、白银(+3)、滁州(+3)、驻马店(+3)、长春(+3)、遂宁(+3)、德州(+3)、晋中(+3)、荆门(+2)、宝鸡(+2)、沧州(+2)、曲靖(+2)、郴州(+2)、福州(+2)、宁波(+2)、哈尔滨(+2)、龙岩(+2)、包头(+2)、商洛(+2)、昭通(+2)、襄阳(+2)、济宁(+2)、庆阳(+1)、赤峰(+1)、嘉兴(+1)、淄博(+1)、东营(+1)、铜川(+1)、绍兴(+1)、嘉峪关(+1)、广州(+1)、大连(+1)、上海(+1)、临沧(+1)、淮北(+1)、池州(+1)、宜春(+1)、温州(+1)、南通(+1)、泰州(+1)
排名不变（共29个）	泰安、自贡、金昌、娄底、枣庄、茂名、舟山、西安、台州、铜陵、德阳、黑河、绥化、汕尾、揭阳、佛山、北京、贺州、菏泽、盐城、延安、丹东、临沂、伊春、云浮、梧州、阜阳、淮安、镇江
排名下降（共120个）	南平(-1)、东莞(-1)、三亚(-1)、崇左(-1)、珠海(-1)、中卫(-1)、安阳(-1)、南京(-1)、克拉玛依(-1)、南宁(-1)、邢台(-1)、宿州(-1)、深圳(-1)、沈阳(-1)、定西(-1)、辽阳(-1)、苏州(-1)、郑州(-1)、赣州(-1)、河源(-2)、攀枝花(-2)、黄冈(-2)、洛阳(-2)、莆田(-2)、葫芦岛(-2)、杭州(-2)、宁德(-2)、达州(-2)、石家庄(-2)、白山(-2)、铁岭(-2)、普洱(-2)、鞍山(-3)、长沙(-3)、上饶(-3)、商丘(-3)、锦州(-3)、临汾(-3)、玉林(-3)、鹤壁(-3)、天水(-3)、安顺(-3)、开封(-3)、阜新(-3)、金华(-4)、鹤岗(-4)、中山(-4)、周口(-4)、平顶山(-4)、乌鲁木齐(-4)、湖州(-4)、厦门(-4)、海口(-4)、日照(-4)、蚌埠(-5)、淮南(-5)、兰州(-5)、威海(-5)、大同(-5)、濮阳(-5)、新乡(-5)、鸡西(-6)、孝感(-6)、衡水(-6)、青岛(-6)、无锡(-6)、本溪(-6)、宿迁(-6)、榆林(-6)、内江(-6)、徐州(-6)、十堰(-7)、济南(-7)、丽水(-7)、衢州(-7)、鄂州(-7)、烟台(-7)、牡丹江(-8)、长治(-8)、昆明(-8)、桂林(-8)、景德镇(-8)、银川(-8)、承德(-8)、惠州(-8)、常州(-8)、宜宾(-8)、平凉(-8)、汕头(-9)、萍乡(-9)、资阳(-9)、成都(-9)、吕梁(-9)、鄂尔多斯(-9)、太原(-10)、七台河(-10)、咸宁(-10)、清远(-10)、扬州(-11)、呼和浩特(-11)、阳江(-11)、梅州(-11)、丽江(-11)、荆州(-11)、连云港(-11)、遵义(-11)、六盘水(-12)、秦皇岛(-12)、西宁(-12)、泸州(-12)、南昌(-12)、合肥(-13)、忻州(-15)、陇南(-17)、重庆(-17)、朝阳(-18)、贵阳(-18)、廊坊(-20)、江门(-23)、武汉(-23)

5. 2022年环境质量综合得分和排名变化情况

环境质量排名前十位的城市：三亚、舟山、济南、广州、海口、南京、北京、大庆、宁波、定西。排名后十位的城市：呼伦贝尔、阳泉、上饶、忻州、运城、朔州、巴彦淖尔、金昌、宜昌、鞍山。

2022年284个地级及地级以上城市环境质量综合得分情况见表12。

表 12　2022 年城市环境质量综合得分情况

城　市	2022年	城　市	2022年	城　市	2022年	城　市	2022年	城　市	2022年	城　市	2022年
三　亚	0.805	温　州	0.466	铜　陵	0.413	伊　春	0.379	南　通	0.349	南　平	0.331
舟　山	0.769	重　庆	0.462	青　岛	0.413	大　连	0.377	临　沂	0.349	莆　田	0.329
济　南	0.671	自　贡	0.461	湛　江	0.413	宜　宾	0.377	益　阳	0.348	蚌　埠	0.328
广　州	0.662	株　洲	0.458	巴　中	0.412	天　津	0.377	广　元	0.348	德　阳	0.328
海　口	0.657	潮　州	0.456	梅　州	0.412	绵　阳	0.377	宁　德	0.347	晋　中	0.327
南　京	0.635	长　春	0.455	安　顺	0.410	阳　江	0.374	乐　山	0.347	济　宁	0.327
北　京	0.623	眉　山	0.455	咸　宁	0.408	白　城	0.373	遵　义	0.346	呼和浩特	0.327
大　庆	0.590	固　原	0.454	福　州	0.406	西　宁	0.373	保　定	0.346	商　丘	0.327
宁　波	0.589	西　安	0.453	广　安	0.406	抚　州	0.371	崇　左	0.346	日　照	0.325
定　西	0.588	黄　山	0.453	东　营	0.406	汕　尾	0.371	四　平	0.346	岳　阳	0.325
湖　州	0.587	七台河	0.448	资　阳	0.405	辽　源	0.369	漳　州	0.345	芜　湖	0.324
东　莞	0.583	鸡　西	0.442	汕　头	0.403	牡丹江	0.369	盐　城	0.345	河　池	0.324
台　州	0.576	铜　川	0.442	惠　州	0.403	松　原	0.366	秦皇岛	0.345	鹰　潭	0.324
本　溪	0.556	桂　林	0.441	嘉峪关	0.402	泉　州	0.364	石家庄	0.344	聊　城	0.323
嘉　兴	0.542	成　都	0.440	无　锡	0.402	玉　林	0.363	绥　化	0.343	朝　阳	0.322
绍　兴	0.538	厦　门	0.438	景德镇	0.400	镇　江	0.363	佳木斯	0.342	九　江	0.322
乌鲁木齐	0.537	贺　州	0.438	南　充	0.399	曲　靖	0.362	漯　河	0.341	贵　阳	0.320
杭　州	0.526	银　川	0.437	齐齐哈尔	0.398	昭　通	0.360	雅　安	0.341	邢　台	0.319
上　海	0.525	新　余	0.435	鄂尔多斯	0.397	衡　阳	0.359	宿　迁	0.340	开　封	0.318
随　州	0.519	哈尔滨	0.435	内　江	0.397	韶　关	0.357	通　辽	0.340	通　化	0.317
珠　海	0.518	防城港	0.434	黑　河	0.396	天　水	0.356	苏　州	0.339	郴　州	0.317
金　华	0.510	庆　阳	0.432	中　山	0.392	南　昌	0.355	永　州	0.338	丹　东	0.316
衢　州	0.506	江　门	0.431	石嘴山	0.391	泰　安	0.355	鹤　壁	0.338	武　汉	0.316
丽　江	0.503	泸　州	0.428	扬　州	0.388	邵　阳	0.355	乌　海	0.338	安　阳	0.314
遂　宁	0.499	鹤　岗	0.426	吉　安	0.387	郑　州	0.354	黄　石	0.337	葫芦岛	0.313
克拉玛依	0.499	连云港	0.426	泰　州	0.387	徐　州	0.354	双鸭山	0.337	马鞍山	0.313
达　州	0.495	淄　博	0.423	烟　台	0.387	枣　庄	0.353	茂　名	0.337	大　同	0.313
南　宁	0.493	梧　州	0.423	常　德	0.386	佛　山	0.353	清　远	0.337	平顶山	0.313
柳　州	0.489	长　沙	0.422	常　州	0.382	萍　乡	0.352	三　明	0.334	盘　锦	0.313
张家界	0.478	威　海	0.420	潍　坊	0.382	信　阳	0.350	淮　安	0.332	龙　岩	0.312
丽　水	0.469	湘　潭	0.418	河　源	0.381	白　山	0.350	驻马店	0.332	廊　坊	0.310
钦　州	0.467	揭　阳	0.415	来　宾	0.380	贵　港	0.349	平　凉	0.332	周　口	0.309
北　海	0.466	深　圳	0.414	娄　底	0.379	安　康	0.349	沈　阳	0.332	阜　新	0.308

续表

城市	2022年	城市	2022年	城市	2022年	城市	2022年	城市	2022年	城市	2022年
十堰	0.307	濮阳	0.289	亳州	0.264	宿州	0.244	太原	0.213	孝感	0.171
菏泽	0.306	邯郸	0.287	合肥	0.264	长治	0.242	滨州	0.212	鞍山	0.160
临沧	0.306	玉溪	0.282	榆林	0.262	汉中	0.241	酒泉	0.211	宜昌	0.153
白银	0.304	锦州	0.281	延安	0.262	唐山	0.241	辽阳	0.210	金昌	0.150
营口	0.302	百色	0.278	赣州	0.261	吉林	0.238	三门峡	0.209	巴彦淖尔	0.145
鄂州	0.299	昆明	0.275	保山	0.261	宜春	0.238	宜城	0.200	朔州	0.143
德州	0.299	怀化	0.274	渭南	0.258	淮南	0.232	滁州	0.198	运城	0.117
池州	0.297	吕梁	0.273	中卫	0.255	荆门	0.231	商洛	0.189	忻州	0.083
六盘水	0.296	云浮	0.272	南阳	0.254	吴忠	0.231	襄阳	0.185	上饶	0.083
焦作	0.295	武威	0.271	新乡	0.253	普洱	0.229	六安	0.185	阳泉	0.078
淮北	0.294	许昌	0.268	乌兰察布	0.251	黄冈	0.221	临汾	0.184	呼伦贝尔	0.067
兰州	0.291	阜阳	0.268	宝鸡	0.251	承德	0.218	荆州	0.184	东部地区	0.437
包头	0.291	肇庆	0.268	陇南	0.249	咸阳	0.218	洛阳	0.183	中部地区	0.293
张掖	0.290	铁岭	0.267	攀枝花	0.245	沧州	0.215	赤峰	0.181	西部地区	0.352
衡水	0.290	安庆	0.265	张家口	0.244	抚顺	0.213	晋城	0.176	东北地区	0.353

和2021年相比,2022年环境质量排名上升的城市有119个,排名下降的城市有133个,其他城市2022年排名不变,见表13。

表13　2022年城市环境质量排名变化情况

环境质量排名变化情况	城市
排名上升（共119个）	贵港(+34)、崇左(+29)、白山(+21)、河池(+20)、梧州(+17)、德阳(+17)、四平(+15)、玉林(+15)、贵阳(+14)、来宾(+14)、岳阳(+14)、衡阳(+13)、百色(+13)、九江(+12)、益阳(+11)、资阳(+10)、乐山(+9)、温州(+9)、玉溪(+8)、昭通(+8)、聊城(+8)、钦州(+8)、临沧(+8)、桂林(+8)、怀化(+8)、保山(+8)、广安(+8)、攀枝花(+8)、郴州(+8)、十堰(+8)、永州(+8)、贺州(+7)、白城(+7)、防城港(+7)、黄石(+7)、通化(+7)、长沙(+7)、肇庆(+7)、辽源(+6)、六盘水(+6)、焦作(+6)、淮安(+6)、巴中(+5)、葫芦岛(+5)、乌海(+5)、南昌(+5)、鹤壁(+5)、襄阳(+5)、曲靖(+4)、丽水(+4)、湘潭(+4)、萍乡(+4)、牡丹江(+4)、内江(+4)、重庆(+4)、普洱(+4)、鸡西(+4)、潍坊(+4)、滨州(+4)、杭州(+4)、眉山(+4)、武威(+4)、包头(+4)、吉安(+4)、绵阳(+3)、北海(+3)、绥化(+3)、娄底(+3)、遵义(+3)、昆明

续表

环境质量排名变化情况	城市
排名上升 （共119个）	（+3）、吉林（+3）、烟台（+3）、赣州（+3）、金华（+3）、荆州（+3）、雅安（+3）、宁波（+3）、宝鸡（+3）、衢州（+3）、三门峡（+2）、广元（+2）、绍兴（+2）、铁岭（+2）、呼和浩特（+2）、新乡（+2）、松原（+2）、宜昌（+2）、大庆（+2）、泸州（+2）、鄂州（+2）、抚顺（+2）、邢台（+2）、成都（+2）、遂宁（+2）、商洛（+2）、云浮（+1）、安顺（+1）、中卫（+1）、宜宾（+1）、菏泽（+1）、嘉兴（+1）、张家界（+1）、伊春（+1）、株洲（+1）、荆门（+1）、上饶（+1）、周口（+1）、达州（+1）、台州（+1）、沧州（+1）、巴彦淖尔（+1）、柳州（+1）、承德（+1）、张家口（+1）、黄冈（+1）、随州（+1）、东营（+1）、南充（+1）、咸宁（+1）
排名不变 （共32个）	佛山、汕尾、新余、邵阳、湖州、南京、泰州、营口、海口、宜春、北京、三亚、舟山、孝感、鞍山、忻州、呼伦贝尔、运城、广州、济南、渭南、梅州、朝阳、河源、金昌、济宁、张掖、中山、开封、铜川、南平、莆田
排名下降 （共133个）	赤峰（-1）、乌兰察布（-1）、临沂（-1）、西安（-1）、辽阳（-1）、唐山（-1）、汉中（-1）、锦州（-1）、丽江（-1）、韶关（-1）、青岛（-1）、黑河（-1）、本溪（-1）、阳泉（-1）、珠海（-1）、扬州（-1）、信阳（-1）、洛阳（-2）、酒泉（-2）、自贡（-2）、长春（-2）、抚州（-2）、定西（-2）、上海（-2）、乌鲁木齐（-2）、池州（-2）、滁州（-2）、鹤岗（-2）、清远（-2）、哈尔滨（-2）、郑州（-2）、日照（-2）、临汾（-2）、咸阳（-2）、延安（-2）、景德镇（-2）、江门（-2）、六安（-2）、常州（-2）、双鸭山（-2）、衡水（-2）、淄博（-2）、揭阳（-2）、无锡（-2）、宣城（-2）、七台河（-2）、厦门（-2）、兰州（-2）、鹰潭（-3）、芜湖（-3）、通辽（-3）、东莞（-3）、朔州（-3）、常德（-3）、西宁（-3）、晋城（-3）、白银（-3）、齐齐哈尔（-3）、泉州（-3）、泰安（-3）、淮南（-3）、德州（-3）、威海（-3）、许昌（-3）、铜陵（-3）、鄂尔多斯（-3）、大连（-3）、惠州（-3）、银川（-3）、南宁（-4）、商丘（-4）、吴忠（-4）、湛江（-4）、长治（-4）、亳州（-4）、濮阳（-4）、吕梁（-4）、石嘴山（-4）、驻马店（-4）、福州（-4）、深圳（-4）、枣庄（-5）、佳木斯（-5）、潮州（-5）、龙岩（-5）、榆林（-5）、蚌埠（-5）、保定（-5）、宿州（-5）、南阳（-5）、漳州（-6）、秦皇岛（-6）、阳江（-6）、三明（-6）、太原（-6）、汕头（-6）、连云港（-6）、盘锦（-6）、武汉（-6）、宿迁（-7）、宁德（-7）、克拉玛依（-7）、阜新（-7）、镇江（-7）、阜阳（-7）、陇南（-7）、丹东（-8）、安庆（-8）、徐州（-8）、漯河（-9）、天津（-9）、南通（-9）、淮北（-9）、盐城（-10）、庆阳（-10）、邯郸（-10）、石家庄（-10）、大同（-11）、黄山（-11）、沈阳（-11）、合肥（-11）、茂名（-11）、固原（-12）、苏州（-12）、平凉（-12）、马鞍山（-13）、安阳（-13）、廊坊（-13）、嘉峪关（-14）、天水（-15）、平顶山（-16）、安康（-21）、晋中（-25）

（三）中国城市可持续发展指数及排名情况

通过主成分分析法得出284个城市1990～2022年可持续发展综合排名

情况、可持续发展指数（上一年=100）和可持续发展指数（以1990年为基期）。

284个城市2018~2022年可持续发展综合排名情况见本文附录3的表90。

284个城市2018~2022年可持续发展指数（上一年=100）见本文附录3的表91。

284个城市2018~2022年可持续发展指数（以1990年为基期）见本文附录3的表92。

2010年后可持续发展平均排名居前45的城市的可持续发展指数（以1990年为基期）见本文附录3的图3。

33年来南充的可持续发展指数改善最多，克拉玛依的可持续发展指数改善最少。

从1990年到2022年，全国284个城市可持续发展指数平均上升了53.46%，东部、中部和西部地区城市可持续发展指数分别改善了53.64%、52.27%和54.68%。西部地区城市可持续发展指数改善情况优于东部地区和中部地区城市，东部地区城市可持续发展指数改善情况优于中部地区城市。

（四）中国城市可持续发展分指数及排名情况

本部分主要计算了284个城市可持续发展的经济增长指数、增长潜力指数、政府效率指数、人民生活指数和环境质量指数及排名状况。

1. 中国城市经济增长指数及排名情况

通过主成分分析法得出284个城市1990~2022年经济增长排名情况、经济增长指数（上一年=100）和经济增长指数（以1990年为基期）。

284个城市2018~2022年经济增长排名情况见本文附录3的表93。

284个城市2018~2022年经济增长指数（上一年=100）见本文附录3的表94。

284个城市2018~2022年经济增长指数（以1990年为基期）见本文附

录 3 的表 95。

2010 年后经济增长平均排名居前 45 的城市的经济增长指数（以 1990 年为基期）见本文附录 3 的图 4。

33 年来宜春的经济增长指数改善最多，中卫的经济增长指数改善最少。

从 1990 到 2022 年，全国 284 个城市经济增长指数平均上升了 38.90%，东部、中部和西部地区城市经济增长指数分别改善了 29.40%、47.49% 和 41.86%，而中部地区城市经济增长指数改善情况优于西部地区和东部地区城市，西部地区城市经济增长指数改善情况优于东部地区城市。

2. 中国城市增长潜力指数及排名情况

通过主成分分析法得出 284 个城市 1990~2022 年增长潜力排名情况、增长潜力指数（上一年＝100）和增长潜力指数（以 1990 年为基期）。

284 个城市 2018~2022 年增长潜力排名情况见本文附录 3 的表 96。

284 个城市 2018~2022 年增长潜力指数（上一年＝100）见本文附录 3 的表 97。

284 个城市 2018~2022 年增长潜力指数（以 1990 年为基期）见本文附录 3 的表 98。

2010 年后增长潜力平均排名居前 45 的城市的增长潜力指数（以 1990 年为基期）见本文附录 3 的图 5。

33 年来金昌的增长潜力指数改善最多，丽江的增长潜力改善最少。

从 1990 到 2022 年，全国 284 个城市增长潜力指数平均下降了 23.70%，东部、中部和西部地区城市增长潜力指数分别下降了 24.97%、23.56%、23.77%。

3. 中国城市政府效率指数及排名情况

通过主成分分析法得出 284 个城市 1990~2022 年政府效率排名情况、政府效率指数（上一年＝100）和政府效率指数（以 1990 年为基期）。

284 个城市 2018~2022 年政府效率排名情况见本文附录 3 的表 99。

284 个城市 2018~2022 年政府效率指数（上一年＝100）见本文附录 3

的表 100。

284 个城市 2018~2022 年政府效率指数（以 1990 年为基期）见本文附录 3 的表 101。

2010 年后政府效率平均排名居前 45 的城市的政府效率指数（以 1990 年为基期）见本文附录 3 的图 6。

33 年来固原的政府效率指数改善最多，兰州的政府效率改善最少。

从 1990 年到 2022 年，全国 284 个城市政府效率指数平均上升了 70.64%，东部、中部和西部地区城市政府效率指数分别改善了 74.67%、65.38% 和 73.09%。东部地区城市政府效率指数改善情况优于西部地区和中部地区城市，西部地区城市政府效率指数改善情况优于中部地区城市。

4. 中国城市人民生活指数及排名情况

通过主成分分析法得出 284 个城市 1990~2022 年人民生活排名情况、人民生活指数（上一年 = 100）和人民生活指数（以 1990 年为基期）。

284 个城市 2018~2022 年人民生活排名情况见本文附录 3 的表 102。

284 个城市 2018~2022 年人民生活指数（上一年 = 100）见本文附录 3 的表 103。

284 个城市 2018~2022 年人民生活指数（以 1990 年为基期）见本文附录 3 的表 104。

2010 年后人民生活平均排名居前 45 的城市的人民生活指数（以 1990 年为基期）见本文附录 3 的图 7。

33 年来佛山的人民生活指数改善最多，黑河的人民生活指数改善最少。

从 1990 年到 2022 年，全国 284 个城市人民生活指数平均上升了 67.51%，东部、中部和西部地区城市人民生活指数分别改善了 84.21%、60.02% 和 57.26%。东部地区城市人民生活指数改善情况优于中部地区和西部地区城市，中部地区城市人民生活指数改善情况优于西部地区城市。

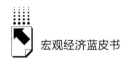

5.中国城市环境质量指数及排名情况

通过主成分分析法得出 284 个城市 1990~2022 年环境质量排名情况、环境质量指数（上一年＝100）和环境质量指数（以 1990 年为基期）。

284 个城市 2018~2022 年环境质量排名情况见本文附录 3 的表 105。

284 个城市 2018~2022 年环境质量指数（上一年＝100）见本文附录 3 的表 106。

284 个城市 2018~2022 年环境质量指数（以 1990 年为基期）见本文附录 3 的表 107。

2010 年后环境质量平均排名居前 45 的城市的环境质量指数（以 1990 年为基期）见本文附录 3 的图 8。

33 来钦州的环境质量指数改善最多，合肥的环境质量指数改善最少。

从 1990 年到 2022 年，全国 284 个城市环境质量指数平均上升了 63.50%，东部、中部和西部地区环境质量指数分别改善了 60.68%、50.67%和 82.35%。西部地区城市环境质量指数改善情况优于东部地区和中部地区城市，东部地区城市环境质量指数改善情况优于中部地区城市。

三 中国城市可持续发展及各一级
指标水平分级情况

（一）城市可持续发展水平分级情况

将 2010 年以来、2000 年以来、1990 年以来和 2022 年、2021 年、2020 年、2019 年、2018 年、2017 年、2016 年和 2015 年 284 个城市可持续发展水平进行分级。

1.2010年以来城市平均可持续发展水平分级情况

将 2010 年以来各地级及地级以上城市平均可持续发展水平综合得分按权重比 3∶3∶2∶1∶1 分为五级。

和 2000 年以来相比，2010 年以来平均可持续发展水平从第Ⅱ级到第Ⅰ

级上升一级的有台州、镇江、泰州、长沙、徐州、连云港、淮安、三明等城市。从第Ⅰ级到第Ⅱ级下降一级的有七台河、固原、中山、金昌、武汉、抚顺、营口、天津、伊春等城市；从第Ⅲ级到第Ⅱ级上升一级的有遂宁、德阳、防城港、安康、宁德、重庆、潮州、滨州、黄石、资阳、漳州、泸州、张家界、内江、临沂、南充等城市。从第Ⅱ级到第Ⅲ级下降一级的有江门、鄂州、娄底、湘潭、昆明、十堰、贵阳、朝阳、西宁、南昌、吉林、忻州、锦州、天水、鞍山、阳泉等城市；从第Ⅳ级到第Ⅲ级上升一级的有达州、邵阳、永州、遵义、襄阳、平顶山、阜阳、吴忠等城市。从第Ⅲ级到第Ⅳ级下降一级的有益阳、秦皇岛、玉溪、柳州、运城、宜春、白银、桂林等城市；从第Ⅱ级到第Ⅳ级下降两级的有淮南等城市；从第Ⅴ级到第Ⅳ级上升一级的有汕尾、昭通、钦州、黄冈、渭南、滁州、池州、玉林、六安、梧州、信阳等城市。从第Ⅳ级到第Ⅴ级下降一级的有石家庄、张掖、绥化、中卫、孝感、云浮、承德、郑州、庆阳、吕梁、松原等城市；从第Ⅲ级到第Ⅴ级下降两级的有酒泉等城市。

中国284个城市2010年以来平均可持续发展水平的分级情况见表14。

表14　2010年以来城市平均可持续发展水平等级划分

可持续发展 水平等级	城市
第Ⅰ级 （共55个）	克拉玛依、北京、深圳、上海、珠海、杭州、厦门、广州、宁波、东莞、苏州、南京、无锡、嘉峪关、三亚、大庆、温州、常州、南通、沈阳、金华、嘉兴、黑河、乌海、绍兴、扬州、湖州、大连、鹤岗、丽水、黄山、佛山、包头、淄博、福州、威海、台州、乌鲁木齐、镇江、泰州、本溪、长沙、烟台、青岛、海口、西安、徐州、连云港、东营、淮安、铜川、三明、齐齐哈尔、石嘴山、济南
第Ⅱ级 （共77个）	鸡西、七台河、盐城、固原、衢州、中山、宿迁、金昌、武汉、双鸭山、广元、抚顺、太原、绵阳、遂宁、潍坊、营口、龙岩、惠州、泉州、大同、大津、景德镇、榆林、盘锦、南宁、成都、呼和浩特、莆田、伊春、铁岭、银川、通化、乐山、牡丹江、随州、自贡、丽江、芜湖、攀枝花、德阳、兰州、辽阳、葫芦岛、防城港、长春、南平、新余、辽源、铜陵、安康、日照、宁德、韶关、重庆、鄂尔多斯、泰安、株洲、佳木斯、汕头、枣庄、马鞍山、潮州、阜新、滨州、黄石、资阳、漳州、泸州、舟山、张家界、内江、临沂、丹东、哈尔滨、南充、雅安

宏观经济蓝皮书

续表

可持续发展 水平等级	城市
第Ⅲ级 （共63个）	江门、鄂州、揭阳、宜宾、娄底、巴中、聊城、湘潭、昆明、十堰、广安、常德、河源、贵阳、朝阳、西宁、南昌、济宁、淮北、菏泽、吉林、阳江、忻州、眉山、北海、郴州、晋中、锦州、萍乡、荆门、咸宁、临汾、吉安、宝鸡、天水、长治、梅州、清远、德州、茂名、鞍山、延安、宜昌、岳阳、达州、白山、安庆、赤峰、四平、定西、合肥、邵阳、阳泉、呼伦贝尔、永州、鹰潭、肇庆、唐山、遵义、襄阳、平顶山、阜阳、吴忠
第Ⅳ级 （共39个）	平凉、益阳、淮南、秦皇岛、武威、玉溪、荆州、九江、柳州、衡阳、蚌埠、汕尾、运城、鹤壁、白城、漯河、昭通、宜春、曲靖、钦州、朔州、黄冈、汉中、渭南、湛江、滁州、咸阳、晋城、池州、宣城、玉林、白银、三门峡、六安、濮阳、抚州、梧州、信阳、桂林
第Ⅴ级 （共50个）	石家庄、张掖、绥化、中卫、孝感、赣州、云浮、承德、郑州、廊坊、保定、怀化、酒泉、河池、安阳、庆阳、安顺、陇南、吕梁、驻马店、焦作、衡水、松原、新乡、周口、亳州、邯郸、洛阳、商丘、南阳、贵港、巴彦淖尔、张家口、邢台、宿州、沧州、乌兰察布、百色、六盘水、通辽、普洱、上饶、保山、商洛、开封、贺州、许昌、崇左、来宾、临沧

2. 2000年以来城市平均可持续发展水平分级情况

和1990年以来相比，2000年以来平均可持续发展水平从第Ⅱ级到第Ⅰ级上升一级的有金华、烟台、金昌、西安、扬州、南通等城市。从第Ⅰ级到第Ⅱ级下降一级的有三明、盘锦、丽江、太原、双鸭山、铜陵、兰州等城市；从第Ⅲ级到第Ⅱ级上升一级的有广元、成都、乐山、盐城、娄底、日照等城市。从第Ⅱ级到第Ⅲ级下降一级的有淮北、延安、梅州、呼伦贝尔、宝鸡、张家界、白山、合肥等城市；从第Ⅳ级到第Ⅲ级上升一级的有南充、泸州、赤峰、揭阳、北海、菏泽、吉安、宜春、眉山、资阳、玉溪等城市。从第Ⅲ级到第Ⅳ级下降一级的有衡阳、襄阳、晋城、达州、白城、九江、平顶山、蚌埠、绥化、平凉、抚州、松原等城市；从第Ⅴ级到第Ⅳ级上升一级的有遵义、曲靖、汉中、荆州、漯河等城市。从第Ⅳ级到第Ⅴ级下降一级的有陇南、滁州、乌兰察布、巴彦淖尔、通辽等城市；从第Ⅲ级到第Ⅴ级下降两级的有商洛等城市。

2000年以来中国284个城市平均可持续发展水平分级情况见表15。

表15　2000年以来城市平均可持续发展水平等级划分

可持续发展 水平等级	城市
第Ⅰ级 （共56个）	克拉玛依、深圳、北京、上海、珠海、广州、厦门、嘉峪关、南京、杭州、黑河、乌海、沈阳、大庆、苏州、东莞、宁波、大连、无锡、三亚、本溪、济南、鹤岗、抚顺、绍兴、淄博、包头、海口、福州、东营、乌鲁木齐、温州、佛山、青岛、湖州、伊春、嘉兴、常州、齐齐哈尔、金华、固原、中山、威海、丽水、烟台、金昌、黄山、七台河、铜川、西安、天津、营口、扬州、石嘴山、武汉、南通
第Ⅱ级 （共77个）	三明、镇江、鸡西、盘锦、丽江、太原、牡丹江、衢州、惠州、长沙、双鸭山、台州、攀枝花、铜陵、景德镇、阜新、兰州、徐州、银川、葫芦岛、泰州、连云港、呼和浩特、大同、长春、潍坊、榆林、绵阳、铁岭、龙岩、佳木斯、辽阳、丹东、鄂尔多斯、广元、泉州、南平、淮安、通化、十堰、韶关、吉林、马鞍山、忻州、江门、莆田、自贡、株洲、成都、淮南、汕头、随州、雅安、哈尔滨、鞍山、贵阳、辽源、舟山、南宁、乐山、天水、西宁、锦州、泰安、宿迁、鄂州、盐城、湘潭、枣庄、新余、娄底、南昌、日照、朝阳、阳泉、芜湖、昆明
第Ⅲ级 （共64个）	德阳、遂宁、淮北、黄石、延安、临沂、重庆、梅州、呼伦贝尔、宝鸡、聊城、河源、漳州、张家界、广安、潮州、防城港、南充、白山、合肥、滨州、常德、长治、宜昌、阳江、郴州、巴中、安康、泸州、济宁、荆门、宜宾、内江、清远、茂名、萍乡、临沧、白银、宁德、岳阳、赤峰、安庆、肇庆、晋中、运城、唐山、秦皇岛、柳州、揭阳、北海、酒泉、德州、四平、菏泽、吉安、益阳、宜春、眉山、鹰潭、资阳、咸宁、玉溪、定西、桂林
第Ⅳ级 （共38个）	衡阳、襄阳、晋城、达州、白城、九江、武威、平顶山、蚌埠、遵义、朔州、绥化、吴忠、鹤壁、三门峡、邵阳、阜阳、永州、平凉、湛江、咸阳、曲靖、抚州、庆阳、濮阳、汉中、郑州、云浮、吕梁、松原、张掖、荆州、石家庄、中卫、漯河、宣城、承德、孝感
第Ⅴ级 （共49个）	保定、焦作、陇南、廊坊、邯郸、渭南、怀化、滁州、梧州、信阳、汕尾、赣州、乌兰察布、六安、洛阳、安阳、巴彦淖尔、河池、黄冈、张家口、昭通、安顺、通辽、玉林、池州、新乡、沧州、衡水、南阳、普洱、商洛、邢台、周口、商丘、上饶、保山、钦州、宿州、百色、驻马店、亳州、贵港、六盘水、开封、贺州、崇左、临沧、许昌、来宾

3. 1990年以来城市平均可持续发展水平分级情况

1990年以来中国284个城市平均可持续发展水平分级情况见表16。

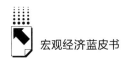

表 16　1990 年以来城市平均可持续发展水平等级划分

可持续发展 水平等级	城市
第 I 级 （共 57 个）	克拉玛依、深圳、北京、上海、珠海、广州、黑河、厦门、沈阳、南京、嘉峪关、乌海、本溪、大连、杭州、大庆、抚顺、济南、鹤岗、丽江、东莞、伊春、三亚、宁波、福州、淄博、无锡、苏州、天津、乌鲁木齐、包头、青岛、绍兴、七台河、东营、齐齐哈尔、固原、佛山、丽水、海口、武汉、三明、中山、常州、太原、嘉兴、营口、温州、湖州、铜川、威海、盘锦、石嘴山、铜陵、黄山、双鸭山、兰州
第 II 级 （共 78 个）	烟台、金昌、西安、景德镇、阜新、大同、鸡西、葫芦岛、丹东、惠州、淮南、牡丹江、攀枝花、佳木斯、长春、马鞍山、南通、金华、鞍山、南平、镇江、呼和浩特、扬州、通化、榆林、韶关、辽阳、连云港、锦州、长沙、徐州、龙岩、潍坊、泉州、贵阳、台州、哈尔滨、银川、延安、西宁、芜湖、衢州、泰安、湘潭、铁岭、呼伦贝尔、随州、泰州、南昌、昆明、雅安、阳泉、张家界、江门、鄂尔多斯、株洲、白山、绵阳、天水、鄂州、宿迁、十堰、枣庄、合肥、吉林、淮北、梅州、汕头、莆田、辽源、朝阳、自贡、南宁、宝鸡、舟山、忻州、新余、淮安
第 III 级 （共 64 个）	临汾、阳江、日照、黄石、广元、潮州、安庆、成都、德阳、白银、萍乡、乐山、茂名、肇庆、柳州、宜昌、商洛、防城港、漳州、酒泉、郴州、娄底、抚州、荆门、岳阳、滨州、聊城、达州、济宁、宁德、临沂、晋中、河源、桂林、四平、长治、广安、遂宁、清远、巴中、运城、重庆、盐城、秦皇岛、鹰潭、蚌埠、宜宾、内江、唐山、咸宁、常德、九江、德州、平顶山、安康、益阳、襄阳、晋城、绥化、白城、衡阳、平凉、定西、松原
第 IV 级 （共 37 个）	武威、泸州、朔州、郑州、吉安、阜阳、赤峰、南充、永州、吕梁、眉山、张掖、揭阳、湛江、玉溪、云浮、承德、巴彦淖尔、鹤壁、宣城、中卫、邵阳、三门峡、石家庄、陇南、滁州、咸阳、菏泽、北海、濮阳、庆阳、宜春、吴忠、资阳、通辽、乌兰察布、孝感
第 V 级 （共 48 个）	池州、怀化、遵义、荆州、曲靖、邯郸、洛阳、梧州、汕尾、普洱、廊坊、汉中、赣州、焦作、安顺、保定、渭南、张家口、上饶、临沧、漯河、昭通、保山、黄冈、新乡、安阳、六安、宿州、邢台、衡水、河池、亳州、信阳、沧州、周口、百色、六盘水、玉林、南阳、许昌、崇左、驻马店、商丘、钦州、贺州、开封、贵港、来宾

4. 2022年地级及地级以上城市可持续发展水平分级情况

和 2021 年相比，2022 年可持续发展水平从第 II 级到第 I 级上升一级的有金昌、西安、嘉峪关、石嘴山、盘锦、东营、营口、鹤岗、连云港、防城港、大同等城市。从第 I 级到第 II 级下降一级的有黄山、盐城、淮安、衢州、威海、沈阳、双鸭山、揭阳等城市；从第 III 级到第 II 级上升一级的有北海、辽阳、眉山、巴中、南宁、淮北、常德、济南、晋中、湘潭、阳江、舟山、呼伦贝尔等城市；从第Ⅳ级到第Ⅱ级上升两级的有邵阳等城市。从第Ⅱ级到第Ⅲ级下降一级的有哈尔滨、韶关、阜新、天津、丹东、十堰、南平、鄂州、锦州等城市；从第Ⅴ级到第Ⅲ级上升两级的有柳州、崇左、池州、焦作等城市；从第Ⅳ级到第Ⅲ级上升一级的有阳泉、宜春、赤峰、昆明、唐山、三门峡、贵港、庆阳、承德、运城、武威等城市。从第Ⅴ级到第Ⅳ级上升一级的有玉林、汕尾、保定、蚌埠、商丘、衡水、郑州、亳州、百色、安阳等城市；从第Ⅲ级到第Ⅳ级下降一级的有安顺、武汉、吉林、鞍山、延安、西宁、忻州、惠州等城市。从第Ⅳ级到第Ⅴ级下降一级的有贺州、绥化、白山、平凉、宣城、中卫等城市；从第Ⅲ级到第Ⅴ级下降两级的有陇南、白城等城市。

2022年中国284个城市可持续发展水平分级情况见表17。

表17　2022年城市可持续发展水平等级划分

可持续发展水平等级	城市
第Ⅰ级（共62个）	克拉玛依、北京、宁波、杭州、温州、上海、嘉兴、广州、厦门、金华、福州、包头、无锡、珠海、大庆、台州、青岛、海口、三亚、绍兴、南京、黑河、扬州、三明、深圳、淄博、遂宁、南通、乌海、通化、烟台、丽水、金昌、长沙、潍坊、常州、齐齐哈尔、西安、湖州、苏州、嘉峪关、石嘴山、盘锦、镇江、本溪、泰州、辽源、东营、铜川、东莞、营口、鹤岗、铁岭、滨州、连云港、自贡、防城港、大同、鸡西、徐州、广元、大连
第Ⅱ级（共78个）	绵阳、枣庄、抚顺、固原、黄山、盐城、呼和浩特、内江、淮安、株洲、攀枝花、衢州、威海、乐山、龙岩、丽江、黄石、漳州、葫芦岛、马鞍山、榆林、沈阳、伊春、宁德、宿迁、双鸭山、雅安、泸州、泰安、资阳、宜宾、广安、芜湖、随州、梧州、德阳、景德镇、曲靖、南充、郴州、揭阳、咸宁、日照、北海、长春、牡丹江、重庆、乌鲁木齐、辽阳、眉山、莆田、佛山、新余、济宁、鄂尔多斯、泉州、成都、四平、巴中、达州、南宁、七台河、淮北、铜陵、聊城、常德、临沂、佳木斯、济南、晋中、湘潭、朝阳、阳江、舟山、河源、邵阳、潮州、呼伦贝尔
第Ⅲ级（共64个）	张家界、吉安、哈尔滨、韶关、太原、阜新、衡阳、长治、天津、岳阳、临汾、兰州、渭南、菏泽、德州、丹东、萍乡、襄阳、十堰、鹰潭、柳州、荆州、宜昌、南平、昭通、汉中、阳泉、玉溪、茂名、宜春、平顶山、定西、肇庆、赤峰、九江、鄂州、南昌、钦州、抚州、清远、宝鸡、昆明、锦州、银川、唐山、崇左、中山、荆门、永州、娄底、三门峡、秦皇岛、汕头、池州、贵港、焦作、黄冈、漯河、庆阳、阜阳、承德、运城、武威、安康

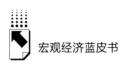

续表

可持续发展 水平等级	城市
第Ⅳ级 （共 39 个）	安庆、吴忠、玉林、安顺、湛江、武汉、吉林、益阳、石家庄、鞍山、汕尾、保定、河池、怀化、合肥、赣州、孝感、延安、蚌埠、朔州、晋城、西宁、邢台、鹤壁、忻州、洛阳、商丘、衡水、六安、淮南、郑州、亳州、百色、梅州、遵义、天水、安阳、惠州、濮阳
第Ⅴ级 （共 41 个）	张掖、贺州、保山、绥化、陇南、来宾、白城、白山、贵阳、江门、云浮、张家口、平凉、宣城、新乡、南阳、巴彦淖尔、许昌、周口、中卫、滁州、开封、廊坊、信阳、驻马店、桂林、邯郸、酒泉、沧州、宿州、六盘水、普洱、乌兰察布、商洛、吕梁、上饶、白银、临沧、咸阳、松原、通辽

5. 2021 年地级及地级以上城市可持续发展水平分级情况

和 2020 年相比，2021 年可持续发展水平从第Ⅱ级到第Ⅰ级上升一级的有通化、遂宁、潍坊、大连、滨州、黄山、淮安、双鸭山、自贡、广元、揭阳等城市。从第Ⅰ级到第Ⅱ级下降一级的有嘉峪关、金昌、固原、东营、鹤岗、连云港、绵阳、榆林等城市；从第Ⅲ级到第Ⅱ级上升一级的有潮州、德阳、广安、河源、泉州、郴州、锦州、十堰、四平、天津、鄂州、南平、达州、韶关等城市。从第Ⅱ级到第Ⅲ级下降一级的有北海、南宁、晋中、阳江、济南、辽阳、长治、兰州、呼伦贝尔、舟山、太原等城市；从第Ⅳ级到第Ⅲ级上升一级的有茂名、昭通、衡阳、钦州、渭南、汉中、九江、荆门、吉林、抚州、忻州、白城、阜阳等城市；从第Ⅴ级到第Ⅲ级上升两级的有秦皇岛、漯河等城市。从第Ⅲ级到第Ⅳ级下降一级的有三门峡、昆明、邵阳、赤峰、运城、承德、石家庄、唐山、平凉等城市；从第Ⅴ级到第Ⅳ级上升一级的有中卫、六安、孝感、赣州、怀化、晋城、梅州、宣城、洛阳、贵港等城市。从第Ⅳ级到第Ⅴ级下降一级的有玉林、新乡、汕尾、衡水、保定、廊坊等城市；从第Ⅲ级到第Ⅴ级下降两级的有崇左、柳州、江门、贵阳、商丘等城市。

中国 284 个城市 2021 年可持续发展水平分级情况见表 18。

表18　2021年城市可持续发展水平等级划分

可持续发展 水平等级	城市
第Ⅰ级 （共59个）	克拉玛依、北京、宁波、杭州、上海、温州、厦门、金华、嘉兴、无锡、珠海、大庆、三亚、淄博、绍兴、福州、台州、海口、深圳、广州、黑河、南通、南京、丽水、苏州、通化、烟台、包头、遂宁、鸡西、东莞、扬州、齐齐哈尔、潍坊、常州、湖州、三明、镇江、泰州、大连、徐州、沈阳、青岛、辽源、滨州、铁岭、黄山、威海、长沙、本溪、淮安、盐城、铜川、双鸭山、自贡、乌海、广元、揭阳、衢州
第Ⅱ级 （共76个）	嘉峪关、石嘴山、枣庄、金昌、固原、葫芦岛、东营、防城港、宿迁、鹤岗、大同、连云港、绵阳、攀枝花、内江、牡丹江、乐山、西安、佛山、营口、乌鲁木齐、潮州、呼和浩特、龙岩、丽江、泸州、黄石、泰安、宁德、芜湖、榆林、七台河、景德镇、德阳、宜宾、南充、雅安、曲靖、广安、河源、济宁、佳木斯、日照、漳州、随州、新余、重庆、泉州、咸宁、郴州、聊城、伊春、马鞍山、资阳、盘锦、梧州、抚顺、铜陵、锦州、株洲、长春、临沂、十堰、四平、莆田、阜新、天津、哈尔滨、丹东、鄂州、鄂尔多斯、南平、达州、朝阳、成都、韶关
第Ⅲ级 （共63个）	北海、南宁、淮北、常德、晋中、湘潭、吉安、阳江、张家界、茂名、武汉、肇庆、巴中、玉溪、菏泽、昭通、济南、德州、辽阳、衡阳、秦皇岛、钦州、延安、长治、兰州、定西、鹰潭、渭南、岳阳、呼伦贝尔、眉山、汕头、南昌、平顶山、中山、襄阳、宜昌、临汾、汉中、银川、舟山、太原、清远、荆州、九江、惠州、荆门、西宁、娄底、陇南、萍乡、安康、鞍山、安顺、吉林、宝鸡、抚州、忻州、永州、黄冈、白城、阜阳、漯河
第Ⅳ级 （共39个）	三门峡、昆明、邵阳、武威、遵义、阳泉、合肥、中卫、益阳、赤峰、宜春、六安、运城、孝感、赣州、白山、湛江、安庆、怀化、承德、贺州、鹤壁、吴忠、晋城、梅州、河池、石家庄、濮阳、邢台、宣城、淮南、唐山、庆阳、绥化、平凉、洛阳、朔州、天水、贵港
第Ⅴ级 （共47个）	亳州、张掖、玉林、崇左、百色、焦作、柳州、滁州、新乡、南阳、汕尾、桂林、云浮、许昌、宿州、池州、衡水、周口、普洱、来宾、开封、驻马店、信阳、保定、江门、贵阳、蚌埠、商洛、商丘、张家口、安阳、六盘水、廊坊、保山、郑州、邯郸、沧州、乌兰察布、吕梁、酒泉、巴彦淖尔、白银、咸阳、上饶、松原、临沧、通辽

6. 2020年地级及地级以上城市可持续发展水平分级情况

和2019年相比，2020年可持续发展水平从第Ⅱ级到第Ⅰ级上升一级的有固原、榆林、衢州、铜川、金昌、辽源、绵阳、威海等城市。从第Ⅰ级到第Ⅱ级下降一级的有大连、营口、双鸭山、宿迁、济南、乌鲁木齐、黄山、佛山等城市；从第Ⅲ级到第Ⅱ级上升一级的有滨州、北海、鄂尔多斯、马鞍山、雅安、长春、漳州、呼伦贝尔、铜陵、聊城、舟山、临沂、曲靖、长治

等城市；从第Ⅳ级到第Ⅱ级上升两级的有梧州等城市。从第Ⅱ级到第Ⅲ级下
降一级的有天津、临汾、泉州、德阳、银川、南平、鄂州、韶关、武汉、锦
州、十堰、张家界、安康、惠州、延安等城市；从第Ⅳ级到第Ⅲ级上升一级
的有邵阳、运城、宜昌、商丘、崇左、黄冈、平凉、襄阳等城市；从第Ⅴ级
到第Ⅲ级上升两级的有柳州等城市。从第Ⅲ级到第Ⅳ级下降一级的有昭通、
衡阳、钦州、合肥、遵义、濮阳、荆门、白山等城市；从第Ⅴ级到第Ⅳ级上
升一级的有庆阳、宜春、武威、朔州、绥化等城市。从第Ⅳ级到第Ⅴ级下降
一级的有赣州、梅州、六安、池州、中卫等城市；从第Ⅲ级到第Ⅴ级下降两
级的有秦皇岛等城市。

中国 284 个城市 2020 年可持续发展水平分级情况见表 19。

表 19　2020 年城市可持续发展水平等级划分

可持续发展水平等级	城市
第Ⅰ级 （共 56 个）	克拉玛依、北京、宁波、杭州、上海、无锡、厦门、温州、深圳、金华、嘉兴、南京、大庆、苏州、三亚、广州、常州、福州、绍兴、珠海、台州、黑河、南通、丽水、扬州、湖州、镇江、东莞、青岛、淄博、固原、沈阳、海口、齐齐哈尔、榆林、包头、嘉峪关、乌海、本溪、烟台、衢州、鸡西、东营、铜川、铁岭、徐州、金昌、盐城、三明、辽源、鹤岗、泰州、长沙、绵阳、威海、连云港
第Ⅱ级 （共 76 个）	西安、大连、潍坊、通化、盘锦、遂宁、呼和浩特、营口、双鸭山、石嘴山、宿迁、抚顺、淮安、大同、济南、广元、葫芦岛、乌鲁木齐、黄山、枣庄、龙岩、佛山、防城港、自贡、滨州、七台河、泰安、黄石、牡丹江、咸宁、攀枝花、随州、佳木斯、内江、朝阳、北海、资阳、伊春、乐山、丽江、宁德、鄂尔多斯、泸州、丹东、马鞍山、揭阳、兰州、阜新、雅安、南宁、日照、景德镇、太原、辽阳、晋中、南充、重庆、株洲、长春、漳州、成都、宜宾、莆田、呼伦贝尔、铜陵、新余、聊城、芜湖、哈尔滨、舟山、梧州、临沂、曲靖、济宁、阳江、长治
第Ⅲ级 （共 65 个）	天津、临汾、河源、广安、淮北、潮州、泉州、德阳、四平、定西、巴中、清远、眉山、银川、南平、鄂州、韶关、武汉、中山、郴州、锦州、石家庄、十堰、达州、常德、张家界、菏泽、安康、荆州、南昌、邵阳、汕头、湘潭、吉安、德州、惠州、承德、运城、延安、唐山、宜昌、商丘、萍乡、陇南、平顶山、岳阳、昆明、三门峡、安顺、西宁、宝鸡、肇庆、柳州、玉溪、赤峰、鹰潭、崇左、黄冈、江门、鞍山、平凉、襄阳、娄底、贵阳、永州
第Ⅳ级 （共 39 个）	茂名、昭通、庆阳、衡阳、吉林、忻州、钦州、合肥、宜春、武威、渭南、吴忠、白城、新乡、遵义、湛江、河池、汕尾、九江、朔州、阳泉、天水、玉林、廊坊、汉中、保定、濮阳、阜阳、益阳、衡水、荆门、抚州、邢台、白山、贺州、鹤壁、安庆、淮南、绥化

续表

可持续发展 水平等级	城市
第Ⅴ级 (共48个)	赣州、洛阳、郑州、梅州、商洛、贵港、焦作、漯河、开封、张掖、蚌埠、安阳、六安、邯郸、晋城、池州、许昌、张家口、中卫、怀化、云浮、周口、百色、信阳、南阳、吕梁、驻马店、秦皇岛、沧州、宿州、巴彦淖尔、来宾、亳州、六盘水、宣城、桂林、滁州、孝感、保山、普洱、咸阳、酒泉、上饶、白银、松原、临沧、乌兰察布、通辽

7. 2019年地级及地级以上城市可持续发展水平分级情况

和2018年相比，2019年可持续发展水平从第Ⅱ级到第Ⅰ级上升一级的有徐州、三明、东营、铁岭、营口、嘉峪关、烟台等城市。从第Ⅰ级到第Ⅱ级下降一级的有榆林、铜川、淮安、威海、七台河等城市；从第Ⅲ级到第Ⅱ级上升一级的有内江、宁德、阳江、鄂州、黄石、咸宁、韶关、临汾、济宁等城市；从第Ⅳ级到第Ⅱ级上升两级的有辽源等城市。从第Ⅱ级到第Ⅲ级下降一级的有西宁、河源、潮州、巴中、中山、长春、临沂等城市；从第Ⅳ级到第Ⅲ级上升一级的有曲靖、三门峡、昭通、钦州、呼伦贝尔、衡阳、四平、岳阳、赤峰、荆州等城市；从第Ⅴ级到第Ⅲ级上升两级的有陇南等城市。从第Ⅲ级到第Ⅳ级下降一级的有茂名、忻州、安庆、运城、吉林、阳泉、湛江等城市；从第Ⅴ级到第Ⅳ级上升一级的有新乡、宜昌、衡水、商丘、崇左、襄阳、梧州、淮南、赣州、六安、贺州、中卫、池州等城市。从第Ⅳ级到第Ⅴ级下降一级的有武威、漯河、周口、安阳、信阳、蚌埠、驻马店、晋城等城市；从第Ⅲ级到第Ⅴ级下降两级的有咸阳、柳州等城市。

中国284个城市2019年可持续发展水平分级情况见表20。

表20　2019年城市可持续发展水平等级划分

可持续发展 水平等级	城市
第Ⅰ级 (共56个)	克拉玛依、北京、上海、杭州、宁波、无锡、珠海、东莞、温州、深圳、厦门、苏州、常州、南京、金华、大庆、嘉兴、三亚、沈阳、广州、绍兴、南通、丽水、大连、鹤岗、福州、乌海、鸡西、台州、扬州、镇江、湖州、黑河、包头、齐齐哈尔、乌鲁木齐、本溪、双鸭山、长沙、佛山、济南、连云港、徐州、淄博、海口、泰州、三明、东营、铁岭、盐城、黄山、营口、青岛、宿迁、嘉峪关、烟台

续表

可持续发展 水平等级	城市
第Ⅱ级 （共76个）	衢州、榆林、铜川、石嘴山、淮安、盘锦、呼和浩特、葫芦岛、固原、通化、威海、遂宁、金昌、西安、牡丹江、大同、抚顺、广元、七台河、武汉、泰安、太原、自贡、朝阳、绵阳、丹东、日照、龙岩、潍坊、南平、南宁、阜新、丽江、辽阳、成都、天津、延安、景德镇、锦州、泉州、哈尔滨、内江、泸州、乐山、芜湖、宁德、攀枝花、惠州、揭阳、资阳、兰州、枣庄、银川、阳江、重庆、新余、株洲、莆田、张家界、南充、晋中、辽源、十堰、鄂州、随州、黄石、宜宾、德阳、咸宁、防城港、韶关、安康、佳木斯、临汾、伊春、济宁
第Ⅲ级 （共64个）	西宁、鄂尔多斯、鞍山、北海、广安、河源、马鞍山、石家庄、潮州、雅安、巴中、曲靖、聊城、南昌、清远、昆明、唐山、常德、菏泽、中山、滨州、漳州、郴州、德州、舟山、秦皇岛、定西、湘潭、娄底、吉安、宝鸡、承德、铜陵、三门峡、达州、汕头、长治、濮阳、昭通、长春、遵义、平顶山、眉山、萍乡、鹰潭、荆门、钦州、呼伦贝尔、玉溪、衡阳、临沂、陇南、永州、安顺、四平、淮北、合肥、肇庆、白山、岳阳、江门、贵阳、赤峰、荆州
第Ⅳ级 （共40个）	茂名、忻州、新乡、安庆、梅州、抚州、运城、九江、宜昌、阜阳、渭南、保定、益阳、邵阳、玉林、平凉、汕尾、衡水、吉林、商丘、阳泉、廊坊、黄冈、崇左、湛江、邢台、襄阳、白城、汉中、鹤壁、梧州、吴忠、天水、淮南、赣州、六安、贺州、中卫、河池、池州
第Ⅴ级 （共48个）	开封、怀化、朔州、洛阳、滁州、邯郸、武威、庆阳、漯河、周口、桂林、安阳、信阳、宜春、蚌埠、张家口、南阳、驻马店、许昌、云浮、宣城、咸阳、柳州、孝感、沧州、商洛、吕梁、张掖、郑州、焦作、六盘水、普洱、亳州、保山、绥化、贵港、百色、宿州、巴彦淖尔、白银、晋城、乌兰察布、酒泉、来宾、通辽、松原、上饶、临沧

8. 2018年地级及地级以上城市可持续发展水平分级情况

和2017年相比，2018年可持续发展水平从第Ⅱ级到第Ⅰ级上升一级的有本溪、榆林、青岛、宿迁、铜川等城市。从第Ⅰ级到第Ⅱ级下降一级的有中山、武汉、西安等城市；从第Ⅲ级到第Ⅱ级上升一级的有辽阳、哈尔滨、丹东、锦州、晋中、德阳、河源、宜宾等城市。从第Ⅱ级到第Ⅲ级下降一级的有鄂尔多斯、内江、韶关、平顶山、宁德、江门等城市；从第Ⅳ级到第Ⅲ级上升一级的有承德、淮北、玉溪、眉山、唐山、滨州、铜陵、忻州、运城、白山、湛江等城市。从第Ⅴ级到第Ⅳ级上升一级的有三门峡、抚州、昭通、安阳、阜阳、邢台等城市；从第Ⅲ级到第Ⅳ级下降一级的有赤峰、邵阳、驻马店、保定、武威、平凉、天水、吴忠、梅州等城市。从第Ⅳ级到第

Ⅴ级下降一级的有滁州、中卫、乌兰察布等城市。

中国284个城市2018年可持续发展水平分级情况见表21。

表21 2018年城市可持续发展水平等级划分

可持续发展水平等级	城市
第Ⅰ级（共54个）	克拉玛依、北京、上海、苏州、宁波、珠海、杭州、厦门、无锡、东莞、南京、深圳、鹤岗、常州、三亚、金华、广州、嘉兴、大庆、温州、南通、沈阳、福州、黑河、绍兴、扬州、乌鲁木齐、丽水、台州、湖州、鸡西、齐齐哈尔、乌海、淄博、济南、双鸭山、大连、镇江、本溪、威海、包头、黄山、佛山、海口、淮安、泰州、长沙、榆林、盐城、青岛、连云港、七台河、宿迁、铜川
第Ⅱ级（共75个）	嘉峪关、三明、东营、徐州、中山、烟台、武汉、衢州、太原、石嘴山、大同、抚顺、西安、营口、固原、葫芦岛、铁岭、遂宁、阜新、绵阳、泉州、金昌、盘锦、呼和浩特、潍坊、广元、惠州、银川、延安、康安、兰州、天津、朝阳、成都、揭阳、南宁、通化、辽阳、自贡、攀枝花、泰安、南平、日照、龙岩、哈尔滨、莆田、景德镇、丹东、乐山、潮州、长春、防城港、张家界、资阳、新余、丽江、枣庄、锦州、伊春、晋中、西宁、巴中、南充、牡丹江、株洲、德阳、芜湖、泸州、十堰、随州、河源、佳木斯、宜宾、临沂、重庆
第Ⅲ级（共64个）	茂名、鄂尔多斯、内江、鞍山、鄂州、昆明、咸宁、马鞍山、韶关、黄石、平顶山、聊城、济宁、娄底、宁德、江门、雅安、菏泽、阳江、漳州、南昌、广安、北海、长治、咸阳、常德、郴州、汕头、舟山、宝鸡、定西、萍乡、吉安、湘潭、石家庄、秦皇岛、承德、德州、清远、永州、淮北、贵阳、达州、阳泉、安顺、肇庆、临汾、玉溪、安庆、荆门、合肥、遵义、眉山、唐山、滨州、铜陵、鹰潭、忻州、运城、吉林、濮阳、白山、柳州、湛江
第Ⅳ级（共39个）	曲靖、晋城、渭南、三门峡、漯河、赤峰、辽源、信阳、邵阳、汉中、驻马店、周口、汕尾、保定、武威、蚌埠、钦州、鹤壁、衡阳、岳阳、平凉、荆州、抚州、天水、益阳、昭通、四平、黄冈、白城、廊坊、九江、安阳、玉林、吴忠、河池、阜阳、梅州、呼伦贝尔、邢台
第Ⅴ级（共52个）	怀化、赣州、淮南、襄阳、孝感、衡水、张家口、滁州、宜昌、朔州、六安、中卫、陇南、邯郸、宣城、亳州、洛阳、池州、云浮、宜春、桂林、百色、商洛、新乡、焦作、贺州、郑州、南阳、梧州、绥化、宿州、庆阳、六盘水、吕梁、商丘、沧州、张掖、来宾、贵港、开封、崇左、普洱、许昌、乌兰察布、保山、巴彦淖尔、松原、白银、上饶、临沧、酒泉、通辽

9. 2017年地级及地级以上城市可持续发展水平分级情况

和2016年相比，2017年可持续发展水平从第Ⅱ级到第Ⅰ级上升一级的有鹤岗、七台河、济南、海口等城市。从第Ⅰ级到第Ⅱ级下降一级的有三明、徐州、嘉峪关、本溪、惠州、固原等城市；从第Ⅲ级到第Ⅱ级上升一级的有大同、兰州、防城港、攀枝花、延安、西宁、平顶山、枣庄、十堰、临沂、内江等城市。从第Ⅱ级到第Ⅲ级下降一级的有娄底、丹东、德阳、鄂州、马鞍山、阳江、郴州、辽阳、河源、南昌、贵阳、吉林、萍乡、哈尔滨等城市；从第Ⅳ级到第Ⅲ级上升一级的有咸阳、定西、遵义、肇庆、阳泉、驻马店、鞍山、柳州、保定、安顺、石家庄等城市；从第Ⅴ级到第Ⅲ级上升两级的有武威、达州等城市。从第Ⅲ级到第Ⅳ级下降一级的有信阳、蚌埠、漯河、眉山、淮北、中卫、白城、铜陵、湛江等城市；从第Ⅴ级到第Ⅳ级上升一级的有乌兰察布、玉溪、晋城、曲靖、四平、衡阳、汕尾、汉中、渭南等城市；从第Ⅱ级到第Ⅳ级下降两级的有辽源、白山等城市。从第Ⅲ级到第Ⅴ级下降两级的有安阳、淮南、阜阳、张掖、松原、白银、吕梁等城市；从第Ⅳ级到第Ⅴ级下降一级的有怀化、桂林、宣城、池州、赣州、云浮、郑州、南阳、通辽等城市；从第Ⅱ级到第Ⅴ级下降三级的有宜昌等城市。

中国284个城市2017年可持续发展水平分级情况见表22。

表22　2017年城市可持续发展水平等级划分

可持续发展水平等级	城市
第Ⅰ级（共52个）	克拉玛依、北京、杭州、深圳、上海、厦门、珠海、苏州、东莞、宁波、南京、广州、无锡、鹤岗、常州、七台河、大庆、南通、金华、三亚、沈阳、扬州、嘉兴、温州、齐齐哈尔、绍兴、黑河、双鸭山、乌鲁木齐、福州、湖州、丽水、佛山、威海、黄山、镇江、长沙、淮安、台州、泰州、淄博、鸡西、济南、乌海、盐城、西安、武汉、中山、大连、包头、连云港、海口
第Ⅱ级（共75个）	宿迁、三明、徐州、嘉峪关、本溪、南宁、烟台、太原、东营、银川、铜川、衢州、惠州、大同、石嘴山、呼和浩特、成都、泉州、榆林、广元、青岛、固原、兰州、遂宁、丽江、安康、潍坊、铁岭、抚顺、绵阳、阜新、南平、资阳、天津、泰安、景德镇、营口、金昌、龙岩、莆田、通化、自贡、鄂尔多斯、日照、揭阳、张家界、防城港、盘锦、攀枝花、葫芦岛、潮州、新余、延安、随州、西宁、巴中、朝阳、伊春、平顶山、长春、乐山、南充、芜湖、株洲、泸州、枣庄、牡丹江、佳木斯、韶关、江门、十堰、临沂、内江、重庆、宁德
第Ⅲ级（共64个）	漳州、娄底、丹东、德阳、鄂州、宜宾、茂名、马鞍山、阳江、昆明、郴州、辽阳、河源、汕头、常德、晋中、雅安、济宁、咸宁、咸阳、菏泽、南昌、聊城、长治、锦州、永州、湘潭、黄石、贵阳、北海、宝鸡、合肥、吉安、舟山、德州、赤峰、安庆、武威、定西、荆门、邵阳、吉林、遵义、濮阳、肇庆、阳泉、清远、驻马店、萍乡、广安、鞍山、秦皇岛、吴忠、天水、鹰潭、达州、临汾、哈尔滨、梅州、柳州、保定、安顺、平凉、石家庄

续表

可持续发展 水平等级	城市
第Ⅳ级 （共38个）	呼伦贝尔、信阳、蚌埠、运城、滨州、乌兰察布、益阳、玉溪、漯河、辽源、钦州、眉山、岳阳、淮北、周口、廊坊、中卫、忻州、白山、晋城、鹤壁、黄冈、唐山、承德、玉林、河池、白城、铜陵、荆州、曲靖、湛江、九江、四平、衡阳、汕尾、汉中、渭南、滁州
第Ⅴ级 （共55个）	安阳、怀化、桂林、宜昌、宣城、襄阳、淮南、三门峡、池州、抚州、衡水、昭通、赣州、邢台、朔州、孝感、张家口、阜阳、巴彦淖尔、亳州、庆阳、六安、洛阳、邯郸、绥化、云浮、宜春、新乡、焦作、郑州、梧州、六盘水、宿州、南阳、百色、商丘、张掖、开封、沧州、许昌、松原、白银、来宾、吕梁、保山、普洱、贵港、通辽、贺州、商洛、陇南、上饶、临沧、酒泉、崇左

10. 2016年地级及地级以上城市可持续发展水平分级情况

和2015年相比，2016年可持续发展水平从第Ⅲ级到第Ⅰ级上升两级的有固原等城市；从第Ⅱ级到第Ⅰ级上升一级的有鸡西、本溪、惠州等城市。从第Ⅰ级到第Ⅱ级下降一级的有太原、鹤岗、宿迁、海口、七台河等城市；从第Ⅲ级到第Ⅱ级上升一级的有通化、南平、揭阳、泰安、宜昌、辽阳、盘锦、葫芦岛、娄底、丹东、伊春、河源、佳木斯、吉林、郴州、朝阳、宁德等城市。从第Ⅱ级到第Ⅲ级下降一级的有漳州、枣庄、菏泽、安庆、兰州、湘潭、天水、防城港、汕头、攀枝花、合肥、大同、聊城、茂名、荆门、阜阳等城市；从第Ⅳ级到第Ⅲ级上升一级的有清远、黄石、广安、淮南、铜陵、延安、中卫、松原、鹰潭、白银、湛江、漯河、濮阳、白城等城市；从第Ⅴ级到第Ⅲ级上升两级的有长治、吕梁、张掖、吴忠等城市。从第Ⅲ级到第Ⅳ级下降一级的有遵义、郑州、滁州、鹤壁、呼伦贝尔、岳阳、唐山、柳州、玉林、宣城、肇庆、黄冈、咸阳等城市；从第Ⅱ级到第Ⅳ级下降两级的有滨州、忻州等城市；从第Ⅴ级到第Ⅳ级上升一级的有驻马店、周口、阳泉、承德、安顺、河池、怀化等城市。从第Ⅲ级到第Ⅴ级下降两级的有襄阳、汕尾等城市；从第Ⅳ级到第Ⅴ级下降一级的有孝感、宜春、晋城、酒泉、六安、梧州、洛阳、

贵港等城市。

中国 284 个城市 2016 年可持续发展水平分级情况见表 23。

表 23　2016 年城市可持续发展水平等级划分

可持续发展 水平等级	城市
第Ⅰ级 （共 54 个）	克拉玛依、北京、深圳、杭州、珠海、上海、苏州、东莞、广州、厦门、南京、宁波、无锡、嘉峪关、常州、南通、西安、三亚、大庆、武汉、金华、佛山、扬州、嘉兴、沈阳、中山、绍兴、黄山、乌鲁木齐、齐齐哈尔、黑河、福州、丽水、温州、威海、乌海、泰州、湖州、镇江、大连、淮安、盐城、长沙、台州、包头、徐州、淄博、连云港、固原、鸡西、双鸭山、本溪、惠州、三明
第Ⅱ级 （共 79 个）	济南、南宁、太原、烟台、青岛、东营、鹤岗、宿迁、铜川、衢州、石嘴山、泉州、资阳、银川、广元、安康、天津、成都、遂宁、海口、潍坊、七台河、抚顺、榆林、日照、呼和浩特、长春、金昌、随州、通化、阳江、铁岭、莆田、龙岩、芜湖、景德镇、张家界、南平、辽源、绵阳、揭阳、牡丹江、阜新、鄂尔多斯、营口、泰安、自贡、马鞍山、株洲、韶关、宜昌、潮州、南昌、辽阳、巴中、乐山、盘锦、哈尔滨、葫芦岛、娄底、南充、江门、萍乡、重庆、丹东、丽江、贵阳、伊春、新余、白山、泸州、河源、佳木斯、吉林、郴州、朝阳、宁德、德阳、鄂州
第Ⅲ级 （共 64 个）	漳州、枣庄、菏泽、安庆、西宁、兰州、湘潭、赤峰、天水、十堰、咸宁、防城港、宝鸡、平凉、常德、汕头、临沂、宜宾、攀枝花、永州、合肥、大同、吉安、聊城、德州、邵阳、北海、茂名、清远、黄石、临汾、长治、眉山、梅州、广安、吕梁、淮南、荆门、昆明、济宁、铜陵、张掖、舟山、延安、锦州、淮北、阜阳、吴忠、内江、中卫、松原、秦皇岛、安阳、信阳、蚌埠、鹰潭、平顶山、白银、湛江、漯河、晋中、雅安、濮阳、白城
第Ⅳ级 （共 38 个）	遵义、郑州、益阳、滁州、荆州、滨州、鹤壁、钦州、池州、驻马店、廊坊、呼伦贝尔、鞍山、岳阳、周口、唐山、运城、柳州、保定、玉林、云浮、宣城、通辽、阳泉、肇庆、黄冈、桂林、承德、定西、忻州、赣州、安顺、石家庄、河池、九江、南阳、咸阳、怀化
第Ⅴ级 （共 49 个）	庆阳、襄阳、渭南、汉中、衡阳、孝感、巴彦淖尔、抚州、汕尾、宜春、晋城、酒泉、六安、玉溪、亳州、达州、陇南、衡水、绥化、张家口、四平、朔州、昭通、六盘水、宿州、焦作、三门峡、梧州、邢台、邯郸、武威、商丘、洛阳、商洛、新乡、乌兰察布、曲靖、贵港、百色、沧州、开封、贺州、许昌、上饶、普洱、保山、临沧、崇左、来宾

11. 2015 年地级及地级以上城市可持续发展水平分级情况

和 2014 年相比，2015 年各城市可持续发展水平分级没有变化。

中国 284 个城市 2015 年可持续发展水平分级情况见表 24。

表24 2015年城市可持续发展水平等级划分

可持续发展水平等级	城市
第Ⅰ级 （共55个）	深圳、珠海、北京、杭州、东莞、克拉玛依、上海、广州、苏州、厦门、南京、南通、嘉峪关、无锡、宁波、扬州、鹤岗、佛山、泰州、常州、中山、三亚、连云港、淮安、湖州、包头、威海、双鸭山、武汉、绍兴、徐州、大庆、齐齐哈尔、盐城、西安、金华、温州、嘉兴、七台河、乌海、太原、沈阳、黑河、乌鲁木齐、黄山、丽水、宿迁、淄博、三明、福州、镇江、海口、大连、长沙、台州
第Ⅱ级 （共78个）	成都、南宁、惠州、广元、青岛、石嘴山、烟台、龙岩、本溪、随州、遂宁、济南、莆田、铜川、泉州、东营、衢州、江门、乐山、天津、大同、绵阳、景德镇、汕头、日照、芜湖、德阳、鸡西、安康、荆门、呼和浩特、潍坊、抚顺、自贡、资阳、贵阳、银川、榆林、南昌、新余、丽江、泸州、重庆、漳州、巴中、天水、萍乡、长春、辽源、兰州、鄂州、铁岭、哈尔滨、阳江、韶关、防城港、马鞍山、潮州、枣庄、株洲、鄂尔多斯、牡丹江、湘潭、南充、张家界、白山、阜新、滨州、攀枝花、忻州、营口、菏泽、茂名、合肥、安庆、聊城、阜阳、金昌
第Ⅲ级 （共63个）	宜宾、蚌埠、内江、临沂、辽阳、南平、伊春、梅州、德州、通化、盘锦、固原、葫芦岛、永州、揭阳、娄底、宁德、泰安、丹东、常德、滁州、平凉、十堰、吉林、襄阳、济宁、朝阳、北海、宣城、吉安、昆明、晋中、黄冈、佳木斯、河源、郴州、咸宁、遵义、岳阳、郑州、平顶山、汕尾、信阳、淮北、赤峰、舟山、玉林、安阳、咸阳、眉山、肇庆、邵阳、柳州、临汾、雅安、宜昌、宝鸡、西宁、秦皇岛、呼伦贝尔、鹤壁、唐山、锦州
第Ⅳ级 （共38个）	铜陵、钦州、广安、孝感、松原、宜春、益阳、石家庄、漯河、六安、白银、湛江、鹰潭、池州、清远、运城、九江、南阳、荆州、淮南、通辽、黄石、延安、桂林、保定、云浮、中卫、白城、梧州、鞍山、赣州、濮阳、晋城、酒泉、廊坊、洛阳、贵港、定西
第Ⅴ级 （共50个）	四平、武威、渭南、怀化、亳州、驻马店、河池、衡阳、吴忠、抚州、焦作、朔州、张家口、邯郸、昭通、阳泉、巴彦淖尔、六盘水、玉溪、长治、汉中、周口、商丘、承德、张掖、安顺、吕梁、衡水、绥化、新乡、上饶、乌兰察布、沧州、达州、庆阳、邢台、开封、宿州、保山、普洱、三门峡、商洛、曲靖、百色、陇南、贺州、许昌、崇左、临沧、来宾

（二）中国城市经济增长水平分级情况

将2010年以来、2000年以来、1990年以来和2022年、2021年、2020年、2019年、2018年、2017年、2016年和2015年284个城市经济增长水平进行分级。

1. 2010年以来城市平均经济增长水平分级情况

和2000年以来相比，2010年以来平均经济增长水平从第Ⅱ级到第Ⅰ级上升一级的有防城港、辽阳、南通、景德镇、沧州、南昌、洛阳、漳州、萍乡、自贡等城市。从第Ⅰ级到第Ⅱ级下降一级的有铜陵、抚顺、鄂州、宜昌、济南、武汉、嘉兴等城市；从第Ⅲ级到第Ⅱ级上升一级的有遂宁、北海、龙岩、泸州、梧州、常德、郴州、安庆、宜春、呼伦贝尔、盐城、宁德、玉林、廊坊、滁州、随州、牡丹江、咸阳等城市。从第Ⅱ级到第Ⅲ级下降一级的有南京、乌鲁木齐、柳州、丽江、汕头、七台河、天津、西宁、成都、广州、潮州、西安、贵阳等城市；从第Ⅳ级到第Ⅲ级上升一级的有荆州、淮安、菏泽、六安、资阳、上饶、南阳、黄山、酒泉、益阳、承德、赣州、连云港、吴忠等城市；从第Ⅴ级到第Ⅲ级上升两级的有钦州等城市。从第Ⅲ级到第Ⅳ级下降一级的有鹤岗、张家口、肇庆、衢州、清远、运城、白银、韶关、哈尔滨等城市；从第Ⅴ级到第Ⅳ级上升一级的有阜阳、贵港、南充、池州、永州、广元、邵阳、黄冈等城市。从第Ⅲ级到第Ⅴ级下降两级的有中卫等城市；从第Ⅳ级到第Ⅴ级下降一级的有巴彦淖尔、北京、河源等城市。

中国 284 个城市 2010 年以来平均经济增长水平分级情况见表25。

表 25　2010 年以来城市平均经济增长水平等级划分

经济增长水平等级	城市
第Ⅰ级（共 62 个）	东营、包头、克拉玛依、乌海、嘉峪关、东莞、金昌、佛山、大庆、唐山、淄博、马鞍山、烟台、攀枝花、泉州、大连、长沙、榆林、青岛、潍坊、中山、石嘴山、威海、德阳、三门峡、鄂尔多斯、三明、深圳、苏州、防城港、芜湖、株洲、鹰潭、鹤壁、本溪、滨州、厦门、黄石、日照、焦作、鞍山、呼和浩特、珠海、惠州、无锡、吉林、沈阳、枣庄、辽阳、南通、景德镇、沧州、莆田、南昌、淮北、洛阳、绍兴、福州、漳州、镇江、萍乡、自贡
第Ⅱ级（共 78 个）	铜陵、济宁、通化、湘潭、漯河、抚顺、辽源、晋城、遂宁、襄阳、九江、泰安、许昌、眉山、鄂州、宜昌、宝鸡、济南、新余、聊城、延安、内江、扬州、乐山、邯郸、泰州、德州、北海、铜川、平顶山、湖州、常州、临沂、岳阳、宁波、赤峰、宜宾、武汉、嘉兴、朔州、郑州、玉溪、广安、抚州、营口、阳泉、龙岩、长治、石家庄、金华、泸州、梧州、长春、安阳、新乡、常德、荆门、六盘水、郴州、安庆、宜春、呼伦贝尔、盐城、太原、宁德、玉林、江门、上海、廊坊、白山、滁州、淮南、杭州、盘锦、温州、随州、牡丹江、咸阳

经济增长水平等级	城市
第Ⅲ级 （共61个）	南京、乌鲁木齐、柳州、丽江、濮阳、汕头、徐州、七台河、天津、绵阳、宿迁、雅安、曲靖、西宁、南平、成都、广州、潮州、临汾、宣城、四平、咸宁、娄底、台州、吉安、荆州、大同、保定、蚌埠、银川、昆明、晋中、衡水、衡阳、淮安、通辽、合肥、鸡西、西安、贵阳、丹东、菏泽、松原、六安、资阳、秦皇岛、重庆、上饶、钦州、南阳、黄山、酒泉、益阳、承德、邢台、揭阳、赣州、兰州、连云港、固原、吴忠
第Ⅳ级 （共36个）	鹤岗、孝感、南宁、双鸭山、张家口、汕尾、遵义、肇庆、贺州、渭南、衢州、阜阳、忻州、贵港、舟山、南充、清远、十堰、开封、运城、池州、白银、韶关、哈尔滨、阳江、永州、达州、锦州、阜新、桂林、广元、云浮、邵阳、铁岭、黄冈、朝阳
第Ⅴ级 （共47个）	中卫、驻马店、信阳、巴彦淖尔、齐齐哈尔、周口、佳木斯、安康、白城、商丘、崇左、巴中、北京、汉中、怀化、来宾、河源、百色、亳州、葫芦岛、丽水、平凉、张家界、伊春、商洛、保山、宿州、海口、武威、三亚、临沧、梅州、茂名、昭通、天水、乌兰察布、吕梁、湛江、安顺、河池、黑河、绥化、普洱、陇南、张掖、庆阳、定西

2. 2000年以来城市平均经济增长水平分级情况

和1990年以来相比，2000年以来平均经济增长水平从第Ⅱ级到第Ⅰ级上升一级的有滨州、榆林、德阳、黄石、鹤壁、日照、鹰潭、莆田、淮北、镇江、宜昌等城市。从第Ⅰ级到第Ⅱ级下降一级的有上海、宁波、常州、广州、铜川、淮南、襄阳、天津、丽江等城市；从第Ⅲ级到第Ⅱ级上升一级的有乐山、临沂、六盘水、眉山、新乡、荆门、安阳、长治、宜宾、内江、赤峰等城市。从第Ⅱ级到第Ⅲ级下降一级的有合肥、昆明、大同、丹东、兰州、宿迁、中卫等城市；从第Ⅳ级到第Ⅲ级上升一级的有北海、宜春、随州、泸州、通辽、绵阳、玉林、重庆、吉安、蚌埠、张家口等城市。从第Ⅲ级到第Ⅳ级下降一级的有承德、淮安、酒泉、十堰、连云港、锦州、北京等城市；从第Ⅴ级到第Ⅳ级上升一级的有菏泽、黄山、忻州、开封、六安、河源、贺州、朝阳等城市。从第Ⅳ级到第Ⅴ级下降一级的有葫芦岛、伊春、茂名、梅州、吕梁等城市。

中国284个城市2000年以来平均经济增长水平分级情况见表26。

表 26　2000 年以来城市平均经济增长水平等级划分

经济增长 水平等级	城市
第Ⅰ级 （共 59 个）	克拉玛依、嘉峪关、东营、包头、乌海、金昌、东莞、佛山、大庆、淄博、深圳、中山、唐山、攀枝花、青岛、鄂尔多斯、大连、苏州、烟台、马鞍山、泉州、潍坊、本溪、珠海、鞍山、威海、石嘴山、厦门、无锡、三门峡、长沙、惠州、抚顺、呼和浩特、焦作、沈阳、铜陵、枣庄、滨州、株洲、吉林、三明、榆林、德阳、绍兴、黄石、芜湖、鹤壁、日照、福州、济南、武汉、鹰潭、莆田、淮北、镇江、宜昌、嘉兴、鄂州
第Ⅱ级 （共 76 个）	辽阳、营口、景德镇、南昌、防城港、湘潭、沧州、上海、洛阳、辽源、宁波、漯河、常州、广州、泰安、铜川、漳州、郑州、晋城、湖州、聊城、宝鸡、阳泉、淮南、南通、德州、萍乡、许昌、石家庄、济宁、自贡、襄阳、邯郸、天津、七台河、温州、平顶山、扬州、南京、长春、延安、通化、江门、九江、乌鲁木齐、新余、乐山、盘锦、汕头、泰州、贵阳、成都、玉溪、临沂、太原、广安、朔州、岳阳、杭州、潮州、金华、白山、抚州、六盘水、眉山、新乡、荆门、柳州、安阳、丽江、长治、宜宾、内江、赤峰、西安、西宁
第Ⅲ级 （共 61 个）	银川、常德、合肥、遂宁、台州、曲靖、郴州、廊坊、龙岩、呼伦贝尔、松原、盐城、咸阳、北海、昆明、徐州、梧州、牡丹江、濮阳、保定、大同、南平、雅安、丹东、宜春、兰州、衡阳、鸡西、宿迁、娄底、秦皇岛、晋中、随州、邢台、泸州、临汾、宣城、揭阳、宁德、肇庆、通辽、四平、绵阳、咸宁、衡水、安庆、中卫、白银、鹤岗、哈尔滨、固原、运城、韶关、滁州、清远、玉林、衢州、重庆、吉安、蚌埠、张家口
第Ⅳ级 （共 36 个）	承德、淮安、酒泉、荆州、南阳、资阳、孝感、十堰、连云港、舟山、阜新、上饶、赣州、锦州、南宁、北京、铁岭、汕尾、巴彦淖尔、遵义、云浮、吴忠、菏泽、阳江、双鸭山、益阳、黄山、渭南、桂林、忻州、开封、达州、六安、河源、贺州、朝阳
第Ⅴ级 （共 52 个）	钦州、葫芦岛、南充、伊春、贵港、三亚、邵阳、广元、黄冈、齐齐哈尔、茂名、海口、阜阳、丽水、永州、白城、怀化、梅州、信阳、周口、佳木斯、吕梁、乌兰察布、池州、汉中、商丘、百色、驻马店、商洛、崇左、平凉、湛江、来宾、张家界、天水、巴中、安康、河池、安顺、宿州、武威、昭通、亳州、保山、绥化、临沧、黑河、张掖、普洱、陇南、庆阳、定西

3. 1990年以来城市平均经济增长水平分级情况

中国 284 个城市 1990 年以来平均经济增长水平分级情况见表 27。

表 27　1990 年以来城市平均经济增长水平等级划分

经济增长 水平等级	城市
第Ⅰ级 (共 57 个)	克拉玛依、嘉峪关、包头、东营、佛山、乌海、金昌、深圳、大庆、东莞、中山、淄博、鄂尔多斯、攀枝花、青岛、本溪、唐山、苏州、大连、无锡、珠海、石嘴山、马鞍山、鞍山、厦门、烟台、泉州、绍兴、潍坊、抚顺、惠州、铜陵、沈阳、威海、常州、上海、武汉、呼和浩特、三门峡、广州、长沙、芜湖、枣庄、嘉兴、吉林、福州、济南、三明、丽江、淮南、天津、焦作、鄂州、铜川、株洲、宁波、襄阳
第Ⅱ级 (共 74 个)	宜昌、南京、德阳、镇江、榆林、黄石、郑州、莆田、湘潭、辽阳、石家庄、淮北、鹤壁、景德镇、南通、乌鲁木齐、营口、宿迁、阳泉、洛阳、汕头、温州、湖州、南昌、宝鸡、日照、平顶山、滨州、扬州、江门、七台河、辽源、盘锦、漯河、泰州、漳州、贵阳、太原、泰安、晋城、潮州、鹰潭、邯郸、防城港、柳州、抚州、杭州、西宁、德州、大同、通化、金华、聊城、白山、昆明、成都、沧州、萍乡、长春、许昌、广安、济宁、西安、自贡、朔州、兰州、合肥、新余、延安、九江、玉溪、岳阳、中卫、丹东
第Ⅲ级 (共 61 个)	台州、六盘水、新乡、晋中、衡阳、鹤岗、郴州、徐州、长治、呼伦贝尔、濮阳、银川、廊坊、肇庆、宜宾、安阳、白银、鸡西、北京、乐山、秦皇岛、固原、保定、龙岩、韶关、荆门、内江、揭阳、南平、曲靖、哈尔滨、眉山、临汾、衡水、临沂、盐城、咸阳、雅安、常德、淮安、梧州、酒泉、松原、清远、四平、安庆、牡丹江、宣城、衢州、遂宁、十堰、运城、赤峰、滁州、咸宁、邢台、连云港、宁德、承德、娄底、锦州
第Ⅳ级 (共 37 个)	重庆、泸州、蚌埠、随州、云浮、茂名、阜新、绵阳、荆州、赣州、吉安、阳江、舟山、巴彦淖尔、张家口、双鸭山、北海、南宁、通辽、伊春、南阳、吕梁、葫芦岛、孝感、资阳、上饶、宜春、桂林、渭南、达州、铁岭、吴忠、汕尾、玉林、遵义、梅州、益阳
第Ⅴ级 (共 55 个)	黄山、开封、海口、朝阳、贺州、三亚、忻州、丽水、齐齐哈尔、乌兰察布、菏泽、阜阳、六安、佳木斯、永州、白城、池州、商洛、河源、邵阳、黄冈、信阳、广元、贵港、南充、来宾、钦州、湛江、怀化、天水、驻马店、周口、崇左、商丘、安顺、汉中、百色、平凉、宿州、亳州、张家界、河池、武威、安康、昭通、张掖、陇南、巴中、临沧、绥化、保山、普洱、庆阳、黑河、定西

4. 2022年城市经济增长水平分级情况

和 2021 年相比，2022 年经济增长水平从第Ⅱ级到第Ⅰ级上升一级的有赤峰、宜春、苏州、福州、厦门等城市。从第Ⅰ级到第Ⅱ级下降一级的有宜昌、威海、东莞、梧州、曲靖、九江、延安等城市；从第Ⅲ级到第Ⅱ级上升一级的有金华、太原等城市。从第Ⅱ级到第Ⅲ级下降一级的有广安、忻州、抚顺、贺州等城市；从第Ⅳ级到第Ⅲ级上升一级的有邵阳、贵港、池州、廊坊、银川、舟山、贵阳

等城市。从第Ⅲ级到第Ⅳ级下降一级的有秦皇岛、天津、上海、通辽、丹东、武汉、遵义、黄冈、孝感等城市；从第Ⅴ级到第Ⅳ级上升一级的有兰州等城市；从第Ⅱ级到第Ⅳ级下降两级的有荆门等城市。从第Ⅳ级到第Ⅴ级下降一级的有清远、十堰、安康等城市；从第Ⅱ级到第Ⅴ级下降三级的有鄂州等城市。

中国284个城市2022年经济增长水平分级情况见表28。

表28　2022年城市经济增长水平等级划分

经济增长水平等级	城市
第Ⅰ级 （共58个）	包头、东营、马鞍山、乌海、唐山、榆林、克拉玛依、金昌、青岛、烟台、潍坊、长沙、淄博、株洲、三明、滨州、防城港、鹰潭、石嘴山、德阳、鄂尔多斯、呼和浩特、沧州、日照、漳州、遂宁、黄石、眉山、三门峡、辽阳、泉州、朔州、嘉峪关、鹤壁、大庆、宝鸡、洛阳、襄阳、大连、邯郸、济宁、芜湖、本溪、佛山、晋城、通化、铜陵、赤峰、临沂、辽源、抚州、镇江、宜春、枣庄、攀枝花、苏州、福州、厦门
第Ⅱ级 （共75个）	宜昌、威海、焦作、东莞、梧州、北海、景德镇、曲靖、聊城、自贡、淮北、德州、宜宾、宁德、九江、岳阳、南昌、无锡、泰安、石家庄、平顶山、长治、常德、玉林、内江、荆州、南通、扬州、郴州、咸宁、延安、湘潭、吉林、安阳、济南、玉溪、深圳、漯河、乐山、莆田、长春、萍乡、铜川、珠海、呼伦贝尔、吉安、泸州、新乡、郑州、大同、绍兴、阳泉、随州、牡丹江、常州、临汾、承德、沈阳、惠州、鞍山、安庆、丽江、泰州、中山、六安、滁州、许昌、六盘水、新余、衡水、龙岩、宣城、金华、太原、雅安
第Ⅲ级 （共62个）	嘉兴、广安、忻州、衡阳、张家口、柳州、赣州、昆明、菏泽、南宁、湖州、抚顺、绵阳、四平、宁波、蚌埠、南阳、上饶、乌鲁木齐、益阳、运城、贺州、盐城、南充、邵阳、濮阳、温州、徐州、营口、固原、酒泉、汕头、盘锦、鸡西、渭南、宿迁、贵港、江门、西安、保定、娄底、南平、南京、淮南、池州、钦州、黄山、西宁、成都、重庆、咸阳、邢台、崇左、晋中、淮安、潮州、廊坊、银川、舟山、贵阳、台州、阜阳
第Ⅳ级 （共37个）	广州、秦皇岛、天津、上海、合肥、通辽、广元、驻马店、阜新、永州、开封、杭州、信阳、保山、吴忠、丹东、桂林、汕尾、鹤岗、武汉、阳江、连云港、遵义、兰州、巴中、白银、韶关、松原、黄冈、资阳、白山、百色、孝感、荆门、朝阳、伊春、肇庆
第Ⅴ级 （共52个）	平凉、商丘、清远、亳州、齐齐哈尔、衢州、双鸭山、锦州、来宾、佳木斯、陇南、周口、达州、怀化、汉中、武威、临沧、哈尔滨、张家界、鄂州、云浮、七台河、天水、昭通、十堰、商洛、揭阳、铁岭、海口、巴彦淖尔、普洱、河池、张掖、宿州、三亚、丽水、茂名、河源、白城、北京、安顺、湛江、安康、吕梁、绥化、黑河、梅州、中卫、庆阳、葫芦岛、乌兰察布、定西

5. 2021年城市经济增长水平分级情况

和2020年相比，2021年经济增长水平从第Ⅱ级到第Ⅰ级上升一级的有晋城、梧州、曲靖、抚州、延安、九江等城市。从第Ⅰ级到第Ⅱ级下降一级的有淮北、北海、苏州、焦作、南通等城市；从第Ⅲ级到第Ⅱ级上升一级的有六安、滁州、大同、宣城、安庆、忻州、雅安、丽江、广安等城市；从第Ⅳ级到第Ⅱ级上升两级的有鄂州、荆门等城市。从第Ⅱ级到第Ⅲ级下降一级的有太原、徐州、湖州、柳州、金华、盐城、台州等城市；从第Ⅳ级到第Ⅲ级上升一级的有武汉、渭南、黄山、晋中、通辽、阜阳、黄冈、天津、邢台等城市；从第Ⅴ级到第Ⅲ级上升两级的有孝感等城市。从第Ⅲ级到第Ⅳ级下降一级的有贵港、银川、邵阳、合肥、贵阳、舟山、杭州等城市；从第Ⅱ级到第Ⅳ级下降两级的有廊坊等城市；从第Ⅴ级到第Ⅳ级上升一级的有池州、十堰、白银、保山、肇庆、安康等城市。从第Ⅳ级到第Ⅴ级下降一级的有佳木斯、齐齐哈尔、兰州、商丘等城市。

中国284个城市2021年经济增长水平分级情况见表29。

表29　2021年城市经济增长水平等级划分

经济增长水平等级	城市
第Ⅰ级 （共60个）	包头、东营、唐山、乌海、克拉玛依、榆林、马鞍山、烟台、金昌、淄博、防城港、潍坊、三明、滨州、鹰潭、长沙、青岛、株洲、石嘴山、鄂尔多斯、三门峡、德阳、大庆、大连、黄石、沧州、泉州、朔州、遂宁、芜湖、日照、呼和浩特、鹤壁、襄阳、漳州、本溪、铜陵、晋城、嘉峪关、宝鸡、佛山、宜昌、眉山、辽阳、邯郸、洛阳、济宁、威海、枣庄、镇江、辽源、梧州、临沂、攀枝花、曲靖、抚州、通化、东莞、延安、九江
第Ⅱ级 （共77个）	景德镇、自贡、赤峰、聊城、淮北、北海、宜春、厦门、宜宾、泰安、长治、德州、岳阳、平顶山、宁德、福州、苏州、内江、吉林、南昌、玉溪、常德、漯河、湘潭、无锡、铜川、玉林、荆州、咸宁、焦作、乐山、南通、泸州、吉安、临汾、石家庄、萍乡、郴州、绍兴、抚顺、安阳、扬州、新乡、长春、深圳、鞍山、随州、呼伦贝尔、中山、新余、沈阳、珠海、六安、滁州、鄂州、济南、六盘水、莆田、大同、许昌、牡丹江、惠州、泰州、阳泉、宣城、承德、安庆、贺州、龙岩、常州、忻州、雅安、衡水、丽江、广安、荆门、郑州
第Ⅲ级 （共61个）	太原、徐州、衡阳、湖州、咸阳、濮阳、蚌埠、柳州、菏泽、武汉、四平、绵阳、鸡西、赣州、运城、金华、嘉兴、钦州、益阳、上饶、宁波、南阳、盐城、宿迁、南充、渭南、酒泉、营口、南平、西宁、淮南、黄山、温州、汕头、娄底、潮州、崇左、张家口、固原、盘锦、孝感、南宁、重庆、保定、晋中、乌鲁木齐、昆明、通辽、上海、江门、秦皇岛、成都、丹东、淮安、西安、台州、南京、阜阳、黄冈、天津、邢台、遵义

经济增长水平等级	城市
第Ⅳ级 （共37个）	廊坊、贵港、银川、邵阳、广元、池州、十堰、合肥、阜新、阳江、贵阳、桂林、开封、舟山、永州、驻马店、信阳、杭州、白银、韶关、吴忠、白山、鹤岗、连云港、松原、百色、资阳、广州、保山、汕尾、朝阳、巴中、肇庆、伊春、安康、清远
第Ⅴ级 （共49个）	七台河、来宾、佳木斯、齐齐哈尔、兰州、汉中、亳州、怀化、锦州、双鸭山、平凉、衢州、临沧、达州、周口、武威、云浮、商洛、昭通、哈尔滨、三亚、陇南、商丘、张家界、海口、天水、铁岭、白城、揭阳、宿州、普洱、河池、茂名、葫芦岛、张掖、丽水、安顺、河源、北京、巴彦淖尔、湛江、吕梁、绥化、梅州、黑河、中卫、庆阳、乌兰察布、定西

6. 2020年城市经济增长水平分级情况

和2019年相比，2020年经济增长水平从第Ⅱ级到第Ⅰ级上升一级的有铜陵、朔州、漳州、淮北、辽源、镇江、辽阳、襄阳、宜昌、临沂等城市。从第Ⅰ级到第Ⅱ级下降一级的有景德镇、泰安、南昌、自贡、深圳、内江、延安、九江、沈阳、鞍山、绍兴、漯河等城市；从第Ⅲ级到第Ⅱ级上升一级的有抚顺、晋城、安阳、柳州、长春、牡丹江、徐州、随州、郑州、临汾、贺州、台州等城市。从第Ⅱ级到第Ⅲ级下降一级的有濮阳、盘锦、鸡西、安庆、嘉兴、滁州、六安、广安、宿迁、温州、乌鲁木齐、南平、钦州、秦皇岛等城市；从第Ⅳ级到第Ⅲ级上升一级的有江门、固原、南充、贵港、保定、崇左、酒泉、运城、舟山、淮安等城市；从第Ⅴ级到第Ⅲ级上升两级的有邵阳等城市。从第Ⅲ级到第Ⅳ级下降一级的有渭南、邢台、通辽、黄山、开封、晋中、阜阳、白山、阜新、资阳等城市；从第Ⅱ级到第Ⅳ级下降两级的有武汉、荆门等城市；从第Ⅴ级到第Ⅳ级上升一级的有伊春、商丘、佳木斯、清远、韶关、汕尾、齐齐哈尔、百色等城市；从第Ⅰ级到第Ⅳ级下降三级的有鄂州等城市。从第Ⅳ级到第Ⅴ级下降一级的有白银、池州、保山、七台河、周口、衢州、双鸭山、亳州、安康等城市；从第Ⅲ级到第Ⅴ级下降两级的有孝感、十堰等城市。

中国284个城市2020年经济增长水平分级情况见表30。

表30　2020年城市经济增长水平等级划分

经济增长水平等级	城市
第Ⅰ级（共59个）	东营、包头、唐山、克拉玛依、乌海、榆林、金昌、烟台、防城港、马鞍山、淄博、潍坊、青岛、鄂尔多斯、长沙、大连、三明、滨州、三门峡、佛山、鹰潭、嘉峪关、黄石、焦作、本溪、大庆、石嘴山、沧州、枣庄、株洲、呼和浩特、北海、威海、日照、鹤壁、德阳、攀枝花、东莞、铜陵、芜湖、朔州、洛阳、漳州、泉州、眉山、南通、邯郸、淮北、通化、辽源、苏州、遂宁、镇江、宝鸡、辽阳、济宁、襄阳、宜昌、临沂
第Ⅱ级（共75个）	中山、聊城、景德镇、福州、泰安、济南、无锡、南昌、抚顺、吉林、曲靖、自贡、厦门、深圳、内江、铜川、宜春、延安、九江、六盘水、呼伦贝尔、梧州、石家庄、长治、沈阳、宁德、咸宁、鞍山、新乡、莆田、扬州、抚州、绍兴、宜宾、平顶山、德州、赤峰、晋城、岳阳、玉林、漯河、玉溪、泸州、荆州、珠海、乐山、常州、惠州、常德、安阳、湘潭、柳州、龙岩、阳泉、萍乡、长春、牡丹江、承德、许昌、新余、徐州、随州、金华、泰州、太原、郑州、盐城、临汾、湖州、吉安、衡水、贺州、廊坊、郴州、台州
第Ⅲ级（共61个）	大同、濮阳、盘锦、鸡西、安庆、咸阳、嘉兴、滁州、六安、广安、四平、雅安、上饶、淮南、宿迁、丽江、温州、菏泽、南宁、宣城、丹东、成都、乌鲁木齐、南平、江门、昆明、西安、宁波、蚌埠、南京、固原、绵阳、衡阳、钦州、重庆、赣州、汕头、西宁、贵阳、上海、益阳、忻州、南充、南阳、营口、杭州、贵港、邵阳、保定、娄底、崇左、银川、遵义、合肥、秦皇岛、酒泉、运城、舟山、潮州、淮安、张家口
第Ⅳ级（共37个）	渭南、广州、邢台、松原、通辽、黄山、开封、黄冈、晋中、阜阳、武汉、伊春、阳江、白山、广元、天津、阜新、商丘、永州、桂林、荆门、信阳、佳木斯、资阳、巴中、吴忠、鄂州、连云港、鹤岗、清远、朝阳、韶关、兰州、驻马店、汕尾、齐齐哈尔、百色
第Ⅴ级（共52个）	锦州、临沧、白银、池州、保山、七台河、周口、肇庆、衢州、来宾、双鸭山、白城、铁岭、达州、亳州、武威、怀化、孝感、商洛、揭阳、汉中、云浮、哈尔滨、普洱、平凉、十堰、海口、河池、三亚、张家界、昭通、天水、茂名、陇南、安顺、巴彦淖尔、丽水、北京、绥化、宿州、张掖、安康、河源、梅州、湛江、葫芦岛、黑河、吕梁、中卫、庆阳、乌兰察布、定西

7. 2019年城市经济增长水平分级情况

和2018年相比，2019年经济增长水平从第Ⅱ级到第Ⅰ级上升一级的有九江、漯河、绍兴、内江、泰安等城市。从第Ⅰ级到第Ⅱ级下降一级的有玉溪、莆田、聊城、许昌、中山等城市；从第Ⅲ级到第Ⅱ级上升一级的有宁德、呼伦贝尔、咸宁、荆州、衡水、盘锦、秦皇岛、鸡西、承德、温州、钦州等城市。从第Ⅰ级到第Ⅲ级下降两级的有抚顺等城市；从第Ⅱ级到第Ⅲ级下降一级的有西宁、宁波、上海、咸阳、晋城、昆明、柳州、银川、郑州、台州、长春等城市；从第Ⅳ级到第Ⅲ级上升一级的有开封、通辽、阜阳、张家口等城市；从第Ⅴ级到第Ⅲ级上升两级的有阜新等城市。从第Ⅲ级到第Ⅳ级下降一级的有保定、淮安、安康、江门、七台河、天津等城市；从第Ⅴ级到第Ⅳ级上升一级的有酒泉、保山、白银、池州、亳州等城市。从第Ⅳ级到第Ⅴ级下降一级的有韶关、汕尾、葫芦岛、汉中、揭阳、锦州、百色等城市。

中国284个城市2019年经济增长水平分级情况见表31。

表31　2019年城市经济增长水平等级划分

经济增长 水平等级	城市
第Ⅰ级 （共62个）	东营、包头、克拉玛依、唐山、乌海、大连、金昌、榆林、三门峡、大庆、马鞍山、佛山、长沙、东莞、三明、烟台、鹰潭、鹤壁、淄博、石嘴山、防城港、滨州、嘉峪关、芜湖、呼和浩特、日照、德阳、株洲、青岛、鄂尔多斯、沧州、泉州、攀枝花、眉山、潍坊、黄石、枣庄、洛阳、鞍山、延安、焦作、宝鸡、威海、通化、景德镇、遂宁、深圳、济宁、沈阳、邯郸、北海、南昌、九江、南通、漯河、苏州、本溪、鄂州、绍兴、内江、自贡、泰安
第Ⅱ级 （共77个）	抚州、福州、无锡、厦门、德州、石家庄、曲靖、淮北、漳州、新乡、泸州、宜昌、玉溪、莆田、镇江、聊城、济南、辽阳、铜陵、许昌、襄阳、平顶山、珠海、朔州、宁德、赤峰、吉林、六盘水、宜宾、惠州、湘潭、玉林、铜川、武汉、荆门、萍乡、常州、常德、新余、扬州、岳阳、安庆、宿迁、湖州、泰州、滁州、龙岩、宜春、乐山、辽源、太原、金华、长治、六安、中山、呼伦贝尔、阳泉、濮阳、咸宁、郴州、南平、廊坊、吉安、广安、荆州、衡水、嘉兴、盐城、盘锦、秦皇岛、乌鲁木齐、临沂、鸡西、承德、温州、梧州、钦州
第Ⅲ级 （共60个）	牡丹江、雅安、抚顺、西宁、宁波、徐州、丽江、营口、随州、贺州、宣城、菏泽、淮南、衡阳、南阳、绵阳、上海、咸阳、晋城、大同、开封、娄底、昆明、遵义、汕头、柳州、南京、黄山、通辽、成都、临汾、银川、合肥、郑州、重庆、四平、南宁、杭州、台州、孝感、蚌埠、益阳、邢台、赣州、潮州、丹东、白山、十堰、安阳、长春、上饶、忻州、贵阳、阜阳、晋中、张家口、西安、渭南、资阳、阜新
第Ⅳ级 （共35个）	保定、南充、淮安、固原、鹤岗、桂林、连云港、周口、运城、广元、安康、酒泉、崇左、江门、七台河、兰州、天津、广州、黄冈、松原、信阳、永州、巴中、朝阳、贵港、舟山、保山、阳江、双鸭山、白银、池州、驻马店、吴忠、亳州、衢州
第Ⅴ级 （共50个）	韶关、怀化、肇庆、汕尾、邵阳、临沧、商丘、佳木斯、葫芦岛、白城、清远、普洱、齐齐哈尔、伊春、汉中、揭阳、哈尔滨、昭通、张家界、锦州、百色、达州、武威、云浮、北京、丽水、安顺、三亚、宿州、海口、来宾、铁岭、河池、商洛、陇南、天水、巴彦淖尔、河源、平凉、茂名、梅州、张掖、黑河、湛江、中卫、绥化、吕梁、乌兰察布、庆阳、定西

8. 2018年城市经济增长水平分级情况

和2017年相比，2018年经济增长水平从第Ⅱ级到第Ⅰ级上升一级的有嘉峪关、延安、北海、眉山、玉溪、宝鸡、邯郸、洛阳、聊城等城市。从第Ⅰ级到第Ⅱ级下降一级的有泰安、九江、吉林、无锡、漯河、咸阳、内江、绍兴、惠州、平顶山、赤峰等城市；从第Ⅲ级到第Ⅱ级上升一级的有广安、乌鲁木齐、昆明、吉安、宜春、南平、六安等城市；从第Ⅳ级到第Ⅱ级上升两级的有铜陵等城市。从第Ⅱ级到第Ⅲ级下降一级的有衡水、宁德、蚌埠、资阳、雅安、江门、合肥、汕头、丽江、呼伦贝尔等城市；从第Ⅴ级到第Ⅲ级上升两级的有贺州等城市；从第Ⅳ级到第Ⅲ级上升一级的有渭南、安康、孝感、赣州、西安、忻州、南阳等城市。从第Ⅲ级到第Ⅳ级下降一级的有鹤岗、开封、兰州、揭阳、广州、汕尾、驻马店、通辽、舟山、吴忠等城市；从第Ⅴ级到第Ⅳ级上升一级的有崇左、葫芦岛、衢州、百色、朝阳、阳江等城市。从第Ⅳ级到第Ⅴ级下降一级的有来宾、佳木斯、商丘、哈尔滨、肇庆、齐齐哈尔、池州、武威等城市；从第Ⅱ级到第Ⅴ级下降三级的有巴彦淖尔、乌兰察布等城市；从第Ⅲ级到第Ⅴ级下降两级的有中卫等城市。

中国284个城市2018年经济增长水平分级情况见表32。

表32　2018年城市经济增长水平等级划分

经济增长水平等级	城市
第Ⅰ级（共63个）	东营、包头、克拉玛依、乌海、大连、榆林、三门峡、淄博、唐山、大庆、防城港、东莞、金昌、马鞍山、泉州、佛山、攀枝花、烟台、长沙、潍坊、鹰潭、青岛、石嘴山、三明、威海、德阳、鄂尔多斯、芜湖、鹤壁、日照、嘉峪关、株洲、枣庄、滨州、沈阳、呼和浩特、延安、中山、黄石、抚顺、本溪、北海、沧州、遂宁、苏州、深圳、鞍山、济宁、眉山、莆田、焦作、通化、玉溪、景德镇、南通、宝鸡、自贡、南昌、鄂州、邯郸、许昌、洛阳、聊城
第Ⅱ级（共77个）	辽阳、泰安、九江、吉林、福州、晋城、无锡、漯河、咸阳、内江、绍兴、淮北、德州、珠海、厦门、武汉、惠州、六盘水、萍乡、阳泉、临沂、柳州、漳州、平顶山、新余、玉林、宜宾、抚州、石家庄、泸州、扬州、襄阳、荆门、镇江、新乡、太原、安庆、宿迁、铜川、宁波、湘潭、济南、赤峰、曲靖、龙岩、常州、长治、乐山、广安、长春、嘉兴、泰州、辽源、乌鲁木齐、铜陵、滁州、湖州、盐城、朔州、上海、梧州、常德、西宁、岳阳、濮阳、银川、昆明、郴州、金华、廊坊、台州、吉安、宜春、郑州、南平、六安、宜昌

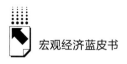

续表

经济增长 水平等级	城市
第Ⅲ级 （共60个）	衡水、菏泽、盘锦、鸡西、安阳、荆州、牡丹江、咸宁、成都、宁德、蚌埠、绵阳、温州、大同、娄底、秦皇岛、宣城、资阳、雅安、丹东、江门、合肥、汕头、营口、承德、衡阳、随州、南京、丽江、钦州、晋中、白山、遵义、贺州、渭南、临汾、贵阳、邢台、上饶、淮安、徐州、淮南、四平、益阳、黄山、杭州、呼伦贝尔、七台河、南宁、重庆、潮州、保定、安康、孝感、赣州、十堰、天津、西安、忻州、南阳
第Ⅳ级 （共35个）	鹤岗、南充、张家口、开封、兰州、巴中、阜阳、崇左、固原、揭阳、广州、汕尾、贵港、运城、锦州、黄冈、周口、驻马店、双鸭山、广元、通辽、松原、连云港、永州、葫芦岛、汉中、信阳、衢州、桂林、百色、舟山、吴忠、朝阳、韶关、阳江
第Ⅴ级 （共49个）	来宾、佳木斯、商丘、哈尔滨、怀化、保山、肇庆、阜新、齐齐哈尔、池州、邵阳、白城、临沧、清远、云浮、伊春、亳州、普洱、张家界、达州、武威、三亚、昭通、酒泉、北京、安顺、海口、丽水、商洛、白银、宿州、河池、铁岭、茂名、河源、天水、绥化、湛江、黑河、巴彦淖尔、平凉、陇南、梅州、中卫、张掖、吕梁、乌兰察布、庆阳、定西

9. 2017年城市经济增长水平分级情况

和2016年相比，2017年经济增长水平从第Ⅱ级到第Ⅰ级上升一级的有呼和浩特、平顶山、赤峰、绍兴、遂宁、沧州、抚顺、内江、鞍山、济宁、自贡等城市；从第Ⅲ级到第Ⅰ级上升两级的有咸阳等城市。从第Ⅰ级到第Ⅱ级下降一级的有珠海、福州、镇江、嘉峪关、武汉、萍乡、资阳、厦门、辽源、泰州、辽阳等城市；从第Ⅲ级到第Ⅱ级上升一级的有邯郸、玉溪、临沂、西宁、巴彦淖尔、朔州、乐山、银川、江门、太原、梧州、汕头等城市；从第Ⅴ级到第Ⅱ级上升三级的有乌兰察布等城市；从第Ⅳ级到第Ⅱ级上升两级的有雅安、曲靖、台州、衡水等城市。从第Ⅱ级到第Ⅲ级下降一级的有宣城、温州、南京、随州、白山、淮安、牡丹江、广安、杭州、安阳、徐州、淮南、揭阳、广州等城市；从第Ⅳ级到第Ⅲ级上升一级的有七台河、成都、昆明、遵义、鹤岗、大同、汕尾、十堰、承德、驻马店等城市；从第Ⅴ级到第Ⅲ级上升两级的有邢台、兰州、舟山等城市。从第Ⅲ级到第Ⅳ级下降一级的有孝感、固原、铜陵、安康、南阳、信阳、周口、赣州、连云港、阜阳、哈尔滨、贵港等城市；从第Ⅱ级到第Ⅳ级下降两级的有松原、西安等城市；从第V级到第IV级上升一级的有渭南、忻州、广元、锦州、来宾、武威、运城、汉中、齐齐哈尔等城市。从第IV级到第V级下降一级的有贺州、云浮、清远、白城、丽水、达州、北京、宿州、吕梁等城市；从第III级到第V级下降两级的有阳江、衢州、酒泉等城市。

中国284个城市2017年经济增长水平分级情况见表33。

表33　2017年城市经济增长水平等级划分

经济增长水平等级	城市
第Ⅰ级 （共65个）	东营、包头、克拉玛依、乌海、佛山、东莞、鄂尔多斯、淄博、攀枝花、泉州、防城港、大连、烟台、大庆、唐山、长沙、威海、石嘴山、三门峡、潍坊、呼和浩特、马鞍山、中山、青岛、榆林、鹤壁、三明、鹰潭、德阳、金昌、芜湖、苏州、株洲、吉林、平顶山、咸阳、日照、深圳、滨州、赤峰、枣庄、沈阳、景德镇、莆田、惠州、绍兴、南通、本溪、焦作、黄石、鄂州、许昌、遂宁、沧州、抚顺、内江、无锡、通化、鞍山、济宁、漯河、泰安、自贡、南昌、九江
第Ⅱ级 （共79个）	珠海、北海、洛阳、福州、宝鸡、镇江、嘉峪关、武汉、漳州、扬州、邯郸、六盘水、德州、新余、聊城、玉溪、萍乡、玉林、柳州、资阳、延安、荆门、厦门、襄阳、晋城、临沂、辽源、宿迁、湘潭、常州、西宁、淮北、泸州、宜宾、济南、盐城、泰州、巴彦淖尔、龙岩、阳泉、湖州、新乡、郴州、石家庄、安庆、宁波、呼伦贝尔、廊坊、丽江、金华、岳阳、嘉兴、铜川、眉山、濮阳、长春、朔州、乐山、宜昌、滁州、郑州、乌兰察布、银川、常德、辽阳、长治、抚州、雅安、江门、上海、太原、合肥、曲靖、蚌埠、台州、梧州、汕头、衡水、宁德
第Ⅲ级 （共60个）	宣城、吉安、温州、乌鲁木齐、南京、随州、南平、白山、荆州、淮安、娄底、盘锦、绵阳、保定、七台河、贵阳、营口、菏泽、天津、成都、昆明、衡阳、四平、咸宁、牡丹江、宜春、通辽、遵义、广安、杭州、安阳、晋中、潮州、钦州、丹东、鹤岗、鸡西、大同、邢台、益阳、汕尾、六安、徐州、中卫、淮南、吴忠、秦皇岛、重庆、兰州、开封、黄山、舟山、十堰、承德、南宁、揭阳、上饶、临汾、驻马店、广州
第Ⅳ级 （共35个）	南充、孝感、桂林、松原、渭南、固原、西安、铜陵、安康、张家口、巴中、南阳、信阳、周口、黄冈、赣州、连云港、双鸭山、永州、阜阳、忻州、广元、锦州、肇庆、池州、来宾、武威、韶关、运城、哈尔滨、汉中、商丘、贵港、佳木斯、齐齐哈尔
第Ⅴ级 （共45个）	贺州、阳江、衢州、云浮、伊春、清远、葫芦岛、白城、邵阳、百色、丽水、保山、怀化、达州、北京、亳州、张家界、酒泉、白银、安顺、朝阳、阜新、海口、普洱、三亚、庆阳、茂名、宿州、铁岭、河源、昭通、崇左、绥化、天水、梅州、河池、黑河、湛江、平凉、临沧、张掖、吕梁、商洛、定西、陇南

10. 2016年城市经济增长水平分级情况

和2015年相比，2016年经济增长水平从第Ⅱ级到第Ⅰ级上升一级的有大连、通化、惠州、本溪、沈阳、泰安、九江、漯河、福州等城市；从第Ⅲ级到第Ⅰ级上升两级的有资阳、黄石等城市。从第Ⅰ级到第Ⅱ级下降一级的有漳州、新余、白山、淮北、郑州、安阳、内江、济宁、自贡等城市；从第Ⅲ级到第Ⅱ级上升一级的有牡丹江、赤峰、阳泉、眉山、广安、呼伦贝尔、宁德、柳州、温州、揭阳、常德、宝鸡等城市；从第Ⅳ级到第Ⅱ级上升两级的有长治等城市。从第Ⅳ级到第Ⅲ级上升一级的有巴彦淖尔、西宁、鸡西、黄山、潮州、丹东、开封、临汾、安康、贵港、阳江、周口、衢州、信阳、赣州等城市；从第Ⅱ级到第Ⅲ级下降一级的有乐山、江门、通辽、天津、太原、绵阳、梧州、咸阳、营口等城市；从第Ⅴ级到第Ⅲ级上升两级的有银川等城市。从第Ⅲ级到第Ⅳ级下降一级的有衡水、成都、台州、昆明、大同、鹤岗、张家口、肇庆、遵义等城市；从第Ⅴ级到第Ⅳ级上升一级的有云浮、韶关、北京、达州、桂林、曲靖、丽水、吕梁、商丘、宿州、巴中等城市；从第Ⅱ级到第Ⅳ级下降两级的有雅安、七台河等城市。从第Ⅳ级到第Ⅴ级下降一级的有邵阳、渭南、邢台、舟山、怀化、崇左、阜新等城市；从第Ⅲ级到第Ⅴ级下降两级的有兰州等城市。

中国284个城市2016年经济增长水平分级情况见表34。

表34　2016年城市经济增长水平等级划分

经济增长 水平等级	城市
第Ⅰ级 （共64个）	东营、包头、乌海、东莞、嘉峪关、大庆、佛山、中山、大连、泉州、淄博、苏州、长沙、克拉玛依、资阳、深圳、唐山、金昌、威海、青岛、马鞍山、攀枝花、烟台、吉林、三门峡、潍坊、石嘴山、三明、芜湖、鄂尔多斯、鹤壁、株洲、通化、南通、莆田、惠州、本溪、珠海、滨州、辽阳、沈阳、鹰潭、无锡、焦作、南昌、日照、辽源、萍乡、枣庄、榆林、泰安、鄂州、厦门、九江、黄石、镇江、武汉、漯河、德阳、泰州、景德镇、福州、许昌、防城港
第Ⅱ级 （共78个）	绍兴、鞍山、漳州、荆门、新余、白山、盐城、嘉兴、牡丹江、宁波、淮北、安庆、沧州、湘潭、洛阳、德州、郑州、宜昌、赤峰、襄阳、遂宁、抚顺、北海、济南、杭州、扬州、滁州、铜川、长春、湖州、聊城、阳泉、六盘水、郴州、眉山、新乡、安阳、广安、内江、南京、呼伦贝尔、延安、松原、廊坊、淮南、合肥、岳阳、淮安、济宁、石家庄、呼和浩特、丽江、玉林、宁德、常州、徐州、抚州、龙岩、金华、晋城、自贡、宣城、宿迁、柳州、平顶山、温州、泸州、上海、蚌埠、广州、随州、濮阳、揭阳、长治、常德、西安、宝鸡、宜宾

续表

经济增长 水平等级	城市
第Ⅲ级 （共61个）	巴彦淖尔、吉安、贵阳、上饶、南平、荆州、娄底、乐山、四平、西宁、咸宁、江门、朔州、宜春、邯郸、哈尔滨、晋中、通辽、临沂、鸡西、黄山、菏泽、吴忠、中卫、天津、衡阳、盘锦、太原、重庆、秦皇岛、绵阳、孝感、南阳、乌鲁木齐、梧州、咸阳、潮州、连云港、玉溪、丹东、钦州、酒泉、六安、阜阳、铜陵、开封、南宁、临汾、益阳、汕头、银川、固原、安康、贵港、营口、保定、阳江、周口、衢州、信阳、赣州
第Ⅳ级 （共35个）	衡水、十堰、成都、云浮、韶关、雅安、清远、台州、池州、北京、承德、达州、昆明、大同、黄冈、桂林、永州、七台河、贺州、双鸭山、驻马店、曲靖、汕尾、佳木斯、丽水、南充、吕梁、鹤岗、张家口、肇庆、商丘、宿州、巴中、遵义、白城
第Ⅴ级 （共46个）	来宾、邵阳、渭南、齐齐哈尔、邢台、亳州、白银、忻州、运城、张家界、广元、舟山、河源、天水、铁岭、绥化、乌兰察布、葫芦岛、汉中、安顺、怀化、崇左、梅州、锦州、黑河、兰州、百色、张掖、三亚、商洛、平凉、朝阳、庆阳、河池、普洱、阜新、保山、湛江、茂名、临沧、海口、昭通、伊春、陇南、武威、定西

11. 2015年城市经济增长水平分级情况

和2014年相比，2015年各城市经济增长水平分级没有变化。

中国284个城市2015年经济增长水平分级情况见表35。

表35　2015年城市经济增长水平等级划分

经济增长 水平等级	城市
第Ⅰ级 （共62个）	东营、嘉峪关、东莞、包头、大庆、乌海、佛山、克拉玛依、攀枝花、泉州、中山、淄博、唐山、深圳、金昌、长沙、威海、德阳、烟台、吉林、马鞍山、石嘴山、青岛、苏州、芜湖、焦作、榆林、莆田、南通、珠海、鄂尔多斯、鹤壁、三明、潍坊、淮北、萍乡、日照、株洲、无锡、鄂州、厦门、泰州、辽源、白山、武汉、自贡、内江、镇江、防城港、鹰潭、许昌、三门峡、新余、景德镇、枣庄、南昌、郑州、滨州、安阳、济宁、辽阳、漳州
第Ⅱ级 （共76个）	惠州、大连、湘潭、宁波、平顶山、安庆、延安、福州、七台河、济南、洛阳、本溪、遂宁、荆门、沈阳、漯河、金华、乐山、泰安、九江、呼和浩特、嘉兴、宜昌、湖州、鞍山、杭州、绍兴、扬州、滁州、江门、盐城、营口、岳阳、抚顺、常州、通化、龙岩、南京、铜川、淮安、晋城、廊坊、合肥、随州、天津、北海、泸州、郴州、梧州、宣城、通辽、淮南、咸阳、新乡、石家庄、玉林、沧州、长春、襄阳、蚌埠、松原、徐州、德州、雅安、太原、丽江、上海、宜宾、六盘水、西安、聊城、绵阳、广州、濮阳、宿迁、抚州

续表

经济增长水平等级	城市
第Ⅲ级 （共60个）	广安、四平、娄底、常德、肇庆、邯郸、阳泉、眉山、成都、汕头、南阳、黄石、菏泽、温州、连云港、宁德、呼伦贝尔、牡丹江、宜春、贵阳、玉溪、柳州、宝鸡、吉安、荆州、上饶、衡阳、资阳、晋中、咸宁、益阳、吴忠、重庆、六安、朔州、南平、盘锦、台州、临沂、大同、乌鲁木齐、兰州、酒泉、鹤岗、昆明、哈尔滨、揭阳、遵义、保定、阜阳、孝感、中卫、钦州、衡水、张家口、南宁、赤峰、固原、铜陵、秦皇岛
第Ⅳ级 （共36个）	贵港、安康、潮州、信阳、周口、开封、黄冈、承德、双鸭山、衢州、鸡西、赣州、怀化、池州、巴彦淖尔、汕尾、贺州、阜新、永州、长治、南充、邵阳、临汾、十堰、阳江、白城、邢台、黄山、清远、崇左、驻马店、西宁、渭南、舟山、佳木斯、丹东
第Ⅴ级 （共50个）	商丘、曲靖、亳州、达州、忻州、齐齐哈尔、运城、广元、银川、商洛、张家界、云浮、河源、巴中、丽水、韶关、临沧、乌兰察布、北京、平凉、湛江、朝阳、绥化、茂名、天水、汉中、保山、宿州、锦州、安顺、桂林、三亚、来宾、海口、葫芦岛、梅州、白银、河池、铁岭、昭通、伊春、黑河、武威、张掖、吕梁、百色、庆阳、陇南、定西、普洱

（三）中国城市增长潜力水平分级情况

将 2010 年以来、2000 年以来、1990 年以来和 2022 年、2021 年、2020年、2019 年、2018 年、2017 年、2016 年和 2015 年 284 个城市增长潜力水平进行分级。

1. 2010年以来城市平均增长潜力水平分级情况

和 2000 年以来相比，2010 年以来平均增长潜力水平从第Ⅱ级到第Ⅰ级上升一级的有乌海、苏州、六安、汕尾、金华、资阳、宿迁、徐州、丹东、菏泽、新余、黄山、梧州、遵义、宿州、钦州、连云港、衢州、百色、丽水等城市；从第Ⅲ级到第Ⅰ级上升两级的有盐城、淮安等城市。从第Ⅰ级到第Ⅱ级下降一级的有六盘水、大同、北海、三亚、铜川、吕梁、张家界、永州、防城港、天水、鄂州、白城、绥化、安顺、茂名、崇左、广安、延安等城市；从第Ⅳ级到第Ⅱ级上升两级的有常州、镇江、南京、无锡、扬州、昆明等城市；从第Ⅲ级到第Ⅱ级上升一级的有佛山、舟山、池州、嘉兴、亳州、德阳、中卫、驻马店、眉山、大连、遂宁、萍乡、上海、锦州、滁州、滨州、台州等城市；从第Ⅴ级到第Ⅱ级上升三级的有芜湖、南通等城市。从第Ⅱ级到第Ⅲ级下降一级的有抚州、宁德、张掖、河源、牡丹江、邵阳、鸡西、肇庆、佳木斯、益阳、赤峰、承德、七台河、绍兴、汉中、淮南、阳泉、临沂、巴中、濮阳、渭南等城市；从第Ⅳ级到第Ⅲ级上升一级的有南宁、汕头、衡水、秦皇岛、周口、漯河、南充、长春、唐山等城市；从第Ⅴ级到第Ⅲ级上升两级的有杭州、莆田等城市。从第Ⅲ级到第Ⅳ级下降一级的有淮北、烟台、孝感、包头、三门峡、呼和浩特、淄博、张家口、鄂尔多斯、济宁、随州、宜昌等城市；从第Ⅱ级到第Ⅳ级下降两级的有白山、朔州等城市；从第Ⅰ级到第Ⅳ级下降三级的有白银等城市；从第Ⅴ级到第Ⅳ级上升一级的有马鞍山、厦门、铜陵、辽阳、威海等城市。从第Ⅲ级到第Ⅴ级下降两级的有鹰潭、松原等城市；从第Ⅳ级到第Ⅴ级下降一级的有吉林、抚顺、咸阳、桂林、酒泉、晋城等城市。

中国 284 个城市 2010 年以来平均增长潜力水平分级情况见表 36。

表 36　2010 年以来城市平均增长潜力水平等级划分

增长潜力 水平等级	城市
第Ⅰ级 （共 70 个）	黑河、大庆、伊春、葫芦岛、陇南、定西、广元、克拉玛依、庆阳、金昌、绵阳、朝阳、河池、韶关、昭通、固原、丽江、阳江、云浮、曲靖、安康、雅安、清远、普洱、重庆、保山、乌海、通化、梅州、苏州、双鸭山、六安、铁岭、呼伦贝尔、忻州、运城、汕尾、榆林、金华、娄底、商洛、临沧、资阳、宿迁、武威、徐州、丹东、菏泽、新余、黄山、临汾、梧州、吉安、平凉、宜春、遵义、东营、吴忠、鹤岗、景德镇、宿州、钦州、连云港、盐城、衢州、百色、乌兰察布、玉溪、淮安、丽水
第Ⅱ级 （共 81 个）	六盘水、大同、贵港、北海、三亚、铜川、吕梁、张家界、永州、防城港、湖州、天水、鄂州、白城、常州、佛山、舟山、宣城、珠海、绥化、盘锦、本溪、巴彦淖尔、辽源、晋中、镇江、安顺、乐山、池州、贺州、阜阳、商丘、南京、无锡、茂名、海口、石嘴山、嘉兴、惠州、郴州、亳州、上饶、宜宾、咸宁、信阳、德阳、芜湖、来宾、中山、南通、崇左、四平、十堰、广安、扬州、中卫、驻马店、湛江、枣庄、眉山、南平、大连、攀枝花、常德、遂宁、日照、萍乡、安庆、三明、平顶山、上海、内江、延安、锦州、长治、宝鸡、滁州、昆明、滨州、台州、鹤壁
第Ⅲ级 （共 60 个）	泰州、抚州、宁德、南宁、汕头、达州、张掖、河源、赣州、牡丹江、邵阳、鸡西、营口、龙岩、衡水、宁波、江门、贵阳、肇庆、杭州、南阳、广州、嘉峪关、北京、佳木斯、益阳、泸州、怀化、聊城、乌鲁木齐、赤峰、承德、七台河、荆门、绍兴、岳阳、齐齐哈尔、济南、玉林、莆田、汉中、温州、淮南、潍坊、秦皇岛、西安、阳泉、衡阳、周口、银川、漯河、临沂、南充、长春、巴中、自贡、唐山、濮阳、泰安、渭南

续表

增长潜力水平等级	城市
第Ⅳ级 （共 33 个）	淮北、白山、烟台、孝感、荆州、包头、三门峡、黄冈、呼和浩特、淄博、白银、襄阳、朔州、马鞍山、张家口、鄂尔多斯、济宁、九江、随州、潮州、德州、漳州、福州、沈阳、厦门、宜昌、安阳、兰州、天津、铜陵、辽阳、西宁、威海
第Ⅴ级 （共 40 个）	鹰潭、邯郸、吉林、深圳、长沙、湘潭、抚顺、哈尔滨、太原、保定、东莞、青岛、焦作、咸阳、揭阳、武汉、鞍山、蚌埠、桂林、松原、酒泉、新乡、黄石、泉州、廊坊、开封、晋城、南昌、株洲、成都、洛阳、阜新、通辽、沧州、柳州、合肥、邢台、石家庄、郑州、许昌

2. 2000年以来城市平均增长潜力水平分级情况

和 1990 年以来相比，2000 年以来平均增长潜力水平从第Ⅱ级到第Ⅰ级上升一级的有金昌、宜春、铁岭、绵阳、双鸭山、吕梁、吴忠、崇左、鹤岗、乌兰察布、六盘水、铜川、北海、重庆、白城、绥化、通化、鄂州等城市；从第Ⅲ级到第Ⅰ级上升两级的有广元等城市。从第Ⅲ级到第Ⅱ级上升一级的有金华、攀枝花、牡丹江、本溪、衢州、长治、徐州、贺州、梧州、信阳、贵港、赤峰、遵义、商丘、淮南、辽源、中山、宿迁、珠海、绍兴、来宾等城市；从第Ⅰ级到第Ⅱ级下降一级的有抚州、咸宁、七台河、渭南、汕尾、百色、河源、朔州、黄山、巴中、宁德等城市；从第Ⅳ级到第Ⅱ级上升两级的有苏州、海口等城市。从第Ⅱ级到第Ⅲ级下降一级的有怀化、萍乡、孝感、嘉兴、荆门、滨州、亳州、滁州、鹰潭、池州、松原、泰安等城市；从第Ⅳ级到第Ⅲ级上升一级的有舟山、嘉峪关、鄂尔多斯、江门、呼和浩特、三门峡、佛山、盐城、广州、北京、宁波、泸州、营口、台州、泰州、西安等城市；从第Ⅰ级到第Ⅲ级下降两级的有随州等城市；从第Ⅴ级到第Ⅲ级上升两级的有乌鲁木齐、银川、上海等城市。从第Ⅴ级到第Ⅳ级上升一级的有扬州、镇江、无锡、常州、吉林、南京、南充、西宁、安阳、汕头、襄阳等城市；从第Ⅱ级到第Ⅳ级下降两级的有黄冈等城市；从第Ⅲ级到第Ⅳ级下降一级的有衡水、德州、九江、周口、晋城、桂林、咸阳、潮州、酒泉等城市。从第Ⅳ级到第Ⅴ级下降一级的有芜湖、威海、马鞍山、蚌埠、泉州等城市；从第Ⅲ级到第Ⅴ级下降两级的有通辽等城市。

中国 284 个城市 2000 年以来平均增长潜力水平分级情况见表 37。

表 37 2000 年以来城市平均增长潜力水平等级划分

增长潜力水平等级	城市
第Ⅰ级（共67个）	黑河、丽江、陇南、临沧、固原、伊春、庆阳、商洛、定西、金昌、葫芦岛、大庆、朝阳、忻州、安康、运城、榆林、曲靖、阳江、雅安、克拉玛依、河池、梅州、普洱、娄底、韶关、保山、昭通、茂名、宜春、铁岭、延安、三亚、张家界、清远、绵阳、呼伦贝尔、云浮、临汾、双鸭山、广安、吕梁、吴忠、玉溪、崇左、广元、白银、武威、平凉、吉安、鹤岗、乌兰察布、安顺、六盘水、景德镇、铜川、东营、北海、重庆、防城港、永州、白城、绥化、大同、通化、鄂州、天水
第Ⅱ级（共81个）	金华、抚州、六安、菏泽、咸宁、七台河、渭南、新余、汕尾、百色、巴彦淖尔、资阳、十堰、惠州、丹东、湖州、河源、乌海、朔州、攀枝花、丽水、安庆、乐山、牡丹江、四平、本溪、黄山、湛江、衢州、南平、张掖、益阳、长治、钦州、佳木斯、徐州、宿州、贺州、梧州、肇庆、宝鸡、信阳、贵港、巴中、连云港、赤峰、郴州、遵义、汉中、宜宾、鸡西、苏州、晋中、海口、阳泉、商丘、平顶山、日照、鹤壁、盘锦、三明、邵阳、阜阳、淮南、辽源、濮阳、常德、中山、内江、上饶、宿迁、宣城、枣庄、临沂、珠海、白山、绍兴、石嘴山、来宾、承德、宁德
第Ⅲ级（共61个）	怀化、舟山、锦州、齐齐哈尔、德阳、萍乡、淮安、孝感、嘉峪关、遂宁、眉山、嘉兴、荆门、淄博、南阳、达州、滨州、鄂尔多斯、亳州、自贡、龙岩、聊城、济南、岳阳、张家口、驻马店、包头、随州、江门、中卫、玉林、呼和浩特、三门峡、滁州、大连、宜昌、佛山、盐城、鹰潭、衡阳、池州、广州、贵阳、北京、乌鲁木齐、银川、松原、赣州、潍坊、宁波、泸州、营口、济宁、上海、烟台、台州、泰安、泰州、淮北、西安、温州
第Ⅳ级（共34个）	扬州、长春、天津、黄冈、昆明、衡水、南宁、漯河、秦皇岛、镇江、兰州、德州、九江、周口、晋城、无锡、桂林、常州、吉林、抚顺、南京、漳州、南充、荆州、唐山、咸阳、沈阳、福州、潮州、西宁、酒泉、安阳、汕头、襄阳
第Ⅴ级（共41个）	杭州、哈尔滨、邯郸、芜湖、通辽、青岛、莆田、威海、厦门、马鞍山、保定、南通、黄石、辽阳、焦作、铜陵、揭阳、武汉、鞍山、蚌埠、泉州、廊坊、深圳、湘潭、太原、株洲、阜新、沧州、洛阳、开封、南昌、柳州、东莞、新乡、长沙、成都、邢台、石家庄、合肥、郑州、许昌

3. 1990 年以来城市平均增长潜力水平分级情况

中国 284 个城市 1990 年以来平均增长潜力水平分级情况见表 38。

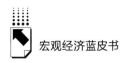

表38 1990年以来城市平均增长潜力水平等级划分

增长潜力水平等级	城市
第Ⅰ级 （共60个）	丽江、商洛、黑河、固原、张家界、临沧、陇南、延安、普洱、安康、榆林、定西、保山、阳江、庆阳、平凉、巴中、梅州、伊春、雅安、三亚、昭通、朝阳、葫芦岛、清远、曲靖、咸宁、武威、安顺、临汾、忻州、抚州、永州、克拉玛依、呼伦贝尔、云浮、玉溪、防城港、河池、汕尾、宁德、茂名、运城、渭南、大同、黄山、百色、娄底、韶关、东营、吉安、景德镇、随州、大庆、朔州、天水、广安、白银、七台河、河源
第Ⅱ级 （共78个）	六盘水、宜春、丽水、吴忠、铜川、铁岭、张掖、绥化、绵阳、吕梁、钦州、菏泽、双鸭山、安庆、松原、巴彦淖尔、肇庆、白城、孝感、资阳、鹰潭、惠州、宣城、崇左、上饶、三明、乌兰察布、四平、连云港、亳州、鹤岗、金昌、通化、南平、怀化、萍乡、邵阳、湖州、宿州、六安、佳木斯、新余、滨州、鄂州、郴州、益阳、荆门、濮阳、北海、乌海、承德、丹东、白山、临沂、日照、黄冈、汉中、阜阳、晋中、阳泉、宝鸡、池州、乐山、湛江、鸡西、滁州、石嘴山、鹤壁、盘锦、宜宾、嘉兴、内江、重庆、枣庄、泰安、常德、十堰、平顶山
第Ⅲ级 （共61个）	广元、牡丹江、岳阳、通辽、淮南、赣州、齐齐哈尔、淄博、长治、珠海、张家口、周口、中山、衡水、梧州、徐州、达州、龙岩、遂宁、绍兴、济南、晋城、德阳、济宁、咸阳、聊城、赤峰、眉山、烟台、潮州、本溪、宿迁、自贡、遵义、包头、驻马店、金华、中卫、信阳、南阳、贵阳、锦州、淮北、德州、玉林、酒泉、贺州、来宾、九江、辽源、大连、商丘、淮安、宜昌、衡阳、贵港、衢州、桂林、温州、攀枝花、潍坊
第Ⅳ级 （共36个）	呼和浩特、福州、威海、广州、台州、漳州、三门峡、荆州、泸州、佛山、舟山、泰州、江门、天津、长春、西安、鄂尔多斯、沈阳、盐城、宁波、昆明、苏州、海口、芜湖、兰州、北京、嘉峪关、泉州、唐山、秦皇岛、马鞍山、抚顺、漯河、蚌埠、南宁、营口
第Ⅴ级 （共49个）	青岛、南充、廊坊、南京、乌鲁木齐、邯郸、厦门、武汉、镇江、银川、哈尔滨、黄石、无锡、襄阳、扬州、铜陵、西宁、杭州、吉林、莆田、上海、鞍山、常州、东莞、保定、深圳、安阳、焦作、沧州、辽阳、湘潭、太原、揭阳、洛阳、株洲、南通、南昌、汕头、邢台、新乡、柳州、阜新、开封、长沙、成都、合肥、郑州、石家庄、许昌

4. 2022年城市增长潜力水平分级情况

和2021年相比，2022年增长潜力水平从第Ⅱ级到第Ⅰ级上升一级的有盘锦、安康、舟山、巴彦淖尔、阳泉、连云港、南京、上饶、保山、临汾、内江、铜川等城市；从第Ⅲ级到第Ⅰ级上升两级的有商丘等城市。从第Ⅰ级到第Ⅱ级下降一级的有平顶山、清远、常州、宿州、丹东、普洱、吉安、晋中、芜湖、阜阳、四平、梅州、钦州、双鸭山等城市；从第Ⅲ级到第Ⅱ级上升一级的有眉山、池州、汕尾、广州、扬州、福州、承德、马鞍山、漳州、

龙岩、崇左、萍乡、晋城、莆田、邯郸、济南、南宁等城市；从第Ⅳ级到第
Ⅱ级上升两级的有邵阳等城市；从第Ⅴ级到第Ⅱ级上升三级的有焦作等城
市。从第Ⅱ级到第Ⅲ级下降一级的有常德、滁州、衢州、黄山、佛山、泰
州、佳木斯、铜陵、杭州、湖州、台州、三门峡、潍坊、安顺、玉溪、丽
水、聊城、鸡西等城市；从第Ⅴ级到第Ⅲ级上升两级的有西安、太原、江
门、青岛、赤峰等城市；从第Ⅰ级到第Ⅲ级下降两级的有锦州、大连等城
市；从第Ⅳ级到第Ⅲ级上升一级的有鹤岗、朔州、呼和浩特、鄂尔多斯、贵
阳、深圳、巴中、宜昌、长沙等城市。从第Ⅴ级到第Ⅳ级上升一级的有酒
泉、玉林、蚌埠、嘉峪关、抚顺、株洲、柳州、沧州等城市；从第Ⅱ级到第
Ⅳ级下降两级的有延安、白城、秦皇岛、牡丹江等城市；从第Ⅲ级到第Ⅳ级
下降一级的有包头、鹤壁、信阳、宁波、肇庆、淄博、德州、汕头、湛江、
濮阳、周口、南阳、中卫等城市。从第Ⅲ级到第Ⅴ级下降两级的有南平、沈
阳、上海等城市；从第Ⅳ级到第Ⅴ级下降一级的有茂名、惠州、邢台、威
海、鞍山、北京、漯河、乌鲁木齐、孝感、中山、开封、新乡、天津、西宁
等城市。

中国284个城市2022年增长潜力水平分级情况见表39。

表39 2022年城市增长潜力水平等级划分

增长潜力 水平等级	城市
第Ⅰ级 （共68个）	葫芦岛、伊春、盘锦、金昌、克拉玛依、阳江、曲靖、梧州、通化、庆阳、绵阳、雅安、大同、乌海、辽源、云浮、资阳、运城、呼伦贝尔、河池、三亚、安康、定西、滨州、韶关、长治、来宾、枣庄、宜春、大庆、铁岭、昭通、东营、忻州、舟山、鄂州、无锡、重庆、陇南、吴忠、贵港、广元、朝阳、百色、巴彦淖尔、商洛、阳泉、连云港、武威、苏州、榆林、镇江、贺州、六安、南京、商丘、淮北、黑河、上饶、保山、海口、十堰、临汾、内江、本溪、铜川、乌兰察布、徐州
第Ⅱ级 （共81个）	北海、平顶山、固原、石嘴山、清远、丽江、眉山、常州、吕梁、防城港、宿州、丹东、宿迁、池州、咸宁、汕尾、普洱、绥化、攀枝花、吉安、晋中、菏泽、芜湖、临沧、阜阳、宜宾、四平、郴州、盐城、襄阳、梅州、乐山、钦州、衡阳、遂宁、达州、邵阳、荆州、广州、遵义、双鸭山、六盘水、扬州、淮南、永州、福州、泸州、承德、黄冈、马鞍山、广安、唐山、漳州、保定、张家口、龙岩、崇左、景德镇、驻马店、宣城、新余、焦作、宁德、南通、岳阳、萍乡、怀化、晋城、日照、赣州、莆田、亳州、淮安、嘉兴、金华、邯郸、济南、平凉、南宁、温州、珠海

增长潜力 水平等级	城市
第Ⅲ级 （共60个）	安庆、常德、三明、滁州、泰安、昆明、随州、衢州、西安、自贡、衡水、天水、南充、黄石、黄山、锦州、佛山、鹤岗、营口、朔州、呼和浩特、鄂尔多斯、荆门、泰州、娄底、宝鸡、佳木斯、大连、铜陵、长春、贵阳、杭州、湖州、台州、三门峡、太原、济宁、九江、潍坊、安顺、玉溪、深圳、丽水、江门、抚州、绍兴、张家界、青岛、银川、临沂、巴中、齐齐哈尔、烟台、德阳、宜昌、益阳、聊城、赤峰、长沙、鸡西
第Ⅳ级 （共34个）	张掖、酒泉、延安、包头、鹤壁、信阳、白城、宁波、玉林、肇庆、淄博、德州、秦皇岛、安阳、蚌埠、嘉峪关、厦门、合肥、抚顺、汕头、牡丹江、湘潭、湛江、石家庄、株洲、濮阳、南昌、鹰潭、柳州、武汉、周口、沧州、南阳、中卫
第Ⅴ级 （共41个）	南平、沈阳、郑州、上海、茂名、惠州、邢台、威海、鞍山、北京、漯河、兰州、乌鲁木齐、孝感、中山、开封、新乡、成都、天津、洛阳、西宁、辽阳、廊坊、汉中、七台河、吉林、渭南、潮州、白山、泉州、东莞、阜新、桂林、河源、哈尔滨、白银、许昌、揭阳、咸阳、松原、通辽

5. 2021年城市增长潜力水平分级情况

和2020年相比，2021年增长潜力水平从第Ⅱ级到第Ⅰ级上升一级的有双鸭山、梅州、钦州、晋中、锦州、平顶山、淮北、大连、芜湖、阜阳、吉安、四平、乌兰察布等城市。从第Ⅰ级到第Ⅱ级下降一级的有丽江、安康、盘锦、临汾、保山、北海、舟山、固原、吕梁、巴彦淖尔等城市；从第Ⅲ级到第Ⅱ级上升一级的有衢州、衡阳、延安、鸡西、玉溪、赣州、白城、湖州、泸州、滁州、秦皇岛、泰州、怀化、安顺、聊城、台州、丽水、潍坊、杭州、岳阳、牡丹江等城市。从第Ⅱ级到第Ⅲ级下降一级的有承德、崇左、南宁、昆明、龙岩、扬州、汕尾、眉山、济南、萍乡、马鞍山、天水、营口、池州、广州等城市；从第Ⅳ级到第Ⅲ级上升一级的有九江、湛江、信阳、宁波、包头、肇庆、周口、汕头、烟台、中卫、德州、南平、沈阳、濮阳、南阳、上海等城市；从第Ⅰ级到第Ⅲ级下降两级的有商丘等城市。从第Ⅲ级到第Ⅳ级下降一级的有鄂尔多斯、朔州、贵阳、呼和浩特、鹤岗、巴中等城市；从第Ⅱ级到第Ⅳ级下降两级的有邵阳、深圳等城市；从第Ⅴ级到第Ⅳ级上升一级的有中山、南昌、鹰潭、天津、威海、西宁、开封、新乡、石家庄、邢台等城市。从第Ⅲ级到第Ⅴ级下降两级的有西安、赤峰、江门、玉林、抚顺等城市；从第Ⅳ级到第Ⅴ级下降一级的有青岛、嘉峪关等城市；从第Ⅱ级到第Ⅴ级下降三级的有焦作等城市。

中国 284 个城市 2021 年增长潜力水平分级情况见表 40。

表 40　2021 年城市增长潜力水平等级划分

增长潜力 水平等级	城市
第Ⅰ级 （共 71 个）	大庆、通化、克拉玛依、葫芦岛、铁岭、曲靖、伊春、辽源、丹东、陇南、滨州、雅安、梧州、阳江、云浮、忻州、昭通、金昌、韶关、绵阳、定西、河池、镇江、六安、大同、乌海、庆阳、朝阳、普洱、东营、来宾、运城、武威、贺州、资阳、商洛、双鸭山、苏州、梅州、呼伦贝尔、枣庄、重庆、徐州、本溪、十堰、广元、清远、钦州、晋中、榆林、锦州、长治、百色、黑河、宿州、平顶山、无锡、淮北、三亚、大连、海口、宜春、吴忠、鄂州、芜湖、阜阳、吉安、四平、乌兰察布、常州、贵港
第Ⅱ级 （共 82 个）	金华、菏泽、盐城、宿迁、丽江、南京、绥化、郴州、宣城、遵义、阳泉、黄山、佛山、防城港、新余、景德镇、铜川、内江、淮安、安康、盘锦、临汾、攀枝花、衢州、乐山、衡阳、保山、延安、黄冈、鸡西、咸宁、玉溪、宜宾、襄阳、珠海、达州、赣州、六盘水、临沧、上饶、白城、广安、北海、永州、嘉兴、舟山、驻马店、湖州、佳木斯、遂宁、泸州、固原、滁州、秦皇岛、宁德、石嘴山、吕梁、亳州、南通、保定、泰州、怀化、三门峡、巴彦淖尔、安顺、淮南、张家口、铜陵、荆州、温州、平凉、连云港、日照、聊城、唐山、台州、丽水、潍坊、杭州、常德、岳阳、牡丹江
第Ⅲ级 （共 60 个）	承德、南充、崇左、莆田、福州、自贡、绍兴、济宁、南宁、泰安、鹤壁、荆门、昆明、淄博、德阳、邯郸、安庆、龙岩、娄底、衡水、晋城、九江、张家界、临沂、湛江、扬州、信阳、汕尾、眉山、宁波、包头、抚州、肇庆、济南、萍乡、马鞍山、天水、周口、随州、益阳、汕头、齐齐哈尔、烟台、宝鸡、黄石、中卫、长春、三明、银川、营口、漳州、德州、南平、商丘、池州、沈阳、濮阳、南阳、上海、广州
第Ⅳ级 （共 33 个）	合肥、惠州、茂名、鄂尔多斯、武汉、邵阳、鞍山、北京、漯河、朔州、乌鲁木齐、孝感、中山、贵阳、南昌、长沙、张掖、呼和浩特、鹰潭、天津、宜昌、湘潭、威海、鹤岗、西宁、巴中、深圳、安阳、开封、厦门、新乡、石家庄、邢台
第Ⅴ级 （共 38 个）	西安、赤峰、沧州、汉中、江门、吉林、渭南、潮州、白山、七台河、青岛、玉林、东莞、嘉峪关、兰州、河源、焦作、哈尔滨、廊坊、太原、酒泉、泉州、成都、桂林、洛阳、蚌埠、株洲、阜新、白银、揭阳、许昌、咸阳、郑州、松原、辽阳、抚顺、柳州、通辽

6. 2020年城市增长潜力水平分级情况

和 2019 年相比，2020 年增长潜力水平从第Ⅱ级到第Ⅰ级上升一级的有梧州、辽源、呼伦贝尔、安康、舟山、来宾、宜春、长治、鄂州、三亚、百色、商丘、临汾、吴忠、贵港、武威、东营、巴彦淖尔、无锡、吕梁、海口、常州、十堰、商洛等城市；从第Ⅳ级到第Ⅰ级上升三级的有滨州等城市；从第Ⅲ级到第Ⅰ级上升两级的有枣庄等城市。从第Ⅳ级到第Ⅱ级上升两级的有淮北、绥化、邵阳、焦作、黄冈、铜陵、深圳等城市；从第Ⅰ级到第Ⅱ级下降一级的有营口、连云港、双鸭山、梅州、钦州、晋中、锦州、平顶山、石嘴山、大连、新余、珠海、黄山、佛山等城市；从第Ⅲ级到第Ⅱ级上升一级的有上饶、四平、咸宁、防城港、广州、襄阳、扬州、荆州、马鞍山、攀枝花、佳木斯、龙岩、南宁、承德、崇左、阳泉、达州、宁德、淮南、保定、天水、济南等城市。从第Ⅰ级到第Ⅲ级下降两级的有鹤岗、延安、鸡西、秦皇岛、张家界、牡丹江等城市；从第Ⅱ级到第Ⅲ级下降一级的有衡阳、衢州、玉溪、赣州、滁州、湖州、娄底、丽水、安顺、鹤壁、德阳等城市；从第Ⅳ级到第Ⅲ级上升一级的有朔州、随州、呼和浩特、鄂尔多斯、贵阳、台州、聊城、福州、济宁、益阳等城市；从第Ⅴ级到第Ⅲ级上升两级的有长春、江门、漳州、黄石、潍坊、抚顺、临沂、淄博、赤峰、晋城等城市。从第Ⅲ级到第Ⅳ级下降一级的有九江、信阳、宁波、汕头、濮阳、南阳、惠州、鞍山、北京、漯河、乌鲁木齐、孝感等城市；从第Ⅴ级到第Ⅳ级上升一级的有青岛、烟台、宜昌、安阳、合肥、嘉峪关、茂名、张掖、湘潭等城市；从第Ⅱ级到第Ⅳ级下降两级的有周口、中卫、南平、沈阳、上海等城市。从第Ⅳ级到第Ⅴ级下降一级的有太原、南昌、鹰潭、新乡、开封、辽阳、汉中、渭南、潮州、白山等城市；从第Ⅲ级到第Ⅴ级下降两级的有天津、西宁等城市。

中国 284 个城市 2020 年增长潜力水平分级情况见表 41。

表 41　2020 年城市增长潜力水平等级划分

增长潜力水平等级	城市
第Ⅰ级 （共 69 个）	伊春、大庆、克拉玛依、葫芦岛、金昌、梧州、盘锦、雅安、辽源、曲靖、乌海、庆阳、阳江、运城、资阳、铁岭、通化、河池、朝阳、绵阳、云浮、呼伦贝尔、韶关、安康、丹东、舟山、陇南、大同、定西、来宾、滨州、苏州、宜春、长治、鄂州、黑河、本溪、三亚、北海、重庆、镇江、固原、忻州、榆林、百色、贺州、商丘、临汾、吴忠、贵港、昭通、武威、广元、东营、六安、徐州、巴彦淖尔、无锡、宿州、清远、吕梁、保山、枣庄、海口、常州、十堰、普洱、商洛、丽江

续表

增长潜力 水平等级	城市
第Ⅱ级 （共82个）	平凉、淮北、盐城、营口、宿迁、连云港、上饶、四平、汕尾、咸宁、双鸭山、梅州、铜川、防城港、钦州、晋中、南京、绥化、锦州、平顶山、眉山、吉安、石嘴山、阜阳、乐山、菏泽、广州、唐山、襄阳、扬州、荆州、大连、马鞍山、永州、六盘水、临沧、芜湖、内江、乌兰察布、攀枝花、三门峡、新余、遵义、金华、宜宾、佳木斯、郴州、驻马店、珠海、龙岩、昆明、南宁、承德、邵阳、日照、崇左、池州、宣城、阳泉、黄山、张家口、景德镇、达州、焦作、宁德、佛山、嘉兴、常德、遂宁、淮南、黄冈、淮安、保定、亳州、铜陵、温州、南通、广安、深圳、萍乡、天水、济南
第Ⅲ级 （共60个）	西安、鹤岗、岳阳、衡阳、衢州、三明、延安、鸡西、泰安、玉溪、泸州、安庆、朔州、随州、赣州、白城、滁州、邯郸、泰州、呼和浩特、湖州、鄂尔多斯、荆门、南充、衡水、秦皇岛、娄底、丽水、怀化、长春、安顺、自贡、杭州、齐齐哈尔、宝鸡、江门、贵阳、漳州、黄石、台州、聊城、莆田、张家界、福州、潍坊、抚顺、牡丹江、玉林、临沂、绍兴、济宁、银川、鹤壁、淄博、德阳、抚州、赤峰、巴中、晋城、益阳
第Ⅳ级 （共33个）	九江、湛江、青岛、信阳、烟台、宁波、包头、宜昌、肇庆、周口、厦门、汕头、安阳、中卫、德州、南平、沈阳、濮阳、南阳、上海、合肥、嘉峪关、惠州、茂名、武汉、张掖、鞍山、长沙、北京、漯河、湘潭、乌鲁木齐、孝感
第Ⅴ级 （共40个）	中山、太原、南昌、鹰潭、天津、柳州、威海、西宁、株洲、蚌埠、新乡、石家庄、开封、辽阳、邢台、郑州、沧州、酒泉、汉中、吉林、渭南、七台河、潮州、白山、廊坊、东莞、成都、兰州、河源、哈尔滨、洛阳、泉州、桂林、阜新、白银、揭阳、许昌、咸阳、松原、通辽

7. 2019年城市增长潜力水平分级情况

和2018年相比，2019年增长潜力水平从第Ⅱ级到第Ⅰ级上升一级的有清远、保山、徐州、钦州、大同、梅州、忻州、北海、佛山、连云港等城市；从第Ⅲ级到第Ⅰ级上升两级的有镇江等城市；从第Ⅳ级到第Ⅰ级上升三级的有牡丹江等城市。从第Ⅰ级到第Ⅱ级下降一级的有吉安、百色、商丘、东营、昆明、安康、汕尾、三亚、驻马店、玉溪、商洛、武威、来宾等城市；从第Ⅲ级到第Ⅱ级上升一级的有梧州、阜阳、鹤壁、盐城、长治、衡阳、铜川、三门峡、滁州、巴彦淖尔、内江等城市；从第Ⅴ级到第Ⅱ级上升三级的有辽源等城市；从第Ⅳ级到第Ⅱ级上升两级的有池州等城市。从第Ⅱ

级到第Ⅲ级下降一级的有达州、鞍山、攀枝花、北京、信阳、乌鲁木齐、玉林、防城港、崇左、阳泉、惠州、白城、宁波等城市；从第Ⅳ级到第Ⅲ级上升一级的有四平、邯郸、岳阳、宁德、荆州、泰安、襄阳、泰州、九江、濮阳、西宁等城市；从第Ⅴ级到第Ⅲ级上升两级的有天津等城市。从第Ⅰ级到第Ⅳ级下降三级的有辽阳等城市；从第Ⅲ级到第Ⅳ级下降一级的有包头、贵阳、湛江、益阳、台州、绥化、汉中、渭南、聊城等城市；从第Ⅴ级到第Ⅳ级上升一级的有开封、铜陵、朔州、邵阳、深圳、呼和浩特、随州、白山、滨州、长沙、焦作等城市。从第Ⅲ级到第Ⅴ级下降两级的有淄博、长春、临沂、咸阳等城市；从第Ⅳ级到第Ⅴ级下降一级的有烟台、河源、漳州、潍坊、七台河、威海、安阳等城市；从第Ⅱ级到第Ⅴ级下降三级的有抚顺、江门、茂名、中山等城市。

中国284个城市2019年增长潜力水平分级情况见表42。

表42　2019年城市增长潜力水平等级划分

增长潜力水平等级	城市
第Ⅰ级 （共63个）	大庆、丹东、克拉玛依、伊春、葫芦岛、铁岭、盘锦、朝阳、晋中、锦州、双鸭山、阳江、陇南、曲靖、大连、金昌、昭通、通化、乌海、韶关、云浮、雅安、绵阳、河池、资阳、庆阳、黑河、苏州、鹤岗、延安、六安、贺州、定西、榆林、广元、普洱、清远、宿州、本溪、秦皇岛、营口、丽江、镇江、重庆、保山、徐州、运城、钦州、黄山、大同、平顶山、鸡西、牡丹江、梅州、忻州、珠海、北海、固原、张家界、佛山、石嘴山、新余、连云港
第Ⅱ级 （共79个）	吉安、梧州、临汾、十堰、百色、常州、金华、宿迁、宜春、商丘、东营、辽源、遵义、昆明、吴忠、安康、无锡、汕尾、三亚、乌兰察布、呼伦贝尔、乐山、驻马店、芜湖、舟山、南京、鄂州、湖州、景德镇、唐山、阜阳、中卫、吕梁、平凉、贵港、永州、亳州、日照、鹤壁、盐城、丽水、南平、海口、玉溪、临沧、宣城、商洛、沈阳、长治、眉山、菏泽、周口、宜宾、张家口、上海、安顺、温州、衡阳、铜川、衢州、嘉兴、赣州、武威、三门峡、池州、遂宁、六盘水、来宾、滁州、广安、南通、淮安、萍乡、常德、巴彦淖尔、郴州、娄底、内江、德阳
第Ⅲ级 （共60个）	咸宁、达州、鞍山、攀枝花、北京、漯河、承德、三明、南充、淮南、信阳、保定、乌鲁木齐、安庆、孝感、泸州、玉林、怀化、上饶、杭州、枣庄、防城港、汕头、四平、南宁、邯郸、绍兴、岳阳、宁德、自贡、崇左、抚州、南昌、阳泉、扬州、宝鸡、衡水、荆州、龙岩、泰安、天津、广州、惠州、襄阳、白城、银川、济南、宁波、佳木斯、荆门、齐齐哈尔、西安、泰州、九江、巴中、马鞍山、天水、濮阳、莆田、西宁

续表

增长潜力 水平等级	城市
第Ⅳ级 （共35个）	辽阳、包头、黄冈、贵阳、开封、湛江、益阳、台州、肇庆、绥化、福州、新乡、淮北、济宁、铜陵、汉中、朔州、渭南、邵阳、太原、鹰潭、聊城、深圳、呼和浩特、随州、潮州、白山、德州、滨州、厦门、南昌、长沙、武汉、焦作、鄂尔多斯
第Ⅴ级 （共47个）	淄博、东莞、烟台、抚顺、江门、合肥、河源、湘潭、哈尔滨、黄石、漳州、邢台、赤峰、洛阳、潍坊、茂名、株洲、嘉峪关、七台河、长春、泉州、石家庄、蚌埠、兰州、青岛、廊坊、宜昌、沧州、成都、桂林、张掖、临沂、吉林、揭阳、咸阳、许昌、威海、安阳、阜新、中山、晋城、酒泉、白银、郑州、柳州、松原、通辽

8. 2018年城市增长潜力水平分级情况

和2017年相比，2018年增长潜力水平从第Ⅱ级到第Ⅰ级上升一级的有普洱、定西、东营、秦皇岛、鸡西、商洛、石嘴山、商丘、运城、平顶山、玉溪等城市；从第Ⅳ级到第Ⅰ级上升三级的有贺州等城市。从第Ⅰ级到第Ⅱ级下降一级的有菏泽、遵义、钦州、沈阳、乌兰察布、北海、衢州、永州、南平、中山、临沧、中卫等城市；从第Ⅲ级到第Ⅱ级上升一级的有贵港、萍乡、临汾、唐山、宜宾、遂宁、无锡、阳泉、吕梁、平凉、温州等城市；从第Ⅳ级到第Ⅱ级上升两级的有抚顺、广安、眉山等城市。从第Ⅱ级到第Ⅲ级下降一级的有南宁、安庆、长治、怀化、台州、长春、盐城、漯河、孝感、湛江、扬州、抚州、天水等城市；从第Ⅳ级到第Ⅲ级上升一级的有上饶、衡阳、衡水、包头等城市；从第Ⅴ级到第Ⅲ级上升两级的有阜阳、淮南等城市。从第Ⅲ级到第Ⅳ级下降一级的有安阳、潍坊、泰州、福州、漳州、潮州、厦门、鄂尔多斯等城市；从第Ⅰ级到第Ⅳ级下降三级的有七台河等城市；从第Ⅱ级到第Ⅳ级下降两级的有池州、宁德等城市；从第Ⅴ级到第Ⅳ级上升一级的有淮北、南昌等城市。从第Ⅳ级到第Ⅴ级下降一级的有邵阳、呼和浩特、兰州、泉州等城市。

中国284个城市2018年增长潜力水平分级情况见表43。

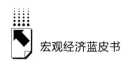

表43 2018年城市增长潜力水平等级划分

增长潜力水平等级	城市
第Ⅰ级 (共65个)	葫芦岛、大庆、伊春、克拉玛依、朝阳、双鸭山、锦州、鹤岗、大连、黑河、河池、晋中、金昌、盘锦、榆林、丹东、苏州、延安、绵阳、乌海、百色、资阳、陇南、韶关、庆阳、营口、广元、曲靖、本溪、普洱、定西、昭通、雅安、丽江、来宾、珠海、新余、黄山、张家界、阳江、通化、东营、六安、秦皇岛、铁岭、汕尾、重庆、鸡西、辽阳、商洛、宿州、贺州、云浮、三亚、石嘴山、安康、固原、昆明、商丘、运城、吉安、武威、平顶山、驻马店、玉溪
第Ⅱ级 (共80个)	乐山、保山、菏泽、遵义、鞍山、六盘水、宜春、大同、攀枝花、忻州、佛山、常州、钦州、沈阳、乌兰察布、贵港、北海、衢州、永州、南平、清远、安顺、湖州、吴忠、上海、十堰、南京、日照、丽水、中山、鄂州、宿迁、萍乡、景德镇、防城港、张家口、金华、临汾、徐州、亳州、临沧、宣城、惠州、海口、嘉兴、茂名、南通、白城、淮安、中卫、崇左、娄底、唐山、德阳、信阳、舟山、郴州、周口、乌鲁木齐、连云港、北京、宜宾、常德、江门、梅州、达州、遂宁、抚顺、赣州、无锡、芜湖、阳泉、广安、吕梁、平凉、眉山、宁波、呼伦贝尔、温州、玉林
第Ⅲ级 (共60个)	三门峡、巴中、南宁、安庆、长治、怀化、南充、上饶、台州、镇江、长春、咸宁、保定、盐城、杭州、汕头、枣庄、漯河、巴彦淖尔、承德、孝感、湛江、鹤壁、铜川、咸阳、渭南、淄博、扬州、西安、齐齐哈尔、汉中、贵阳、滁州、三明、广州、银川、抚州、莆田、天水、聊城、绥化、内江、自贡、阜阳、佳木斯、南阳、龙岩、绍兴、宝鸡、临沂、衡阳、荆门、马鞍山、济南、泸州、衡水、淮南、梧州、包头、益阳
第Ⅳ级 (共34个)	西宁、安阳、四平、九江、潍坊、荆州、七台河、池州、淮北、太原、泰安、襄阳、岳阳、宁德、黄冈、邯郸、泰州、福州、新乡、肇庆、牡丹江、漳州、潮州、厦门、济宁、威海、武汉、濮阳、烟台、鹰潭、德州、鄂尔多斯、河源、南昌
第Ⅴ级 (共45个)	铜陵、滨州、天津、蚌埠、白山、哈尔滨、开封、邵阳、呼和浩特、东莞、深圳、长沙、朔州、随州、赤峰、兰州、泉州、湘潭、揭阳、合肥、洛阳、邢台、嘉峪关、吉林、晋城、青岛、辽源、廊坊、黄石、焦作、石家庄、株洲、成都、桂林、柳州、许昌、阜新、宜昌、沧州、张掖、白银、郑州、松原、酒泉、通辽

9. 2017年城市增长潜力水平分级情况

和2016年相比,2017年增长潜力水平从第Ⅴ级到第Ⅰ级上升四级的有七台河、鹤岗、晋中、来宾等城市;从第Ⅱ级到第Ⅰ级上升一级的有乌海、中卫、新余、乌兰察布、汕尾、六安、北海、通化、宿州、南平、昆明、钦州、衢州、永州等城市;从第Ⅳ级到第Ⅰ级上升三级的有延安等城市;从第Ⅲ级到第Ⅰ级上升两级的有盘锦、三亚等城市。从第Ⅰ级到第Ⅱ级下降一级的有定西、清远、佛山、宜春、六盘水、信阳、惠州、普洱、白城、鞍山、池州、天水等城市；从第Ⅴ级到第Ⅱ级上升三级的有大同、攀枝花、长治等城市；从第Ⅲ级到第Ⅱ级上升一级的有平顶山、秦皇岛、南宁、达州、商丘、石嘴山、常德、鸡西、十堰、忻州、亳州、孝感、宁波、漯河、周口、乌鲁木齐、张家口、湛江等城市；从第Ⅳ级到第Ⅱ级上升两级的有海口等城市。从第Ⅱ级到第Ⅲ级下降一级的有宝鸡、鹤壁、平凉、临汾、西安、绥化、南阳、贵港等城市；从第Ⅴ级到第Ⅲ级上升两级的有咸阳、内江、三门峡、阳泉、绍兴等城市；从第Ⅳ级到第Ⅲ级上升一级的有铜川、贵阳、枣庄、莆田、南充、吕梁、保定、厦门、淄博、唐山、漳州、银川、马鞍山、泰州、自贡、佳木斯等城市；从第Ⅰ级到第Ⅲ级下降两级的有萍乡、巴彦淖尔等城市。从第Ⅱ级到第Ⅳ级下降两级的有眉山、河源、贺州等城市；从第Ⅲ级到第Ⅳ级下降一级的有荆州、广安、包头、上饶、烟台、呼和浩特等城市；从第Ⅴ级到第Ⅳ级上升一级的有九江、泰安、衡阳、四平、黄冈、泉州、新乡、邯郸、武汉等城市；从第Ⅰ级到第Ⅳ级下降三级的有抚顺等城市。从第Ⅱ级到第Ⅴ级下降三级的有赤峰、白山、辽源、宜昌、张掖、松原、白银等城市；从第Ⅲ级到第Ⅴ级下降两级的有淮南、阜阳、嘉峪关、吉林、酒泉等城市；从第Ⅳ级到第Ⅴ级下降一级的有揭阳、天津、哈尔滨等城市；从第Ⅰ级到第Ⅴ级下降四级的有阜新、通辽等城市。

中国284个城市2017年增长潜力水平分级情况见表44。

表44　2017年城市增长潜力水平等级划分

增长潜力水平等级	城市
第Ⅰ级（共66个）	朝阳、克拉玛依、葫芦岛、双鸭山、黑河、大庆、伊春、七台河、大连、鹤岗、河池、锦州、晋中、绵阳、丽江、丹东、雅安、榆林、广元、金昌、百色、苏州、乌海、延安、盘锦、张家界、中卫、资阳、武威、韶关、新余、辽阳、营口、黄山、珠海、曲靖、乌兰察布、临沧、庆阳、汕尾、阳江、重庆、固原、沈阳、本溪、陇南、昭通、云浮、来宾、六安、吉安、康安、铁岭、驻马店、北海、通化、宿州、南平、昆明、菏泽、钦州、三亚、衢州、永州、遵义、中山

增长潜力 水平等级	城市
第Ⅱ级 (共80个)	定西、东营、吴忠、清远、玉溪、佛山、防城港、宜春、保山、六盘水、信阳、金华、湖州、常州、大同、惠州、丽水、安顺、日照、平顶山、运城、宿迁、徐州、上海、普洱、淮安、秦皇岛、南宁、茂名、白城、郴州、南京、达州、商丘、舟山、鄂州、石嘴山、宣城、常德、景德镇、海口、鸡西、十堰、嘉兴、娄底、忻州、南通、连云港、呼伦贝尔、江门、德阳、北京、亳州、鞍山、乐山、安庆、梅州、孝感、盐城、芜湖、抚州、宁德、玉林、宁波、台州、漯河、商洛、周口、怀化、乌鲁木齐、池州、天水、张家口、崇左、攀枝花、湛江、长治、赣州、扬州、长春
第Ⅲ级 (共60个)	无锡、宝鸡、遂宁、宜宾、鹤壁、平凉、渭南、镇江、三明、咸阳、铜川、咸宁、益阳、杭州、临汾、巴中、贵阳、西安、汉中、温州、汕头、绥化、南阳、枣庄、莆田、滁州、内江、南充、聊城、荆门、吕梁、泸州、临沂、保定、福州、厦门、淄博、广州、鄂尔多斯、龙岩、齐齐哈尔、三门峡、唐山、承德、漳州、梧州、阳泉、银川、安阳、济南、萍乡、潮州、贵港、马鞍山、潍坊、绍兴、泰州、巴彦淖尔、自贡、佳木斯
第Ⅳ级 (共33个)	衡水、眉山、荆州、濮阳、九江、泰安、衡阳、襄阳、肇庆、岳阳、广安、西宁、包头、四平、河源、黄冈、威海、牡丹江、上饶、烟台、济宁、泉州、抚顺、新乡、德州、邵阳、呼和浩特、兰州、太原、贺州、鹰潭、邯郸、武汉
第Ⅴ级 (共45个)	滨州、赤峰、淮南、开封、南昌、蚌埠、湘潭、长沙、东莞、随州、揭阳、阜阳、深圳、朔州、洛阳、成都、嘉峪关、天津、白山、淮北、廊坊、铜陵、合肥、焦作、青岛、株洲、吉林、桂林、阜新、哈尔滨、邢台、柳州、辽源、黄石、石家庄、晋城、许昌、宜昌、沧州、张掖、松原、白银、酒泉、郑州、通辽

10. 2016年城市增长潜力水平分级情况

和2015年相比，2016年增长潜力水平从第Ⅱ级到第Ⅰ级上升一级的有朝阳、云浮、阳江、张家界、宜春、吉安、资阳、驻马店、菏泽、白城、雅安、萍乡、六盘水、武威等城市；从第Ⅴ级到第Ⅰ级上升四级的有克拉玛依、丹东、本溪、辽阳、营口、大连、鞍山、沈阳、锦州、曲靖、抚顺等城市；从第Ⅳ级到第Ⅰ级上升三级的有阜新等城市。从第Ⅲ级到第Ⅱ级上升一级的有西安、乌海、中卫、德阳、贺州、通化、长春、绥化、赣州、台州、宁德、运城、鄂州、嘉兴、安庆等城市；从第Ⅰ级到第Ⅱ级下降一级的有金华、贵港、盐城、玉溪、丽水、南阳、新余、宿迁、汕尾、保山、北海、防城港、淮安、钦州、平凉、玉林、梅州、呼伦贝尔、白银、抚州、乐山、景德镇、连云港、湖州、宣城等城市；从第Ⅴ级到第Ⅱ级上升三级的有东营、怀化等城市；从第Ⅳ级到第Ⅱ级上升两级的有吴忠、宜昌、昆明等城市。从第Ⅴ级到第Ⅲ级上升两级的有盘锦、秦皇岛、济南、淮南、达州、忻州等城市；从第Ⅱ级到第Ⅲ级下降一级的有潍坊、杭州、咸宁、遂宁、汉中、渭南、湛江、安阳、三明、聊城、鄂尔多斯、孝感、荆门、龙岩、阜阳、上饶、南宁、宜宾、包头、周口、宁波、滁州、嘉峪关等城市；从第Ⅰ级到第Ⅲ级下降两级的有梧州、亳州等城市；从第Ⅳ级到第Ⅲ级上升一级的有益阳、广安、吉林、巴中、张家口、福州、温州、酒泉、鸡西等城市。从第Ⅱ级到第Ⅳ级下降两级的有莆田、濮阳、衡水、铜川、肇庆、兰州等城市；从第Ⅲ级到第Ⅳ级下降一级的有哈尔滨、邵阳、天津、泰州、马鞍山、德州、海口、吕梁、威海、枣庄、佳木斯、牡丹江、揭阳等城市；从第Ⅰ级到第Ⅳ级下降三级的有贵阳等城市；从第Ⅴ级到第Ⅳ级上升一级的有鹰潭、唐山、延安等城市。从第Ⅳ级到第Ⅴ级下降一级的有湘潭、攀枝花、滨州、深圳、晋中、成都、四平、青岛、焦作等城市；从第Ⅲ级到第Ⅴ级下降两级的有桂林、内江、随州、咸阳、黄冈、泰安、绍兴、九江、蚌埠、廊坊、长沙等城市；从第Ⅰ级到第Ⅴ级下降四级的有七台河、鹤岗等城市；从第Ⅱ级下降三级的有大同等城市。

中国284个城市2016年增长潜力水平分级情况见表45。

表45　2016年城市增长潜力水平等级划分

增长潜力水平等级	城市
第Ⅰ级 （共62个）	朝阳、黑河、克拉玛依、丹东、本溪、辽阳、广元、营口、葫芦岛、定西、双鸭山、大庆、伊春、阜新、清远、河池、大连、鞍山、陇南、沈阳、百色、临沧、云浮、庆阳、锦州、榆林、信阳、苏州、阳江、金昌、昭通、固原、池州、张家界、韶关、普洱、黄山、宜春、曲靖、中山、吉安、丽江、珠海、资阳、抚顺、驻马店、巴彦淖尔、菏泽、白城、天水、重庆、安康、通辽、绵阳、遵义、雅安、惠州、铁岭、萍乡、六盘水、佛山、武威

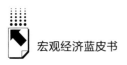
续表

增长潜力 水平等级	城市
第Ⅱ级 （共 78 个）	衢州、西安、金华、赤峰、商洛、贵港、盐城、玉溪、丽水、南阳、乌海、宿州、新余、中卫、宿迁、郴州、汕尾、乌兰察布、保山、东营、六安、北海、永州、吴忠、舟山、防城港、淮安、辽源、南平、钦州、日照、常州、德阳、平凉、徐州、玉林、河源、贺州、通化、梅州、呼伦贝尔、崇左、白银、上海、南京、松原、安顺、抚州、乐山、长春、白山、宝鸡、南通、景德镇、娄底、绥化、连云港、湖州、江门、宜昌、赣州、宣城、张掖、茂名、怀化、临汾、扬州、眉山、昆明、鹤壁、台州、芜湖、宁德、运城、鄂州、嘉兴、北京、安庆
第Ⅲ级 （共 60 个）	盘锦、潍坊、石嘴山、杭州、咸宁、三亚、遂宁、汉中、梧州、秦皇岛、益阳、渭南、湛江、安阳、三明、常德、聊城、亳州、鄂尔多斯、漯河、孝感、荆门、龙岩、阜阳、上饶、临沂、广安、南宁、无锡、广州、汕头、呼和浩特、承德、平顶山、吉林、乌鲁木齐、宜宾、包头、十堰、周口、荆州、巴中、商丘、张家口、泸州、宁波、福州、济南、淮南、烟台、滁州、镇江、潮州、达州、温州、齐齐哈尔、嘉峪关、忻州、酒泉、鸡西
第Ⅳ级 （共 35 个）	莆田、哈尔滨、濮阳、贵阳、邵阳、鹰潭、天津、泰州、岳阳、衡水、唐山、马鞍山、德州、南充、海口、铜川、吕梁、延安、淄博、太原、威海、肇庆、漳州、枣庄、西宁、济宁、厦门、自贡、佳木斯、保定、牡丹江、兰州、银川、襄阳、揭阳
第Ⅴ级 （共 49 个）	新乡、湘潭、攀枝花、邯郸、衡阳、来宾、桂林、长治、内江、随州、泉州、东莞、咸阳、滨州、深圳、黄冈、泰安、绍兴、武汉、九江、洛阳、蚌埠、廊坊、晋中、南昌、淮北、株洲、三门峡、铜陵、七台河、成都、四平、长沙、青岛、朔州、开封、邢台、石家庄、焦作、鹤岗、沧州、柳州、合肥、阳泉、黄石、许昌、郑州、大同、晋城

11. 2015 年城市增长潜力水平分级情况

中国 284 个城市 2015 年增长潜力水平分级情况见表 46。

表 46　2015 年城市增长潜力水平等级划分

增长潜力 水平等级	城市
第Ⅰ级 （共 66 个）	黑河、铁岭、双鸭山、广元、大庆、丽江、天水、陇南、定西、平凉、普洱、绵阳、庆阳、安康、呼伦贝尔、遵义、清远、昭通、中山、新余、伊春、保山、贵港、榆林、通辽、鹤岗、白银、汕尾、信阳、韶关、固原、巴彦淖尔、黄山、梧州、金华、重庆、河池、惠州、盐城、玉林、葫芦岛、景德镇、淮安、贵阳、七台河、佛山、连云港、池州、钦州、南阳、临沧、金昌、玉溪、防城港、北海、梅州、亳州、乐山、湖州、抚州、宣城、百色、丽水、宿迁、珠海、苏州

续表

增长潜力水平等级	城市
第Ⅱ级 （共77个）	遂宁、徐州、萍乡、江门、南宁、吉安、六盘水、常州、安顺、武威、乌兰察布、云浮、朝阳、六安、菏泽、永州、资阳、张掖、赤峰、濮阳、包头、日照、衡水、白山、临汾、龙岩、南平、眉山、阳江、扬州、杭州、鹤壁、上海、南京、阜阳、铜川、南通、嘉峪关、娄底、商洛、茂名、聊城、潍坊、河源、宁波、湛江、莆田、北京、大同、芜湖、崇左、舟山、肇庆、驻马店、安阳、周口、衢州、宝鸡、宜春、宜宾、上饶、张家界、汉中、荆门、松原、咸宁、雅安、辽源、三明、白城、宿州、兰州、鄂尔多斯、郴州、孝感、渭南、滁州
第Ⅲ级 （共59个）	枣庄、贺州、嘉兴、呼和浩特、汕头、中卫、十堰、通化、临沂、邵阳、三亚、桂林、齐齐哈尔、吕梁、泸州、安庆、镇江、台州、常德、广州、德阳、赣州、乌海、泰州、运城、哈尔滨、承德、绥化、长春、商丘、荆州、无锡、德州、潮州、牡丹江、随州、鄂州、蚌埠、西安、黄冈、内江、九江、海口、绍兴、咸阳、宁德、揭阳、长沙、漯河、威海、马鞍山、泰安、石嘴山、乌鲁木齐、平顶山、烟台、天津、佳木斯、廊坊
第Ⅳ级 （共34个）	滨州、青岛、温州、宜昌、攀枝花、济宁、成都、太原、巴中、阜新、吴忠、酒泉、银川、张家口、自贡、益阳、厦门、深圳、淄博、西宁、焦作、昆明、漳州、广安、湘潭、四平、岳阳、保定、晋中、福州、吉林、鸡西、襄阳、南充
第Ⅴ级 （共48个）	怀化、济南、东营、来宾、武汉、铜陵、株洲、东莞、柳州、秦皇岛、曲靖、淮南、洛阳、丹东、开封、南昌、唐山、衡阳、泉州、辽阳、鹰潭、忻州、石家庄、邯郸、大连、沧州、新乡、朔州、营口、郑州、本溪、延安、沈阳、合肥、达州、邢台、抚顺、盘锦、淮北、晋城、长治、克拉玛依、三门峡、黄石、鞍山、阳泉、锦州、许昌

（四）中国城市政府效率水平分级情况

将2010年以来、2000年以来、1990年以来和2022年、2021年、2020年、2019年、2018年、2017年、2016年和2015年284个城市政府效率水平进行分级。

1. 2010年以来城市平均政府效率水平分级情况

和2000年以来相比，2010年以来平均政府效率水平从第Ⅱ级到第Ⅰ级上升一级的有鸡西、威海、烟台等城市。从第Ⅰ级到第Ⅱ级下降一级的有阜新、太原、朝阳、广州、巴中、天津等城市；从第Ⅲ级到第Ⅱ级上升一级的有黄冈、济宁、漳州、龙岩、昭通、淄博、滨州、宜昌、荆门、日照、运城、海口等城市。从第Ⅱ级到第Ⅲ级下降一级的有阳泉、攀枝花、长沙、泸州、天水、株洲、宜宾、衡阳、白城、湘潭、德阳、包头、合肥、蚌埠、桂林、赣州等城市；从第Ⅳ级到第Ⅲ级上升一级的有随州、石嘴山、乌兰察布、滁州、晋城、陇南、定西等城市。从第Ⅲ级到第Ⅳ级下降一级的有江门、重庆、清远、贵阳、铜陵、淮南、昆明、九江、南昌、马鞍山等城市；从第Ⅱ级到第Ⅳ级下降两级的有西宁等城市；从第Ⅴ级到第Ⅳ级上升一级的有莆田、鄂州、亳州、朔州、金昌、晋中、中卫、揭阳等城市。从第Ⅲ级到第Ⅴ级下降两级的有柳州、兰州等城市；从第Ⅳ级到第Ⅴ级下降一级的有佛山、玉溪、百色、六安、鹰潭、宿州、鄂尔多斯、宜春、曲靖、承德、梧州等城市。

中国 284 个城市 2010 年以来平均政府效率水平分级情况见表 47。

表 47　2010 年以来城市平均政府效率水平等级划分

政府效率水平等级	城市
第Ⅰ级 （共 48 个）	北京、杭州、南京、苏州、伊春、齐齐哈尔、上海、宁波、温州、无锡、常州、连云港、淮安、镇江、沈阳、徐州、舟山、嘉兴、绍兴、丽水、南通、扬州、盐城、泰州、金华、宿迁、大连、厦门、衢州、深圳、抚顺、湖州、台州、鸡西、佳木斯、锦州、鞍山、鹤岗、本溪、七台河、双鸭山、固原、威海、丹东、烟台、辽阳、营口、牡丹江
第Ⅱ级 （共 72 个）	大庆、阜新、武汉、济南、三明、太原、朝阳、广州、巴中、青岛、黑河、盘锦、哈尔滨、西安、葫芦岛、绵阳、绥化、铁岭、成都、遂宁、南充、天津、克拉玛依、珠海、泰安、德州、菏泽、临沂、辽源、自贡、怀化、黄石、南平、三亚、十堰、广元、荆州、吉林、潍坊、黄冈、聊城、呼和浩特、济宁、雅安、四平、赤峰、呼伦贝尔、宁德、娄底、漳州、龙岩、通化、邵阳、大同、昭通、银川、东营、益阳、淄博、内江、滨州、福州、眉山、乐山、宜昌、荆门、长春、日照、忻州、白山、运城、海口
第Ⅲ级 （共 62 个）	阳泉、枣庄、攀枝花、长沙、泸州、孝感、张掖、天水、河源、岳阳、郴州、株洲、泉州、宜宾、衡阳、永州、张家界、资阳、白城、湘潭、吴忠、宝鸡、德阳、常德、包头、铜川、松原、梅州、黄山、合肥、临汾、蚌埠、平凉、安康、随州、桂林、河池、巴彦淖尔、广安、汉中、襄阳、阜阳、肇庆、南宁、长治、乌海、石嘴山、景德镇、达州、乌鲁木齐、乌兰察布、赣州、遵义、滁州、咸阳、晋城、白银、芜湖、韶关、东莞、陇南、定西
第Ⅳ级 （共 40 个）	安庆、江门、商洛、重庆、潮州、咸宁、西宁、云浮、清远、莆田、惠州、武威、贵阳、铜陵、淮南、昆明、九江、南昌、萍乡、阳江、马鞍山、上饶、通辽、湛江、吕梁、鄂州、淮北、亳州、朔州、吉安、张家口、金昌、晋中、中卫、普洱、揭阳、中山、秦皇岛、保定、汕头

政府效率 水平等级	城市
第Ⅴ级 (共62个)	柳州、佛山、汕尾、玉溪、百色、兰州、渭南、六安、鹰潭、抚州、池州、茂名、玉林、宿州、宣城、鄂尔多斯、宜春、酒泉、曲靖、延安、承德、钦州、石家庄、嘉峪关、新余、丽江、梧州、信阳、榆林、三门峡、唐山、郑州、平顶山、贵港、廊坊、驻马店、周口、邢台、防城港、保山、庆阳、南阳、邯郸、开封、衡水、安顺、濮阳、焦作、北海、临沧、安阳、新乡、洛阳、商丘、沧州、漯河、六盘水、鹤壁、崇左、来宾、贺州、许昌

2. 2000年以来城市平均政府效率水平分级情况

和1990年以来相比，2000年以来平均政府效率水平从第Ⅱ级到第Ⅰ级上升一级的有宿迁、泰州、盐城、固原、台州、巴中等城市。从第Ⅰ级到第Ⅱ级下降一级的有葫芦岛、盘锦、铁岭、武汉、珠海等城市；从第Ⅲ级到第Ⅱ级上升一级的有荆州、雅安、菏泽、聊城、赣州、乐山、东营、宁德、白城等城市。从第Ⅱ级到第Ⅲ级下降一级的有景德镇、海口、宝鸡、南昌、乌鲁木齐、重庆、兰州、柳州等城市；从第Ⅳ级到第Ⅲ级上升一级的有平凉、安康、泉州、遵义、清远等城市。从第Ⅲ级到第Ⅳ级下降一级的有安庆、惠州、乌兰察布、汕头、梧州等城市；从第Ⅴ级到第Ⅳ级上升一级的有陇南、定西、上饶、商洛、普洱、曲靖、百色等城市。从第Ⅳ级到第Ⅴ级下降一级的有玉林、晋中、新余、郑州、宣城、茂名、抚州、三门峡等城市。

中国284个城市2000年以来平均政府效率水平分级情况见表48。

表48　2000年以来城市平均政府效率水平等级划分

政府效率 水平等级	城市
第Ⅰ级 (共51个)	北京、上海、杭州、南京、伊春、沈阳、苏州、抚顺、大连、齐齐哈尔、深圳、宁波、丹东、无锡、温州、锦州、丽水、连云港、徐州、常州、厦门、阜新、本溪、鞍山、南通、淮安、佳木斯、镇江、衢州、扬州、舟山、营口、嘉兴、金华、绍兴、辽阳、宿迁、泰州、盐城、鹤岗、湖州、朝阳、广州、固原、双鸭山、台州、天津、巴中、牡丹江、七台河、太原

续表

政府效率 水平等级	城市
第Ⅱ级 （共74个）	葫芦岛、鸡西、威海、南充、盘锦、铁岭、武汉、绵阳、烟台、珠海、济南、遂宁、天水、青岛、广元、自贡、辽源、成都、黑河、哈尔滨、三明、大庆、西安、吉林、通化、泰安、绥化、呼伦贝尔、白山、内江、娄底、怀化、十堰、呼和浩特、阳泉、眉山、荆州、克拉玛依、雅安、长春、南平、泸州、临沂、四平、菏泽、德阳、大同、宜宾、银川、邵阳、长沙、株洲、忻州、益阳、赤峰、德州、三亚、聊城、黄石、合肥、蚌埠、桂林、福州、潍坊、赣州、衡阳、乐山、攀枝花、包头、湘潭、西宁、东营、宁德、白城
第Ⅲ级 （共63个）	济宁、景德镇、运城、龙岩、黄冈、海口、宝鸡、荆门、淄博、河源、日照、岳阳、资阳、汉中、常德、永州、梅州、昭通、滨州、郴州、枣庄、南昌、宜昌、河池、韶关、漳州、东莞、乌鲁木齐、铜川、重庆、黄山、张掖、南宁、达州、乌海、松原、芜湖、江门、长治、临汾、白银、淮南、肇庆、张家界、阜阳、孝感、贵阳、平凉、安康、广安、吴忠、襄阳、泉州、巴彦淖尔、铜陵、兰州、昆明、咸阳、遵义、清远、柳州、九江、马鞍山
第Ⅳ级 （共39个）	武威、随州、安庆、惠州、乌兰察布、陇南、定西、滁州、石嘴山、湛江、晋城、萍乡、吉安、云浮、阳江、咸宁、张家口、潮州、通辽、上饶、汕头、宜春、秦皇岛、六安、保定、玉溪、中山、商洛、承德、普洱、淮北、鄂尔多斯、鹰潭、佛山、曲靖、梧州、宿州、百色、吕梁
第Ⅴ级 （共57个）	莆田、玉林、晋中、鄂州、新余、朔州、延安、汕尾、郑州、亳州、酒泉、宣城、茂名、揭阳、抚州、渭南、信阳、丽江、石家庄、三门峡、周口、金昌、中卫、廊坊、开封、榆林、钦州、池州、唐山、嘉峪关、邢台、驻马店、贵港、南阳、洛阳、北海、邯郸、防城港、平顶山、新乡、衡水、保山、安顺、庆阳、安阳、焦作、商丘、沧州、临沧、濮阳、漯河、鹤壁、来宾、贺州、崇左、许昌、六盘水

3. 1990年以来城市平均政府效率水平分级情况

中国284个城市1990年以来平均政府效率水平分级情况见表49。

表49 1990年以来城市平均政府效率水平等级划分

政府效率 水平等级	城市
第Ⅰ级 （共50个）	北京、上海、杭州、沈阳、南京、抚顺、大连、伊春、丹东、齐齐哈尔、鞍山、锦州、阜新、本溪、苏州、营口、深圳、宁波、辽阳、天津、厦门、丽水、温州、常州、无锡、南通、佳木斯、衢州、镇江、金华、鹤岗、广州、太原、徐州、连云港、绍兴、双鸭山、七台河、嘉兴、舟山、珠海、扬州、朝阳、淮安、牡丹江、铁岭、武汉、葫芦岛、湖州、盘锦

续表

政府效率 水平等级	城市
第Ⅱ级 （共74个）	台州、盐城、哈尔滨、青岛、宿迁、绵阳、泰州、南充、济南、威海、成都、自贡、西宁、广元、遂宁、辽源、白山、阳泉、巴中、西安、呼和浩特、通化、烟台、泰安、鸡西、长春、桂林、固原、呼伦贝尔、大庆、合肥、三明、德阳、天水、大同、眉山、株洲、福州、吉林、银川、内江、四平、景德镇、蚌埠、南昌、长沙、黑河、怀化、泸州、十堰、绥化、益阳、宜宾、乌鲁木齐、克拉玛依、湘潭、三亚、邵阳、南平、宝鸡、娄底、黄石、临沂、德州、攀枝花、海口、兰州、柳州、潍坊、衡阳、重庆、忻州、赤峰、包头
第Ⅲ级 （共64个）	淮南、雅安、荆州、韶关、乐山、南宁、贵阳、菏泽、江门、昆明、淄博、白城、济宁、东营、聊城、铜陵、赣州、日照、东莞、岳阳、芜湖、河源、宜昌、马鞍山、运城、梅州、长治、铜川、常德、枣庄、宁德、汉中、九江、达州、荆门、龙岩、乌海、巴彦淖尔、资阳、永州、临汾、肇庆、安庆、滨州、惠州、黄山、阜阳、松原、黄冈、郴州、襄阳、白银、汕头、张掖、河池、梧州、张家界、乌兰察布、咸阳、吴忠、昭通、漳州、孝感、广安
第Ⅳ级 （共40个）	萍乡、清远、遵义、承德、张家口、郑州、秦皇岛、泉州、保定、湛江、平凉、石嘴山、滁州、通辽、安康、阳江、中山、玉溪、随州、咸宁、佛山、潮州、吉安、宿州、晋城、新余、云浮、茂名、淮北、晋中、鹰潭、吕梁、宜春、六安、武威、玉林、鄂尔多斯、抚州、三门峡、宣城
第Ⅴ级 （共56个）	延安、上饶、开封、陇南、石家庄、定西、曲靖、洛阳、鄂州、普洱、百色、朔州、揭阳、汕尾、唐山、商洛、莆田、北海、周口、新乡、渭南、邢台、信阳、亳州、平顶山、钦州、南阳、丽江、廊坊、池州、邯郸、酒泉、防城港、安阳、中卫、榆林、嘉峪关、贵港、金昌、焦作、商丘、衡水、驻马店、保山、安顺、鹤壁、沧州、贺州、濮阳、来宾、临沧、崇左、漯河、庆阳、许昌、六盘水

4. 2022年城市政府效率水平分级情况

和2021年相比，2022年政府效率水平从第Ⅱ级到第Ⅰ级上升一级的有本溪、绵阳、德州等城市。从第Ⅰ级到第Ⅱ级下降一级的有厦门、沈阳等城市；从第Ⅲ级到第Ⅱ级上升一级的有达州、阜阳、黄山、赤峰等城市。从第Ⅱ级到第Ⅲ级下降一级的有娄底、阜新、朝阳等城市；从第Ⅳ级到第Ⅲ级上升一级的有上饶、池州、抚州、九江、宣城等城市。从第Ⅲ级到第Ⅳ级下降一级的有汉中、珠海、宝鸡、深圳等城市；从第Ⅴ级到第Ⅳ级上升一级的有武威等城市。

中国284个城市2022年政府效率水平分级情况见表50。

表50　2022年城市政府效率水平等级划分

政府效率 水平等级	城市
第Ⅰ级 （共49个）	杭州、北京、温州、伊春、舟山、丽水、宁波、绍兴、衢州、嘉兴、金华、湖州、齐齐哈尔、南京、苏州、镇江、徐州、台州、淮安、连云港、无锡、扬州、盐城、泰州、宿迁、南通、七台河、常州、哈尔滨、上海、鸡西、济南、鹤岗、三明、双鸭山、佳木斯、烟台、泰安、牡丹江、大庆、威海、自贡、青岛、固原、本溪、绵阳、德州、大连、抚顺
第Ⅱ级 （共70个）	厦门、沈阳、绥化、黑河、锦州、遂宁、龙岩、潍坊、济宁、南平、菏泽、四平、内江、鞍山、临沂、宁德、淄博、聊城、巴中、西安、漳州、营口、枣庄、广元、黄石、东营、乐山、滨州、攀枝花、南充、雅安、福州、眉山、辽阳、太原、成都、泉州、怀化、广安、昭通、宜昌、日照、三亚、吉林、荆州、泸州、辽源、白山、德阳、盘锦、郴州、通化、资阳、黄冈、武汉、海口、达州、铁岭、宜宾、阜阳、呼伦贝尔、丹东、葫芦岛、十堰、荆门、黄山、天津、呼和浩特、赤峰、克拉玛依
第Ⅲ级 （共61个）	合肥、娄底、阜新、白城、朝阳、蚌埠、芜湖、孝感、株洲、巴彦淖尔、衡阳、长春、滁州、湘潭、安庆、张掖、淮南、景德镇、岳阳、包头、张家界、乌兰察布、大同、商洛、淮北、阳泉、常德、莆田、松原、益阳、马鞍山、吴忠、玉溪、桂林、赣州、陇南、忻州、乌海、襄阳、铜陵、铜川、运城、萍乡、遵义、普洱、广州、长沙、亳州、石嘴山、定西、天水、上饶、西宁、乌鲁木齐、池州、邵阳、抚州、随州、九江、宣城、咸宁
第Ⅳ级 （共39个）	吕梁、汉中、中卫、重庆、珠海、宿州、临汾、丽江、鄂州、宝鸡、白银、六安、深圳、南昌、平凉、咸阳、长治、吉安、永州、鹰潭、通辽、河池、河源、晋城、梅州、昆明、安康、新余、银川、宜春、朔州、金昌、曲靖、柳州、玉林、晋中、贵阳、肇庆、武威
第Ⅴ级 （共65个）	嘉峪关、钦州、百色、保山、梧州、南宁、延安、酒泉、贵港、韶关、渭南、安顺、秦皇岛、保定、郑州、三门峡、揭阳、鄂尔多斯、云浮、潮州、张家口、临沧、清远、石家庄、防城港、阳江、邢台、庆阳、廊坊、惠州、东莞、汕头、江门、唐山、平顶山、承德、崇左、信阳、汕尾、茂名、榆林、北海、来宾、湛江、佛山、焦作、六盘水、兰州、邯郸、中山、新乡、安阳、开封、驻马店、南阳、周口、衡水、濮阳、贺州、漯河、洛阳、沧州、鹤壁、商丘、许昌

5. 2021年城市政府效率水平分级情况

和2020年相比，2021年政府效率水平从第Ⅱ级到第Ⅰ级上升一级的有自贡、厦门等城市。从第Ⅰ级到第Ⅱ级下降一级的有本溪、锦州等城市；从第Ⅲ级到第Ⅱ级上升一级的有广安、德阳、宜宾、郴州等城市。从第Ⅱ级到第Ⅲ级下降一级的有赤峰、孝感、张掖、商洛、陇南等城市；从第Ⅳ级到第Ⅲ级上升一级的有淮北、马鞍山、铜陵、普洱、萍乡、亳州等城市。从第Ⅲ级到第Ⅳ级下降一级的有中卫、平凉、临汾、河源、永州、河池、安康、银川等城市；从第Ⅴ级到第Ⅳ级上升一级的有柳州、宜春等城市。从第Ⅳ级到第Ⅴ级下降一级的有武威、百色、渭南、韶关等城市。

中国284个城市2021年政府效率水平分级情况见表51。

表51　2021年城市政府效率水平等级划分

政府效率 水平等级	城市
第Ⅰ级 （共48个）	杭州、北京、温州、伊春、舟山、丽水、衢州、绍兴、金华、宁波、嘉兴、南京、苏州、齐齐哈尔、湖州、镇江、徐州、连云港、台州、淮安、扬州、无锡、盐城、宿迁、南通、泰州、常州、七台河、哈尔滨、上海、鸡西、双鸭山、济南、佳木斯、固原、鹤岗、三明、泰安、烟台、威海、牡丹江、青岛、大连、大庆、沈阳、自贡、抚顺、厦门
第Ⅱ级 （共70个）	德州、本溪、锦州、绵阳、绥化、遂宁、黑河、潍坊、济宁、菏泽、龙岩、南平、鞍山、临沂、聊城、淄博、四平、内江、巴中、广元、东营、宁德、漳州、枣庄、营口、南充、滨州、攀枝花、西安、黄石、乐山、福州、太原、眉山、雅安、昭通、辽源、日照、辽阳、三亚、泉州、荆州、武汉、白山、吉林、成都、宜昌、怀化、黄冈、泸州、资阳、通化、广安、克拉玛依、德阳、铁岭、十堰、丹东、盘锦、呼和浩特、呼伦贝尔、宜宾、天津、葫芦岛、阜新、郴州、海口、荆门、朝阳、娄底
第Ⅲ级 （共61个）	达州、赤峰、黄山、白城、阜阳、孝感、合肥、张掖、商洛、蚌埠、长春、巴彦淖尔、衡阳、株洲、岳阳、湘潭、芜湖、大同、陇南、张家界、滁州、松原、淮南、吴忠、安庆、莆田、包头、忻州、景德镇、益阳、乌兰察布、运城、阳泉、铜川、常德、广州、桂林、淮北、乌海、遵义、玉溪、赣州、长沙、襄阳、石嘴山、汉中、定西、天水、邵阳、马鞍山、铜陵、乌鲁木齐、随州、深圳、西宁、宝鸡、普洱、珠海、萍乡、亳州、咸宁
第Ⅳ级 （共39个）	中卫、上饶、平凉、重庆、临汾、池州、白银、河源、永州、鄂州、吕梁、河池、宣城、抚州、丽江、九江、长治、咸阳、宿州、安康、六安、通辽、银川、晋城、梅州、南昌、吉安、昆明、鹰潭、金昌、朔州、曲靖、贵阳、玉林、新余、晋中、肇庆、柳州、宜春
第Ⅴ级 （共66个）	武威、钦州、百色、南宁、渭南、嘉峪关、延安、韶关、梧州、保山、酒泉、揭阳、云浮、潮州、保定、贵港、清远、郑州、安顺、阳江、秦皇岛、张家口、庆阳、三门峡、惠州、鄂尔多斯、江门、东莞、石家庄、临沧、汕头、廊坊、防城港、信阳、平顶山、崇左、邢台、唐山、茂名、承德、汕尾、湛江、榆林、佛山、北海、兰州、六盘水、来宾、焦作、中山、周口、南阳、驻马店、开封、安阳、邯郸、新乡、衡水、濮阳、贺州、漯河、洛阳、沧州、鹤壁、商丘、许昌

6. 2020年城市政府效率水平分级情况

和2019年相比，2020年政府效率水平从第Ⅱ级到第Ⅰ级上升一级的有固原、牡丹江、三明、大庆、青岛等城市。从第Ⅲ级到第Ⅱ级上升一级的有陇南、攀枝花、乐山、荆门、怀化、资阳、泉州、张掖、泸州、海口等城市。从第Ⅳ级到第Ⅲ级上升一级的有定西、阜阳、景德镇、天水、咸宁、淮南、滁州、芜湖、中卫、西宁、桂林、玉溪、安庆等城市；从第Ⅱ级到第Ⅲ级下降一级的有深圳等城市。从第Ⅲ级到第Ⅳ级下降一级的有长治、梅州等城市；从第Ⅴ级到第Ⅳ级上升一级的有亳州、马鞍山、普洱、九江、池州、吉安、宿州、鹰潭、六安、宣城、丽江、新余、曲靖、玉林、百色、武威、贵阳等城市。从第Ⅳ级到第Ⅴ级下降一级的有云浮、南宁、揭阳、潮州、阳江、清远、东莞、江门等城市。

中国 284 个城市 2020 年政府效率水平分级情况见表 52。

表 52　2020 年城市政府效率水平等级划分

政府效率 水平等级	城市
第Ⅰ级 （共 48 个）	北京、杭州、伊春、南京、温州、苏州、齐齐哈尔、舟山、衢州、丽水、金华、绍兴、嘉兴、宁波、镇江、淮安、连云港、宿迁、无锡、扬州、徐州、盐城、南通、七台河、湖州、台州、常州、泰州、双鸭山、哈尔滨、固原、上海、鸡西、佳木斯、牡丹江、沈阳、济南、鹤岗、大连、威海、泰安、抚顺、烟台、三明、锦州、大庆、青岛、本溪
第Ⅱ级 （共 71 个）	厦门、鞍山、德州、黑河、绥化、自贡、菏泽、遂宁、辽源、潍坊、临沂、济宁、聊城、营口、绵阳、广元、太原、南平、商洛、淄博、黄石、黄冈、东营、龙岩、南充、内江、武汉、四平、荆州、陇南、呼伦贝尔、宁德、巴中、漳州、滨州、十堰、辽阳、铁岭、呼和浩特、阜新、枣庄、丹东、西安、朝阳、攀枝花、昭通、福州、白山、克拉玛依、雅安、日照、宜昌、眉山、吉林、盘锦、通化、乐山、天津、三亚、成都、赤峰、娄底、葫芦岛、荆门、孝感、怀化、资阳、泉州、张掖、泸州、海口
第Ⅲ级 （共 62 个）	德阳、宜宾、大同、巴彦淖尔、运城、忻州、广安、长春、郴州、松原、白城、达州、岳阳、铜川、益阳、定西、吴忠、张家界、合肥、黄山、汉中、石嘴山、衡阳、广州、株洲、平凉、阜阳、蚌埠、湘潭、深圳、随州、阳泉、乌海、长沙、赣州、包头、景德镇、邵阳、宝鸡、天水、莆田、咸宁、淮南、河池、滁州、芜湖、珠海、乌兰察布、临汾、遵义、襄阳、银川、中卫、安康、西宁、乌鲁木齐、常德、河源、桂林、玉溪、安庆、永州
第Ⅳ级 （共 39 个）	长治、白银、淮北、吕梁、萍乡、上饶、咸阳、鄂州、晋城、铜陵、通辽、重庆、亳州、马鞍山、梅州、普洱、九江、池州、吉安、抚州、南昌、渭南、朔州、金昌、晋中、宿州、鹰潭、六安、肇庆、宣城、昆明、丽江、新余、曲靖、玉林、百色、武威、贵阳、韶关
第Ⅴ级 （共 64 个）	云浮、南宁、宜春、延安、揭阳、潮州、阳江、嘉峪关、钦州、清远、酒泉、保定、柳州、庆阳、梧州、张家口、崇左、东莞、惠州、江门、保山、秦皇岛、鄂尔多斯、贵港、汕头、信阳、郑州、石家庄、汕尾、湛江、临沧、廊坊、三门峡、承德、安顺、平顶山、榆林、兰州、茂名、佛山、唐山、防城港、中山、邢台、周口、南阳、来宾、驻马店、焦作、北海、开封、衡水、贺州、邯郸、安阳、濮阳、六盘水、新乡、漯河、沧州、洛阳、鹤壁、商丘、许昌

7. 2019年城市政府效率水平分级情况

和2018年相比，2019年政府效率水平从第Ⅱ级到第Ⅰ级上升一级的有济南、烟台等城市。从第Ⅰ级到第Ⅱ级下降一级的有鞍山、大庆等城市；从第Ⅲ级到第Ⅱ级上升一级的有内江、昭通、雅安、孝感、白山、眉山等城市。从第Ⅱ级到第Ⅲ级下降一级的有怀化、运城、大同、珠海、忻州、铜川、邵阳等城市；从第Ⅳ级到第Ⅲ级上升一级的有陇南、黄山、蚌埠、赣州、随州、襄阳等城市。从第Ⅲ级到第Ⅳ级下降一级的有咸阳、景德镇、西宁、晋城、天水、肇庆、朔州等城市；从第Ⅴ级到第Ⅳ级上升一级的有中卫、玉溪、抚州等城市。从第Ⅳ级到第Ⅴ级下降一级的有惠州、延安、湛江等城市。

中国284个城市2019年政府效率水平分级情况见表53。

表53 2019年城市政府效率水平等级划分

政府效率 水平等级	城市
第Ⅰ级 （共43个）	杭州、北京、南京、苏州、温州、伊春、舟山、金华、齐齐哈尔、宁波、丽水、绍兴、衢州、嘉兴、镇江、淮安、连云港、无锡、扬州、常州、宿迁、南通、盐城、徐州、泰州、台州、湖州、上海、七台河、大连、沈阳、哈尔滨、鸡西、双鸭山、佳木斯、抚顺、济南、鹤岗、泰安、锦州、威海、烟台、本溪
第Ⅱ级 （共67个）	青岛、牡丹江、三明、鞍山、厦门、固原、大庆、菏泽、德州、营口、黑河、临沂、绥化、潍坊、济宁、聊城、太原、武汉、辽阳、遂宁、丹东、朝阳、自贡、阜新、辽源、东营、呼和浩特、铁岭、商洛、淄博、南平、绵阳、南充、克拉玛依、滨州、呼伦贝尔、龙岩、宁德、漳州、广元、四平、枣庄、日照、巴中、黄石、盘锦、成都、内江、黄冈、福州、西安、三亚、荆州、十堰、深圳、宜昌、葫芦岛、娄底、赤峰、天津、昭通、吉林、通化、雅安、孝感、白山、眉山
第Ⅲ级 （共60个）	攀枝花、怀化、泉州、乐山、运城、海口、巴彦淖尔、大同、汉中、荆门、益阳、珠海、泸州、长春、忻州、宜宾、广州、资阳、张掖、铜川、松原、岳阳、德阳、长沙、陇南、邵阳、郴州、吴忠、白城、广安、宝鸡、阳泉、张家界、安康、株洲、达州、平凉、包头、河源、石嘴山、银川、衡阳、临汾、乌海、湘潭、遵义、合肥、永州、莆田、黄山、乌兰察布、乌鲁木齐、蚌埠、河池、赣州、随州、常德、襄阳、梅州、长治
第Ⅳ级 （共41个）	咸阳、定西、景德镇、西宁、晋城、天水、桂林、咸宁、肇庆、阜阳、重庆、滁州、芜湖、吕梁、安庆、白银、淮南、韶关、朔州、中卫、通辽、淮北、晋中、鄂尔多斯、云浮、萍乡、玉溪、南宁、昆明、金昌、上饶、清远、东莞、铜陵、揭阳、阳江、潮州、江门、渭南、抚州、南昌

续表

政府效率 水平等级	城市
第Ⅴ级 （共73个）	九江、马鞍山、亳州、吉安、普洱、惠州、池州、延安、汕尾、曲靖、武威、鹰潭、湛江、贵阳、六安、宿州、宣城、张家口、新余、中山、百色、保定、丽江、柳州、钦州、汕头、玉林、佛山、崇左、茂名、宜春、榆林、信阳、兰州、秦皇岛、石家庄、梧州、酒泉、鄂尔多斯、郑州、平顶山、嘉峪关、贵港、三门峡、庆阳、承德、廊坊、唐山、保山、安顺、防城港、驻马店、临沧、周口、南阳、开封、焦作、邢台、贺州、安阳、濮阳、北海、来宾、新乡、邯郸、衡水、洛阳、漯河、六盘水、沧州、鹤壁、商丘、许昌

8. 2018年城市政府效率水平分级情况

和2017年相比，2018年政府效率水平从第Ⅲ级到第Ⅰ级上升两级的有哈尔滨等城市；从第Ⅱ级到第Ⅰ级上升一级的有泰安、威海、大庆等城市。从第Ⅰ级到第Ⅱ级下降一级的有厦门、固原、深圳等城市；从第Ⅲ级到第Ⅱ级上升一级的有宁德、滨州、荆州、枣庄、福州、铜川、商洛等城市。从第Ⅱ级到第Ⅲ级下降一级的有广州、昭通、张掖、阳泉、临汾、银川、河源等城市；从第Ⅳ级到第Ⅲ级上升一级的有乌鲁木齐、达州、莆田、遵义等城市；从第Ⅴ级到第Ⅲ级上升两级的有西宁等城市。从第Ⅲ级到第Ⅳ级下降一级的有桂林、黄山、蚌埠、韶关、南宁等城市；从第Ⅴ级到第Ⅳ级上升一级的有渭南、鄂州、南昌、延安等城市。从第Ⅳ级到第Ⅴ级下降一级的有汕尾、中山、亳州、佛山、贵阳等城市。

中国284个城市2018年政府效率水平分级情况见表54。

表54 2018年城市政府效率水平等级划分

政府效率 水平等级	城市
第Ⅰ级 （共43个）	南京、杭州、北京、苏州、伊春、齐齐哈尔、温州、舟山、金华、淮安、镇江、无锡、连云港、宁波、常州、嘉兴、绍兴、丽水、盐城、扬州、衢州、南通、宿迁、徐州、泰州、上海、大连、台州、沈阳、湖州、七台河、哈尔滨、鸡西、抚顺、鹤岗、佳木斯、双鸭山、锦州、本溪、鞍山、泰安、威海、大庆

续表

政府效率 水平等级	城市
第Ⅱ级 （共68个）	济南、牡丹江、厦门、三明、营口、青岛、烟台、固原、辽阳、丹东、黑河、太原、阜新、朝阳、绥化、武汉、铁岭、菏泽、德州、克拉玛依、天津、盘锦、临沂、潍坊、葫芦岛、娄底、聊城、济宁、深圳、吉林、自贡、东营、运城、遂宁、南平、成都、南充、呼和浩特、辽源、广元、巴中、绵阳、大同、呼伦贝尔、漳州、四平、黄石、淄博、西安、龙岩、三亚、十堰、黄冈、日照、宁德、滨州、宜昌、怀化、荆州、枣庄、福州、忻州、珠海、赤峰、邵阳、通化、铜川、商洛
第Ⅲ级 （共60个）	内江、泉州、广州、松原、海口、白山、昭通、张掖、阳泉、孝感、雅安、眉山、岳阳、临汾、乐山、长春、安康、张家界、攀枝花、郴州、荆门、汉中、益阳、银川、河源、永州、宝鸡、长沙、株洲、宜宾、吴忠、晋城、巴彦淖尔、泸州、长治、白城、资阳、咸阳、德阳、湘潭、平凉、衡阳、乌兰察布、常德、梅州、肇庆、乌鲁木齐、广安、达州、河池、包头、石嘴山、乌海、朔州、景德镇、莆田、天水、遵义、合肥、西宁
第Ⅳ级 （共40个）	桂林、晋中、黄山、随州、赣州、吕梁、定西、蚌埠、襄阳、韶关、陇南、咸宁、重庆、云浮、安庆、阜阳、南宁、江门、东莞、清远、滁州、芜湖、阳江、潮州、淮南、白银、渭南、萍乡、惠州、鄂州、昆明、上饶、金昌、淮北、南昌、延安、通辽、铜陵、湛江、揭阳
第Ⅴ级 （共73个）	抚州、吉安、九江、中卫、汕尾、中山、亳州、玉溪、武威、张家口、马鞍山、鹰潭、佛山、保定、池州、钦州、汕头、百色、柳州、茂名、贵阳、曲靖、榆林、兰州、玉林、普洱、宿州、平顶山、新余、秦皇岛、石家庄、宣城、信阳、丽江、六安、宜春、酒泉、嘉峪关、梧州、承德、驻马店、鄂尔多斯、唐山、三门峡、廊坊、崇左、贵港、郑州、周口、防城港、庆阳、南阳、开封、焦作、安阳、邢台、保山、临沧、来宾、濮阳、北海、衡水、邯郸、新乡、洛阳、安顺、漯河、贺州、商丘、沧州、鹤壁、许昌、六盘水

9. 2017年城市政府效率水平分级情况

和2016年相比，2017年政府效率水平从第Ⅱ级到第Ⅰ级上升一级的有湖州等城市。从第Ⅰ级到第Ⅱ级下降一级的有营口、丹东、辽阳、阜新、太原、广州等城市；从第Ⅲ级到第Ⅱ级上升一级的有龙岩、淄博等城市。从第Ⅱ级到第Ⅲ级下降一级的有荆州、白山、张家界、南宁、永州、雅安、晋城、益阳、长治、宝鸡、梅州等城市；从第Ⅳ级到第Ⅲ级上升一级的有乌兰察布、商洛、景德镇、广安等城市。从第Ⅲ级到第Ⅳ级下降一级的有江门、云浮、东莞、清远、乌鲁木齐、安庆、阳江、阜阳、滁州、潮州、晋中、惠州、贵阳、汕尾等城市；从第Ⅴ级到第Ⅳ级上升一级的有定西、陇南等城

市。从第Ⅳ级到第Ⅴ级下降一级的有马鞍山、鄂州、保定、张家口、渭南、兰州、汕头、茂名、钦州、西宁、延安、百色等城市。

中国 284 个城市 2017 年政府效率水平分级情况见表 55。

表 55　2017 年城市政府效率水平等级划分

政府效率 水平等级	城市
第Ⅰ级 （共 42 个）	杭州、南京、北京、齐齐哈尔、苏州、伊春、深圳、厦门、沈阳、无锡、淮安、温州、镇江、连云港、常州、舟山、金华、盐城、上海、南通、扬州、徐州、宿迁、宁波、泰州、丽水、嘉兴、绍兴、衢州、大连、抚顺、七台河、鸡西、鹤岗、台州、佳木斯、双鸭山、鞍山、锦州、湖州、本溪、固原
第Ⅱ级 （共 68 个）	大庆、营口、丹东、泰安、牡丹江、辽阳、武汉、威海、阜新、三明、黑河、烟台、太原、广州、朝阳、克拉玛依、绥化、铁岭、西安、济南、盘锦、运城、珠海、葫芦岛、菏泽、娄底、德州、临沂、天津、成都、呼伦贝尔、吉林、大同、潍坊、南充、三亚、巴中、聊城、怀化、济宁、银川、辽源、自贡、东营、广元、遂宁、赤峰、忻州、呼和浩特、南平、黄冈、绵阳、青岛、邵阳、十堰、漳州、黄石、四平、日照、张掖、阳泉、宜昌、河源、昭通、龙岩、临汾、通化、淄博
第Ⅲ级 （共 61 个）	滨州、荆州、宁德、白山、张家界、长沙、枣庄、南宁、内江、哈尔滨、泉州、永州、松原、雅安、岳阳、铜川、乐山、晋城、益阳、孝感、吴忠、郴州、安康、长治、眉山、攀枝花、株洲、荆门、宝鸡、梅州、平凉、肇庆、宜宾、白城、巴彦淖尔、湘潭、海口、泸州、资阳、汉中、合肥、乌兰察布、河池、衡阳、包头、福州、常德、德阳、长春、桂林、韶关、蚌埠、商洛、石嘴山、乌海、咸阳、朔州、天水、景德镇、广安、黄山
第Ⅳ级 （共 40 个）	江门、云浮、东莞、赣州、清远、乌鲁木齐、安庆、阳江、遵义、阜阳、滁州、潮州、吕梁、晋中、淮南、莆田、达州、惠州、白银、芜湖、随州、襄阳、贵阳、重庆、咸宁、汕尾、湛江、金昌、定西、揭阳、铜陵、中山、昆明、萍乡、上饶、通辽、淮北、陇南、佛山、亳州
第Ⅴ级 （共 73 个）	马鞍山、鄂州、保定、张家口、渭南、兰州、吉安、汕头、九江、茂名、钦州、西宁、中卫、延安、南昌、武威、玉溪、百色、柳州、抚州、鹰潭、池州、曲靖、秦皇岛、玉林、宿州、普洱、平顶山、宣城、信阳、鄂尔多斯、石家庄、承德、六安、丽江、嘉峪关、新余、郑州、驻马店、榆林、梧州、宜春、唐山、酒泉、廊坊、三门峡、贵港、周口、邢台、开封、安阳、焦作、南阳、防城港、濮阳、保山、庆阳、临沧、衡水、北海、邯郸、新乡、来宾、崇左、洛阳、商丘、漯河、安顺、沧州、鹤壁、贺州、许昌、六盘水

10. 2016年城市政府效率水平分级情况

和 2015 年相比，2016 年政府效率水平从第Ⅱ级到第Ⅰ级上升一级的有本溪、七台河、营口、阜新、固原等城市。从第Ⅰ级到第Ⅱ级下降一级的有珠海、湖州、武汉、克拉玛依、威海、大庆等城市；从第Ⅲ级到第Ⅱ级上升一级的有泰安、潍坊、济宁、东营、张家界、日照、晋城、南平、南宁、通化、宜昌、宝鸡、白山等城市；从第Ⅳ级到第Ⅱ级上升两级的有张掖等城市。从第Ⅱ级到第Ⅲ级下降一级的有肇庆、乐山、岳阳、株洲、孝感、荆门、韶关、湘潭、江门、常德、东莞、清远、海口、潮州、乌海等城市；从第Ⅳ级到第Ⅲ级上升一级的有乌鲁木齐、汉中、咸阳、晋中、黄山、安庆等城市；从第Ⅴ级到第Ⅲ级上升两级的有朔州等城市。从第Ⅲ级到第Ⅳ级下降一级的有湛江、广安、随州、襄阳、佛山、揭阳、汕头、茂名等城市；从第Ⅱ级到第Ⅳ级下降两级的有中山等城市；从第Ⅴ级到第Ⅳ级上升一级的有金昌、商洛、渭南、西宁、延安等城市。从第Ⅳ级到第Ⅴ级下降一级的有南昌、吉安、九江、石家庄、柳州、嘉峪关、武威等城市；从第Ⅱ级到第Ⅴ级下降三级的有秦皇岛等城市。

中国284个城市2016年政府效率水平分级情况见表56。

表56　2016年城市政府效率水平等级划分

政府效率 水平等级	城市
第Ⅰ级 （共47个）	杭州、北京、南京、齐齐哈尔、深圳、苏州、伊春、厦门、沈阳、上海、无锡、抚顺、连云港、常州、镇江、宁波、淮安、大连、南通、温州、扬州、盐城、徐州、鞍山、泰州、锦州、鸡西、舟山、金华、宿迁、嘉兴、丽水、绍兴、本溪、鹤岗、丹东、衢州、七台河、营口、辽阳、双鸭山、阜新、佳木斯、太原、固原、台州、广州
第Ⅱ级 （共72个）	朝阳、珠海、湖州、武汉、克拉玛依、威海、大庆、葫芦岛、盘锦、牡丹江、三明、运城、铁岭、烟台、西安、黑河、银川、大同、济南、娄底、绥化、菏泽、三亚、天津、怀化、泰安、忻州、德州、成都、邵阳、黄冈、南充、临汾、巴中、吉林、阳泉、赤峰、临沂、河源、呼伦贝尔、青岛、辽源、十堰、黄石、呼和浩特、广元、遂宁、自贡、昭通、聊城、绵阳、潍坊、济宁、东营、漳州、张家界、长治、永州、四平、日照、晋城、张掖、南平、南宁、通化、宜昌、雅安、宝鸡、梅州、益阳、荆州、白山
第Ⅲ级 （共62个）	肇庆、乐山、长沙、哈尔滨、安康、龙岩、吴忠、白城、滨州、铜川、平凉、岳阳、松原、株洲、泉州、淄博、内江、郴州、孝感、荆门、宁德、韶关、宜宾、枣庄、攀枝花、湘潭、江门、蚌埠、河池、长春、桂林、常德、东莞、眉山、清远、乌鲁木齐、衡阳、海口、泸州、福州、合肥、云浮、包头、阜阳、朔州、潮州、石嘴山、资阳、阳江、汉中、天水、惠州、滁州、咸阳、贵阳、德阳、乌海、汕尾、巴彦淖尔、晋中、黄山、安庆

续表

政府效率 水平等级	城市
第Ⅳ级 （共40个）	湛江、遵义、淮南、芜湖、白银、广安、景德镇、赣州、吕梁、中山、随州、乌兰察布、金昌、襄阳、佛山、揭阳、铜陵、昆明、重庆、咸宁、达州、莆田、钦州、汕头、马鞍山、茂名、亳州、商洛、兰州、保定、淮北、萍乡、张家口、渭南、西宁、鄂州、延安、通辽、上饶、百色
第Ⅴ级 （共63个）	南昌、吉安、九江、秦皇岛、石家庄、柳州、陇南、嘉峪关、鄂尔多斯、承德、中卫、池州、宿州、玉林、信阳、鹰潭、曲靖、玉溪、六安、宣城、定西、普洱、武威、驻马店、平顶山、抚州、榆林、郑州、邢台、唐山、廊坊、贵港、梧州、周口、三门峡、宜春、新余、安阳、开封、酒泉、濮阳、焦作、南阳、丽江、衡水、北海、邯郸、庆阳、新乡、保山、防城港、商丘、临沧、洛阳、安顺、沧州、漯河、六盘水、鹤壁、许昌、来宾、崇左、贺州

11. 2015年城市政府效率水平分级情况

中国284个城市2015年政府效率水平分级情况见表57。

表57　2015年城市政府效率水平等级划分

政府效率 水平等级	城市
第Ⅰ级 （共48个）	南京、北京、杭州、苏州、齐齐哈尔、深圳、无锡、常州、伊春、连云港、南通、镇江、淮安、泰州、徐州、扬州、宿迁、厦门、盐城、宁波、上海、珠海、沈阳、温州、大连、舟山、嘉兴、绍兴、鹤岗、丽水、广州、抚顺、金华、双鸭山、太原、鸡西、锦州、湖州、威海、衢州、台州、大庆、丹东、武汉、佳木斯、克拉玛依、鞍山、辽阳
第Ⅱ级 （共74个）	七台河、盘锦、朝阳、邵阳、葫芦岛、银川、烟台、固原、营口、三明、本溪、巴中、阜新、黑河、西安、三亚、怀化、铁岭、运城、河源、遂宁、岳阳、黄冈、牡丹江、成都、东莞、赤峰、忻州、南充、菏泽、临沂、大同、梅州、济南、十堰、呼伦贝尔、辽源、天津、德州、昭通、黄石、雅安、荆州、益阳、广元、吉林、永州、呼和浩特、株洲、漳州、绥化、青岛、绵阳、海口、阳泉、自贡、潮州、江门、娄底、临汾、乐山、秦皇岛、韶关、湘潭、乌海、孝感、四平、聊城、中山、肇庆、荆门、清远、常德、长治
第Ⅲ级 （共61个）	东营、郴州、通化、龙岩、潍坊、济宁、惠州、吴忠、蚌埠、白山、包头、南平、湛江、桂林、衡阳、宝鸡、河池、石嘴山、日照、哈尔滨、天水、福州、贵阳、南宁、滨州、云浮、泰安、泸州、阳江、泉州、眉山、白城、阜阳、平凉、晋城、宜宾、内江、淄博、德阳、襄阳、张家界、宁德、铜川、资阳、随州、枣庄、长春、茂名、汕尾、长沙、滁州、汕头、安康、松原、佛山、宜昌、合肥、攀枝花、揭阳、巴彦淖尔、广安

续表

政府效率 水平等级	城市
第Ⅳ级 （共40个）	乌鲁木齐、芜湖、晋中、南昌、白银、张掖、咸阳、赣州、咸宁、黄山、乌兰察布、重庆、遵义、汉中、保定、吕梁、淮北、马鞍山、鄂州、萍乡、景德镇、安庆、兰州、张家口、达州、淮南、昆明、柳州、莆田、百色、亳州、九江、武威、钦州、石家庄、通辽、上饶、吉安、嘉峪关、铜陵
第Ⅴ级 （共61个）	中卫、朔州、承德、西宁、普洱、六安、鄂尔多斯、渭南、宿州、廊坊、邢台、三门峡、玉林、唐山、金昌、曲靖、宣城、驻马店、延安、信阳、鹰潭、宜春、陇南、定西、贵港、抚州、南阳、周口、平顶山、郑州、池州、商洛、邯郸、梧州、开封、商丘、濮阳、防城港、榆林、安阳、焦作、新余、安顺、保山、玉溪、北海、沧州、六盘水、丽江、洛阳、衡水、庆阳、新乡、酒泉、临沧、鹤壁、漯河、来宾、许昌、贺州、崇左

（五）中国城市人民生活水平分级情况

将2010年以来、2000年以来、1990年以来和2022年、2021年、2020年、2019年、2018年、2017年、2016年和2015年284个城市人民生活水平进行分级。

1. 2010年以来城市平均人民生活水平分级情况

和2000年以来相比，2010年以来平均人民生活水平从第Ⅱ级到第Ⅰ级上升一级的有无锡、金华、成都、福州、台州、武汉、天津、盘锦等城市。从第Ⅰ级到第Ⅱ级下降一级的有兰州、攀枝花、酒泉、齐齐哈尔、铜川等城市；从第Ⅲ级到第Ⅱ级上升一级的有宜昌、威海、扬州、泉州、烟台、秦皇岛、渭南、北海、鄂尔多斯、泰州、玉溪、重庆、赤峰、哈尔滨、眉山等城市。从第Ⅱ级到第Ⅲ级下降一级的有白山、朝阳、平凉、长治、晋城、吉林、汉中、保山、佳木斯、普洱等城市；从第Ⅳ级到第Ⅲ级上升一级的有潍坊、荆州、淮安、黄冈、平顶山、滨州、广安、宁德、宜宾、马鞍山、芜湖、鹰潭、孝感等城市。从第Ⅲ级到第Ⅳ级下降一级的有梅州、吴忠、承德、陇南、九江、白城、晋中等城市；从第Ⅴ级到第Ⅳ级上升一级的有盐城、漯河、遵义、徐州、日照、聊城、邢台、泰安、济宁、贵港、连云港等

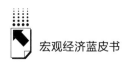

城市。从第Ⅳ级到第Ⅴ级下降一级的有安庆、乌兰察布、固原、安顺、定西、辽源、商洛等城市。

中国 284 个城市 2010 年以来平均人民生活水平分级情况见表 58。

表 58　2010 年以来城市平均人民生活水平等级划分

人民生活水平等级	城市
第Ⅰ级（共 49 个）	黑河、北京、珠海、深圳、乌海、上海、东莞、克拉玛依、嘉峪关、广州、杭州、三亚、苏州、舟山、太原、佛山、伊春、南京、长沙、西安、海口、乌鲁木齐、中山、包头、宁波、丽水、温州、厦门、绍兴、东营、昆明、无锡、金华、金昌、沈阳、鹤岗、忻州、成都、福州、雅安、贵阳、大连、台州、黄山、广元、大同、武汉、天津、盘锦
第Ⅱ级（共 75 个）	衢州、常州、兰州、呼和浩特、攀枝花、西宁、酒泉、武威、大庆、齐齐哈尔、铜川、抚顺、淄博、湖州、莆田、济南、郑州、榆林、南通、绵阳、阳泉、龙岩、南宁、惠州、南昌、韶关、青岛、鞍山、防城港、延安、嘉兴、丽江、汕头、辽阳、张掖、丹东、石嘴山、乐山、银川、宜昌、镇江、十堰、营口、威海、合肥、鸡西、鄂州、扬州、呼伦贝尔、阜新、七台河、张家界、泉州、巴中、双鸭山、烟台、秦皇岛、柳州、葫芦岛、南充、本溪、安康、渭南、北海、鄂尔多斯、运城、吕梁、泰州、朔州、玉溪、南平、重庆、赤峰、哈尔滨、眉山
第Ⅲ级（共 65 个）	白山、朝阳、新余、廊坊、平凉、阳江、长治、铁岭、三明、邵阳、襄阳、咸阳、荆门、晋城、株洲、吉林、临汾、汉中、长春、咸宁、锦州、白银、永州、保山、郴州、潍坊、荆州、石家庄、黄石、淮安、佳木斯、宝鸡、黄冈、唐山、德阳、通化、江门、保定、平顶山、随州、湘潭、张家口、牡丹江、天水、滨州、普洱、泸州、淮北、铜陵、百色、广安、景德镇、资阳、巴彦淖尔、宁德、淮南、吉安、宜宾、马鞍山、怀化、池州、芜湖、河池、鹰潭、孝感
第Ⅳ级（共 40 个）	梅州、吴忠、盐城、玉林、桂林、赣州、三门峡、焦作、洛阳、萍乡、常德、安阳、衡水、承德、陇南、达州、九江、自贡、白城、晋中、清远、宜春、内江、漯河、阜阳、庆阳、遂宁、宣城、遵义、徐州、日照、聊城、衡阳、邢台、泰安、济宁、贵港、河源、新乡、连云港
第Ⅴ级（共 55 个）	安庆、上饶、临沂、南阳、乌兰察布、漳州、沧州、六盘水、蚌埠、枣庄、鹤壁、邯郸、钦州、驻马店、开封、潮州、固原、安顺、岳阳、定西、宿迁、濮阳、益阳、信阳、曲靖、辽源、许昌、六安、商洛、亳州、娄底、商丘、菏泽、通辽、四平、梧州、湛江、滁州、德州、肇庆、周口、云浮、抚州、昭通、宿州、来宾、贺州、茂名、中卫、松原、临沧、崇左、汕尾、揭阳、绥化

2. 2000年以来城市平均人民生活水平分级情况

和 1990 年以来相比，2000 年以来平均人民生活水平从第Ⅱ级到第Ⅰ级上升一级的有佛山、苏州、温州、宁波、绍兴等城市。从第Ⅰ级到第Ⅱ级下降一级的有西宁、天津、抚顺、大庆、保山、呼伦贝尔等城市；从第Ⅲ级到第Ⅱ级上升一级的有惠州、南通、嘉兴、青岛、莆田、安康、合肥、镇江、巴中、长治等城市。从第Ⅱ级到第Ⅲ级下降一级的有赤峰、白银、临汾、锦州、宝鸡、牡丹江、淮南、铜陵、通化、巴彦淖尔、百色等城市；从第Ⅳ级到第Ⅲ级上升一级的有泉州、泰州、郴州、襄阳、廊坊、泸州、唐山、随州、保定、景德镇等城市。从第Ⅲ级到第Ⅳ级下降一级的有广安、乌兰察布、桂林、固原、萍乡、马鞍山、河源、庆阳、商洛、定西等城市；从第Ⅴ级到第Ⅳ级上升一级的有淮安、常德、衡水、阜阳、孝感等城市；从第Ⅱ级到第Ⅳ级下降两级的有达州等城市。从第Ⅲ级到第Ⅴ级下降两级的有上饶、临沧等城市；从第Ⅳ级到第Ⅴ级下降一级的有邢台、通辽、六盘水、中卫等城市。

中国 284 个城市 2000 年以来平均人民生活水平分级情况见表 59。

表 59　2000 年以来城市平均人民生活水平等级划分

人民生活 水平等级	城市
第Ⅰ级 （共 46 个）	乌海、黑河、珠海、北京、克拉玛依、深圳、嘉峪关、上海、广州、东莞、伊春、杭州、忻州、乌鲁木齐、太原、三亚、舟山、丽水、佛山、海口、西安、南京、齐齐哈尔、金昌、昆明、鹤岗、厦门、中山、长沙、酒泉、大同、苏州、广元、温州、沈阳、东营、包头、雅安、宁波、铜川、黄山、兰州、贵阳、攀枝花、大连、绍兴
第Ⅱ级 （共 73 个）	西宁、天津、盘锦、金华、抚顺、大庆、武汉、无锡、福州、成都、阳泉、衢州、汕头、呼和浩特、台州、常州、武威、石嘴山、张掖、龙岩、榆林、鸡西、保山、呼伦贝尔、延安、淄博、韶关、郑州、辽阳、银川、绵阳、济南、南昌、丽江、本溪、阜新、南宁、湖州、张家界、乐山、防城港、惠州、丹东、南通、鞍山、七台河、鄂州、白山、十堰、嘉兴、柳州、青岛、莆田、双鸭山、营口、汉中、南充、普洱、安康、葫芦岛、朝阳、朔州、佳木斯、南平、运城、合肥、平凉、吕梁、吉林、晋城、镇江、巴中、长治
第Ⅲ级 （共 64 个）	赤峰、白银、威海、哈尔滨、临汾、秦皇岛、北海、扬州、宜昌、锦州、宝鸡、鄂尔多斯、牡丹江、淮南、三明、铜陵、咸阳、新余、重庆、通化、阳江、眉山、渭南、玉溪、巴彦淖尔、长春、烟台、江门、泉州、株洲、湘潭、梅州、石家庄、百色、淮北、泰州、天水、张家口、德阳、铁岭、黄石、郴州、邵阳、永州、吴忠、襄阳、廊坊、荆门、吉安、咸宁、资阳、九江、晋中、泸州、白城、陇南、河池、唐山、随州、承德、池州、怀化、保定、景德镇

续表

人民生活 水平等级	城市
第Ⅳ级 （共42个）	平顶山、广安、荆州、潍坊、乌兰察布、宜宾、黄冈、桂林、玉林、固原、萍乡、宁德、三门峡、清远、淮安、马鞍山、洛阳、自贡、达州、滨州、赣州、安阳、鹰潭、焦作、河源、庆阳、芜湖、常德、衡阳、内江、宣城、遂宁、宜春、商洛、辽源、新乡、衡水、阜阳、安顺、安庆、孝感、定西
第Ⅴ级 （共59个）	上饶、遵义、邢台、蚌埠、岳阳、徐州、漯河、鹤壁、贵港、连云港、盐城、枣庄、聊城、濮阳、益阳、沧州、泰安、日照、信阳、通辽、娄底、邯郸、六盘水、肇庆、漳州、济宁、潮州、临沂、云浮、开封、四平、钦州、六安、曲靖、滁州、临沧、中卫、湛江、商丘、南阳、菏泽、驻马店、梧州、许昌、抚州、亳州、宿迁、贺州、周口、德州、崇左、来宾、宿州、昭通、茂名、松原、汕尾、揭阳、绥化

3. 1990年以来城市平均人民生活水平分级情况

中国284个城市1990年以来平均人民生活水平分级情况见表60。

表60　1990年以来城市平均人民生活水平等级划分

人民生活 水平等级	城市
第Ⅰ级 （共47个）	黑河、乌海、克拉玛依、嘉峪关、北京、珠海、深圳、伊春、上海、广州、乌鲁木齐、太原、忻州、丽水、东莞、鹤岗、金昌、三亚、海口、舟山、杭州、攀枝花、齐齐哈尔、南京、西安、昆明、广元、兰州、酒泉、雅安、大同、西宁、沈阳、黄山、抚顺、铜川、包头、呼伦贝尔、贵阳、大庆、天津、中山、厦门、保山、大连、长沙、东营
第Ⅱ级 （共74个）	佛山、白山、盘锦、石嘴山、本溪、武威、阳泉、张掖、鸡西、阜新、武汉、温州、延安、普洱、呼和浩特、榆林、福州、佳木斯、乐山、南昌、宁波、淄博、张家界、龙岩、辽阳、防城港、成都、银川、绍兴、苏州、葫芦岛、汕头、韶关、七台河、达州、平凉、淮南、绵阳、巴彦淖尔、柳州、运城、丹东、南宁、金华、白银、郑州、鞍山、无锡、双鸭山、济南、衢州、台州、南平、朔州、湖州、汉中、鄂州、吉林、临汾、朝阳、锦州、常州、吕梁、营口、晋城、牡丹江、宝鸡、十堰、丽江、铜陵、赤峰、通化、百色、南充
第Ⅲ级 （共65个）	嘉兴、长治、哈尔滨、三明、北海、鄂尔多斯、南通、黄石、安康、乌兰察布、长春、惠州、青岛、眉山、陇南、池州、湘潭、新余、秦皇岛、天水、九江、张家口、合肥、巴中、梅州、咸阳、德阳、淮北、承德、咸宁、白城、渭南、吴忠、石家庄、荆门、阳江、河池、威海、吉安、晋中、邵阳、玉溪、萍乡、镇江、莆田、铁岭、定西、马鞍山、资阳、株洲、宜昌、扬州、临沧、上饶、庆阳、广安、江门、永州、商洛、桂林、烟台、重庆、固原、河源、怀化

续表

人民生活 水平等级	城市
第Ⅳ级 （共40个）	泰州、郴州、洛阳、廊坊、随州、辽源、平顶山、遂宁、宜宾、自贡、景德镇、泉州、安顺、玉林、唐山、荆州、内江、泸州、保定、黄冈、赣州、焦作、三门峡、芜湖、襄阳、清远、通辽、宁德、鹰潭、潍坊、六盘水、宜春、新乡、安阳、宣城、滨州、安庆、中卫、邢台、衡阳
第Ⅴ级 （共58个）	常德、鹤壁、沧州、抚州、孝感、蚌埠、肇庆、衡水、枣庄、四平、遵义、岳阳、聊城、濮阳、开封、邯郸、连云港、云浮、贵港、湛江、娄底、益阳、淮安、阜阳、徐州、崇左、漳州、松原、泰安、曲靖、钦州、贺州、滁州、济宁、六安、漯河、潮州、信阳、梧州、日照、盐城、临沂、来宾、商丘、菏泽、许昌、驻马店、绥化、德州、宿迁、亳州、茂名、周口、昭通、南阳、宿州、汕尾、揭阳

4. 2022年城市人民生活水平分级情况

和2021年相比，2022年人民生活水平从第Ⅱ级到第Ⅰ级上升一级的有阳泉、大庆等城市。从第Ⅰ级到第Ⅱ级下降一级的有厦门、昆明、成都、呼和浩特等城市；从第Ⅲ级到第Ⅱ级上升一级的有眉山、唐山、南充等城市。从第Ⅱ级到第Ⅲ级下降一级的有本溪、南平、扬州、锦州、阳江、银川、咸宁等城市。从第Ⅲ级到第Ⅳ级下降一级的有盐城、平凉、普洱、宜宾、资阳等城市；从第Ⅴ级到第Ⅳ级上升一级的有四平、来宾、岳阳等城市。从第Ⅳ级到第Ⅴ级下降一级的有梅州、江门、河源、清远、鹤壁、六盘水、陇南等城市。

中国284个城市2022年人民生活水平分级情况见表61。

表61　2022年城市人民生活水平等级划分

人民生活 水平等级	城市
第Ⅰ级 （共49个）	黑河、北京、上海、深圳、嘉峪关、东莞、包头、珠海、三亚、舟山、广州、克拉玛依、绍兴、苏州、佛山、宁波、伊春、杭州、东营、南京、金昌、福州、沈阳、温州、盘锦、长沙、西安、大连、黄山、中山、乌海、雅安、抚顺、金华、台州、天津、海口、无锡、营口、齐齐哈尔、太原、阳泉、乌鲁木齐、广元、丽水、鹤岗、铜川、衢州、大庆

宏观经济蓝皮书

续表

人民生活 水平等级	城市
第Ⅱ级 （共73个）	厦门、韶关、龙岩、昆明、酒泉、攀枝花、绵阳、防城港、鞍山、成都、呼和浩特、湖州、武威、淄博、大同、莆田、双鸭山、济南、辽阳、丹东、常州、延安、南通、宜昌、嘉兴、张掖、新余、石嘴山、呼伦贝尔、鄂州、铁岭、南宁、惠州、张家界、邵阳、渭南、鄂尔多斯、榆林、兰州、镇江、阜新、泉州、乐山、郑州、通化、咸阳、西宁、北海、三明、朔州、南昌、青岛、柳州、鸡西、巴中、吉林、赤峰、玉溪、贵阳、威海、永州、合肥、十堰、丽江、武汉、葫芦岛、保定、眉山、唐山、朝阳、荆门、七台河、南充
第Ⅲ级 （共63个）	本溪、南平、安康、扬州、锦州、潍坊、襄阳、阳江、佳木斯、郴州、哈尔滨、银川、咸宁、汉中、淮安、白银、泰州、运城、石家庄、张家口、株洲、鹰潭、汕头、保山、忻州、巴彦淖尔、黄石、白山、烟台、广安、湘潭、秦皇岛、三门峡、马鞍山、滨州、宝鸡、随州、百色、芜湖、长治、黄冈、宁德、廊坊、牡丹江、荆州、九江、平顶山、德阳、焦作、长春、晋城、重庆、景德镇、临汾、天水、池州、白城、庆阳、吴忠、常德、吉安、泸州、玉林
第Ⅳ级 （共41个）	乌兰察布、盐城、平凉、怀化、宣城、普洱、宜宾、衡阳、淮北、洛阳、达州、赣州、漯河、资阳、萍乡、贵港、漳州、安阳、聊城、孝感、邯郸、吕梁、铜陵、益阳、衡水、沧州、内江、河池、许昌、晋中、四平、安庆、宜春、淮南、遂宁、邢台、来宾、承德、岳阳、桂林、自贡
第Ⅴ级 （共58个）	梅州、江门、河源、固原、阜阳、清远、鹤壁、六安、辽源、钦州、蚌埠、枣庄、泰安、上饶、六盘水、陇南、南阳、开封、亳州、日照、济宁、通辽、濮阳、曲靖、新乡、潮州、信阳、徐州、驻马店、湛江、宿迁、肇庆、抚州、娄底、遵义、安顺、临沂、商洛、昭通、定西、连云港、梧州、茂名、德州、滁州、崇左、宿州、周口、菏泽、松原、中卫、贺州、临沧、商丘、云浮、汕尾、揭阳、绥化

5. 2021年城市人民生活水平分级情况

和2020年相比，2021年人民生活水平从第Ⅱ级到第Ⅰ级上升一级的有广元、营口等城市。从第Ⅰ级到第Ⅱ级下降一级的有济南、常州等城市；从第Ⅲ级到第Ⅱ级上升一级的有柳州、巴中、永州、吉林、荆门等城市。从第Ⅱ级到第Ⅲ级下降一级的有安康、忻州、石家庄、廊坊等城市；从第Ⅳ级到第Ⅲ级上升一级的有常德、吉安、吴忠等城市。从第Ⅲ级到第Ⅳ级下降一级的有萍乡、吕梁等城市；从第Ⅴ级到第Ⅳ级上升一级的有安庆、河源、许昌、鹤壁等城市。从第Ⅳ级到第Ⅴ级下降一级的有蚌埠、日照、遵义等城市。

中国284个城市2021年人民生活水平分级情况见表62。

表62 2021年城市人民生活水平等级划分

人民生活 水平等级	城市
第Ⅰ级 （共51个）	黑河、北京、深圳、上海、东莞、嘉峪关、珠海、三亚、包头、舟山、克拉玛依、广州、苏州、绍兴、佛山、杭州、伊春、宁波、南京、东营、金昌、沈阳、长沙、福州、温州、中山、西安、盘锦、大连、金华、太原、无锡、海口、黄山、台州、乌海、雅安、丽水、乌鲁木齐、抚顺、衢州、鹤岗、天津、齐齐哈尔、昆明、厦门、广元、铜川、呼和浩特、成都、营口
第Ⅱ级 （共75个）	阳泉、攀枝花、龙岩、鞍山、大庆、湖州、酒泉、大同、济南、绵阳、常州、莆田、淄博、韶关、武威、辽阳、防城港、丹东、双鸭山、延安、鄂州、南通、惠州、嘉兴、宜昌、鄂尔多斯、铁岭、张掖、南宁、榆林、呼伦贝尔、兰州、西宁、石嘴山、新余、阜新、南昌、镇江、贵阳、武汉、郑州、张家界、渭南、青岛、泉州、鸡西、合肥、邵阳、乐山、朝阳、丽江、北海、威海、十堰、咸阳、赤峰、朔州、通化、玉溪、七台河、三明、葫芦岛、柳州、扬州、巴中、本溪、永州、阳江、吉林、保定、荆门、南平、锦州、咸宁、银川
第Ⅲ级 （共64个）	眉山、南充、安康、唐山、襄阳、忻州、潍坊、郴州、哈尔滨、汕头、淮安、佳木斯、石家庄、泰州、白银、秦皇岛、汉中、烟台、廊坊、运城、张家口、白山、株洲、保山、鹰潭、巴彦淖尔、黄石、长治、广安、荆州、重庆、牡丹江、湘潭、宝鸡、黄冈、宁德、随州、滨州、平顶山、芜湖、景德镇、马鞍山、三门峡、德阳、百色、泸州、临汾、天水、长春、焦作、九江、晋城、池州、平凉、庆阳、玉林、白城、宜宾、常德、吉安、盐城、吴忠、普洱、资阳
第Ⅳ级 （共40个）	萍乡、怀化、洛阳、达州、淮北、赣州、乌兰察布、吕梁、孝感、宣城、衡阳、安阳、漯河、衡水、江门、内江、聊城、铜陵、邯郸、贵港、漳州、益阳、沧州、淮南、承德、梅州、桂林、晋中、宜春、邢台、河池、清远、遂宁、安庆、陇南、自贡、河源、许昌、六盘水、鹤壁
第Ⅴ级 （共54个）	阜阳、蚌埠、岳阳、四平、来宾、固原、上饶、枣庄、泰安、钦州、开封、日照、辽源、濮阳、六安、新乡、南阳、徐州、济宁、遵义、宿迁、曲靖、通辽、亳州、潮州、连云港、信阳、驻马店、安顺、娄底、肇庆、湛江、临沂、抚州、定西、商洛、昭通、梧州、茂名、周口、崇左、宿州、德州、滁州、菏泽、中卫、商丘、贺州、松原、临沧、云浮、汕尾、揭阳、绥化

6. 2020年城市人民生活水平分级情况

和2019年相比，2020年人民生活水平从第Ⅱ级到第Ⅰ级上升一级的有黄山、铜川、齐齐哈尔等城市。从第Ⅲ级到第Ⅱ级上升一级的有保定、三明、通化、邵阳、石家庄、南平、安康等城市。从第Ⅱ级到第Ⅲ级下降一级的有柳州、汕头等城市；从第Ⅳ级到第Ⅲ级上升一级的有庆阳、马鞍山、白城、三门峡、玉林、萍乡、九江、普洱等城市。从第Ⅲ级到第Ⅳ级下降一级的有江门、达州、安阳等城市；从第Ⅴ级到第Ⅳ级上升一级的有遂宁、宣

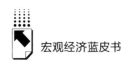
城、贵港、益阳、邢台、蚌埠、自贡、日照等城市。从第Ⅳ级到第Ⅴ级下降一级的有新乡、徐州、阜阳、连云港等城市。

中国 284 个城市 2020 年人民生活水平分级情况见表 63。

表 63　2020 年城市人民生活水平等级划分

人民生活水平等级	城市
第Ⅰ级（共51个）	北京、黑河、深圳、上海、嘉峪关、东莞、珠海、三亚、克拉玛依、苏州、广州、舟山、杭州、包头、佛山、绍兴、伊春、南京、宁波、沈阳、长沙、金昌、东营、太原、中山、温州、福州、西安、无锡、金华、丽水、乌鲁木齐、大连、海口、盘锦、台州、衢州、鹤岗、抚顺、乌海、昆明、雅安、厦门、天津、呼和浩特、成都、黄山、济南、常州、铜川、齐齐哈尔
第Ⅱ级（共74个）	鞍山、广元、大同、湖州、莆田、大庆、丹东、龙岩、淄博、攀枝花、营口、酒泉、辽阳、武威、惠州、绵阳、鄂尔多斯、兰州、延安、西宁、阳泉、贵阳、双鸭山、鄂州、榆林、南昌、南通、防城港、铁岭、武汉、南宁、嘉兴、韶关、郑州、呼伦贝尔、阜新、宜昌、青岛、张掖、镇江、石嘴山、合肥、朝阳、七台河、丽江、北海、张家界、新余、鸡西、渭南、威海、忻州、十堰、泉州、葫芦岛、银川、本溪、朔州、乐山、阳江、扬州、咸阳、赤峰、锦州、玉溪、咸宁、保定、三明、廊坊、通化、邵阳、石家庄、南平、安康
第Ⅲ级（共64个）	永州、吉林、柳州、唐山、南充、汕头、荆门、巴中、眉山、襄阳、哈尔滨、泰州、潍坊、运城、白银、烟台、长治、郴州、淮安、佳木斯、重庆、荆州、张家口、秦皇岛、白山、株洲、黄冈、汉中、巴彦淖尔、黄石、宁德、临汾、平顶山、广安、平凉、宝鸡、保山、牡丹江、天水、泸州、随州、鹰潭、景德镇、滨州、湘潭、晋城、池州、芜湖、资阳、长春、德阳、吕梁、百色、庆阳、宜宾、马鞍山、白城、焦作、三门峡、玉林、萍乡、九江、盐城、普洱
第Ⅳ级（共40个）	吉安、江门、达州、吴忠、常德、赣州、安阳、洛阳、淮北、孝感、怀化、衡水、聊城、内江、铜陵、陇南、乌兰察布、邯郸、晋中、承德、桂林、漯河、衡阳、遂宁、清远、淮南、梅州、沧州、宣城、贵港、漳州、六盘水、遵义、益阳、邢台、蚌埠、河池、自贡、宜春、日照
第Ⅴ级（共55个）	新乡、泰安、河源、徐州、鹤壁、安庆、上饶、濮阳、阜阳、开封、连云港、许昌、济宁、南阳、岳阳、来宾、宿迁、枣庄、钦州、固原、六安、安顺、四平、辽源、驻马店、曲靖、通辽、信阳、临沂、娄底、潮州、定西、亳州、梧州、商洛、崇左、湛江、肇庆、抚州、昭通、周口、德州、菏泽、商丘、滁州、宿州、中卫、茂名、贺州、临沧、云浮、松原、汕尾、揭阳、绥化

7. 2019年城市人民生活水平分级情况

和 2018 年相比，2019 年人民生活水平从第Ⅱ级到第Ⅰ级上升一级的有抚顺、天津、济南等城市。从第Ⅰ级到第Ⅱ级下降一级的有大同、黄山、武汉等城市；从第Ⅲ级到第Ⅱ级上升一级的有新余、北海、咸阳等城市。从第

Ⅱ级到第Ⅲ级下降一级的有南充、荆州、平顶山、平凉等城市；从第Ⅳ级到第Ⅲ级上升一级的有芜湖、百色等城市。从第Ⅲ级到第Ⅳ级下降一级的有庆阳、普洱、吉安、孝感等城市；从第Ⅴ级到第Ⅳ级上升一级的有铜陵、沧州、晋中、乌兰察布、聊城、漳州等城市。从第Ⅳ级到第Ⅴ级下降一级的有河源、自贡、遂宁、日照、宣城、安庆、驻马店等城市。

中国 284 个城市 2019 年人民生活水平分级情况见表 64。

表64　2019 年城市人民生活水平等级划分

人民生活水平等级	城市
第Ⅰ级（共48个）	北京、深圳、黑河、上海、东莞、珠海、嘉峪关、克拉玛依、苏州、三亚、广州、杭州、佛山、舟山、伊春、绍兴、包头、南京、中山、长沙、宁波、沈阳、太原、金昌、东营、海口、西安、乌鲁木齐、无锡、丽水、金华、大连、温州、福州、乌海、鹤岗、厦门、盘锦、衢州、昆明、台州、抚顺、雅安、呼和浩特、天津、成都、常州、济南
第Ⅱ级（共72个）	大同、鞍山、黄山、齐齐哈尔、广元、铜川、大庆、武汉、莆田、丹东、惠州、贵阳、湖州、酒泉、武威、西宁、辽阳、兰州、淄博、营口、鄂尔多斯、双鸭山、铁岭、龙岩、南宁、郑州、攀枝花、延安、鄂州、防城港、南昌、阜新、榆林、嘉兴、南通、宜昌、绵阳、青岛、呼伦贝尔、阳泉、张掖、丽江、镇江、朝阳、忻州、韶关、鸡西、十堰、张家界、合肥、泉州、七台河、阳江、本溪、威海、扬州、银川、石嘴山、赤峰、新余、乐山、锦州、葫芦岛、朔州、渭南、北海、玉溪、咸宁、廊坊、咸阳、柳州、汕头
第Ⅲ级（共64个）	秦皇岛、保定、南平、三明、烟台、哈尔滨、泰州、安康、荆门、襄阳、南充、永州、石家庄、白银、运城、荆州、邵阳、重庆、巴中、唐山、长治、通化、淮安、吉林、郴州、平顶山、眉山、平凉、张家口、潍坊、临汾、株洲、佳木斯、天水、黄冈、白山、黄石、汉中、宝鸡、景德镇、长春、随州、宁德、湘潭、吕梁、广安、巴彦淖尔、泸州、保山、资阳、池州、牡丹江、德阳、滨州、宜宾、鹰潭、江门、安阳、晋城、芜湖、百色、达州、盐城、焦作
第Ⅳ级（共41个）	庆阳、玉林、萍乡、普洱、马鞍山、三门峡、洛阳、吉安、淮北、孝感、桂林、白城、常德、赣州、吴忠、怀化、梅州、九江、内江、衡水、承德、清远、遵义、陇南、漯河、淮南、铜陵、邯郸、衡阳、沧州、六盘水、晋中、徐州、乌兰察布、宜春、聊城、新乡、连云港、阜阳、漳州、河池
第Ⅴ级（共59个）	邢台、河源、自贡、贵港、遂宁、濮阳、益阳、上饶、日照、宣城、安庆、泰安、宿迁、开封、南阳、驻马店、鹤壁、蚌埠、许昌、岳阳、济宁、枣庄、固原、来宾、曲靖、临沂、安顺、通辽、娄底、信阳、潮州、钦州、定西、辽源、四平、梧州、六安、商丘、滁州、崇左、周口、昭通、亳州、商洛、湛江、肇庆、菏泽、中卫、抚州、茂名、德州、宿州、贺州、云浮、临沧、松原、揭阳、汕尾、绥化

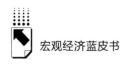

8. 2018年城市人民生活水平分级情况

和2017年相比，2018年人民生活水平从第Ⅱ级到第Ⅰ级上升一级的有呼和浩特、盘锦、大同等城市。从第Ⅰ级到第Ⅱ级下降一级的有广元、贵阳、武威等城市；从第Ⅲ级到第Ⅱ级上升一级的有玉溪、朔州、咸宁、锦州、渭南、柳州等城市。从第Ⅱ级到第Ⅲ级下降一级的有襄阳、秦皇岛、重庆、巴中、泰州、邵阳等城市；从第Ⅳ级到第Ⅲ级上升一级的有池州、达州、巴彦淖尔、鹰潭等城市。从第Ⅲ级到第Ⅳ级下降一级的有赣州、桂林、梅州、淮南等城市；从第Ⅴ级到第Ⅳ级上升一级的有安庆、邯郸、宣城等城市。从第Ⅳ级到第Ⅴ级下降一级的有上饶、铜陵、南阳等城市。

中国284个城市2018年人民生活水平分级情况见表65。

表65 2018年城市人民生活水平等级划分

人民生活水平等级	城市
第Ⅰ级（共48个）	北京、深圳、上海、黑河、珠海、东莞、嘉峪关、克拉玛依、苏州、三亚、广州、杭州、佛山、南京、伊春、舟山、绍兴、中山、长沙、太原、沈阳、海口、宁波、金昌、西安、乌鲁木齐、包头、无锡、丽水、鹤岗、金华、东营、厦门、昆明、大连、雅安、福州、温州、乌海、衢州、成都、台州、呼和浩特、盘锦、常州、大同、黄山、武汉
第Ⅱ级（共73个）	天津、抚顺、广元、贵阳、武威、鞍山、惠州、济南、西宁、大庆、莆田、兰州、郑州、铜川、湖州、酒泉、丹东、铁岭、齐齐哈尔、鄂尔多斯、阜新、辽阳、南宁、淄博、双鸭山、营口、延安、龙岩、南通、南昌、宜昌、嘉兴、攀枝花、榆林、青岛、绵阳、鄂州、防城港、张掖、丽江、忻州、十堰、朝阳、泉州、鸡西、合肥、呼伦贝尔、扬州、阳江、银川、镇江、乐山、七台河、本溪、韶关、阳泉、赤峰、威海、石嘴山、汕头、廊坊、葫芦岛、张家界、玉溪、朔州、平顶山、咸宁、锦州、南充、渭南、荆州、柳州、平凉
第Ⅲ级（共65个）	襄阳、新余、秦皇岛、重庆、巴中、南平、安康、泰州、烟台、北海、咸阳、三明、荆门、永州、运城、邵阳、白银、淮安、晋城、黄冈、吕梁、哈尔滨、张家口、长治、株洲、临汾、眉山、郴州、池州、白山、保定、泸州、石家庄、景德镇、黄石、随州、通化、吉林、宝鸡、江门、天水、唐山、宜宾、汉中、潍坊、湘潭、德阳、长春、宁德、达州、安阳、巴彦淖尔、保山、普洱、佳木斯、盐城、滨州、资阳、吉安、广安、牡丹江、孝感、鹰潭、庆阳、焦作
第Ⅳ级（共40个）	淮北、芜湖、赣州、桂林、梅州、马鞍山、陇南、萍乡、洛阳、遵义、百色、淮南、怀化、三门峡、常德、清远、漯河、玉林、内江、吴忠、承德、阜阳、连云港、宜春、白城、衡水、徐州、新乡、衡阳、驻马店、九江、河池、遂宁、河源、安庆、邯郸、自贡、日照、宣城、六盘水

续表

人民生活水平等级	城市
第Ⅴ级（共58个）	上饶、沧州、漳州、鹤壁、晋中、宿迁、铜陵、邢台、贵港、南阳、开封、濮阳、定西、枣庄、益阳、乌兰察布、许昌、聊城、曲靖、泰安、蚌埠、济宁、娄底、岳阳、临沂、信阳、固原、安顺、潮州、商丘、来宾、钦州、亳州、滁州、通辽、周口、六安、中卫、辽源、梧州、昭通、菏泽、商洛、湛江、四平、肇庆、崇左、抚州、宿州、德州、茂名、贺州、云浮、临沧、汕尾、松原、揭阳、绥化

9. 2017年城市人民生活水平分级情况

和2016年相比，2017年人民生活水平从第Ⅱ级到第Ⅰ级上升一级的有包头、福州、乌海等城市。从第Ⅰ级到第Ⅱ级下降一级的有大同等城市；从第Ⅲ级到第Ⅱ级上升一级的有鄂尔多斯、呼伦贝尔、赤峰、平顶山、张家界等城市。从第Ⅱ级到第Ⅲ级下降一级的有渭南、锦州、淮安等城市；从第Ⅰ级到第Ⅲ级下降两级的有吕梁等城市；从第Ⅳ级到第Ⅲ级上升一级的有潍坊、宁德、滨州、庆阳、焦作等城市。从第Ⅲ级到第Ⅳ级下降一级的有淮北、怀化、阜阳、铜陵等城市；从第Ⅴ级到第Ⅳ级上升一级的有玉林、白城、衡阳等城市。从第Ⅳ级到第Ⅴ级下降一级的有宣城、邢台等城市。

中国284个城市2017年人民生活水平分级情况见表66。

表66　2017年城市人民生活水平等级划分

人民生活水平等级	城市
第Ⅰ级（共48个）	北京、深圳、上海、珠海、黑河、东莞、嘉峪关、克拉玛依、杭州、广州、苏州、三亚、南京、佛山、伊春、舟山、太原、长沙、海口、中山、西安、绍兴、乌鲁木齐、沈阳、丽水、宁波、无锡、金华、金昌、厦门、鹤岗、昆明、雅安、包头、东营、成都、武汉、温州、贵阳、大连、衢州、台州、常州、武威、福州、黄山、广元、乌海
第Ⅱ级（共73个）	天津、大同、呼和浩特、西宁、盘锦、兰州、抚顺、济南、郑州、酒泉、惠州、齐齐哈尔、湖州、莆田、南宁、南通、大庆、鞍山、铜川、攀枝花、南昌、淄博、宜昌、丹东、十堰、辽阳、嘉兴、青岛、阜新、张掖、绵阳、龙岩、榆林、延安、鄂州、双鸭山、扬州、丽江、忻州、铁岭、防城港、营口、鸡西、阳江、乐山、合肥、银川、鄂尔多斯、泉州、镇江、廊坊、朝阳、韶关、阳泉、呼伦贝尔、平凉、七台河、威海、汕头、秦皇岛、巴中、南充、石嘴山、本溪、襄阳、泰州、重庆、荆州、邵阳、葫芦岛、赤峰、平顶山、张家界

续表

人民生活 水平等级	城市
第Ⅲ级 （共65个）	玉溪、咸宁、渭南、安康、朔州、柳州、南平、烟台、锦州、黄冈、淮安、哈尔滨、眉山、永州、运城、新余、荆门、白银、张家口、株洲、临汾、晋城、咸阳、北海、三明、保定、郴州、泸州、随州、白山、长治、黄石、石家庄、吕梁、宝鸡、汉中、德阳、景德镇、长春、宜宾、普洱、天水、唐山、资阳、吉林、安阳、广安、江门、通化、湘潭、孝感、吉安、盐城、保山、佳木斯、梅州、牡丹江、赣州、潍坊、宁德、桂林、滨州、庆阳、淮南、焦作
第Ⅳ级 （共40个）	鹰潭、巴彦淖尔、淮北、遵义、萍乡、洛阳、怀化、芜湖、马鞍山、内江、达州、百色、阜阳、清远、承德、漯河、驻马店、宜春、常德、徐州、自贡、衡水、连云港、陇南、吴忠、河池、三门峡、铜陵、遂宁、新乡、玉林、九江、河源、池州、上饶、南阳、日照、白城、六盘水、衡阳
第Ⅴ级 （共58个）	宣城、沧州、宿迁、邢台、安庆、邯郸、漳州、鹤壁、开封、定西、娄底、商丘、濮阳、贵港、枣庄、临沂、泰安、信阳、益阳、聊城、安顺、蚌埠、岳阳、济宁、许昌、晋中、潮州、钦州、固原、亳州、乌兰察布、曲靖、通辽、滁州、周口、菏泽、梧州、昭通、辽源、贺州、肇庆、六安、中卫、商洛、四平、湛江、德州、宿州、云浮、茂名、抚州、临沧、崇左、汕尾、松原、揭阳、来宾、绥化

10. 2016年城市人民生活水平分级情况

和2015年相比，2016年人民生活水平从第Ⅱ级到第Ⅰ级上升一级的有吕梁、大连、大同、衢州等城市。从第Ⅰ级到第Ⅱ级下降一级的有包头、西宁、兰州、乌海、大庆、忻州等城市；从第Ⅲ级到第Ⅱ级上升一级的有营口、朝阳、本溪、廊坊、锦州、铁岭、淮安等城市；从第Ⅴ级到第Ⅱ级上升三级的有邵阳等城市。从第Ⅱ级到第Ⅲ级下降一级的有安康、张家界、哈尔滨、临汾、烟台、朔州、南平、柳州、运城、长治、呼伦贝尔、晋城等城市；从第Ⅳ级到第Ⅲ级上升一级的有铜陵、淮南、广安、阜阳、怀化等城市。从第Ⅲ级到第Ⅳ级下降一级的有自贡、滨州、河池、宜春、马鞍山、鹰潭、芜湖、遂宁、南阳、宣城等城市；从第Ⅴ级到第Ⅳ级上升一级的有驻马店、六盘水等城市。从第Ⅳ级到第Ⅴ级下降一级的有商丘、玉林、安庆、晋中、潮州、钦州等城市。

中国284个城市2016年人民生活水平分级情况见表67。

表 67　2016 年城市人民生活水平等级划分

人民生活水平等级	城市
第 I 级 （共 47 个）	北京、深圳、珠海、上海、黑河、东莞、克拉玛依、嘉峪关、杭州、广州、南京、苏州、三亚、佛山、太原、海口、长沙、伊春、西安、舟山、乌鲁木齐、吕梁、中山、丽水、鹤岗、沈阳、厦门、无锡、金华、成都、绍兴、武汉、昆明、宁波、金昌、贵阳、雅安、东营、温州、常州、台州、广元、黄山、大连、大同、武威、衢州
第 II 级 （共 73 个）	包头、抚顺、盘锦、西宁、兰州、福州、天津、乌海、郑州、济南、南通、辽阳、呼和浩特、鞍山、攀枝花、酒泉、十堰、南昌、丹东、湖州、淄博、铜川、齐齐哈尔、南宁、大庆、阜新、宜昌、莆田、嘉兴、绵阳、惠州、扬州、青岛、延安、丽江、张掖、榆林、银川、营口、阳江、忻州、鄂州、朝阳、平凉、龙岩、鸡西、乐山、合肥、秦皇岛、巴中、防城港、阳泉、镇江、泰州、葫芦岛、本溪、汕头、韶关、南充、襄阳、邵阳、泉州、双鸭山、威海、荆州、重庆、廊坊、锦州、石嘴山、七台河、渭南、铁岭、淮安
第 III 级 （共 65 个）	眉山、安康、张家界、咸宁、玉溪、黄冈、哈尔滨、临汾、烟台、朔州、南平、柳州、运城、张家口、长治、呼伦贝尔、株洲、白银、黄石、鄂尔多斯、永州、随州、晋城、荆门、长春、赤峰、汉中、泸州、安阳、德阳、白山、石家庄、唐山、宝鸡、铜陵、郴州、北海、平顶山、新余、保定、孝感、普洱、三明、宜宾、梅州、淮南、赣州、湘潭、吉安、江门、牡丹江、咸阳、资阳、盐城、佳木斯、景德镇、通化、淮北、天水、广安、保山、吉林、阜阳、桂林、怀化
第 IV 级 （共 40 个）	遵义、洛阳、自贡、百色、萍乡、滨州、焦作、河池、宜春、徐州、庆阳、承德、马鞍山、宁德、内江、鹰潭、衡水、芜湖、清远、漯河、遂宁、南阳、潍坊、吴忠、驻马店、陇南、连云港、巴彦淖尔、常德、上饶、三门峡、新乡、九江、日照、池州、河源、宣城、邢台、达州、六盘水
第 V 级 （共 59 个）	商丘、玉林、安庆、沧州、衡阳、娄底、宿迁、白城、临沂、信阳、鹤壁、定西、开封、泰安、晋中、漳州、潮州、枣庄、钦州、濮阳、蚌埠、邯郸、亳州、聊城、安顺、贵港、岳阳、济宁、益阳、许昌、菏泽、梧州、周口、滁州、固原、昭通、曲靖、辽源、乌兰察布、肇庆、通辽、德州、云浮、六安、四平、中卫、茂名、宿州、贺州、商洛、湛江、崇左、临沧、抚州、松原、汕尾、揭阳、来宾、绥化

11. 2015年城市人民生活水平分级情况

中国 284 个城市 2015 年人民生活水平分级情况见表 68。

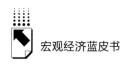
表68　2015年城市人民生活水平等级划分

人民生活水平等级	城市
第Ⅰ级 （共49个）	黑河、珠海、北京、深圳、克拉玛依、上海、东莞、广州、杭州、忻州、太原、三亚、苏州、海口、伊春、西安、南京、嘉峪关、长沙、佛山、无锡、舟山、金华、丽水、乌鲁木齐、贵阳、成都、中山、厦门、昆明、鹤岗、武汉、绍兴、雅安、宁波、东营、广元、金昌、温州、武威、西宁、台州、常州、沈阳、黄山、乌海、包头、兰州、大庆
第Ⅱ级 （共75个）	大连、大同、福州、南通、攀枝花、衢州、郑州、天津、济南、十堰、汕头、淄博、齐齐哈尔、南昌、呼和浩特、张掖、湖州、防城港、嘉兴、莆田、延安、盘锦、秦皇岛、酒泉、青岛、扬州、南宁、银川、绵阳、宜昌、抚顺、龙岩、平凉、乐山、榆林、双鸭山、鸡西、阳泉、阳江、铜川、吕梁、惠州、合肥、泉州、巴中、七台河、泰州、韶关、丹东、石嘴山、丽江、鄂州、柳州、襄阳、鞍山、南充、哈尔滨、重庆、威海、阜新、镇江、南平、葫芦岛、辽阳、张家界、长治、安康、晋城、运城、烟台、渭南、朔州、临汾、荆州、呼伦贝尔
第Ⅲ级 （共65个）	廊坊、玉溪、资阳、长春、赤峰、朝阳、白银、汉中、白山、孝感、株洲、黄冈、营口、泸州、永州、荆门、平顶山、淮北、本溪、德阳、石家庄、北海、宝鸡、眉山、梅州、黄石、三明、江门、随州、吉安、新余、咸宁、淮安、鄂尔多斯、咸阳、桂林、保定、锦州、张家口、佳木斯、牡丹江、唐山、湘潭、景德镇、南阳、河池、普洱、赣州、安阳、铁岭、盐城、宜宾、天水、吉林、郴州、遂宁、自贡、马鞍山、宜春、保山、芜湖、通化、鹰潭、宣城、滨州
第Ⅳ级 （共39个）	宁德、巴彦淖尔、萍乡、怀化、百色、徐州、阜阳、清远、漯河、承德、衡水、洛阳、安庆、遵义、三门峡、内江、吴忠、陇南、广安、潍坊、淮南、上饶、九江、常德、日照、玉林、邢台、新乡、连云港、焦作、达州、河源、池州、潮州、商丘、铜陵、晋中、钦州、庆阳
第Ⅴ级 （共56个）	蚌埠、定西、驻马店、六盘水、临沂、衡阳、宿迁、信阳、沧州、六安、开封、泰安、贵港、梧州、鹤壁、漳州、济宁、邵阳、白城、娄底、安顺、枣庄、商洛、聊城、周口、邯郸、濮阳、滁州、益阳、乌兰察布、固原、许昌、岳阳、菏泽、昭通、曲靖、云浮、亳州、中卫、辽源、德州、湛江、肇庆、宿州、茂名、四平、汕尾、松原、崇左、抚州、临沧、来宾、通辽、揭阳、贺州、绥化

（六）中国城市环境质量水平分级情况

将2010年以来、2000年以来、1990年以来和2022年、2021年、2020年、2019年、2018年、2017年、2016年和2015年284个城市环境质量水平进行分级。

1. 2010年以来城市平均环境质量水平分级情况

和2000年以来相比，2010年以来平均环境质量水平从第Ⅱ级到第Ⅰ级上升一级的有铜川、台州、潮州、达州、新余、张家界、嘉兴、安康、七台河、西安、成都、柳州、鄂尔多斯等城市；从第Ⅲ级到第Ⅰ级上升两级的有遂宁等城市。从第Ⅰ级到第Ⅱ级下降一级的有镇江、大连、漳州、合肥、淮北、芜湖、沈阳、湘潭、马鞍山、绥化等城市；从第Ⅲ级到第Ⅱ级上升一级的有宁德、北海、吉安、泸州、丽水、温州、西宁、阳江、南充、巴中、韶关、汕尾、商丘、漯河、娄底、安顺、鹤壁、咸宁、驻马店、松原、萍乡、绵阳等城市；从第Ⅳ级到第Ⅱ级上升两级的有资阳、钦州、眉山、防城港等城市。从第Ⅱ级到第Ⅲ级下降一级的有中山、石家庄、佳木斯、淮安、茂名、伊春、双鸭山、廊坊、遵义、齐齐哈尔、淮南、盘锦、益阳、聊城、亳州、许昌、济宁、秦皇岛、营口等城市；从第Ⅳ级到第Ⅲ级上升一级的有内江、乌海、广元、大同、开封、乐山、平凉、来宾、白城等城市；从第Ⅴ级到第Ⅲ级上升两级的有宜宾、玉林、德阳、邵阳、白银等城市。从第Ⅱ级到第Ⅳ级下降两级的有十堰等城市；从第Ⅲ级到第Ⅳ级下降一级的有宣城、邢台、六安、葫芦岛、昆明、宜春、中卫、郴州、酒泉等城市；从第Ⅴ级到第Ⅳ级上升一级的有曲靖、呼和浩特、延安、贵港、南阳、吴忠等城市。从第Ⅲ级到第Ⅴ级下降两级的有荆门、抚顺等城市；从第Ⅳ级到第Ⅴ级下降一级的有崇左、云浮、唐山、吉林、襄阳等城市。

中国284个城市2010年以来平均环境质量水平分级情况见表69。

表69　2010年以来城市平均环境质量水平等级划分

环境质量水平等级	城市
第Ⅰ级（共61个）	三亚、济南、广州、南京、舟山、克拉玛依、大庆、海口、北京、黄山、东莞、乌鲁木齐、珠海、定西、深圳、随州、本溪、南宁、上海、厦门、铜陵、福州、固原、湖州、嘉峪关、铜川、台州、潮州、宁波、银川、连云港、杭州、石嘴山、达州、遂宁、庆阳、新余、淄博、张家界、天水、威海、嘉兴、景德镇、丽江、安康、七台河、西安、哈尔滨、青岛、江门、东营、无锡、长春、汕头、成都、绍兴、鹤岗、泉州、柳州、鄂尔多斯、莆田

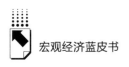

续表

环境质量 水平等级	城市
第Ⅱ级 （共80个）	黑河、自贡、梅州、衢州、金华、镇江、鸡西、重庆、大连、漳州、惠州、宁德、合肥、揭阳、北海、常州、扬州、蚌埠、淮北、芜湖、株洲、信阳、沈阳、长沙、徐州、龙岩、资阳、吉安、湘潭、桂林、武汉、泸州、马鞍山、绥化、天津、南昌、丽水、常德、泰安、湛江、苏州、三明、温州、钦州、西宁、阳江、南通、枣庄、泰州、眉山、晋中、南充、安庆、牡丹江、巴中、烟台、韶关、汕尾、商丘、防城港、漯河、娄底、宿迁、阜阳、安顺、临沂、鹤壁、咸宁、驻马店、松原、兰州、池州、日照、萍乡、绵阳、佛山、邯郸、潍坊、阜新、南平
第Ⅲ级 （共61个）	广安、中山、辽源、石家庄、佳木斯、淮安、抚州、茂名、贺州、内江、伊春、平顶山、郑州、双鸭山、廊坊、遵义、鹰潭、齐齐哈尔、盐城、周口、淮南、盘锦、乌海、益阳、河源、保定、聊城、亳州、广元、宜宾、安阳、许昌、大同、开封、济宁、雅安、黄石、岳阳、昭通、菏泽、乐山、秦皇岛、营口、濮阳、德州、玉林、平凉、通辽、德阳、鄂州、宿州、四平、邵阳、新乡、贵阳、白银、来宾、白城、滁州、包头、衡阳
第Ⅳ级 （共35个）	衡水、十堰、宣城、邢台、梧州、六安、九江、通化、永州、清远、曲靖、锦州、榆林、铁岭、葫芦岛、呼和浩特、延安、昆明、宜春、吕梁、中卫、长治、张掖、丹东、肇庆、焦作、郴州、咸阳、贵港、南阳、吴忠、太原、武威、滨州、酒泉
第Ⅴ级 （共47个）	渭南、沧州、荆门、崇左、云浮、唐山、朝阳、赣州、宝鸡、白山、黄冈、陇南、吉林、晋城、朔州、辽阳、汉中、抚顺、乌兰察布、临沧、襄阳、六盘水、洛阳、张家口、河池、临汾、怀化、玉溪、三门峡、承德、百色、荆州、孝感、保山、商洛、普洱、宜昌、攀枝花、赤峰、金昌、阳泉、运城、鞍山、忻州、巴彦淖尔、上饶、呼伦贝尔

2. 2000年以来城市平均环境质量水平分级情况

和1990年以来相比，2000年以来平均环境质量水平从第Ⅱ级到第Ⅰ级上升一级的有固原、湖州、石嘴山、连云港、鹤岗、东营、绍兴、汕头等城市；从第Ⅲ级到第Ⅰ级上升两级的有丽江等城市。从第Ⅰ级到第Ⅱ级下降一级的有龙岩、牡丹江、阜新、株洲、蚌埠、双鸭山、三明、阜阳、南平等城市；从第Ⅲ级到第Ⅱ级上升一级的有张家界、鄂尔多斯、安康、成都、自贡、重庆、廊坊、晋中等城市。从第Ⅱ级到第Ⅲ级下降一级的有岳阳、阳江、葫芦岛、韶关、宿州、酒泉、滁州、郴州等城市；从第Ⅳ级到第Ⅲ级上升一级的有商丘、遂宁、南充、西宁、河源、巴中、吉安、咸宁、安顺、贺州、广安等城市。从第Ⅲ级到第Ⅳ级下降一级的有白城、锦州、铁岭、太原、通化、襄阳、吉林、丹东、滨州等城市；从第Ⅴ级到第Ⅳ级上升一级的有广元、眉山、防城港、资阳、内江、乐山、钦州、崇左等城市。从第Ⅳ级到第Ⅴ级下降一级的有宜宾、邵阳、沧州、呼和浩特、孝感、荆州等城市；从第Ⅲ级到第Ⅴ级下降两级的有宜昌等城市。

中国284个城市2000年以来平均环境质量水平分级情况见表70。

表70　2000年以来城市平均环境质量水平等级划分

环境质量 水平等级	城市
第Ⅰ级 （共57个）	济南、广州、南京、三亚、深圳、海口、克拉玛依、大庆、黄山、北京、厦门、珠海、舟山、铜陵、随州、定西、福州、庆阳、上海、嘉峪关、本溪、南宁、东莞、乌鲁木齐、莆田、合肥、固原、杭州、淄博、长春、泉州、威海、湖州、银川、绥化、青岛、天水、无锡、大连、宁波、马鞍山、沈阳、景德镇、江门、石嘴山、丽江、连云港、哈尔滨、镇江、漳州、鹤岗、芜湖、东营、绍兴、汕头、淮北、湘潭
第Ⅱ级 （共77个）	潮州、扬州、龙岩、牡丹江、常州、阜新、揭阳、新余、嘉兴、黑河、鸡西、株洲、烟台、蚌埠、铜川、西安、徐州、惠州、台州、双鸭山、泰安、三明、衢州、阜阳、苏州、安庆、南昌、长沙、武汉、南平、达州、兰州、南通、张家界、淮南、潍坊、湛江、鄂尔多斯、伊春、梅州、柳州、金华、佳木斯、临沂、七台河、桂林、佛山、天津、十堰、盘锦、遵义、信阳、池州、安康、邯郸、泰州、日照、淮安、宿迁、中山、成都、齐齐哈尔、秦皇岛、枣庄、常德、济宁、石家庄、亳州、茂名、自贡、重庆、许昌、营口、益阳、廊坊、聊城、晋中
第Ⅲ级 （共62个）	宁德、盐城、岳阳、泸州、阳江、葫芦岛、娄底、萍乡、松原、菏泽、温州、北海、韶关、漯河、商丘、驻马店、遂宁、汕尾、丽水、濮阳、德州、鹤壁、郑州、南充、宿州、西宁、周口、平顶山、绵阳、黄石、保定、酒泉、宣城、鄂州、滁州、河源、安阳、鹰潭、贵阳、郴州、抚州、通辽、辽源、新乡、包头、巴中、昭通、吉安、邢台、咸宁、六安、安顺、昆明、中卫、四平、宜春、贺州、荆门、衡阳、广安、雅安、抚顺
第Ⅳ级 （共37个）	白城、武威、锦州、唐山、铁岭、太原、通化、广元、开封、大同、乌海、襄阳、焦作、眉山、榆林、防城港、吕梁、梧州、长治、云浮、清远、平凉、九江、吉林、张掖、肇庆、来宾、资阳、丹东、咸阳、衡水、内江、滨州、永州、乐山、钦州、崇左
第Ⅴ级 （共51个）	白银、宜宾、延安、邵阳、沧州、呼和浩特、南阳、宜昌、辽阳、孝感、黄冈、乌兰察布、吴忠、玉林、陇南、贵港、宝鸡、荆州、德阳、曲靖、洛阳、晋城、朝阳、临汾、临沧、朔州、三门峡、赣州、怀化、玉溪、金昌、张家口、渭南、汉中、白山、赤峰、河池、鞍山、承德、攀枝花、上饶、普洱、保山、阳泉、运城、百色、商洛、六盘水、巴彦淖尔、忻州、呼伦贝尔

3. 1990年以来城市平均环境质量水平分级情况

中国284个城市1990年以来平均环境质量水平分级情况见表71。

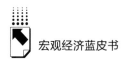

表71　1990年以来城市平均环境质量水平等级划分

环境质量水平等级	城市
第Ⅰ级 （共57个）	济南、广州、南京、深圳、三亚、海口、厦门、大庆、珠海、克拉玛依、北京、福州、铜陵、黄山、莆田、随州、舟山、本溪、合肥、长春、马鞍山、绥化、泉州、嘉峪关、上海、沈阳、淄博、庆阳、定西、大连、南宁、芜湖、青岛、威海、杭州、漳州、龙岩、阜新、无锡、双鸭山、湘潭、银川、乌鲁木齐、哈尔滨、江门、景德镇、天水、牡丹江、南平、阜阳、镇江、三明、东莞、宁波、株洲、蚌埠、淮北
第Ⅱ级 （共76个）	烟台、汕头、连云港、安庆、常州、鹤岗、石嘴山、鸡西、扬州、泰安、绍兴、徐州、湖州、揭阳、武汉、淮南、潍坊、惠州、佳木斯、潮州、湛江、西安、黑河、长沙、兰州、齐齐哈尔、固原、佛山、南通、伊春、南昌、临沂、秦皇岛、济宁、中山、东营、新余、枣庄、梅州、十堰、苏州、盘锦、淮安、亳州、遵义、岳阳、日照、柳州、嘉兴、衢州、池州、益阳、营口、桂林、石家庄、滁州、许昌、达州、邯郸、阳江、酒泉、台州、七台河、聊城、天津、泰州、宿迁、葫芦岛、常德、金华、铜川、郴州、宿州、信阳、韶关、茂名
第Ⅲ级 （共62个）	鄂州、娄底、张家界、盐城、重庆、菏泽、鄂尔多斯、抚顺、宁德、德州、驻马店、萍乡、泸州、松原、通辽、平顶山、丽江、郑州、成都、濮阳、廊坊、襄阳、荆门、温州、晋中、周口、通化、白城、自贡、锦州、黄石、抚州、汕尾、安阳、贵阳、绵阳、四平、邢台、宣城、昭通、雅安、包头、安康、昆明、鹰潭、太原、丽水、鹤壁、衡阳、北海、漯河、保定、宜春、新乡、铁岭、六安、辽源、滨州、中卫、吉林、丹东、宜昌
第Ⅳ级 （共37个）	商丘、河源、武威、西宁、云浮、巴中、张掖、肇庆、唐山、南充、焦作、遂宁、九江、梧州、吉安、永州、贺州、平凉、开封、长治、荆州、安顺、大同、清远、咸宁、榆林、孝感、邵阳、广安、沧州、呼和浩特、宜宾、吕梁、乌海、来宾、咸阳、衡水
第Ⅴ级 （共52个）	内江、白银、崇左、辽阳、广元、乌兰察布、防城港、临汾、陇南、延安、怀化、南阳、眉山、黄冈、乐山、贵港、宝鸡、吴忠、朝阳、晋城、临沧、洛阳、资阳、鞍山、赤峰、三门峡、曲靖、金昌、玉林、攀枝花、赣州、上饶、德阳、钦州、承德、运城、保山、白山、汉中、张家口、朔州、巴彦淖尔、河池、阳泉、商洛、玉溪、呼伦贝尔、渭南、普洱、忻州、百色、六盘水

4. 2022年城市环境质量水平分级情况

和2021年相比，2022年环境质量水平从第Ⅱ级到第Ⅰ级上升一级的有防城港等城市。从第Ⅰ级到第Ⅱ级下降一级的有淄博等城市；从第Ⅲ级到第Ⅱ级上升一级的有白山、贵港、益阳、乐山等城市。从第Ⅱ级到第Ⅲ级下降一级的有保定、漳州、盐城、石家庄等城市；从第Ⅳ级到第Ⅲ级上升一级的有十堰等城市。从第Ⅲ级到第Ⅳ级下降一级的有白银等城市；从第Ⅴ级到第Ⅳ级上升一级的有赣州、保山、渭南等城市。从第Ⅳ级到第Ⅴ级下降一级的有南阳、陇南等城市。

中国284个城市2022年环境质量水平分级情况见表72。

表 72　2022 年城市环境质量水平等级划分

环境质量水平等级	城市
第Ⅰ级 （共59个）	三亚、舟山、济南、广州、海口、南京、北京、大庆、宁波、定西、湖州、东莞、台州、本溪、嘉兴、绍兴、乌鲁木齐、杭州、上海、随州、珠海、金华、衢州、丽江、遂宁、克拉玛依、达州、南宁、柳州、张家界、丽水、钦州、北海、温州、重庆、自贡、株洲、潮州、长春、眉山、固原、西安、黄山、七台河、鸡西、铜川、桂林、成都、厦门、贺州、银川、新余、哈尔滨、防城港、庆阳、江门、泸州、鹤岗、连云港
第Ⅱ级 （共79个）	淄博、梧州、长沙、威海、湘潭、揭阳、深圳、铜陵、青岛、湛江、巴中、梅州、安顺、咸宁、福州、广安、东营、资阳、汕头、惠州、嘉峪关、无锡、景德镇、南充、齐齐哈尔、鄂尔多斯、内江、黑河、中山、石嘴山、扬州、吉安、泰州、烟台、常德、常州、潍坊、河源、来宾、娄底、伊春、大连、宜宾、天津、绵阳、阳江、白城、西宁、抚州、汕尾、辽源、牡丹江、松原、泉州、玉林、镇江、曲靖、昭通、衡阳、韶关、天水、南昌、泰安、邵阳、郑州、徐州、枣庄、佛山、萍乡、信阳、白山、贵港、安康、南通、临沂、益阳、广元、宁德、乐山
第Ⅲ级 （共61个）	遵义、保定、崇左、四平、漳州、盐城、秦皇岛、石家庄、绥化、佳木斯、漯河、雅安、宿迁、通辽、苏州、永州、鹤壁、乌海、黄石、双鸭山、茂名、清远、三明、淮安、驻马店、平凉、沈阳、南平、莆田、蚌埠、德阳、晋中、济宁、呼和浩特、商丘、日照、岳阳、芜湖、河池、鹰潭、聊城、朝阳、九江、贵阳、邢台、开封、通化、郴州、丹东、武汉、安阳、葫芦岛、马鞍山、大同、平顶山、盘锦、龙岩、廊坊、周口、阜新、十堰
第Ⅳ级 （共36个）	菏泽、临沧、白银、营口、鄂州、德州、池州、六盘水、焦作、淮北、兰州、包头、张掖、衡水、濮阳、邯郸、玉溪、锦州、百色、昆明、怀化、吕梁、云浮、武威、许昌、阜阳、肇庆、铁岭、安庆、亳州、合肥、榆林、延安、赣州、保山、渭南
第Ⅴ级 （共49个）	中卫、南阳、新乡、乌兰察布、宝鸡、陇南、攀枝花、张家口、宿州、长治、汉中、唐山、吉林、宜春、淮南、荆门、吴忠、普洱、黄冈、承德、咸阳、沧州、抚顺、太原、滨州、酒泉、辽阳、三门峡、宣城、滁州、商洛、襄阳、六安、临汾、荆州、洛阳、赤峰、晋城、孝感、鞍山、宜昌、金昌、巴彦淖尔、朔州、运城、忻州、上饶、阳泉、呼伦贝尔

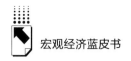

5. 2021年城市环境质量水平分级情况

和2020年相比,2021年环境质量水平从第Ⅱ级到第Ⅰ级上升一级的有温州、桂林、鹤岗、贺州、泸州等城市。从第Ⅰ级到第Ⅱ级下降一级的有威海、深圳、揭阳、铜陵、嘉峪关等城市;从第Ⅲ级到第Ⅱ级上升一级的有曲靖、昭通、玉林、衡阳、漳州、广元等城市。从第Ⅱ级到第Ⅲ级下降一级的有漯河、苏州、晋中、平凉、驻马店、蚌埠等城市;从第Ⅳ级到第Ⅲ级上升一级的有德阳、郴州、葫芦岛、贵阳、河池等城市。从第Ⅲ级到第Ⅳ级下降一级的有淮北、池州、邯郸、兰州、濮阳等城市;从第Ⅴ级到第Ⅳ级上升一级的有玉溪、怀化、百色、肇庆等城市。从第Ⅳ级到第Ⅴ级下降一级的有渭南、宿州、长治、淮南等城市。

中国284个城市2021年环境质量水平分级情况见表73。

表73 2021年城市环境质量水平等级划分

环境质量 水平等级	城市
第Ⅰ级 (共59个)	三亚、舟山、济南、广州、海口、南京、北京、定西、东莞、大庆、湖州、宁波、本溪、台州、乌鲁木齐、嘉兴、上海、绍兴、克拉玛依、珠海、随州、杭州、丽江、南宁、金华、衢州、遂宁、达州、固原、柳州、张家界、黄山、潮州、自贡、丽水、北海、长春、株洲、重庆、钦州、西安、七台河、温州、眉山、庆阳、铜川、厦门、银川、鸡西、成都、哈尔滨、新余、连云港、江门、桂林、鹤岗、贺州、淄博、泸州
第Ⅱ级 (共79个)	威海、防城港、深圳、揭阳、铜陵、湛江、嘉峪关、青岛、湘潭、长沙、福州、梅州、汕头、安顺、咸宁、巴中、惠州、东营、梧州、无锡、景德镇、齐齐哈尔、鄂尔多斯、广安、南充、石嘴山、黑河、资阳、中山、扬州、内江、常德、泰州、常州、天津、吉安、烟台、河源、大连、阳江、潍坊、伊春、娄底、宜宾、西宁、天水、抚州、绵阳、镇江、汕尾、泉州、安康、来宾、白城、松原、牡丹江、辽源、徐州、韶关、泰安、曲靖、枣庄、郑州、邵阳、南通、昭通、南昌、佛山、信阳、玉林、宁德、衡阳、萍乡、临沂、盐城、保定、石家庄、漳州、广元
第Ⅲ级 (共61个)	秦皇岛、漯河、苏州、遵义、佳木斯、宿迁、晋中、益阳、乐山、茂名、通辽、绥化、白山、平凉、雅安、沈阳、三明、双鸭山、四平、清远、驻马店、鹤壁、乌海、永州、蚌埠、黄石、贵港、南平、莆田、淮安、商丘、崇左、济宁、日照、芜湖、呼和浩特、鹰潭、安阳、平顶山、马鞍山、丹东、朝阳、大同、武汉、廊坊、开封、邢台、德阳、聊城、盘锦、岳阳、龙岩、阜新、通化、九江、郴州、葫芦岛、贵阳、河池、周口、白银

续表

环境质量 水平等级	城市
第Ⅳ级 （共35个）	淮北、菏泽、德州、营口、池州、邯郸、鄂州、十堰、兰州、临沧、濮阳、衡水、张掖、六盘水、焦作、包头、锦州、吕梁、阜阳、合肥、安庆、许昌、昆明、云浮、玉溪、亳州、榆林、武威、怀化、铁岭、延安、百色、南阳、肇庆、陇南
第Ⅴ级 （共50个）	渭南、赣州、中卫、乌兰察布、宿州、新乡、长治、保山、宝鸡、张家口、汉中、唐山、淮南、吴忠、宜春、攀枝花、吉林、荆门、太原、咸阳、黄冈、承德、普洱、沧州、酒泉、抚顺、辽阳、宣城、滁州、滨州、三门峡、六安、临汾、商洛、洛阳、晋城、赤峰、襄阳、荆州、孝感、鞍山、朔州、金昌、宜昌、巴彦淖尔、运城、忻州、阳泉、上饶、呼伦贝尔

6. 2020年城市环境质量水平分级情况

和2019年相比，2020年环境质量水平从第Ⅱ级到第Ⅰ级上升一级的有北海、钦州、丽水、鸡西等城市。从第Ⅰ级到第Ⅱ级下降一级的有湛江、汕头、梅州、惠州、安康等城市；从第Ⅲ级到第Ⅱ级上升一级的有绵阳、白城、辽源、牡丹江、萍乡、邵阳、临沂、苏州、来宾等城市。从第Ⅱ级到第Ⅲ级下降一级的有商丘、鹤壁、茂名、大同、马鞍山、芜湖、平顶山、安阳、武汉、淮北等城市；从第Ⅳ级到第Ⅲ级上升一级的有贵港、崇左、九江、通化、岳阳等城市。从第Ⅲ级到第Ⅳ级下降一级的有德州、吕梁、阜阳、合肥、安庆、张掖等城市；从第Ⅴ级到第Ⅳ级上升一级的有临沧、昆明等城市。从第Ⅳ级到第Ⅴ级下降一级的有肇庆、乌兰察布、新乡等城市。

中国284个城市2020年环境质量水平分级情况见表74。

表74 2020年城市环境质量水平等级划分

环境质量 水平等级	城市
第Ⅰ级 （共59个）	三亚、舟山、济南、广州、南京、定西、海口、北京、东莞、大庆、乌鲁木齐、本溪、克拉玛依、湖州、宁波、上海、随州、珠海、台州、固原、南宁、嘉兴、黄山、绍兴、丽江、杭州、遂宁、达州、庆阳、潮州、张家界、金华、衢州、铜川、柳州、银川、厦门、自贡、七台河、长春、株洲、眉山、连云港、西安、嘉峪关、北海、铜陵、重庆、新余、江门、成都、哈尔滨、淄博、深圳、钦州、丽水、威海、鸡西、揭阳

环境质量 水平等级	城市
第Ⅱ级 （共79个）	鹤岗、温州、福州、湛江、青岛、泸州、咸宁、桂林、汕头、梅州、惠州、无锡、长沙、贺州、东营、湘潭、景德镇、鄂尔多斯、防城港、安顺、巴中、石嘴山、安康、中山、齐齐哈尔、天水、扬州、常州、南充、天津、黑河、广安、泰州、大连、吉安、常德、梧州、河源、资阳、烟台、阳江、镇江、内江、西宁、抚州、晋中、潍坊、泉州、徐州、宜宾、伊春、汕尾、信阳、娄底、泰安、绵阳、松原、南通、韶关、枣庄、郑州、漯河、白城、辽源、南昌、宁德、蚌埠、石家庄、牡丹江、保定、盐城、佛山、萍乡、邵阳、平凉、临沂、驻马店、苏州、来宾
第Ⅲ级 （共61个）	漳州、宿迁、秦皇岛、商丘、鹤壁、沈阳、茂名、大同、马鞍山、芜湖、三明、通辽、曲靖、广元、平顶山、安阳、衡阳、昭通、黄石、玉林、莆田、佳木斯、清远、武汉、南平、遵义、乌海、雅安、益阳、淮安、日照、廊坊、济宁、乐山、双鸭山、永州、开封、绥化、淮北、白山、鹰潭、四平、丹东、阜新、呼和浩特、邢台、盘锦、周口、龙岩、白银、朝阳、池州、兰州、邯郸、聊城、贵港、崇左、九江、濮阳、通化、岳阳
第Ⅳ级 （共35个）	郴州、德州、德阳、吕梁、葫芦岛、鄂州、阜阳、合肥、菏泽、安庆、衡水、张掖、营口、十堰、贵阳、焦作、河池、许昌、包头、亳州、榆林、南阳、锦州、延安、六盘水、临沧、陇南、宿州、长治、云浮、渭南、武威、铁岭、淮南、昆明
第Ⅴ级 （共50个）	肇庆、怀化、乌兰察布、新乡、赣州、中卫、汉中、宝鸡、玉溪、张家口、太原、百色、吴忠、宜春、唐山、咸阳、宣城、保山、滁州、黄冈、荆门、六安、吉林、攀枝花、酒泉、沧州、承德、临汾、抚顺、晋城、辽阳、三门峡、商洛、洛阳、滨州、普洱、赤峰、襄阳、荆州、朔州、孝感、鞍山、金昌、宜昌、巴彦淖尔、运城、阳泉、忻州、上饶、呼伦贝尔

7. 2019年城市环境质量水平分级情况

和2018年相比，2019年环境质量水平从第Ⅱ级到第Ⅰ级上升一级的有金华、株洲、衢州、眉山、重庆等城市。从第Ⅰ级到第Ⅱ级下降一级的有福州、青岛、天水、无锡、晋中等城市；从第Ⅲ级到第Ⅱ级上升一级的有温州、梧州、内江、伊春、松原、娄底、宜宾等城市。从第Ⅱ级到第Ⅲ级下降一级的有沈阳、苏州、廊坊、池州、兰州、合肥、安庆等城市；从第Ⅳ级到第Ⅲ级上升一级的有衡阳、玉林、绥化、曲靖、乐山、昭通、四平、聊城、白山等城市。从第Ⅲ级到第Ⅳ级下降一级的有亳州、许昌、南阳、衡水、榆林、宿州、延安、淮南等城市；从第Ⅴ级到第Ⅳ级上升一级的有贵阳、河池、肇庆、武威、六盘水、铁岭、乌兰察布等城市。从第Ⅳ级到第Ⅴ级下降一级的有太原、宣城、汉中、六安、滁州、咸阳等城市。

中国 284 个城市 2019 年环境质量水平分级情况见表 75。

表 75　2019 年城市环境质量水平等级划分

环境质量水平等级	城市
第Ⅰ级（共 60 个）	三亚、济南、舟山、广州、定西、南京、东莞、海口、北京、乌鲁木齐、大庆、克拉玛依、本溪、珠海、随州、固原、上海、黄山、南宁、湖州、宁波、潮州、庆阳、台州、铜川、嘉兴、丽江、银川、达州、遂宁、绍兴、杭州、张家界、嘉峪关、厦门、深圳、铜陵、江门、揭阳、七台河、长春、连云港、柳州、金华、汕头、湛江、惠州、自贡、新余、淄博、株洲、威海、梅州、衢州、哈尔滨、安康、西安、眉山、重庆、成都
第Ⅱ级（共 79 个）	鹤岗、福州、鸡西、青岛、咸宁、天水、北海、中山、钦州、无锡、石嘴山、东营、泸州、长沙、鄂尔多斯、景德镇、丽水、阳江、桂林、河源、晋中、湘潭、扬州、安顺、齐齐哈尔、贺州、常州、温州、大连、巴中、天津、镇江、黑河、泰州、防城港、西宁、韶关、南充、常德、吉安、汕尾、信阳、蚌埠、抚州、烟台、广安、徐州、泉州、资阳、漯河、佛山、泰安、潍坊、平凉、梧州、驻马店、商丘、茂名、枣庄、南通、内江、马鞍山、伊春、石家庄、芜湖、郑州、大同、平顶山、保定、安阳、宁德、松原、鹤壁、南昌、武汉、娄底、盐城、宜宾、淮北
第Ⅲ级（共 61 个）	清远、临沂、沈阳、苏州、绵阳、萍乡、辽源、漳州、牡丹江、宿迁、秦皇岛、白城、邵阳、三明、开封、通辽、廊坊、池州、莆田、黄石、周口、日照、乌海、南平、济宁、佳木斯、淮安、阜新、兰州、白银、来宾、广元、邯郸、双鸭山、丹东、合肥、盘锦、濮阳、阜阳、遵义、雅安、安庆、益阳、邢台、鹰潭、衡阳、玉林、绥化、永州、吕梁、曲靖、龙岩、呼和浩特、朝阳、乐山、昭通、四平、德州、聊城、白山、张掖
第Ⅳ级（共 35 个）	亳州、许昌、通化、南阳、衡水、九江、葫芦岛、鄂州、岳阳、郴州、榆林、焦作、宿州、菏泽、营口、陇南、延安、十堰、崇左、贵港、德阳、长治、包头、淮南、云浮、锦州、贵阳、渭南、河池、肇庆、武威、六盘水、新乡、铁岭、乌兰察布
第Ⅴ级（共 49 个）	太原、宣城、临沧、汉中、六安、中卫、滁州、赣州、吴忠、宝鸡、昆明、张家口、怀化、咸阳、宜春、唐山、酒泉、黄冈、晋城、百色、玉溪、临汾、荆门、沧州、承德、三门峡、抚顺、洛阳、吉林、辽阳、商洛、保山、攀枝花、滨州、赤峰、朔州、普洱、襄阳、孝感、荆州、鞍山、金昌、运城、宜昌、巴彦淖尔、阳泉、忻州、上饶、呼伦贝尔

8. 2018 年城市环境质量水平分级情况

和 2017 年相比，2018 年环境质量水平从第Ⅱ级到第Ⅰ级上升一级的有庆阳、青岛、自贡、柳州等城市。从第Ⅰ级到第Ⅱ级下降一级的有鹤岗、东营、石嘴山、景德镇等城市；从第Ⅲ级到第Ⅱ级上升一级的有眉山、贺州、烟台、防城港、潍坊、佛山、郑州等城市。从第Ⅱ级到第Ⅲ级下降一级的有漳州、宿迁、开封、周口、三明、邯郸、阜新等城市；从第Ⅴ级到第Ⅲ级上升两级的有吕梁等城市。从第Ⅴ级到第Ⅳ级上升一级的有陇南、崇左、贵港等城市；从第Ⅲ级到第Ⅳ级下降一级的有六安等城市。从第Ⅳ级到第Ⅴ级下降一级的有贵阳、铁岭、吴忠、晋城等城市。

中国 284 个城市 2018 年环境质量水平分级情况见表 76。

表 76　2018 年城市环境质量水平等级划分

环境质量 水平等级	城市
第Ⅰ级 （共 60 个）	三亚、济南、定西、舟山、广州、南京、东莞、克拉玛依、乌鲁木齐、北京、海口、大庆、本溪、黄山、珠海、随州、固原、南宁、上海、庆阳、铜川、潮州、铜陵、银川、湖州、嘉峪关、厦门、安康、丽江、宁波、遂宁、达州、连云港、深圳、台州、揭阳、江门、张家界、七台河、天水、嘉兴、新余、汕头、福州、威海、长春、淄博、惠州、晋中、绍兴、梅州、杭州、湛江、成都、青岛、哈尔滨、自贡、无锡、西安、柳州
第Ⅱ级 （共 79 个）	鹤岗、株洲、咸宁、东营、石嘴山、景德镇、鸡西、蚌埠、眉山、重庆、鄂尔多斯、金华、常州、中山、扬州、北海、天津、镇江、阳江、长沙、泸州、信阳、衢州、钦州、大连、马鞍山、河源、泰州、淮北、徐州、漯河、芜湖、安顺、湘潭、泉州、西宁、商丘、巴中、抚州、驻马店、齐齐哈尔、吉安、武汉、大同、平凉、黑河、平顶山、池州、安阳、桂林、贺州、石家庄、韶关、南通、常德、泰安、鹤壁、丽水、宁德、南充、汕尾、保定、枣庄、合肥、烟台、广安、盐城、资阳、防城港、安庆、潍坊、茂名、佛山、南昌、郑州、沈阳、廊坊、苏州、兰州
第Ⅲ级 （共 60 个）	漳州、阜阳、宿迁、开封、温州、周口、秦皇岛、三明、临沂、萍乡、邯郸、莆田、伊春、松原、内江、濮阳、梧州、宜宾、南平、娄底、亳州、阜新、吕梁、白银、清远、淮安、绵阳、通辽、辽源、日照、邵阳、济宁、牡丹江、龙岩、丹东、盘锦、白城、乌海、邢台、黄石、鹰潭、宿州、南阳、朝阳、许昌、佳木斯、榆林、广元、双鸭山、雅安、遵义、淮南、张掖、延安、德州、衡水、呼和浩特、益阳、来宾、永州
第Ⅳ级 （共 35 个）	绥化、乐山、曲靖、衡阳、长治、陇南、聊城、玉林、焦作、九江、昭通、六安、葫芦岛、通化、四平、宣城、菏泽、鄂州、渭南、白山、营口、滁州、郴州、岳阳、锦州、十堰、太原、包头、新乡、汉中、云浮、德阳、崇左、贵港、咸阳
第Ⅴ级 （共 50 个）	武威、贵阳、乌兰察布、宝鸡、铁岭、肇庆、吴忠、中卫、张家口、六盘水、赣州、河池、晋城、临汾、临沧、昆明、宜春、唐山、三门峡、酒泉、沧州、怀化、洛阳、商洛、黄冈、承德、荆门、抚顺、辽阳、百色、玉溪、吉林、保山、朔州、攀枝花、滨州、赤峰、运城、襄阳、普洱、孝感、鞍山、荆州、阳泉、金昌、宜昌、巴彦淖尔、忻州、上饶、呼伦贝尔

9. 2017年城市环境质量水平分级情况

和2016年相比，2017年环境质量水平从第Ⅲ级到第Ⅰ级上升两级的有达州、晋中等城市；从第Ⅱ级到第Ⅰ级上升一级的有丽江、宁波、汕头、江门、嘉兴、梅州、哈尔滨、绍兴、湛江等城市。从第Ⅰ级到第Ⅱ级下降一级的有自贡、青岛、漯河、淮北、马鞍山、鄂尔多斯、武汉、庆阳、兰州等城市；从第Ⅲ级到第Ⅱ级上升一级的有齐齐哈尔、中山、大同、韶关、宁德、广安、桂林、汕尾、盐城、开封等城市。从第Ⅱ级到第Ⅲ级下降一级的有阜阳、濮阳、亳州、莆田、龙岩、贺州、伊春、郑州、日照、绵阳等城市；从第Ⅰ级到第Ⅲ级下降两级的有眉山等城市；从第Ⅳ级到第Ⅲ级上升一级的有清远、牡丹江、延安、邢台、呼和浩特、来宾等城市。从第Ⅲ级到第Ⅳ级下降一级的有宣城、通化、滁州等城市；从第Ⅴ级到第Ⅳ级上升一级的有曲靖、昭通、白山、十堰、晋城等城市。从第Ⅰ级到第Ⅴ级下降四级的有陇南等城市；从第Ⅳ级到第Ⅴ级下降一级的有宝鸡、吕梁、乌兰察布等城市；从第Ⅲ级到第Ⅴ级下降两级的有商洛、中卫等城市。

中国284个城市2017年环境质量水平分级情况见表77。

表77　2017年城市环境质量水平等级划分

环境质量水平等级	城市
第Ⅰ级（共60个）	三亚、济南、舟山、广州、定西、克拉玛依、东莞、南京、乌鲁木齐、北京、大庆、海口、黄山、本溪、随州、珠海、南宁、上海、银川、潮州、铜川、嘉峪关、安康、厦门、铜陵、湖州、遂宁、固原、连云港、深圳、天水、成都、杭州、福州、七台河、揭阳、西安、达州、丽江、宁波、威海、汕头、张家界、长春、新余、台州、淄博、惠州、江门、晋中、东营、鹤岗、嘉兴、梅州、哈尔滨、绍兴、石嘴山、景德镇、湛江、无锡
第Ⅱ级（共79个）	柳州、西宁、咸宁、蚌埠、鸡西、自贡、常州、青岛、株洲、漯河、淮北、徐州、信阳、镇江、扬州、马鞍山、金华、池州、石家庄、泸州、北海、商丘、鄂尔多斯、平凉、长沙、安顺、武汉、泉州、重庆、庆阳、阳江、天津、衢州、安阳、驻马店、巴中、合肥、平顶山、湘潭、泰州、常德、齐齐哈尔、黑河、沈阳、芜湖、中山、河源、大连、大同、兰州、钦州、南通、安庆、泰安、枣庄、鹤壁、韶关、吉安、宁德、丽水、漳州、周口、邯郸、资阳、三明、南充、保定、南昌、廊坊、广安、苏州、茂名、桂林、宿迁、汕尾、阜新、抚州、盐城、开封

环境质量水平等级	城市
第Ⅲ级 （共60个）	阜阳、防城港、濮阳、亳州、莆田、临沂、松原、龙岩、佛山、娄底、萍乡、南平、烟台、贺州、眉山、潍坊、伊春、郑州、宜宾、白银、温州、秦皇岛、辽源、丹东、邵阳、盘锦、通辽、内江、日照、宿州、济宁、淮安、绵阳、梧州、朝阳、鹰潭、南阳、许昌、乌海、清远、广元、雅安、双鸭山、榆林、牡丹江、六安、德州、白城、延安、黄石、佳木斯、邢台、张掖、淮南、益阳、衡水、呼和浩特、永州、遵义、来宾
第Ⅳ级 （共35个）	长治、宣城、绥化、太原、乐山、通化、滁州、玉林、聊城、曲靖、衡阳、菏泽、鄂州、九江、焦作、锦州、四平、郴州、葫芦岛、岳阳、渭南、汉中、营口、包头、新乡、昭通、白山、十堰、云浮、贵阳、吴忠、铁岭、咸阳、德阳、晋城
第Ⅴ级 （共50个）	张家口、武威、陇南、赣州、六盘水、宝鸡、临沧、肇庆、贵港、临汾、商洛、昆明、河池、崇左、宜春、吕梁、洛阳、沧州、唐山、酒泉、乌兰察布、黄冈、怀化、抚顺、三门峡、荆门、承德、中卫、辽阳、玉溪、朔州、吉林、百色、攀枝花、滨州、保山、赤峰、阳泉、运城、襄阳、孝感、鞍山、荆州、金昌、宜昌、普洱、巴彦淖尔、忻州、呼伦贝尔、上饶

10. 2016年城市环境质量水平分级情况

和2015年相比，2016年环境质量水平从第Ⅳ级到第Ⅰ级上升三级的有固原、眉山等城市；从第Ⅱ级到第Ⅰ级上升一级的有银川、七台河、遂宁、鹤岗、庆阳、自贡、台州、马鞍山、兰州、鄂尔多斯等城市；从第Ⅲ级到第Ⅰ级上升两级的有揭阳等城市；从第Ⅴ级到第Ⅰ级上升四级的有陇南等城市。从第Ⅰ级到第Ⅱ级下降一级的有汕头、泉州、信阳、江门、南充、合肥、芜湖、安庆、巴中、邯郸、三明、沈阳、漳州、资阳、龙岩、莆田等城市；从第Ⅴ级到第Ⅱ级上升三级的有平凉等城市；从第Ⅲ级到第Ⅱ级上升一级的有咸宁、大连、金华、长沙、衢州、安阳、周口、阜新、亳州、郑州、保定、濮阳、丽水、钦州等城市；从第Ⅳ级到第Ⅱ级上升两级的有贺州、株洲、抚州、伊春等城市。从第Ⅱ级到第Ⅲ级下降一级的有宁德、临沂、汕尾、晋中、萍乡、双鸭山、许昌、六安、韶关、德州、鹰潭、淮安、宣城、广元、淮南、衡水、温州、达州、滁州等城市；从第Ⅳ级到第Ⅲ级上升一级的有南平、佳木斯、邵阳、南阳、梧州、白城、通化、永州等城市；从第Ⅴ

级到第Ⅲ级上升两级的有商洛、朝阳、秦皇岛、张掖等城市。从第Ⅲ级到第Ⅳ级下降一级的有玉林、邢台、牡丹江、乐山、咸阳、包头、营口、云浮等城市；从第Ⅱ级到第Ⅳ级下降两级的有聊城、菏泽、新乡、鄂州、德阳等城市；从第Ⅴ级到第Ⅳ级上升一级的有清远、乌兰察布、宝鸡、汉中、郴州、来宾、贵阳、焦作、吴忠、四平等城市。从第Ⅳ级到第Ⅴ级下降一级的有晋城、张家口、赣州、曲靖、洛阳、贵港、黄冈、唐山等城市；从第Ⅲ级到第Ⅴ级下降两级的有昆明、肇庆、宜春、抚顺、酒泉、沧州、朔州、襄阳等城市；从第Ⅱ级到第Ⅴ级下降三级的有荆门、滨州等城市。

中国 284 个城市 2016 年环境质量水平分级情况见表 78。

表 78　2016 年城市环境质量水平等级划分

环境质量水平等级	城市
第Ⅰ级（共60个）	三亚、济南、舟山、广州、克拉玛依、东莞、南京、乌鲁木齐、大庆、北京、定西、珠海、黄山、随州、本溪、南宁、固原、福州、海口、深圳、嘉峪关、厦门、上海、安康、银川、铜川、铜陵、潮州、武汉、天水、杭州、七台河、遂宁、西安、连云港、青岛、淄博、威海、成都、鹤岗、庆阳、新余、东营、揭阳、自贡、惠州、台州、石嘴山、无锡、景德镇、长春、漯河、湖州、陇南、张家界、马鞍山、兰州、鄂尔多斯、淮北、眉山
第Ⅱ级（共79个）	汕头、蚌埠、泉州、信阳、嘉兴、湛江、常州、江门、平凉、梅州、商丘、柳州、咸宁、哈尔滨、黑河、北海、南充、徐州、宁波、大连、南昌、合肥、枣庄、泰安、驻马店、芜湖、金华、镇江、泸州、安庆、扬州、常德、石家庄、安顺、鸡西、绍兴、丽江、巴中、平顶山、苏州、长沙、天津、衢州、邯郸、西宁、阳江、重庆、安阳、鹤壁、周口、泰州、日照、阜新、三明、亳州、郑州、沈阳、绵阳、保定、贺州、漳州、株洲、资阳、廊坊、濮阳、丽水、钦州、龙岩、河源、宿迁、吉安、抚州、湘潭、阜阳、莆田、茂名、池州、伊春、南通
第Ⅲ级（共60个）	宁德、防城港、白银、临沂、汕尾、娄底、松原、中山、丹东、南平、齐齐哈尔、烟台、晋中、商洛、大同、潍坊、盐城、辽源、萍乡、宿州、开封、桂林、双鸭山、盘锦、许昌、六安、通辽、宜宾、韶关、济宁、佛山、德州、鹰潭、乌海、佳木斯、淮安、广安、遵义、朝阳、邵阳、南阳、内江、秦皇岛、梧州、中卫、宣城、广元、淮南、衡水、益阳、榆林、雅安、温州、达州、白城、滁州、张掖、黄石、通化、永州
第Ⅳ级（共36个）	玉林、邢台、呼和浩特、延安、聊城、长治、菏泽、绥化、清远、九江、牡丹江、乐山、乌兰察布、新乡、宝鸡、咸阳、鄂州、包头、锦州、渭南、汉中、衡阳、葫芦岛、郴州、来宾、太原、铁岭、贵阳、焦作、德阳、营口、吴忠、四平、云浮、吕梁、岳阳

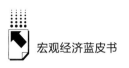

续表

环境质量 水平等级	城市
第V级 （共49个）	晋城、白山、张家口、十堰、昭通、武威、赣州、六盘水、曲靖、洛阳、河池、昆明、临汾、肇庆、贵港、宜春、抚顺、酒泉、沧州、黄冈、宜昌、唐山、承德、荆门、崇左、怀化、辽阳、三门峡、朔州、临沧、滨州、吉林、玉溪、百色、阳泉、保山、荆州、赤峰、忻州、襄阳、运城、孝感、鞍山、攀枝花、金昌、普洱、巴彦淖尔、呼伦贝尔、上饶

11. 2015年城市环境质量水平分级情况

中国284个城市2015年环境质量水平分级情况见表79。

表79　2015年城市环境质量水平等级划分

环境质量 水平等级	城市
第I级 （共62个）	济南、深圳、三亚、舟山、广州、克拉玛依、南京、东莞、珠海、乌鲁木齐、黄山、随州、海口、大庆、北京、南宁、福州、本溪、厦门、铜陵、上海、嘉峪关、潮州、合肥、石嘴山、淄博、张家界、威海、铜川、东营、连云港、定西、龙岩、景德镇、莆田、武汉、信阳、天水、新余、邯郸、三明、成都、漳州、湖州、汕头、杭州、西安、泉州、安康、芜湖、江门、安庆、巴中、淮北、漯河、惠州、沈阳、青岛、南充、无锡、资阳、长春
第II级 （共80个）	宁德、镇江、七台河、苏州、汕尾、北海、徐州、蚌埠、阜阳、遂宁、南昌、枣庄、哈尔滨、日照、银川、湛江、常州、鹤岗、鄂尔多斯、滁州、池州、梅州、德州、扬州、台州、石家庄、泸州、自贡、兰州、廊坊、阳江、安顺、绵阳、宣城、柳州、马鞍山、泰安、温州、重庆、吉安、商丘、宁波、茂名、临沂、聊城、黑河、丽江、鸡西、南通、河源、德阳、嘉兴、宿迁、平顶山、鹰潭、鹤壁、淮南、天津、晋中、双鸭山、西宁、衡水、淮安、泰州、庆阳、韶关、新乡、达州、萍乡、广元、鄂州、滨州、驻马店、菏泽、常德、六安、荆门、湘潭、绍兴、许昌
第III级 （共60个）	宜春、齐齐哈尔、盐城、揭阳、中卫、佛山、潍坊、辽源、郑州、钦州、金华、大连、烟台、长沙、牡丹江、宜宾、衢州、包头、濮阳、保定、济宁、雅安、盘锦、阜新、咸宁、安阳、乌海、广安、沧州、娄底、松原、亳州、开封、玉林、内江、黄石、营口、丽水、大同、朔州、云浮、酒泉、襄阳、肇庆、防城港、中山、白银、乐山、宿州、周口、榆林、桂林、丹东、咸阳、抚顺、益阳、遵义、邢台、昆明、通辽
第IV级 （共35个）	通化、株洲、抚州、永州、白城、绥化、岳阳、贺州、延安、太原、佳木斯、黄冈、唐山、铁岭、渭南、九江、南平、赣州、贵港、锦州、伊春、梧州、晋城、南阳、长治、固原、葫芦岛、张家口、洛阳、衡阳、邵阳、曲靖、呼和浩特、眉山、吕梁
第V级 （共47个）	来宾、崇左、郴州、四平、秦皇岛、平凉、朝阳、焦作、六盘水、汉中、十堰、临汾、白山、武威、宝鸡、昭通、承德、乌兰察布、吉林、河池、孝感、辽阳、阳泉、普洱、忻州、宜昌、贵阳、商洛、吴忠、临沧、保山、清远、张掖、赤峰、三门峡、玉溪、运城、怀化、百色、攀枝花、鞍山、荆州、上饶、陇南、金昌、巴彦淖尔、呼伦贝尔

四 中国城市可持续发展的影响因素分析

（一）城市可持续发展雷达图

根据 284 个城市一级指标的权重情况可以得出 2010 年以来、2000 年以来、1990 年以来、2015～2022 年各年主要城市可持续发展雷达图，因篇幅限制，本文仅列出 2022 年主要城市可持续发展雷达图。从这些雷达图可以看出影响城市可持续发展的经济增长、增长潜力、政府效率、人民生活和环境质量五个一级指标的权重情况，从而可以对城市之间及各城市自身发展状况进行比较。

2022 年主要城市可持续发展雷达图见附录 3 的图 2。

（二）一级指标下各具体指标权重

1. 经济增长指标下具体指标权重

经济增长指标下权重较高的指标分别有通货膨胀率指标、GDP3、城市化率、对外开放稳定性、全社会劳动生产率、经济增长波动率指标、失业率指标等。具体指标权重见表 80。

表 80 经济增长指标下具体指标权重

单位：%

指标名称	指标权重	指标名称	指标权重
通货膨胀率指标	12.651	非农就业比重	7.084
GDP3	12.444	资本产出率	5.282
城市化率	12.188	TFP	4.404
对外开放稳定性	11.112	人均 GDP 增长率	4.267
全社会劳动生产率	10.180	投资效果系数	3.849
经济增长波动率指标	8.416	GDP2	0.601
失业率指标	7.522	房价收入比指标	2.179

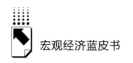

2. 增长潜力指标下具体指标权重

增长潜力指标下地方财政科学事业费支出比权重达 25.278%，权重最高，其次依次是地方财政教育事业费支出比、劳动力受教育水平、城市建设用地占市辖区面积比重、劳动投入弹性指标、万元 GDP 电力消耗指标、资本投入弹性指标等。具体指标权重见表 81。

表 81　增长潜力指标下具体指标权重

单位：%

指标名称	指标权重	指标名称	指标权重
地方财政科学事业费支出比	25.278	万元 GDP 电力消耗指标	6.911
地方财政教育事业费支出比	18.594	资本投入弹性指标	4.253
劳动力受教育水平	17.800	人口增长率	3.914
城市建设用地占市辖区面积比重	10.976	可用土地面积比重	1.899
劳动投入弹性指标	9.928	教育基础设施指数	0.448

3. 政府效率指标下具体指标权重

政府效率指标下权重较高的指标分别为市政基础设施指数、电信基础设施指数、每公共汽电车客运总数、万人公共图书馆藏书量、交通基础设施指数、农村社会养老保险覆盖率、城镇基本医疗保险覆盖率等。具体指标权重见表 82。

表 82　政府效率指标下具体指标权重

单位：%

指标名称	指标权重	指标名称	指标权重
市政基础设施指数	12.846	城镇基本医疗保险覆盖率	8.704
电信基础设施指数	12.337	城镇基本养老保险覆盖率	8.650
每公共汽电车客运总数	12.317	地方财政预算内支出收入比	5.402
万人公共图书馆藏书量	11.022	城镇失业保险覆盖率	4.874
交通基础设施指数	10.544	社会保障和就业财政支出比	4.080
农村社会养老保险覆盖率	9.222		

4. 人民生活指标下具体指标权重

人民生活指标下权重较高的是储蓄存款占 GDP 的比重、万人床位数、人口密度指标、人均生活用电量、万人医院数、人均财富、工资收入占 GDP 的比重等。具体指标权重见表 83。

表 83　人民生活指标下具体指标权重

单位：%

指标名称	指标权重	指标名称	指标权重
储蓄存款占 GDP 的比重	9.850	城镇家庭平均每人可支配收入	7.804
万人床位数	8.989	人均 GDP	7.110
人口密度指标	8.915	万人拥有医生数	6.609
人均生活用电量	8.212	人均液化石油气家庭用量	6.373
万人医院数	8.094	人均供水量	5.274
人均财富	8.016	城镇人均住房建筑面积	4.605
工资收入占 GDP 的比重	7.968		

5. 环境质量指标下具体指标权重

环境质量指标下权重较高的指标是 $PM_{2.5}$ 指标、PM_{10} 指标、臭氧指标、工业废水排放量指标、空气质量优良天数、二氧化硫指标、工业固体废弃物综合利用率等。具体指标权重见表 84。

表 84　环境质量指标下具体指标权重

单位：%

指标名称	指标权重	指标名称	指标权重
$PM_{2.5}$ 指标	13.136	二氧化氮指标	7.520
PM_{10} 指标	11.676	城镇生活污水处理率	6.535
臭氧指标	9.880	工业二氧化硫排放量指标	4.910
工业废水排放量指标	9.501	绿地提供指数	4.417
空气质量优良天数	9.285	工业烟尘排放达标率	3.256
二氧化硫指标	9.090	建成区绿化覆盖率	2.047
工业固体废弃物综合利用率	8.748		

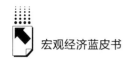

从各一级指标下各具体指标的权重可以看出，GDP3（第三产业增加值占 GDP 比重）、通货膨胀率指标、城市化率、对外开放稳定性、全社会劳动生产率、地方财政科学事业费支出比、地方财政教育事业费支出比、劳动力受教育水平、市政基础设施指数、电信基础设施指数、交通基础设施指数、每公共汽电车客运总数、万人公共图书馆藏书量、储蓄存款占 GDP 的比重、万人床位数、人口密度指标、人均生活用电量、工资收入占 GDP 的比重、城镇家庭平均每人可支配收入、人均 GDP、万人拥有医生数、PM$_{2.5}$指标、工业废水排放量指标等分别在相应一级指标中占有比较大的权重，对相应一级指标具有重要影响。随着城市化进程的深化，第三产业、城市化率、劳动生产率、科研、教育、劳动者素质、各项基础设施、人民收入及生活舒适度、空气质量是关系到各城市可持续发展的关键以及各城市今后发展的重点。本文列出了各城市 1900~2022 年 TFP 增长情况，具体可以参见附录 1 的表 87、图 1。今后将根据情况列出其他核心指标。

五　结论

对中国 284 个城市 1990~2022 年可持续发展水平进行评价得到的基本结论是，在经济高速增长的同时，中国 284 个城市可持续发展指数得到改善，经济增长质量和城市可持续发展能力不断提高。而 1990~2022 年中国 284 个城市可持续发展指数方面，南充的可持续发展指数改善最多，克拉玛依的可持续发展指数改善最少。33 年来宜春的经济增长指数改善最多，中卫的经济增长指数改善最少；金昌的增长潜力指数改善最多，丽江的增长潜力改善最少；钦州的环境质量指数改善最多，合肥的环境质量改善最少；固原的政府效率指数改善最多，兰州的政府效率改善最少；佛山的人民生活指数改善最多，黑河的人民生活指数改善最少。

从 1990 年到 2022 年，全国 284 个城市可持续发展指数平均上升了53.46%，东部、中部和西部地区城市可持续发展指数分别改善了 53.64%、52.27% 和 54.68%。西部地区城市可持续发展指数改善情况优于东部地区和中部地区城市，东部地区城市可持续发展指数改善情况优于中部地区城市。

一级指标方面从 1990 到 2022 年，全国 284 个城市经济增长指数平均上升了 38.90%，东部、中部和西部地区城市经济增长指数分别改善了 29.40%、47.49% 和 41.86%。而中部地区城市经济增长指数改善情况优于西部地区和东部地区城市，西部地区城市经济增长指数改善情况优于东部地区城市。全国 284 个城市增长潜力指数平均下降了 23.70%，东部、中部和西部地区城市增长潜力指数分别下降了 24.97%、23.56%、23.77%。全国 284 个城市环境质量指数平均上升了 63.50%，东部、中部和西部地区城市环境质量指数分别改善了 60.68%、50.67% 和 82.35%。西部地区城市环境质量指数改善情况优于东部地区和中部地区城市，东部地区城市环境质量指数改善情况优于中部地区城市。全国 284 个城市政府效率指数平均上升了 70.64%，东部、中部和西部地区城市政府效率指数分别改善了 74.67%、65.38% 和 73.09%。东部地区城市政府效率指数改善情况优于西部地区和中部地区城市，西部地区城市政府效率指数改善情况优于中部地区城市。全国 284 个城市人民生活指数平均上升了 67.51%，东部、中部和西部地区城市人民生活指数分别改善了 84.21%、60.02% 和 57.26%。东部地区城市人民生活指数改善情况优于中部地区和西部地区城市，中部地区城市人民生活指数改善情况优于西部地区城市。

从一级指标下各具体指标的权重可以看出，随着城市化进程的深入展开，第三产业、城市化率、劳动生产率、科研、教育、劳动者素质、各项基础设施、人民收入及生活舒适度、空气质量是关系到各城市可持续发展的关键以及各城市今后发展的重点。

本文将 2010 年以来、2000 年以来和 1990 年以来，以及 2015~2022 年各年 284 个城市可持续发展水平按权重比 3:3:2:1:1 分为五级。绘制了 2022 年主要城市可持续发展雷达图，从中可以看出各城市一级指标发展的均衡情况，有助于各城市发现短板，促进经济持续健康高质量发展。

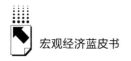

参考文献

［1］United Nations Development Programme，"Human Development Report"，1999.

［2］World Bank，"The World Bank Public Information Center Annual Report FY95"，1995.

［3］中国科学院可持续发展战略研究组：《中国可持续发展战略报告——探索中国特色的低碳道路》，科学出版社，2009。

［4］叶文虎、仝川：《联合国可持续发展指标体系述评》，《中国人口·资源与环境》1997 年第 3 期。

［5］孙波：《可持续发展评价指标体系述评》，《中国可持续发展》2003 年第 6 期。

［6］中国 21 世纪议程管理中心：《中国 21 世纪议程》，中国环境科学出版社，1994。

［7］边雅静、沈利生：《人力资本对我国东西部经济增长影响的实证分析》，《数量经济技术经济研究》2004 年第 12 期。

［8］张自然等：《中国城市规模、空间聚集与管理模式研究》，社会科学文献出版社，2022。

［9］张自然、张平、刘霞辉等：《中国城市化模式、演进机制和可持续发展研究》，中国社会科学出版社，2016。

附录1 指标设计及数据处理

一 中国城市可持续发展评价指标体系设计

拟将可持续发展评价指标体系分为三级,其中一级指标包括经济增长、增长潜力、政府效率、人民生活和环境质量。每个一级指标包含若干二级指标。其中,经济增长包括产出效率、经济结构、经济稳定;增长潜力包括产出消耗和增长可持续性;政府效率包括公共服务效率和社会保障;人民生活包括收入水平、健康保障、生活质量;环境质量包括生态环境、工业及生活排放、空气监测。二级指标再下设相应的61个具体指标。以期通过完整的指标体系来了解各地级及地级以上城市可持续发展情况,见表85。

表85 中国284个城市可持续发展评价指标体系设计

一级指标	二级指标	具体指标
经济增长	产出效率	TFP
		全社会劳动生产率
		资本产出率
		投资效果系数
	经济结构	GDP2(第二产业增加值占GDP比重)
		GDP3(第三产业增加值占GDP比重)
		非农就业比重
		城市化率
	经济稳定	经济增长波动率指标*
		对外开放稳定性*
		人均GDP增长率
		通货膨胀率指标*
		失业率指标*
		房价收入比指标*

续表

一级指标	二级指标	具体指标
增长潜力	产出消耗	劳动投入弹性指标 *
		资本投入弹性指标 *
		万元 GDP 电力消耗指标 *
	增长可持续性	教育基础设施指数
		地方财政教育事业费支出比
		劳动力受教育水平（用人力资本表示）
		地方财政科学事业费支出比
		人口增长率
		城市建设用地占市辖区面积比重
		可用土地面积比重
政府效率	公共服务效率	市政基础设施指数
		交通基础设施指数
		电信基础设施指数
		万人公共图书馆藏书量
		每公共汽电车客运总数
		地方财政预算内支出收入比
	社会保障	城镇基本养老保险覆盖率
		城镇基本医疗保险覆盖率
		城镇失业保险覆盖率
		农村社会养老保险覆盖率
		社会保障和就业财政支出比
人民生活	收入水平	人均 GDP
		城镇家庭平均每人可支配收入
		工资收入占 GDP 的比重
		储蓄存款占 GDP 的比重
		人均财富
	健康保障	万人医院数
		万人拥有医生数
		万人床位数
	生活质量	人均液化石油气家庭用量
		人均生活用电量
		人均供水量
		城镇人均住房建筑面积
		人口密度指标 *

续表

一级指标	二级指标	具体指标
环境质量	生态环境	建成区绿化覆盖率
		绿地提供指数
	工业及生活排放	工业固体废弃物综合利用率
		工业废水排放量指标 *
		工业二氧化硫排放量指标 *
		工业烟尘排放达标率
		城镇生活污水处理率
	空气监测	PM_{10} 指标 *
		$PM_{2.5}$ 指标 *
		二氧化硫指标 *
		二氧化氮指标 *
		臭氧指标 *
		空气质量优良天数

* 表示该项指标为负向指标,已经正向化。下同。

二 数据来源及处理

(一)数据来源

数据来源于历年《中国城市年鉴》、《中国统计年鉴》、各省(区、市)及城市统计年鉴、地级及地级以上城市统计公报等。

(二)指标的处理

表86 指标处理

具体指标	指标解释
TFP	TFP 根据 Malmquist 指数方法利用 1990~2022 年 284 个地级及地级以上城市的不变价 GDP、固定资本存量和年末就业人数计算得到。采用 TFP 指数所得结果和用 TFP 增长率所得结果完全一致
全社会劳动生产率	全社会劳动生产率=不变价 GDP/从业人员数
资本产出率	资本产出率=不变价 GDP/不变价固定资本存量
投资效果系数	投资效果系数=不变价 GDP/不变价全社会固定资产投资完成额

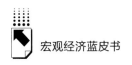

续表

具体指标	指标解释
GDP2(第二产业增加值占GDP比重)	GDP2=第二产业增加值(现价)/国内生产总值(现价)
GDP3(第三产业增加值占GDP比重)	GDP3=第三产业增加值(现价)/国内生产总值(现价)
非农就业比重	非农就业比重=第二产业从业人员比重+第三产业从业人员比重;第二产业从业人员比重=第二产业就业人员数/总的从业人员数;第三产业从业人员比重=第三产业就业人员数/总的从业人员数
城市化率	城市化率=非农业人口数/总人口数
经济增长波动率指标*	经济增长波动率=ABS(本年经济增长率-上年经济增长率)/[1+ABS(上年经济增长率)];经济增长波动率指标=1/(1+经济增长波动率)
对外开放稳定性*	对外开放稳定性=1/[1+ABS(进出口总额波动率)]
人均GDP增长率	人均GDP增长率=(上一年=100)人均GDP指数-1
通货膨胀率指标*	通货膨胀率指标=1/[1+ABS(居民消费价格变动率)]
失业率指标*	失业率指标=1/城市登记失业率
房价收入比指标*	房价收入比指标=1/房价收入比;房价收入比=平均房价/人均可支配收入
劳动投入弹性指标*	劳动投入弹性系数=劳动投入增长率/经济增长率;劳动投入弹性指标=1/[1+ABS(劳动投入弹性系数)]
资本投入弹性指标*	资本投入弹性系数=资本投入增长率/经济增长率;资本投入弹性指标=1/[1+ABS(资本投入弹性系数)]
万元GDP电力消耗指标*	万元GDP电力消耗量=电力消费总量/不变价GDP×10000;万元GDP电力消耗指标=1/万元GDP电力消耗量
教育基础设施指数	教育基础设施指数=POWER(万人学校数×万人教师数,1/2);万人学校数=(普通小学学校数+普通中学学校数+高校学校数)/年末常住人口数×10000;万人教师数=(普通小学专任教师数+普通中学专任教师数+高校专任教师数)/年末常住人口数×10000
地方财政教育事业费支出比	地方财政教育事业费支出比=地方财政教育事业费支出/国内生产总值(现价)
劳动力受教育水平(用人力资本表示)	地级及地级以上城市人力资本=(小学在校学生数×1+中学在校学生数×2.55+高校在校学生数×22)/(小学在校学生数+中学在校学生数+高校在校学生数)
地方财政科学事业费支出比	地方财政科学事业费支出比=地方财政科学事业费支出/国内生产总值(现价)
人口增长率	人口增长率=常住人口增长率
城市建设用地占市辖区面积比重	城市建设用地占市辖区面积比重=城市建设用地面积/市辖区面积

续表

具体指标	指标解释
可用土地面积比重	可用土地面积=1-建成区土地面积占市辖区面积比重
市政基础设施指数	市政基础设施指数=POWER(人均铺装道路面积×房地产投资占GDP的比重,1/2);人均铺装道路面积=铺装道路面积/年末常住人口数;房地产投资占GDP的比重=房地产投资/GDP(现价)
交通基础设施指数	交通基础设施指数=POWER(万人公共电汽车数×万人实有出租车数,1/2);万人公共电汽车数=公共电汽车数/年末常住人口数×10000;万人实有出租车数=年末实有出租车数/年末常住人口数×10000
电信基础设施指数	电信基础设施指数=POWER(人均电信用户数×万人邮电局数×邮电业务总量比,1/3);人均电信用户数=(电话+手机+互联网用户数)/年末常住人口数;万人邮电局数=邮电局数/年末常住人口数×10000;邮电业务总量比=(邮政业务总量+电信业务总量)/GDP现价
万人公共图书馆藏书量	万人公共图书馆藏书量=公共图书馆总藏量/年末常住人口数×10000
每公共汽电车客运总数	每公共汽电车客运总数=公共汽电车客运总数/年末实有公共营运汽电车数量
地方财政预算内支出收入比	地方财政预算内支出收入比=全市地方财政预算内支出/全市地方财政预算内收入
城镇基本养老保险覆盖率	城镇基本养老保险覆盖率=城镇基本养老保险人口数/常住人口数
城镇基本医疗保险覆盖率	城镇基本医疗保险覆盖率=城镇基本医疗保险覆盖人数/常住人口数
城镇失业保险覆盖率	城镇失业保险覆盖率=城镇失业保险覆盖人数/常住人口数
农村社会养老保险覆盖率	农村社会养老保险覆盖率=农村社会养老保险参保人数/常住人口数
社会保障和就业财政支出比	社会保障和就业财政支出比=社会保障和就业财政支出占财政支出的比重
人均GDP	人均GDP=不变价GDP/年末常住人口数
城镇家庭平均每人可支配收入	城镇家庭平均每人可支配收入=城镇人均可支配收入
工资收入占GDP的比重	工资收入占GDP的比重=全市在岗职工工资总额/GDP现价
储蓄存款占GDP的比重	储蓄存款占GDP的比重=城乡居民储蓄存款年末余额/GDP(现价)
人均财富	人均财富=人均住房财富+人均储蓄
万人医院数	万人医院数=医院总数/常住人口数×10000
万人拥有医生数	万人拥有医生数=医生人数/年底总人口数×10000
万人床位数	万人床位数=医院床位数/常住人口数×10000
人均液化石油气家庭用量	人均液化石油气家庭用量=液化石油气家庭用量/年末常住人口数
人均生活用电量	人均生活用电量=生活用电量/常住人口数
人均供水量	人均供水量=供水量/常住人口数

续表

具体指标	指标解释
城镇人均住房建筑面积	城镇人均住房建筑面积=城镇住房建筑面积/常住人口数
人口密度指标 *	人口密度指标=1/人口密度；人口密度=市辖区每平方公里常住人口数
建成区绿化覆盖率	建成区绿化覆盖率
绿地提供指数	绿地提供指数=POWER（人均绿地面积×人均园林绿地面积，1/2）；人均绿地面积=绿地面积/年末常住人口数；人均园林绿地面积=园林绿地面积/年末常住人口数
工业固体废弃物综合利用率	工业固体废弃物综合利用率
工业废水排放量指标 *	工业废水排放量指标=1/人均工业废水排放量
工业二氧化硫排放量指标 *	工业二氧化硫排放指标=1/工业二氧化硫排放量
工业烟尘排放达标率	工业烟尘排放达标率=工业烟尘去除量/工业烟尘排放量
城镇生活污水处理率	城镇生活污水处理率
PM_{10}指标 *	PM_{10}指标=1/PM_{10}平均浓度
$PM_{2.5}$指标 *	$PM_{2.5}$指标=1/$PM_{2.5}$平均浓度
二氧化硫指标 *	二氧化硫指标=1/二氧化硫排放量
二氧化氮指标 *	二氧化氮指标=1/二氧化氮排放量
臭氧指标 *	臭氧指标=1/臭氧排放量
空气质量优良天数	空气质量优良天数=全年空气质量优良天数

（三）主要指标（TFP）增长情况

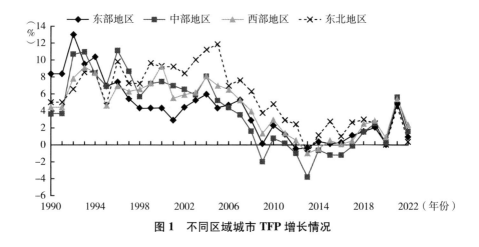

图1 不同区域城市 TFP 增长情况

单位：%

表 87　城市 TFP 增长情况（1990~2022 年）

城　市	编号	1990年	1991年	1992年	1993年	1994年	1995年	1996年	1997年	1998年	1999年	2000年	2001年	2002年	2003年	2004年	2005年	2006年	2007年
北　京	1	6.10	6.10	9.90	10.80	12.60	7.50	3.60	5.10	2.60	5.20	5.90	5.40	5.20	3.10	5.50	2.10	1.90	3.40
天　津	2	7.00	7.00	11.30	10.60	12.00	14.80	11.90	9.00	3.80	4.60	5.90	7.00	6.20	6.70	5.90	3.50	1.80	1.40
石家庄	3	7.30	7.30	14.00	4.40	-1.30	-1.60	8.20	15.70	7.10	10.00	11.30	8.70	11.00	9.70	13.00	12.70	13.80	14.30
唐　山	4	9.90	9.90	13.30	14.30	12.40	5.50	17.50	12.60	9.80	12.10	14.20	15.00	0.30	12.70	13.50	10.60	12.80	9.10
秦皇岛	5	6.40	6.40	10.80	10.90	14.50	7.00	9.10	7.90	8.40	6.20	12.50	11.00	13.30	13.50	12.10	13.30	10.90	10.20
邯　郸	6	8.00	8.00	12.70	11.40	0.70	3.30	11.60	11.20	11.80	7.00	12.20	10.20	14.10	14.40	17.50	17.10	12.30	18.50
邢　台	7	16.00	16.00	3.80	8.60	-1.20	20.30	14.30	12.20	5.30	12.70	12.10	13.60	16.90	13.50	12.40	14.20	11.40	12.80
保　定	8	8.40	8.40	13.80	11.10	7.00	3.10	14.40	10.40	11.10	21.40	12.60	11.60	14.50	13.00	14.40	12.20	6.90	10.90
张家口	9	11.40	11.40	15.73	5.60	16.50	-1.50	13.60	20.60	6.00	5.80	11.90	9.60	15.20	15.30	16.50	15.30	13.60	15.10
承　德	10	-2.20	-2.20	17.00	6.80	5.50	1.60	10.50	11.60	11.00	5.50	5.20	14.60	14.20	9.80	12.30	8.70	10.90	7.00
沧　州	11	8.70	8.70	14.50	21.10	1.00	9.30	23.20	11.90	16.70	13.90	11.00	7.80	10.30	14.50	12.10	15.70	10.10	8.10
廊　坊	12	5.90	5.90	14.40	17.10	16.10	3.60	8.40	12.80	8.30	19.20	13.20	5.70	9.60	5.40	8.10	11.60	12.00	11.20
衡　水	13	7.30	7.30	9.90	17.20	-0.70	18.60	10.50	8.30	7.70	8.20	6.80	9.20	8.40	5.00	16.30	13.60	8.90	4.90
大　同	14	1.10	1.10	12.90	0.90	17.50	2.40	4.90	6.70	5.60	4.70	5.70	9.10	10.50	9.00	9.80	5.90	1.50	6.00
太　原	15	0.10	0.10	11.00	12.80	-4.00	17.00	9.20	4.70	10.60	-3.00	12.10	6.90	11.80	8.00	1.90	-0.30	-4.50	2.30
阳　泉	16	1.30	1.30	5.80	14.80	0.60	12.70	19.10	8.00	7.60	-4.20	8.80	12.70	11.30	11.80	9.30	5.10	2.30	2.80
长　治	17	3.60	3.60	10.30	11.50	17.40	6.40	11.90	14.80	7.50	-2.60	8.40	8.10	10.10	7.00	7.10	9.10	5.60	3.20
晋　城	18	1.50	1.50	8.40	6.30	10.10	11.10	13.40	6.80	13.00	3.00	5.10	8.60	6.60	2.70	8.80	11.60	8.40	9.90
朔　州	19	1.70	1.70	9.30	9.20	9.60	0.30	13.10	8.30	4.50	-7.80	7.20	5.50	11.80	4.40	17.40	9.30	4.30	0.10
晋　中	20	4.10	4.10	9.00	10.10	16.20	5.00	10.10	14.30	6.70	-3.90	6.40	4.80	7.90	4.30	5.40	2.80	1.80	-2.30
运　城	21	6.70	6.70	6.30	6.90	3.80	5.20	17.50	10.80	-2.40	23.80	16.50	12.10	15.30	3.80	18.50	13.80	14.70	14.40

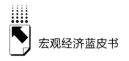

宏观经济蓝皮书

续表

城市	编号	1990年	1991年	1992年	1993年	1994年	1995年	1996年	1997年	1998年	1999年	2000年	2001年	2002年	2003年	2004年	2005年	2006年	2007年
忻州	22	5.80	5.80	15.60	15.90	12.10	8.50	10.00	-0.90	11.40	7.00	5.90	-2.10	7.40	10.80	14.20	7.20	7.10	11.40
临汾	23	-3.90	-3.90	7.40	7.10	8.20	-1.80	7.10	5.50	11.10	7.30	10.60	5.60	9.80	12.30	8.40	7.50	5.20	1.10
吕梁	24	-3.50	-3.50	7.00	8.90	-6.60	13.00	5.60	1.10	6.70	-5.30	9.40	4.20	12.90	10.00	5.80	-2.20	1.40	0.10
呼和浩特	25	0.00	0.00	2.50	6.10	14.00	-9.70	14.60	3.30	6.40	10.60	10.60	16.30	19.90	23.00	19.30	24.70	18.60	18.30
包头	26	9.80	9.80	11.50	3.70	4.10	-1.60	12.60	9.40	8.20	10.20	11.80	7.70	17.30	18.80	21.70	20.10	21.30	21.70
乌海	27	7.50	7.50	11.00	11.30	11.80	5.50	11.10	-0.10	8.50	8.80	11.40	9.80	4.30	3.70	6.00	1.70	9.20	8.00
赤峰	28	5.50	5.50	3.50	16.00	9.20	-7.10	12.90	5.20	-2.80	15.60	6.60	8.50	12.90	14.70	22.80	20.50	13.20	9.20
通辽	29	6.50	6.50	5.90	6.40	7.20	10.80	19.50	-0.30	24.70	1.10	9.10	11.40	12.20	12.40	4.90	14.80	11.90	14.00
鄂尔多斯	30	6.90	6.90	8.50	1.00	1.30	-4.20	9.60	6.50	5.30	7.30	8.80	4.80	15.40	15.20	25.80	34.20	15.80	17.70
呼伦贝尔	31	2.80	2.80	11.50	10.00	10.80	-3.30	5.30	8.70	12.40	9.10	11.80	6.10	7.30	6.00	16.00	11.30	11.60	5.10
巴彦淖尔	32	-1.00	-1.00	7.60	6.90	8.90	-4.10	4.60	6.80	11.10	8.20	10.20	6.00	12.20	13.50	18.90	20.10	18.60	13.60
乌兰察布	33	-2.60	-2.60	5.90	5.50	7.40	-5.50	2.60	4.70	8.30	5.40	7.30	3.30	28.50	30.50	-1.30	12.60	16.10	12.20
沈阳	34	6.20	6.20	13.00	11.40	8.30	5.00	11.60	3.80	6.90	5.10	7.10	8.00	8.90	9.10	10.00	12.10	15.20	20.40
大连	35	3.10	3.10	10.60	6.30	17.50	15.50	13.90	10.90	11.10	14.10	1.20	13.40	17.20	11.40	12.40	11.40	12.50	17.60
鞍山	36	3.80	3.80	8.10	13.20	6.80	17.10	12.60	12.10	13.30	13.40	13.70	8.60	9.50	18.90	16.40	13.70	11.90	8.60
抚顺	37	4.00	4.00	1.70	7.40	17.40	-0.50	6.90	12.70	9.40	17.70	14.30	9.40	10.50	17.40	14.70	16.70	15.00	13.50
本溪	38	10.80	10.80	1.60	5.10	24.00	4.30	0.80	9.60	5.30	5.00	12.90	14.10	16.10	16.90	14.90	14.60	12.90	9.60
丹东	39	9.30	9.30	13.10	17.10	12.40	8.60	9.90	12.00	8.80	10.50	10.50	11.50	2.10	12.00	15.40	11.40	1.50	2.80
锦州	40	4.60	4.60	-2.00	15.70	8.10	-4.40	4.80	6.80	6.20	8.10	11.60	8.60	10.10	11.50	8.40	8.50	9.90	5.30
营口	41	7.40	7.40	10.80	14.60	16.20	3.80	9.10	1.80	8.70	17.50	19.90	9.60	10.90	13.80	21.10	18.40	19.70	22.30
阜新	42	7.60	7.60	-0.90	24.70	17.90	1.60	2.60	5.00	6.60	-2.20	0.20	4.90	16.60	15.30	21.40	12.00	4.90	10.10
辽阳	43	0.30	0.30	0.40	2.60	8.90	2.60	4.80	3.50	3.20	8.00	8.10	1.40	7.80	8.00	4.60	4.90	4.00	4.30

续表

城　市	编号	1990年	1991年	1992年	1993年	1994年	1995年	1996年	1997年	1998年	1999年	2000年	2001年	2002年	2003年	2004年	2005年	2006年	2007年
盘　锦	44	4.80	4.80	10.80	11.80	9.20	12.00	5.10	10.60	5.10	-1.90	-11.60	8.70	3.90	5.10	4.90	4.20	1.40	4.20
铁　岭	45	-0.30	-0.30	11.40	9.10	13.30	-0.20	6.00	4.40	3.00	10.80	11.80	7.30	6.80	17.00	15.60	14.20	8.60	4.40
朝　阳	46	1.30	1.30	6.20	9.20	1.20	-10.10	10.90	-14.20	-2.80	0.40	0.80	8.40	8.10	12.20	10.00	14.00	6.20	7.50
葫芦岛	47	4.70	4.70	10.30	12.50	7.90	1.40	9.70	9.10	6.90	7.80	7.70	16.50	9.60	15.30	13.20	9.40	3.00	-0.10
长　春	48	1.80	1.80	3.80	21.60	2.30	8.10	7.00	7.80	7.50	13.50	16.00	12.40	9.00	6.10	5.60	0.10	2.30	1.50
吉　林	49	9.50	9.50	3.00	12.80	2.60	6.30	7.60	0.70	12.80	16.90	15.20	8.10	12.10	17.80	14.50	14.00	12.20	23.80
四　平	50	0.40	0.40	9.70	9.50	12.60	4.90	9.00	17.90	12.10	18.80	8.10	22.20	10.20	15.10	14.40	22.60	5.70	7.20
辽　源	51	4.80	4.80	8.40	8.50	-4.40	2.50	11.50	12.40	12.30	19.60	16.70	10.10	9.10	12.20	13.00	23.60	13.50	19.00
通　化	52	4.00	4.00	7.10	8.00	1.50	2.70	19.80	9.20	10.50	11.30	12.60	12.80	6.60	4.80	5.50	13.60	1.90	3.40
白　山	53	6.20	6.20	16.80	0.30	-7.40	16.90	19.30	6.70	14.80	3.70	7.00	6.60	3.50	4.10	12.60	10.20	7.90	1.30
松　原	54	4.30	4.30	9.40	12.30	9.20	-0.60	12.50	0.20	22.00	10.50	3.30	7.30	8.10	13.00	11.40	34.80	6.50	14.00
白　城	55	4.90	4.90	11.40	9.20	10.90	4.80	17.60	0.40	-7.60	14.00	3.90	10.40	0.80	0.30	6.80	10.20	-0.10	2.50
哈尔滨	56	4.80	4.80	-2.80	-1.00	5.70	2.40	5.30	7.20	7.40	7.80	13.50	4.30	4.60	6.60	8.20	7.00	5.60	3.40
齐齐哈尔	57	1.70	1.70	5.50	-1.50	8.20	2.40	10.40	10.60	-1.00	9.00	7.70	2.20	7.10	1.40	10.40	3.90	0.20	-0.70
鸡　西	58	16.70	16.70	10.30	3.90	12.60	3.30	-0.50	8.70	4.30	11.10	11.50	7.40	9.60	6.50	5.80	4.30	4.30	2.00
鹤　岗	59	-1.10	-1.10	-5.00	6.70	6.60	11.20	14.40	4.40	10.10	7.90	5.90	10.70	13.40	3.60	6.40	6.10	5.80	4.70
双鸭山	60	6.60	6.60	8.00	4.90	9.40	-2.20	10.80	9.50	7.10	12.60	17.20	11.10	10.60	6.30	8.10	4.00	0.10	0.90
大　庆	61	6.40	6.40	-4.50	0.20	10.10	-0.90	3.30	5.80	2.90	6.90	12.10	12.20	5.20	8.50	6.60	4.10	0.80	3.60
伊　春	62	3.30	3.30	15.60	0.40	0.20	7.30	12.40	7.20	9.50	8.80	10.10	4.90	2.50	5.70	5.50	2.90	0.60	0.10
佳木斯	63	8.50	8.50	6.60	8.00	6.50	8.30	17.60	4.10	12.10	9.50	18.40	10.00	9.30	5.90	10.00	9.00	5.80	5.00
七台河	64	11.20	11.20	-1.70	8.30	5.20	6.00	17.90	11.90	8.70	11.30	8.00	6.30	3.60	4.80	6.80	9.60	8.20	7.80
牡丹江	65	0.20	0.20	4.80	-2.00	3.40	9.70	10.00	17.50	5.80	7.90	14.10	8.90	9.00	16.60	17.00	10.80	9.60	8.50

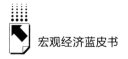
续表

城市	编号	1990年	1991年	1992年	1993年	1994年	1995年	1996年	1997年	1998年	1999年	2000年	2001年	2002年	2003年	2004年	2005年	2006年	2007年
黑河	66	6.30	6.30	0.90	4.20	19.60	2.80	9.90	10.70	-1.70	7.40	7.50	7.90	9.30	8.60	12.80	28.50	11.50	11.40
绥化	67	2.00	2.00	19.60	19.20	7.30	9.60	11.10	6.80	4.10	5.30	-4.00	7.60	4.30	9.80	17.20	19.20	9.00	10.70
上海	68	7.70	7.70	15.50	14.30	13.70	11.40	9.10	8.40	4.80	6.60	8.10	8.10	9.60	9.90	11.60	5.10	7.60	9.70
南京	69	2.90	2.90	15.10	9.90	16.80	-0.80	8.60	10.50	9.30	9.60	14.80	1.30	-0.20	-3.90	0.70	-3.70	-2.50	-1.00
无锡	70	6.80	6.80	15.90	13.30	17.50	7.40	9.20	20.70	0.40	14.00	5.20	0.80	11.90	0.10	7.60	5.10	4.70	5.50
徐州	71	3.60	3.60	14.30	16.70	15.20	12.30	12.30	5.10	6.20	8.80	2.70	-2.60	0.40	2.40	7.10	3.60	2.40	2.80
常州	72	1.50	1.50	15.90	8.20	14.40	8.40	-1.10	-6.40	-7.10	-4.10	-5.40	-11.10	-10.90	-4.10	-2.90	-5.60	-5.70	-4.10
苏州	73	6.30	6.30	19.60	11.60	15.00	11.60	4.90	13.30	7.70	7.80	2.90	4.50	7.30	10.00	12.00	5.20	6.20	5.60
南通	74	6.60	6.60	7.70	1.80	4.10	5.80	-5.70	-2.10	-3.70	-13.50	-15.30	-21.40	-14.80	-15.60	-10.10	-9.60	-9.90	-5.90
连云港	75	5.60	5.60	11.50	1.20	7.70	9.00	10.10	3.30	3.40	-5.40	-11.40	-9.80	-8.20	-0.70	3.20	0.60	-1.10	-2.70
淮安	76	4.20	4.20	14.70	4.10	10.40	9.40	-1.80	-1.00	-1.10	-7.50	-5.70	-12.10	-5.80	-1.80	-2.10	0.90	-2.00	-2.70
盐城	77	-2.80	-2.80	5.00	4.70	9.10	5.60	1.60	6.00	-6.70	-13.00	-18.00	-9.70	-1.90	1.30	-3.20	-4.70	-7.00	-5.00
扬州	78	3.10	3.10	14.30	11.50	-0.20	3.90	-9.20	-11.40	-6.80	4.00	2.40	-3.80	-2.00	-2.70	-0.20	-2.10	-4.10	-4.20
镇江	79	-0.20	-0.20	13.60	8.30	12.90	10.20	6.70	-3.80	4.10	0.40	-1.70	-0.80	-2.80	-3.70	-5.10	-6.40	-5.60	-3.60
泰州	80	3.00	3.00	15.10	7.60	10.50	10.00	6.90	4.70	0.50	-0.60	-1.00	-0.60	2.30	1.70	2.30	-1.00	-3.30	-3.30
宿迁	81	1.80	1.80	13.40	12.30	4.40	-6.10	-11.40	-10.10	-13.70	-25.80	-18.70	-8.50	-6.20	-3.70	1.20	3.60	-1.90	-2.60
杭州	82	11.70	11.70	16.30	12.20	9.70	2.00	-0.80	7.90	2.40	5.70	0.30	-6.30	-3.00	-4.10	-2.20	-4.50	-1.10	0.60
宁波	83	11.40	11.40	12.20	10.90	14.00	12.80	6.80	8.40	1.70	5.70	1.80	4.70	3.90	6.00	2.30	-1.60	-0.40	3.30
温州	84	11.30	11.30	13.10	5.50	15.40	11.10	11.40	3.00	4.50	-0.50	0.70	-1.00	-0.50	0.10	2.60	1.90	1.40	3.20
嘉兴	85	8.40	8.40	15.20	11.20	14.10	15.20	17.50	7.70	9.40	11.70	10.20	5.00	6.90	5.20	3.70	3.00	1.00	2.90
湖州	86	11.60	11.60	17.50	8.90	16.50	11.40	15.70	8.30	9.90	14.80	11.50	7.30	7.90	8.70	5.80	3.90	3.00	6.20
绍兴	87	12.60	12.60	16.30	23.10	13.60	5.50	19.00	17.90	9.20	14.60	15.80	7.90	11.00	11.00	11.70	9.90	10.30	10.20

续表

城市	编号	1990年	1991年	1992年	1993年	1994年	1995年	1996年	1997年	1998年	1999年	2000年	2001年	2002年	2003年	2004年	2005年	2006年	2007年
金华	88	-3.20		7.20	4.30	4.10	2.70	6.20	-5.30	1.00	2.20	0.80	-1.80	-0.50	3.20	4.70	2.60	4.90	7.00
衢州	89	7.40		-5.30	-3.80	-0.50	6.20	7.80	-1.50	-2.40	0.00	-0.60	-1.20	-1.80	-3.90	-0.20	-2.30	-0.60	1.50
舟山	90	3.60		2.20	-2.00	0.00	-1.20	-7.30	-15.00	-8.90	-2.00	-3.20	-0.90	1.50	0.40	-1.60	-2.10	-4.80	-4.40
台州	91	7.70		8.50	9.80	13.30	0.60	-6.70	-18.60	-6.40	-7.50	-7.60	-10.60	-9.70	-4.40	-4.30	-2.10	-1.90	-0.20
丽水	92	9.50		-0.30	10.50	8.80	-0.70	-15.70	-10.00	-13.60	-17.30	-18.40	-22.40	-16.80	-14.70	-7.40	-6.30	-4.10	1.40
合肥	93	0.80		11.50	6.10	13.10	17.10	9.50	6.90	5.90	14.40	14.50	11.30	11.40	18.70	16.80	8.50	4.20	-20.20
芜湖	94	-5.10		19.40	19.30	9.00	20.70	21.60	14.80	7.70	3.50	1.90	2.10	3.00	3.50	4.00	1.60	1.60	1.90
蚌埠	95	6.70		20.30	11.60	9.90	9.20	13.80	14.70	4.90	6.20	6.60	6.10	10.10	-2.00	9.50	7.90	4.80	1.30
淮南	96	1.60		10.00	5.70	12.20	8.30	15.40	12.60	-9.00	5.30	5.80	11.20	14.30	8.70	11.70	12.60	6.30	2.00
马鞍山	97	10.10		19.50	15.50	12.80	21.20	5.40	14.00	-4.60	8.70	7.80	7.80	8.10	6.60	11.00	2.30	2.80	3.40
淮北	98	4.40		10.40	15.60	12.00	5.30	18.10	6.90	0.00	10.50	5.30	9.20	6.30	5.30	10.40	5.00	3.00	3.60
铜陵	99	6.10		13.50	13.50	12.40	10.80	20.80	9.60	5.40	5.80	16.60	2.70	4.00	10.00	13.50	4.50	4.10	1.70
安庆	100	5.10		12.70	11.90	16.90	8.20	12.00	16.00	-10.90	9.10	5.30	5.20	9.10	15.70	25.10	11.50	22.40	9.90
黄山	101	-1.40		16.00	19.90	13.50	12.10	12.10	11.20	5.20	11.10	8.50	8.30	1.30	-2.40	-4.10	1.60	6.30	6.40
滁州	102	5.20		3.70	11.20	15.90	16.20	21.80	6.30	-8.10	9.50	11.10	11.10	-1.30	-1.80	10.10	4.60	2.40	0.60
阜阳	103	5.50		13.30	11.70	9.40	14.00	3.50	17.60	4.80	11.60	6.80	2.00	2.40	-2.20	6.00	4.80	6.50	6.10
宿州	104	3.50		12.10	16.30	1.40	7.30	1.30	1.00	-11.40	-4.10	-8.00	-11.30	-8.00	-17.40	-6.00	-13.00	-9.70	-6.50
六安	105	5.20		12.40	11.80	7.10	-1.00	8.50	-0.80	4.80	2.80	0.20	8.90	3.70	-0.50	2.40	-1.10	1.10	2.60
亳州	106	4.30		11.60	16.40	13.30	11.20	8.10	4.10	-8.30	-8.80	-19.10	-12.80	-10.30	-16.50	-3.70	-4.80	-0.90	-2.70
池州	107	-3.60		7.90	11.40	6.70	4.80	6.10	6.00	0.50	1.90	-4.30	-7.90	-6.90	1.00	-3.30	2.10	-3.10	-2.70
宣城	108	8.60		15.20	13.90	11.00	12.50	14.70	15.00	5.40	20.40	15.60	3.40	6.50	19.40	15.40	13.20	13.70	17.00
福州	109	8.90		14.90	3.40	19.40	5.60	20.90	13.50	12.30	21.30	9.80	3.80	14.30	14.00	2.30	5.80	8.30	8.20

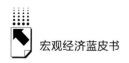
续表

城市	编号	1990年	1991年	1992年	1993年	1994年	1995年	1996年	1997年	1998年	1999年	2000年	2001年	2002年	2003年	2004年	2005年	2006年	2007年
厦门	110	6.10	6.10	11.40	10.60	12.20	3.40	12.30	13.30	7.90	12.80	5.20	8.80	8.00	5.40	4.30	1.10	-2.10	-2.40
莆田	111	5.30	5.30	11.60	12.20	-2.70	-2.80	3.00	4.40	7.60	7.00	1.50	1.50	0.90	-6.80	-8.00	-10.50	-10.50	-4.30
三明	112	8.60	8.60	17.40	14.40	14.60	2.60	7.80	8.90	7.90	13.80	12.50	9.80	7.70	12.20	12.10	10.30	12.70	16.00
泉州	113	11.60	11.60	14.10	19.40	0.90	19.90	23.40	5.30	10.20	0.00	5.30	-2.50	1.70	4.60	4.10	2.60	1.90	3.70
漳州	114	13.90	13.90	16.10	3.60	3.70	10.40	14.00	9.70	11.10	17.80	-9.20	14.30	2.30	1.80	5.70	3.10	3.70	3.10
南平	115	7.70	7.70	16.90	18.90	13.40	-3.00	11.90	6.20	-3.50	11.40	7.60	12.30	11.00	8.20	9.20	7.40	4.90	14.40
龙岩	116	9.60	9.60	16.50	9.10	2.20	4.50	3.20	10.70	8.30	4.70	5.70	2.20	1.50	3.40	-1.10	0.60	-2.50	-2.90
宁德	117	6.90	6.90	12.60	10.70	-2.20	-2.40	0.40	-2.80	-10.30	-8.50	-8.50	-8.90	-7.90	-10.80	-2.90	-4.90	-3.50	0.30
南昌	118	3.70	3.70	9.90	17.70	3.70	2.90	9.90	11.10	4.20	14.00	10.50	7.20	7.50	5.80	3.10	1.40	-1.50	-2.00
景德镇	119	3.50	3.50	18.30	13.20	9.60	5.20	14.60	12.50	8.90	6.00	9.00	7.10	8.90	9.20	6.90	10.60	13.60	10.10
萍乡	120	7.30	7.30	5.50	6.80	12.10	6.70	21.20	19.80	13.60	10.40	7.80	7.30	8.80	8.80	5.30	1.70	0.90	-2.10
九江	121	8.40	8.40	19.40	15.50	6.10	6.20	14.70	8.50	10.10	24.50	12.40	13.00	12.50	6.30	1.70	4.40	2.00	4.60
新余	122	2.90	2.90	7.70	3.10	5.10	-4.60	-1.60	2.70	16.30	2.90	0.50	-8.10	-1.60	-1.40	1.10	-2.70	2.90	-5.30
鹰潭	123	3.30	3.30	10.20	10.50	16.50	4.80	-1.30	15.80	0.80	10.40	9.40	7.50	5.20	6.60	9.90	10.60	8.30	7.80
赣州	124	4.30	4.30	18.40	18.80	9.70	-0.10	19.10	11.80	13.50	13.40	10.80	8.10	-0.40	2.60	0.60	1.40	0.50	3.10
吉安	125	4.30	4.30	15.30	14.30	6.30	7.90	5.40	-1.20	9.70	6.80	14.30	1.70	13.70	10.10	14.70	13.70	12.20	21.40
宜春	126	2.50	2.50	5.00	5.00	-2.90	-1.00	3.50	10.60	14.10	5.80	6.20	17.60	11.90	12.60	10.40	9.30	5.10	4.20
抚州	127	6.90	6.90	5.00	6.30	11.60	6.20	20.80	19.60	13.20	9.90	7.40	8.30	7.80	6.20	5.00	4.20	1.30	-1.50
上饶	128	7.80	7.80	14.00	13.40	5.90	1.70	4.80	11.40	2.50	15.90	15.40	1.60	-3.50	-6.60	-8.30	-9.40	-4.00	-5.90
济南	129	10.60	10.60	14.00	14.80	5.90	4.90	13.60	8.70	7.90	-0.20	4.20	11.80	9.50	12.80	12.70	10.70	7.20	7.20
青岛	130	10.50	10.50	11.90	15.90	16.70	10.50	0.30	6.40	6.20	8.90	15.00	11.80	10.60	12.50	13.50	7.90	11.60	15.70
淄博	131	4.40	4.40	15.80	20.60	13.80	15.40	11.20	3.10	9.60	4.00	12.70	12.30	13.40	18.30	17.50	19.70	15.90	14.00

续表

城市	编号	1990年	1991年	1992年	1993年	1994年	1995年	1996年	1997年	1998年	1999年	2000年	2001年	2002年	2003年	2004年	2005年	2006年	2007年
枣庄	132	14.40	14.40	10.40	23.00	2.70	13.00	16.40	-3.30	12.60	-0.80	18.60	7.80	7.90	11.00	4.20	-1.10	3.40	4.40
东营	133	3.90	8.90	14.70	20.50	14.40	-5.40	8.20	12.30	5.40	8.70	14.90	18.90	7.80	15.20	16.50	9.30	15.70	12.50
烟台	134	9.40	9.40	14.40	15.70	12.70	5.00	8.00	5.70	2.40	11.00	14.20	9.20	10.80	11.60	5.80	12.10	15.90	8.10
潍坊	135	6.40	6.40	18.10	6.80	0.40	13.00	5.10	8.50	6.60	6.20	12.40	13.00	13.30	14.90	8.60	15.90	16.30	15.80
济宁	136	14.30	14.30	11.80	12.60	24.10	15.60	4.30	4.70	14.20	8.40	9.00	7.40	15.80	11.90	17.80	11.50	11.80	13.30
泰安	137	13.00	13.00	10.10	25.60	16.50	7.90	11.20	16.90	9.50	1.70	12.60	8.20	11.50	9.30	9.70	10.80	10.80	7.30
威海	138	7.30	7.30	12.90	18.90	12.90	11.60	12.40	4.30	9.60	-4.90	14.40	5.20	8.60	9.10	8.80	10.50	15.20	6.80
日照	139	8.20	8.20	11.00	12.70	6.30	8.60	7.80	3.80	3.10	0.30	9.20	11.00	5.10	13.90	9.10	11.20	20.20	17.20
临沂	140	3.30	3.30	9.90	5.70	8.80	-7.00	11.70	10.50	7.10	6.70	13.20	8.60	9.40	21.40	17.20	-0.40	17.40	19.20
德州	141	4.30	4.30	6.40	5.20	5.80	-3.50	9.60	8.70	14.20	6.50	13.30	4.50	18.20	13.80	15.10	7.80	17.10	12.90
聊城	142	8.40	8.40	15.20	20.20	8.90	16.20	11.20	3.00	-1.50	4.40	6.10	11.40	10.30	5.80	15.30	13.80	15.10	14.60
滨州	143	9.50	9.50	16.00	18.80	12.10	12.00	18.10	5.60	9.90	15.20	15.50	6.30	14.20	2.60	12.90	12.70	19.50	17.20
菏泽	144	14.40	14.40	16.30	20.30	13.80	3.90	0.60	-1.80	-1.30	-3.00	-5.10	5.70	6.10	1.50	3.40	-1.30	4.20	6.30
郑州	145	1.80	1.80	10.30	12.10	14.40	13.30	15.80	21.00	4.10	8.80	4.90	18.30	-0.10	5.40	6.10	7.10	6.70	3.50
开封	146	-3.10	-3.10	10.10	-3.90	7.80	-2.40	0.40	4.20	2.30	9.10	12.40	-0.10	0.00	-4.10	-2.30	-5.30	-4.30	-1.80
洛阳	147	3.30	3.30	11.50	12.60	10.10	4.90	10.70	3.60	5.60	10.80	15.80	4.40	9.90	14.30	11.10	9.70	7.30	9.30
平顶山	148	11.40	11.40	7.70	11.20	7.20	-0.50	15.30	-6.00	5.00	17.20	13.20	8.90	7.00	7.90	12.30	8.80	4.90	3.40
安阳	149	6.40	6.40	0.70	16.60	13.10	3.90	5.70	-1.60	0.60	12.80	1.80	7.50	8.00	11.10	6.40	5.50	2.30	3.10
鹤壁	150	0.30	0.30	17.80	14.80	16.20	7.60	7.30	4.80	1.30	-0.10	17.50	10.80	5.90	10.40	11.80	8.50	4.80	2.90
新乡	151	-0.10	-0.10	15.60	16.60	4.80	15.80	12.10	-14.40	1.90	6.40	4.50	10.10	9.10	10.30	6.90	0.80	-0.30	0.00
焦作	152	2.00	2.00	0.90	10.30	6.60	-1.60	5.70	3.10	1.90	11.40	9.40	17.00	11.70	13.40	20.30	8.80	9.80	8.90
濮阳	153	3.60	3.60	10.30	13.40	8.70	8.80	17.70	12.10	6.50	11.50	4.70	11.20	-1.40	16.90	16.00	12.80	10.60	9.20

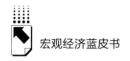
续表

城市	编号	1990年	1991年	1992年	1993年	1994年	1995年	1996年	1997年	1998年	1999年	2000年	2001年	2002年	2003年	2004年	2005年	2006年	2007年
许昌	154	-0.90	-0.90	6.70	1.70	2.70	-2.10	7.10	11.30	5.80	8.90	14.60	15.30	7.70	16.20	14.80	12.60	11.50	8.80
漯河	155	0.40	0.40	6.30	12.70	-0.30	6.30	8.80	5.30	4.70	6.90	17.80	6.10	7.50	6.70	8.90	4.30	4.10	1.70
三门峡	156	-2.30	-2.30	3.90	2.90	6.30	-4.50	11.50	13.60	10.40	6.10	6.70	4.00	8.50	8.70	12.90	10.80	15.10	15.30
南阳	157	2.30	2.30	10.40	12.80	10.20	11.40	12.50	8.20	6.80	21.70	18.70	10.30	3.70	5.50	12.20	4.20	0.40	-0.50
商丘	158	1.20	1.20	9.70	10.70	8.40	7.80	10.00	3.50	-1.90	2.50	3.70	8.70	8.90	-6.80	15.60	3.70	1.90	-0.60
信阳	159	1.70	1.70	8.70	9.90	5.90	13.10	7.80	10.30	5.00	1.40	2.40	-7.10	8.10	3.10	7.70	2.00	-0.10	-3.10
周口	160	4.90	4.90	16.90	19.30	12.70	-4.50	12.10	11.20	4.40	5.90	7.80	-0.20	0.40	-11.20	5.20	6.00	2.70	0.00
驻马店	161	11.90	11.90	16.10	19.30	9.40	9.10	2.20	9.20	9.80	8.90	10.80	0.60	0.00	-8.80	3.70	-4.20	-1.30	-0.30
武汉	162	6.30	6.30	15.60	14.30	-2.30	13.50	12.40	9.70	8.50	6.30	10.50	10.90	11.30	7.70	12.50	8.70	7.20	7.00
黄石	163	-1.10	-1.10	17.90	0.30	13.50	11.60	14.10	14.90	7.90	9.70	15.40	19.60	4.70	7.10	7.00	5.80	7.20	7.80
十堰	164	2.70	2.70	6.50	6.00	9.30	-2.40	-3.00	5.70	7.50	11.20	9.00	16.10	10.80	0.70	13.20	-3.50	3.00	4.60
宜昌	165	4.30	4.30	10.30	8.50	-2.00	7.20	24.00	17.60	11.70	-6.80	17.00	-4.30	5.90	14.30	20.90	7.90	7.30	7.50
襄阳	166	8.40	8.40	5.10	12.20	9.40	9.90	14.80	4.90	7.20	5.70	0.40	2.00	-0.60	1.70	2.90	4.40	-2.60	-1.70
鄂州	167	7.30	7.30	9.40	7.80	5.60	10.80	21.40	8.70	8.20	-0.50	-10.80	12.10	8.00	5.50	6.20	5.80	5.30	7.40
荆门	168	4.50	4.50	13.00	10.10	4.50	6.80	9.10	11.20	5.90	12.40	11.40	9.50	12.90	12.00	2.70	6.80	4.70	1.90
孝感	169	3.00	3.00	12.60	9.10	5.00	16.70	18.20	13.40	9.00	3.70	-2.40	13.40	7.40	1.70	1.70	4.10	4.00	3.00
荆州	170	5.60	5.60	13.40	9.80	12.00	5.90	4.80	2.20	0.80	11.60	8.40	5.70	8.70	6.20	0.90	0.90	8.10	3.10
黄冈	171	3.40	3.40	10.30	6.10	5.30	3.70	4.80	17.30	8.80	3.50	9.70	3.50	-1.80	-0.30	-1.40	1.50	2.00	-0.40
咸宁	172	7.90	7.90	14.60	12.60	12.50	17.40	7.10	23.00	11.90	19.40	11.60	8.00	15.60	6.70	15.50	12.20	2.10	12.10
随州	173	6.20	6.20	15.40	13.30	5.30	10.40	21.30	14.70	17.60	-2.10	-7.60	6.80	5.00	6.70	6.30	8.30	3.30	4.90
长沙	174	3.90	3.90	6.90	19.40	7.80	2.90	7.60	6.60	6.00	8.60	11.90	9.20	4.40	15.00	7.50	4.70	4.00	3.10
株洲	175	0.40	0.40	6.10	14.50	5.50	7.30	20.70	5.60	10.40	11.90	9.40	13.40	6.30	5.90	5.10	2.00	3.50	3.20

续表

城市	编号	1990年	1991年	1992年	1993年	1994年	1995年	1996年	1997年	1998年	1999年	2000年	2001年	2002年	2003年	2004年	2005年	2006年	2007年
湘潭	176	3.80	3.80	8.90	2.50	11.40	4.30	14.40	7.20	4.30	10.00	10.00	13.90	11.40	14.00	7.00	1.30	0.10	2.50
衡阳	177	5.50	5.50	9.30	17.10	4.80	6.30	12.30	8.00	10.40	9.70	-2.70	8.50	6.40	6.90	7.20	6.00	7.10	10.10
邵阳	178	11.30	11.30	9.70	6.90	5.90	6.40	10.20	8.50	6.40	9.50	13.90	9.20	11.50	-2.80	13.90	8.20	7.00	4.30
岳阳	179	0.90	0.90	3.30	17.00	-6.20	10.20	16.60	10.80	5.30	11.20	2.50	9.30	8.30	14.20	3.30	1.60	1.90	3.90
常德	180	5.30	5.30	3.00	9.20	10.20	5.50	3.90	7.00	9.70	5.90	11.00	7.50	10.20	12.60	8.70	11.10	3.60	4.90
张家界	181	6.20	6.20	9.90	10.50	8.50	10.00	22.90	5.90	8.50	3.80	5.20	6.50	4.40	7.40	10.70	10.80	10.80	7.60
益阳	182	2.10	2.10	8.50	2.90	6.10	8.90	-0.20	10.10	5.80	5.80	-3.10	7.30	6.90	9.60	16.60	3.20	4.90	4.90
郴州	183	2.80	2.80	8.50	11.10	11.10	3.60	9.60	16.20	7.00	10.90	7.30	10.20	5.30	3.40	6.40	11.70	2.20	5.00
永州	184	3.30	3.30	14.10	5.10	11.40	0.00	14.10	8.30	3.90	6.80	4.60	5.50	4.40	7.60	3.80	5.20	3.10	-0.80
怀化	185	8.20	8.20	8.90	6.00	13.00	5.30	8.70	-9.90	10.00	-1.20	-1.60	8.50	10.70	4.90	5.00	1.40	-1.80	-0.50
娄底	186	7.80	7.80	10.70	10.80	9.20	-7.70	11.90	4.50	12.50	13.50	13.70	17.20	7.90	14.70	16.40	16.60	16.70	11.40
广州	187	12.40	12.40	12.50	8.50	16.80	12.10	12.10	8.40	10.20	18.60	2.60	8.20	8.20	10.20	10.40	6.90	6.90	7.90
韶关	188	16.30	16.30	6.60	2.80	3.90	4.80	5.10	3.10	1.80	3.40	3.30	2.50	3.00	6.90	4.80	1.10	3.70	2.70
深圳	189	12.50	12.50	9.40	14.30	16.70	13.80	12.00	9.70	9.10	12.30	8.80	2.20	3.20	7.20	7.40	5.50	7.30	6.90
珠海	190	11.50	11.50	14.30	6.60	7.40	7.00	5.80	5.10	8.60	-3.20	1.30	-3.40	-2.60	4.10	0.70	-1.50	0.80	-0.30
汕头	191	12.10	12.10	15.80	1.10	9.30	9.80	7.10	3.50	2.50	-1.60	-2.70	-9.30	-1.70	2.70	4.20	4.20	3.00	4.10
佛山	192	16.30	16.30	17.60	3.10	22.50	8.20	17.00	14.10	9.60	10.60	14.20	2.60	-1.80	0.00	-0.10	-0.30	-0.30	1.00
江门	193	9.20	9.20	13.60	-1.00	15.20	5.70	1.90	-8.60	-3.50	-1.40	-1.40	0.30	0.20	1.40	2.70	1.80	3.10	3.20
湛江	194	7.00	7.00	8.00	-7.80	9.30	2.90	-0.30	-3.50	-8.10	-6.10	-0.90	1.20	0.30	2.10	1.10	1.90	1.10	3.30
茂名	195	8.90	8.90	8.50	13.90	26.10	23.60	8.90	9.80	3.20	5.00	5.40	-4.10	5.70	9.30	9.60	7.90	6.30	9.90
肇庆	196	9.60	9.60	18.20	-0.10	16.70	9.90	9.10	1.80	-0.30	-3.20	-6.40	-4.30	0.70	2.80	5.50	6.80	3.90	4.40
惠州	197	12.50	12.50	19.10	15.60	9.70	8.10	17.10	14.80	6.10	5.50	15.20	5.70	5.90	8.20	8.20	7.60	10.60	7.40

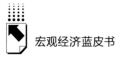

城市	编号	1990年	1991年	1992年	1993年	1994年	1995年	1996年	1997年	1998年	1999年	2000年	2001年	2002年	2003年	2004年	2005年	2006年	2007年
梅州	198	12.10	12.10	15.20	3.80	19.70	2.60	6.10	3.50	3.70	2.70	5.20	3.20	3.10	-1.40	11.30	0.50	2.40	5.80
汕尾	199	11.20	11.20	9.50	-1.00	10.50	4.00	8.70	2.80	8.00	1.80	-3.30	-0.70	1.70	-1.80	-2.80	-5.30	-6.90	-4.30
河源	200	10.20	10.20	18.30	-1.30	9.50	6.40	-0.80	0.30	-6.20	-0.30	-0.20	2.80	5.90	4.30	1.00	1.20	-5.00	-3.80
阳江	201	11.40	11.40	20.30	0.70	17.80	13.20	7.70	7.20	10.40	6.80	2.10	5.90	7.00	9.00	6.50	5.50	3.80	2.00
清远	202	12.50	12.50	16.40	3.50	16.00	9.40	-0.10	3.70	-3.20	-1.50	0.40	-1.30	2.40	8.20	11.00	8.60	5.20	3.50
东莞	203	11.70	11.70	16.30	0.80	16.40	9.30	12.20	14.20	6.00	10.70	7.90	-0.90	-2.90	-6.30	-4.90	-7.00	-4.90	-3.00
中山	204	8.20	8.20	16.20	3.30	14.50	9.70	-2.20	17.70	7.40	6.20	7.00	3.10	1.00	4.40	6.60	8.60	5.50	5.80
潮州	205	13.30	13.30	17.10	3.80	19.40	7.20	-1.40	-13.50	2.30	-0.10	-3.20	-0.60	0.30	2.10	0.70	-1.10	0.30	3.00
揭阳	206	10.90	10.90	13.60	-1.50	10.20	-0.60	7.70	11.00	7.30	-3.20	-11.20	-8.40	-6.20	-0.10	2.00	3.40	4.10	5.20
云浮	207	10.40	10.40	11.30	-5.00	3.60	5.50	-0.70	-0.80	-0.50	-0.80	-4.10	-5.00	-3.00	-1.30	-0.60	-5.90	-4.30	-0.90
南宁	208	-1.10	-1.10	5.30	16.30	5.20	8.00	4.40	0.80	8.40	1.40	7.60	5.10	0.70	5.40	-1.40	-2.00	3.70	2.20
柳州	209	8.00	8.00	13.90	6.70	11.00	14.70	-2.50	15.80	6.20	13.90	14.90	7.80	8.10	7.40	10.70	5.60	5.90	6.50
桂林	210	11.00	11.00	10.70	17.80	15.40	15.70	16.20	9.20	4.70	14.90	8.80	11.30	1.70	13.20	13.70	13.30	11.70	15.30
梧州	211	8.00	8.00	4.90	11.20	-0.50	-4.80	6.90	10.80	1.50	8.10	8.50	10.40	12.20	-0.80	4.00	1.80	0.80	1.10
北海	212	1.20	1.20	5.50	10.00	12.40	-1.80	-1.80	-1.90	4.50	15.80	13.90	8.20	12.10	9.00	8.60	16.00	13.40	16.00
防城港	213	14.60	14.60	17.50	20.30	23.60	8.40	11.80	14.90	8.40	5.10	5.80	7.70	7.80	4.20	1.80	10.60	1.30	-1.20
钦州	214	15.50	15.50	18.10	11.30	-1.90	2.50	4.50	3.50	4.90	4.30	7.00	4.40	13.90	-4.40	1.70	1.10	4.40	2.40
贵港	215	5.80	5.80	5.60	4.60	12.80	20.80	-1.90	-2.20	2.70	-3.40	8.60	2.50	6.60	0.20	4.90	0.50	3.10	8.20
玉林	216	10.30	10.30	10.30	10.80	12.90	6.80	2.70	1.30	12.40	15.90	8.40	4.60	5.80	-1.60	5.00	2.60	1.00	-0.30
百色	217	2.70	2.70	6.30	5.60	8.00	15.80	7.80	11.00	10.40	7.90	7.60	0.20	2.90	0.10	3.60	-0.20	2.10	5.30
贺州	218	0.10	0.10	4.00	8.00	10.70	-3.50	-3.50	-3.60	2.80	15.70	13.30	6.60	8.60	9.30	1.90	2.90	9.00	8.70
河池	219	7.50	7.50	7.50	15.80	16.70	11.80	2.20	6.40	12.60	11.00	10.50	1.10	-7.20	6.90	9.00	14.40	14.70	14.00

续表

城市	编号	1990年	1991年	1992年	1993年	1994年	1995年	1996年	1997年	1998年	1999年	2000年	2001年	2002年	2003年	2004年	2005年	2006年	2007年
来宾	220	9.70	9.70	5.00	7.40	-5.20	7.30	6.70	4.10	4.70	14.40	11.00	8.20	8.60	1.80	4.50	4.60	3.50	1.70
崇左	221	1.30	1.30	5.50	9.80	12.30	-2.00	-2.00	-2.10	4.40	16.50	14.30	8.10	12.30	4.20	9.10	4.20	9.40	3.50
海口	222	7.90	7.90	3.10	19.50	0.50	-0.80	5.60	7.40	8.10	9.40	11.20	7.00	10.70	16.00	3.10	6.00	4.90	5.00
三亚	223	5.20	5.20	3.70	6.20	8.60	6.30	1.20	-2.40	5.00	6.60	7.40	8.90	11.20	11.70	12.10	13.30	9.50	11.00
重庆	224	-1.70	-1.70	6.30	4.70	2.50	-0.40	-1.90	-2.80	-7.00	-6.60	-4.40	-3.60	-4.20	-3.10	-3.10	-4.90	-4.60	-1.40
成都	225	5.70	5.70	20.60	6.30	-5.80	9.40	8.20	12.80	8.00	8.30	12.40	12.60	-0.40	12.90	10.80	7.60	10.00	9.70
自贡	226	6.20	6.20	14.50	3.10	16.30	5.60	7.50	11.90	3.50	5.20	6.40	7.90	12.70	7.60	11.20	7.10	7.50	3.70
攀枝花	227	0.00	0.00	2.80	4.80	-6.30	-6.30	3.30	9.50	2.40	4.80	17.40	6.80	10.00	16.80	17.30	15.30	12.70	11.80
泸州	228	11.60	11.60	3.20	11.20	-6.00	11.50	8.90	6.10	0.90	3.90	-3.40	5.60	1.20	2.70	7.20	3.90	4.80	3.30
德阳	229	2.80	2.80	7.80	10.80	10.40	6.90	4.10	4.70	9.30	-2.10	11.20	10.80	5.80	14.00	15.20	14.00	14.50	14.10
绵阳	230	3.80	3.80	13.80	15.00	9.60	3.30	10.20	8.20	4.80	1.80	11.20	1.40	16.30	6.00	10.90	10.50	13.10	7.90
广元	231	3.40	3.40	4.80	5.70	11.00	4.90	2.30	10.50	-2.40	7.50	7.20	13.20	-4.70	-4.00	10.90	13.10	12.20	12.70
遂宁	232	4.30	4.30	10.40	10.60	5.50	1.60	5.60	-1.10	-2.90	3.50	13.20	7.10	0.10	5.70	-0.30	3.20	3.40	0.50
内江	233	3.10	3.10	9.80	2.00	3.50	13.10	11.40	3.30	6.60	-4.40	9.50	13.60	2.60	7.80	6.70	3.60	5.00	6.70
乐山	234	3.30	3.30	4.30	5.70	6.50	4.40	5.00	19.80	9.90	4.30	3.00	8.00	3.50	0.10	7.50	4.60	6.10	5.40
南充	235	2.50	2.50	7.80	11.20	-2.00	15.50	4.20	0.40	3.10	-3.90	7.40	5.30	10.20	-3.90	8.60	3.30	2.70	2.90
眉山	236	4.10	4.10	9.70	10.20	6.10	2.50	6.30	0.10	-2.90	2.80	14.00	10.40	5.60	12.40	13.10	15.20	16.00	7.90
宜宾	237	2.90	2.90	7.40	13.40	0.00	12.60	6.30	4.50	5.60	9.10	12.20	6.90	2.70	2.50	8.40	3.40	3.00	4.20
广安	238	6.00	6.00	7.80	8.30	9.80	8.70	7.90	20.50	12.30	7.70	13.30	8.60	6.10	15.80	14.70	13.00	12.40	11.40
达州	239	1.60	1.60	10.20	12.60	6.30	0.80	9.80	9.30	6.80	-1.60	8.10	0.70	-0.30	-0.80	1.70	1.20	-1.90	-2.40
雅安	240	2.30	2.30	8.10	2.00	5.40	4.30	11.60	9.60	7.40	5.80	6.50	5.60	6.20	8.30	7.80	13.20	11.90	11.20
巴中	241	3.90	3.90	7.20	-0.90	7.10	-4.60	9.30	6.30	8.00	6.10	8.10	-0.80	3.30	0.30	13.60	6.30	2.90	2.20

续表

城市	编号	1990年	1991年	1992年	1993年	1994年	1995年	1996年	1997年	1998年	1999年	2000年	2001年	2002年	2003年	2004年	2005年	2006年	2007年
资阳	242	2.50	2.50	1.10	-1.80	7.40	-14.30	9.00	14.60	13.60	4.00	1.70	1.80	4.20	4.20	7.30	4.20	2.30	1.80
贵阳	243	6.70	6.70	8.80	7.50	6.70	1.60	6.10	8.60	5.40	18.60	9.10	8.10	3.40	4.10	4.10	4.20	6.60	2.50
六盘水	244	7.20	7.20	14.40	11.50	14.90	0.20	7.20	5.00	2.00	11.50	13.40	6.50	11.90	19.60	17.60	11.40	17.80	8.80
遵义	245	14.50	14.50	3.50	2.20	8.10	7.70	8.70	3.50	3.20	10.60	9.90	1.60	7.40	19.40	-0.60	2.60	1.60	4.80
安顺	246	-0.30	-0.30	8.60	11.40	8.60	-4.50	5.30	1.40	15.90	7.70	7.60	9.10	0.40	1.70	1.20	1.10	-1.50	-6.30
昆明	247	4.80	4.80	11.80	17.20	14.50	4.40	20.50	5.60	6.40	9.80	8.30	-0.20	1.40	4.40	7.90	4.30	-1.90	-0.80
曲靖	248	5.30	5.30	15.10	8.30	9.50	4.00	4.60	7.80	2.10	-3.70	9.40	7.70	12.50	8.70	18.70	9.00	14.10	13.30
玉溪	249	1.40	1.40	7.40	8.20	6.90	8.00	9.50	2.80	6.20	-7.60	3.40	-8.80	11.90	2.70	9.10	3.00	8.80	8.60
保山	250	7.00	7.00	11.20	11.30	13.20	10.80	7.60	12.10	12.70	4.60	3.00	3.90	3.40	4.60	4.50	4.90	1.60	-1.90
昭通	251	4.20	4.20	17.90	17.80	19.70	2.80	5.10	-5.00	6.30	10.40	9.20	-2.70	0.30	4.50	17.70	5.70	3.80	1.20
丽江	252	18.90	18.90	25.60	26.20	24.60	26.00	27.60	19.80	22.70	7.20	21.00	6.50	22.30	12.10	16.00	10.80	9.50	-8.30
普洱	253	-0.30	-0.30	6.10	5.40	14.90	-0.80	12.90	27.50	6.20	18.80	11.60	0.80	6.00	-1.70	-1.90	-3.80	-4.10	-2.50
临沧	254	6.20	6.20	10.30	10.40	12.40	9.80	6.70	11.10	11.20	3.60	2.20	4.10	7.50	7.90	2.40	3.50	5.10	2.20
西安	255	5.50	5.50	9.70	2.90	14.00	-1.60	9.40	13.80	7.00	13.20	14.10	7.40	4.30	5.30	4.90	2.20	2.50	1.20
铜川	256	10.60	10.60	16.10	19.80	11.60	5.90	9.40	0.70	5.90	9.90	9.40	7.60	-0.40	6.00	4.10	0.60	0.90	1.60
宝鸡	257	4.60	4.60	11.30	10.00	9.00	4.10	9.30	18.10	7.90	1.20	13.80	7.90	6.70	10.80	12.10	7.80	6.20	3.50
咸阳	258	6.60	6.60	8.20	7.90	4.70	19.80	9.70	2.40	7.30	3.50	12.80	5.30	9.80	4.40	5.50	8.00	2.60	0.10
渭南	259	3.10	3.10	4.10	12.00	10.90	1.20	9.30	9.40	6.80	10.10	11.40	7.10	4.60	3.40	6.60	3.80	2.30	0.40
延安	260	2.50	2.50	3.30	10.00	8.10	8.40	7.90	-1.70	5.50	6.20	7.70	10.90	5.40	5.10	9.70	5.80	4.70	-1.20
汉中	261	0.60	0.60	0.50	15.90	0.20	-3.10	0.50	3.50	1.50	4.60	8.70	4.00	-0.80	4.20	3.70	2.90	1.30	4.90
榆林	262	-2.80	-2.80	11.10	11.50	10.50	-2.40	-0.90	-4.90	9.00	0.50	17.90	5.70	7.20	10.50	8.70	13.10	11.00	9.20
安康	263	10.10	10.10	10.30	13.50	10.50	6.90	-3.10	-1.00	25.00	11.60	9.50	5.70	5.40	13.80	15.20	7.10	7.30	2.60

续表

城市	编号	1990年	1991年	1992年	1993年	1994年	1995年	1996年	1997年	1998年	1999年	2000年	2001年	2002年	2003年	2004年	2005年	2006年	2007年
商洛	264	3.50	3.50	3.40	10.50	8.40	8.90	8.60	-1.30	4.70	3.00	6.60	6.50	4.10	-8.10	1.00	-2.30	-10.80	-11.30
兰州	265	0.50	0.50	1.70	7.20	20.60	9.70	1.90	5.00	1.80	14.50	12.50	9.00	6.00	6.70	5.40	9.70	7.40	6.90
嘉峪关	266	1.80	1.80	4.50	8.30	-0.80	-0.90	6.10	5.60	-1.00	16.50	5.40	8.30	10.20	11.50	27.10	9.00	16.00	14.50
金昌	267	2.70	2.70	5.80	10.40	1.00	4.00	25.40	-7.20	0.10	10.00	15.30	12.80	15.30	11.30	14.40	13.10	12.10	11.70
白银	268	1.60	1.60	4.00	16.10	14.20	-2.30	1.80	11.30	6.40	11.10	7.30	8.60	23.50	9.90	10.00	8.50	10.20	10.40
天水	269	7.90	7.90	4.10	18.00	15.80	4.90	3.50	-11.50	14.80	4.90	-1.80	-6.30	0.60	-5.30	-1.20	-4.20	-8.20	-8.80
武威	270	3.30	3.30	6.00	10.40	11.20	3.20	3.60	9.50	2.60	7.00	9.10	1.80	-5.10	-1.80	-1.90	-3.50	0.10	5.00
张掖	271	4.70	4.70	8.30	10.30	10.00	-0.10	12.60	11.20	16.50	12.60	11.60	1.60	-1.70	5.50	5.90	5.20	6.30	4.60
平凉	272	0.30	0.30	4.70	8.20	15.70	10.20	4.60	13.60	12.60	10.20	8.50	-2.30	-4.40	-0.90	5.30	6.10	2.80	-3.50
酒泉	273	-5.10	-5.10	7.60	11.30	10.50	2.90	2.60	5.10	11.80	13.00	9.70	-0.70	-5.20	-11.50	-5.70	-4.10	1.60	-2.30
庆阳	274	3.40	3.40	6.20	10.30	11.00	2.90	3.60	9.10	3.70	8.00	9.60	4.20	-0.30	2.60	1.50	0.80	0.60	0.00
定西	275	-3.60	-3.60	0.60	3.80	11.00	5.50	-0.30	3.90	-0.60	-3.50	-6.40	-11.40	-14.20	-7.60	-7.10	-7.00	-6.70	-6.90
陇南	276	-0.60	-0.60	3.70	7.10	14.60	8.90	3.10	11.80	10.00	4.00	-0.80	-7.70	-10.90	-4.70	2.90	1.60	0.80	-1.90
西宁	277	2.30	2.30	12.30	7.70	4.90	10.80	-2.80	9.20	6.10	11.30	13.30	8.90	8.80	18.50	16.30	7.30	9.50	4.80
银川	278	10.30	10.30	-2.00	17.60	0.90	4.20	6.40	2.20	4.20	4.00	9.80	5.60	6.90	4.30	8.10	5.30	3.80	4.00
石嘴山	279	2.20	2.20	9.40	0.70	7.80	7.30	15.70	6.40	7.20	9.60	9.50	2.40	-0.10	7.70	5.50	15.90	7.00	7.40
吴忠	280	0.80	0.80	-1.50	0.90	-0.40	5.60	7.40	10.70	3.20	6.60	12.80	6.60	7.30	8.50	10.20	11.90	19.80	12.00
固原	281	8.40	8.40	5.40	7.40	5.80	12.20	13.70	18.00	9.70	13.80	19.70	11.70	11.10	0.70	14.80	8.70	5.00	3.30
中卫	282	-2.50	-2.50	4.40	-3.70	3.30	2.70	10.60	1.60	2.40	4.40	3.80	-2.60	-4.70	2.90	1.60	17.80	8.50	21.60
乌鲁木齐	283	6.20	6.20	7.50	5.80	14.00	5.90	5.50	9.20	6.00	11.00	21.00	5.70	5.60	11.80	8.90	10.90	9.90	7.20
克拉玛依	284	7.50	7.50	9.50	6.00	0.30	1.10	1.50	6.00	-4.60	3.90	17.90	17.50	9.90	6.00	0.50	-4.10	3.00	4.30
东部地区	1	8.39	8.39	12.99	9.48	10.39	6.90	7.41	5.41	4.28	4.33	4.35	2.92	4.43	5.24	5.99	4.39	4.70	5.30

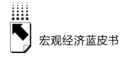
续表

城　市	编号	1990年	1991年	1992年	1993年	1994年	1995年	1996年	1997年	1998年	1999年	2000年	2001年	2002年	2003年	2004年	2005年	2006年	2007年
中部地区	2	3.69	3.69	10.67	10.96	8.33	6.93	11.13	8.63	5.69	7.22	7.45	6.99	6.51	5.91	8.09	5.24	4.32	3.56
西部地区	3	4.41	4.41	7.90	9.20	8.44	4.49	6.93	6.31	6.57	7.17	9.41	5.48	5.93	6.16	8.01	7.00	6.59	5.28
东北地区	4	5.00	5.00	6.56	8.65	8.56	4.77	9.87	7.29	7.22	9.65	9.21	9.23	8.41	10.05	11.22	11.88	7.00	7.66

城　市	编号	2008年	2009年	2010年	2011年	2012年	2013年	2014年	2015年	2016年	2017年	2018年	2019年	2020年	2021年	2022年	平均	2000年以来	2010年以来
北　京	1	1.10	-0.10	1.40	0.80	0.10	0.50	0.50	0.50	0.80	1.30	1.50	1.20	-3.40	3.80	-3.00	3.30	1.72	0.46
天　津	2	-0.20	-4.70	-2.20	0.20	-2.50	-2.80	-4.10	-3.60	-2.30	-3.20	-1.80	0.60	-1.50	4.40	-0.10	3.23	0.63	-1.45
石家庄	3	12.10	12.60	9.40	7.70	0.30	0.00	1.70	2.50	0.10	2.60	5.20	8.90	5.70	7.80	4.90	7.49	7.65	4.37
唐　山	4	6.30	2.10	7.90	4.70	-1.60	1.10	3.10	2.40	0.40	0.50	0.10	2.20	1.20	3.00	0.10	7.24	5.29	1.93
秦皇岛	5	7.00	-1.50	1.70	3.50	-4.10	-0.30	0.10	0.70	1.20	4.50	3.50	4.00	-2.60	3.00	-2.70	6.13	4.99	0.96
邯　郸	6	14.10	13.30	8.10	5.60	-1.90	-11.90	1.90	3.90	0.90	2.50	3.20	5.50	4.00	8.30	5.60	8.03	7.80	2.75
邢　台	7	8.50	6.80	8.50	6.30	-9.20	-0.30	0.90	2.50	1.00	1.70	2.80	4.00	1.60	5.40	2.30	7.96	6.51	2.12
保　定	8	6.70	8.40	7.30	-1.70	-6.70	0.90	0.50	0.50	-0.70	-0.10	1.60	2.20	0.20	4.10	1.40	6.96	5.25	0.73
张家口	9	9.00	5.20	6.70	-0.30	-0.50	2.10	2.40	1.40	2.10	2.70	4.50	5.30	3.10	6.50	4.20	8.24	7.26	3.09
承　德	10	1.30	-4.20	3.10	8.20	0.70	-6.60	3.60	-0.90	0.20	1.90	2.60	4.50	4.80	7.40	5.10	5.44	4.97	2.66
沧　州	11	5.10	11.00	11.20	-0.40	-1.30	1.90	1.80	1.20	-0.10	0.50	3.40	9.30	5.80	8.00	4.80	8.51	6.60	3.55
廊　坊	12	6.10	-0.60	-1.70	-1.60	0.60	1.30	1.90	4.00	-1.00	-1.60	-1.10	-0.30	-2.20	1.10	-1.60	5.81	3.48	-0.17
衡　水	13	10.00	7.90	10.20	-7.30	0.70	1.50	1.00	1.40	3.30	3.00	3.90	5.50	4.00	7.70	5.40	6.84	5.71	3.10
太　原	14	0.40	-6.10	1.50	3.20	-4.50	-0.30	-8.40	0.20	-0.30	1.10	5.40	3.80	0.60	1.30	2.30	3.50	2.51	0.45
大　同	15	-4.80	-9.30	1.30	0.60	-3.30	-4.10	5.50	2.60	-6.30	-1.50	1.90	2.60	1.50	5.20	2.60	2.76	1.42	0.66
阳　泉	16	1.10	-5.70	1.20	-0.70	-3.40	-5.60	-7.30	-7.00	-2.00	-0.70	2.00	0.60	-0.70	3.30	0.40	3.23	1.72	-1.53

续表

城市	编号	2008年	2009年	2010年	2011年	2012年	2013年	2014年	2015年	2016年	2017年	2018年	2019年	2020年	2021年	2022年	平均	2000年以来	2010年以来
长治	17	3.80	-2.80	0.90	3.50	0.40	-6.90	-2.10	-9.60	-4.70	3.00	5.00	4.80	4.40	9.90	4.80	4.77	3.17	1.03
晋城	18	1.00	-4.50	1.30	1.50	-1.50	-2.90	-2.20	-4.50	-2.80	0.60	5.00	2.20	6.10	12.60	6.70	4.71	3.49	1.70
朔州	19	-4.90	-8.10	-2.30	-2.70	-3.10	-0.70	-3.90	-7.00	2.60	5.80	2.20	7.20	5.50	11.70	6.10	3.58	2.97	1.65
晋中	20	-2.60	-8.90	3.30	2.40	0.90	-2.50	0.50	-4.10	-3.10	4.60	6.50	7.40	3.20	8.50	2.70	3.81	2.17	2.33
运城	21	5.10	-3.20	9.00	6.60	2.50	-6.20	-2.20	-3.10	-0.80	3.10	4.10	5.90	6.40	12.00	7.80	7.32	6.79	3.47
忻州	22	2.70	-9.10	10.70	3.50	1.60	-0.80	-1.20	-1.70	-0.50	2.20	1.60	3.60	3.60	11.70	5.30	5.65	4.13	3.05
临汾	23	-2.70	-7.60	4.50	3.40	-1.40	-0.20	-1.90	-8.50	-2.20	1.10	0.50	5.30	3.60	8.70	3.90	3.37	2.91	1.29
吕梁	24	-7.60	-5.10	7.90	0.10	-1.10	-3.50	-6.00	-11.30	-3.10	4.50	2.00	4.10	2.70	10.10	3.80	1.89	1.70	0.78
呼和浩特	25	8.10	15.20	11.50	6.30	2.70	-7.30	2.80	4.40	2.50	2.60	2.60	3.70	1.20	8.30	2.30	8.04	9.46	3.35
包头	26	19.40	17.70	17.20	-2.60	10.30	0.00	14.40	10.00	11.20	8.80	9.90	9.20	5.10	10.40	4.90	11.03	12.45	8.37
乌海	27	5.20	4.10	19.80	8.10	4.90	3.00	8.30	5.30	7.00	-1.80	2.70	6.80	1.60	4.30	2.60	6.63	5.91	5.58
赤峰	28	13.20	15.70	11.80	9.10	2.50	-5.80	6.70	6.70	2.30	0.00	3.10	3.50	1.90	7.00	2.50	7.64	8.20	3.95
通辽	29	11.20	12.00	11.10	8.20	3.00	-7.20	3.20	4.50	1.30	-3.20	2.50	5.30	1.10	5.60	0.50	7.22	6.51	2.76
鄂尔多斯	30	30.40	16.80	9.60	-0.90	1.90	-21.20	7.50	4.70	9.90	9.10	8.20	8.00	7.70	9.60	7.70	8.96	10.73	4.75
呼伦贝尔	31	3.10	2.00	5.40	1.90	2.40	11.50	6.00	4.10	4.60	-1.40	3.20	4.10	5.00	8.20	5.70	6.40	6.13	4.67
巴彦淖尔	32	18.90	19.50	12.40	8.30	2.50	13.10	8.80	9.20	7.90	4.50	6.20	5.60	5.00	3.90	4.60	8.83	10.59	7.08
乌兰察布	33	14.00	12.60	8.10	10.50	-2.00	-3.30	6.90	5.80	2.40	-4.40	0.50	0.60	-1.60	3.10	0.90	5.83	7.10	2.12
沈阳	34	11.70	13.10	4.40	1.80	-1.80	-2.10	1.60	2.70	1.40	5.90	7.30	4.50	-1.50	7.30	1.50	6.85	6.46	2.54
大连	35	11.00	16.10	12.50	-3.20	-3.20	-3.00	8.30	5.80	10.10	9.20	7.90	6.80	-0.40	5.50	1.20	8.72	7.90	4.42
鞍山	36	7.60	2.50	-1.50	-4.20	-6.50	-5.00	0.50	2.20	-2.90	6.10	6.50	6.90	1.10	5.30	1.20	6.83	5.27	0.75

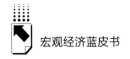

续表

城市	编号	2008年	2009年	2010年	2011年	2012年	2013年	2014年	2015年	2016年	2017年	2018年	2019年	2020年	2021年	2022年	平均	2000年以来	2010年以来
抚顺	37	10.00	4.40	4.80	2.60	0.00	-1.20	3.80	7.20	-0.90	5.00	5.80	-2.20	-2.30	2.00	-2.10	6.94	6.45	1.73
本溪	38	7.60	6.30	4.00	1.40	-3.10	-2.10	-4.20	8.40	-1.20	4.80	1.80	3.20	2.30	5.50	2.30	6.86	6.48	1.78
丹东	39	-0.60	-6.20	-5.50	-2.90	-5.40	-5.00	4.30	-0.80	4.60	5.00	1.10	2.30	0.90	6.90	1.00	5.39	2.91	0.50
锦州	40	3.90	5.90	-1.10	-5.30	-5.90	-4.60	-2.60	-2.40	-4.80	6.20	6.50	2.90	0.50	6.70	0.60	4.03	3.50	-0.25
营口	41	13.60	15.80	6.80	5.70	3.60	-4.60	-5.40	8.30	-9.80	2.30	2.90	5.10	0.90	1.30	0.80	8.49	7.96	1.38
阜新	42	6.50	2.20	0.20	-3.50	-4.00	-4.30	2.30	7.10	-2.60	2.80	7.90	7.40	2.20	6.30	2.20	5.72	5.13	1.85
辽阳	43	2.60	-1.00	0.00	-2.20	-1.50	-5.10	1.80	5.20	1.10	-3.20	7.80	4.30	2.50	2.80	2.90	2.90	2.66	1.26
盘锦	44	0.90	2.10	7.70	6.40	3.10	-0.50	2.20	1.70	-3.90	5.20	5.30	8.70	2.80	0.40	3.20	4.19	2.87	3.25
铁岭	45	1.40	3.40	11.30	6.40	2.90	-11.30	6.70	-4.60	0.60	3.40	3.90	5.60	4.60	8.00	4.10	5.74	5.74	3.20
朝阳	46	2.40	-3.10	-0.60	-2.00	-6.50	2.50	-2.20	-3.40	-3.30	5.10	5.50	5.40	2.30	5.20	2.60	2.44	3.35	0.82
葫芦岛	47	1.10	1.70	1.10	-1.20	-3.50	-3.40	1.40	2.90	6.40	6.20	6.10	3.40	-7.20	4.00	-6.50	4.91	3.79	0.75
长春	48	0.00	0.10	2.00	1.80	-0.80	-3.30	-0.50	-1.20	1.10	3.60	4.30	1.90	3.70	7.20	5.00	4.64	3.39	1.91
吉林	49	22.80	17.90	12.00	-1.00	9.60	-4.50	7.40	10.30	7.80	5.60	5.00	2.80	0.90	6.70	-0.10	9.17	9.60	4.81
四平	50	3.20	-1.40	-0.20	8.40	5.60	-1.70	-0.80	5.80	-1.20	0.70	1.70	2.10	1.50	6.00	1.10	7.02	5.93	2.23
辽源	51	20.00	24.80	1.40	3.00	-1.30	-2.60	6.80	3.00	0.80	-2.50	-3.30	-0.70	1.80	6.10	2.40	7.80	7.69	1.15
通化	52	4.90	1.40	3.70	4.30	-1.00	-0.30	1.50	1.40	3.60	5.60	2.30	5.00	3.90	9.30	4.70	5.75	4.85	3.38
白山	53	-2.00	-4.90	3.00	1.20	3.10	-0.50	1.70	1.60	5.10	-7.80	-2.50	-2.70	-6.20	0.50	-4.90	3.68	1.65	-0.65
松原	54	20.30	11.30	7.70	7.60	3.70	1.30	4.80	1.80	-0.50	-5.50	-2.40	-3.60	-3.50	2.00	-3.10	6.80	6.10	0.79
白城	55	1.70	-1.90	6.50	4.40	-0.30	2.90	-0.10	0.90	-2.00	-2.00	-3.50	-3.20	-3.50	2.50	-3.70	3.15	1.46	-0.08
哈尔滨	56	2.80	-1.50	0.80	0.20	4.00	0.60	0.60	3.10	2.40	-6.10	-2.00	-1.90	-4.60	1.30	-2.90	2.78	2.17	-0.35

续表

城市	编号	2008年	2009年	2010年	2011年	2012年	2013年	2014年	2015年	2016年	2017年	2018年	2019年	2020年	2021年	2022年	平均	2000年以来	2010年以来
齐齐哈尔	57	2.30	-7.90	1.20	3.70	6.30	1.00	-0.60	0.60	-1.20	1.20	3.00	4.80	3.80	7.80	5.10	3.37	2.75	2.82
鸡西	58	2.00	-5.00	1.90	4.70	3.80	-9.30	-4.20	-0.90	2.60	1.70	0.20	-0.40	-3.20	1.40	-3.10	3.96	1.90	-0.37
鹤岗	59	3.20	-0.90	3.40	7.70	4.70	-11.70	-9.90	4.70	-0.40	6.20	2.90	0.90	-3.10	-3.10	-3.00	3.40	2.53	-0.05
双鸭山	60	2.90	-2.80	13.20	9.40	12.20	-11.90	5.20	7.50	3.90	5.10	4.90	4.00	-0.10	4.50	-0.60	5.73	5.03	4.41
大庆	61	10.90	9.90	11.10	3.80	6.30	2.10	2.80	-1.40	1.60	2.50	3.30	3.80	0.50	7.20	0.60	4.69	5.13	3.40
伊春	62	-0.70	-5.40	-3.80	-5.60	-3.10	-2.30	-12.00	-2.20	1.30	5.80	5.40	4.50	4.20	5.20	3.70	2.89	1.19	0.08
佳木斯	63	5.90	-1.20	3.90	6.30	8.70	10.30	1.30	0.00	-0.10	1.80	0.60	0.80	0.30	5.00	0.10	6.27	5.09	3.00
七台河	64	11.30	13.80	9.80	-1.60	5.30	13.20	1.50	8.10	9.30	7.10	5.90	3.20	-1.90	4.90	-1.60	7.07	6.23	4.86
牡丹江	65	8.80	4.30	1.50	4.60	11.50	-2.40	1.30	-0.70	2.10	0.80	-2.90	1.60	0.00	6.90	0.80	5.76	5.77	1.93
黑河	66	8.30	9.50	36.00	34.00	33.40	34.10	9.40	7.10	5.60	4.40	4.30	2.20	-0.80	1.60	-0.20	10.69	12.45	13.16
绥化	67	6.30	4.70	3.60	2.20	3.00	0.70	3.80	3.20	-1.80	-2.30	-3.10	-3.60	-1.70	1.80	-0.40	5.38	3.94	0.42
上海	68	4.50	2.60	7.50	5.70	4.30	3.90	3.20	3.40	3.50	4.00	4.00	3.40	-0.80	5.50	-0.60	6.76	5.38	3.62
南京	69	-1.80	-4.70	-1.70	0.20	-0.80	0.00	0.30	1.30	1.70	2.40	3.20	3.60	0.70	5.20	2.90	3.12	0.78	1.46
无锡	70	2.90	0.00	1.50	2.00	0.40	0.80	-0.60	-0.60	1.90	3.10	4.10	5.40	3.50	8.70	4.10	5.76	3.40	2.64
徐州	71	0.50	-2.70	0.50	4.00	3.30	2.50	0.90	0.70	0.50	1.20	-0.90	1.30	-0.90	4.50	-0.30	4.00	1.47	1.33
常州	72	-4.80	-6.10	-0.40	0.70	-0.30	1.20	0.00	1.00	1.50	2.10	1.90	2.30	0.30	5.10	0.90	-0.40	-1.93	1.25
苏州	73	5.40	3.20	2.40	4.20	1.50	1.60	1.30	1.90	3.50	4.10	5.40	4.30	2.00	7.20	2.00	6.30	4.51	3.18
南通	74	-5.20	-6.00	-2.30	1.30	1.00	1.90	0.80	0.90	1.80	2.10	2.30	2.10	2.80	6.20	2.30	-2.52	-3.94	1.78
连云港	75	-4.10	-6.80	-1.80	4.90	3.70	4.70	1.50	2.50	0.30	0.60	0.90	2.70	0.30	0.80	1.40	1.02	-0.80	1.73
淮安	76	-4.70	-7.70	-5.10	6.20	5.20	4.80	2.50	2.00	1.40	2.00	2.50	1.60	-1.30	5.50	-0.70	0.69	-0.56	2.05

续表

城市	编号	2008年	2009年	2010年	2011年	2012年	2013年	2014年	2015年	2016年	2017年	2018年	2019年	2020年	2021年	2022年	平均	2000年以来	2010年以来
盐城	77	-6.60	-9.90	-7.20	0.30	0.80	4.40	2.10	1.90	1.20	1.00	1.30	0.60	-0.80	3.40	-0.60	-1.50	-2.45	0.65
扬州	78	-5.70	-5.20	-0.50	1.30	0.20	2.00	0.50	0.60	0.60	0.60	-0.50	-0.50	-0.80	0.90	0.10	-0.33	-1.00	0.35
镇江	79	-4.40	-7.80	-5.80	1.20	0.80	1.60	-0.70	-1.20	-0.60	0.60	-2.40	0.80	-0.50	5.70	0.50	0.31	-1.82	0.00
泰州	80	-3.90	-6.80	-3.20	4.00	3.70	3.40	1.10	1.40	1.30	0.40	0.90	0.90	-1.50	5.10	-0.80	1.93	0.13	1.28
宿迁	81	-4.80	-5.80	-4.20	2.70	0.40	4.00	1.90	1.80	2.10	1.90	2.80	3.30	1.20	6.10	1.90	-1.66	-0.93	1.99
杭州	82	-1.60	-3.60	0.30	1.00	-0.20	-0.70	-0.30	2.30	2.20	1.90	1.00	1.10	-1.60	3.00	-1.00	1.89	-0.72	0.69
宁波	83	0.70	-1.90	3.20	2.60	0.10	0.50	-0.40	1.20	-0.10	1.60	1.90	0.60	-2.40	2.60	-1.70	3.75	1.24	0.75
温州	84	0.10	-1.00	2.70	-6.30	-9.60	-9.40	-7.70	-1.80	2.00	3.10	3.20	3.80	-0.50	4.00	0.10	2.34	-0.39	-1.26
嘉兴	85	0.80	-2.90	2.90	3.30	1.50	2.50	0.20	1.20	1.10	2.90	3.20	2.70	-0.50	4.60	0.00	5.37	2.54	1.97
湖州	86	3.10	0.80	6.40	4.60	2.80	2.40	1.40	1.80	1.00	2.60	2.70	2.60	-1.70	4.40	-1.30	6.49	3.82	2.28
绍兴	87	5.00	3.70	5.70	5.90	4.30	2.80	1.60	1.60	0.30	2.50	3.00	3.20	-0.40	5.10	0.10	8.38	5.75	2.75
金华	88	4.20	1.70	4.90	3.10	0.00	-0.70	1.90	2.10	2.10	1.80	1.60	2.60	-0.90	6.10	-0.50	2.03	2.21	1.85
衢州	89	0.20	-3.00	1.70	2.80	1.00	2.00	0.10	1.60	0.80	1.50	1.30	0.30	-2.50	2.80	-1.80	0.45	-0.01	0.89
舟山	90	-4.40	-7.90	-1.30	0.10	-2.00	-3.00	-3.10	-2.50	0.20	-0.40	-0.90	2.10	5.40	2.80	6.90	-1.52	-1.00	0.33
台州	91	-1.40	-3.40	2.30	-0.10	-3.60	-4.20	-3.50	-2.10	1.60	4.30	5.60	3.10	1.50	6.50	1.80	-0.72	-1.40	1.02
丽水	92	0.80	-1.70	1.80	1.10	-2.80	-4.70	-4.90	-2.00	0.50	1.60	3.30	2.60	-2.20	2.30	-2.50	-3.14	-4.13	-0.42
合肥	93	-14.40	-16.50	-11.90	-9.20	-5.90	-1.90	-1.90	-0.70	0.60	1.70	2.80	2.60	0.10	5.40	1.30	3.13	0.75	-1.31
芜湖	94	1.00	-1.50	1.80	2.20	2.10	0.40	0.50	2.10	-0.10	-0.10	2.50	4.00	0.40	8.20	0.60	4.53	1.90	1.89
蚌埠	95	-1.60	-2.50	-0.60	-5.50	-6.20	-5.70	-3.10	1.10	-1.90	-1.30	-0.30	-2.20	-3.10	-2.70	-2.20	3.35	0.28	-2.59
淮南	96	8.80	2.90	1.50	-1.80	3.00	1.20	-1.80	-4.00	0.20	-4.50	-3.50	-2.10	-3.20	0.10	-1.40	3.99	2.96	-1.25

续表

城市	编号	2008年	2009年	2010年	2011年	2012年	2013年	2014年	2015年	2016年	2017年	2018年	2019年	2020年	2021年	2022年	平均	2000年以来	2010年以来
马鞍山	97	1.90	-4.30	3.50	5.80	4.00	4.00	7.10	2.60	2.60	6.10	9.00	8.80	7.60	8.40	7.00	7.17	5.39	5.88
淮北	98	4.90	-4.40	0.80	-1.70	-4.70	-7.60	1.90	3.40	-3.40	-5.60	-7.60	-7.40	-4.40	-2.50	-0.70	2.93	0.40	-3.04
铜陵	99	-1.10	-7.30	-0.60	0.00	-5.90	-4.90	-0.60	-5.70	-4.30	-7.20	-4.70	-1.70	1.70	8.00	4.50	3.89	1.19	-1.65
安庆	100	7.50	9.00	10.60	2.20	-3.70	-3.80	0.20	4.80	0.60	1.00	0.70	0.60	-1.60	0.50	-1.90	6.58	5.69	0.78
黄山	101	6.40	8.70	10.10	5.80	-0.40	-1.70	5.80	1.90	1.30	1.90	2.00	2.10	-2.60	3.70	-2.10	5.06	2.99	2.14
滁州	102	4.10	-4.10	10.90	5.20	-0.60	-2.10	2.90	0.60	-1.90	-1.30	0.20	2.10	-1.90	3.90	-0.90	4.27	2.34	1.32
阜阳	103	4.80	2.60	1.80	-0.10	0.80	-0.20	-5.00	-3.20	-4.70	-8.70	-5.80	-2.50	-5.30	2.00	-1.60	3.16	0.32	-2.50
宿州	104	-9.40	-15.00	-12.10	-8.40	-10.20	-11.50	-11.70	-11.80	-9.80	-6.80	-4.70	-3.00	-5.90	-0.40	-3.50	-5.25	-8.87	-7.68
六安	105	1.70	-2.60	-3.30	-0.70	-0.80	-1.80	-2.50	-1.70	0.40	1.40	2.20	4.20	1.00	8.30	2.00	2.46	1.09	0.67
亳州	106	-2.90	-2.80	-2.50	1.00	-5.40	-6.20	-3.40	-2.10	-4.50	-2.90	-0.20	0.00	-3.90	1.20	-2.10	-1.55	-4.67	-2.38
池州	107	0.50	6.70	14.40	-1.00	6.60	-15.10	2.00	3.20	0.70	-7.60	-1.90	1.10	-1.20	0.80	2.40	0.75	-0.59	0.34
宣城	108	14.50	5.90	14.40	12.10	3.30	1.50	-0.20	5.10	0.40	0.70	1.10	1.30	-1.30	4.50	-1.10	8.84	7.23	3.22
福州	109	4.70	3.30	3.20	-5.80	-3.40	3.60	-0.90	-1.60	1.50	3.40	5.60	6.50	5.00	9.90	7.10	7.20	4.72	2.62
厦门	110	1.00	-3.20	4.70	1.60	2.00	-1.00	-0.40	-2.70	-1.60	-0.30	1.00	1.90	0.40	3.20	1.70	3.91	1.43	0.81
莆田	111	-2.60	-2.70	-5.60	-7.10	-7.20	-6.00	-2.60	-2.70	-5.50	-3.30	-0.70	-0.80	-2.20	2.20	-0.80	-0.88	-3.48	-3.25
三明	112	15.10	12.50	10.10	1.90	3.40	16.40	9.50	6.10	10.10	10.80	10.80	10.70	6.90	9.10	7.30	10.26	10.17	8.70
泉州	113	1.50	0.20	1.30	-3.60	0.00	-2.00	-1.30	-0.50	-1.60	-1.70	-0.70	-1.60	-5.30	2.40	-1.70	3.73	0.30	-1.25
漳州	114	1.10	-1.70	-1.80	-4.20	-3.10	-0.90	-1.60	0.10	-0.30	0.20	2.40	3.10	5.40	9.10	7.50	4.68	1.74	1.22
南平	115	14.30	12.80	9.40	3.20	2.00	11.30	4.70	2.60	4.10	6.50	7.30	6.60	0.20	6.00	-0.10	7.68	7.21	4.91

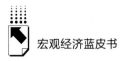

续表

城市	编号	2008年	2009年	2010年	2011年	2012年	2013年	2014年	2015年	2016年	2017年	2018年	2019年	2020年	2021年	2022年	平均	2000年以来	2010年以来
龙岩	116	-3.10	-6.00	-5.70	-7.30	-1.70	10.20	-0.40	-1.20	-3.90	-4.20	-2.70	-1.30	-0.80	1.70	-0.40	1.77	-0.87	-1.36
宁德	117	-0.40	-6.50	-3.80	-2.50	-5.70	-2.70	-5.40	-5.40	-0.50	-0.60	4.70	7.60	5.90	14.30	7.60	-0.88	-1.76	1.04
南昌	118	-3.50	-7.70	-5.30	-2.20	0.10	-9.20	0.90	-2.50	0.30	-0.20	3.10	4.00	2.00	9.30	5.20	3.25	1.14	0.42
景德镇	119	11.80	13.00	11.50	2.00	7.90	2.90	4.10	5.20	5.10	5.40	5.80	6.70	3.80	9.80	5.30	8.21	7.64	5.81
萍乡	120	-2.10	4.80	2.00	2.50	-0.90	-3.10	2.50	1.70	0.90	-4.90	0.80	1.10	-0.80	2.00	4.10	4.84	2.13	0.61
九江	121	1.60	-3.80	-2.60	-4.60	-1.60	0.60	-2.90	-2.10	5.50	3.10	4.20	5.80	2.40	8.60	3.70	5.96	3.25	1.55
新余	122	-0.80	-3.00	1.40	4.40	0.10	-3.50	1.20	1.20	0.70	2.20	3.00	2.90	-0.40	5.00	0.40	1.14	0.01	1.43
鹰潭	123	4.10	-2.70	0.70	-1.00	-1.30	-2.60	-0.40	-5.30	-0.80	2.80	5.40	7.40	4.10	10.40	5.60	5.03	3.99	1.92
赣州	124	0.50	-1.80	-3.00	-1.40	-2.30	-5.40	-0.80	-3.20	-1.60	-1.90	2.70	4.80	3.80	10.10	5.80	4.43	1.43	0.58
吉安	125	19.40	11.30	-0.20	-0.50	-1.90	-2.50	1.00	0.00	4.00	4.50	5.60	6.40	3.70	9.80	5.40	7.30	7.30	2.72
宜春	126	1.20	-1.70	-0.70	-4.20	-0.60	-7.40	0.40	-2.80	-1.60	0.90	3.70	6.00	7.20	9.90	8.80	4.29	4.19	1.51
抚州	127	-2.00	-8.30	-3.20	-2.00	-7.90	-8.40	-0.40	-0.90	0.30	-5.30	1.00	2.00	0.30	7.30	4.80	3.85	0.89	-0.61
上饶	128	-1.30	-5.70	-5.90	-0.30	-0.80	2.70	5.10	1.30	1.70	0.20	-0.20	-1.50	-1.20	1.80	1.30	1.54	-1.50	-0.52
济南	129	2.20	0.80	1.20	1.30	1.30	1.70	1.30	4.60	-1.00	0.20	-0.10	0.50	-0.90	1.90	0.30	5.53	3.98	1.24
青岛	130	13.50	13.50	10.60	5.60	4.80	-4.00	5.60	2.80	3.00	3.00	4.10	4.70	5.70	6.80	7.40	8.46	7.89	4.29
淄博	131	10.90	9.40	9.40	-1.60	1.00	-6.80	1.30	2.10	1.80	4.60	4.00	2.30	2.00	9.30	2.30	8.47	7.70	2.55
枣庄	132	0.30	-0.60	-0.90	-1.80	-2.70	-9.20	2.70	-0.90	0.80	3.40	2.90	3.10	3.40	8.40	2.60	5.24	3.05	1.10
东营	133	10.50	9.40	7.40	-1.10	5.20	4.60	5.20	9.80	5.50	5.00	2.80	1.60	0.20	3.90	-0.60	8.50	8.00	4.10
烟台	134	25.50	9.40	7.30	-3.10	6.70	4.10	4.50	6.20	2.80	2.30	3.40	3.90	3.30	9.40	4.90	8.24	7.75	4.28

续表

城市	编号	2008年	2009年	2010年	2011年	2012年	2013年	2014年	2015年	2016年	2017年	2018年	2019年	2020年	2021年	2022年	平均	2000年以来	2010年以来
潍坊	135	14.90	6.30	9.90	13.20	-7.00	-1.30	10.80	1.80	1.60	2.00	2.80	1.90	5.20	11.00	4.60	8.04	8.17	4.35
济宁	136	4.70	2.50	1.50	-1.90	-0.80	-6.50	2.90	2.20	0.20	3.50	3.40	4.40	3.60	9.40	4.90	7.78	5.76	2.06
泰安	137	1.90	-0.70	-0.70	-5.00	-0.70	-3.90	3.00	1.60	2.70	3.20	2.90	4.40	2.10	4.80	1.90	6.76	4.25	1.25
威海	138	3.80	4.40	4.20	2.40	4.60	6.60	5.70	1.90	0.70	1.20	0.60	-1.60	-1.80	2.60	-1.90	6.19	4.87	1.94
日照	139	6.90	14.50	3.30	-3.40	-3.10	-4.00	7.50	2.20	1.30	3.80	3.50	5.40	3.40	7.70	5.10	6.70	6.57	2.52
临沂	140	12.90	0.20	-0.20	1.30	-1.90	-2.70	6.30	-0.40	0.50	4.40	4.90	2.00	4.10	9.90	5.60	6.45	6.65	2.60
德州	141	16.00	3.00	2.80	1.70	1.30	-0.10	2.70	3.00	1.90	3.40	3.80	4.70	3.50	9.20	5.00	6.85	7.16	3.30
聊城	142	3.80	3.70	7.00	1.10	4.00	-8.70	0.80	1.30	0.70	2.80	2.00	1.90	2.40	9.10	4.10	6.75	5.58	2.19
滨州	143	6.90	11.80	6.60	0.40	2.60	-8.10	0.60	-2.10	3.10	2.80	-0.80	0.40	3.80	9.30	5.10	8.18	6.23	1.82
菏泽	144	10.40	3.90	3.30	5.10	4.40	-3.80	3.90	0.20	0.30	2.40	2.50	1.30	-0.50	5.10	1.00	4.18	2.62	1.94
郑州	145	-3.40	-7.40	-3.10	0.20	-3.20	-9.40	-0.10	0.30	-2.30	-5.70	-4.10	-2.50	-1.50	0.40	1.70	3.49	0.51	-2.25
开封	146	-1.40	-4.70	-3.70	-5.50	-3.60	-8.30	-2.80	-4.10	-6.30	-4.20	-3.60	-2.20	-6.10	-0.40	-4.10	-1.37	-2.89	-4.22
洛阳	147	7.70	10.00	8.20	-0.20	2.50	-9.50	4.10	0.70	0.30	2.50	3.40	4.90	2.80	5.80	3.70	6.22	5.60	2.25
平顶山	148	2.80	-3.40	-1.70	-0.60	-3.90	-6.50	-0.20	-0.30	-1.30	1.80	4.10	4.40	0.70	5.00	1.60	4.51	3.00	0.24
安阳	149	-0.60	-5.80	-1.50	-3.40	-2.40	-5.40	-0.60	-1.10	-1.40	1.90	3.60	1.50	3.30	6.00	4.80	3.32	1.95	0.42
鹤壁	150	-1.20	-6.70	-3.40	0.70	0.00	-3.80	-0.30	-0.50	-2.10	0.30	1.40	5.10	2.00	7.70	3.50	4.44	3.27	0.82
新乡	151	-0.70	-7.50	-3.80	0.50	-2.00	-4.00	1.80	1.50	1.70	4.10	4.40	5.80	3.20	7.10	3.80	3.49	2.49	1.85
焦作	152	5.80	3.00	13.50	-2.60	2.30	-8.50	0.60	-0.50	-2.80	-1.50	-1.40	1.20	1.10	-1.80	1.40	4.59	4.75	0.08
濮阳	153	4.90	-1.80	1.90	2.00	2.80	-7.40	2.40	0.50	-2.20	1.80	2.30	5.40	2.90	9.30	4.40	6.22	4.75	2.01

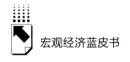

续表

城市	编号	2008年	2009年	2010年	2011年	2012年	2013年	2014年	2015年	2016年	2017年	2018年	2019年	2020年	2021年	2022年	平均	2000年以来	2010年以来
许昌	154	7.80	8.60	0.90	2.10	-1.70	-3.90	-1.30	1.30	-3.20	-0.90	0.30	0.10	-3.00	0.40	-1.80	4.47	4.66	-0.82
漯河	155	1.20	-3.70	-0.60	-0.10	1.60	-8.20	0.10	-3.00	-3.00	-1.90	0.60	1.60	-1.10	9.00	3.10	3.16	2.29	-0.15
三门峡	156	10.90	7.10	9.80	0.90	6.80	-1.40	2.40	-0.90	3.10	3.20	8.10	8.70	1.90	4.60	-0.60	5.82	6.37	3.58
南阳	157	-0.90	-5.30	-2.10	-5.00	2.00	-1.90	-2.50	-0.70	-1.20	1.10	3.80	5.90	2.30	10.10	3.70	4.92	2.77	1.19
商丘	158	-3.80	-6.40	-4.60	-1.60	-2.30	-8.10	-5.00	-5.70	-5.00	-3.10	-0.70	-0.20	0.10	-1.80	1.80	1.27	-0.49	-2.78
信阳	159	-2.40	-5.30	-5.00	-2.30	-2.30	-3.60	0.00	-0.60	-1.30	1.80	5.40	5.30	2.20	7.60	3.60	2.47	0.70	0.83
周口	160	-0.40	-5.00	-4.80	-2.20	-1.70	-4.20	-0.90	-1.70	-2.20	-2.20	-0.60	-0.30	-5.10	0.30	-3.30	1.95	-1.03	-2.22
驻马店	161	-4.90	-6.90	-6.40	-4.50	-4.70	-6.50	-6.50	-5.70	-4.20	-0.50	0.90	0.50	-2.60	1.70	-1.10	1.72	-2.21	-3.05
武汉	162	1.40	-1.80	1.70	0.60	2.70	0.70	0.40	0.30	1.50	1.80	2.40	1.60	-9.80	5.90	-9.60	5.04	3.29	0.02
黄石	163	3.40	-2.90	3.90	4.10	0.70	-1.30	-0.30	-3.20	2.60	2.80	4.20	6.20	7.30	12.60	8.50	6.39	5.36	3.70
十堰	164	-0.40	-2.20	0.20	-5.60	-11.50	-8.80	-6.20	-5.20	-3.90	-1.50	-2.40	-1.30	-12.30	3.60	-11.00	0.96	-0.63	-5.07
宜昌	165	7.10	7.10	5.60	1.10	0.30	-7.20	0.00	-3.10	-1.20	-3.60	3.90	4.90	5.70	14.80	7.40	6.01	5.19	2.20
襄阳	166	-2.60	-7.30	-5.20	-4.80	-9.10	-12.00	-7.90	-7.10	-4.80	-4.30	-2.20	-0.20	0.70	11.80	8.20	1.20	-1.75	-2.84
鄂州	167	2.40	-3.30	-2.50	2.30	-1.70	0.50	-1.20	-4.00	-3.50	-1.00	0.40	1.20	-14.90	7.70	-13.40	2.86	0.37	-2.32
荆门	168	2.00	-0.30	-1.10	-3.70	-0.30	-2.50	-1.80	-1.80	-3.40	-3.30	-0.60	-0.10	-11.70	3.80	-11.10	3.33	1.22	-2.74
孝感	169	2.60	-0.90	-2.10	-3.50	-6.50	-8.50	-6.00	-5.70	-4.60	-3.20	-0.20	1.00	-8.10	6.80	-6.50	2.46	-0.54	-3.62
荆州	170	2.60	-2.60	-4.30	7.40	-4.80	-7.10	-2.70	-2.40	-1.00	2.00	3.40	5.40	6.60	12.30	8.50	4.08	2.74	1.79
黄冈	171	1.40	-2.60	-4.10	-2.90	-6.80	-6.60	-7.00	-1.10	-4.80	-3.50	-2.60	-1.90	-2.20	5.40	-0.60	1.33	-0.99	-2.98
咸宁	172	4.50	5.50	-0.90	0.30	-2.40	-3.30	0.80	0.80	-0.20	0.90	3.00	6.10	9.80	13.40	8.60	8.03	5.68	2.84

续表

城市	编号	2008年	2009年	2010年	2011年	2012年	2013年	2014年	2015年	2016年	2017年	2018年	2019年	2020年	2021年	2022年	平均	2000年以来	2010年以来
随州	173	-0.50	-4.70	-0.60	-2.20	-3.20	-7.50	4.00	2.30	-4.00	-4.10	-1.50	0.20	0.90	5.80	2.30	3.92	0.91	-0.58
长沙	174	2.00	-2.00	-1.40	0.20	3.60	1.90	1.70	2.70	7.80	4.50	5.20	6.30	2.50	6.50	3.00	5.39	4.53	3.42
株洲	175	0.60	-2.90	-2.80	-2.80	-1.10	-3.00	1.10	-2.50	-2.30	2.80	4.60	6.30	4.00	4.80	5.60	4.36	2.66	1.13
湘潭	176	3.30	3.20	-2.40	3.00	-0.90	-3.40	6.50	1.70	-0.70	-1.30	-0.70	0.30	-2.30	2.00	-1.50	4.17	2.91	0.02
衡阳	177	3.30	1.40	2.20	-0.10	-2.80	-4.70	-2.10	-0.70	-2.20	-2.70	-4.90	-2.00	-4.80	0.30	-2.20	3.53	1.20	-2.05
邵阳	178	2.10	0.80	3.80	3.90	4.40	-0.50	0.30	1.80	-0.60	1.40	3.40	5.10	6.80	7.40	8.20	6.05	4.93	3.49
岳阳	179	2.10	-0.70	0.40	9.00	3.00	-2.00	2.20	2.70	-0.60	2.90	3.50	5.40	2.50	6.80	2.80	4.70	3.70	2.97
常德	180	5.10	-1.40	1.10	3.50	-0.20	-3.40	1.90	-0.60	-2.90	-0.40	1.50	2.70	0.30	4.80	1.30	4.48	3.60	0.74
张家界	181	6.50	1.50	3.70	1.50	5.30	1.30	2.50	4.20	0.70	0.00	0.50	0.00	-4.90	-1.80	-3.70	5.25	3.51	0.72
益阳	182	3.70	0.50	1.90	-1.50	3.20	0.10	3.70	2.50	-2.60	0.20	-0.40	-1.30	-3.50	0.50	-2.90	3.23	2.37	-0.01
郴州	183	-4.30	-0.20	-1.50	-4.10	-2.40	-2.00	-0.50	-0.10	0.50	1.00	2.90	4.30	2.90	9.50	5.20	4.42	2.70	1.21
永州	184	2.60	-5.70	-2.90	3.70	0.60	0.30	1.10	-0.30	-0.70	1.60	2.20	2.50	0.30	4.20	0.80	3.45	1.90	1.03
怀化	185	0.60	-2.10	-1.30	-0.50	-5.10	-4.50	-4.50	1.80	-1.50	-3.20	0.50	0.60	-2.30	3.30	-0.30	1.98	0.35	-1.31
娄底	186	9.90	8.80	3.60	6.80	9.60	4.60	5.50	7.00	1.40	1.60	2.30	2.10	-1.80	1.80	-1.20	7.81	7.68	3.33
广州	187	5.60	2.00	3.90	3.50	3.90	4.60	0.50	1.60	2.20	1.70	1.90	1.80	1.70	1.70	2.20	6.79	4.35	2.40
韶关	188	-1.70	-5.40	-2.50	-0.30	-3.70	0.40	2.20	1.40	2.40	2.90	2.10	4.20	0.80	6.50	0.90	3.10	1.66	1.33
深圳	189	5.20	1.90	4.30	3.30	3.40	1.10	3.00	2.20	0.90	0.70	0.80	0.40	-2.10	2.10	-0.90	5.98	3.27	1.51
珠海	190	-3.80	-6.50	1.00	-0.10	-4.10	-1.10	-1.20	0.20	0.10	1.20	0.80	0.40	-3.30	1.00	-2.10	1.70	-0.80	-0.55
汕头	191	1.00	-0.20	2.70	0.20	-5.50	-6.20	-8.60	-10.20	-8.70	-2.90	-0.50	0.20	-3.50	0.70	-2.90	0.99	-1.73	-3.48

续表

城市	编号	2008年	2009年	2010年	2011年	2012年	2013年	2014年	2015年	2016年	2017年	2018年	2019年	2020年	2021年	2022年	平均	2000年以来	2010年以来
佛山	192	-0.20	-3.40	-0.20	0.90	0.60	2.30	1.40	2.00	2.10	2.40	1.10	2.10	-2.80	3.90	-2.20	4.88	1.10	1.05
江门	193	-0.10	-4.40	-0.50	-1.50	-5.80	-4.30	-1.50	1.40	1.50	2.20	2.30	-1.80	-2.00	-2.10	-1.90	1.00	-0.31	-1.08
湛江	194	0.20	-4.80	0.50	0.60	-2.90	-3.70	-7.00	-9.70	-9.50	-7.70	-6.00	-6.30	-7.20	-0.10	-5.20	-1.52	-2.55	-4.94
茂名	195	6.70	4.90	7.00	6.10	-1.90	-4.50	-8.30	-11.80	-10.90	-8.40	-7.40	-8.20	-8.20	-1.40	-5.70	3.48	-0.09	-4.89
肇庆	196	4.30	-2.00	2.90	-1.70	-5.40	-3.90	0.60	1.10	-0.80	0.00	2.70	2.70	-0.30	7.20	0.00	2.79	0.90	0.39
惠州	197	1.80	-0.20	5.80	4.40	3.70	4.60	2.20	2.20	1.70	1.90	0.90	-0.70	-3.20	5.20	-2.80	6.58	4.19	1.99
梅州	198	4.80	2.80	6.70	7.30	3.00	2.70	-3.60	-6.80	-7.40	-8.30	-9.60	-7.20	-7.80	-3.00	-5.80	2.41	-0.09	-3.06
汕尾	199	-3.90	-7.60	-3.90	1.80	-2.10	-3.00	-4.20	-3.50	-1.30	1.00	1.00	0.20	-2.40	-2.20	-1.30	0.36	-2.38	-1.53
河源	200	-2.20	-3.30	0.10	2.70	0.40	-0.30	-3.80	-7.40	-6.70	-9.30	-5.80	-5.00	-7.80	-0.60	-5.80	-0.07	-2.11	-3.79
阳江	201	-0.40	-4.70	-1.70	-3.10	-5.20	-3.30	-2.70	0.00	3.70	2.30	1.10	5.30	2.30	6.90	3.80	4.64	2.00	0.72
清远	202	-10.40	-9.30	-4.40	4.50	2.80	5.10	4.10	3.90	7.10	3.60	2.00	4.30	1.40	5.30	0.80	3.88	2.56	3.12
东莞	203	-3.10	-11.50	-2.80	-2.00	-3.60	-0.70	-1.50	-0.20	0.00	0.40	0.60	1.20	-4.50	2.80	-3.50	1.78	-2.19	-1.06
中山	204	1.90	-1.60	2.20	3.10	2.40	3.00	2.90	4.10	3.00	2.10	1.50	-3.20	-3.10	3.10	-3.40	4.52	2.61	1.36
潮州	205	2.00	-0.10	3.20	2.90	0.40	0.80	-3.20	-4.80	-6.00	-4.90	-2.00	-1.40	-4.00	5.00	-1.90	1.48	-0.54	-1.22
揭阳	206	2.00	-4.20	-2.40	1.00	-5.30	-3.10	-8.30	-11.00	-10.30	-9.10	-5.70	-5.60	-5.00	1.30	-3.80	-0.44	-3.51	-5.18
云浮	207	-4.30	-9.70	-5.80	-3.40	-6.80	-7.90	-6.90	-5.20	2.10	-0.10	-1.00	1.50	-0.40	4.40	1.30	-1.03	-2.93	-2.17
南宁	208	0.20	-4.90	-4.60	-7.10	-2.90	-4.80	-3.40	-0.60	-0.90	1.50	1.40	3.10	3.20	6.70	4.90	1.84	0.57	-0.27
柳州	209	-1.50	-5.90	-6.50	-8.40	-7.00	-10.40	0.00	-2.80	3.10	2.20	2.80	0.50	3.40	2.20	4.70	4.21	1.88	-1.25
桂林	210	13.90	12.70	4.30	0.80	-0.20	0.40	2.70	0.70	1.60	-1.20	2.80	4.30	3.40	7.60	2.80	8.25	6.33	2.31

续表

城市	编号	2008年	2009年	2010年	2011年	2012年	2013年	2014年	2015年	2016年	2017年	2018年	2019年	2020年	2021年	2022年	平均	2000年以来	2010年以来
梧州	211	-1.30	-3.90	-1.00	0.30	-2.70	0.40	4.40	1.60	-2.30	-3.20	-6.70	-3.20	1.30	4.10	2.40	2.49	1.23	-0.35
北海	212	7.30	12.40	2.50	-3.50	11.30	15.00	6.50	5.20	5.70	11.10	11.60	7.40	5.50	4.70	2.80	7.51	8.81	6.60
防城港	213	-2.90	-2.60	8.50	0.00	-2.10	4.50	22.40	-2.10	11.90	8.30	10.50	8.00	5.50	8.60	3.70	7.86	5.23	6.75
钦州	214	-0.20	6.60	6.80	5.00	-2.60	-7.60	5.20	0.80	-0.70	0.10	-0.90	1.90	-0.70	7.90	1.70	4.00	2.34	1.30
贵港	215	-1.10	2.30	6.80	0.90	0.80	-5.50	-0.90	1.90	1.20	-5.60	-3.70	-4.30	-0.50	2.70	6.80	2.64	1.58	0.05
玉林	216	-1.40	-4.60	-5.60	-6.20	-3.20	-6.50	1.00	2.10	1.80	1.80	2.70	4.60	2.30	4.10	4.20	3.52	0.98	0.24
百色	217	10.20	12.20	9.30	-0.70	-1.60	0.30	7.40	1.00	1.60	1.90	1.60	-3.10	0.30	4.20	1.90	4.45	2.98	1.89
贺州	218	3.40	13.70	0.10	3.50	2.30	3.90	3.70	7.30	4.80	1.80	4.10	6.30	1.50	8.00	1.60	4.76	5.49	3.76
河池	219	10.30	3.70	7.40	-2.80	-3.20	0.80	5.00	1.80	1.50	3.90	1.60	0.80	-0.50	2.30	0.40	5.92	4.19	1.46
来宾	220	-1.30	-7.00	-3.30	-0.30	-0.20	-10.40	5.30	0.40	2.80	5.00	5.70	4.00	6.70	11.50	7.50	4.07	3.07	2.68
崇左	221	0.30	-5.20	-5.30	-5.10	3.00	5.30	4.10	0.40	-0.30	0.70	7.30	11.00	7.50	10.30	6.30	4.56	4.58	3.48
海口	222	1.20	-0.10	6.40	1.30	-3.00	-3.50	-3.80	-3.90	-5.20	-0.50	0.60	1.00	0.00	6.40	1.30	3.96	2.70	-0.22
三亚	223	5.30	1.50	6.30	2.60	-2.50	-6.50	-7.60	-2.00	-1.60	0.10	2.40	4.40	2.60	12.80	4.40	4.63	4.67	1.18
重庆	224	-1.80	-5.00	-2.70	-1.10	-3.30	2.50	0.80	1.60	2.30	2.90	0.60	1.40	-0.50	4.20	0.40	-1.08	-1.17	0.70
成都	225	5.50	8.30	9.00	-0.20	3.00	-5.50	-0.40	2.30	-0.70	3.30	6.10	7.00	4.70	8.50	6.20	6.42	5.77	3.33
自贡	226	3.50	1.20	7.20	1.90	2.60	-1.70	-9.70	3.50	-0.50	2.90	6.70	6.90	3.80	8.60	4.20	5.61	4.57	2.80
攀枝花	227	9.10	-0.30	5.70	0.70	8.60	-9.90	7.70	5.60	9.50	4.00	4.40	1.50	-0.80	4.20	1.40	5.29	6.93	3.28
泸州	228	3.40	-0.70	2.80	0.00	-1.10	-3.20	-4.70	-2.40	-4.70	0.10	4.60	6.80	4.40	9.90	6.10	3.23	2.03	1.43
德阳	229	-0.70	6.00	8.50	10.90	15.30	-0.80	-7.10	10.20	4.70	6.00	8.10	7.20	3.40	10.30	4.20	7.37	8.08	6.22

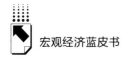

续表

城市	编号	2008年	2009年	2010年	2011年	2012年	2013年	2014年	2015年	2016年	2017年	2018年	2019年	2020年	2021年	2022年	平均	2000年以来	2010年以来
绵阳	230	1.10	10.30	17.90	9.50	4.00	2.90	-5.30	4.00	1.80	5.90	8.20	6.90	3.70	8.80	5.00	7.16	7.04	5.64
广元	231	-0.40	10.80	28.50	15.00	11.40	8.30	-2.60	6.30	4.10	5.20	7.50	7.70	5.20	10.00	6.30	7.12	8.00	8.68
遂宁	232	-2.90	-6.40	7.40	6.40	2.80	2.50	-7.50	8.40	2.50	2.30	5.80	6.90	4.50	10.10	6.10	3.75	3.56	4.48
内江	233	6.30	2.20	6.10	1.40	2.10	-3.40	-11.10	-2.40	-0.60	-1.00	3.10	4.00	1.00	6.50	2.60	3.77	3.14	0.64
乐山	234	3.00	1.10	2.40	6.30	4.70	14.50	-7.80	0.70	1.20	0.90	5.00	5.60	3.80	9.60	6.10	4.90	4.14	4.08
南充	235	0.80	-5.60	-1.60	2.10	-4.10	-7.00	-11.50	-5.10	-0.80	0.30	5.40	6.40	4.10	9.30	5.60	2.31	1.51	0.24
眉山	236	26.20	1.00	-0.90	8.10	6.30	5.80	-14.90	1.70	-0.30	0.80	5.00	6.80	4.80	5.80	6.30	6.06	6.83	2.72
宜宾	237	3.50	-0.50	2.70	1.30	3.70	4.30	-3.40	-2.00	-0.20	3.70	6.90	8.10	5.20	10.50	6.60	4.80	4.07	3.65
广安	238	13.00	13.30	12.30	9.40	4.40	4.70	-3.90	-5.50	-0.80	5.10	11.30	10.20	5.30	9.30	4.70	8.58	8.18	5.12
达州	239	-2.40	-4.70	2.70	5.80	1.70	2.80	-9.40	-1.80	-0.90	0.90	5.60	7.00	4.60	9.90	6.10	2.78	1.49	2.69
雅安	240	18.80	14.50	8.70	15.90	6.70	14.50	-6.80	3.20	1.30	3.90	7.00	8.80	6.30	11.10	7.20	7.59	8.34	6.75
巴中	241	1.80	-3.00	-3.10	-5.50	-5.20	-6.20	-7.90	-8.90	-4.80	1.10	4.50	3.80	2.60	4.50	4.20	1.82	0.60	-1.61
资阳	242	-1.60	-6.50	-3.60	-4.00	-5.30	-6.80	-7.00	-2.30	-1.70	1.50	3.90	4.10	1.80	6.50	3.10	1.46	0.42	-0.75
贵阳	243	3.60	0.90	2.10	-0.80	0.60	-1.60	1.00	1.50	-2.50	-0.60	-0.10	-1.00	-2.40	-0.10	-0.90	3.59	1.82	-0.37
六盘水	244	10.60	1.10	4.10	3.90	-2.70	5.80	0.60	4.50	3.90	2.60	1.90	2.20	0.50	4.70	1.30	7.06	6.61	2.56
遵义	245	4.10	1.40	2.60	2.00	-5.10	1.70	-2.70	4.30	0.40	2.60	1.60	2.10	-1.60	4.20	-1.70	4.20	2.70	0.75
安顺	246	-0.80	0.00	-3.50	-8.70	-8.80	-3.70	-5.10	-6.10	-6.40	-4.60	-3.50	-3.80	-6.70	0.20	-4.00	0.05	-2.27	-4.98
昆明	247	-0.60	-2.70	-2.70	-1.90	2.00	-2.70	7.20	-3.60	-0.50	0.90	0.40	-0.50	-3.70	-1.40	-1.90	3.38	0.51	-0.65
曲靖	248	6.20	-0.30	0.10	-0.60	1.90	6.10	-5.50	1.20	-0.10	-1.70	-4.20	-0.60	-2.40	3.80	-0.10	4.72	4.23	-0.16

续表

城市	编号	2008年	2009年	2010年	2011年	2012年	2013年	2014年	2015年	2016年	2017年	2018年	2019年	2020年	2021年	2022年	平均	2000年以来	2010年以来
玉溪	249	6.10	1.00	1.10	-0.70	3.80	0.60	-0.60	-0.60	-3.60	-2.30	-0.20	-1.90	-3.30	4.90	-0.60	2.62	1.84	-0.26
保山	250	-1.90	-3.80	-1.40	-4.40	1.90	1.10	-2.00	-3.80	-5.70	-5.00	-3.50	-1.90	-5.00	-2.70	-2.90	2.44	-0.74	-2.72
昭通	251	0.70	-0.50	0.50	-5.30	4.80	4.00	3.00	0.00	-1.20	-2.30	-1.40	0.60	-3.70	2.60	-2.20	3.72	1.71	-0.05
丽江	252	5.40	-3.50	-0.20	0.60	3.70	1.40	0.00	2.50	2.20	4.80	6.00	7.10	2.70	7.00	3.70	10.63	5.80	3.19
普洱	253	-0.30	-3.00	0.10	-4.60	0.00	-0.40	-0.80	1.00	-0.50	-3.50	-1.80	-1.80	-3.60	2.90	0.20	2.38	-0.51	-0.98
临沧	254	5.60	5.70	-5.10	-2.30	-2.90	-3.10	-1.60	0.40	-4.80	0.00	1.70	2.70	-0.30	4.20	1.00	3.76	1.57	-0.78
西安	255	2.00	-2.20	-1.20	-0.70	-5.00	-3.60	0.40	3.60	2.50	0.20	1.50	0.70	-0.50	-0.70	0.90	3.61	1.73	-0.15
铜川	256	5.20	-1.20	0.60	4.00	-1.70	-7.10	-6.20	-5.90	-4.60	-3.10	-3.10	-1.20	-2.40	1.00	-0.60	3.15	0.15	-2.33
宝鸡	257	3.90	-1.90	-2.60	0.00	-0.20	-0.30	-0.90	-3.00	-1.20	-0.20	1.10	3.40	1.70	6.70	3.80	4.82	3.44	0.64
咸阳	258	1.00	-5.50	-3.80	-2.00	-1.30	-0.80	1.10	-3.00	-4.70	1.90	3.00	-1.50	-2.90	5.40	-2.00	3.34	1.45	-0.82
渭南	259	-2.70	-8.80	-6.70	-4.70	-4.60	-4.80	-0.50	-1.80	-3.30	-2.30	1.50	2.10	-0.10	9.00	1.50	2.53	0.58	-1.13
延安	260	0.40	-6.50	-4.00	-4.10	-3.80	-6.20	-5.80	-5.50	-5.40	4.60	7.00	5.50	-1.50	8.20	-0.70	2.52	1.32	-0.90
汉中	261	-0.70	-4.80	-3.00	0.30	-3.80	-5.60	-2.90	-6.30	-5.40	-3.40	1.20	-1.00	-5.20	3.30	-2.90	0.41	-0.49	-2.67
榆林	262	6.00	-4.40	1.60	-1.30	-5.60	-6.40	0.90	-0.10	1.10	5.30	6.80	5.60	3.50	7.60	4.50	4.16	4.71	1.81
安康	263	2.00	0.20	-0.90	4.10	4.10	-2.10	3.60	1.70	-1.70	-3.70	0.00	-0.70	-15.30	2.10	-12.30	4.29	2.08	-1.62
商洛	264	-2.10	-6.40	-4.10	-2.00	0.20	-10.10	-8.60	-0.10	-4.00	-4.00	-1.70	-1.00	2.70	10.60	6.60	0.45	-1.67	-1.19
兰州	265	10.20	1.70	3.10	2.90	1.20	1.60	2.00	-1.20	-2.50	-1.80	-0.40	-2.70	-5.30	1.40	-0.70	4.14	3.18	-0.18
嘉峪关	266	8.10	4.40	10.30	7.20	4.90	5.30	-0.70	-1.50	-2.80	-3.50	0.70	0.40	3.50	0.30	0.10	5.34	5.83	1.52
金昌	267	-2.40	2.10	0.20	3.90	1.40	-0.60	-3.90	-5.50	-2.00	3.00	4.70	5.40	5.20	5.10	6.30	5.57	5.60	1.78
白银	268	9.70	3.10	6.20	6.30	6.80	2.10	-3.00	-1.30	-3.00	-6.70	-0.50	0.40	-1.80	5.30	-0.50	5.37	4.85	0.79

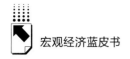

续表

城市	编号	2008年	2009年	2010年	2011年	2012年	2013年	2014年	2015年	2016年	2017年	2018年	2019年	2020年	2021年	2022年	平均	2000年以来	2010年以来
天水	269	-8.80	-10.80	-5.80	-4.00	-6.60	-5.50	-5.60	-3.60	-4.50	-5.00	-2.40	-1.60	-2.20	0.50	-0.80	-0.96	-4.43	-3.62
武威	270	-2.80	-1.30	-2.90	-5.60	-4.10	-2.10	2.90	-0.90	-4.20	1.00	-1.60	-1.80	-1.00	2.50	-0.90	1.24	-0.83	-1.44
张掖	271	5.00	2.70	2.40	2.80	1.60	-4.00	-3.50	-2.20	-3.80	-8.40	-3.90	-2.70	2.20	5.20	2.40	3.81	1.51	-0.92
平凉	272	0.50	-6.90	-1.30	-3.40	-2.40	1.80	-8.90	-2.20	-5.40	-4.60	-7.50	-2.80	-1.80	4.00	1.80	1.60	-1.20	-2.52
酒泉	273	-2.70	-8.20	-6.90	-4.30	-3.80	-5.30	1.30	-0.60	-4.10	-11.80	-6.90	-4.20	-4.40	4.10	3.60	-0.54	-3.15	-3.33
庆阳	274	-4.80	-0.60	9.70	8.00	-0.70	-22.30	-4.40	4.00	1.10	-3.10	2.10	5.20	5.40	7.10	6.60	2.89	1.47	1.44
定西	275	-9.90	-12.30	-10.90	-8.10	-6.60	-15.90	-6.50	-1.00	-4.30	-3.00	0.20	0.80	0.10	5.00	2.10	-3.77	-5.98	-3.70
陇南	276	-17.80	-18.30	-6.70	-3.40	-2.70	-7.30	-1.80	-1.70	-3.10	-7.70	-4.30	-1.80	-2.50	3.50	1.00	-1.01	-4.14	-2.96
西宁	277	4.40	-1.60	5.20	-2.40	2.50	3.00	5.40	1.60	-0.40	3.20	3.80	3.60	-1.00	5.60	-0.60	5.58	5.20	2.27
银川	278	2.90	-0.80	1.30	-0.10	0.30	-1.20	-2.00	-3.40	-3.90	-1.70	-1.00	-2.00	-4.30	-0.50	-2.80	2.63	1.24	-1.64
石嘴山	279	1.80	-1.40	2.50	10.30	3.60	0.80	4.40	3.80	1.30	2.40	3.90	3.80	-5.80	2.00	1.00	4.79	3.90	2.62
吴忠	280	5.80	18.80	12.90	3.30	-1.90	-5.10	-0.10	4.70	-1.20	-0.50	-1.10	0.00	0.00	2.50	0.80	4.91	5.57	1.10
固原	281	6.60	-0.80	-1.30	3.50	1.00	-2.20	-1.70	-4.90	-2.10	-0.60	0.80	2.70	3.00	4.90	5.40	5.82	3.88	0.65
中卫	282	17.60	12.50	7.50	9.10	-6.80	2.30	0.30	-1.30	1.30	4.00	3.80	5.40	0.90	7.90	2.20	4.13	5.03	2.82
乌鲁木齐	283	6.30	5.20	2.70	8.40	2.50	-0.30	-4.40	-4.80	-2.60	-2.00	-0.70	-0.60	-5.60	0.70	-4.20	4.82	3.55	-0.84
克拉玛依	284	5.40	-9.70	8.60	-2.40	-1.50	20.40	1.80	-4.50	3.80	7.10	6.80	6.60	2.70	6.00	3.30	4.49	4.76	4.52
东部地区	1	2.91	0.09	2.27	1.24	-0.48	-0.34	0.39	0.14	0.29	1.12	1.57	2.03	0.18	4.97	1.00	4.02	2.38	1.11
中部地区	2	1.62	-1.97	0.77	0.18	-1.01	-3.81	-0.61	-1.20	-1.21	-0.17	1.49	2.52	0.16	5.67	1.62	3.91	2.27	0.34
西部地区	3	3.98	1.35	2.95	1.33	0.53	-1.02	-0.46	0.52	0.05	0.45	2.38	2.79	0.80	5.47	2.29	4.34	3.36	1.39
东北地区	4	6.33	3.76	4.79	2.91	2.44	-1.00	1.13	2.74	1.02	2.64	2.95	2.52	0.02	4.47	0.44	5.59	4.86	2.08

附录2　中国地级及地级以上城市可持续发展评价过程

可持续发展评价方法主要有德尔菲法、主成分分析法、因子分析法、层次分析法等。德尔菲法和层次分析法评价结果的可靠性主要依赖于建模人所建的概念模型的水平和打分人的专业水平，主观性较强。而主成分分析法和因子分析法的评价结果的可靠性主要依赖于分析过程和结果的可解释性以及主成分和公因子的方差贡献率，主成分分析法和因子分析法较为客观。本文采用主成分分析法来评价中国各地级及地级以上城市可持续发展情况。

主成分分析（principal component analysis）是将分散在一组变量上的信息，集中到某几个综合指标（主成分）上的一种探索性统计分析方法。它利用"降维"的思想，将多个变量转化为少数几个互不相关的主成分，简化整个分析过程。主成分分析的目的是通过线性变换，将原来的多个具有一定相关性的指标组合成相对独立的少数几个能充分反映总体信息的指标，从而在不丢掉主要信息的前提下避开变量间的共线性问题，并进而简化分析。

主成分分析法包括以下七步：第一步，选取指标，建立评价的指标体系；第二步，收集和整理数据；第三步，将数据进行正向化处理（并对数据进行标准化处理，标准化过程由 SPSS 软件自动执行）；第四步，指标数据之间的 KMO and Bartlett 球形检验；第五步，确定主成分个数；第六步，确定权重；第七步，计算主成分综合评价值。最后得出各地级及地级以上城市的可持续发展指数和排名。

主成分分析法采用 SPSS16 软件进行分析。如果特征值大于1，只能提取少数几个主成分，此时主成分的累计贡献比较低。本文提取主成分个数的标准是累计贡献率为 90% 左右，这样可以对所选择的变量进行解释，从而达到主成分分析法的要求。

一　KMO 和 Bartlett 球形检验结果

KMO 检验用于检查变量间的偏相关性，取值在 0~1。KMO 统计量接近

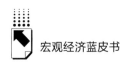

于 1，变量间的偏相关性越强，主成分分析法的效果越好。一般 KMO 统计量大于 0.7 时效果比较好；当 KMO 统计量小于 0.5 时，不适合应用主成分分析法。本文各一级指标的 KMO 检验效果良好，适合进行主成分分析，见表 88。

Bartlett 球形检验用于判断相关阵是不是单位阵。从 Bartlett 球形检验结果可以看出，应拒绝各变量独立的假设，即变量间具有较强的相关性。

表 88　各一级指标 KMO 和 Bartlett 球形检验结果

表 88（a）　经济增长 KMO 和 Bartlett 球形检验结果

KMO 抽样适度测定值		0.517
Bartlett 球形检验	近似卡方	39686.929
	自由度	78
	显著性水平	0

表 88（b）　增长潜力 KMO 和 Bartlett 球形检验结果

KMO 抽样适度测定值		0.660
Bartlett 球形检验	近似卡方	15999.323
	自由度	45
	显著性水平	0

表 88（c）　政府效率 KMO 和 Bartlett 球形检验结果

KMO 抽样适度测定值		0.806
Bartlett 球形检验	近似卡方	43403.898
	自由度	55
	显著性水平	0

表 88（d）　人民生活 KMO 和 Bartlett 球形检验结果

KMO 抽样适度测定值		0.751
Bartlett 球形检验	近似卡方	51901.426
	自由度	78
	显著性水平	0

表 88（e）　环境质量 KMO 和 Bartlett 球形检验结果

KMO 抽样适度测定值		0.907
Bartlett 球形检验	近似卡方	381941.958
	自由度	1830
	显著性水平	0

二 变量共同度

变量共同度表示各变量中所含原始信息能被提取的公因子所表示的程度，从表 89 可以看到所有变量共同度都在 70% 以上，提取的公因子对各变量的解释能力非常强。

表 89 变量共同度

变量	变量名称	提取比例	变量	变量名称	提取比例
TFP	TFP	0.8409	*AvailableLandA*	可用土地面积比重	0.8786
productivity	全社会劳动生产率	0.8834	*unemploym*	城镇失业保险覆盖率	0.8776
Koutput	资本产出率	0.9633	*countryEnd*	农村社会养老保险覆盖率	0.9190
InvEff	投资效果系数	0.9562	*employment*	社会保障和就业财政支出比	0.9731
GDP2	GDP2	0.9351	*pgdp*	人均 GDP	0.8922
GDP3	GDP3	0.9123	*pIncome*	城镇家庭平均每人可支配收入	0.9495
notAgrLabor	非农就业比重	0.9133	*income*	工资收入占 GDP 的比重	0.8693
urban	城市化率	0.8812	*save*	储蓄存款占 GDP 的比重	0.9158
gdpVolatility	经济增长波动率指标	0.9926	*perCapitaW*	人均财富	0.9094
foreignVolatility	对外开放稳定性	0.9964	*hospitals*	万人医院数	0.9618
pgdpi	人均 GDP 增长率	0.9115	*doctors*	万人拥有医生数	0.8874
inflation	通货膨胀率指标	0.9912	*beds*	万人床位数	0.8522
unemployment	失业率指标	0.9422	*gasComsup*	人均液化石油气家庭用量	0.9899
HousePricto	房价收入比指标	0.9998	*elePerson*	人均生活用电量	0.8096
LaborE	劳动投入弹性指标	0.9952	*waterSupply*	人均供水量	0.8459
KE	资本投入弹性指标	0.8825	*housingArea*	城镇人均住房建筑面积	0.8685
eleExp	万元 GDP 电力消耗指标	0.9873	*popDensity*	人口密度指标	0.8962
eduIndex	教育基础设施指数	0.8764	*greenRatio*	建成区绿化覆盖率	0.9519
finEdu	地方财政教育事业费支出比	0.8845	*GreenAreaP*	绿地提供指数	0.9467
HC	劳动力受教育水平	0.8216	*solidUseful*	工业固体废弃物综合利用率	0.9647
sciFin	地方财政科学事业费支出比	0.8863	*wasteWater*	工业废水排放量指标	0.9750
populationIncR	人口增长率	0.9996	*SO2Rate*	工业二氧化硫排放量指标	0.7416
fieldConstructi	城市建设用地占市辖区面积比重	0.8743	*dustComRa*	工业烟尘排放达标率	0.9278

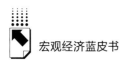
续表

变量	变量名称	提取比例	变量	变量名称	提取比例
infrastructureIn	市政基础设施指数	0.8194	*pollWaterRa*	城镇生活污水处理率	0.7960
trafficIndex	交通基础设施指数	0.8348	PM_{10}	PM_{10}指标	0.9257
comInfrastuctIn	电信基础设施指数	0.8247	$PM_{2.5}$	$PM_{2.5}$指标	0.8766
books	万人公共图书馆藏书量	0.8774	SO_2	二氧化硫指标	0.8752
passengerABu	每公共汽电车客运总数	0.9847	NO_2	二氧化氮指标	0.8760
OutInFin	地方财政预算内支出收入比	0.8766	O_3	臭氧指标	0.9628
urbanEndowm	城镇基本养老保险覆盖率	0.9025	*GoodAirAua*	空气质量优良天数	0.9603
urbanMedicare	城镇基本医疗保险覆盖率	0.8596			

注：初始值均为1。以上是通过主成分分析法提取得到的。

附录3　评价结果相关图表

一　主要城市可持续发展雷达图

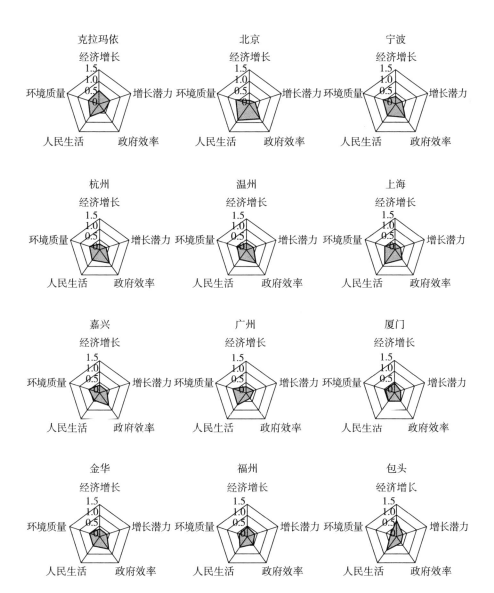

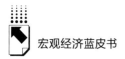

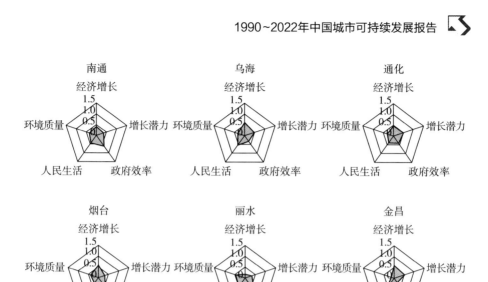

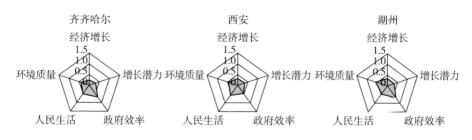

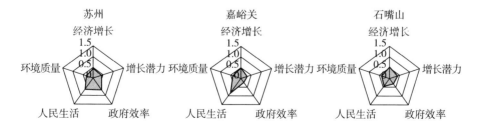

图 2　2022 年主要城市可持续发展雷达图

二　可持续发展情况

表 90　2018~2022 年城市可持续发展综合排名

城　市	2018 年	2019 年	2020 年	2021 年	2022 年	城　市	2018 年	2019 年	2020 年	2021 年	2022 年
北　京	2	2	2	2	2	临　汾	176	130	134	173	151
天　津	86	92	133	126	149	吕　梁	266	263	262	276	278
石家庄	164	140	154	225	213	呼和浩特	78	63	63	82	69
唐　山	183	149	172	230	185	包　头	41	34	36	28	12
秦皇岛	165	158	264	156	192	乌　海	33	27	38	56	29
邯　郸	246	242	250	273	270	赤　峰	199	195	187	208	174
邢　台	232	222	230	227	227	通　辽	284	281	284	284	284
保　定	207	208	223	261	216	鄂尔多斯	131	134	98	130	117
张家口	239	252	254	267	255	呼伦贝尔	231	180	120	165	140
承　德	166	164	169	218	201	巴彦淖尔	278	275	267	278	260
沧　州	268	261	265	274	272	乌兰察布	276	278	283	275	276
廊　坊	223	218	221	270	266	沈　阳	22	19	32	42	84
衡　水	238	214	227	254	232	大　连	37	24	58	40	62
太　原	63	78	109	177	145	鞍　山	133	135	192	188	214
大　同	65	72	70	70	58	抚　顺	66	73	68	116	65
阳　泉	173	217	218	204	167	本　溪	39	37	39	50	45
长　治	153	169	132	159	148	丹　东	102	82	100	128	156
晋　城	195	277	251	222	225	锦　州	112	95	153	118	183
朔　州	242	239	217	235	224	营　口	68	52	64	79	51
晋　中	114	117	111	140	132	宁　波	5	5	3	3	3
运　城	188	203	170	211	202	温　州	20	9	8	6	5
忻　州	187	198	203	193	229	嘉　兴	18	17	11	9	7

续表

城 市	2018 年	2019 年	2020 年	2021 年	2022 年	城 市	2018 年	2019 年	2020 年	2021 年	2022 年
湖 州	30	32	26	36	39	萍 乡	161	176	175	186	157
绍 兴	25	21	19	15	20	九 江	224	204	216	180	175
金 华	16	15	10	8	10	新 余	109	112	122	105	115
衢 州	62	57	41	59	74	鹰 潭	186	177	188	162	160
舟 山	158	157	126	176	136	赣 州	234	231	237	213	220
台 州	29	29	21	17	16	鄂 州	134	120	148	129	176
丽 水	28	23	24	24	32	荆 门	179	178	228	182	188
合 肥	180	189	205	205	219	孝 感	237	260	274	212	221
芜 湖	121	101	124	89	95	荆 州	215	196	161	179	162
蚌 埠	209	251	247	264	223	黄 冈	221	219	190	195	197
淮 南	235	230	235	229	234	咸 宁	136	125	86	108	104
马鞍山	137	139	101	112	82	随 州	124	121	88	104	96
淮 北	170	188	137	138	125	长 沙	47	39	53	49	34
铜 陵	185	165	121	117	126	株 洲	119	113	114	119	72
安 庆	178	200	234	216	205	湘 潭	163	160	165	141	133
黄 山	42	51	75	47	67	衡 阳	212	182	201	155	147
滁 州	240	241	273	245	264	邵 阳	202	210	163	201	138
阜 阳	229	206	225	197	200	岳 阳	213	192	178	164	150
宿 州	263	274	266	252	273	常 德	155	150	157	139	128
六 安	243	232	249	210	233	张家界	107	115	158	144	141
亳 州	248	269	269	238	236	益 阳	218	209	226	207	212
池 州	250	236	252	253	194	郴 州	156	155	152	109	102
宣 城	247	257	271	228	257	永 州	169	185	197	194	189
福 州	23	26	18	16	11	怀 化	233	238	256	217	218
厦 门	8	11	7	7	9	娄 底	143	161	195	184	190
莆 田	100	114	119	124	113	广 州	17	20	16	20	8
三 明	56	47	49	37	24	韶 关	138	127	149	135	144
泉 州	75	96	139	107	118	深 圳	12	10	9	19	25
漳 州	149	154	116	103	80	珠 海	6	7	20	11	14
南 平	96	86	147	131	164	汕 头	157	168	164	167	193
龙 岩	98	84	77	83	77	佛 山	43	40	78	78	114
宁 德	144	102	97	88	86	江 门	145	193	191	262	253
南 昌	150	146	162	168	177	湛 江	193	221	213	215	209
景德镇	101	94	108	92	99	茂 名	130	197	198	145	169

续表

城 市	2018 年	2019 年	2020 年	2021 年	2022 年	城 市	2018 年	2019 年	2020 年	2021 年	2022 年
肇 庆	175	190	184	147	173	朝 阳	87	80	91	133	134
惠 州	81	104	168	181	242	葫芦岛	70	64	73	65	81
梅 州	230	201	240	223	238	长 春	105	172	115	120	107
汕 尾	206	213	215	248	215	吉 林	189	215	202	190	211
河 源	125	138	135	99	137	四 平	220	187	141	123	120
阳 江	148	110	131	143	135	辽 源	200	118	50	44	47
清 远	168	147	144	178	180	通 化	91	66	60	26	30
东 莞	10	8	28	31	50	白 山	191	191	231	214	251
中 山	59	152	151	170	187	松 原	279	282	281	282	283
潮 州	104	141	138	81	139	白 城	222	224	210	196	250
揭 阳	89	105	102	58	103	哈尔滨	99	97	125	127	143
云 浮	251	256	257	250	254	齐齐哈尔	32	35	34	33	37
南 宁	90	87	106	137	123	鸡 西	31	28	42	30	59
昭 通	219	171	199	151	165	鹤 岗	13	25	51	69	52
丽 江	110	89	96	84	78	双鸭山	36	38	65	54	88
普 洱	274	268	276	256	275	大 庆	19	16	13	12	15
临 沧	282	284	282	283	281	伊 春	113	131	94	111	85
西 安	67	70	57	77	38	佳木斯	126	129	89	101	130
铜 川	54	59	44	53	49	七台河	52	75	82	91	124
宝 鸡	159	163	183	191	181	牡丹江	118	71	85	75	108
咸 阳	154	258	277	280	282	黑 河	24	33	22	21	22
渭 南	196	207	208	163	153	绥 化	262	271	236	232	247
延 安	83	93	171	158	222	上 海	3	3	5	5	6
汉 中	203	225	222	174	166	南 京	11	14	12	23	21
榆 林	48	58	35	90	83	无 锡	9	6	6	10	13
安 康	84	128	160	187	204	徐 州	58	43	46	41	60
商 洛	255	262	241	265	277	常 州	14	13	17	35	36
兰 州	85	107	103	160	152	苏 州	4	12	14	25	40
嘉峪关	55	55	37	60	41	南 通	21	22	23	22	28
金 昌	76	69	47	63	33	连云港	51	42	56	71	55
阜 新	73	88	104	125	146	淮 安	45	61	69	51	71
辽 阳	92	90	110	154	111	盐 城	49	50	48	52	68
盘 锦	77	62	61	114	43	扬 州	26	30	25	32	23
铁 岭	71	49	45	46	53	镇 江	38	31	27	38	44

城 市	2018年	2019年	2020年	2021年	2022年	城 市	2018年	2019年	2020年	2021年	2022年
泰 州	46	46	52	39	46	三门峡	197	166	180	199	191
宿 迁	53	54	67	68	87	南 阳	260	253	261	247	259
杭 州	7	4	4	4	4	商 丘	267	216	174	266	231
吉 安	162	162	166	142	142	信 阳	201	249	260	260	267
宜 春	252	250	206	209	170	周 口	205	246	258	255	262
抚 州	216	202	229	192	179	驻马店	204	254	263	259	268
上 饶	281	283	279	281	279	武 汉	61	76	150	146	210
济 南	35	41	71	152	131	黄 石	139	122	84	86	79
青 岛	50	53	29	43	17	十 堰	123	119	155	122	159
淄 博	34	44	30	14	26	宜 昌	241	205	173	172	163
枣 庄	111	108	76	62	64	襄 阳	236	223	194	171	158
东 营	57	48	43	66	48	柳 州	192	259	185	244	161
烟 台	60	56	40	27	31	桂 林	253	247	272	249	269
潍 坊	79	85	59	34	35	梧 州	261	227	127	115	97
济 宁	142	132	130	100	116	北 海	152	136	92	136	106
泰 安	95	77	83	87	91	防城港	106	126	79	67	57
威 海	40	67	55	48	75	钦 州	210	179	204	157	178
日 照	97	83	107	102	105	贵 港	271	272	242	237	195
临 沂	128	183	128	121	129	玉 林	226	211	220	240	207
德 州	167	156	167	153	155	百 色	254	273	259	242	237
聊 城	141	145	123	110	127	贺 州	258	233	232	219	245
滨 州	184	153	81	45	54	河 池	228	235	214	224	217
菏 泽	147	151	159	150	154	来 宾	270	280	268	257	249
郑 州	259	265	239	272	235	崇 左	273	220	189	241	186
开 封	272	237	245	258	265	海 口	44	45	33	18	18
洛 阳	249	240	238	234	230	三 亚	15	18	15	13	19
平顶山	140	174	177	169	171	重 庆	129	111	113	106	109
安 阳	225	248	248	268	241	成 都	88	91	117	134	119
鹤 壁	211	226	233	220	228	自 贡	93	79	80	55	56
新 乡	256	199	211	246	258	攀枝花	94	103	87	73	73
焦 作	257	266	243	243	196	泸 州	122	99	99	85	90
濮 阳	190	170	224	226	243	德 阳	120	124	140	93	98
许 昌	275	255	253	251	261	绵 阳	74	81	54	72	63
漯 河	198	245	244	198	198	广 元	80	74	72	57	61

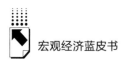

续表

城 市	2018 年	2019 年	2020 年	2021 年	2022 年	城 市	2018 年	2019 年	2020 年	2021 年	2022 年
遂 宁	72	68	62	29	27	保 山	277	270	275	271	246
内 江	132	98	90	74	70	白 银	280	276	280	279	280
乐 山	103	100	95	76	76	天 水	217	229	219	236	240
南 充	117	116	112	95	101	武 威	208	243	207	202	203
眉 山	182	175	145	166	112	张 掖	269	264	246	239	244
宜 宾	127	123	118	94	93	平 凉	214	212	193	233	256
广 安	151	137	136	98	94	酒 泉	283	279	278	277	271
达 州	172	167	156	132	122	庆 阳	264	244	200	231	199
雅 安	146	142	105	96	89	定 西	160	159	142	161	172
巴 中	116	143	143	148	121	陇 南	245	184	176	185	248
资 阳	108	106	93	113	92	西 宁	115	133	182	183	226
贵 阳	171	194	196	263	252	银 川	82	109	146	175	184
六盘水	265	267	270	269	274	石嘴山	64	60	66	61	42
遵 义	181	173	212	203	239	吴 忠	227	228	209	221	206
安 顺	174	186	181	189	208	固 原	69	65	31	64	66
昆 明	135	148	179	200	182	中 卫	244	234	255	206	263
曲 靖	194	144	129	97	100	乌鲁木齐	27	36	74	80	110
玉 溪	177	181	186	149	168	克拉玛依	1	1	1	1	1

表 91　2018~2022 年城市可持续发展指数（上一年＝100）

城 市	2018 年	2019 年	2020 年	2021 年	2022 年	城 市	2018 年	2019 年	2020 年	2021 年	2022 年
北 京	101.2	99.2	96.9	103.9	95.8	衡 水	101.2	103.4	98.3	102.6	100.1
天 津	102.7	106.0	97.1	102.6	99.1	太 原	102.0	100.4	97.3	95.3	102.0
石家庄	103.5	103.6	98.0	99.2	99.5	大 同	102.9	100.8	98.2	104.1	99.3
唐 山	103.1	115.0	96.7	100.5	102.0	阳 泉	102.4	104.9	100.9	105.3	98.2
秦皇岛	102.9	103.8	91.0	114.4	95.6	长 治	101.9	102.7	100.2	100.7	99.2
邯 郸	102.3	101.2	98.0	102.4	99.9	晋 城	102.3	91.4	109.5	100.8	99.6
邢 台	102.0	102.7	98.4	104.5	98.9	朔 州	101.8	106.5	98.1	103.6	99.9
保 定	100.7	107.7	97.9	102.1	101.7	晋 中	103.6	101.7	99.0	102.7	99.0
张家口	102.9	101.4	98.6	103.6	100.2	运 城	102.3	102.2	99.1	102.6	99.8
承 德	105.0	101.9	98.2	101.5	99.8	忻 州	102.5	103.1	99.5	102.6	97.1
沧 州	102.0	103.0	99.1	102.6	100.3	临 汾	102.3	105.9	98.1	102.0	99.9
廊 坊	100.4	101.6	98.8	100.6	99.4	吕 梁	105.8	101.1	98.3	101.8	96.7

续表

城　市	2018年	2019年	2020年	2021年	2022年	城　市	2018年	2019年	2020年	2021年	2022年
呼和浩特	102.4	100.6	96.4	103.0	94.6	安　庆	101.4	98.3	100.5	105.6	99.2
包　头	103.4	106.7	99.6	104.6	101.3	黄　山	101.1	98.7	98.9	107.0	97.0
乌　海	103.0	103.0	96.6	101.8	102.7	滁　州	101.0	98.6	95.6	107.6	97.2
赤　峰	101.6	99.7	97.4	105.4	97.6	阜　阳	102.1	99.8	97.5	107.6	97.0
通　辽	102.0	102.3	95.2	106.6	98.3	宿　州	101.1	99.6	101.3	106.4	96.7
鄂尔多斯	102.9	101.9	100.4	98.1	100.7	六　安	102.1	98.7	101.9	104.5	96.2
呼伦贝尔	102.3	103.1	102.5	101.3	101.2	亳　州	101.2	99.0	99.7	107.7	99.0
巴彦淖尔	99.4	102.6	103.6	101.1	103.2	池　州	103.4	99.9	99.8	102.7	102.6
乌兰察布	98.6	106.4	97.6	105.4	102.0	宣　城	100.6	99.4	101.2	106.2	97.1
沈　阳	101.8	102.0	95.5	102.5	95.3	福　州	103.7	100.6	101.0	102.3	99.7
大　连	103.0	104.4	93.9	106.2	96.6	厦　门	97.5	98.4	100.4	101.5	98.5
鞍　山	105.5	101.8	94.3	105.5	96.4	莆　田	102.9	100.9	99.4	102.2	99.3
抚　顺	104.8	100.4	100.0	99.8	103.6	三　明	102.8	101.8	99.7	104.5	100.9
本　溪	103.9	102.0	98.4	102.9	98.9	泉　州	102.5	96.0	100.6	106.6	97.6
丹　东	103.9	103.0	97.6	103.0	96.0	漳　州	102.2	99.0	104.6	102.1	101.1
锦　州	104.5	102.7	94.9	108.1	93.0	南　平	102.8	101.7	97.1	109.0	95.2
营　口	105.0	103.7	97.2	104.4	101.7	龙　岩	102.7	101.8	100.9	103.1	98.8
宁　波	104.1	101.1	99.3	103.7	99.0	宁　德	103.0	100.8	101.5	102.4	98.1
温　州	103.5	102.6	100.2	103.1	99.0	南　昌	102.1	102.2	98.4	100.3	98.1
嘉　兴	103.8	101.5	100.1	102.0	99.6	景德镇	102.4	99.4	99.4	105.9	97.2
湖　州	102.0	101.2	99.9	102.0	98.1	萍　乡	103.6	102.7	97.2	104.3	100.4
绍　兴	102.0	102.4	99.5	102.7	98.4	九　江	102.7	101.8	101.3	106.5	99.7
金　华	102.9	101.7	99.6	102.2	98.2	新　余	103.1	101.9	97.1	104.6	99.5
衢　州	102.0	102.7	100.0	102.0	97.8	鹰　潭	102.7	101.5	99.4	106.5	99.0
舟　山	102.0	101.5	101.2	101.0	101.5	赣　州	103.0	98.9	101.2	103.6	97.4
台　州	103.7	101.3	101.0	102.7	99.4	鄂　州	102.2	103.0	99.3	105.6	98.0
丽　水	102.7	102.6	98.2	103.2	97.9	荆　门	102.2	100.0	97.7	109.3	98.0
合　肥	100.8	99.1	100.9	101.1	97.9	孝　感	101.7	99.2	98.0	110.6	98.0
芜　湖	101.4	102.5	98.0	107.3	97.5	荆　州	102.1	99.7	106.2	102.2	100.4
蚌　埠	100.9	98.2	102.8	99.3	102.0	黄　冈	101.0	99.5	104.7	102.2	98.0
淮　南	101.0	100.6	101.8	105.0	100.0	咸　宁	102.9	101.4	105.3	100.6	99.5
马鞍山	101.8	101.8	103.0	103.3	101.5	随　州	100.9	100.5	104.8	102.6	100.5
淮　北	103.6	100.4	104.1	105.8	99.7	长　沙	101.6	101.0	96.7	100.9	99.3
铜　陵	105.2	109.8	102.6	102.7	101.8	株　洲	102.8	99.6	100.2	102.6	102.3

续表

城市	2018 年	2019 年	2020 年	2021 年	2022 年	城市	2018 年	2019 年	2020 年	2021 年	2022 年
湘潭	102.1	101.5	98.4	106.1	99.3	丽江	103.1	103.0	100.0	102.7	100.2
衡阳	104.0	101.8	99.0	106.7	99.7	普洱	105.0	99.8	100.6	109.8	96.7
邵阳	101.9	99.4	104.4	101.7	102.1	临沧	103.9	99.7	103.0	104.1	98.9
岳阳	102.3	104.5	99.7	106.1	100.0	西安	100.8	100.7	99.6	100.4	101.4
常德	102.4	101.1	99.1	104.9	99.0	铜川	103.2	103.5	99.7	101.3	100.6
张家界	103.1	104.3	96.6	104.7	99.9	宝鸡	102.1	102.8	98.2	103.6	100.2
益阳	102.7	102.8	98.9	106.4	99.2	咸阳	101.8	100.0	96.6	109.7	93.8
郴州	102.1	102.8	98.9	106.4	99.2	渭南	103.1	101.1	99.0	108.6	99.0
永州	102.9	100.5	100.0	105.4	98.9	延安	105.3	101.9	95.7	105.0	94.1
怀化	103.4	101.3	99.5	105.5	98.9	汉中	102.7	100.3	99.0	105.8	99.0
娄底	102.5	100.9	99.6	105.3	99.1	榆林	104.3	101.1	101.0	98.3	99.7
广州	101.2	100.8	99.6	99.3	100.8	安康	101.8	101.4	96.7	105.8	96.0
韶关	102.5	105.9	98.7	107.8	98.8	商洛	107.0	102.4	106.5	100.7	100.8
深圳	99.0	100.4	99.0	99.8	98.7	兰州	100.7	99.5	99.0	100.5	99.0
珠海	101.5	98.1	99.0	99.7	97.9	嘉峪关	103.7	100.9	102.1	96.9	100.5
汕头	102.9	100.2	99.0	104.7	96.6	金昌	105.1	101.2	103.3	100.2	102.7
佛山	102.2	101.0	99.0	103.5	97.0	阜新	103.7	99.3	97.8	103.7	96.8
江门	102.7	97.9	99.0	99.7	99.6	辽阳	105.4	101.3	97.6	101.7	102.2
湛江	103.0	100.0	99.4	104.7	99.0	盘锦	104.5	104.2	98.8	99.1	105.3
茂名	101.9	96.4	99.0	109.5	96.4	铁岭	103.7	104.5	99.0	103.7	98.1
肇庆	101.9	100.5	99.0	108.7	96.2	朝阳	104.0	102.0	98.1	101.7	97.9
惠州	102.5	100.3	99.0	105.4	94.2	葫芦岛	105.9	102.3	97.4	105.0	98.2
梅州	101.5	99.5	99.0	105.5	97.7	长春	103.4	103.3	97.3	105.1	100.4
汕尾	102.4	101.0	99.0	102.1	101.2	吉林	102.8	101.5	101.0	109.2	97.0
河源	102.4	101.0	99.0	107.9	95.5	四平	103.6	106.5	103.5	106.6	97.1
阳江	102.4	105.6	99.0	103.1	99.4	辽源	103.3	111.4	104.8	105.0	97.9
清远	102.4	103.4	99.0	102.4	98.2	通化	104.0	108.2	103.0	107.7	99.8
东莞	102.2	99.4	99.0	103.3	95.0	白山	103.9	101.9	102.1	110.7	94.4
中山	102.6	100.2	99.0	106.6	97.1	松原	102.9	104.4	103.0	108.6	95.7
潮州	101.9	98.7	99.0	110.2	93.8	白城	102.8	105.7	103.0	104.4	98.8
揭阳	102.7	100.1	99.0	109.5	95.0	哈尔滨	105.6	104.8	96.3	106.8	98.1
云浮	102.1	101.2	99.0	105.3	98.7	齐齐哈尔	103.1	105.7	97.3	105.3	100.5
南宁	101.5	103.1	98.5	100.3	99.7	鸡西	104.1	102.2	98.3	105.8	97.9
昭通	104.9	99.2	100.4	106.9	96.9	鹤岗	103.3	97.4	98.6	101.0	100.7

城　市	2018 年	2019 年	2020 年	2021 年	2022 年	城　市	2018 年	2019 年	2020 年	2021 年	2022 年
双鸭山	102.7	104.0	95.6	105.5	96.8	济　宁	102.2	101.4	103.4	100.5	99.0
大　庆	102.0	102.0	99.3	102.0	98.3	泰　安	101.8	106.3	98.2	100.3	101.1
伊　春	101.5	100.7	101.5	103.7	101.1	威　海	101.5	103.4	97.6	101.1	98.4
佳木斯	103.2	107.6	100.4	103.9	98.9	日　照	102.5	101.6	102.6	99.9	100.0
七台河	100.1	101.0	99.2	102.2	97.5	临　沂	102.0	99.9	99.7	103.2	98.2
牡丹江	103.7	110.4	98.9	109.0	95.3	德　州	101.7	102.0	102.9	99.8	98.6
黑　河	102.1	99.7	100.7	103.0	99.0	聊　城	102.3	106.6	101.7	101.2	100.3
绥　化	103.1	105.5	101.0	105.8	101.1	滨　州	102.8	101.7	106.6	101.0	99.8
上　海	101.8	99.6	98.7	102.7	96.8	菏　泽	101.9	100.4	99.3	103.6	98.4
南　京	99.7	100.2	99.1	99.7	99.3	郑　州	100.2	100.4	98.7	99.0	100.5
无　锡	102.4	101.7	98.1	99.5	98.2	开　封	100.7	107.0	98.1	104.2	98.0
徐　州	101.4	102.3	98.4	102.0	97.0	洛　阳	101.4	102.6	99.0	105.1	99.0
常　州	101.5	101.7	97.9	99.3	98.5	平顶山	99.7	99.0	98.3	105.7	98.2
苏　州	102.3	94.7	98.4	99.9	96.8	安　阳	101.9	99.4	98.8	103.1	101.3
南　通	101.5	99.4	98.0	101.5	97.7	鹤　壁	101.2	100.6	98.2	105.7	98.0
连云港	101.4	99.2	99.0	98.2	99.1	新　乡	101.6	106.6	98.2	102.0	98.0
淮　安	101.2	99.1	98.7	104.3	97.4	焦　作	101.5	100.7	101.5	104.7	102.2
盐　城	102.0	102.3	99.6	101.7	98.4	濮　阳	100.6	103.5	94.8	104.3	98.0
扬　州	101.5	99.8	99.6	100.6	100.1	许　昌	101.2	106.5	99.1	105.1	98.0
镇　江	101.7	102.6	99.2	102.5	97.7	漯　河	101.2	98.4	98.8	109.3	98.0
泰　州	101.3	103.2	97.7	103.5	98.7	三门峡	104.0	104.4	97.5	104.3	98.6
宿　迁	101.8	100.3	97.7	101.4	96.8	南　阳	101.6	103.0	98.0	106.2	98.0
杭　州	100.4	99.7	98.2	102.1	98.8	商　丘	100.7	107.3	101.8	98.0	101.4
吉　安	102.1	99.0	101.1	105.1	98.5	信　阳	100.7	98.1	98.3	105.0	98.0
宜　春	102.6	99.6	102.5	106.1	99.0	周　口	101.2	98.8	98.0	105 2	98.0
抚　州	105.4	103.8	101.0	106 2	99.7	驻马店	99.6	98.0	98.0	105.6	98.0
上　饶	103.3	99.7	101.7	105.2	100.4	武　汉	100.2	100.5	96.0	103.4	98.0
济　南	102.6	100.6	95.6	97.7	99.8	黄　石	102.8	102.3	105.6	102.0	101.1
青　岛	101.3	103.0	98.3	99.1	100.8	十　堰	102.1	100.2	98.7	108.2	98.0
淄　博	103.0	104.7	101.0	101.9	100.0	宜　昌	102.2	101.9	103.5	104.6	99.3
枣　庄	102.8	100.9	106.4	106.3	99.6	襄　阳	101.1	101.1	103.7	104.5	99.4
东　营	102.3	103.0	99.0	101.2	100.8	柳　州	103.0	99.9	102.0	105.0	102.6
烟　台	101.9	104.4	96.0	103.9	99.2	桂　林	102.1	103.8	98.4	107.4	99.2
潍　坊	102.8	103.0	99.8	102.8	99.2	梧　州	103.4	111.2	106.2	99.4	104.3

续表

城　市	2018 年	2019 年	2020 年	2021 年	2022 年	城　市	2018 年	2019 年	2020 年	2021 年	2022 年
北　海	103.8	107.4	102.2	98.1	103.8	雅　安	101.3	101.9	101.5	105.8	99.9
防城港	103.1	105.7	99.8	105.5	101.7	巴　中	102.5	98.5	102.3	107.2	100.7
钦　州	102.4	102.9	104.7	103.8	98.5	资　阳	100.2	104.4	98.6	101.8	102.2
贵　港	106.0	101.9	103.8	103.4	101.3	贵　阳	100.0	99.9	98.8	99.9	99.8
玉　林	103.6	106.7	98.6	103.8	103.2	六盘水	102.9	106.6	96.4	102.5	100.7
百　色	104.0	107.8	100.1	103.9	102.9	遵　义	102.9	100.3	98.6	104.2	96.5
贺　州	108.2	103.1	102.4	104.2	97.7	安　顺	102.6	100.8	98.9	104.8	96.9
河　池	103.4	100.7	101.6	104.2	100.3	昆　明	102.8	98.6	100.4	100.4	98.4
来　宾	109.0	103.9	103.2	105.8	102.0	曲　靖	105.2	100.8	100.0	107.2	98.4
崇　左	110.7	108.4	101.0	100.7	102.8	玉　溪	105.1	98.5	101.1	108.9	96.7
海　口	103.1	100.2	99.5	103.6	98.0	保　山	104.3	99.8	100.5	105.8	100.5
三　亚	103.3	100.8	99.7	102.0	97.8	白　银	102.1	105.4	98.0	105.7	98.2
重　庆	101.7	100.9	100.3	104.0	99.0	天　水	101.6	104.1	99.3	102.1	100.9
成　都	101.8	100.5	98.9	100.3	99.7	武　威	100.7	100.9	101.8	104.3	99.7
自　贡	102.7	103.4	99.8	106.3	99.8	张　掖	102.8	100.4	101.7	104.3	99.7
攀枝花	102.8	104.7	102.2	105.7	97.5	平　凉	101.6	101.7	101.2	102.7	97.3
泸　州	103.0	99.9	102.5	103.6	97.6	酒　泉	103.4	103.7	99.4	104.4	102.6
德　阳	103.1	102.0	97.8	108.6	97.8	庆　阳	109.7	103.7	101.4	100.3	101.5
绵　阳	103.5	100.2	103.0	101.9	100.1	定　西	104.8	98.9	102.5	102.3	98.2
广　元	102.2	99.4	100.5	105.6	98.5	陇　南	112.0	100.4	102.7	104.2	96.3
遂　宁	103.4	100.7	104.6	100.2	101.1	西　宁	104.3	100.3	96.9	103.0	96.0
内　江	102.8	103.8	100.0	105.3	99.9	银　川	101.2	98.9	99.3	98.5	98.8
乐　山	103.3	99.9	99.7	106.0	98.4	石嘴山	102.9	102.6	102.3	101.0	102.6
南　充	103.2	100.2	102.0	105.3	98.2	吴　忠	100.7	101.6	101.7	101.8	101.1
眉　山	103.0	102.3	101.0	103.2	103.3	固　原	104.4	104.2	102.3	102.8	100.8
宜　宾	103.2	99.1	100.0	105.7	97.6	中　卫	98.5	102.6	97.2	109.0	94.4
广　安	104.2	103.5	98.2	106.5	99.2	乌鲁木齐	100.8	100.4	94.7	102.3	95.0
达　州	105.1	101.3	97.9	107.5	98.9	克拉玛依	101.7	98.7	75.3	100.4	97.8

表 92　2018～2022 年城市可持续发展指数（以 1990 年为基期）

城　市	2018 年	2019 年	2020 年	2021 年	2022 年	城　市	2018 年	2019 年	2020 年	2021 年	2022 年
北　京	160.0	158.7	153.8	159.8	153.0	唐　山	138.8	159.5	154.3	155.1	158.3
天　津	126.3	133.9	130.0	133.5	132.3	秦皇岛	143.9	149.3	135.8	155.4	148.6
石家庄	141.3	146.4	143.5	142.3	141.6	邯　郸	139.4	141.1	138.3	141.6	141.5

续表

城 市	2018 年	2019 年	2020 年	2021 年	2022 年	城 市	2018 年	2019 年	2020 年	2021 年	2022 年
邢 台	140.8	144.5	142.2	148.6	147.0	营 口	144.2	149.5	145.4	148.9	151.4
保 定	151.6	163.3	159.9	163.3	166.2	宁 波	162.8	164.6	163.4	169.5	167.7
张家口	145.7	147.7	145.7	151.0	151.3	温 州	171.7	176.2	176.7	182.0	180.3
承 德	141.1	143.7	141.1	143.1	142.8	嘉 兴	172.4	175.0	175.2	178.7	178.0
沧 州	135.6	139.7	138.5	142.1	142.5	湖 州	159.6	161.5	161.5	164.7	161.6
廊 坊	149.3	151.7	149.9	150.7	149.9	绍 兴	160.0	163.8	163.0	167.4	164.7
衡 水	151.0	156.2	153.5	157.5	157.6	金 华	188.0	191.1	190.3	194.4	191.0
太 原	132.4	132.9	129.4	123.3	125.8	衢 州	163.3	167.8	167.7	171.1	167.3
大 同	146.8	148.0	145.3	151.2	150.2	舟 山	152.1	154.4	156.3	157.9	160.2
阳 泉	139.0	145.8	147.2	154.9	152.1	台 州	163.3	165.5	167.1	171.7	170.6
长 治	165.7	170.1	170.4	171.7	170.3	丽 水	139.2	142.9	140.3	144.8	141.8
晋 城	149.9	137.0	150.0	151.3	150.7	合 肥	131.0	129.9	131.1	132.5	129.8
朔 州	152.1	162.0	159.0	164.7	164.6	芜 湖	132.7	136.0	133.3	143.0	139.5
晋 中	169.1	171.9	170.2	174.9	173.1	蚌 埠	136.6	134.2	137.9	136.9	139.7
运 城	159.3	162.8	161.3	165.4	165.0	淮 南	120.1	120.8	123.0	129.1	129.1
忻 州	166.7	171.9	171.0	175.5	170.4	马鞍山	123.2	125.4	129.1	133.4	135.4
临 汾	134.1	142.0	139.3	142.0	141.9	淮 北	141.1	141.6	147.3	155.9	155.5
吕 梁	149.1	150.7	148.2	150.8	145.9	铜 陵	123.0	135.1	138.6	142.4	145.0
呼和浩特	147.6	148.5	143.2	147.5	139.5	安 庆	132.2	129.9	130.6	137.8	136.7
包 头	144.1	153.7	153.1	160.1	162.2	黄 山	155.7	153.7	152.0	162.7	157.9
乌 海	135.9	140.0	135.2	137.7	141.3	滁 州	135.0	133.1	127.3	137.0	133.1
赤 峰	153.0	152.5	148.5	156.6	152.8	阜 阳	141.0	140.7	137.2	147.6	143.3
通 辽	118.7	121.4	115.6	123.2	121.1	宿 州	134.7	134.1	135.8	144.5	139.7
鄂尔多斯	141.6	144.3	144.8	142.0	143.0	六 安	156.6	154.6	157.4	164.5	158.3
呼伦贝尔	126.7	130.6	133.9	135.6	137.2	亳 州	130.3	129.0	128.6	138.5	137.1
巴彦淖尔	127.6	130.9	135.6	137.1	141.5	池 州	144.1	144.0	143.7	147.6	151.4
乌兰察布	145.5	154.8	151.0	159.1	162.3	宣 城	129.9	129.1	130.7	138.8	134.8
沈 阳	131.4	134.0	128.0	131.3	125.0	福 州	143.1	144.0	145.4	148.7	148.3
大 连	133.7	139.6	131.1	139.1	134.4	厦 门	159.1	156.5	157.1	159.4	157.0
鞍 山	126.8	129.1	121.7	128.4	123.8	莆 田	154.4	155.8	154.8	158.3	157.1
抚 顺	129.6	130.1	130.1	129.8	134.4	三 明	141.4	144.0	143.5	149.9	151.2
本 溪	125.5	128.1	126.0	129.7	128.3	泉 州	153.2	147.1	148.0	157.8	154.1
丹 东	133.3	137.3	134.0	138.1	132.5	漳 州	147.4	146.0	152.7	156.0	157.7
锦 州	135.8	139.6	132.5	143.2	133.2	南 平	137.1	139.4	135.4	147.6	140.6

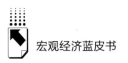

续表

城　市	2018 年	2019 年	2020 年	2021 年	2022 年	城　市	2018 年	2019 年	2020 年	2021 年	2022 年
龙　岩	142.7	145.2	146.4	150.9	149.2	佛　山	151.7	153.3	151.7	157.1	152.4
宁　德	132.5	133.6	135.5	138.9	136.2	江　门	144.9	141.9	140.4	140.0	139.4
南　昌	142.0	145.1	142.8	143.2	140.5	湛　江	137.4	137.4	136.6	143.0	141.6
景德镇	144.5	143.6	142.7	151.1	146.9	茂　名	145.9	140.5	139.1	152.3	146.8
萍　乡	138.9	142.7	138.8	144.7	145.4	肇　庆	139.0	139.7	138.3	150.3	144.7
九　江	139.3	141.8	143.7	152.9	152.4	惠　州	152.0	152.4	150.9	159.0	149.9
新　余	150.0	152.8	148.3	155.1	154.4	梅　州	124.0	123.3	122.1	128.8	125.9
鹰　潭	144.8	146.9	146.0	155.5	153.9	汕　尾	149.2	150.8	149.3	152.4	154.2
赣　州	137.4	136.0	137.6	142.6	138.9	河　源	146.4	147.8	146.3	157.9	150.7
鄂　州	152.1	156.7	155.5	164.3	161.0	阳　江	138.3	146.0	144.6	149.1	148.1
荆　门	147.5	150.5	147.0	160.6	157.4	清　远	145.5	150.4	148.9	152.5	149.7
孝　感	140.4	139.3	136.4	150.9	147.9	东　莞	172.7	171.7	170.0	175.6	166.9
荆　州	144.7	144.2	153.2	156.5	157.1	中　山	156.1	156.5	154.9	165.2	160.4
黄　冈	145.0	144.3	151.0	154.4	151.3	潮　州	141.8	139.9	138.5	152.5	143.1
咸　宁	142.3	144.3	151.8	152.7	152.0	揭　阳	182.3	182.5	180.7	197.8	187.9
随　州	142.5	143.2	150.0	154.0	154.7	云　浮	131.5	133.1	131.8	138.8	137.1
长　沙	173.3	174.9	169.2	170.7	169.5	南　宁	158.0	162.9	160.5	160.9	160.5
株　洲	157.2	156.6	156.9	161.1	164.7	昭　通	146.0	144.8	145.3	155.3	150.5
湘　潭	135.4	137.5	135.3	143.6	142.6	丽　江	92.5	95.3	95.3	97.9	98.1
衡　阳	144.9	147.6	146.1	155.8	155.3	普　洱	120.4	120.1	120.8	132.6	128.3
邵　阳	150.0	149.1	155.7	158.3	161.6	临　沧	110.4	110.0	113.3	117.9	116.6
岳　阳	143.3	149.7	149.3	158.4	158.4	西　安	149.5	150.6	149.9	150.5	152.6
常　德	151.5	153.2	151.9	159.2	157.6	铜　川	146.6	151.7	151.2	153.2	154.1
张家界	118.9	124.1	119.9	125.5	125.3	宝　鸡	138.5	142.4	139.8	144.9	145.2
益　阳	147.3	151.5	149.8	159.3	158.0	咸　阳	150.5	150.5	145.4	159.5	149.5
郴　州	139.5	143.4	141.8	151.0	149.8	渭　南	164.7	166.5	164.9	179.1	177.3
永　州	149.6	150.4	150.4	158.6	156.8	延　安	133.3	135.8	130.0	136.5	128.4
怀　化	130.5	132.2	131.5	138.7	137.1	汉　中	158.8	159.3	157.7	171.1	170.1
娄　底	154.1	155.5	155.0	163.1	161.7	榆　林	136.2	137.8	139.2	136.8	136.3
广　州	143.9	144.9	144.4	143.3	144.5	安　康	172.1	174.5	168.8	178.6	171.5
韶　关	135.2	143.3	141.4	152.5	150.7	商　洛	88.7	90.8	96.8	97.5	98.2
深　圳	160.2	160.8	159.2	158.9	156.7	兰　州	138.3	137.7	136.3	137.0	135.6
珠　海	152.3	149.5	148.0	147.6	144.4	嘉峪关	139.8	141.1	144.0	139.6	140.3
汕　头	163.3	163.5	161.9	169.6	163.9	金　昌	172.8	174.9	180.7	181.0	185.9

续表

城　市	2018 年	2019 年	2020 年	2021 年	2022 年	城　市	2018 年	2019 年	2020 年	2021 年	2022 年
阜　新	149.1	148.1	144.8	150.1	145.4	盐　城	187.4	191.7	190.9	194.1	190.9
辽　阳	145.8	147.7	144.1	146.6	149.8	扬　州	175.0	174.7	174.0	175.0	175.2
盘　锦	140.9	146.8	145.0	143.6	151.2	镇　江	178.6	183.4	182.0	186.6	182.3
铁　岭	156.4	163.5	161.9	167.9	164.8	泰　州	172.3	177.8	173.7	179.7	177.5
朝　阳	154.2	157.3	154.3	157.0	153.7	宿　迁	143.2	143.6	140.3	142.3	137.8
葫芦岛	145.3	148.6	144.8	152.1	149.2	杭　州	167.2	166.7	163.6	167.0	165.0
长　春	145.5	150.3	146.2	153.7	154.4	吉　安	159.2	157.7	159.4	167.5	164.9
吉　林	148.4	154.8	157.1	171.6	166.5	宜　春	158.8	158.3	162.1	172.0	170.3
四　平	135.8	144.7	149.7	159.6	155.0	抚　州	128.0	132.9	134.2	142.6	142.2
辽　源	144.8	161.3	169.1	177.4	173.8	上　饶	130.3	130.0	132.2	139.0	139.5
通　化	135.5	146.6	150.9	162.6	162.3	济　南	137.5	138.4	132.3	129.3	129.0
白　山	126.7	129.1	131.8	146.0	137.8	青　岛	133.3	137.3	135.1	133.8	134.9
松　原	119.4	124.6	128.3	139.3	133.4	淄　博	145.3	152.1	153.6	156.5	156.4
白　城	140.5	148.6	153.0	160.0	158.0	枣　庄	139.8	141.1	150.1	159.5	158.9
哈尔滨	134.1	140.5	135.2	144.4	141.7	东　营	150.1	154.9	153.1	154.9	156.1
齐齐哈尔	160.2	169.3	164.7	173.5	174.3	烟　台	154.8	161.6	155.2	161.3	160.0
鸡　西	153.1	156.4	153.8	162.8	159.4	潍　坊	151.4	156.0	155.7	160.1	158.8
鹤　岗	159.3	155.2	153.0	154.5	155.6	济　宁	144.6	146.7	151.7	152.5	151.0
双鸭山	145.0	150.8	144.2	152.2	147.2	泰　安	144.4	153.5	150.8	151.2	152.8
大　庆	142.1	144.9	143.9	146.7	144.2	威　海	158.7	164.2	160.3	162.0	159.5
伊　春	124.6	125.5	127.4	132.1	133.6	日　照	149.0	151.3	155.3	155.1	155.1
佳木斯	131.7	141.8	142.3	147.8	146.2	临　沂	157.6	157.4	157.0	162.0	159.0
七台河	146.2	147.7	146.5	149.8	146.0	德　州	154.1	157.2	161.6	161.4	159.1
牡丹江	162.1	179.0	177.0	193.0	184.0	聊　城	149.8	159.8	162.4	164.3	164.9
黑　河	117.2	116.8	117.7	121.2	120.0	滨　州	144.1	146.5	156.2	157.8	157.4
绥　化	132.1	139.4	140.8	149.0	150.7	菏　泽	156.9	157.5	156.5	162.1	159.6
上　海	159.2	158.5	156.4	160.5	155.4	郑　州	129.6	130.1	128.5	127.1	127.8
南　京	148.5	148.8	147.5	147.1	146.1	开　封	163.8	175.0	171.6	178.7	175.2
无　锡	173.4	176.4	173.0	172.2	169.1	洛　阳	137.4	141.0	139.5	146.7	145.2
徐　州	170.6	174.5	171.8	175.2	170.0	平顶山	141.5	140.1	137.7	145.8	143.3
常　州	168.9	171.8	168.1	166.9	164.5	安　阳	156.8	155.9	154.1	158.9	160.9
苏　州	195.5	185.1	182.1	182.0	176.2	鹤　壁	157.3	158.3	155.5	164.7	161.4
南　通	160.7	159.7	156.6	158.9	155.3	新　乡	154.7	164.9	162.0	165.2	161.9
连云港	161.3	159.9	158.3	155.5	154.1	焦　作	143.5	144.6	146.8	153.7	157.1
淮　安	160.5	159.1	157.0	163.8	159.6	濮　阳	160.9	166.5	157.9	164.7	161.4

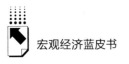

续表

城　市	2018 年	2019 年	2020 年	2021 年	2022 年	城　市	2018 年	2019 年	2020 年	2021 年	2022 年
许　昌	139.1	148.2	146.8	154.3	151.2	遂　宁	169.3	170.4	178.3	178.7	180.7
漯　河	163.9	161.2	159.3	174.1	170.6	内　江	156.0	161.9	162.0	170.5	170.2
三门峡	148.2	154.7	150.9	157.4	155.2	乐　山	165.1	164.9	164.5	174.3	171.6
南　阳	170.5	175.6	172.1	182.8	179.2	南　充	190.8	191.3	195.1	205.3	201.6
商　丘	173.4	186.0	189.3	185.5	188.0	眉　山	166.7	170.4	172.1	177.6	183.4
信　阳	166.3	163.2	160.3	168.4	165.1	宜　宾	158.9	157.4	157.4	166.3	162.3
周　口	149.6	147.8	144.9	152.4	149.3	广　安	149.7	154.9	152.0	161.8	160.6
驻马店	157.1	154.0	150.9	159.4	156.2	达　州	150.2	152.1	148.9	160.1	158.3
武　汉	137.7	138.4	132.9	137.4	134.6	雅　安	140.3	142.9	145.1	153.6	153.5
黄　石	141.9	145.1	153.3	156.4	158.1	巴　中	150.0	147.8	151.2	162.1	163.2
十　堰	154.8	155.1	153.2	165.7	162.4	资　阳	174.0	181.7	179.1	182.3	186.2
宜　昌	141.5	144.2	149.3	156.1	155.1	贵　阳	132.1	131.9	130.3	130.2	129.9
襄　阳	145.5	147.1	152.6	159.5	158.5	六盘水	142.0	151.4	146.0	149.7	150.7
柳　州	142.0	141.8	144.7	152.0	156.0	遵　义	163.1	163.6	161.3	168.1	162.2
桂　林	138.8	144.0	141.7	152.2	150.9	安　顺	141.5	142.6	141.1	147.8	143.3
梧　州	134.6	149.6	158.9	158.0	164.9	昆　明	136.8	134.9	135.5	136.0	133.8
北　海	167.5	179.8	183.8	180.4	187.2	曲　靖	155.0	156.3	156.4	167.6	164.9
防城港	150.0	158.6	158.3	167.0	169.9	玉　溪	158.7	156.3	158.0	172.1	166.4
钦　州	159.0	163.6	171.3	177.9	175.2	保　山	127.1	126.9	127.5	134.9	135.6
贵　港	156.3	159.3	165.3	170.9	173.1	白　银	127.3	134.2	131.4	138.5	136.5
玉　林	163.3	174.3	171.9	178.4	184.1	天　水	143.2	149.1	148.0	151.1	152.4
百　色	137.3	148.1	148.2	154.0	158.4	武　威	149.0	150.5	153.1	159.7	159.2
贺　州	154.4	159.1	162.9	169.7	165.9	张　掖	129.6	130.2	132.4	138.2	137.8
河　池	163.8	165.0	167.7	174.7	175.3	平　凉	140.5	142.9	144.6	148.5	144.5
来　宾	145.9	151.6	156.5	165.6	169.0	酒　泉	120.6	125.0	124.2	129.7	133.0
崇　左	144.0	156.1	157.7	158.9	163.2	庆　阳	155.4	161.2	163.4	164.0	166.4
海　口	155.3	155.7	154.9	160.5	157.3	定　西	158.2	156.4	160.2	164.0	161.0
三　亚	152.0	153.3	152.8	155.8	152.4	陇　南	133.3	133.8	137.4	143.2	137.9
重　庆	164.0	165.5	166.0	172.6	170.8	西　宁	139.3	139.8	135.4	139.5	133.9
成　都	162.2	163.1	161.2	161.7	161.1	银　川	165.4	163.6	162.4	159.9	158.0
自　贡	155.3	160.7	160.4	170.6	170.2	石嘴山	149.1	152.9	156.5	158.0	162.0
攀枝花	139.9	146.4	149.6	158.2	154.3	吴　忠	157.3	159.9	162.6	165.5	167.4
泸　州	158.2	158.0	161.9	167.8	163.8	固　原	144.3	150.3	153.8	158.1	159.3
德　阳	157.8	161.0	157.4	171.0	167.3	中　卫	144.4	148.1	143.9	156.9	148.1
绵　阳	157.3	157.5	162.3	165.2	165.5	乌鲁木齐	145.8	146.4	138.7	141.9	134.7
广　元	172.0	171.0	171.8	181.4	178.7	克拉玛依	133.9	132.2	99.5	99.8	97.6

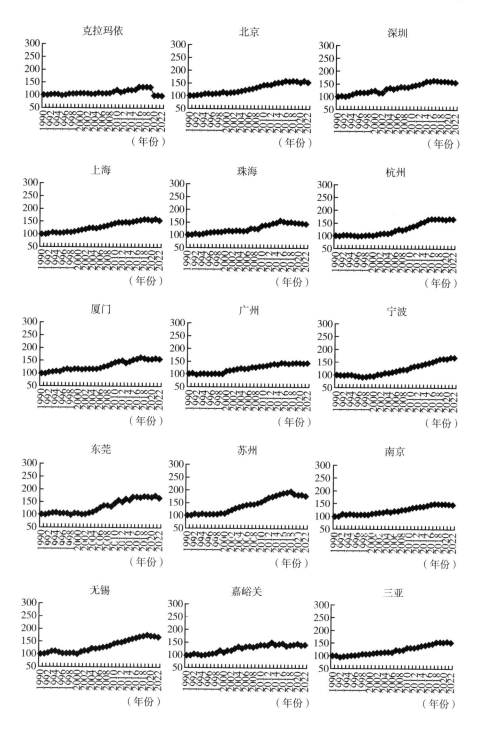

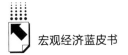

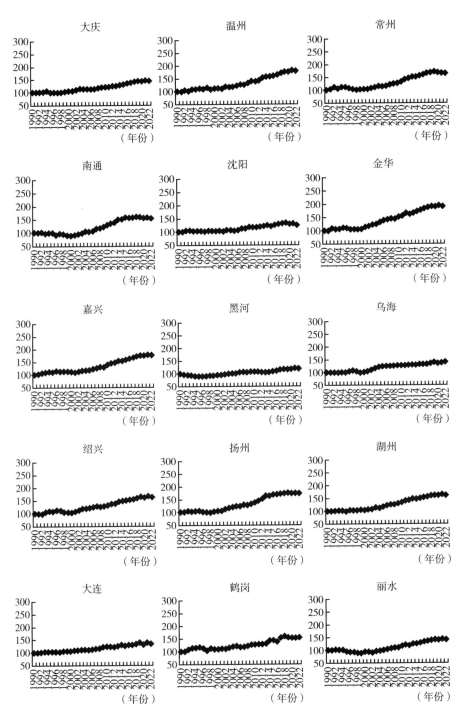

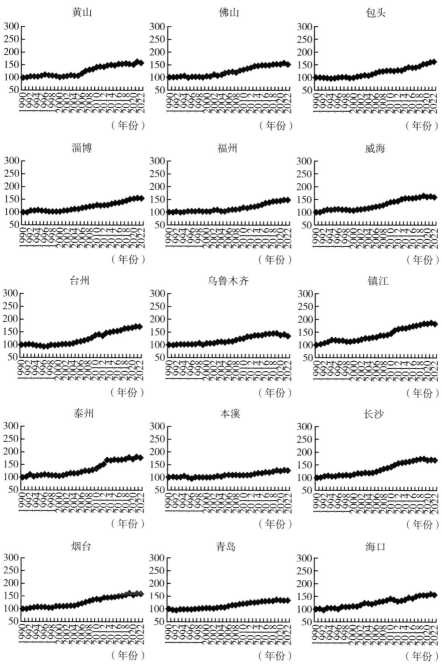

图 3 主要城市可持续发展指数

三 经济增长

表93 2018~2022 年城市经济增长排名

城 市	2018 年	2019 年	2020 年	2021 年	2022 年	城 市	2018 年	2019 年	2020 年	2021 年	2022 年
北 京	260	259	270	274	272	巴彦淖尔	275	271	268	275	262
天 津	197	216	211	197	198	乌兰察布	282	282	283	283	283
石家庄	92	68	82	96	78	沈 阳	35	49	84	111	116
唐 山	9	4	3	3	5	大 连	5	6	16	24	39
秦皇岛	156	132	189	188	197	鞍 山	47	39	87	106	118
邯 郸	60	50	47	45	40	抚 顺	40	142	68	100	145
邢 台	178	182	198	198	185	本 溪	41	57	25	36	43
保 定	192	200	183	181	173	丹 东	160	185	155	190	211
张家口	203	195	195	175	138	锦 州	215	254	233	244	240
承 德	165	136	117	126	115	营 口	164	147	179	165	162
沧 州	43	31	28	26	23	宁 波	103	144	162	158	148
廊 坊	133	124	132	200	190	温 州	153	137	151	170	160
衡 水	141	128	130	133	128	嘉 兴	114	129	141	154	134
太 原	99	113	124	138	132	湖 州	120	106	128	141	144
大 同	154	159	135	119	108	绍 兴	74	59	92	99	109
阳 泉	83	119	113	124	110	金 华	132	114	122	153	131
长 治	110	115	83	71	80	衢 州	228	234	241	247	238
晋 城	69	158	97	38	45	舟 山	231	225	192	213	192
朔 州	122	86	41	28	32	台 州	134	178	134	193	194
晋 中	171	194	204	182	187	丽 水	263	260	269	271	268
运 城	214	208	191	152	154	合 肥	162	172	188	207	200
忻 州	199	191	176	131	136	芜 湖	28	24	40	30	42
临 汾	176	170	127	95	114	蚌 埠	151	180	163	144	149
吕 梁	281	281	280	277	276	淮 南	182	152	148	168	177
呼和浩特	36	25	31	32	22	马鞍山	14	11	10	7	3
包 头	2	2	2	1	1	淮 北	75	70	48	65	69
乌 海	4	5	5	4	4	铜 陵	118	81	39	37	47
赤 峰	106	88	96	63	48	安 庆	100	104	139	127	119
通 辽	221	168	200	185	201	黄 山	185	167	201	169	180
鄂尔多斯	27	30	14	20	21	滁 州	119	108	142	114	124
呼伦贝尔	187	118	80	108	103	阜 阳	207	193	205	195	195

城　市	2018 年	2019 年	2020 年	2021 年	2022 年	城　市	2018 年	2019 年	2020 年	2021 年	2022 年
宿　州	266	263	272	265	266	常　德	125	100	108	82	81
六　安	139	116	143	113	123	张家界	254	253	262	259	251
亳　州	252	233	247	242	236	益　阳	184	181	175	156	153
池　州	245	230	236	205	178	郴　州	131	122	133	98	87
宣　城	157	150	154	125	130	永　州	224	221	214	214	205
福　州	68	64	63	76	57	怀　化	240	236	249	243	246
厦　门	78	66	72	68	58	娄　底	155	161	184	172	174
莆　田	50	76	89	118	98	广　州	211	217	197	227	196
三　明	24	15	17	13	15	韶　关	234	235	227	219	222
泉　州	15	32	44	27	31	深　圳	46	47	73	105	95
漳　州	86	71	43	35	25	珠　海	77	85	104	112	102
南　平	138	123	158	166	175	汕　头	163	164	171	171	165
龙　岩	108	109	112	129	129	佛　山	16	12	20	41	44
宁　德	150	87	85	75	72	江　门	161	213	159	187	171
南　昌	58	52	67	80	75	湛　江	273	278	277	276	274
景德镇	54	45	62	61	65	茂　名	269	274	265	268	269
萍　乡	82	98	114	97	100	肇　庆	242	237	240	232	232
九　江	66	53	78	60	73	惠　州	80	92	107	122	117
新　余	88	101	119	110	127	梅　州	278	275	276	279	279
鹰　潭	21	17	21	15	18	汕　尾	212	238	230	229	213
赣　州	195	183	170	151	140	河　源	270	272	275	273	270
鄂　州	59	58	222	115	252	阳　江	235	227	208	209	216
荆　门	96	97	216	136	229	清　远	249	245	225	235	235
孝　感	194	179	250	178	228	东　莞	12	14	38	58	62
荆　州	146	127	103	88	84	中　山	38	117	60	109	122
黄　冈	216	218	203	196	224	潮　州	191	184	193	173	189
咸　宁	148	121	86	89	88	揭　阳	210	250	252	264	259
随　州	167	148	121	107	111	云　浮	250	258	254	252	253
长　沙	19	13	15	16	12	南　宁	189	176	153	179	143
株　洲	32	28	30	18	14	昭　通	258	252	263	254	256
湘　潭	104	93	110	84	90	丽　江	169	146	150	134	120
衡　阳	166	153	167	140	137	普　洱	253	246	256	266	263
邵　阳	246	239	182	203	158	临　沧	248	240	234	248	249
岳　阳	127	103	98	73	74	西　安	198	196	161	192	172

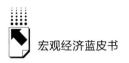

续表

城　市	2018 年	2019 年	2020 年	2021 年	2022 年	城　市	2018 年	2019 年	2020 年	2021 年	2022 年
铜　川	102	95	75	86	101	七台河	188	214	238	236	254
宝　鸡	56	42	54	40	36	牡丹江	147	140	116	121	112
咸　阳	72	157	140	142	184	黑　河	274	277	279	280	278
渭　南	175	197	196	163	168	绥　化	272	280	271	278	277
延　安	37	40	77	59	89	上　海	123	156	174	186	199
汉　中	226	249	253	241	247	南　京	168	166	164	194	176
榆　林	6	8	6	6	6	无　锡	70	65	66	85	76
安　康	193	210	274	234	275	徐　州	181	145	120	139	161
商　洛	264	268	251	253	258	常　州	109	99	106	130	113
兰　州	205	215	228	240	219	苏　州	45	56	51	77	56
嘉峪关	31	23	22	39	33	南　通	55	54	46	92	85
金　昌	13	7	7	9	8	连云港	223	206	223	223	217
阜　新	243	199	212	208	204	淮　安	180	202	194	191	188
辽　阳	64	80	55	44	30	盐　城	121	130	126	160	156
盘　锦	143	131	137	177	166	扬　州	94	102	90	102	86
铁　岭	268	266	245	262	260	镇　江	97	77	53	50	52
朝　阳	233	223	226	230	230	泰　州	115	107	123	123	121
葫芦岛	225	243	278	269	282	宿　迁	101	105	149	161	169
长　春	113	189	115	104	99	杭　州	186	177	180	217	207
吉　林	67	89	69	79	91	吉　安	135	125	129	94	104
四　平	183	175	145	148	147	宜　春	136	110	76	67	53
辽　源	116	112	50	51	50	抚　州	91	63	91	56	51
通　化	52	44	49	57	46	上　饶	179	190	147	157	151
白　山	172	186	209	221	226	济　南	105	79	65	116	93
松　原	222	219	199	224	223	青　岛	22	29	13	17	9
白　城	247	244	244	263	271	淄　博	8	19	11	10	13
哈尔滨	239	251	255	255	250	枣　庄	33	37	29	49	54
齐齐哈尔	244	247	231	239	237	东　营	1	1	1	2	2
鸡　西	144	135	138	150	167	烟　台	18	16	8	8	10
鹤　岗	201	204	224	222	214	潍　坊	20	35	12	12	11
双鸭山	219	228	243	245	239	济　宁	48	48	56	47	41
大　庆	10	10	26	23	35	泰　安	65	62	64	70	77
伊　春	251	248	207	233	231	威　海	25	43	33	48	60
佳木斯	237	242	218	238	242	日　照	30	26	34	31	24

续表

城　　市	2018 年	2019 年	2020 年	2021 年	2022 年	城　　市	2018 年	2019 年	2020 年	2021 年	2022 年
临　沂	84	134	59	53	49	玉　林	89	94	99	87	82
德　州	76	67	95	72	70	百　色	230	255	232	225	227
聊　城	63	78	61	64	67	贺　州	174	149	131	128	155
滨　州	34	22	18	14	16	河　池	267	267	260	267	264
菏　泽	142	151	152	146	142	来　宾	236	265	242	237	241
郑　州	137	173	125	137	107	崇　左	208	212	185	174	186
开　封	204	160	202	212	206	海　口	262	264	259	260	261
洛　阳	62	38	42	46	37	三　亚	257	262	261	256	267
平顶山	87	84	94	74	79	重　庆	190	174	169	180	183
安　阳	145	188	109	101	92	成　都	149	169	156	189	182
鹤　壁	29	18	35	33	34	自　贡	57	61	71	62	68
新　乡	98	72	88	103	106	攀枝花	17	33	37	54	55
焦　作	51	41	24	90	61	泸　州	93	73	102	93	105
濮　阳	128	120	136	143	159	德　阳	26	27	36	22	20
许　昌	61	82	118	120	125	绵　阳	152	155	166	149	146
漯　河	71	55	100	83	96	广　元	220	209	210	204	202
三门峡	7	9	19	21	29	遂　宁	44	46	52	29	26
南　阳	200	154	178	159	150	内　江	73	60	74	78	83
商　丘	238	241	213	258	234	乐　山	111	111	105	91	97
信　阳	227	220	217	216	208	南　充	202	201	177	162	157
周　口	217	207	239	250	244	眉　山	49	34	45	43	28
驻马店	218	231	229	215	203	宜　宾	90	91	93	69	71
武　汉	79	96	206	147	215	广　安	112	126	144	135	135
黄　石	39	36	23	25	27	达　州	255	256	246	249	245
十　堰	196	187	258	206	257	雅　安	159	141	146	132	133
宜　昌	140	74	58	42	59	巴　中	206	222	220	231	220
襄　阳	95	83	57	34	38	资　阳	158	198	219	226	225
柳　州	85	165	111	145	139	贵　阳	177	192	173	210	193
桂　林	229	205	215	211	212	六盘水	81	90	79	117	126
梧　州	124	138	81	52	63	遵　义	173	163	187	199	218
北　海	42	51	32	66	64	安　顺	261	261	267	272	273
防城港	11	21	9	11	17	昆　明	130	162	160	184	141
钦　州	170	139	168	155	179	曲　靖	107	69	70	55	66
贵　港	213	224	181	201	170	玉　溪	53	75	101	81	94

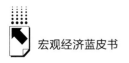

续表

城　市	2018 年	2019 年	2020 年	2021 年	2022 年	城　市	2018 年	2019 年	2020 年	2021 年	2022 年
保　山	241	226	237	228	209	陇　南	277	269	266	257	243
白　银	265	229	235	218	221	西　宁	126	143	172	167	181
天　水	271	270	264	261	255	银　川	129	171	186	202	191
武　威	256	257	248	251	248	石嘴山	23	20	27	19	19
张　掖	280	276	273	270	265	吴　忠	232	232	221	220	210
平　凉	276	273	257	246	233	固　原	209	203	165	176	163
酒　泉	259	211	190	164	164	中　卫	279	279	281	281	280
庆　阳	283	283	282	282	281	乌鲁木齐	117	133	157	183	152
定　西	284	284	284	284	284	克拉玛依	3	3	4	5	7

表 94　2018~2022 年城市经济增长指数（上一年 = 100）

城　市	2018 年	2019 年	2020 年	2021 年	2022 年	城　市	2018 年	2019 年	2020 年	2021 年	2022 年
北　京	99.8	99.8	91.4	102.6	98.3	忻　州	105.8	101.1	97.4	109.0	98.2
天　津	97.5	96.7	96.1	106.5	99.3	临　汾	104.7	100.8	100.8	106.8	97.8
石家庄	103.3	103.1	96.0	101.1	102.4	吕　梁	100.8	106.0	97.8	106.3	97.5
唐　山	105.1	106.9	99.1	102.9	98.9	呼和浩特	97.6	104.6	95.9	104.0	102.7
秦皇岛	105.5	102.4	89.9	102.9	98.5	包　头	102.4	101.8	96.7	108.7	101.1
邯　郸	103.6	101.9	97.8	104.9	100.8	乌　海	102.3	101.3	96.6	104.7	100.4
邢　台	102.3	99.3	93.4	103.8	100.9	赤　峰	94.9	102.4	96.4	107.3	102.7
保　定	97.9	99.4	97.5	103.4	100.2	通　辽	93.9	108.7	91.3	105.3	97.6
张家口	102.7	101.4	95.6	105.8	103.1	鄂尔多斯	96.4	101.0	101.7	102.0	100.7
承　德	106.0	102.8	98.5	102.3	100.8	呼伦贝尔	94.3	107.2	101.6	99.8	100.6
沧　州	103.5	104.2	97.7	104.6	101.0	巴彦淖尔	74.2	102.4	97.4	102.3	102.7
廊　坊	99.3	101.4	95.5	95.4	100.1	乌兰察布	67.1	97.4	95.7	106.6	100.2
衡　水	101.6	101.7	96.3	102.7	100.2	沈　阳	102.9	98.8	93.2	100.0	99.2
太　原	105.5	98.9	95.8	100.6	100.6	大　连	106.2	101.3	91.9	102.5	96.2
大　同	104.6	99.9	97.9	106.2	100.5	鞍　山	103.3	101.8	91.6	100.8	98.4
阳　泉	104.5	96.0	98.2	101.7	101.1	抚　顺	103.8	90.0	105.3	99.1	93.6
长　治	103.9	99.3	101.0	104.9	98.7	本　溪	102.8	99.2	103.0	100.9	99.2
晋　城	104.4	91.3	103.5	112.1	98.9	丹　东	103.6	96.5	98.8	99.3	95.5
朔　州	101.5	104.7	102.9	107.8	98.8	锦　州	103.2	92.6	99.8	101.9	98.8
晋　中	102.2	97.0	94.0	106.5	98.5	营　口	102.1	101.1	92.6	104.2	99.8
运　城	104.2	100.6	99.1	107.8	98.7	宁　波	102.6	96.1	93.4	104.8	99.9

续表

城　市	2018 年	2019 年	2020 年	2021 年	2022 年	城　市	2018 年	2019 年	2020 年	2021 年	2022 年
温　州	101.3	101.7	93.8	101.8	100.2	南　昌	102.4	101.5	95.4	102.0	100.5
嘉　兴	102.2	98.6	95.0	101.7	101.7	景德镇	100.3	101.8	95.2	104.5	99.4
湖　州	100.1	101.8	94.6	100.9	99.1	萍　乡	101.9	98.5	95.5	104.8	100.3
绍　兴	99.0	102.4	93.4	101.8	98.7	九　江	102.2	101.8	94.3	106.4	98.3
金　华	99.7	102.1	96.1	99.3	102.2	新　余	100.5	99.2	95.1	104.1	97.9
衢　州	103.7	98.5	94.4	102.8	99.5	鹰　潭	103.4	102.9	95.7	107.1	100.1
舟　山	95.1	101.5	101.5	100.6	101.5	赣　州	104.7	101.6	96.7	105.9	100.3
台　州	102.1	96.3	100.2	96.4	99.2	鄂　州	100.6	101.1	78.0	120.1	80.2
丽　水	97.5	100.9	91.6	103.3	99.9	荆　门	100.6	100.1	82.6	115.2	86.8
合　肥	100.0	98.8	93.7	101.1	99.8	孝　感	102.3	102.0	85.0	116.9	91.8
芜　湖	102.1	102.2	93.5	106.9	97.3	荆　州	102.2	101.9	100.1	104.3	100.8
蚌　埠	100.8	96.8	96.9	105.7	98.9	黄　冈	101.0	99.6	98.4	104.5	94.3
淮　南	102.7	102.9	95.9	101.4	98.3	咸　宁	103.6	102.4	101.2	102.6	100.5
马鞍山	104.6	101.9	100.1	105.5	102.4	随　州	100.0	101.7	99.3	105.0	99.3
淮　北	104.6	100.6	100.2	101.2	99.8	长　沙	101.8	103.0	96.7	104.5	103.0
铜　陵	111.5	104.5	102.9	104.4	98.9	株　洲	101.6	102.8	96.7	107.9	103.7
安　庆	102.5	99.8	92.8	105.3	100.3	湘　潭	100.6	101.7	95.4	105.9	99.5
黄　山	103.0	102.4	91.2	107.8	98.0	衡　阳	101.8	101.2	93.7	106.6	99.8
滁　州	102.1	101.3	93.0	107.1	98.7	邵　阳	100.9	101.7	105.2	100.9	104.5
阜　阳	103.9	102.2	93.5	105.1	99.4	岳　阳	100.1	103.1	98.3	106.0	99.9
宿　州	100.4	101.3	91.3	108.5	97.6	常　德	101.5	103.3	96.5	105.8	100.1
六　安	106.2	102.4	94.0	107.3	98.7	张家界	101.8	100.6	91.4	106.6	100.4
亳　州	102.1	104.1	93.0	105.0	99.7	益　阳	101.5	100.3	96.2	105.9	99.0
池　州	97.7	103.1	94.2	110.7	102.4	郴　州	99.1	101.2	95.3	107.9	101.6
宣　城	100.7	100.6	94.9	107.9	98.5	永　州	100.1	100.3	96.7	105.2	99.6
福　州	102.5	100.8	97.0	102.1	102.2	怀　化	103.9	100.7	93.5	104.7	97.7
厦　门	103.3	101.4	96.6	103.9	101.3	娄　底	102.0	99.2	92.9	104.8	99.1
莆　田	101.1	97.9	95.6	100.0	102.5	广　州	99.3	99.1	98.8	99.1	103.9
三　明	102.8	103.4	96.2	106.6	101.5	韶　关	100.6	99.8	96.8	105.6	97.8
泉　州	101.3	96.7	94.1	108.6	99.0	深　圳	101.0	100.3	94.3	99.6	101.3
漳　州	100.5	102.3	101.2	105.2	102.9	珠　海	101.2	99.2	95.2	101.9	101.5
南　平	102.2	101.9	91.7	103.3	98.4	汕　头	100.2	99.8	94.2	103.7	99.9
龙　岩	101.6	100.0	97.2	100.6	99.3	佛　山	99.4	101.9	94.8	99.3	99.3
宁　德	101.2	106.8	97.3	104.8	100.9	江　门	100.0	92.4	102.4	100.5	101.4

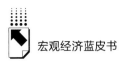

续表

城 市	2018 年	2019 年	2020 年	2021 年	2022 年	城 市	2018 年	2019 年	2020 年	2021 年	2022 年
湛 江	101.3	96.5	95.9	106.1	96.7	盘 锦	103.1	101.5	95.4	98.6	100.6
茂 名	97.9	96.4	100.9	103.9	98.0	铁 岭	98.8	102.0	102.1	99.2	97.6
肇 庆	97.9	101.7	94.8	106.4	97.4	朝 阳	107.6	101.8	95.1	103.9	97.6
惠 州	98.3	99.3	95.4	101.2	100.1	葫芦岛	105.0	96.6	82.0	111.8	86.4
梅 州	94.4	102.3	96.2	99.7	96.6	长 春	102.6	92.5	104.6	104.7	101.1
汕 尾	97.2	95.6	96.5	105.0	100.8	吉 林	97.5	97.9	99.3	102.3	98.5
河 源	98.1	98.8	94.5	106.3	99.4	四 平	99.9	100.9	99.0	102.5	99.2
阳 江	101.3	101.5	98.8	104.4	96.8	辽 源	98.9	100.5	104.8	104.4	99.9
清 远	99.6	101.3	99.5	101.7	98.6	通 化	102.5	101.7	97.0	103.2	101.7
东 莞	100.8	100.6	91.2	100.8	99.1	白 山	99.7	98.0	92.3	101.8	97.9
中 山	98.1	91.5	103.7	97.7	98.2	松 原	97.7	100.7	99.0	99.7	98.2
潮 州	99.5	100.5	95.1	105.6	97.0	白 城	100.4	101.2	95.4	98.9	94.3
揭 阳	99.2	92.9	95.6	99.0	99.1	哈尔滨	99.6	97.7	95.0	103.5	99.7
云 浮	98.9	97.4	98.0	103.8	97.8	齐齐哈尔	99.1	100.0	97.9	102.6	99.2
南 宁	102.7	101.7	97.7	100.6	103.2	鸡 西	105.2	101.3	95.7	101.6	97.6
昭 通	105.9	101.1	91.3	108.0	98.1	鹤 岗	98.5	99.5	91.9	104.5	99.5
丽 江	96.7	101.9	95.1	105.5	101.9	双鸭山	100.8	98.4	92.8	103.4	99.3
普 洱	104.9	101.6	92.2	101.7	98.2	大 庆	104.1	100.6	92.9	105.3	97.1
临 沧	116.0	102.1	96.0	101.9	97.6	伊 春	99.1	101.2	102.5	100.2	98.0
西 安	102.3	100.5	98.8	100.2	101.8	佳木斯	100.4	99.3	99.7	100.7	97.2
铜 川	103.4	101.5	98.9	101.6	98.9	七台河	98.6	95.6	91.5	104.5	94.4
宝 鸡	103.3	102.3	96.1	106.8	101.1	牡丹江	103.7	100.9	98.9	103.1	100.5
咸 阳	98.2	91.7	97.4	102.6	95.2	黑 河	98.9	98.9	93.9	100.9	99.2
渭 南	105.3	97.4	95.4	107.6	98.9	绥 化	98.5	93.8	103.4	97.6	97.4
延 安	107.6	99.9	93.1	106.4	95.9	上 海	102.8	97.5	93.4	101.7	97.9
汉 中	102.8	95.6	94.8	106.4	97.0	南 京	99.9	100.3	94.9	100.3	101.7
榆 林	108.9	100.1	100.5	103.5	101.3	无 锡	100.9	100.8	96.9	100.5	102.0
安 康	104.1	97.0	80.1	120.1	83.0	徐 州	102.5	103.3	99.3	100.1	97.3
商 洛	125.4	97.6	102.7	102.6	95.9	常 州	100.2	101.4	96.6	99.5	102.2
兰 州	99.6	97.6	93.2	101.8	102.8	苏 州	98.5	99.5	97.8	100.2	102.7
嘉峪关	107.8	103.5	97.6	100.1	101.6	南 通	100.8	101.0	98.2	97.2	101.3
金 昌	106.3	103.6	99.3	102.2	102.3	连云港	99.7	102.7	93.2	104.2	99.4
阜 新	105.4	109.3	92.7	105.2	99.3	淮 安	99.3	96.6	96.9	103.1	99.6
辽 阳	109.0	98.5	100.3	106.1	102.8	盐 城	99.5	99.5	97.2	98.5	99.6

续表

城　市	2018 年	2019 年	2020 年	2021 年	2022 年	城　市	2018 年	2019 年	2020 年	2021 年	2022 年
扬　州	99.7	99.5	98.7	101.5	102.1	许　昌	101.2	98.1	93.1	103.4	99.0
镇　江	99.0	102.7	100.3	104.9	99.3	漯　河	101.0	102.4	92.5	104.5	98.8
泰　州	100.4	100.9	95.2	103.6	99.7	三门峡	107.1	100.5	93.5	103.9	97.6
宿　迁	100.8	99.8	91.5	102.2	98.1	南　阳	103.5	105.6	93.1	105.6	99.8
杭　州	99.8	101.3	95.0	98.4	100.0	商　丘	100.1	99.6	100.4	95.5	103.4
吉　安	102.1	101.7	96.2	107.3	99.3	信　阳	99.1	101.0	95.8	104.8	99.2
宜　春	104.2	103.1	101.1	104.9	102.4	周　口	100.9	101.0	90.6	101.9	99.6
抚　州	106.0	104.0	94.0	108.6	100.8	驻马店	98.5	97.3	95.7	107.5	100.4
上　饶	104.6	98.2	100.7	102.2	99.5	武　汉	101.6	98.2	83.9	111.6	90.6
济　南	101.3	103.1	98.6	97.6	103.0	黄　石	103.4	101.4	100.6	104.3	99.3
青　岛	102.6	99.6	103.1	101.6	105.1	十　堰	101.4	101.3	82.4	117.7	87.3
淄　博	102.9	97.9	100.7	104.2	100.3	宜　昌	99.9	107.7	99.1	107.3	96.6
枣　庄	103.3	100.2	99.9	100.2	98.9	襄　阳	100.9	101.9	100.3	107.8	99.9
东　营	102.6	99.6	97.5	101.2	98.1	柳　州	101.5	92.7	102.5	97.8	100.1
烟　台	101.4	101.7	101.6	103.1	101.3	桂　林	96.6	104.1	93.4	106.0	97.4
潍　坊	102.1	96.7	105.8	103.2	102.2	梧　州	103.1	99.3	103.1	108.3	98.1
济　宁	103.0	100.8	96.5	106.0	100.7	北　海	105.0	99.7	100.8	98.0	100.6
泰　安	101.7	100.9	96.8	102.9	99.2	防城港	102.8	98.0	102.8	102.5	99.4
威　海	101.0	95.6	100.1	101.2	97.7	钦　州	102.3	103.0	92.2	105.5	96.8
日　照	104.1	102.5	95.3	105.0	101.7	贵　港	105.3	97.9	102.3	101.1	102.6
临　沂	102.1	95.6	105.3	105.3	100.5	玉　林	101.0	100.3	96.9	103.7	100.9
德　州	102.4	101.2	94.4	106.1	100.6	百　色	104.9	95.2	99.9	105.9	98.2
聊　城	103.7	98.8	98.9	103.5	100.0	贺　州	111.8	102.7	98.0	103.9	95.4
滨　州	102.8	104.7	98.3	106.8	101.5	河　池	103.5	100.0	97.4	102.9	98.1
菏　泽	103.5	99.5	95.3	103.9	99.9	来　宾	99.8	93.0	102.0	105.0	97.3
郑　州	100.0	97.3	101.3	101.1	104.5	崇　左	116.9	98.8	100.0	104.6	98.0
开　封	99.8	105.7	90.6	102.5	99.0	海　口	100.8	99.5	96.2	105.9	96.2
洛　阳	102.8	103.9	96.9	103.8	101.4	三　亚	104.5	97.1	95.3	107.0	94.1
平顶山	95.3	101.1	96.1	105.6	99.2	重　庆	101.4	102.1	95.6	102.6	99.0
安　阳	104.2	95.5	106.1	103.3	101.6	成　都	103.2	98.4	95.6	100.0	100.6
鹤　壁	100.9	104.7	92.8	104.5	99.9	自　贡	102.2	100.5	96.2	105.0	99.0
新　乡	102.8	103.3	95.4	101.4	99.9	攀枝花	100.8	97.0	96.4	100.7	99.4
焦　作	101.4	102.0	101.7	93.1	104.4	泸　州	102.2	102.7	94.9	102.9	99.1
濮　阳	100.5	101.1	94.8	101.9	98.0	德　阳	103.4	100.0	95.4	108.1	101.0

续表

城 市	2018 年	2019 年	2020 年	2021 年	2022 年	城 市	2018 年	2019 年	2020 年	2021 年	2022 年
绵 阳	102.7	99.7	94.0	105.6	99.4	玉 溪	104.9	98.2	95.0	105.2	98.3
广 元	102.3	101.5	95.6	105.4	99.0	保 山	103.2	103.7	93.3	106.6	101.0
遂 宁	103.3	100.1	97.0	109.4	100.3	白 银	98.7	109.3	94.1	108.0	98.0
内 江	100.5	101.8	95.3	103.3	99.1	天 水	98.7	101.9	97.3	106.3	100.4
乐 山	103.0	99.9	98.3	104.5	99.7	武 威	96.0	98.7	98.8	103.4	98.6
南 充	101.4	100.2	98.5	105.0	99.7	张 掖	98.2	108.1	98.6	106.5	99.8
眉 山	109.7	104.5	94.4	105.3	103.1	平 凉	100.7	101.4	103.3	108.5	100.8
宜 宾	102.7	100.8	96.8	106.2	100.2	酒 泉	101.2	109.5	99.4	106.3	99.3
广 安	107.6	98.7	94.3	104.2	99.0	庆 阳	71.9	109.3	101.6	106.0	101.4
达 州	101.4	99.4	98.0	103.3	98.9	定 西	89.7	104.8	97.0	103.5	99.4
雅 安	100.0	101.5	95.5	105.0	99.2	陇 南	137.5	107.4	96.5	108.9	101.5
巴 中	102.8	96.5	95.8	102.8	100.0	西 宁	98.0	98.8	92.6	104.2	97.8
资 阳	94.9	95.4	91.6	103.0	98.6	银 川	101.0	96.7	93.8	101.4	100.1
贵 阳	100.2	98.0	97.6	99.2	100.9	石嘴山	101.5	102.6	94.5	106.7	101.0
六盘水	101.7	99.5	98.0	99.0	98.5	吴 忠	94.0	100.2	97.4	104.3	99.9
遵 义	101.2	101.5	92.8	101.8	95.5	固 原	100.3	101.4	99.7	102.7	100.6
安 顺	100.5	99.2	93.2	102.5	96.5	中 卫	77.1	101.5	90.0	105.3	99.1
昆 明	104.6	97.7	94.8	101.1	104.2	乌鲁木齐	104.4	99.0	92.4	101.0	102.6
曲 靖	105.1	104.4	97.5	106.2	98.1	克拉玛依	106.5	98.2	94.7	103.0	99.2

表95　2018～2022 年城市经济增长指数（以 1990 年为基期）

城 市	2018 年	2019 年	2020 年	2021 年	2022 年	城 市	2018 年	2019 年	2020 年	2021 年	2022 年
北 京	89.9	89.8	82.1	84.2	82.8	廊 坊	136.8	138.7	132.5	126.5	126.6
天 津	97.4	94.2	90.6	96.5	95.8	衡 水	161.5	164.2	158.1	162.3	162.7
石家庄	122.0	125.7	120.7	122.0	125.0	太 原	122.8	121.4	116.3	117.0	117.7
唐 山	140.8	150.6	149.2	153.5	151.7	大 同	128.2	128.1	125.4	133.1	133.7
秦皇岛	134.3	137.4	123.6	127.2	125.4	阳 泉	127.0	121.9	119.7	121.8	123.1
邯 郸	144.3	147.0	143.8	150.8	151.9	长 治	149.0	148.0	149.5	156.8	154.7
邢 台	157.1	156.0	145.6	151.1	152.6	晋 城	167.8	153.3	158.6	177.7	175.8
保 定	129.8	129.1	125.9	130.2	130.5	朔 州	158.2	165.6	170.4	183.7	181.5
张家口	150.3	152.4	145.7	154.1	158.8	晋 中	119.7	116.0	109.1	116.2	114.5
承 德	158.8	163.2	160.7	164.4	165.7	运 城	137.2	138.1	136.8	147.5	145.5
沧 州	179.6	187.1	182.8	191.2	193.1	忻 州	160.8	162.6	158.4	172.6	169.5

续表

城　市	2018 年	2019 年	2020 年	2021 年	2022年	城　市	2018 年	2019 年	2020 年	2021 年	2022年
临　汾	155.3	156.5	157.8	168.5	164.9	马鞍山	130.5	133.0	133.1	140.5	143.9
吕　梁	81.6	86.5	84.6	89.9	87.7	淮　北	149.5	150.4	150.8	152.6	152.3
呼和浩特	141.4	147.9	141.8	147.5	151.6	铜　陵	116.4	121.6	125.2	130.6	129.2
包　头	131.9	134.3	129.9	141.2	142.7	安　庆	132.7	132.5	123.0	129.5	129.9
乌　海	117.4	118.9	114.9	120.3	120.7	黄　山	156.9	160.6	146.6	158.0	154.8
赤　峰	182.0	186.3	179.7	192.7	198.0	滁　州	159.7	161.9	150.5	161.2	159.1
通　辽	139.1	151.1	138.1	145.3	141.8	阜　阳	136.3	139.3	130.2	136.9	136.1
鄂尔多斯	111.0	112.2	114.1	116.4	117.2	宿　州	113.1	114.5	104.5	113.4	110.7
呼伦贝尔	121.5	130.2	132.3	132.1	132.8	六　安	181.5	185.8	174.7	187.3	184.9
巴彦淖尔	105.3	107.8	105.0	107.5	110.4	亳　州	135.0	140.5	130.6	137.2	136.8
乌兰察布	92.6	90.2	86.3	92.0	92.2	池　州	138.3	142.7	134.4	148.8	152.4
沈　阳	124.6	123.0	114.7	114.7	113.7	宣　城	150.6	151.5	143.8	155.1	152.8
大　连	139.1	140.9	129.5	132.7	127.7	福　州	123.8	124.8	121.0	123.6	126.4
鞍　山	123.3	125.5	115.0	116.0	114.2	厦　门	132.3	134.1	129.6	134.7	136.4
抚　顺	127.9	115.1	121.2	120.1	112.4	莆　田	139.8	136.9	130.9	130.9	134.1
本　溪	109.9	109.0	112.3	113.3	112.4	三　明	150.7	155.8	149.9	159.8	162.2
丹　东	122.0	117.8	116.4	115.6	110.5	泉　州	153.3	148.2	139.5	151.5	149.9
锦　州	120.3	111.4	111.2	113.3	111.9	漳　州	145.9	149.2	151.0	158.8	163.4
营　口	130.4	131.9	122.1	127.9	127.7	南　平	149.4	152.2	139.6	144.2	141.9
宁　波	108.3	104.1	97.2	101.9	101.7	龙　岩	136.0	136.0	132.2	133.0	132.1
温　州	125.7	127.8	119.9	122.1	122.3	宁　德	139.5	149.0	145.0	151.9	153.3
嘉　兴	135.3	133.4	126.8	128.9	131.1	南　昌	147.8	150.1	143.2	146.1	146.9
湖　州	123.3	125.5	118.7	119.8	118.7	景德镇	152.2	154.9	147.4	154.0	153.2
绍　兴	111.1	113.7	106.2	108.1	106.8	萍　乡	159.3	157.0	149.9	157.1	157.6
金　华	131.7	134.5	129.2	128.3	131.1	九　江	170.5	173.7	163.7	174.1	171.1
衢　州	110.8	109.1	103.0	105.9	105.4	新　余	135.9	134.3	128.1	133.3	130.5
舟　山	135.4	137.4	139.5	140.3	142.4	鹰　潭	205.2	211.2	202.1	216.3	216.6
台　州	132.6	127.7	127.9	123.4	122.4	赣　州	131.2	133.2	128.9	136.4	136.9
丽　水	122.9	124.1	113.6	117.4	117.3	鄂　州	141.9	143.5	112.0	134.5	107.8
合　肥	134.4	132.8	124.4	125.7	125.5	荆　门	172.9	173.1	143.0	164.8	143.0
芜　湖	149.7	153.1	143.1	152.9	148.8	孝　感	157.7	160.9	136.8	159.2	146.1
蚌　埠	147.4	142.7	138.3	146.2	144.7	荆　州	147.6	150.4	150.5	156.9	158.2
淮　南	117.4	120.8	115.9	117.5	115.5	黄　冈	149.6	149.0	146.6	153.2	144.4

续表

城　市	2018 年	2019 年	2020 年	2021 年	2022 年	城　市	2018 年	2019 年	2020 年	2021 年	2022 年
咸　宁	153.9	157.6	159.5	163.7	164.5	潮　州	119.2	119.8	113.9	120.3	116.6
随　州	159.6	162.4	161.3	169.3	168.1	揭　阳	127.6	118.5	113.3	112.2	111.2
长　沙	162.8	167.6	162.1	169.4	174.5	云　浮	114.9	111.9	109.7	113.8	111.4
株　洲	181.5	186.5	180.4	194.8	201.9	南　宁	147.4	150.0	146.6	147.4	152.1
湘　潭	127.5	129.7	123.7	131.0	130.4	昭　通	162.3	164.2	149.9	161.9	158.9
衡　阳	122.2	123.7	116.0	123.6	123.3	丽　江	97.5	99.4	94.5	99.7	101.6
邵　阳	176.7	179.8	189.0	190.7	199.2	普　洱	154.0	156.4	144.2	146.6	144.0
岳　阳	149.8	154.5	151.8	161.0	160.8	临　沧	148.0	151.2	145.2	147.9	144.4
常　德	145.0	149.9	144.6	153.0	153.1	西　安	111.4	112.0	110.7	110.9	112.9
张家界	138.1	138.9	126.9	135.2	135.7	铜　川	113.5	115.2	114.0	115.8	114.5
益　阳	141.8	142.2	136.8	144.8	143.3	宝　鸡	131.5	134.5	129.3	138.0	139.6
郴　州	123.2	124.7	118.8	128.1	130.2	咸　阳	160.4	147.1	143.3	147.0	139.9
永　州	143.4	143.8	139.1	146.3	145.7	渭　南	150.8	146.9	140.2	150.9	149.2
怀　化	152.6	154.0	144.0	150.8	147.2	延　安	144.5	144.3	134.4	143.0	137.1
娄　底	155.4	154.7	143.7	150.6	149.3	汉　中	152.5	145.7	138.1	146.9	142.6
广　州	91.8	90.9	89.9	89.1	92.5	榆　林	149.6	149.7	150.4	155.8	157.8
韶　关	107.7	107.6	104.2	110.0	107.5	安　康	145.8	141.5	113.3	136.1	113.0
深　圳	101.7	102.1	96.2	95.8	97.1	商　洛	131.2	128.1	131.6	135.1	129.5
珠　海	126.9	125.9	119.8	122.1	123.9	兰　州	118.3	115.5	107.6	109.6	112.6
汕　头	114.4	114.1	107.5	111.5	111.4	嘉峪关	98.8	102.2	99.7	99.8	101.4
佛　山	108.3	110.4	104.7	103.9	103.1	金　昌	113.1	117.1	116.3	118.9	121.6
江　门	118.7	109.6	112.3	112.9	114.4	阜　新	120.3	131.6	122.0	128.4	127.6
湛　江	111.7	107.9	103.4	109.7	106.1	辽　阳	135.2	133.2	133.6	141.8	145.7
茂　名	101.9	98.2	99.1	102.9	100.9	盘　锦	113.2	115.0	109.7	108.1	108.8
肇　庆	112.0	113.3	107.9	114.9	111.9	铁　岭	124.4	126.8	129.5	128.5	125.4
惠　州	126.4	125.5	119.7	121.2	121.2	朝　阳	131.0	133.3	126.7	131.6	128.5
梅　州	98.1	100.4	96.5	96.2	93.0	葫芦岛	115.6	111.6	91.5	102.3	88.4
汕　尾	144.4	138.1	133.3	139.9	141.0	长　春	154.4	142.9	149.6	156.6	158.3
河　源	145.4	143.6	135.7	144.2	143.3	吉　林	144.5	141.5	140.4	143.6	141.5
阳　江	129.2	131.2	129.6	135.3	130.9	四　平	140.6	141.9	140.4	143.9	142.8
清　远	130.1	131.7	131.1	133.4	131.5	辽　源	138.8	139.5	146.2	152.7	152.5
东　莞	130.5	131.3	119.8	120.8	119.7	通　化	135.1	137.4	133.2	137.5	139.8
中　山	122.2	111.8	116.0	113.3	111.3	白　山	132.8	130.1	120.1	122.3	119.7

续表

城 市	2018 年	2019 年	2020 年	2021 年	2022 年	城 市	2018 年	2019 年	2020 年	2021 年	2022 年
松 原	140.4	141.4	140.0	139.6	137.1	济 南	134.6	138.9	136.9	133.6	137.6
白 城	143.3	145.0	138.3	136.8	128.9	青 岛	117.4	116.9	120.6	122.5	128.7
哈尔滨	122.0	119.3	113.3	117.3	117.0	淄 博	135.9	133.1	134.0	139.7	140.2
齐齐哈尔	156.4	156.4	153.1	157.0	155.8	枣 庄	151.1	151.4	151.3	151.5	149.8
鸡 西	120.3	121.8	116.6	118.5	115.7	东 营	149.4	148.8	145.0	146.7	143.9
鹤 岗	106.9	106.4	97.7	102.1	101.6	烟 台	140.5	142.9	145.1	149.7	151.6
双鸭山	121.3	119.4	110.8	114.5	113.7	潍 坊	152.9	147.9	156.5	161.5	165.0
大 庆	115.0	115.7	107.4	113.1	109.8	济 宁	170.8	172.2	166.1	176.1	177.3
伊 春	108.0	109.4	112.0	112.2	109.9	泰 安	161.6	163.1	157.8	162.4	161.1
佳木斯	133.8	132.9	132.5	133.5	129.7	威 海	149.7	143.0	143.2	144.9	141.7
七台河	120.8	115.5	105.7	110.4	104.2	日 照	159.4	163.4	155.8	163.7	166.5
牡丹江	160.6	162.1	160.3	165.3	166.1	临 沂	186.1	177.9	187.4	197.3	198.3
黑 河	224.1	221.7	208.2	210.0	208.3	德 州	163.5	165.5	156.1	165.6	166.6
绥 化	135.3	127.0	131.3	128.0	124.8	聊 城	161.8	159.5	158.0	163.5	163.5
上 海	96.5	94.1	87.9	89.4	87.6	滨 州	174.1	182.3	179.2	191.4	194.2
南 京	108.5	108.8	103.3	103.5	105.3	菏 泽	161.4	160.6	153.1	159.0	158.9
无 锡	123.4	124.4	120.6	121.2	123.5	郑 州	140.4	136.6	138.3	139.8	146.1
徐 州	128.8	133.1	132.2	132.3	128.8	开 封	159.6	168.8	153.0	156.8	155.3
常 州	114.2	115.8	111.8	111.3	113.7	洛 阳	143.6	149.2	144.6	150.1	152.3
苏 州	121.4	120.9	118.2	118.4	121.6	平顶山	125.1	126.5	121.6	128.4	127.4
南 通	125.9	127.1	124.8	121.3	122.9	安 阳	157.3	150.2	159.4	164.7	167.4
连云港	132.3	135.9	126.7	132.0	131.2	鹤 壁	172.9	181.0	168.0	175.5	175.4
淮 安	112.8	109.3	105.9	109.2	108.7	新 乡	157.5	162.6	155.1	157.2	157.0
盐 城	166.1	165.3	160.7	158.4	157.7	焦 作	142.3	145.1	147.5	137.3	143.3
扬 州	124.8	124.1	122.5	124.3	127.0	濮 阳	142.3	144.6	137.1	139.7	136.8
镇 江	140.7	144.6	144.9	152.1	150.9	许 昌	163.4	160.3	149.2	154.3	152.8
泰 州	124.4	125.6	119.5	123.8	123.4	漯 河	140.2	143.5	132.8	138.8	137.1
宿 迁	92.0	91.8	84.0	85.8	84.2	三门峡	149.9	150.7	140.9	146.5	142.9
杭 州	109.2	110.6	105.1	103.5	103.4	南 阳	164.3	173.5	161.5	170.5	170.3
吉 安	186.9	190.0	182.7	196.1	194.8	商 丘	151.1	150.6	151.1	144.4	149.3
宜 春	241.7	249.2	251.9	264.1	270.5	信 阳	140.8	142.1	136.2	142.8	141.7
抚 州	134.2	139.6	131.3	142.6	143.7	周 口	169.0	170.7	154.6	157.5	156.8
上 饶	169.6	166.6	167.7	171.4	170.5	驻马店	153.4	149.3	142.9	153.6	154.2

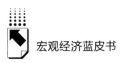

续表

城 市	2018 年	2019 年	2020 年	2021 年	2022 年	城 市	2018 年	2019 年	2020 年	2021 年	2022 年
武 汉	116.6	114.6	96.1	107.3	97.1	眉 山	181.1	189.2	178.5	188.0	193.8
黄 石	157.0	159.2	160.2	167.0	165.8	宜 宾	159.4	160.7	155.6	165.3	165.6
十 堰	131.9	133.6	110.1	129.6	113.2	广 安	139.6	137.8	130.0	135.5	134.1
宜 昌	138.1	148.7	147.3	158.1	152.7	达 州	130.3	129.5	126.9	131.2	129.7
襄 阳	138.4	141.1	141.4	152.5	152.3	雅 安	153.4	155.7	148.7	156.1	154.9
柳 州	123.3	114.4	117.2	114.7	114.7	巴 中	202.7	195.6	187.4	192.6	192.6
桂 林	141.3	147.1	137.4	145.6	141.8	资 阳	198.6	189.4	173.5	178.8	176.2
梧 州	136.1	135.1	139.3	150.8	147.9	贵 阳	117.7	115.3	112.6	111.7	112.8
北 海	198.1	197.5	199.2	195.2	196.3	六盘水	161.8	161.0	157.8	156.2	153.9
防城港	155.5	152.3	156.6	160.5	159.6	遵 义	167.0	169.5	157.4	160.1	152.9
钦 州	149.6	154.1	142.0	149.9	145.0	安 顺	119.7	118.8	110.7	113.4	109.5
贵 港	155.2	152.0	155.5	157.2	161.4	昆 明	118.3	115.6	109.6	110.8	115.4
玉 林	165.3	165.7	160.5	166.4	167.8	曲 靖	156.8	163.7	159.6	169.5	166.3
百 色	146.3	139.2	139.1	147.3	144.6	玉 溪	157.5	154.7	146.8	154.5	151.9
贺 州	153.3	157.4	154.3	160.4	153.0	保 山	170.3	176.6	164.8	175.6	177.5
河 池	134.1	134.1	130.5	134.4	131.9	白 银	97.6	106.6	100.4	108.4	106.2
来 宾	119.5	111.2	113.4	119.0	115.8	天 水	141.0	143.7	139.8	148.6	149.3
崇 左	148.9	147.2	147.2	154.0	150.9	武 威	152.7	150.7	148.9	153.9	151.7
海 口	119.2	118.6	114.0	120.2	115.7	张 掖	119.8	129.5	127.7	136.0	135.7
三 亚	121.7	118.2	112.7	120.6	113.5	平 凉	145.9	147.9	152.9	165.9	167.2
重 庆	150.4	153.5	146.7	150.5	148.9	酒 泉	106.4	116.6	115.8	123.1	122.1
成 都	134.6	132.5	126.6	126.6	127.4	庆 阳	94.6	103.5	105.2	111.4	113.0
自 贡	150.7	151.5	145.7	153.0	151.5	定 西	97.1	101.8	98.7	102.2	101.6
攀枝花	128.2	124.3	119.8	120.7	119.9	陇 南	120.6	129.6	125.1	136.3	138.3
泸 州	169.9	174.4	165.4	170.2	168.7	西 宁	118.9	117.5	108.8	113.4	110.9
德 阳	158.0	158.0	150.7	162.9	164.6	银 川	148.7	143.8	134.8	136.7	136.6
绵 阳	157.4	156.9	147.5	155.8	154.8	石嘴山	119.2	122.3	115.5	123.3	124.5
广 元	158.7	161.1	154.0	162.4	160.8	吴 忠	136.7	137.1	133.4	139.2	139.1
遂 宁	186.8	187.0	181.3	198.3	199.0	固 原	111.3	112.9	112.6	115.7	116.3
内 江	178.2	181.4	172.9	178.6	177.0	中 卫	79.5	80.7	72.6	76.5	75.8
乐 山	163.3	163.2	160.4	167.6	167.0	乌鲁木齐	110.1	109.0	100.7	101.7	104.3
南 充	184.5	184.8	182.1	191.3	190.7	克拉玛依	102.8	101.0	95.6	98.5	97.7

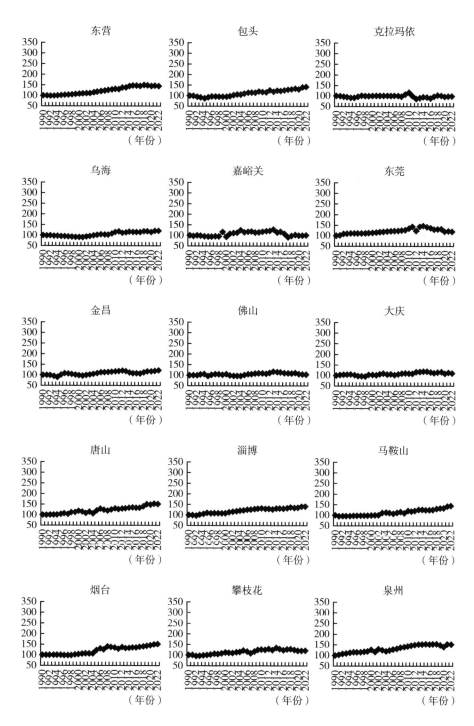

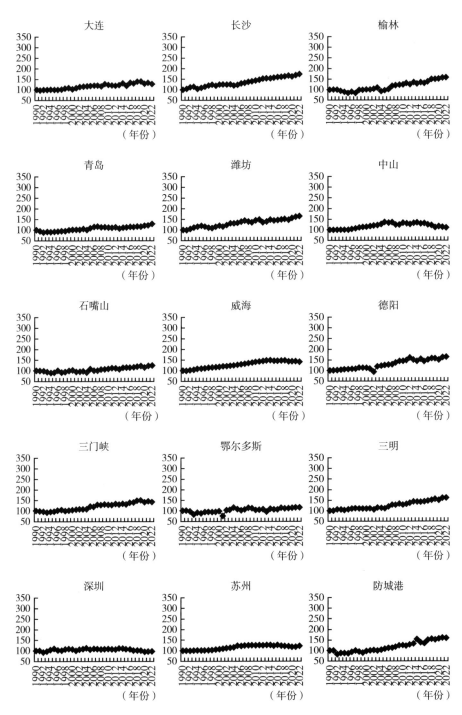

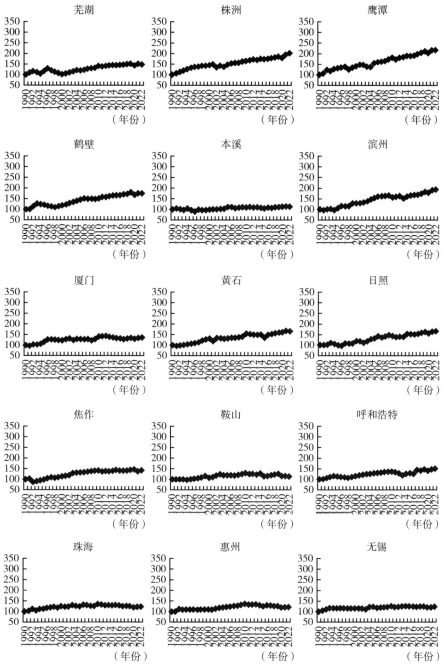

图 4　主要城市经济增长指数

四　增长潜力

表96　2018~2022年城市增长潜力排名

城　市	2018年	2019年	2020年	2021年	2022年	城　市	2018年	2019年	2020年	2021年	2022年
北　京	126	147	240	221	253	巴彦淖尔	164	138	57	135	45
天　津	242	183	249	233	262	乌兰察布	80	83	108	69	67
石家庄	270	259	256	245	233	沈　阳	79	111	228	209	245
唐　山	118	93	97	146	120	大　连	9	15	101	60	177
秦皇岛	44	40	177	125	222	鞍　山	70	145	238	220	252
邯　郸	221	168	169	169	144	抚　顺	133	241	197	282	228
邢　台	261	249	259	246	250	本　溪	29	39	37	44	65
保　定	158	154	142	131	122	丹　东	16	2	25	9	80
张家口	101	117	130	138	123	锦　州	7	10	88	51	165
承　德	165	149	122	154	116	营　口	26	41	73	203	168
沧　州	278	265	261	249	241	宁　波	142	190	217	183	217
廊　坊	267	263	269	265	266	温　州	144	120	145	141	148
衡　水	201	179	176	173	160	嘉　兴	110	124	136	116	142
太　原	215	222	246	266	185	湖　州	88	91	172	119	182
大　同	73	50	28	25	13	绍　兴	193	169	201	160	195
阳　泉	137	176	128	82	47	金　华	102	70	113	72	143
长　治	150	112	34	52	26	衢　州	83	123	156	95	157
晋　城	264	278	210	174	136	舟　山	121	88	26	117	35
朔　州	252	219	164	223	169	台　州	154	210	191	147	183
晋　中	12	9	85	49	89	丽　水	94	104	179	148	192
运　城	60	47	14	32	18	合　肥	259	243	232	214	227
忻　州	75	55	43	16	34	芜　湖	136	87	106	65	91
临　汾	103	66	48	93	63	蚌　埠	243	260	254	272	224
吕　梁	139	96	61	128	77	淮　南	202	152	139	137	112
呼和浩特	248	226	171	231	170	马鞍山	198	198	102	189	118
包　头	204	204	218	184	213	淮　北	214	215	71	58	57
乌　海	20	19	11	26	14	铜　陵	240	217	144	139	178
赤　峰	254	250	208	248	207	安　庆	149	156	163	170	150
通　辽	284	284	284	284	284	黄　山	38	49	129	83	164
鄂尔多斯	237	237	173	217	171	滁　州	178	132	168	124	153
呼伦贝尔	143	84	22	40	19	阜　阳	189	94	93	66	93

城 市	2018 年	2019 年	2020 年	2021 年	2022 年	城 市	2018 年	2019 年	2020 年	2021 年	2022 年
宿 州	51	38	59	55	79	常 德	128	137	137	151	151
六 安	43	31	55	24	54	张家界	39	59	194	176	196
亳 州	105	100	143	129	140	益 阳	205	209	211	193	205
池 州	213	128	126	208	82	郴 州	122	139	116	79	96
宣 城	107	109	127	80	128	永 州	84	99	103	115	113
福 州	223	213	195	158	114	怀 化	151	160	180	133	135
厦 门	229	232	222	243	226	娄 底	117	140	178	172	174
莆 田	183	201	193	157	139	广 州	180	184	96	213	107
三 明	179	150	157	201	152	韶 关	24	20	23	19	25
泉 州	256	258	276	268	273	深 圳	250	225	148	240	191
漳 州	227	248	189	204	121	珠 海	36	56	118	106	149
南 平	85	105	227	206	244	汕 头	161	165	223	194	229
龙 岩	192	181	119	171	124	佛 山	76	60	135	84	166
宁 德	219	171	134	126	131	江 门	129	242	187	251	193
南 昌	239	233	247	228	236	湛 江	167	208	213	178	232
景德镇	99	92	131	87	126	茂 名	111	253	235	216	248
萍 乡	98	136	149	188	134	肇 庆	225	211	220	186	219
九 江	209	196	212	175	187	惠 州	108	185	234	215	249
新 余	37	62	111	86	129	梅 州	130	54	81	39	99
鹰 潭	235	223	248	232	237	汕 尾	46	81	78	181	84
赣 州	134	125	166	108	138	河 源	238	244	273	262	277
鄂 州	96	90	35	64	36	阳 江	40	12	13	14	6
荆 门	197	192	174	165	172	清 远	86	37	60	47	73
孝 感	166	157	244	225	257	东 莞	249	239	270	259	274
荆 州	211	180	100	140	106	中 山	95	277	245	226	258
黄 冈	220	205	140	100	117	潮 州	228	228	267	254	271
咸 宁	157	143	79	102	83	揭 阳	258	271	280	276	281
随 州	253	227	165	192	156	云 浮	53	21	21	15	16
长 沙	251	234	239	229	208	南 宁	148	167	121	162	147
株 洲	271	254	253	273	234	昭 通	32	17	51	17	32
湘 潭	257	245	242	235	231	丽 江	34	42	69	76	74
衡 阳	196	121	155	97	102	普 洱	30	36	67	29	85
邵 阳	247	221	123	219	105	临 沧	106	108	105	110	92
岳 阳	218	170	154	152	133	西 安	174	194	152	247	158

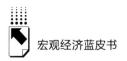
续表

城　市	2018 年	2019 年	2020 年	2021 年	2022 年	城　市	2018 年	2019 年	2020 年	2021 年	2022 年
铜　川	169	122	82	88	66	七台河	212	256	266	256	268
宝　鸡	194	178	186	197	175	牡丹江	226	53	198	153	230
咸　阳	170	272	282	278	282	黑　河	10	27	36	54	58
渭　南	171	220	265	253	270	绥　化	186	212	87	78	86
延　安	18	30	158	99	212	上　海	90	118	231	212	247
汉　中	176	218	263	250	267	南　京	92	89	86	77	55
榆　林	15	34	44	50	51	无　锡	135	80	58	57	37
安　康	56	79	24	91	22	徐　州	104	46	56	43	68
商　洛	50	110	68	36	46	常　州	77	69	65	70	76
兰　州	255	261	272	261	255	苏　州	17	28	32	38	50
嘉峪关	262	255	233	260	225	南　通	112	134	146	130	132
金　昌	13	16	5	18	4	连云港	125	63	75	143	48
阜　新	276	276	278	274	275	淮　安	114	135	141	90	141
辽　阳	49	203	258	281	265	盐　城	159	103	72	74	97
盘　锦	14	7	7	92	3	扬　州	173	177	99	179	111
铁　岭	45	6	16	5	31	镇　江	155	43	41	23	52
朝　阳	5	8	19	28	43	泰　州	222	195	170	132	173
葫芦岛	1	5	4	4	1	宿　迁	97	71	74	75	81
长　春	156	257	181	200	179	杭　州	160	162	184	150	181
吉　林	263	270	264	252	269	吉　安	61	64	91	67	88
四　平	208	166	77	68	95	宜　春	72	72	33	62	29
辽　源	266	75	9	8	15	抚　州	182	174	207	185	194
通　化	41	18	17	2	9	上　饶	153	161	76	111	59
白　山	244	229	268	255	272	济　南	199	189	151	187	145
松　原	282	283	283	280	283	青　岛	265	262	214	257	197
白　城	113	187	167	112	216	淄　博	172	238	205	167	220
哈尔滨	245	246	274	264	278	枣　庄	162	163	63	41	28
齐齐哈尔	175	193	185	195	201	东　营	42	74	54	30	33
鸡　西	48	52	159	101	209	烟　台	234	240	216	196	202
鹤　岗	8	29	153	237	167	潍　坊	210	252	196	149	188
双鸭山	6	11	80	37	109	济　宁	230	216	202	161	186
大　庆	2	1	2	1	30	泰　安	216	182	160	163	154
伊　春	3	4	1	7	2	威　海	231	274	251	236	251
佳木斯	190	191	115	120	176	日　照	93	101	124	144	137

续表

城 市	2018 年	2019 年	2020 年	2021 年	2022 年	城 市	2018 年	2019 年	2020 年	2021 年	2022 年
临 沂	195	269	200	177	199	玉 林	145	159	199	258	218
德 州	236	230	226	205	221	百 色	21	68	45	53	44
聊 城	185	224	192	145	206	贺 州	52	32	46	34	53
滨 州	241	231	31	11	24	河 池	11	24	18	22	20
菏 泽	68	114	95	73	90	来 宾	35	131	30	31	27
郑 州	281	281	260	279	246	崇 左	116	173	125	156	125
开 封	246	207	257	242	259	海 口	109	106	64	61	61
洛 阳	260	251	275	271	263	三 亚	54	82	38	59	21
平顶山	63	51	89	56	70	重 庆	47	44	40	42	38
安 阳	207	275	224	241	223	成 都	272	266	271	269	261
鹤 壁	168	102	204	164	214	自 贡	188	172	183	159	159
新 乡	224	214	255	244	260	攀枝花	74	146	109	94	87
焦 作	269	236	133	263	130	泸 州	200	158	162	122	115
濮 阳	233	200	229	210	235	德 阳	119	142	206	168	203
许 昌	275	273	281	277	280	绵 阳	19	23	20	20	11
漯 河	163	148	241	222	254	广 元	27	35	53	46	42
三门峡	146	127	110	134	184	遂 宁	132	129	138	121	103
南 阳	191	175	230	211	242	内 江	187	141	107	89	64
商 丘	59	73	47	207	56	乐 山	66	85	94	96	100
信 阳	120	153	215	180	215	南 充	152	151	175	155	162
周 口	123	115	221	191	240	眉 山	141	113	90	182	75
驻马店	64	86	117	118	127	宜 宾	127	116	114	104	94
武 汉	232	235	236	218	239	广 安	138	133	147	113	119
黄 石	268	247	190	198	163	达 州	131	144	132	107	104
十 堰	91	67	66	45	62	雅 安	33	22	8	12	12
宜 昌	277	264	219	234	204	巴 中	147	197	209	239	200
襄 阳	217	186	98	105	98	资 阳	22	25	15	35	17
柳 州	274	282	250	283	238	贵 阳	177	206	188	227	180
桂 林	273	267	277	270	276	六盘水	71	130	104	109	110
梧 州	203	65	6	13	8	遵 义	69	76	112	81	108
北 海	82	57	39	114	69	安 顺	87	119	182	136	189
防城港	100	164	83	85	78	昆 明	58	77	120	166	155
钦 州	78	48	84	48	101	曲 靖	28	14	10	6	7
贵 港	81	98	50	71	41	玉 溪	65	107	161	103	190

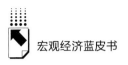

续表

城　　市	2018 年	2019 年	2020 年	2021 年	2022 年	城　　市	2018 年	2019 年	2020 年	2021 年	2022 年
保　山	67	45	62	98	60	陇　南	23	13	27	10	39
白　银	280	280	279	275	279	西　宁	206	202	252	238	264
天　水	184	199	150	190	161	银　川	181	188	203	202	198
武　威	62	126	52	33	49	石嘴山	55	61	92	127	72
张　掖	279	268	237	230	210	吴　忠	89	78	49	63	40
平　凉	140	97	70	142	146	固　原	57	58	42	123	71
酒　泉	283	279	262	267	211	中　卫	115	95	225	199	243
庆　阳	25	26	12	27	10	乌鲁木齐	124	155	243	224	256
定　西	31	33	29	21	23	克拉玛依	4	3	3	3	5

表 97　2018~2022 年城市增长潜力指数（上一年＝100）

城　　市	2018 年	2019 年	2020 年	2021 年	2022 年	城　　市	2018 年	2019 年	2020 年	2021 年	2022 年
北　京	100.5	99.7	75.0	125.0	75.0	忻　州	105.1	104.4	96.6	125.0	86.0
天　津	107.1	109.2	75.8	125.0	75.0	临　汾	106.8	105.0	98.0	105.0	97.0
石家庄	103.9	101.3	87.5	123.8	88.0	吕　梁	105.0	105.0	98.0	105.0	98.0
唐　山	108.2	103.3	90.7	110.6	92.0	呼和浩特	98.0	102.2	98.0	105.0	98.0
秦皇岛	107.7	104.2	75.0	125.0	75.0	包　头	102.7	99.6	86.1	125.0	82.9
邯　郸	104.3	106.2	90.3	117.1	91.8	乌　海	103.8	105.0	98.0	105.0	99.5
邢　台	104.3	101.9	83.0	125.0	81.7	赤　峰	98.0	98.1	98.0	105.0	98.0
保　定	103.4	101.3	90.9	118.8	90.4	通　辽	100.6	99.5	75.4	125.0	75.0
张家口	105.6	99.8	88.0	117.4	90.6	鄂尔多斯	93.5	99.3	99.1	109.3	94.1
承　德	103.8	102.2	91.8	114.1	93.1	呼伦贝尔	99.0	107.2	108.0	108.0	99.0
沧　州	99.7	105.6	86.5	125.0	87.3	巴彦淖尔	105.2	103.3	103.3	102.8	105.0
廊　坊	98.6	99.5	82.9	121.4	80.9	乌兰察布	95.6	101.3	87.7	125.0	92.0
衡　水	101.6	102.4	90.1	117.9	90.6	沈　阳	97.4	98.1	75.0	125.0	75.0
太　原	104.9	97.0	82.6	107.4	110.1	大　连	101.3	99.9	75.0	125.0	75.0
大　同	102.4	105.6	99.2	114.9	100.0	鞍　山	106.5	94.3	75.0	125.0	75.0
阳　泉	106.3	96.6	94.6	125.0	98.4	抚　顺	111.4	86.0	97.5	76.2	125.0
长　治	101.2	104.8	105.7	110.4	96.8	本　溪	105.2	101.3	94.8	113.1	87.3
晋　城	105.9	83.9	120.0	125.0	93.4	丹　东	101.1	124.6	75.0	125.0	75.0
朔　州	103.3	105.0	98.0	105.0	96.9	锦　州	106.0	99.9	75.0	125.0	75.0
晋　中	101.2	106.6	75.0	125.0	83.5	营　口	103.5	99.7	87.7	97.3	92.3
运　城	104.5	105.0	105.0	105.0	98.8	宁　波	100.6	96.0	84.1	125.0	82.1

城 市	2018 年	2019 年	2020 年	2021 年	2022 年	城 市	2018 年	2019 年	2020 年	2021 年	2022 年
温 州	103.2	103.5	87.4	118.4	88.3	南 昌	102.0	100.0	83.4	125.0	83.0
嘉 兴	101.4	99.7	88.7	120.8	86.3	景德镇	102.3	101.5	86.6	124.4	85.4
湖 州	100.7	100.4	83.0	125.0	80.9	萍 乡	110.9	97.5	88.6	111.3	95.9
绍 兴	101.9	102.4	85.4	125.0	83.3	九 江	101.2	101.9	85.8	125.0	86.0
金 华	99.4	104.4	86.3	125.0	81.1	新 余	100.6	97.8	85.3	121.4	85.1
衢 州	99.5	97.5	87.0	125.0	83.3	鹰 潭	100.5	101.1	81.6	125.0	82.9
舟 山	99.6	105.0	105.0	98.0	105.0	赣 州	102.4	102.4	86.2	125.0	86.2
台 州	100.0	93.0	92.2	124.5	83.4	鄂 州	102.1	102.4	103.1	107.2	97.0
丽 水	100.3	100.0	82.5	122.6	82.5	荆 门	99.2	101.0	91.0	118.9	86.7
合 肥	102.6	103.9	89.4	125.0	83.5	孝 感	97.9	101.7	75.0	125.0	75.0
芜 湖	100.6	106.6	88.1	125.0	86.6	荆 州	100.6	103.6	98.6	112.6	93.0
蚌 埠	101.6	90.7	89.0	106.0	107.4	黄 冈	101.4	101.6	97.3	122.7	87.5
淮 南	107.4	105.9	91.3	118.0	91.8	咸 宁	101.4	102.3	99.2	111.0	93.8
马鞍山	101.2	100.2	100.0	105.3	97.5	随 州	99.9	103.6	99.6	112.2	93.6
淮 北	113.9	98.3	111.0	117.4	93.1	长 沙	99.7	102.3	85.3	121.9	92.0
铜 陵	108.6	103.1	98.9	118.8	82.9	株 洲	99.4	103.3	87.3	102.5	104.9
安 庆	99.1	100.1	89.5	116.0	91.4	湘 潭	98.3	101.1	86.9	121.2	86.3
黄 山	100.6	100.6	81.1	125.0	80.0	衡 阳	103.2	108.6	86.8	125.0	90.0
滁 州	101.1	105.1	86.8	123.1	86.2	邵 阳	98.2	102.7	102.0	103.2	105.2
阜 阳	112.4	109.8	91.4	122.2	86.3	岳 阳	100.2	105.8	92.1	117.0	92.1
宿 州	102.4	105.6	89.4	115.8	88.0	常 德	98.9	100.6	89.9	115.4	89.6
六 安	103.2	105.7	89.7	122.6	86.3	张家界	99.2	98.3	76.6	120.4	85.1
亳 州	103.0	101.3	86.2	119.8	88.1	益 阳	96.4	98.3	88.7	121.4	85.6
池 州	94.2	110.0	89.7	106.4	107.2	郴 州	98.5	100.2	92.1	123.1	88.2
宣 城	101.2	101.0	88.1	125.0	84.6	永 州	99.5	99.3	90.6	116.1	89.5
福 州	96.1	100.5	92.1	123.3	94.2	怀 化	100.4	99.6	87.2	125.0	89.0
厦 门	94.7	98.5	89.9	110.3	91.9	娄 底	100.7	99.1	85.4	118.8	87.3
莆 田	100.3	97.6	90.1	123.5	91.2	广 州	102.0	99.5	99.5	101.1	102.6
三 明	99.2	103.5	89.4	110.1	95.5	韶 关	103.1	106.7	91.0	117.6	88.9
泉 州	94.7	95.3	76.6	125.0	80.0	深 圳	101.8	103.4	100.6	98.8	98.2
漳 州	95.8	93.8	100.5	115.1	99.2	珠 海	101.0	98.4	83.7	119.4	85.1
南 平	98.6	99.2	75.0	125.0	75.0	汕 头	101.6	99.8	81.0	125.0	80.1
龙 岩	100.6	101.2	96.2	110.6	94.8	佛 山	101.3	103.5	82.7	125.0	80.0
宁 德	92.5	105.6	93.8	118.7	89.4	江 门	100.1	85.7	99.0	99.8	102.1

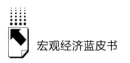

续表

城 市	2018 年	2019 年	2020 年	2021 年	2022 年	城 市	2018 年	2019 年	2020 年	2021 年	2022 年
湛 江	99.6	94.6	87.9	125.0	76.3	盘 锦	106.8	109.3	94.7	89.8	124.3
茂 名	100.3	80.1	92.8	125.0	75.6	铁 岭	102.7	121.5	88.9	120.9	80.4
肇 庆	98.9	101.3	87.3	125.0	82.0	朝 阳	97.2	95.4	88.8	108.8	89.0
惠 州	98.9	93.2	79.9	125.0	75.0	葫芦岛	111.5	92.8	94.7	111.0	99.3
梅 州	100.5	110.9	89.5	125.0	80.9	长 春	100.9	83.0	104.8	114.8	90.0
汕 尾	100.5	97.4	93.4	100.9	102.8	吉 林	102.0	94.5	88.1	125.0	75.0
河 源	97.6	97.2	75.0	125.0	75.0	四 平	102.6	104.9	102.5	117.0	86.3
阳 江	102.7	114.9	93.8	113.1	98.3	辽 源	104.8	133.4	114.2	113.9	89.8
清 远	100.0	109.9	89.2	119.3	86.5	通 化	104.4	112.3	94.6	125.0	89.5
东 莞	101.5	99.8	75.0	125.0	75.0	白 山	107.7	100.8	75.0	125.0	75.0
中 山	98.5	70.1	101.8	125.0	75.0	松 原	94.9	90.8	98.0	125.0	77.2
潮 州	96.0	99.0	75.0	125.0	75.0	白 城	99.8	93.7	92.1	125.0	75.0
揭 阳	99.0	90.6	75.0	125.0	75.0	哈尔滨	110.9	97.8	75.0	125.0	75.0
云 浮	101.3	112.6	94.5	116.2	93.1	齐齐哈尔	102.7	98.1	89.6	116.1	85.9
南 宁	96.7	98.5	94.0	113.0	90.9	鸡 西	108.5	101.8	79.4	125.0	75.7
昭 通	104.6	111.4	84.6	125.0	86.7	鹤 岗	103.7	92.1	75.0	100.2	101.4
丽 江	94.0	101.7	88.7	113.3	92.3	双鸭山	97.5	98.9	77.3	125.0	79.1
普 洱	110.5	101.9	87.6	125.0	81.7	大 庆	114.5	100.6	90.2	110.6	78.0
临 沧	93.5	101.1	90.6	117.0	91.9	伊 春	110.4	99.9	98.6	102.6	100.6
西 安	100.6	98.0	94.2	96.6	107.4	佳木斯	102.8	100.3	97.4	117.4	81.4
铜 川	100.2	105.5	96.9	113.7	95.3	七台河	74.0	88.3	82.4	122.4	77.1
宝 鸡	97.2	101.5	88.5	115.7	90.4	牡丹江	100.5	123.3	75.0	125.0	75.0
咸 阳	100.1	78.2	75.0	125.0	75.0	黑 河	95.0	96.3	91.1	110.2	91.3
渭 南	99.9	92.7	75.0	125.0	75.0	绥 化	99.6	95.7	106.2	117.9	89.8
延 安	104.6	99.9	75.0	125.0	75.0	上 海	101.6	98.2	75.0	125.0	75.0
汉 中	100.3	93.7	75.0	125.0	75.0	南 京	102.4	101.5	91.6	118.0	96.8
榆 林	103.2	96.7	91.8	113.8	91.8	无 锡	102.5	107.2	96.6	115.1	95.5
安 康	101.6	98.7	104.4	100.2	106.1	徐 州	100.3	109.6	92.1	118.5	86.6
商 洛	110.7	95.0	97.6	123.0	90.2	常 州	102.2	101.9	94.0	114.9	90.4
兰 州	96.5	93.4	81.4	125.0	86.6	苏 州	104.5	99.9	92.7	112.5	89.7
嘉峪关	99.3	99.4	93.7	106.2	99.1	南 通	101.3	99.2	88.8	119.9	89.5
金 昌	105.0	103.9	101.8	103.0	104.5	连云港	100.0	108.5	92.1	105.5	105.8
阜 新	96.1	96.0	82.3	121.3	83.0	淮 安	99.4	99.2	89.4	125.0	83.7
辽 阳	98.1	85.3	75.0	97.8	97.5	盐 城	98.6	106.3	96.9	115.3	86.6

续表

城 市	2018 年	2019 年	2020 年	2021 年	2022 年	城 市	2018 年	2019 年	2020 年	2021 年	2022 年
扬 州	99.3	99.4	98.5	106.6	97.2	许 昌	100.8	98.8	75.5	125.0	83.9
镇 江	101.5	115.5	94.2	120.2	86.4	漯 河	99.0	102.4	75.0	125.0	75.0
泰 州	98.2	104.0	92.1	122.7	83.2	三门峡	105.3	102.9	91.6	114.6	81.9
宿 迁	100.5	104.1	93.3	115.2	90.0	南 阳	99.0	101.6	80.0	125.0	76.5
杭 州	101.1	100.1	86.8	123.2	84.1	商 丘	106.3	99.6	98.9	91.3	113.8
吉 安	100.7	101.2	88.0	122.0	87.3	信 阳	97.6	97.7	81.3	125.0	81.8
宜 春	101.5	101.4	101.8	107.3	98.8	周 口	102.1	102.8	76.8	125.0	75.0
抚 州	96.8	100.6	85.3	121.8	86.2	驻马店	100.6	99.1	87.0	117.8	88.5
上 饶	109.7	99.5	102.0	109.8	99.9	武 汉	101.8	99.0	86.3	125.0	78.8
济 南	100.8	101.3	93.7	111.6	94.4	黄 石	104.0	106.0	100.0	116.0	93.0
青 岛	101.1	98.5	101.4	101.9	104.6	十 堰	103.4	103.4	93.8	121.0	88.4
淄 博	102.7	89.8	94.5	125.0	79.6	宜 昌	100.8	104.6	101.4	113.3	93.3
枣 庄	101.9	100.1	104.3	121.7	94.0	襄 阳	100.3	104.0	99.6	116.0	91.1
东 营	105.5	97.2	98.1	118.7	91.7	柳 州	98.8	78.5	119.6	84.0	123.8
烟 台	98.5	98.1	92.8	122.4	85.9	桂 林	98.7	100.0	78.8	125.0	78.2
潍 坊	99.6	89.4	101.1	125.0	83.2	梧 州	99.8	115.9	115.4	109.3	96.6
济 宁	99.7	101.4	91.2	125.0	84.5	北 海	98.7	104.8	97.9	101.5	97.3
泰 安	100.4	104.3	92.4	116.4	90.2	防城港	98.9	94.3	101.8	114.1	92.7
威 海	99.0	84.7	94.8	125.0	79.0	钦 州	99.8	106.2	86.6	125.0	82.2
日 照	100.6	100.1	87.8	115.8	89.9	贵 港	112.9	99.2	101.8	109.5	97.0
临 沂	99.8	82.1	106.9	122.2	84.6	玉 林	100.3	99.2	84.5	98.7	100.1
德 州	99.1	100.2	88.6	124.4	83.9	百 色	102.8	91.7	98.5	113.1	93.3
聊 城	100.6	93.2	94.8	125.0	80.2	贺 州	123.6	107.3	91.3	116.9	89.4
滨 州	100.7	100.7	125.0	125.0	85.5	河 池	99.6	98.2	96.3	111.0	94.5
菏 泽	100.5	97.1	92.4	121.5	87.5	来 宾	104.4	90.4	109.4	112.8	93.5
郑 州	112.7	102.1	106.1	100.9	103.9	崇 左	103.9	94.8	94.7	114.0	92.9
开 封	100.7	105.6	76.4	125.0	78.5	海 口	101.3	101.1	98.0	115.7	92.2
洛 阳	99.3	100.6	77.0	118.7	88.5	三 亚	102.9	98.3	101.1	109.7	100.6
平顶山	104.0	104.0	86.1	123.9	89.4	重 庆	101.0	103.5	94.7	115.1	91.4
安 阳	99.3	81.0	104.6	112.3	91.3	成 都	94.7	100.0	82.7	119.1	88.3
鹤 壁	100.0	107.0	79.2	125.0	80.2	自 贡	103.2	101.1	88.5	121.3	89.4
新 乡	101.5	100.5	77.6	123.6	79.0	攀枝花	108.5	94.4	93.2	119.4	92.1
焦 作	99.6	110.1	103.4	88.6	119.9	泸 州	99.0	105.3	89.6	122.4	89.9
濮 阳	96.4	105.6	82.7	125.0	79.0	德 阳	101.6	99.1	81.7	125.0	82.4

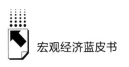

续表

城 市	2018 年	2019 年	2020 年	2021 年	2022 年	城 市	2018 年	2019 年	2020 年	2021 年	2022 年
绵 阳	98.8	103.0	94.9	113.0	100.2	玉 溪	102.5	96.7	85.3	125.0	78.6
广 元	98.6	100.9	91.4	115.8	91.9	保 山	102.2	106.4	90.2	108.5	98.8
遂 宁	102.8	101.8	89.1	119.9	91.9	白 银	100.5	101.8	88.2	125.0	82.8
内 江	100.4	105.3	93.1	120.6	95.6	天 水	97.4	98.3	95.2	111.0	92.7
乐 山	107.0	99.7	89.8	116.5	90.2	武 威	96.0	94.9	104.0	117.4	89.8
南 充	103.7	100.9	87.0	120.4	88.3	张 掖	106.5	105.3	96.1	121.8	91.2
眉 山	107.9	104.1	92.7	105.0	104.9	平 凉	102.4	105.0	96.7	105.0	88.8
宜 宾	103.2	103.0	89.9	119.0	91.3	酒 泉	102.4	115.0	100.7	116.5	105.4
广 安	109.3	101.5	88.6	122.4	88.2	庆 阳	105.0	105.0	100.6	105.0	102.9
达 州	98.1	100.5	90.3	121.4	90.6	定 西	107.7	103.0	95.2	118.0	91.0
雅 安	95.8	108.5	100.6	112.4	93.2	陇 南	107.5	110.5	87.0	125.0	81.1
巴 中	102.3	95.4	86.8	108.8	96.0	西 宁	102.2	100.3	76.5	125.0	75.0
资 阳	105.0	102.7	98.0	105.0	100.2	银 川	102.4	99.3	86.5	118.7	87.6
贵 阳	99.6	95.9	91.9	109.1	95.3	石嘴山	107.0	101.0	87.3	112.3	98.7
六盘水	101.7	95.5	92.8	117.1	89.2	吴 忠	99.9	102.5	99.1	110.4	96.4
遵 义	100.8	101.1	86.7	122.3	86.2	固 原	100.1	101.4	97.4	101.1	98.1
安 顺	101.1	98.1	83.3	125.0	81.5	中 卫	90.4	103.0	75.0	125.0	75.0
昆 明	102.0	99.3	85.2	112.4	90.5	乌鲁木齐	102.2	98.4	75.0	125.0	75.0
曲 靖	103.0	112.0	96.0	116.6	93.0	克拉玛依	104.1	102.5	91.8	110.9	92.5

表 98　2018～2022 年城市增长潜力指数（以 1990 年为基期）

城 市	2018 年	2019 年	2020 年	2021 年	2022 年	城 市	2018 年	2019 年	2020 年	2021 年	2022 年
北 京	91.7	91.5	68.6	85.8	64.3	廊 坊	61.5	61.2	50.7	61.6	49.8
天 津	75.0	81.9	62.1	77.6	58.2	衡 水	66.2	67.8	61.1	72.1	65.3
石家庄	70.2	71.1	62.2	77.0	67.8	太 原	79.2	76.8	63.4	68.2	75.0
唐 山	77.7	80.2	72.8	80.4	74.0	大 同	78.7	83.1	82.4	94.7	94.7
秦皇岛	93.9	97.9	73.4	91.7	68.8	阳 泉	92.1	89.0	84.1	105.2	103.5
邯 郸	73.2	77.8	70.2	82.3	75.5	长 治	105.4	110.5	116.8	129.0	124.9
邢 台	60.2	61.3	50.9	63.6	52.0	晋 城	67.9	56.9	68.3	85.4	79.8
保 定	85.7	86.8	79.0	93.8	84.8	朔 州	97.6	102.4	100.4	105.0	102.1
张家口	76.2	76.1	67.0	78.7	71.3	晋 中	145.8	155.4	116.6	145.7	121.7
承 德	71.4	73.0	67.0	76.5	71.2	运 城	113.1	118.7	124.7	130.9	129.4
沧 州	56.5	59.7	51.6	64.5	56.3	忻 州	116.6	121.7	117.5	146.9	126.3

续表

城　市	2018 年	2019 年	2020 年	2021 年	2022 年	城　市	2018 年	2019 年	2020 年	2021 年	2022 年
临　汾	69.1	72.6	71.1	74.7	72.4	马鞍山	79.0	79.1	79.2	83.4	81.3
吕　梁	123.9	130.1	127.5	133.9	131.2	淮　北	76.0	74.8	83.0	97.4	90.7
呼和浩特	86.4	88.3	86.5	90.8	89.0	铜　陵	72.2	74.4	73.6	87.4	72.5
包　头	74.1	73.8	63.5	79.4	65.8	安　庆	74.9	75.0	67.1	77.8	71.1
乌　海	89.5	94.0	92.1	96.7	96.2	黄　山	74.2	74.6	60.5	75.6	60.5
赤　峰	79.5	78.0	76.5	80.3	78.7	滁　州	66.4	69.7	60.5	74.5	64.2
通　辽	41.1	40.9	30.8	38.5	28.9	阜　阳	75.6	83.1	75.9	92.8	80.1
鄂尔多斯	70.9	70.4	69.8	76.3	71.8	宿　州	81.1	85.6	76.6	88.7	78.1
呼伦贝尔	73.9	79.2	85.6	92.4	91.5	六　安	85.2	90.1	80.8	99.2	85.7
巴彦淖尔	81.6	84.3	87.1	89.5	94.0	亳　州	64.1	64.9	55.9	67.0	59.0
乌兰察布	113.2	114.7	100.6	125.7	115.7	池　州	71.1	78.1	70.1	74.6	79.9
沈　阳	88.1	86.4	64.8	81.0	60.8	宣　城	64.5	65.1	57.4	71.7	60.7
大　连	104.3	104.1	78.1	97.6	73.2	福　州	74.6	74.9	69.0	85.1	80.2
鞍　山	97.2	91.6	68.7	85.9	64.4	厦　门	80.2	79.0	71.0	78.3	71.9
抚　顺	91.1	78.3	76.3	58.2	72.7	莆　田	78.3	76.5	68.9	85.1	77.6
本　溪	101.3	102.7	97.4	110.1	96.2	三　明	72.2	74.7	66.7	73.5	70.2
丹　东	110.0	137.1	102.8	128.5	96.4	泉　州	62.0	59.1	45.3	56.6	45.3
锦　州	113.4	113.3	84.9	106.2	79.6	漳　州	68.9	64.7	65.0	74.8	74.2
营　口	116.7	116.3	102.1	99.3	91.7	南　平	74.0	73.4	55.1	68.8	51.6
宁　波	79.3	76.1	64.0	80.0	65.7	龙　岩	70.0	70.8	68.1	75.4	71.4
温　州	80.0	82.8	72.3	85.7	75.7	宁　德	48.3	51.0	47.9	56.8	50.8
嘉　兴	81.7	81.5	72.3	87.3	75.3	南　昌	80.7	80.7	67.3	84.1	69.8
湖　州	79.2	79.4	66.0	82.4	66.7	景德镇	83.1	84.3	73.0	90.8	77.5
绍　兴	78.8	80.7	68.9	86.1	71.7	萍　乡	74.7	72.9	64.6	71.9	69.0
金　华	106.7	111.4	96.1	120.2	97.4	九　江	71.9	73.3	62.9	78.6	67.6
衢　州	92.3	90.0	78.3	97.9	81.6	新　余	85.0	83.1	70.9	86.0	73.2
舟　山	83.0	87.1	91.5	89.7	94.2	鹰　潭	57.1	57.7	47.1	58.9	48.8
台　州	75.0	69.8	64.3	80.1	66.8	赣　州	70.9	72.5	62.5	78.2	67.4
丽　水	62.0	62.0	51.2	62.7	51.8	鄂　州	90.5	92.7	95.6	102.4	99.4
合　肥	71.2	74.0	66.2	82.7	69.0	荆　门	68.8	69.5	63.2	75.2	65.2
芜　湖	75.6	80.6	71.1	88.8	76.9	孝　感	66.3	67.4	50.6	63.2	47.4
蚌　埠	70.5	64.0	57.0	60.4	64.8	荆　州	73.9	76.5	75.4	84.9	78.9
淮　南	86.1	91.2	83.3	98.3	90.2	黄　冈	58.7	59.6	58.0	71.2	62.2

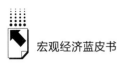

续表

城　　市	2018 年	2019 年	2020 年	2021 年	2022 年	城　　市	2018 年	2019 年	2020 年	2021 年	2022 年
咸　　宁	61.9	63.3	62.8	69.7	65.4	中　　山	83.3	58.4	59.5	74.3	55.8
随　　州	56.8	58.8	58.6	65.7	61.5	潮　　州	56.0	55.5	41.6	52.0	39.0
长　　沙	89.7	91.7	78.3	95.5	87.8	揭　　阳	91.3	82.7	62.0	77.5	58.1
株　　洲	80.1	82.8	72.2	74.0	77.7	云　　浮	68.4	77.0	72.8	84.6	78.8
湘　　潭	76.7	77.5	67.3	81.6	70.4	南　　宁	84.5	83.3	78.2	88.4	80.3
衡　　阳	82.0	89.1	77.4	96.7	87.1	昭　　通	68.1	75.8	64.1	80.1	69.4
邵　　阳	61.5	63.2	64.4	66.5	69.9	丽　　江	28.9	29.4	26.1	29.6	27.3
岳　　阳	76.9	81.4	74.9	87.7	80.8	普　　洱	58.9	60.0	52.6	65.7	53.7
常　　德	79.0	79.5	71.5	82.4	73.9	临　　沧	54.4	55.0	49.8	58.3	53.6
张家界	45.4	44.6	34.2	41.2	35.0	西　　安	85.5	83.8	78.9	76.2	81.9
益　　阳	81.3	79.9	70.9	86.1	73.7	铜　　川	76.6	80.9	78.4	89.1	84.9
郴　　州	72.3	72.4	66.7	82.1	72.3	宝　　鸡	74.8	75.9	67.2	77.7	70.2
永　　州	71.6	71.1	64.4	74.7	66.8	咸　　阳	70.1	54.9	41.1	51.4	38.6
怀　　化	62.7	62.4	54.4	68.0	60.5	渭　　南	71.7	66.4	49.8	62.3	46.7
娄　　底	81.0	80.3	68.5	81.4	71.0	延　　安	64.1	63.8	47.9	59.8	44.9
广　　州	79.1	78.7	78.3	79.2	81.2	汉　　中	75.6	70.9	53.1	66.4	49.8
韶　　关	81.7	87.2	79.3	93.3	82.9	榆　　林	64.0	61.9	56.8	64.6	59.3
深　　圳	81.5	84.3	84.8	83.8	82.3	安　　康	75.5	74.5	77.8	78.0	82.8
珠　　海	86.9	85.5	71.6	85.5	72.7	商　　洛	34.1	32.4	31.6	38.9	35.1
汕　　头	124.3	124.1	100.5	125.6	100.7	兰　　州	74.1	69.3	56.4	70.5	61.1
佛　　山	91.3	94.6	78.2	97.7	78.2	嘉峪关	72.1	71.7	67.2	71.4	70.7
江　　门	84.7	72.7	71.9	71.7	73.2	金　　昌	211.2	219.4	223.4	230.2	240.5
湛　　江	71.8	67.9	59.7	74.6	57.0	阜　　新	110.9	106.4	87.6	106.3	88.2
茂　　名	78.4	62.8	58.3	72.9	55.1	辽　　阳	104.8	89.4	67.1	65.6	63.9
肇　　庆	62.7	63.5	55.4	69.3	56.8	盘　　锦	96.9	106.0	100.3	90.1	112.0
惠　　州	75.4	70.3	56.2	70.2	52.7	铁　　岭	102.6	124.6	110.8	134.0	107.7
梅　　州	63.6	70.5	63.2	79.0	63.9	朝　　阳	109.9	104.8	93.0	101.2	90.1
汕　　尾	71.2	69.4	64.8	65.4	67.3	葫芦岛	127.5	118.3	112.0	124.4	123.5
河　　源	54.2	52.7	39.5	49.4	37.1	长　　春	93.3	77.4	81.1	93.1	83.8
阳　　江	71.9	82.6	77.5	87.7	86.2	吉　　林	78.2	73.9	65.1	81.4	61.0
清　　远	66.7	73.4	65.5	78.1	67.5	四　　平	69.2	72.6	74.4	87.0	75.1
东　　莞	67.6	67.5	50.6	63.2	47.4	辽　　源	72.6	96.8	110.5	125.9	113.0

续表

城　市	2018 年	2019 年	2020 年	2021 年	2022 年	城　市	2018 年	2019 年	2020 年	2021 年	2022 年
通　化	90.5	101.6	96.1	120.1	107.6	宜　春	81.6	82.8	84.3	90.4	89.4
白　山	66.2	66.8	50.1	62.6	47.0	抚　州	67.2	67.6	57.6	70.2	60.5
松　原	41.3	37.5	36.7	45.9	35.4	上　饶	68.4	68.1	69.5	76.3	76.2
白　城	76.6	71.8	66.1	82.6	61.9	济　南	71.6	72.5	68.0	75.9	71.7
哈尔滨	74.8	73.2	54.9	68.6	51.4	青　岛	65.1	64.2	65.1	66.4	69.4
齐齐哈尔	86.3	84.6	75.8	88.0	75.6	淄　博	81.9	73.5	69.5	86.9	69.2
鸡　西	88.4	90.0	71.5	89.3	67.6	枣　庄	71.7	71.8	74.9	91.2	85.7
鹤　岗	126.3	116.3	87.2	87.4	88.6	东　营	79.9	77.7	76.2	90.5	83.0
双鸭山	108.5	107.4	83.0	103.7	82.0	烟　台	69.8	68.5	63.6	77.8	66.9
大　庆	117.2	117.9	106.4	117.6	91.7	潍　坊	75.2	67.2	68.0	85.0	70.8
伊　春	110.4	110.3	108.8	111.7	112.3	济　宁	61.6	62.5	57.0	71.2	60.2
佳木斯	72.3	72.6	70.7	83.0	67.6	泰　安	67.5	70.4	65.0	75.7	68.3
七台河	69.6	61.5	50.7	62.0	47.8	威　海	69.3	58.7	55.7	69.6	55.0
牡丹江	109.9	135.5	101.6	127.0	95.3	日　照	70.9	71.0	62.3	72.2	64.9
黑　河	67.1	64.6	58.9	64.9	59.2	临　沂	75.2	61.8	66.0	80.7	68.2
绥　化	78.5	75.1	79.8	94.0	84.5	德　州	73.6	73.8	65.4	81.4	68.2
上　海	116.8	114.8	86.1	107.6	80.7	聊　城	68.1	63.5	60.2	75.2	60.3
南　京	100.8	102.4	93.8	110.6	107.0	滨　州	59.3	59.7	74.7	93.3	79.8
无　锡	94.7	101.5	98.0	112.8	107.7	菏　泽	75.9	73.7	68.1	82.8	72.5
徐　州	100.8	110.5	101.8	120.6	104.4	郑　州	54.1	55.3	58.7	59.2	61.5
常　州	108.7	110.8	104.2	119.7	108.2	开　封	110.6	116.8	89.2	111.5	87.6
苏　州	115.6	115.6	107.1	120.5	108.1	洛　阳	70.5	70.9	54.6	64.8	57.3
南　通	91.7	91.0	80.8	96.8	86.7	平顶山	86.1	89.6	77.1	95.5	85.4
连云港	71.8	78.0	71.8	75.8	80.2	安　阳	85.9	69.6	72.9	81.8	74.7
淮　安	86.1	85.4	76.4	95.5	79.9	鹤　壁	92.0	98.1	77.9	97.4	78.1
盐　城	91.1	96.8	93.7	108.1	93.6	新　乡	105.2	105.7	82.0	101.4	80.1
扬　州	90.4	89.9	88.5	94.3	91.7	焦　作	78.6	86.6	89.5	79.3	95.0
镇　江	105.9	122.4	115.2	138.6	119.7	濮　阳	73.5	77.6	64.2	80.2	63.3
泰　州	78.9	82.0	75.6	92.8	77.1	许　昌	68.8	68.0	51.4	64.2	53.8
宿　迁	82.6	86.0	80.2	92.4	83.1	漯　河	87.4	89.6	67.2	84.0	63.0
杭　州	85.3	85.4	74.1	91.4	76.8	三门峡	99.4	102.3	93.7	107.4	88.0
吉　安	80.4	81.3	71.6	87.4	76.2	南　阳	88.9	90.3	72.3	90.3	69.1

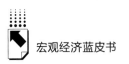

续表

城　市	2018 年	2019 年	2020 年	2021 年	2022 年	城　市	2018 年	2019 年	2020 年	2021 年	2022 年
商　丘	108.4	108.0	106.8	97.5	111.0	乐　山	92.6	92.3	82.9	96.5	87.1
信　阳	86.3	84.4	68.6	85.8	70.1	南　充	89.5	90.3	78.5	94.5	83.5
周　口	67.3	69.2	53.1	66.4	49.8	眉　山	75.0	78.0	72.3	75.9	79.6
驻马店	78.9	78.2	68.0	80.2	70.9	宜　宾	83.0	85.5	76.9	91.4	83.5
武　汉	76.3	75.6	65.2	81.5	64.2	广　安	77.0	78.2	69.2	84.8	74.8
黄　石	67.0	71.0	71.0	82.3	76.5	达　州	75.2	75.6	68.3	82.9	75.1
十　堰	89.3	92.4	86.6	104.8	92.6	雅　安	81.0	87.9	88.4	99.4	92.6
宜　昌	67.6	70.7	71.7	81.2	75.7	巴　中	51.7	49.4	42.9	46.6	44.8
襄　阳	85.6	89.0	88.7	102.9	93.7	资　阳	80.1	82.2	80.6	84.6	84.8
柳　州	98.6	77.4	92.6	77.8	96.2	贵　阳	78.4	75.2	69.1	75.3	71.8
桂　林	73.6	73.6	58.0	72.5	56.7	六盘水	77.9	74.3	69.0	80.7	72.0
梧　州	70.7	82.0	94.6	103.4	99.9	遵　义	86.3	87.3	75.7	92.6	79.8
北　海	87.3	91.5	89.5	90.9	88.4	安　顺	69.2	67.9	56.6	70.7	57.6
防城港	71.2	67.2	68.4	78.0	72.2	昆　明	98.3	97.6	83.2	93.5	84.5
钦　州	67.2	71.7	62.1	77.6	63.8	曲　靖	82.9	92.8	89.1	103.9	96.6
贵　港	82.8	82.2	83.7	91.6	88.9	玉　溪	75.6	73.1	62.3	77.9	61.3
玉　林	76.6	75.9	64.1	63.3	63.4	保　山	67.3	71.6	64.6	70.1	69.3
百　色	72.8	66.7	65.7	74.3	69.4	白　银	53.0	53.9	47.6	59.5	49.2
贺　州	94.5	101.4	92.6	108.3	96.8	天　水	66.4	65.3	62.2	69.0	63.9
河　池	93.2	91.5	88.1	97.9	92.5	武　威	76.8	72.8	75.7	88.9	79.8
来　宾	82.3	74.4	81.4	91.7	85.8	张　掖	50.8	53.5	51.4	62.6	57.1
崇　左	77.6	73.5	69.7	79.4	73.8	平　凉	64.3	67.5	65.3	68.5	60.9
海　口	90.5	91.7	89.8	104.0	95.8	酒　泉	47.3	54.5	54.8	63.9	67.3
三　亚	68.0	66.8	67.6	74.1	74.6	庆　阳	83.6	87.7	88.3	92.7	95.4
重　庆	101.5	105.1	99.5	114.5	104.7	定　西	91.2	93.9	89.4	105.5	96.0
成　都	70.9	70.9	58.7	69.9	61.8	陇　南	77.8	86.0	74.9	93.6	75.9
自　贡	81.8	82.7	73.2	88.8	79.3	西　宁	82.5	82.7	63.3	79.1	59.3
攀枝花	103.1	97.3	90.7	108.3	99.7	银　川	102.8	102.2	88.4	104.9	91.8
泸　州	71.7	75.5	67.6	82.8	74.5	石嘴山	97.9	98.9	86.4	97.0	95.7
德　阳	82.6	81.9	66.9	83.6	68.9	吴　忠	87.6	89.8	89.0	98.2	94.7
绵　阳	94.5	97.4	92.4	104.4	104.6	固　原	60.5	61.3	59.7	60.4	59.3
广　元	101.3	102.2	93.4	108.2	99.4	中　卫	103.0	106.1	79.6	99.4	74.6
遂　宁	74.3	75.6	67.4	80.8	74.3	乌鲁木齐	92.0	90.6	68.0	85.0	63.7
内　江	70.0	73.7	68.6	82.7	79.1	克拉玛依	112.0	114.9	105.4	116.9	108.2

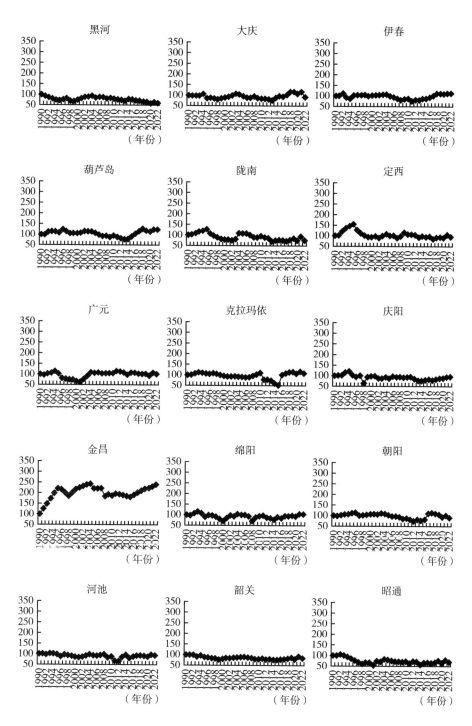

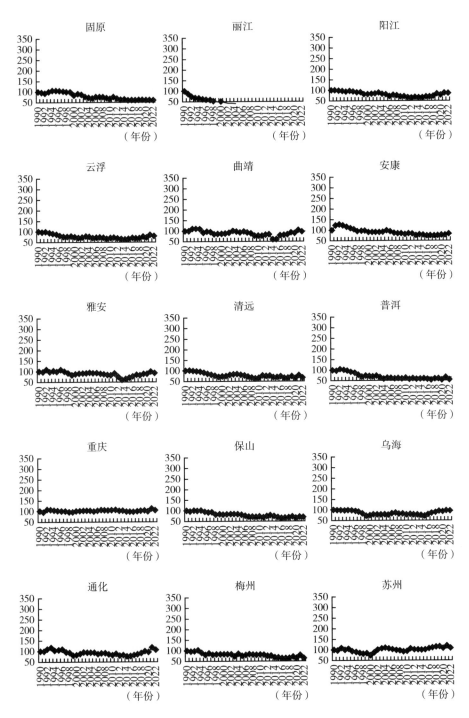

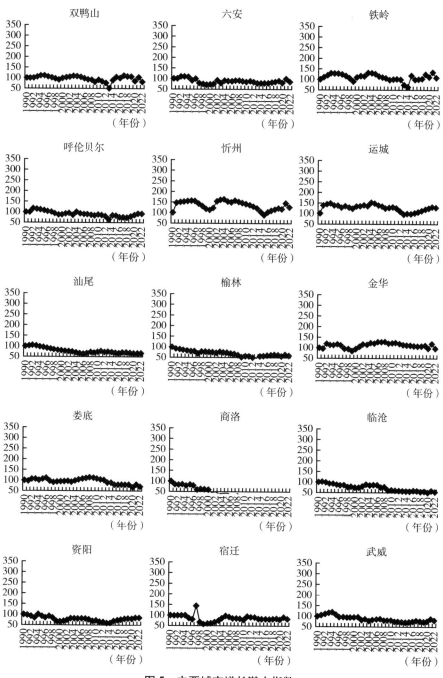

图5　主要城市增长潜力指数

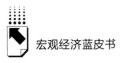

五　政府效率

表 99　2018～2022 年城市政府效率排名

城　市	2018 年	2019 年	2020 年	2021 年	2022 年	城　市	2018 年	2019 年	2020 年	2021 年	2022 年
北　京	3	2	1	2	2	巴彦淖尔	144	117	123	130	129
天　津	64	103	106	111	116	乌兰察布	154	161	167	149	141
石家庄	242	247	248	247	243	沈　阳	29	31	36	45	51
唐　山	254	259	261	256	253	大　连	27	30	39	43	48
秦皇岛	241	246	242	239	232	鞍　山	40	47	50	61	63
邯　郸	274	276	274	274	268	抚　顺	34	36	42	47	49
邢　台	267	269	264	255	246	本　溪	39	43	48	50	45
保　定	225	233	232	233	233	丹　东	53	64	90	106	111
张家口	221	229	236	240	240	锦　州	38	40	45	51	54
承　德	251	257	254	258	255	营　口	48	53	62	73	71
沧　州	281	281	280	281	281	宁　波	14	10	14	10	7
廊　坊	256	258	252	250	248	温　州	7	5	5	3	3
衡　水	273	277	272	276	276	嘉　兴	16	14	13	11	10
太　原	55	60	65	81	84	湖　州	30	27	25	15	12
大　同	86	118	122	136	142	绍　兴	17	12	12	8	8
阳　泉	120	142	151	151	145	金　华	9	8	11	9	11
长　治	146	170	182	196	197	衢　州	21	13	9	7	9
晋　城	143	175	190	203	204	舟　山	8	7	8	5	5
朔　州	165	189	204	210	211	台　州	28	26	26	19	18
晋　中	173	193	206	215	216	丽　水	18	11	10	6	6
运　城	76	115	124	150	161	合　肥	170	157	138	125	120
忻　州	105	125	125	146	156	芜　湖	193	183	165	135	126
临　汾	125	153	168	184	187	蚌　埠	179	163	147	128	125
吕　梁	177	184	185	190	181	淮　南	196	187	162	141	136
呼和浩特	81	70	87	108	117	马鞍山	222	213	195	168	150
包　头	162	148	155	145	139	淮　北	205	192	184	156	144
乌　海	164	154	152	157	157	铜　陵	209	204	191	169	159
赤　峰	107	102	109	120	118	安　庆	186	185	180	143	134
通　辽	208	191	192	201	201	黄　山	174	160	139	121	115
鄂尔多斯	253	250	243	244	237	滁　州	192	182	164	139	132
呼伦贝尔	87	79	79	109	110	阜　阳	187	180	146	123	109

续表

城　市	2018年	2019年	2020年	2021年	2022年	城　市	2018年	2019年	2020年	2021年	2022年
宿　州	238	227	207	198	186	常　德	155	167	176	153	146
六　安	246	226	209	200	192	张家界	129	143	137	138	140
亳　州	218	214	194	178	167	益　阳	134	121	134	148	149
池　州	226	218	199	185	174	郴　州	131	137	128	114	100
宣　城	243	228	211	192	179	永　州	137	158	181	188	199
福　州	104	93	95	80	81	怀　化	101	112	114	96	87
厦　门	46	48	49	48	50	娄　底	69	101	110	118	121
莆　田	167	159	160	144	147	广　州	114	127	143	154	165
三　明	47	46	44	37	34	韶　关	181	188	220	226	229
泉　州	113	113	116	89	86	深　圳	72	98	149	172	193
漳　州	88	82	82	71	70	珠　海	106	122	166	176	185
南　平	78	74	66	60	59	汕　头	228	237	245	249	251
龙　岩	93	80	72	59	56	佛　山	224	239	260	262	264
宁　德	98	81	80	70	65	江　门	189	208	240	245	252
南　昌	206	211	202	205	194	湛　江	210	224	250	260	263
景德镇	166	173	156	147	137	茂　名	231	241	259	257	259
萍　乡	199	196	186	177	162	肇　庆	157	179	210	216	218
九　江	214	212	198	195	178	惠　州	200	217	239	243	249
新　余	240	230	214	214	208	梅　州	156	169	196	204	205
鹰　潭	223	223	208	208	200	汕　尾	216	220	249	259	258
赣　州	176	165	154	160	154	河　源	136	149	177	187	203
鄂　州	201	194	189	189	189	阳　江	194	206	227	238	245
荆　门	132	120	112	116	114	清　远	191	202	230	235	242
孝　感	121	108	113	124	127	东　莞	190	203	238	246	250
荆　州	102	96	77	90	94	中　山	217	231	263	268	269
黄　冈	96	92	70	97	103	潮　州	195	207	226	232	239
咸　宁	183	178	161	179	180	揭　阳	211	205	225	230	236
随　州	175	166	150	171	177	云　浮	185	195	221	231	238
长　沙	139	134	153	161	166	南　宁	188	198	222	222	225
株　洲	140	145	144	132	128	昭　通	118	104	94	84	89
湘　潭	151	155	148	134	133	丽　江	245	234	213	194	188
衡　阳	153	152	142	131	130	普　洱	237	216	197	175	164
邵　阳	108	136	157	167	175	临　沧	269	264	251	248	241
岳　阳	124	132	132	133	138	西　安	92	94	91	77	69

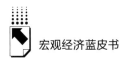

续表

城　市	2018 年	2019 年	2020 年	2021 年	2022 年	城　市	2018 年	2019 年	2020 年	2021 年	2022 年
铜　川	110	130	133	152	160	七台河	31	29	24	28	27
宝　鸡	138	141	158	174	190	牡丹江	45	45	35	41	39
咸　阳	149	171	188	197	196	黑　河	54	54	52	55	53
渭　南	198	209	203	223	230	绥　化	58	56	53	53	52
延　安	207	219	224	225	226	上　海	26	28	32	30	30
汉　中	133	119	140	164	182	南　京	1	3	4	12	14
榆　林	234	243	257	261	260	无　锡	12	18	19	22	21
安　康	128	144	173	199	207	徐　州	24	24	21	17	17
商　洛	111	72	67	127	143	常　州	15	20	27	27	28
兰　州	235	245	258	264	267	苏　州	4	4	6	13	15
嘉峪关	249	253	228	224	220	南　通	22	22	23	25	26
金　昌	204	200	205	209	212	连云港	13	17	17	18	20
阜　新	56	67	88	113	122	淮　安	10	16	16	20	19
辽　阳	52	62	85	87	83	盐　城	19	23	22	23	23
盘　锦	65	89	103	107	99	扬　州	20	19	20	21	22
铁　岭	60	71	86	104	107	镇　江	11	15	15	16	16
朝　阳	57	65	92	117	124	泰　州	25	25	28	26	24
葫芦岛	68	100	111	112	112	宿　迁	23	21	18	24	25
长　春	127	124	127	129	131	杭　州	2	1	2	1	1
吉　林	73	105	102	93	93	吉　安	213	215	200	206	198
四　平	89	84	76	65	61	宜　春	247	242	223	218	210
辽　源	82	68	57	85	96	抚　州	212	210	201	193	176
通　化	109	106	104	100	101	上　饶	203	201	187	181	171
白　山	117	109	96	92	97	济　南	44	37	37	33	32
松　原	115	131	129	140	148	青　岛	49	44	47	42	43
白　城	147	139	130	122	123	淄　博	91	73	68	64	66
哈尔滨	32	32	30	29	29	枣　庄	103	85	89	72	72
齐齐哈尔	6	9	7	14	13	东　营	75	69	71	69	75
鸡　西	33	33	33	31	31	烟　台	50	42	43	39	37
鹤　岗	35	38	38	36	33	潍　坊	67	57	58	56	57
双鸭山	37	34	29	32	35	济　宁	71	58	60	57	58
大　庆	43	50	46	44	40	泰　安	41	39	41	38	38
伊　春	5	6	3	4	4	威　海	42	41	40	40	41
佳木斯	36	35	34	34	36	日　照	97	86	99	86	91

续表

城　　市	2018 年	2019 年	2020 年	2021 年	2022 年	城　　市	2018 年	2019 年	2020 年	2021 年	2022 年
临　沂	66	55	59	62	64	玉　林	236	238	216	213	215
德　州	62	52	51	49	47	百　色	229	232	217	221	222
聊　城	70	59	61	63	67	贺　州	279	270	273	278	278
滨　州	99	78	83	75	77	河　池	161	164	163	191	202
菏　泽	61	51	55	58	60	来　宾	270	274	267	266	262
郑　州	259	251	247	236	234	崇　左	257	240	237	254	256
开　封	264	267	271	272	272	海　口	116	116	119	115	105
洛　阳	276	278	281	280	280	三　亚	94	95	107	88	92
平顶山	239	252	256	253	254	重　庆	184	181	193	183	184
安　阳	266	271	275	273	271	成　都	79	90	108	94	85
鹤　壁	282	282	282	282	282	自　贡	74	66	54	46	42
新　乡	275	275	278	275	270	攀枝花	130	111	93	76	78
焦　作	265	268	269	267	265	泸　州	145	123	118	98	95
濮　阳	271	272	276	277	277	德　阳	150	133	120	103	98
许　昌	283	284	284	284	284	绵　阳	85	75	63	52	46
漯　河	278	279	279	279	279	广　元	83	83	64	68	73
三门峡	255	255	253	242	235	遂　宁	77	63	56	54	55
南　阳	263	266	266	270	274	内　江	112	91	74	66	62
商　丘	280	283	283	283	283	乐　山	126	114	105	79	76
信　阳	244	244	246	252	257	南　充	80	76	73	74	79
周　口	260	265	265	269	275	眉　山	123	110	101	82	82
驻马店	252	263	268	271	273	宜　宾	141	126	121	110	108
武　汉	59	61	75	91	104	广　安	159	140	126	101	88
黄　石	90	88	69	78	74	达　州	160	146	131	119	106
十　堰	95	97	84	105	113	雅　安	122	107	98	83	80
宜　昌	100	99	100	95	90	巴　中	84	87	81	67	68
襄　阳	180	168	170	162	158	资　阳	148	128	115	99	102
柳　州	230	235	233	217	214	贵　阳	232	225	219	212	217
桂　林	172	177	178	155	153	六盘水	284	280	277	265	266
梧　州	250	248	235	227	224	遵　义	169	156	169	158	163
北　海	272	273	270	263	261	安　顺	277	261	255	237	231
防城港	261	262	262	251	244	昆　明	202	199	212	207	206
钦　州	227	236	229	220	221	曲　靖	233	221	215	211	213
贵　港	258	254	244	234	228	玉　溪	219	197	179	159	152

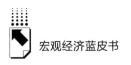
续表

城 市	2018 年	2019 年	2020 年	2021 年	2022 年	城 市	2018 年	2019 年	2020 年	2021 年	2022 年
保 山	268	260	241	228	223	陇 南	182	135	78	137	155
白 银	197	186	183	186	191	西 宁	171	174	174	173	172
天 水	168	176	159	166	170	银 川	135	151	171	202	209
武 威	220	222	218	219	219	石嘴山	163	150	141	163	168
张 掖	119	129	117	126	135	吴 忠	142	138	136	142	151
平 凉	152	147	145	182	195	固 原	51	49	31	35	44
酒 泉	248	249	231	229	227	中 卫	215	190	172	180	183
庆 阳	262	256	234	241	247	乌鲁木齐	158	162	175	170	173
定 西	178	172	135	165	169	克拉玛依	63	77	97	102	119

表 100 2018~2022 年城市政府效率指数（上一年＝100）

城 市	2018 年	2019 年	2020 年	2021 年	2022 年	城 市	2018 年	2019 年	2020 年	2021 年	2022 年
北 京	100.8	102.0	100.7	99.5	101.2	忻 州	100.5	98.3	100.8	97.1	99.5
天 津	103.9	96.5	100.8	99.6	100.1	临 汾	100.0	96.7	99.0	97.7	100.2
石家庄	100.8	100.0	99.0	100.0	100.6	吕 梁	102.3	100.0	101.2	98.9	101.8
唐 山	100.1	99.9	99.3	100.6	101.3	呼和浩特	103.5	104.0	98.8	98.0	99.2
秦皇岛	99.6	100.0	100.1	100.2	101.7	包 头	100.0	103.5	100.3	101.4	102.0
邯 郸	99.2	100.6	100.1	99.5	100.8	乌 海	100.6	103.4	101.0	99.4	101.1
邢 台	98.7	100.1	99.9	103.6	102.2	赤 峰	100.1	102.6	100.4	98.8	101.1
保 定	99.2	99.9	99.7	99.0	100.0	通 辽	100.4	104.4	101.5	99.2	100.3
张家口	99.9	99.7	98.6	97.8	100.1	鄂尔多斯	97.8	102.6	100.0	99.9	101.2
承 德	98.8	99.9	100.5	98.5	100.4	呼伦贝尔	100.3	103.2	101.2	96.7	100.4
沧 州	99.4	99.9	100.8	98.3	100.0	巴彦淖尔	102.1	105.0	100.0	99.0	101.1
廊 坊	100.2	100.2	101.0	100.2	100.7	乌兰察布	101.1	100.3	100.3	102.5	102.2
衡 水	99.0	99.5	101.1	98.8	99.8	沈 阳	96.6	98.7	98.0	97.4	98.7
太 原	101.5	99.2	100.4	98.8	99.8	大 连	103.2	98.3	97.4	98.3	99.1
大 同	100.8	97.8	100.1	97.8	99.9	鞍 山	100.9	98.2	98.5	99.1	99.7
阳 泉	100.2	97.6	99.6	100.3	101.5	抚 顺	100.2	99.0	98.9	99.1	99.7
长 治	100.2	97.4	99.5	98.1	100.1	本 溪	102.3	98.7	99.4	99.7	100.7
晋 城	100.0	96.5	98.5	98.4	99.9	丹 东	100.4	97.8	98.1	98.3	99.8
朔 州	101.0	97.6	99.1	98.7	100.4	锦 州	101.7	99.4	99.0	98.8	99.8
晋 中	102.8	97.4	99.3	98.6	100.4	营 口	101.3	98.7	99.2	100.0	101.0
运 城	99.6	97.1	99.5	95.9	98.7	宁 波	106.0	103.7	98.7	103.8	101.0

续表

城　市	2018 年	2019 年	2020 年	2021 年	2022 年	城　市	2018 年	2019 年	2020 年	2021 年	2022 年
温　州	105.8	104.2	99.7	103.7	100.7	南　昌	103.3	101.3	102.3	100.3	102.1
嘉　兴	105.7	103.7	99.6	103.2	100.7	景德镇	101.3	100.9	103.4	101.2	102.6
湖　州	106.2	104.2	100.4	104.1	101.2	萍　乡	101.8	102.1	103.6	101.2	102.4
绍　兴	105.7	104.2	99.4	103.7	100.6	九　江	101.4	102.0	103.5	100.9	102.6
金　华	105.4	103.5	98.5	102.9	100.2	新　余	102.2	103.1	103.2	100.5	101.8
衢　州	106.3	104.6	100.4	103.2	100.2	鹰　潭	101.7	101.2	103.9	100.6	102.1
舟　山	105.7	103.4	99.2	103.3	100.7	赣　州	101.3	102.3	103.1	99.3	101.5
台　州	105.8	103.9	99.8	103.1	100.4	鄂　州	102.8	102.5	102.8	99.7	101.1
丽　水	105.5	104.3	100.1	103.6	100.5	荆　门	102.7	102.8	102.9	100.1	100.8
合　肥	98.8	103.1	103.6	103.2	102.1	孝　感	103.0	103.3	100.9	98.3	99.9
芜　湖	100.1	103.9	103.4	104.4	102.8	荆　州	103.5	103.2	103.2	98.7	100.3
蚌　埠	99.0	103.0	103.6	103.5	101.9	黄　冈	101.6	102.6	103.7	97.5	99.8
淮　南	98.5	103.1	105.0	103.4	101.9	咸　宁	102.8	102.6	103.1	97.8	99.8
马鞍山	99.2	103.4	104.3	104.2	103.1	随　州	103.7	102.3	103.3	97.2	99.7
淮　北	101.3	103.5	103.1	103.8	102.6	长　沙	99.9	101.3	98.0	98.8	99.9
铜　陵	99.4	102.4	103.7	103.0	102.1	株　洲	101.7	99.6	100.7	102.6	101.7
安　庆	99.8	101.9	102.1	105.4	102.6	湘　潭	101.5	100.3	101.5	102.5	101.4
黄　山	101.1	103.4	103.7	103.9	102.2	衡　阳	101.8	101.4	101.8	102.4	101.0
滁　州	99.0	103.9	103.4	103.7	102.2	邵　阳	100.7	97.1	98.0	98.5	99.2
阜　阳	99.7	103.6	105.1	104.9	103.0	岳　阳	102.2	99.5	100.8	100.3	100.2
宿　州	100.4	103.1	104.9	102.8	101.9	常　德	101.4	99.5	99.9	103.2	101.9
六　安	100.0	105.4	104.5	102.5	101.9	张家界	100.8	98.3	101.9	100.2	100.7
亳　州	99.6	102.7	104.4	102.7	101.8	益　阳	101.4	102.8	98.3	98.5	100.3
池　州	101.7	103.8	103.3	103.1	102.0	郴　州	102.3	99.7	102.7	103.4	102.1
宣　城	100.1	104.0	104.1	103.9	102.3	永　州	100.4	97.4	97.9	98.6	99.3
福　州	109.5	103.5	100.8	102.8	100.5	怀　化	100.0	100.3	101.1	102.8	101.4
厦　门	87.1	102.0	99.5	101.4	99.7	娄　底	101.3	98.3	100.1	99.4	99.9
莆　田	103.7	102.8	100.7	102.7	100.0	广　州	92.1	99.3	98.2	98.7	99.0
三　明	102.8	102.7	100.9	102.9	101.0	韶　关	98.4	99.7	95.0	98.5	99.1
泉　州	103.2	101.9	101.0	103.7	101.1	深　圳	80.0	98.9	92.8	97.2	98.1
漳　州	103.0	103.2	101.1	102.6	100.7	珠　海	96.5	98.7	94.7	98.7	99.2
南　平	103.7	103.2	101.9	102.4	100.5	汕　头	98.6	100.4	96.5	99.5	99.5
龙　岩	103.8	103.9	101.7	103.9	101.4	佛　山	98.4	99.0	94.2	98.8	99.2
宁　德	104.4	104.3	101.3	102.5	101.1	江　门	97.8	98.7	93.5	98.8	98.8

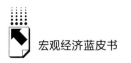

续表

城 市	2018 年	2019 年	2020 年	2021 年	2022 年	城 市	2018 年	2019 年	2020 年	2021 年	2022 年
湛 江	98.6	99.0	94.1	97.4	98.9	盘 锦	101.7	98.5	99.2	100.2	101.3
茂 名	98.2	99.6	95.8	99.5	99.2	铁 岭	102.2	99.6	99.1	98.1	99.8
肇 庆	98.4	98.9	95.3	99.2	99.7	朝 阳	101.3	99.3	97.8	97.0	99.1
惠 州	98.2	99.4	94.6	98.8	99.3	葫芦岛	100.8	98.2	100.0	100.3	100.5
梅 州	98.5	99.6	97.2	99.4	99.9	长 春	106.7	101.2	100.8	99.7	100.7
汕 尾	97.8	100.7	93.2	97.7	99.5	吉 林	102.1	98.4	101.5	101.5	100.7
河 源	98.5	98.5	96.9	98.4	98.8	四 平	103.2	102.8	102.0	102.8	101.2
阳 江	98.4	99.8	95.9	97.4	98.6	辽 源	102.6	104.3	102.8	96.4	99.3
清 远	98.0	99.8	95.2	97.9	98.6	通 化	102.4	102.2	101.4	100.9	100.5
东 莞	98.0	99.5	93.1	98.4	99.1	白 山	102.3	102.6	103.2	100.2	100.2
中 山	98.2	99.0	91.2	98.7	98.9	松 原	103.0	99.0	101.4	98.1	99.3
潮 州	98.4	99.9	96.6	97.8	98.2	白 城	101.6	101.8	102.5	102.0	100.6
揭 阳	99.2	102.4	96.5	98.1	98.5	哈尔滨	123.9	101.5	102.9	99.7	100.6
云 浮	98.7	99.8	96.0	97.0	98.5	齐齐哈尔	99.2	98.8	100.3	98.9	99.8
南 宁	91.3	100.2	96.3	99.1	99.8	鸡 西	100.5	100.8	102.4	99.9	100.5
昭 通	100.8	103.8	102.5	101.4	99.8	鹤 岗	101.1	99.1	101.3	100.6	100.8
丽 江	100.4	104.2	104.2	104.2	101.6	双鸭山	101.5	101.4	105.1	96.2	99.3
普 洱	101.0	105.8	104.5	103.2	101.9	大 庆	102.0	99.9	102.6	100.6	101.3
临 沧	101.2	102.1	102.7	100.6	101.0	伊 春	101.8	99.8	101.2	100.5	100.6
西 安	97.0	102.2	101.5	102.8	101.7	佳木斯	101.6	101.1	102.7	97.7	99.6
铜 川	104.3	98.3	100.1	97.4	99.2	七台河	102.6	100.1	105.3	98.2	100.2
宝 鸡	102.2	99.7	98.8	97.7	98.7	牡丹江	101.9	102.9	103.7	98.7	99.8
咸 阳	104.2	97.6	98.4	99.0	100.3	黑 河	101.5	99.9	102.2	100.8	100.7
渭 南	103.5	99.9	102.1	94.8	98.3	绥 化	101.8	101.2	101.9	101.4	100.7
延 安	103.3	99.9	99.0	99.0	100.1	上 海	100.8	100.5	98.4	100.0	99.6
汉 中	104.8	102.9	97.6	96.8	97.9	南 京	100.4	99.9	97.1	98.1	98.1
榆 林	104.0	99.2	96.9	98.0	99.7	无 锡	102.9	101.0	98.2	100.2	99.7
安 康	102.8	98.2	96.7	97.1	98.2	徐 州	103.3	102.2	99.8	102.1	100.5
商 洛	109.5	107.4	101.6	92.2	97.8	常 州	102.9	100.6	97.8	99.3	99.1
兰 州	97.5	98.9	96.9	96.5	98.3	苏 州	102.9	100.6	97.2	98.8	98.6
嘉峪关	99.5	101.1	104.4	100.6	101.8	南 通	103.1	101.7	98.7	100.0	99.4
金 昌	99.6	101.9	100.9	99.0	100.2	连云港	103.4	101.6	99.3	100.3	99.4
阜 新	100.5	98.8	98.4	97.3	99.1	淮 安	103.6	101.3	98.7	99.7	99.7
辽 阳	100.9	97.7	98.4	100.0	101.2	盐 城	103.4	101.0	98.7	100.5	99.7

续表

城 市	2018 年	2019 年	2020 年	2021 年	2022 年	城 市	2018 年	2019 年	2020 年	2021 年	2022 年
扬 州	103.6	102.0	98.8	100.7	99.5	许 昌	99.7	99.6	98.2	100.4	100.1
镇 江	103.5	101.7	99.0	100.9	99.8	漯 河	100.6	100.1	99.6	99.0	99.6
泰 州	103.3	101.3	98.6	101.2	100.3	三门峡	101.0	101.5	99.7	101.9	101.2
宿 迁	103.9	102.2	99.7	99.4	99.1	南 阳	100.0	99.9	98.7	98.9	99.2
杭 州	93.5	102.6	98.1	102.4	100.0	商 丘	98.7	98.7	98.2	99.9	99.7
吉 安	101.3	101.7	102.8	99.7	102.1	信 阳	99.8	101.1	98.6	98.7	98.8
宜 春	101.8	102.6	103.9	101.2	102.6	周 口	99.5	99.9	98.5	98.9	98.7
抚 州	103.8	101.9	102.3	101.9	102.8	驻马店	99.5	98.8	96.4	99.2	99.6
上 饶	101.3	101.8	104.1	100.8	102.1	武 汉	99.1	100.3	99.0	98.4	99.4
济 南	106.8	105.0	100.9	101.3	100.1	黄 石	102.7	102.8	103.4	100.1	101.1
青 岛	111.8	103.7	99.6	101.6	99.8	十 堰	102.3	101.7	102.8	97.9	99.4
淄 博	104.5	105.0	101.5	102.0	100.2	宜 昌	102.8	101.9	101.4	100.9	101.0
枣 庄	104.4	104.2	100.9	103.2	100.5	襄 阳	103.2	102.8	100.8	101.2	101.2
东 营	103.4	103.7	100.2	101.8	99.8	柳 州	100.5	100.9	99.5	103.7	102.1
烟 台	103.0	104.4	100.1	101.9	100.1	桂 林	99.5	100.6	100.8	103.2	101.3
潍 坊	103.6	104.1	100.7	102.1	100.3	梧 州	100.9	102.0	102.6	101.4	100.4
济 宁	103.5	104.4	100.6	102.4	100.4	北 海	99.6	100.1	100.5	101.8	100.8
泰 安	102.9	103.2	99.9	101.6	99.8	防城港	100.7	101.3	100.0	102.2	101.4
威 海	103.0	103.8	100.1	101.2	99.3	钦 州	99.0	100.4	100.4	101.5	100.9
日 照	103.1	103.4	99.8	102.0	99.8	贵 港	100.6	102.0	100.9	102.2	101.6
临 沂	103.4	103.6	100.0	101.2	99.8	玉 林	100.4	101.5	103.6	101.6	100.5
德 州	103.8	104.1	101.0	102.0	100.3	百 色	99.9	101.0	102.8	98.9	99.7
聊 城	103.4	103.9	100.6	101.4	100.0	贺 州	103.1	103.1	99.1	97.7	99.9
滨 州	104.0	104.6	100.8	102.0	100.2	河 池	100.0	100.7	101.5	96.2	99.3
菏 泽	103.2	104.0	99.6	101.0	99.6	来 宾	102.8	98.2	101.2	100.7	101.4
郑 州	97.8	104.1	99.4	102.1	100.5	崇 左	106.7	105.6	98.9	96.4	99.4
开 封	99.3	99.9	98.1	99.4	99.6	海 口	106.8	101.6	100.4	101.9	101.8
洛 阳	99.8	100.0	98.3	99.9	99.7	三 亚	100.5	102.1	99.6	102.4	100.4
平顶山	100.7	98.9	98.2	99.8	100.3	重 庆	102.0	103.1	98.6	101.7	100.6
安 阳	99.0	98.7	98.5	100.2	100.3	成 都	101.1	101.2	98.8	102.0	101.6
鹤 壁	99.9	100.1	98.4	100.9	100.3	自 贡	103.1	103.9	103.1	103.8	101.1
新 乡	99.7	100.9	98.4	101.0	100.6	攀枝花	102.8	104.2	103.9	103.2	100.4
焦 作	99.5	99.8	98.5	101.1	100.8	泸 州	103.0	103.6	102.8	103.4	100.9
濮 阳	99.0	100.3	98.5	99.4	99.2	德 阳	102.8	103.4	103.0	103.7	101.1

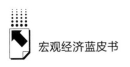

续表

城市	2018 年	2019 年	2020 年	2021 年	2022 年	城市	2018 年	2019 年	2020 年	2021 年	2022 年
绵阳	103.3	103.3	102.5	104.2	101.5	玉溪	101.7	105.1	104.6	103.0	101.7
广元	102.9	102.4	103.2	100.9	99.9	保山	100.9	103.2	103.8	102.3	101.7
遂宁	103.3	104.3	102.4	102.3	100.4	白银	99.1	103.3	102.4	99.0	100.5
内江	103.1	104.9	103.2	102.5	100.7	天水	100.8	100.3	103.6	99.1	99.9
乐山	102.3	103.1	102.7	104.1	101.4	武威	101.5	100.8	100.9	99.9	100.9
南充	102.0	102.8	101.3	101.3	99.7	张掖	100.2	99.7	104.0	98.1	99.5
眉山	103.6	103.5	102.6	103.2	100.7	平凉	100.1	101.0	101.1	95.4	98.5
宜宾	102.3	102.7	101.8	103.0	100.6	酒泉	101.4	101.5	103.4	99.6	101.0
广安	102.5	104.1	103.4	105.0	102.0	庆阳	101.8	103.2	105.1	97.5	99.2
达州	104.8	103.5	103.3	103.6	101.8	定西	105.1	102.2	105.7	96.4	99.8
雅安	102.2	103.6	102.9	102.8	100.9	陇南	105.8	108.7	109.9	91.6	98.2
巴中	101.9	101.6	102.0	103.1	100.3	西宁	109.9	101.2	100.4	100.2	101.0
资阳	102.5	103.7	103.8	102.7	100.1	银川	96.1	98.3	97.9	96.3	98.3
贵阳	94.1	102.7	101.5	102.0	99.6	石嘴山	101.1	103.4	102.0	97.2	99.8
六盘水	100.0	103.7	101.0	103.7	100.3	吴忠	100.8	100.9	100.9	99.6	99.3
遵义	102.9	103.4	99.2	101.5	99.7	固原	100.3	102.6	109.2	96.1	97.7
安顺	101.4	107.0	101.2	103.3	101.4	中卫	102.2	105.5	104.1	99.4	99.8
昆明	100.8	102.1	98.6	101.7	100.2	乌鲁木齐	103.4	100.9	99.2	100.6	100.4
曲靖	100.8	103.5	101.3	101.6	100.5	克拉玛依	99.9	99.5	98.8	99.7	98.5

表 101　2018～2022 年城市政府效率指数（以 1990 年为基期）

城市	2018 年	2019 年	2020 年	2021 年	2022 年	城市	2018 年	2019 年	2020 年	2021 年	2022 年
北京	168.8	172.2	173.5	172.7	174.8	廊坊	164.7	165.1	166.7	167.1	168.2
天津	120.2	116.0	117.0	116.5	116.6	衡水	153.9	153.1	154.8	153.0	152.7
石家庄	145.4	145.4	143.9	144.0	144.9	太原	138.7	137.7	138.2	136.5	136.2
唐山	137.4	137.3	136.4	137.3	139.0	大同	157.5	154.0	154.2	150.9	150.7
秦皇岛	135.2	135.2	135.3	135.6	137.9	阳泉	141.1	137.7	137.2	137.6	139.6
邯郸	140.6	141.4	141.5	140.9	142.0	长治	167.0	162.6	161.7	158.7	158.8
邢台	139.7	139.8	139.7	144.7	147.9	晋城	185.5	178.9	176.3	173.5	173.4
保定	146.8	146.6	146.2	144.6	144.6	朔州	179.7	175.5	173.8	171.6	172.3
张家口	146.1	145.7	143.7	140.6	140.8	晋中	169.7	165.3	164.1	161.7	162.4
承德	129.3	129.2	129.7	127.8	128.3	运城	196.0	190.4	189.3	181.6	179.3
沧州	144.0	143.8	144.9	142.6	142.6	忻州	182.4	179.3	180.8	175.5	174.7

续表

城　　市	2018 年	2019 年	2020 年	2021 年	2022 年	城　　市	2018 年	2019 年	2020 年	2021 年	2022 年
临　　汾	173.6	168.0	166.3	162.4	162.8	马鞍山	123.4	127.7	133.1	138.7	143.0
吕　　梁	164.1	164.0	166.0	164.2	167.2	淮　　北	155.8	161.1	166.1	172.4	177.0
呼和浩特	146.0	151.9	150.0	147.0	145.9	铜　　陵	125.1	128.1	132.8	136.8	139.7
包　　头	156.7	162.1	162.5	164.9	168.2	安　　庆	140.1	142.8	145.9	153.7	157.7
乌　　海	167.5	173.2	175.0	173.9	175.8	黄　　山	175.8	181.7	188.5	195.9	200.2
赤　　峰	181.5	186.2	186.9	184.7	186.7	滁　　州	162.1	168.3	174.1	180.6	184.5
通　　辽	147.4	154.0	156.3	155.0	155.5	阜　　阳	155.5	161.0	169.3	177.6	182.9
鄂尔多斯	147.3	151.1	151.1	150.9	152.7	宿　　州	139.3	143.7	150.7	154.8	157.8
呼伦贝尔	156.2	161.2	163.2	157.8	158.4	六　　安	155.7	164.1	171.4	175.7	179.1
巴彦淖尔	148.7	156.1	156.1	154.5	156.3	亳　　州	173.2	177.9	185.7	190.8	194.3
乌兰察布	152.8	153.3	153.9	157.6	161.0	池　　州	168.2	174.6	180.3	185.8	189.6
沈　　阳	133.3	131.6	128.9	125.6	124.0	宣　　城	139.4	144.9	150.7	156.7	160.3
大　　连	150.3	147.8	143.9	141.4	140.1	福　　州	145.2	150.3	151.5	155.7	156.5
鞍　　山	139.3	136.8	134.8	133.0	132.6	厦　　门	158.2	161.3	160.5	162.7	162.1
抚　　顺	144.2	142.8	141.2	139.9	139.4	莆　　田	189.2	194.6	195.9	201.2	201.2
本　　溪	145.8	143.9	143.0	142.6	143.6	三　　明	181.2	186.1	187.8	193.2	195.1
丹　　东	131.8	128.9	126.4	124.3	124.1	泉　　州	206.6	210.5	212.6	220.4	222.7
锦　　州	150.1	149.3	147.7	146.0	145.7	漳　　州	206.4	213.0	215.3	220.9	222.4
营　　口	133.8	132.1	131.0	130.9	132.3	南　　平	186.3	192.2	195.8	200.5	201.5
宁　　波	173.4	179.7	177.4	184.2	186.1	龙　　岩	212.4	220.7	224.5	233.2	236.5
温　　州	208.2	216.9	216.1	224.0	225.6	宁　　德	194.4	202.8	205.4	210.5	212.8
嘉　　兴	209.8	217.5	216.7	223.7	225.2	南　　昌	120.2	121.2	124.5	124.9	127.5
湖　　州	202.4	211.0	211.7	220.4	223.1	景德镇	134.7	135.9	140.5	142.1	145.9
绍　　兴	201.9	210.4	209.2	216.9	218.2	萍　　乡	149.4	152.5	157.9	159.8	163.6
金　　华	195.9	202.7	199.8	205.6	206.0	九　　江	133.3	136.1	140.8	142.1	145.8
衢　　州	201.4	210.7	211.5	218.3	218.7	新　　余	147.0	151.9	156.5	157.3	160.2
舟　　山	230.3	238.1	236.3	244.1	245.8	鹰　　潭	154.9	156.8	162.6	163.8	167.1
台　　州	183.4	190.5	190.1	195.9	196.7	赣　　州	167.4	171.3	176.6	175.4	178.1
丽　　水	178.3	185.9	186.1	192.8	193.8	鄂　　州	169.9	174.2	179.1	178.6	180.6
合　　肥	127.9	131.9	136.6	141.0	143.9	荆　　门	189.1	194.3	200.0	200.2	201.7
芜　　湖	136.1	141.5	146.2	152.6	156.9	孝　　感	183.4	189.5	191.2	187.9	187.8
蚌　　埠	143.5	147.9	153.1	158.5	161.5	荆　　州	201.0	207.5	214.1	211.2	211.9
淮　　南	123.2	127.1	133.4	138.0	140.6	黄　　冈	223.1	229.0	237.4	231.4	231.1

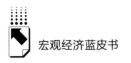

续表

城　市	2018 年	2019 年	2020 年	2021 年	2022 年	城　市	2018 年	2019 年	2020 年	2021 年	2022 年
咸　宁	159.8	163.9	169.1	165.4	165.1	潮　州	172.3	172.2	166.4	162.7	159.8
随　州	165.5	169.4	175.0	170.1	169.5	揭　阳	170.0	174.1	168.0	164.9	162.4
长　沙	162.9	165.0	161.7	159.8	159.7	云　浮	183.8	183.4	176.1	170.8	168.3
株　洲	140.1	139.5	140.5	144.1	146.6	南　宁	132.4	132.7	127.7	126.6	126.3
湘　潭	146.8	147.2	149.4	153.1	155.3	昭　通	208.2	216.2	221.7	224.8	224.4
衡　阳	164.4	166.6	169.7	173.7	175.5	丽　江	182.8	190.6	198.7	207.1	210.4
邵　阳	162.2	157.5	154.4	152.1	150.9	普　洱	163.5	172.9	180.7	186.5	190.1
岳　阳	166.4	165.6	166.8	167.4	167.7	临　沧	166.6	170.1	174.8	175.8	177.6
常　德	163.7	162.8	162.6	167.9	171.1	西　安	152.7	156.1	158.4	162.8	165.5
张家界	176.1	173.1	176.4	176.7	177.9	铜　川	168.2	165.4	165.5	161.2	159.9
益　阳	156.0	160.3	157.6	155.3	155.9	宝　鸡	157.3	156.8	154.9	151.3	149.4
郴　州	181.3	180.8	185.7	192.1	196.2	咸　阳	173.8	169.7	167.0	165.3	165.8
永　州	188.6	183.6	179.8	177.3	176.1	渭　南	170.2	170.1	173.6	164.6	161.9
怀　化	167.7	168.1	170.0	174.8	177.3	延　安	162.5	162.4	160.8	159.1	159.4
娄　底	172.3	169.2	169.4	168.5	168.3	汉　中	187.4	192.9	188.2	182.3	178.4
广　州	140.9	140.0	137.5	135.7	134.4	榆　林	171.8	170.5	165.1	161.9	161.5
韶　关	149.4	148.9	141.4	139.4	138.1	安　康	209.1	205.3	198.6	192.8	189.3
深　圳	159.2	157.4	146.1	142.0	139.3	商　洛	218.7	234.8	238.5	219.9	215.0
珠　海	134.5	132.8	125.8	124.2	123.2	兰　州	117.2	115.9	112.3	108.4	106.6
汕　头	135.1	135.7	130.9	130.3	129.7	嘉峪关	163.5	165.2	172.5	173.5	176.6
佛　山	145.1	143.6	135.3	133.6	132.5	金　昌	200.2	204.0	205.9	203.7	204.1
江　门	132.8	131.1	122.6	121.1	119.7	阜　新	137.1	135.4	133.2	129.6	128.5
湛　江	158.9	157.3	148.0	144.2	142.5	辽　阳	146.3	142.9	140.7	140.6	142.3
茂　名	140.7	140.1	134.3	133.6	132.5	盘　锦	157.8	155.5	154.2	154.5	156.5
肇　庆	171.2	169.3	161.2	160.0	159.5	铁　岭	132.2	131.7	130.5	128.0	127.8
惠　州	153.1	152.1	143.9	142.1	141.1	朝　阳	165.4	164.2	160.6	155.8	154.4
梅　州	162.1	161.5	156.9	156.0	155.8	葫芦岛	161.0	158.1	158.0	158.5	159.4
汕　尾	167.0	168.2	156.8	153.1	152.4	长　春	149.0	150.8	152.0	151.6	152.7
河　源	165.9	163.4	158.4	155.9	154.1	吉　林	184.5	181.7	184.3	187.0	188.3
阳　江	164.2	163.9	157.2	153.0	151.0	四　平	162.9	167.4	170.8	175.6	177.6
清　远	177.5	177.1	168.5	165.0	162.6	辽　源	162.8	169.8	174.5	168.2	167.0
东　莞	153.5	152.6	142.1	139.8	138.6	通　化	148.9	152.3	154.4	155.8	156.5
中　山	156.2	154.7	141.0	139.2	137.7	白　山	144.0	147.8	152.5	153.5	153.9

续表

城 市	2018 年	2019 年	2020 年	2021 年	2022 年	城 市	2018 年	2019 年	2020 年	2021 年	2022 年
松 原	191.2	189.3	192.0	188.3	187.0	济 南	176.6	185.5	187.1	189.6	189.8
白 城	173.0	176.1	180.5	184.1	185.2	青 岛	163.3	169.4	168.8	171.5	171.2
哈尔滨	163.6	165.9	170.8	170.3	171.3	淄 博	173.6	182.2	185.0	188.6	188.9
齐齐哈尔	176.7	174.4	174.9	173.0	172.7	枣 庄	176.8	184.3	186.0	191.9	192.8
鸡 西	228.0	229.9	235.3	235.0	236.2	东 营	194.7	202.0	202.4	206.1	205.7
鹤 岗	172.6	171.2	173.3	174.4	175.9	烟 台	196.9	205.5	205.7	209.7	210.0
双鸭山	163.9	166.2	174.7	168.1	166.9	潍 坊	176.1	183.4	184.6	188.4	189.0
大 庆	189.7	189.6	194.6	195.7	198.3	济 宁	189.1	197.4	198.6	203.5	204.3
伊 春	199.2	198.8	201.2	202.1	203.3	泰 安	172.3	177.9	177.8	180.7	180.3
佳木斯	177.2	179.1	184.0	179.9	179.1	威 海	189.5	196.7	196.9	199.4	197.9
七台河	163.5	163.7	172.4	169.3	169.6	日 照	184.6	190.8	190.4	194.1	193.8
牡丹江	163.0	167.7	174.0	171.8	171.5	临 沂	187.4	194.0	194.1	196.3	195.9
黑 河	225.6	225.4	230.2	232.1	233.7	德 州	184.7	192.2	194.2	198.1	198.8
绥 化	197.1	199.4	203.1	205.9	207.3	聊 城	210.0	218.2	219.6	222.7	222.7
上 海	148.7	149.4	147.0	147.0	146.5	滨 州	202.5	211.7	213.4	217.7	218.3
南 京	182.7	182.4	177.2	173.9	170.6	菏 泽	218.9	227.7	226.9	229.1	228.1
无 锡	192.8	194.9	191.4	191.9	191.3	郑 州	113.5	118.1	117.5	120.0	120.6
徐 州	232.8	237.8	237.3	242.3	243.5	开 封	127.2	127.2	124.7	123.9	123.5
常 州	185.5	186.7	182.7	181.4	179.8	洛 阳	115.2	115.2	113.2	113.0	112.7
苏 州	228.6	230.0	223.6	221.0	217.9	平顶山	141.8	140.2	137.7	137.4	137.9
南 通	182.9	185.9	183.5	183.5	182.3	安 阳	134.9	133.1	131.1	131.4	131.8
连云港	239.3	243.0	241.3	242.0	240.5	鹤 壁	128.1	128.3	126.2	127.4	127.2
淮 安	223.9	226.9	223.8	224.2	223.7	新 乡	122.8	123.9	121.8	123.0	123.8
盐 城	228.4	230.6	227.7	228.8	228.1	焦 作	131.2	130.9	128.9	130.4	131.4
扬 州	209.1	213.2	210.7	212.0	210.9	濮 阳	159.3	159.7	157.3	156.3	155.2
镇 江	207.2	210.8	208.7	210.5	210.0	许 昌	120.0	119.5	117.4	117.8	117.9
泰 州	242.2	245.4	241.8	244.6	245.4	漯 河	145.8	145.9	145.3	143.8	143.2
宿 迁	248.9	254.3	253.6	252.0	249.7	三门峡	130.1	132.0	131.7	134.1	135.8
杭 州	178.2	182.9	179.5	183.8	183.8	南 阳	132.4	132.3	130.6	129.1	128.1
吉 安	154.2	156.9	161.3	160.8	164.3	商 丘	133.7	131.9	129.6	129.4	129.0
宜 春	158.1	162.2	168.5	170.4	174.9	信 阳	166.5	168.4	166.1	163.8	162.0
抚 州	142.0	144.6	147.9	150.8	155.1	周 口	148.1	147.9	145.7	144.1	142.2
上 饶	179.3	182.6	190.0	191.1	195.7	驻马店	178.2	176.2	169.9	168.5	167.8

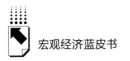

续表

城　市	2018 年	2019 年	2020 年	2021 年	2022 年	城　市	2018 年	2019 年	2020 年	2021 年	2022 年
武　汉	148.0	148.5	147.0	144.6	143.7	眉　山	176.1	182.2	187.0	193.0	194.3
黄　石	157.8	162.2	167.7	167.8	169.7	宜　宾	170.0	174.5	177.6	182.9	184.0
十　堰	185.9	189.1	194.4	190.4	189.2	广　安	179.7	187.1	193.5	203.2	207.3
宜　昌	155.7	158.8	160.9	162.4	164.1	达　州	166.8	172.6	178.3	184.8	188.2
襄　阳	167.7	172.3	173.7	175.7	177.8	雅　安	192.2	199.1	204.8	210.6	212.5
柳　州	114.9	115.9	115.3	119.6	122.2	巴　中	197.5	200.7	204.8	211.1	211.8
桂　林	125.4	126.1	127.1	131.2	132.9	资　阳	196.2	203.4	211.2	216.9	217.2
梧　州	121.3	123.6	126.9	128.6	129.1	贵　阳	128.2	131.6	133.6	136.3	135.7
北　海	120.2	120.3	120.9	123.1	124.1	六盘水	127.3	132.1	133.4	138.4	138.8
防城港	142.8	144.6	144.7	147.8	149.9	遵　义	167.8	173.5	172.1	174.7	174.2
钦　州	168.7	169.7	170.4	173.0	174.5	安　顺	147.4	157.1	159.6	164.8	167.1
贵　港	164.3	167.6	169.2	172.9	175.6	昆　明	123.3	125.9	124.1	126.3	126.6
玉　林	148.9	151.0	156.5	159.0	159.7	曲　靖	157.8	163.4	165.5	168.1	168.9
百　色	160.5	162.0	166.5	164.6	164.2	玉　溪	158.1	166.1	173.8	178.9	181.9
贺　州	127.8	131.7	130.5	127.5	127.4	保　山	159.9	165.1	171.3	175.3	178.3
河　池	193.4	194.8	197.6	190.1	188.7	白　银	173.2	179.0	183.2	181.4	182.3
来　宾	143.3	140.7	142.4	143.4	145.4	天　水	183.9	184.5	191.2	189.5	189.2
崇　左	146.4	154.5	152.8	147.3	146.4	武　威	176.8	178.3	180.0	179.7	181.3
海　口	162.8	165.3	165.9	169.2	172.2	张　掖	189.4	188.8	196.3	192.6	191.6
三　亚	159.9	163.3	162.7	166.5	167.1	平　凉	196.7	198.8	200.9	191.7	188.8
重　庆	137.5	141.7	139.7	142.1	142.9	酒　泉	179.9	182.6	188.8	188.1	190.1
成　都	148.0	149.8	148.0	150.9	153.3	庆　阳	178.0	183.8	193.2	188.3	186.8
自　贡	159.0	165.3	170.4	176.9	178.8	定　西	203.3	207.7	219.5	211.5	211.1
攀枝花	159.5	166.2	172.7	178.2	178.9	陇　南	200.7	218.1	239.8	219.7	215.7
泸　州	150.9	156.5	160.7	166.2	167.6	西　宁	121.2	122.7	123.2	123.5	124.7
德　阳	156.2	161.5	166.4	172.6	174.6	银　川	148.2	145.6	142.5	137.2	134.9
绵　阳	161.2	166.5	170.7	177.9	180.6	石嘴山	172.2	178.1	181.6	176.5	176.1
广　元	170.8	174.8	180.5	182.0	181.8	吴　忠	170.8	172.3	173.9	173.2	172.0
遂　宁	184.8	192.8	197.5	202.0	202.8	固　原	239.7	245.9	268.5	258.1	252.2
内　江	172.3	180.6	186.5	191.2	192.6	中　卫	182.8	192.8	200.6	199.3	199.0
乐　山	175.1	180.5	185.4	193.0	195.7	乌鲁木齐	137.7	138.9	137.7	138.6	139.1
南　充	174.8	179.6	181.9	184.3	183.7	克拉玛依	184.6	183.6	181.4	180.8	178.1

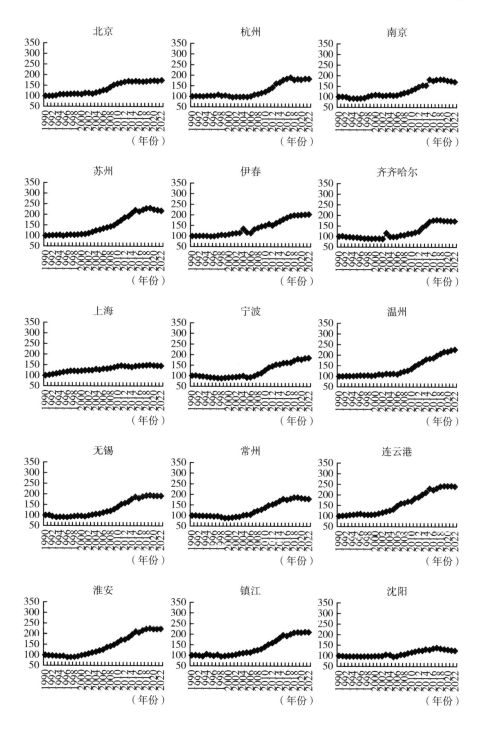

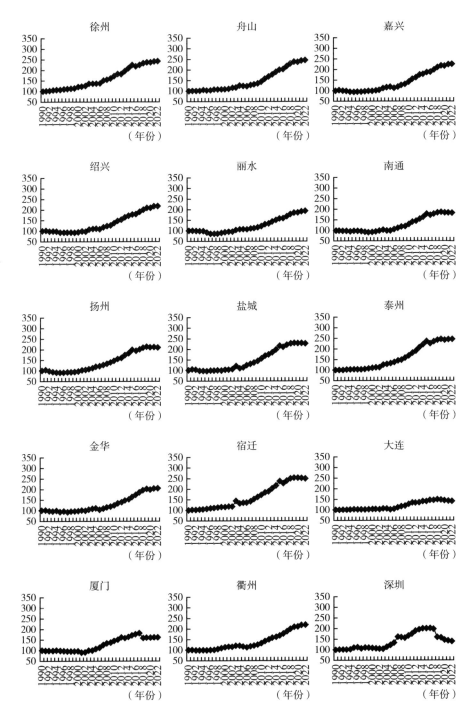

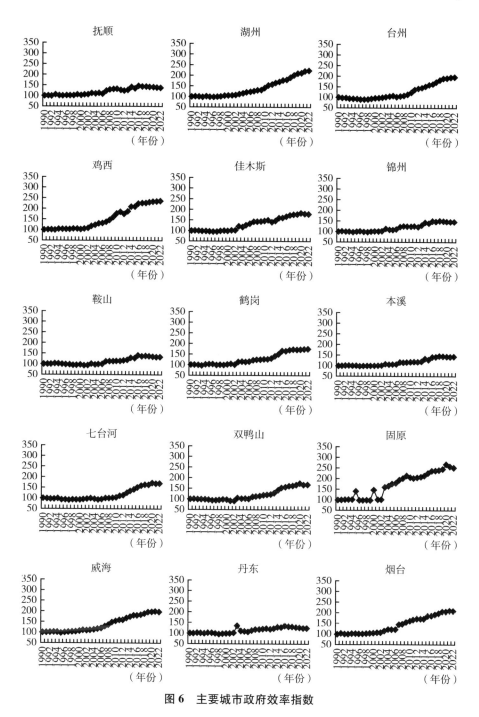

图6 主要城市政府效率指数

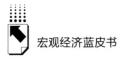

六　人民生活

表 102　2018~2022 年城市人民生活排名

城　市	2018 年	2019 年	2020 年	2021 年	2022 年	城　市	2018 年	2019 年	2020 年	2021 年	2022 年
北　京	1	1	1	2	2	巴彦淖尔	173	167	154	152	148
天　津	49	45	44	43	36	乌兰察布	242	218	206	197	186
石家庄	154	133	123	139	141	沈　阳	21	22	20	22	23
唐　山	163	140	129	130	118	大　连	35	32	33	29	28
秦皇岛	124	121	149	142	154	鞍　山	54	50	52	55	58
邯　郸	222	212	207	209	206	抚　顺	50	42	39	40	33
邢　台	234	226	224	220	221	本　溪	102	102	108	117	123
保　定	152	122	118	121	116	丹　东	65	58	58	69	69
张家口	144	149	148	147	142	锦　州	116	110	115	124	127
承　德	207	205	209	215	223	营　口	74	68	62	51	39
沧　州	228	214	217	213	211	宁　波	23	21	19	18	16
廊　坊	109	117	120	145	165	温　州	38	33	26	25	24
衡　水	212	204	201	204	210	嘉　兴	80	82	83	75	74
太　原	20	23	24	31	41	湖　州	63	61	55	57	61
大　同	46	49	54	59	64	绍　兴	17	16	16	14	13
阳　泉	104	88	72	52	42	金　华	31	31	30	30	34
长　治	145	141	142	154	162	衢　州	40	39	37	41	48
晋　城	140	179	171	178	173	舟　山	16	14	12	10	10
朔　州	113	112	109	108	99	台　州	42	41	36	35	35
晋　中	231	216	208	218	215	丽　水	29	30	31	38	45
运　城	136	135	139	146	140	合　肥	94	98	93	98	111
忻　州	89	93	103	132	147	芜　湖	188	180	173	166	161
临　汾	147	151	157	173	176	蚌　埠	247	243	225	232	237
吕　梁	142	165	177	198	207	淮　南	198	210	215	214	219
呼和浩特	43	44	45	49	60	马鞍山	192	189	181	168	156
包　头	27	17	14	9	7	淮　北	187	193	198	195	194
乌　海	39	35	40	36	31	铜　陵	233	211	204	208	208
赤　峰	105	107	114	107	106	安　庆	221	236	235	224	217
通　辽	261	253	256	253	248	黄　山	47	51	47	34	29
鄂尔多斯	68	69	68	77	86	滁　州	260	264	274	274	271
呼伦贝尔	95	87	86	82	78	阜　阳	208	223	238	231	231

续表

城　市	2018 年	2019 年	2020 年	2021 年	2022 年	城　市	2018 年	2019 年	2020 年	2021 年	2022 年
宿　州	275	277	275	272	273	常　德	201	197	194	185	182
六　安	263	262	250	245	234	张家界	111	97	98	93	83
亳　州	259	268	262	254	245	益　阳	241	232	223	212	209
池　州	150	171	172	179	178	郴　州	149	145	143	134	132
宣　城	225	235	218	200	190	永　州	135	132	126	118	110
福　州	37	34	27	24	22	怀　化	199	200	200	192	189
厦　门	33	37	43	46	50	娄　底	249	254	259	260	260
莆　田	59	57	56	63	65	广　州	11	11	11	12	11
三　明	133	124	119	112	98	韶　关	103	94	84	65	51
泉　州	92	99	105	96	91	深　圳	2	2	3	3	4
漳　州	229	224	220	211	202	珠　海	5	6	7	7	8
南　平	127	123	124	123	124	汕　头	108	120	131	136	145
龙　岩	76	72	59	54	52	佛　山	13	13	15	15	15
宁　德	170	163	156	162	164	江　门	161	177	191	205	228
南　昌	78	79	77	88	100	湛　江	270	270	266	262	256
景德镇	155	160	168	167	175	茂　名	277	275	277	269	269
萍　乡	194	187	186	191	200	肇　庆	272	271	267	261	258
九　江	217	202	187	177	168	惠　州	55	59	66	74	82
新　余	123	108	99	86	76	梅　州	191	201	216	216	227
鹰　潭	184	176	167	151	144	汕　尾	281	283	282	282	282
赣　州	189	198	195	196	197	河　源	220	227	232	227	229
鄂　州	85	77	75	72	79	阳　江	97	101	111	119	130
荆　门	134	129	132	122	120	清　远	202	206	214	222	232
孝　感	183	194	199	199	205	东　莞	6	5	6	5	6
荆　州	119	136	147	156	167	中　山	18	19	25	26	30
黄　冈	141	155	152	161	163	潮　州	255	256	260	255	252
咸　宁	115	116	117	125	135	揭　阳	283	282	283	283	283
随　州	157	162	166	163	159	云　浮	279	279	280	281	281
长　沙	19	20	21	23	26	南　宁	71	73	82	80	81
株　洲	146	152	151	149	143	昭　通	267	267	269	267	265
湘　潭	167	164	170	159	153	丽　江	88	90	96	102	113
衡　阳	215	213	212	201	193	普　洱	175	188	189	189	191
邵　阳	137	137	122	99	84	临　沧	280	280	279	280	279
岳　阳	250	245	244	233	224	西　安	25	27	28	27	27

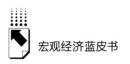

续表

城　市	2018 年	2019 年	2020 年	2021 年	2022 年	城　市	2018 年	2019 年	2020 年	2021 年	2022 年
铜　川	62	54	50	48	47	七台河	101	100	95	111	121
宝　鸡	160	159	161	160	158	牡丹江	182	172	163	158	166
咸　阳	132	118	113	106	95	黑　河	4	3	2	1	1
渭　南	118	113	101	94	85	绥　化	284	284	284	284	284
延　安	75	76	70	71	71	上　海	3	4	4	4	3
汉　中	165	158	153	143	136	南　京	14	18	18	19	20
榆　林	82	81	76	81	87	无　锡	28	29	29	32	38
安　康	128	128	125	129	125	徐　州	213	217	233	248	254
商　洛	269	269	264	266	264	常　州	45	47	49	62	70
兰　州	60	66	69	83	88	苏　州	9	9	10	13	14
嘉峪关	7	7	5	6	5	南　通	77	83	78	73	72
金　昌	24	24	22	21	21	连云港	209	222	240	256	267
阜　新	69	80	87	87	90	淮　安	139	143	144	137	137
辽　阳	70	65	64	67	68	盐　城	177	183	188	187	187
盘　锦	44	38	35	28	25	扬　州	96	104	112	115	126
铁　岭	66	71	80	78	80	镇　江	99	91	91	89	89
朝　阳	91	92	94	101	119	泰　州	129	127	137	140	139
葫芦岛	110	111	106	113	115	宿　迁	232	238	246	251	257
长　春	169	161	175	175	172	杭　州	12	12	13	16	18
吉　林	159	144	127	120	105	吉　安	180	192	190	186	183
四　平	271	260	252	234	216	宜　春	210	219	228	219	218
辽　源	265	259	253	243	235	抚　州	274	274	268	264	259
通　化	158	142	121	109	94	上　饶	227	233	236	237	240
白　山	151	156	150	148	150	济　南	56	48	48	60	67
松　原	282	281	281	279	276	青　岛	83	86	89	95	101
白　城	211	196	182	183	179	淄　博	72	67	60	64	63
哈尔滨	143	126	136	135	133	枣　庄	240	247	247	238	238
齐齐哈尔	67	52	51	44	40	东　营	32	25	23	20	19
鸡　西	93	95	100	97	103	烟　台	130	125	141	144	151
鹤　岗	30	36	38	42	46	潍　坊	166	150	138	133	128
双鸭山	73	70	74	70	66	济　宁	248	246	242	249	247
大　庆	58	55	57	56	49	泰　安	246	237	231	239	239
伊　春	15	15	17	17	17	威　海	106	103	102	104	109
佳木斯	176	153	145	138	131	日　照	224	234	229	242	246

续表

城　　市	2018 年	2019 年	2020 年	2021 年	2022 年	城　　市	2018 年	2019 年	2020 年	2021 年	2022 年
临　沂	251	251	258	263	263	玉　林	204	186	185	182	185
德　州	276	276	271	273	270	百　色	197	181	178	171	160
聊　城	244	220	202	207	204	贺　州	278	278	278	278	278
滨　州	178	174	169	164	157	河　池	218	225	226	221	213
菏　泽	268	272	272	275	275	来　宾	257	249	245	235	222
郑　州	61	74	85	92	93	崇　左	273	265	265	271	272
开　封	237	239	239	241	244	海　口	22	26	34	33	37
洛　阳	195	191	197	193	195	三　亚	10	10	8	8	9
平顶山	114	146	158	165	169	重　庆	125	138	146	157	174
安　阳	172	178	196	202	203	成　都	41	46	46	50	59
鹤　壁	230	242	234	230	233	自　贡	223	228	227	226	226
新　乡	214	221	230	246	251	攀枝花	81	75	61	53	55
焦　作	186	184	183	176	171	泸　州	153	168	165	172	184
濮　阳	238	231	237	244	249	德　阳	168	173	176	170	170
许　昌	243	244	241	228	214	绵　阳	84	85	67	61	56
漯　河	203	209	211	203	198	广　元	51	53	53	47	44
三门峡	200	190	184	169	155	遂　宁	219	230	213	223	220
南　阳	236	240	243	247	243	内　江	205	203	203	206	212
商　丘	256	263	273	277	280	乐　山	100	109	110	100	92
信　阳	252	255	257	257	253	南　充	117	131	130	128	122
周　口	262	266	270	270	274	眉　山	148	147	134	127	117
驻马店	216	241	254	258	255	宜　宾	164	175	180	184	192
武　汉	48	56	81	91	114	广　安	181	166	159	155	152
黄　石	156	157	155	153	149	达　州	171	182	192	194	196
十　堰	90	96	104	105	112	雅　安	36	43	42	37	32
宜　昌	79	84	88	76	73	巴　中	126	139	133	116	104
襄　阳	122	130	135	131	129	资　阳	179	170	174	190	199
柳　州	120	119	128	114	102	贵　阳	52	60	73	90	108
桂　林	190	195	210	217	225	六盘水	226	215	221	229	241
梧　州	266	261	263	268	268	遵　义	196	207	222	250	261
北　海	131	114	97	103	97	安　顺	254	252	251	259	262
防城港	86	78	79	68	57	昆　明	34	40	41	45	53
钦　州	258	257	248	240	236	曲　靖	245	250	255	252	250
贵　港	235	229	219	210	201	玉　溪	112	115	116	110	107

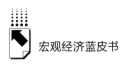

续表

城 市	2018 年	2019 年	2020 年	2021 年	2022 年	城 市	2018 年	2019 年	2020 年	2021 年	2022 年
保　山	174	169	162	150	146	陇　南	193	208	205	225	242
白　银	138	134	140	141	138	西　宁	57	64	71	84	96
天　水	162	154	164	174	177	银　川	98	105	107	126	134
武　威	53	63	65	66	62	石嘴山	107	106	92	85	77
张　掖	87	89	90	79	75	吴　忠	206	199	193	188	181
平　凉	121	148	160	180	188	固　原	253	248	249	236	230
酒　泉	64	62	63	58	54	中　卫	264	273	276	276	277
庆　阳	185	185	179	181	180	乌鲁木齐	26	28	32	39	43
定　西	239	258	261	265	266	克拉玛依	8	8	9	11	12

表103　2018～2022年城市人民生活指数（上一年＝100）

城 市	2018 年	2019 年	2020 年	2021 年	2022 年	城 市	2018 年	2019 年	2020 年	2021 年	2022 年
北　京	99.8	99.4	99.7	100.0	99.5	忻　州	100.7	100.0	99.3	97.9	99.4
天　津	100.2	101.5	100.9	100.8	101.1	临　汾	99.6	100.7	100.2	99.7	100.8
石家庄	100.2	102.8	101.8	99.6	100.5	吕　梁	101.2	98.7	99.9	98.5	99.8
唐　山	100.0	103.3	102.0	101.4	102.0	呼和浩特	101.1	101.1	100.3	99.2	99.5
秦皇岛	98.5	101.1	98.0	101.8	100.0	包　头	102.8	104.1	103.2	104.5	104.4
邯　郸	101.0	101.7	101.2	100.9	101.2	乌　海	101.2	101.8	100.4	101.0	101.6
邢　台	99.4	101.8	101.0	101.1	100.8	赤　峰	101.3	100.8	100.4	101.1	100.8
保　定	99.6	103.9	101.4	100.7	101.6	通　辽	99.8	101.7	100.4	101.6	101.4
张家口	99.7	100.7	100.8	101.2	101.2	鄂尔多斯	104.7	100.6	100.8	99.3	99.2
承　德	99.6	100.8	100.2	100.2	100.2	呼伦贝尔	101.6	102.2	101.4	100.8	100.8
沧　州	100.0	101.8	101.0	100.9	101.2	巴彦淖尔	101.7	101.2	102.1	101.5	101.4
廊　坊	99.0	100.4	100.0	98.9	99.3	乌兰察布	101.5	103.0	102.2	102.2	102.1
衡　水	98.9	101.8	100.9	100.5	100.8	沈　阳	102.0	100.9	101.0	99.6	100.0
太　原	99.0	100.0	99.9	97.3	98.7	大　连	101.5	102.0	100.6	101.1	101.0
大　同	100.5	100.4	99.3	100.4	100.3	鞍　山	103.1	101.3	100.3	100.4	100.4
阳　泉	100.2	103.3	103.2	103.6	102.4	抚　顺	101.8	102.5	101.4	100.3	101.2
长　治	100.5	101.6	100.8	99.6	100.4	本　溪	101.4	101.1	99.9	100.1	100.4
晋　城	100.6	97.1	101.8	100.7	101.2	丹　东	102.0	101.9	100.2	99.9	100.6
朔　州	101.2	101.6	100.9	100.9	101.5	锦　州	101.2	102.1	100.2	100.1	100.6
晋　中	102.0	101.9	102.0	99.6	101.1	营　口	102.2	102.2	101.4	102.4	102.5
运　城	100.3	100.8	100.5	100.5	101.1	宁　波	101.6	101.7	101.3	101.6	101.4

续表

城　市	2018 年	2019 年	2020 年	2021 年	2022 年	城　市	2018 年	2019 年	2020 年	2021 年	2022 年
温　州	100.0	102.7	102.7	101.3	100.2	南　昌	99.4	101.1	101.3	98.6	98.8
嘉　兴	100.1	101.2	100.9	100.8	101.1	景德镇	100.7	100.2	100.5	100.9	100.3
湖　州	100.6	101.1	101.5	100.6	100.5	萍　乡	99.7	101.5	100.6	100.2	99.8
绍　兴	102.2	101.7	102.0	101.7	101.1	九　江	99.8	102.2	102.6	102.6	101.9
金　华	99.8	100.6	100.9	99.7	100.0	新　余	101.7	102.8	101.9	102.5	102.3
衢　州	100.5	101.5	101.1	99.8	98.8	鹰　潭	100.5	101.4	102.2	102.4	101.6
舟　山	100.5	102.2	102.0	102.7	103.0	赣　州	99.1	99.6	101.2	100.8	100.4
台　州	100.2	101.6	101.6	100.4	100.3	鄂　州	100.6	102.0	101.3	100.9	99.1
丽　水	99.5	100.5	100.5	98.9	98.8	荆　门	100.5	101.3	100.7	102.3	101.4
合　肥	100.0	100.6	101.3	99.8	99.7	孝　感	98.9	99.3	100.2	100.7	100.4
芜　湖	100.5	101.8	101.4	102.0	101.4	荆　州	99.5	99.1	100.0	100.1	100.2
蚌　埠	100.0	101.4	102.6	100.3	100.5	黄　冈	98.8	99.7	100.8	100.6	100.8
淮　南	98.7	99.3	100.3	100.7	100.4	咸　宁	100.6	101.0	100.4	100.3	99.7
马鞍山	100.2	101.3	101.4	102.5	102.1	随　州	99.4	100.2	100.9	101.4	101.4
淮　北	100.4	99.9	100.4	101.1	100.7	长　沙	99.3	100.6	99.4	99.7	99.9
铜　陵	97.6	102.9	101.5	100.5	101.0	株　洲	99.7	100.5	100.7	101.6	101.3
安　庆	101.0	99.4	100.8	101.9	101.2	湘　潭	100.0	101.1	100.7	101.9	101.5
黄　山	99.8	100.0	101.7	102.8	102.3	衡　阳	100.8	100.7	100.9	102.0	101.6
滁　州	99.9	99.2	99.5	101.1	100.7	邵　阳	98.1	100.6	102.3	103.5	102.5
阜　阳	99.0	98.9	99.6	101.4	101.1	岳　阳	99.8	101.2	101.1	102.0	101.6
宿　州	99.7	100.5	101.7	101.3	100.1	常　德	100.1	101.1	101.2	101.9	101.4
六　安	101.1	100.7	103.0	102.2	101.8	张家界	100.8	102.8	101.6	101.5	101.5
亳　州	99.1	98.7	102.3	102.4	102.1	益　阳	100.4	101.8	101.6	102.0	101.4
池　州	106.9	98.9	100.7	100.8	100.7	郴　州	99.9	101.7	101.0	101.7	101.3
宣　城	99.8	100.0	102.3	102.6	102.2	永　州	100.1	101.0	101.5	102.0	101.5
福　州	101.6	102.2	102.3	101.9	101.9	怀　化	99.2	100.5	101.0	101.7	101.3
厦　门	99.5	99.7	99.4	99.9	99.7	娄　底	99.1	99.9	100.2	100.7	100.5
莆　田	101.1	101.4	100.6	100.3	100.5	广　州	99.6	99.9	100.2	100.7	100.7
三　明	101.2	101.7	101.2	102.3	101.8	韶　关	100.2	102.3	102.5	103.5	102.4
泉　州	101.3	99.8	100.0	101.7	100.7	深　圳	99.0	100.1	99.5	99.3	99.4
漳　州	100.5	101.0	101.3	101.8	101.6	珠　海	99.6	97.7	98.4	100.0	100.5
南　平	100.1	100.9	100.9	101.4	100.7	汕　头	100.0	99.6	99.7	100.5	100.1
龙　岩	101.2	102.0	102.0	101.8	101.1	佛　山	100.2	100.7	100.3	100.4	100.0
宁　德	101.0	101.4	101.7	100.7	100.8	江　门	100.5	99.3	99.2	99.2	98.9

续表

城 市	2018 年	2019 年	2020 年	2021 年	2022 年	城 市	2018 年	2019 年	2020 年	2021 年	2022 年
湛 江	100.6	101.0	101.6	101.7	101.7	盘 锦	101.7	102.2	101.8	101.9	102.0
茂 名	99.5	101.0	100.8	102.4	101.3	铁 岭	103.8	100.2	100.1	100.2	100.1
肇 庆	99.6	101.1	101.0	102.3	101.5	朝 阳	102.0	100.8	100.4	99.8	99.4
惠 州	102.0	100.1	99.6	99.6	99.4	葫芦岛	100.6	101.3	101.2	100.2	100.7
梅 州	98.5	99.4	99.5	100.6	100.1	长 春	99.1	101.6	99.8	101.3	101.2
汕 尾	100.0	100.6	100.6	101.3	101.0	吉 林	100.6	102.5	102.3	102.0	101.9
河 源	99.6	100.0	100.2	101.4	101.0	四 平	100.2	102.5	102.6	103.3	102.1
阳 江	99.7	100.5	99.6	100.0	99.9	辽 源	99.8	102.0	101.9	102.6	101.6
清 远	99.5	100.2	100.0	100.1	99.9	通 化	101.0	102.6	102.6	102.6	101.8
东 莞	100.6	100.2	99.9	100.4	100.2	白 山	100.0	100.4	101.3	101.5	100.6
中 山	101.2	100.7	99.0	99.5	99.5	松 原	99.8	102.0	102.1	100.8	101.7
潮 州	99.5	100.3	100.3	101.6	101.1	白 城	100.9	102.4	102.5	100.8	101.6
揭 阳	100.4	101.3	100.1	100.8	100.7	哈尔滨	98.8	102.4	100.2	101.0	101.3
云 浮	98.7	99.8	100.0	101.0	100.5	齐齐哈尔	100.3	103.1	100.7	101.7	101.3
南 宁	100.1	100.9	99.9	99.9	100.4	鸡 西	100.3	100.4	100.2	100.7	100.3
昭 通	99.3	100.3	100.7	101.5	100.7	鹤 岗	100.3	99.0	100.7	99.7	99.5
丽 江	100.6	100.1	100.1	99.9	99.8	双鸭山	102.0	101.8	100.4	101.2	101.3
普 洱	99.0	99.4	100.4	101.1	100.4	大 庆	102.0	101.1	100.2	101.5	101.5
临 沧	99.7	99.8	101.4	101.5	101.0	伊 春	100.2	100.5	100.9	100.6	100.3
西 安	99.5	99.8	100.4	100.7	100.7	佳木斯	99.9	103.2	101.8	101.6	101.7
铜 川	101.4	102.4	101.2	100.8	101.1	七台河	101.0	101.3	101.3	98.9	100.2
宝 鸡	99.9	100.7	100.7	101.3	101.3	牡丹江	99.9	101.7	101.6	101.6	100.5
咸 阳	101.2	102.6	101.7	101.3	101.5	黑 河	101.1	100.9	101.2	101.6	100.8
渭 南	100.5	101.9	101.9	101.8	101.6	绥 化	99.9	102.3	100.0	100.7	101.1
延 安	101.5	101.4	101.5	100.6	100.2	上 海	100.9	99.4	99.5	100.4	99.8
汉 中	99.6	101.3	101.4	102.1	101.8	南 京	98.0	98.9	101.1	100.6	100.0
榆 林	100.8	101.1	101.4	99.5	99.5	无 锡	100.8	100.7	100.0	99.1	99.0
安 康	99.9	100.4	101.2	101.2	101.0	徐 州	98.8	99.9	99.6	99.8	99.2
商 洛	100.5	100.6	102.0	100.3	100.9	常 州	99.5	100.7	100.0	99.2	99.2
兰 州	98.9	100.3	100.3	98.6	99.3	苏 州	101.5	99.5	99.5	99.0	98.7
嘉峪关	102.4	101.4	102.1	100.1	100.7	南 通	99.0	100.2	101.6	100.9	100.5
金 昌	102.6	100.6	101.5	101.0	101.3	连云港	99.6	99.2	99.2	98.8	98.4
阜 新	102.4	99.3	99.9	100.0	99.7	淮 安	99.1	100.8	100.7	101.6	101.0
辽 阳	101.6	101.4	100.7	100.7	100.6	盐 城	99.6	100.3	100.0	100.9	100.8

续表

城　市	2018年	2019年	2020年	2021年	2022年	城　市	2018年	2019年	2020年	2021年	2022年
扬　州	98.9	100.1	99.9	100.3	100.0	许　昌	100.5	100.9	101.1	102.2	101.9
镇　江	100.1	102.1	100.7	101.0	100.0	漯　河	99.7	100.1	100.5	101.8	101.1
泰　州	98.6	100.6	100.0	100.9	100.7	三门峡	100.7	102.3	101.3	102.6	102.3
宿　迁	99.8	100.2	100.1	100.1	99.6	南　阳	98.2	100.4	100.5	100.9	101.0
杭　州	98.9	99.5	99.8	99.1	99.2	商　丘	98.1	98.7	99.7	99.0	99.0
吉　安	99.2	99.5	100.8	101.4	101.4	信　阳	99.2	99.9	100.6	101.3	100.9
宜　春	99.0	99.6	100.1	101.6	100.8	周　口	99.5	99.7	100.3	100.8	99.8
抚　州	101.0	100.9	101.6	102.0	101.8	驻马店	98.6	98.1	98.9	100.8	100.6
上　饶	99.3	100.1	100.5	100.8	100.5	武　汉	98.4	99.0	98.1	98.5	98.3
济　南	100.5	102.4	100.5	99.0	99.8	黄　石	99.7	100.6	101.0	101.4	101.4
青　岛	100.1	100.4	100.7	99.5	99.7	十　堰	98.9	99.5	99.8	100.7	100.1
淄　博	100.1	101.9	101.4	100.8	100.8	宜　昌	99.5	100.5	100.4	101.8	101.3
枣　庄	100.2	100.0	101.2	101.6	101.0	襄　阳	99.1	100.0	100.5	101.5	101.1
东　营	100.8	102.8	101.8	102.0	101.5	柳　州	100.5	101.0	100.0	102.4	101.9
烟　台	99.8	101.1	99.5	100.6	100.3	桂　林	99.0	100.2	99.1	99.9	100.4
潍　坊	101.6	102.2	102.1	101.6	101.6	梧　州	99.0	101.3	100.9	99.9	101.0
济　宁	100.1	100.7	101.5	100.6	100.5	北　海	101.5	103.2	102.5	100.0	101.0
泰　安	99.7	102.0	101.4	100.1	101.0	防城港	100.9	102.2	101.0	102.0	102.3
威　海	100.1	101.9	100.7	100.5	100.3	钦　州	98.8	101.1	102.5	101.6	101.3
日　照	99.6	99.9	101.1	99.9	100.1	贵　港	100.6	101.7	101.7	101.8	101.7
临　沂	99.1	100.5	99.8	100.1	100.2	玉　林	101.1	102.9	100.9	101.1	100.5
德　州	99.3	100.8	102.2	100.7	100.9	百　色	99.9	102.5	101.2	101.7	102.0
聊　城	100.0	103.2	102.8	100.3	101.3	贺　州	97.4	100.2	101.2	100.4	100.1
滨　州	100.6	101.2	101.5	101.5	101.6	河　池	98.8	100.0	100.6	101.5	101.3
菏　泽	98.8	100.0	100.6	100.4	100.4	来　宾	110.6	102.0	101.5	101.8	102.0
郑　州	99.5	99.8	99.2	99.3	99.9	崇　左	103.3	101.7	101.4	99.5	100.3
开　封	100.0	100.6	101.0	100.7	100.2	海　口	98.5	99.5	98.8	99.6	99.4
洛　阳	99.9	101.3	99.9	101.1	100.4	三　亚	100.7	101.2	101.5	100.0	101.8
平顶山	100.3	98.2	99.2	100.7	100.8	重　庆	99.1	99.5	100.1	100.0	99.4
安　阳	99.4	100.2	98.9	100.0	100.8	成　都	98.6	100.3	100.7	99.2	99.6
鹤　壁	100.1	99.8	101.5	101.3	100.6	自　贡	97.9	100.4	100.7	101.1	100.9
新　乡	99.6	99.9	100.1	99.6	99.4	攀枝花	99.0	102.0	102.2	102.1	100.8
焦　作	100.3	101.0	100.8	102.1	101.3	泸　州	99.8	99.2	101.4	100.3	99.5
濮　阳	100.2	101.9	100.3	100.3	99.9	德　阳	99.3	100.5	100.5	101.5	101.0

续表

城　市	2018 年	2019 年	2020 年	2021 年	2022 年	城　市	2018 年	2019 年	2020 年	2021 年	2022 年
绵　阳	100.2	100.7	103.2	101.9	101.7	玉　溪	100.8	100.7	100.9	101.6	100.8
广　元	99.5	99.9	100.8	101.8	101.2	保　山	100.2	101.1	101.5	102.2	101.4
遂　宁	99.1	99.8	102.2	100.0	100.9	白　银	100.0	101.4	100.4	100.7	101.0
内　江	99.0	100.7	100.8	100.5	100.1	天　水	100.1	101.7	99.9	100.1	100.8
乐　山	99.4	99.9	100.6	101.8	101.1	武　威	98.4	99.1	100.4	101.0	101.1
南　充	99.3	99.3	101.2	101.6	101.1	张　掖	99.8	100.4	101.0	101.6	101.4
眉　山	98.6	101.4	101.8	102.1	101.9	平　凉	98.6	98.3	99.4	99.3	99.5
宜　宾	99.8	99.6	100.4	100.5	99.8	酒　泉	100.3	101.0	100.7	101.5	101.5
广　安	98.8	101.9	101.7	101.5	101.2	庆　阳	99.9	100.7	101.3	100.8	101.3
达　州	102.5	99.8	99.5	100.6	100.3	定　西	100.0	98.5	100.2	100.2	100.2
雅　安	99.3	100.0	100.7	101.6	101.2	陇　南	101.4	98.8	101.0	99.1	99.3
巴　中	98.5	99.5	101.4	102.8	101.6	西　宁	99.0	99.8	99.9	98.7	98.6
资　阳	98.7	101.6	100.5	98.8	99.8	银　川	99.7	100.2	100.4	99.2	100.0
贵　阳	98.0	99.5	99.0	98.1	98.5	石嘴山	100.4	99.9	102.6	101.6	102.0
六盘水	99.5	101.5	100.4	100.0	99.8	吴　忠	100.1	101.3	101.5	101.5	101.9
遵　义	99.4	99.2	99.4	98.6	98.0	固　原	100.0	101.3	101.1	102.1	101.7
安　顺	99.2	100.6	100.9	100.2	99.6	中　卫	101.1	99.3	100.2	99.8	99.9
昆　明	99.8	99.9	100.2	99.4	99.5	乌鲁木齐	100.4	99.8	99.4	98.9	99.2
曲　靖	101.3	100.1	100.1	101.6	101.1	克拉玛依	99.7	99.6	99.5	99.7	99.4

表 104　2018~2022 年城市人民生活指数（以 1990 年为基期）

城　市	2018 年	2019 年	2020 年	2021 年	2022 年	城　市	2018 年	2019 年	2020 年	2021 年	2022 年
北　京	209.2	207.8	207.2	207.3	206.2	廊　坊	182.2	182.8	182.8	180.8	179.5
天　津	164.6	167.2	168.6	170.0	171.7	衡　水	160.8	163.6	165.0	165.8	167.1
石家庄	162.6	167.2	170.3	169.6	170.4	太　原	149.1	149.1	149.0	144.9	143.1
唐　山	169.5	175.1	178.6	181.0	184.5	大　同	155.1	155.6	154.6	155.2	155.6
秦皇岛	165.1	166.9	163.6	166.5	166.5	阳　泉	149.6	154.5	159.5	165.2	169.1
邯　郸	153.4	156.0	157.8	159.2	161.2	长　治	155.7	158.2	159.4	158.9	159.4
邢　台	147.5	150.2	151.7	153.4	154.5	晋　城	141.8	137.7	140.1	141.1	142.8
保　定	167.6	174.1	176.5	177.7	180.6	朔　州	145.3	147.4	148.8	150.1	152.3
张家口	153.2	154.2	155.5	157.3	159.2	晋　中	142.4	145.1	148.0	147.5	149.1
承　德	130.0	131.0	131.3	131.4	131.6	运　城	142.6	143.7	144.5	145.2	146.9
沧　州	150.4	153.1	154.5	155.8	157.7	忻　州	147.5	147.5	146.5	143.4	142.6

续表

城　市	2018 年	2019 年	2020 年	2021 年	2022 年	城　市	2018 年	2019 年	2020 年	2021 年	2022 年
临　汾	139.2	140.1	140.4	139.9	141.0	马鞍山	136.0	137.8	139.8	143.4	146.4
吕　梁	145.2	143.3	143.2	141.1	140.8	淮　北	146.5	146.3	146.8	148.4	149.4
呼和浩特	161.4	163.2	163.8	162.4	161.6	铜　陵	133.9	137.8	139.8	140.5	141.9
包　头	176.0	183.2	189.0	197.4	206.1	安　庆	157.8	156.9	158.2	161.1	163.1
乌　海	130.0	132.3	132.7	134.1	136.3	黄　山	147.8	147.8	150.3	154.6	158.2
赤　峰	159.1	160.4	161.1	162.9	164.2	滁　州	159.5	158.2	157.5	159.2	160.4
通　辽	120.8	122.9	123.4	125.4	127.1	阜　阳	196.7	194.6	193.8	196.5	198.6
鄂尔多斯	162.6	163.6	164.9	163.8	162.4	宿　州	178.1	179.0	182.1	184.4	184.6
呼伦贝尔	135.8	138.8	140.8	141.9	143.0	六　安	171.3	172.5	177.6	181.6	184.8
巴彦淖尔	128.6	130.1	132.9	134.9	136.7	亳　州	154.5	152.5	156.0	159.7	163.1
乌兰察布	123.8	127.5	130.3	133.2	136.1	池　州	133.5	132.1	133.0	134.1	135.1
沈　阳	165.4	166.9	168.5	167.9	167.9	宣　城	147.0	147.1	150.4	154.3	157.7
大　连	173.7	177.2	178.1	180.2	182.0	福　州	191.2	195.3	199.7	203.6	207.4
鞍　山	167.7	169.8	170.3	171.0	171.7	厦　门	211.1	210.5	209.2	209.0	208.5
抚　顺	144.9	148.6	150.7	151.2	153.0	莆　田	235.1	238.4	239.9	240.6	241.8
本　溪	134.2	135.7	135.5	135.6	135.9	三　明	148.8	151.3	153.2	156.8	159.6
丹　东	160.5	163.5	163.8	163.6	164.6	泉　州	199.4	199.0	199.0	202.4	203.7
锦　州	146.6	149.7	149.9	150.0	151.0	漳　州	158.8	160.5	162.6	165.5	168.2
营　口	162.1	165.6	167.9	171.9	176.3	南　平	142.2	143.5	144.9	146.9	147.9
宁　波	241.4	245.4	248.6	252.5	256.1	龙　岩	164.3	167.6	170.9	174.0	175.9
温　州	219.7	225.5	231.6	234.6	235.1	宁　德	161.3	163.6	166.4	167.6	168.9
嘉　兴	184.1	186.2	187.9	189.4	191.5	南　昌	161.7	163.5	165.6	163.3	161.3
湖　州	178.0	179.9	182.7	183.7	184.7	景德镇	159.2	159.4	160.2	161.6	162.1
绍　兴	228.8	232.7	237.2	241.2	244.0	萍　乡	132.9	135.0	135.8	136.1	135.7
金　华	225.8	227.1	229.1	228.4	228.4	九　江	141.0	144.1	147.9	151.8	154.6
衢　州	210.2	213.2	215.6	215.2	212.6	新　余	163.4	167.9	171.0	175.3	179.2
舟　山	190.9	195.0	199.0	204.4	210.6	鹰　潭	167.1	169.5	173.2	177.3	180.1
台　州	202.5	205.7	208.9	209.8	210.5	赣　州	147.3	146.8	148.5	149.7	150.3
丽　水	143.3	144.0	144.7	143.1	141.3	鄂　州	166.9	170.4	172.6	174.1	172.6
合　肥	186.5	187.7	190.2	189.8	189.2	荆　门	155.2	157.2	158.2	161.8	164.0
芜　湖	155.1	157.8	160.1	163.3	165.5	孝　感	157.0	156.0	156.2	157.2	157.9
蚌　埠	150.9	152.9	156.9	157.3	158.1	荆　州	170.6	169.1	169.1	169.3	169.6
淮　南	124.5	123.7	124.1	125.0	125.4	黄　冈	158.3	157.8	159.1	160.0	161.3

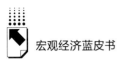
续表

城　市	2018 年	2019 年	2020 年	2021 年	2022 年	城　市	2018 年	2019 年	2020 年	2021 年	2022 年
咸　宁	148.7	150.2	151.4	151.9	151.5	潮　州	155.0	155.4	155.9	158.5	160.2
随　州	161.7	162.0	163.4	165.6	167.9	揭　阳	144.1	145.9	146.1	147.3	148.3
长　沙	202.3	203.6	204.0	203.5	203.4	云　浮	143.3	143.0	143.0	144.4	145.1
株　洲	177.2	178.1	179.3	182.2	184.6	南　宁	169.0	170.6	170.5	170.4	171.1
湘　潭	148.8	150.5	151.6	154.5	156.8	昭　通	157.2	157.6	158.7	161.1	162.2
衡　阳	164.5	165.7	167.2	170.5	173.3	丽　江	180.4	180.6	180.8	180.5	180.2
邵　阳	169.2	170.3	174.3	180.4	184.9	普　洱	127.4	126.7	127.1	128.5	128.9
岳　阳	153.5	155.4	157.2	160.4	162.9	临　沧	104.5	104.3	105.8	107.4	108.5
常　德	158.9	160.6	162.5	165.7	168.0	西　安	183.0	182.7	183.4	184.6	185.9
张家界	149.4	153.7	154.6	157.0	159.3	铜　川	148.1	151.7	153.5	154.7	156.5
益　阳	167.6	170.6	173.3	176.8	179.2	宝　鸡	144.0	145.0	146.0	148.0	149.9
郴　州	185.8	188.9	190.8	194.0	196.6	咸　阳	172.2	176.7	179.7	182.1	184.7
永　州	172.0	173.8	176.4	180.0	182.7	渭　南	184.9	188.4	191.9	195.3	198.4
怀　化	155.5	156.4	157.9	160.7	162.6	延　安	148.6	150.6	152.9	153.8	154.1
娄　底	156.3	156.2	156.5	157.7	158.5	汉　中	154.3	156.3	158.5	161.9	164.9
广　州	202.4	202.2	202.5	204.0	205.4	榆　林	148.4	150.4	152.6	151.9	151.0
韶　关	171.3	175.3	179.8	186.0	190.4	安　康	177.3	178.1	180.3	182.4	184.3
深　圳	215.1	215.2	214.1	212.7	211.4	商　洛	122.3	123.1	125.5	125.9	127.0
珠　海	212.1	207.3	203.9	204.0	205.0	兰　州	146.4	146.8	147.3	145.2	144.2
汕　头	185.7	185.0	184.5	185.4	185.7	嘉峪关	163.4	165.7	169.2	169.4	170.6
佛　山	266.5	268.5	269.3	270.4	270.4	金　昌	149.8	150.8	153.1	154.6	156.6
江　门	191.6	190.2	188.7	187.2	185.2	阜　新	145.9	145.0	144.9	145.0	144.6
湛　江	144.8	146.3	148.7	151.2	153.8	辽　阳	160.1	162.3	163.6	164.8	165.8
茂　名	149.1	150.7	151.9	155.5	157.5	盘　锦	182.1	186.2	189.6	193.2	196.9
肇　庆	144.0	145.5	147.0	150.5	152.7	铁　岭	183.8	184.2	184.3	184.6	184.9
惠　州	210.7	211.0	210.1	209.2	207.8	朝　阳	168.5	169.8	170.4	170.0	169.1
梅　州	147.9	147.0	146.2	147.1	147.2	葫芦岛	140.3	142.1	143.9	144.2	145.1
汕　尾	166.0	167.1	168.1	170.2	171.9	长　春	149.8	152.2	151.8	153.7	155.6
河　源	145.0	145.0	145.3	147.3	148.7	吉　林	142.3	146.0	149.3	152.3	155.1
阳　江	165.8	166.6	165.9	165.9	165.7	四　平	140.1	143.6	147.3	152.2	155.4
清　远	167.6	167.8	167.9	168.0	167.9	辽　源	130.4	132.9	135.4	139.0	141.2
东　莞	266.6	267.2	266.9	268.1	268.7	通　化	139.1	142.7	146.4	150.1	152.9
中　山	218.3	219.9	217.6	216.6	215.6	白　山	104.9	105.3	106.7	108.3	109.0

续表

城　　市	2018 年	2019 年	2020 年	2021 年	2022 年	城　　市	2018 年	2019 年	2020 年	2021 年	2022 年
松　　原	97.9	99.8	101.9	104.7	106.5	济　　南	179.6	184.0	185.0	183.1	182.7
白　　城	141.6	145.1	148.7	149.9	152.3	青　　岛	185.8	186.5	187.8	186.8	186.3
哈 尔 滨	151.0	154.6	154.9	156.4	158.4	淄　　博	156.8	159.8	162.1	163.4	164.6
齐齐哈尔	156.1	161.0	162.1	164.9	167.0	枣　　庄	152.0	152.0	153.8	156.3	157.9
鸡　　西	139.9	140.5	140.8	141.8	142.2	东　　营	195.8	201.4	205.0	209.1	212.2
鹤　　岗	147.1	145.6	146.6	146.2	145.4	烟　　台	202.5	204.7	203.8	205.0	205.6
双 鸭 山	152.2	154.8	155.4	157.2	159.2	潍　　坊	179.4	183.4	187.2	190.1	193.3
大　　庆	163.6	165.5	165.8	168.3	170.8	济　　宁	167.2	168.4	170.9	171.9	172.7
伊　　春	135.9	136.5	137.7	138.6	139.1	泰　　安	160.0	163.1	165.3	165.5	167.1
佳 木 斯	117.6	121.4	123.5	125.4	127.6	威　　海	202.7	206.6	208.0	209.1	209.7
七 台 河	146.4	148.4	150.3	148.7	149.0	日　　照	172.4	172.3	174.2	174.0	174.2
牡 丹 江	143.3	145.7	148.1	150.5	151.3	临　　沂	168.2	169.0	168.7	168.8	169.2
黑　　河	84.9	85.7	86.7	88.1	88.8	德　　州	149.2	150.3	153.6	154.6	156.0
绥　　化	108.7	111.2	111.2	111.9	113.2	聊　　城	158.5	163.6	168.1	168.7	170.8
上　　海	203.1	201.9	200.9	201.6	201.3	滨　　州	166.9	168.8	171.4	174.1	176.8
南　　京	189.0	187.0	189.1	190.3	190.3	菏　　泽	157.7	157.7	158.6	159.3	159.8
无　　锡	232.9	234.5	234.4	232.2	229.8	郑　　州	182.7	182.3	180.9	179.6	179.4
徐　　州	165.4	165.3	164.6	164.2	162.9	开　　封	157.0	157.9	159.5	160.7	161.1
常　　州	221.1	225.7	225.6	223.7	221.9	洛　　阳	150.2	152.1	151.9	153.5	154.1
苏　　州	277.2	275.8	275.2	272.4	269.0	平 顶 山	171.7	168.5	167.2	168.2	169.6
南　　通	193.3	194.5	197.6	199.5	200.5	安　　阳	171.2	171.4	169.5	169.6	170.8
连 云 港	159.0	157.7	156.5	154.6	152.1	鹤　　壁	146.9	146.7	148.9	150.8	151.8
淮　　安	202.3	203.9	205.2	208.4	210.6	新　　乡	152.3	152.1	152.3	151.7	150.8
盐　　城	179.2	179.7	179.7	181.3	182.7	焦　　作	157.6	159.1	160.4	163.7	165.9
扬　　州	202.9	203.1	202.9	203.5	203.5	濮　　阳	161.2	164.2	164.7	165.2	165.0
镇　　江	207.3	211.7	213.3	215.4	215.4	许　　昌	160.8	162.2	164.0	167.2	170.8
泰　　州	191.9	193.1	193.1	194.8	196.1	漯　　河	188.0	188.2	189.1	192.5	194.6
宿　　迁	149.2	149.5	149.7	149.9	149.3	三 门 峡	158.1	161.7	163.9	168.1	172.0
杭　　州	237.1	236.0	235.5	233.4	231.5	南　　阳	204.8	205.7	206.8	208.8	210.8
吉　　安	153.3	152.5	153.7	155.9	158.1	商　　丘	167.6	165.4	164.9	163.3	161.6
宜　　春	156.9	156.2	156.4	159.0	160.3	信　　阳	173.0	172.7	173.7	176.0	177.5
抚　　州	123.8	124.9	126.9	129.4	131.7	周　　口	159.4	158.9	159.3	160.7	160.3
上　　饶	137.9	138.1	138.8	139.9	140.6	驻 马 店	171.2	168.0	166.2	167.5	168.6

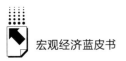

续表

城　市	2018 年	2019 年	2020 年	2021 年	2022 年	城　市	2018 年	2019 年	2020 年	2021 年	2022 年
武　汉	179.2	177.4	174.1	171.4	168.4	眉　山	146.9	149.0	151.8	154.9	157.8
黄　石	133.7	134.6	135.9	137.7	139.6	宜　宾	160.4	159.8	160.5	161.4	161.0
十　堰	187.3	186.3	185.9	187.3	187.5	广　安	143.4	146.2	148.7	150.9	152.8
宜　昌	201.7	202.8	203.5	207.1	209.8	达　州	153.6	153.4	152.6	153.5	154.0
襄　阳	191.5	191.5	192.5	195.4	197.6	雅　安	153.7	153.7	154.7	157.2	159.0
柳　州	148.5	150.1	150.0	153.7	156.6	巴　中	185.6	184.6	187.2	192.5	195.7
桂　林	146.9	147.2	145.9	145.8	146.4	资　阳	157.9	160.4	161.2	159.3	158.9
梧　州	155.1	157.1	158.5	158.3	159.8	贵　阳	164.1	163.3	161.7	158.7	156.2
北　海	163.7	168.9	173.2	173.3	175.1	六盘水	132.8	134.8	135.3	135.5	135.3
防城港	162.5	166.0	167.6	170.9	174.8	遵　义	173.6	172.2	171.1	168.7	165.4
钦　州	160.3	162.1	166.1	168.7	171.0	安　顺	125.8	126.6	127.8	128.0	127.5
贵　港	167.3	170.0	172.9	176.0	178.9	昆　明	162.8	162.7	163.0	162.1	161.3
玉　林	159.8	164.4	165.9	167.7	168.6	曲　靖	154.5	154.6	154.7	157.1	158.9
百　色	129.0	132.2	133.8	136.1	138.9	玉　溪	175.6	176.7	178.2	181.1	182.5
贺　州	150.5	150.8	152.6	153.2	153.4	保　山	123.1	124.5	126.4	129.2	131.1
河　池	141.7	141.7	142.5	144.6	146.4	白　银	134.9	136.7	137.3	138.2	139.6
来　宾	159.1	162.4	164.8	167.8	171.2	天　水	150.8	153.3	153.2	153.4	154.7
崇　左	141.4	143.7	145.7	144.9	145.3	武　威	155.3	154.0	154.6	156.2	157.9
海　口	185.0	184.1	181.9	181.3	180.3	张　掖	141.7	142.2	143.7	146.0	148.1
三　亚	192.0	194.3	197.3	200.5	204.1	平　凉	132.1	129.9	129.2	128.3	127.7
重　庆	199.3	198.2	198.5	198.5	197.3	酒　泉	162.6	164.3	165.3	167.8	170.3
成　都	203.5	204.2	205.8	204.1	203.3	庆　阳	144.9	146.0	147.9	149.1	151.0
自　贡	144.9	145.5	146.5	148.2	149.5	定　西	117.7	115.9	116.1	116.3	116.5
攀枝花	132.5	135.3	138.3	141.2	142.3	陇　南	124.2	122.7	123.9	122.7	121.9
泸　州	186.7	185.2	187.7	188.3	187.5	西　宁	145.3	145.0	144.8	142.9	140.9
德　阳	150.9	151.7	152.5	154.9	156.4	银　川	161.6	161.9	162.6	161.3	161.2
绵　阳	166.4	167.5	172.8	176.2	179.2	石嘴山	142.4	144.3	148.0	150.7	153.8
广　元	146.2	146.0	147.2	149.8	151.6	吴　忠	159.7	161.7	164.1	166.6	169.7
遂　宁	136.0	135.7	138.6	138.6	139.9	固　原	142.5	144.3	145.8	148.9	151.4
内　江	150.4	151.4	152.6	153.3	153.5	中　卫	131.5	130.6	130.9	130.6	130.4
乐　山	151.2	151.0	151.9	154.2	156.4	乌鲁木齐	154.7	154.5	153.6	152.0	150.8
南　充	192.8	191.4	193.7	196.8	198.9	克拉玛依	113.9	113.5	112.9	112.5	111.9

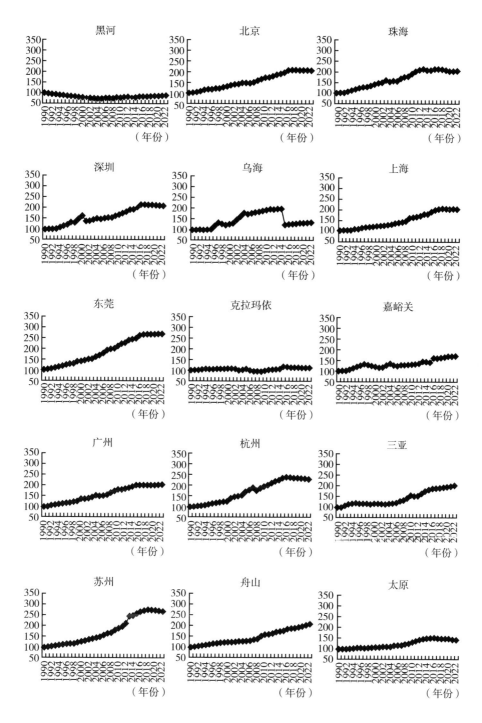

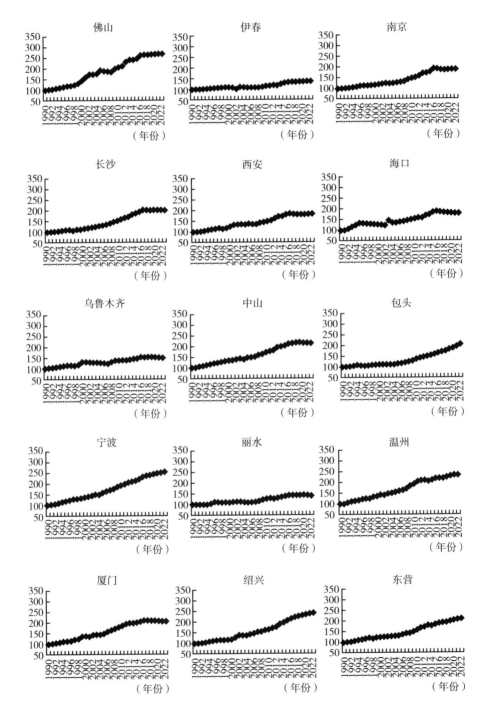

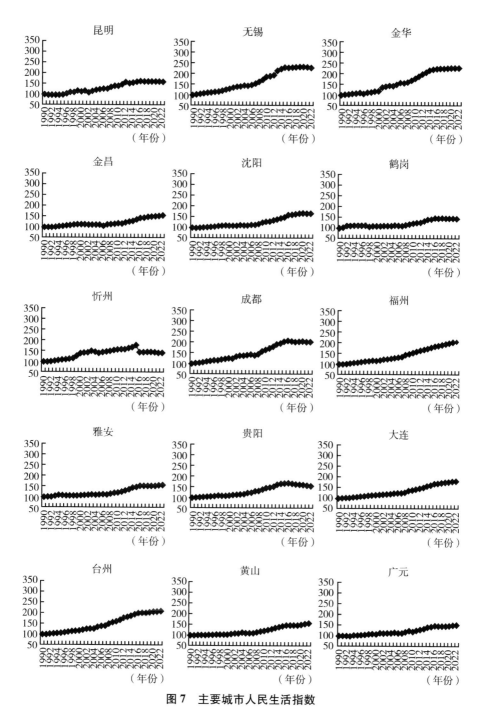

图7 主要城市人民生活指数

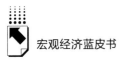

七 环境质量

表105 2018~2022年城市环境质量排名

城 市	2018年	2019年	2020年	2021年	2022年	城 市	2018年	2019年	2020年	2021年	2022年
北 京	10	9	8	7	7	巴彦淖尔	281	280	279	279	278
天 津	77	91	89	94	103	乌兰察布	237	235	237	238	239
石家庄	112	124	127	136	146	沈 阳	136	142	144	154	165
唐 山	252	251	249	246	247	大 连	85	89	93	98	101
秦皇岛	146	150	141	139	145	鞍 山	276	276	276	275	275
邯 郸	150	172	192	205	215	抚 顺	262	262	263	260	258
邢 台	178	183	184	185	183	本 溪	13	13	12	13	14
保 定	122	129	129	135	140	丹 东	174	174	181	179	187
张家口	243	247	244	244	243	锦 州	224	226	222	216	217
承 德	260	260	261	256	255	营 口	220	215	212	203	203
沧 州	255	259	260	258	257	宁 波	30	21	15	12	9
廊 坊	137	156	170	183	196	温 州	144	88	61	43	34
衡 水	195	205	210	211	213	嘉 兴	41	26	22	16	15
太 原	226	236	245	253	259	湖 州	25	20	14	11	11
大 同	104	127	146	181	192	绍 兴	50	31	24	18	16
阳 泉	278	281	281	282	283	金 华	72	44	32	25	22
长 治	204	222	228	241	245	衢 州	83	54	33	26	23
晋 城	247	254	264	270	273	舟 山	4	3	2	2	2
朔 州	268	271	274	276	279	台 州	35	24	19	14	13
晋 中	49	81	105	145	170	丽 水	118	77	56	35	31
运 城	272	278	280	280	280	合 肥	124	175	207	219	230
忻 州	282	282	282	281	281	芜 湖	92	125	148	173	176
临 汾	248	257	262	267	269	蚌 埠	68	103	126	163	168
吕 梁	162	189	203	217	221	淮 南	191	224	233	247	250
呼和浩特	196	192	183	174	172	马鞍山	86	122	147	178	191
包 头	227	223	218	215	211	淮 北	89	139	177	200	209
乌 海	177	162	165	161	156	铜 陵	23	37	47	64	67
赤 峰	271	270	271	271	272	安 庆	130	181	209	220	228
通 辽	167	155	150	149	152	黄 山	14	18	23	32	43
鄂尔多斯	71	75	77	82	85	滁 州	221	242	253	263	265
呼伦贝尔	284	284	284	284	284	阜 阳	141	178	206	218	225

续表

城　市	2018年	2019年	2020年	2021年	2022年	城　市	2018年	2019年	2020年	2021年	2022年
宿　州	181	213	227	239	244	常　德	115	99	95	91	94
六　安	211	240	256	266	268	张家界	38	33	31	31	30
亳　州	160	201	219	225	229	益　阳	197	182	167	146	135
池　州	108	157	190	204	206	郴　州	222	210	200	194	186
宣　城	215	237	251	262	264	永　州	199	188	174	162	154
福　州	44	62	62	70	74	怀　化	256	248	236	228	220
厦　门	27	35	37	47	49	娄　底	159	136	113	102	99
莆　田	151	158	159	167	167	广　州	5	4	4	4	4
三　明	147	153	149	155	161	韶　关	113	97	118	118	119
泉　州	95	108	107	110	113	深　圳	34	36	54	62	66
漳　州	140	147	139	137	143	珠　海	15	14	18	20	21
南　平	158	163	163	166	166	汕　头	43	45	68	72	78
龙　岩	173	191	187	190	195	佛　山	133	111	131	127	127
宁　德	119	131	125	130	137	江　门	37	38	50	54	56
南　昌	134	134	124	126	121	湛　江	53	46	63	65	69
景德镇	66	76	76	80	82	茂　名	132	118	145	148	159
萍　乡	149	145	132	132	128	肇　庆	240	230	235	233	226
九　江	209	206	196	193	181	惠　州	48	47	70	76	79
新　余	42	49	49	52	52	梅　州	51	53	69	71	71
鹰　潭	180	184	179	175	178	汕　尾	121	101	111	109	109
赣　州	245	243	239	236	233	河　源	87	80	97	97	97
鄂　州	217	208	205	206	204	阳　江	79	78	100	99	105
荆　门	261	258	255	252	251	清　远	164	140	161	158	160
孝　感	275	274	275	274	274	东　莞	7	7	9	9	12
荆　州	277	275	273	273	270	中　山	74	68	83	88	88
黄　冈	259	253	254	255	254	潮　州	22	22	30	33	38
咸　宁	63	65	66	74	73	揭　阳	36	39	59	63	65
随　州	16	15	17	21	20	云　浮	230	225	229	223	222
长　沙	80	74	72	69	62	南　宁	18	19	21	24	28
株　洲	62	51	41	38	37	昭　通	210	195	156	125	117
湘　潭	94	82	75	68	64	丽　江	29	27	25	23	24
衡　阳	203	185	155	131	118	普　洱	274	272	270	257	253
邵　阳	170	152	133	123	123	临　沧	249	238	225	209	201
岳　阳	223	209	199	189	175	西　安	59	57	44	41	42

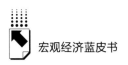
续表

城　市	2018 年	2019 年	2020 年	2021 年	2022 年	城　　市	2018 年	2019 年	2020 年	2021 年	2022 年
铜　川	21	25	34	46	46	七台河	39	40	39	42	44
宝　鸡	238	245	242	243	240	牡丹江	172	148	128	115	111
咸　阳	234	249	250	254	256	黑　河	106	93	90	86	87
渭　南	218	228	230	235	235	绥　化	200	187	176	150	147
延　安	193	217	223	230	232	上　海	19	17	16	17	19
汉　中	229	239	241	245	246	南　京	6	6	5	6	6
榆　林	186	211	220	226	231	无　锡	58	70	71	79	81
安　康	28	56	82	111	132	徐　州	90	107	108	117	125
商　洛	258	266	267	268	266	常　州	73	87	87	93	95
兰　州	139	168	191	208	210	苏　州	138	143	137	141	153
嘉峪关	26	34	45	66	80	南　通	114	120	117	124	133
金　昌	279	277	277	277	277	连云港	33	42	43	53	59
阜　新	161	167	182	191	198	淮　安	165	166	168	168	162
辽　阳	263	265	265	261	262	盐　城	127	137	130	134	144
盘　锦	175	176	185	188	194	扬　州	75	83	86	89	90
铁　岭	239	234	232	229	227	镇　江	78	92	101	108	115
朝　阳	183	193	189	180	180	泰　州	88	94	92	92	92
葫芦岛	212	207	204	195	190	宿　迁	142	149	140	144	151
长　春	46	41	40	37	39	杭　州	52	32	26	22	18
吉　林	266	264	257	251	248	吉　安	102	100	94	95	91
四　平	214	196	180	157	142	宜　春	251	250	248	249	249
辽　源	168	146	123	116	110	抚　州	99	104	104	106	108
通　化	213	203	198	192	185	上　饶	283	283	283	283	282
白　山	219	199	178	151	130	济　南	2	2	3	3	3
松　原	153	132	116	114	112	青　岛	55	64	64	67	68
白　城	176	151	122	113	106	淄　博	47	50	53	58	60
哈尔滨	56	55	52	51	53	枣　庄	123	119	119	121	126
齐齐哈尔	101	85	84	81	84	东　营	64	72	74	77	76
鸡　西	67	63	58	49	45	烟　台	125	105	99	96	93
鹤　岗	61	61	60	56	58	潍　坊	131	113	106	100	96
双鸭山	188	173	173	156	158	济　宁	171	164	171	171	171
大　庆	12	11	10	10	8	泰　安	116	112	114	119	122
伊　春	152	123	110	101	100	威　海	45	52	57	60	63
佳木斯	185	165	160	143	148	日　照	169	161	169	172	174

续表

城　市	2018 年	2019 年	2020 年	2021 年	2022 年	城　市	2018 年	2019 年	2020 年	2021 年	2022 年
临　沂	148	141	135	133	134	玉　林	207	186	158	129	114
德　州	194	197	201	202	205	百　色	264	255	246	231	218
聊　城	206	198	193	187	179	贺　州	111	86	73	57	50
滨　州	270	269	269	264	260	河　池	246	229	216	197	177
菏　泽	216	214	208	201	200	来　宾	198	170	138	112	98
郑　州	135	126	120	122	124	崇　左	232	219	195	170	141
开　封	143	154	175	184	184	海　口	11	8	7	5	5
洛　阳	257	263	268	269	271	三　亚	1	1	1	1	1
平顶山	107	128	153	177	193	重　庆	70	59	48	39	35
安　阳	109	130	154	176	189	成　都	54	60	51	50	48
鹤　壁	117	133	143	160	155	自　贡	57	48	38	34	36
新　乡	228	233	238	240	238	攀枝花	269	268	258	250	242
焦　作	208	212	215	214	208	泸　州	81	73	65	59	57
濮　阳	155	177	197	210	214	德　阳	231	221	202	186	169
许　昌	184	202	217	221	224	绵　阳	166	144	115	107	104
漯　河	91	110	121	140	149	广　元	187	171	152	138	136
三门峡	253	261	266	265	263	遂　宁	31	30	27	27	25
南　阳	182	204	221	232	237	内　江	154	121	102	90	86
商　丘	97	117	142	169	173	乐　山	201	194	172	147	138
信　阳	82	102	112	128	129	南　充	120	98	88	84	83
周　口	145	160	186	198	197	眉　山	69	58	42	44	40
驻马店	100	116	136	159	163	宜　宾	157	138	109	103	102
武　汉	103	135	162	182	188	广　安	126	106	91	83	75
黄　石	179	159	157	164	157	达　州	32	29	28	28	27
十　堰	225	218	213	207	199	雅　安	189	180	166	153	150
宜　昌	280	279	278	278	276	巴　中	98	90	80	75	70
襄　阳	273	273	272	272	267	资　阳	128	109	98	87	77
柳　州	60	43	35	30	29	贵　阳	236	227	214	196	182
桂　林	110	79	67	55	47	六盘水	244	232	224	213	207
梧　州	156	115	96	78	61	遵　义	190	179	164	142	139
北　海	76	67	46	36	33	安　顺	93	84	79	73	72
防城港	129	95	78	61	54	昆　明	250	246	234	222	219
钦　州	84	69	55	40	32	曲　靖	202	190	151	120	116
贵　港	233	220	194	165	131	玉　溪	265	256	243	224	216

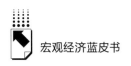
续表

城　　市	2018 年	2019 年	2020 年	2021 年	2022 年	城　　市	2018 年	2019 年	2020 年	2021 年	2022 年
保　　山	267	267	252	242	234	陇　　南	205	216	226	234	241
白　　银	163	169	188	199	202	西　　宁	96	96	103	104	107
天　　水	40	66	85	105	120	银　　川	24	28	36	48	51
武　　威	235	231	231	227	223	石嘴山	65	71	81	85	89
张　　掖	192	200	211	212	212	吴　　忠	241	244	247	248	252
平　　凉	105	114	134	152	164	固　　原	17	16	20	29	41
酒　　泉	254	252	259	259	261	中　　卫	242	241	240	237	236
庆　　阳	20	23	29	45	55	乌鲁木齐	9	10	11	15	17
定　　西	3	5	6	8	10	克拉玛依	8	12	13	19	26

表 106　2018~2022 年城市环境质量指数（上一年＝100）

城　　市	2018 年	2019 年	2020 年	2021 年	2022 年	城　　市	2018 年	2019 年	2020 年	2021 年	2022 年
北　　京	100.2	103.2	103.5	103.9	101.7	忻　　州	99.8	100.0	100.3	99.5	99.8
天　　津	101.4	101.8	102.7	102.3	100.7	临　　汾	99.7	100.0	100.6	99.4	99.7
石家庄	98.3	101.0	101.8	102.1	101.0	吕　　梁	113.7	100.3	100.4	99.8	100.2
唐　　山	101.0	101.8	102.6	102.9	101.3	呼和浩特	100.0	103.2	102.8	103.0	101.9
秦皇岛	101.5	101.7	102.4	102.7	101.6	包　　头	100.3	103.1	102.4	103.0	101.6
邯　　郸	98.9	99.9	100.6	100.9	99.8	乌　　海	100.3	102.8	102.4	103.0	101.7
邢　　台	101.5	101.6	102.3	102.5	101.4	赤　　峰	100.1	102.7	102.2	102.7	101.3
保　　定	100.8	101.4	102.0	102.3	101.2	通　　辽	100.2	102.9	102.3	102.8	101.4
张家口	99.9	101.1	101.9	102.4	101.3	鄂尔多斯	101.7	102.6	102.6	102.6	101.3
承　　德	100.9	101.4	102.1	102.4	101.2	呼伦贝尔	99.1	102.8	102.3	102.9	101.4
沧　　州	100.1	100.9	101.7	102.1	100.9	巴彦淖尔	100.6	102.8	102.2	102.8	101.3
廊　　坊	99.8	100.6	101.2	101.4	100.3	乌兰察布	104.8	102.1	101.6	102.2	100.9
衡　　水	99.9	101.1	101.8	102.1	100.9	沈　　阳	98.1	101.6	101.6	102.2	100.7
太　　原	97.2	99.8	100.2	99.4	99.9	大　　连	102.1	102.2	102.0	102.7	101.1
大　　同	100.6	100.4	100.7	100.2	100.6	鞍　　山	100.0	102.0	103.0	103.2	101.4
阳　　泉	97.6	98.9	99.3	98.8	99.2	抚　　顺	98.9	101.9	102.0	102.8	101.0
长　　治	99.9	100.0	100.3	99.8	100.2	本　　溪	100.3	102.2	102.2	102.9	101.6
晋　　城	98.6	99.4	99.7	99.2	99.5	丹　　东	99.3	101.9	101.8	102.6	100.9
朔　　州	99.0	100.2	100.4	99.8	100.3	锦　　州	99.0	102.3	102.2	102.9	101.2
晋　　中	101.0	99.5	99.8	99.3	99.6	营　　口	101.3	103.0	102.7	103.3	101.4
运　　城	100.4	99.6	100.7	100.0	100.1	宁　　波	102.8	107.1	106.3	106.7	103.8

续表

城　市	2018 年	2019 年	2020 年	2021 年	2022 年	城　市	2018 年	2019 年	2020 年	2021 年	2022 年
温　州	101.4	106.5	105.9	106.5	103.5	南　昌	99.9	102.1	102.5	102.7	101.7
嘉　兴	102.6	106.3	105.7	106.1	103.2	景德镇	100.2	101.9	102.6	102.6	101.6
湖　州	101.9	106.5	105.8	106.3	103.4	萍　乡	100.5	102.0	102.8	102.8	101.8
绍　兴	101.6	106.5	105.9	106.4	103.5	九　江	101.1	102.6	103.3	103.4	102.3
金　华	101.3	106.4	105.7	106.3	103.3	新　余	100.8	102.3	102.9	102.9	102.0
衢　州	101.2	106.7	106.4	106.2	103.2	鹰　潭	99.8	101.8	102.6	102.6	101.6
舟　山	99.5	105.1	104.7	105.4	102.8	赣　州	100.0	102.2	102.9	102.9	101.7
台　州	102.5	106.9	106.2	106.7	103.7	鄂　州	99.9	103.3	102.8	102.2	101.4
丽　水	100.7	106.2	105.6	106.1	103.2	荆　门	100.4	102.1	102.3	102.6	102.0
合　肥	98.5	98.2	99.1	99.5	99.8	孝　感	100.2	103.3	102.8	102.7	102.0
芜　湖	101.2	99.5	100.4	101.0	101.3	荆　州	100.2	103.7	103.5	103.5	102.9
蚌　埠	100.7	99.0	100.0	100.5	100.8	黄　冈	99.9	102.5	101.9	101.8	101.3
淮　南	99.9	99.0	99.1	99.7	100.1	咸　宁	100.9	102.9	102.4	102.3	101.6
马鞍山	100.1	99.2	100.2	100.4	100.4	随　州	98.7	101.9	101.7	102.0	101.6
淮　北	99.4	98.6	99.5	100.0	100.2	长　沙	100.8	103.8	103.2	103.2	102.6
铜　陵	101.2	99.6	100.8	101.1	101.3	株　洲	101.9	104.4	104.0	104.1	102.4
安　庆	99.1	98.3	99.3	99.7	100.0	湘　潭	100.7	103.9	103.6	103.9	102.2
黄　山	99.6	98.6	99.4	100.2	100.4	衡　阳	101.4	104.4	104.3	104.5	102.5
滁　州	98.4	97.9	98.9	99.5	99.8	邵　阳	99.8	103.5	103.2	103.3	101.5
阜　阳	100.4	98.9	99.6	99.8	99.8	岳　阳	100.1	103.9	103.7	104.0	102.2
宿　州	99.4	98.6	99.5	99.9	100.2	常　德	99.4	103.3	103.1	103.3	101.6
六　安	97.1	97.1	98.2	98.8	99.2	张家界	101.4	104.2	103.9	103.9	102.2
亳　州	98.9	98.3	99.9	100.5	100.6	益　阳	99.5	103.9	103.7	104.0	102.3
池　州	98.6	98.5	99.8	100.5	101.0	郴　州	100.0	103.7	103.4	103.7	101.8
宣　城	98.5	97.9	98.9	99.4	99.7	永　州	100.1	103.7	103.4	103.6	101.8
福　州	99.0	101.4	102.3	102.4	100.9	怀　化	101.0	104.3	103.9	104.0	102.1
厦　门	99.6	101.5	102.4	102.4	101.0	娄　底	99.4	103.8	103.7	104.0	102.3
莆　田	99.8	101.1	102.2	102.5	101.0	广　州	100.2	103.1	102.9	102.4	101.1
三　明	99.1	101.3	102.3	102.5	101.0	韶　关	100.8	103.2	100.4	102.8	101.3
泉　州	100.0	100.9	102.6	102.6	101.1	深　圳	100.6	102.6	100.1	102.1	100.9
漳　州	99.4	101.3	102.6	102.8	101.3	珠　海	99.8	102.5	100.3	102.7	101.5
南　平	99.5	101.4	102.5	102.7	101.2	汕　头	100.6	102.9	100.1	102.5	101.1
龙　岩	98.2	101.0	102.2	102.5	100.9	佛　山	101.3	103.4	100.7	103.0	101.5
宁　德	100.4	101.1	102.2	102.6	100.9	江　门	102.1	103.5	100.8	103.1	101.6

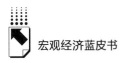
续表

城 市	2018 年	2019 年	2020 年	2021 年	2022 年	城 市	2018 年	2019 年	2020 年	2021 年	2022 年
湛 江	101.6	103.9	100.8	102.8	101.2	盘 锦	99.5	101.9	101.7	102.4	100.8
茂 名	100.3	102.9	100.2	102.5	101.1	铁 岭	99.9	102.4	102.3	103.1	101.4
肇 庆	101.6	103.6	100.7	103.4	101.9	朝 阳	99.5	101.6	102.3	103.1	101.6
惠 州	100.9	102.9	100.2	102.5	101.1	葫芦岛	101.3	102.9	102.8	103.5	101.8
梅 州	101.4	103.3	100.7	103.0	101.6	长 春	100.6	103.4	103.3	103.8	102.0
汕 尾	101.4	103.7	101.0	103.4	101.9	吉 林	101.1	104.0	103.5	104.0	102.0
河 源	101.8	103.5	100.8	103.0	101.5	四 平	100.6	104.5	104.0	104.4	102.6
阳 江	101.3	103.1	100.3	102.6	101.2	辽 源	99.8	103.7	103.4	103.9	102.1
清 远	101.3	103.9	100.5	103.1	101.5	通 化	99.1	103.3	103.1	103.6	101.7
东 莞	99.8	102.6	100.1	101.7	100.7	白 山	101.9	104.7	104.3	104.7	102.8
中 山	102.9	103.7	100.7	102.9	101.4	松 原	99.8	103.4	103.1	103.5	101.6
潮 州	100.4	102.8	100.2	102.5	101.1	白 城	101.2	104.1	103.8	104.2	102.3
揭 阳	100.7	102.9	100.2	102.5	101.1	哈尔滨	101.0	103.6	102.8	103.7	101.5
云 浮	100.7	103.1	100.5	103.0	101.6	齐齐哈尔	100.2	104.1	102.8	103.6	101.4
南 宁	100.4	102.9	100.5	102.5	101.3	鸡 西	100.9	103.9	103.3	104.3	102.1
昭 通	102.8	104.6	105.0	104.9	102.3	鹤 岗	100.0	103.4	102.7	103.7	101.4
丽 江	102.6	103.7	104.8	104.4	102.0	双鸭山	99.6	103.4	102.7	103.7	101.4
普 洱	102.6	104.8	105.4	105.6	103.0	大 庆	99.6	103.3	102.7	103.7	101.6
临 沧	98.8	104.3	104.9	105.2	102.7	伊 春	100.6	103.7	103.1	104.2	102.0
西 安	98.2	103.5	104.1	104.3	102.0	佳木斯	100.4	103.6	102.8	103.8	101.5
铜 川	101.3	100.4	101.4	101.4	101.2	七台河	100.0	103.3	102.6	103.6	101.4
宝 鸡	101.4	100.7	102.1	102.1	102.0	牡丹江	101.3	104.0	103.3	104.3	102.0
咸 阳	100.3	99.7	100.8	100.8	100.6	黑 河	100.1	103.5	102.8	103.8	101.6
渭 南	100.8	100.2	101.5	101.4	101.3	绥 化	100.5	103.9	103.3	104.2	101.9
延 安	99.3	99.5	100.9	100.9	100.7	上 海	102.4	103.7	102.9	102.3	101.8
汉 中	99.7	99.8	101.3	101.4	101.3	南 京	101.4	102.4	103.3	102.2	101.6
榆 林	99.9	99.5	100.7	100.6	100.5	无 锡	101.0	101.9	102.7	102.3	101.2
安 康	98.5	98.6	99.8	99.3	99.3	徐 州	99.5	101.0	101.9	102.0	100.7
商 洛	97.6	99.8	101.0	101.0	100.9	常 州	100.3	101.5	102.4	102.4	101.2
兰 州	98.5	99.5	100.7	100.5	100.4	苏 州	100.1	101.6	102.5	102.2	100.9
嘉峪关	98.8	101.2	100.9	100.6	100.1	南 通	100.5	101.4	102.2	102.2	100.9
金 昌	100.5	102.3	101.8	102.7	101.6	连云港	100.5	101.6	102.6	102.3	101.0
阜 新	98.4	101.4	101.3	102.1	100.4	淮 安	100.8	101.6	102.6	102.7	101.5
辽 阳	100.2	102.5	102.0	102.8	101.0	盐 城	101.1	101.4	102.3	102.4	101.1

续表

城　　市	2018 年	2019 年	2020 年	2021 年	2022 年	城　　市	2018 年	2019 年	2020 年	2021 年	2022 年
扬　州	101.0	101.8	102.5	102.7	101.4	许　昌	99.3	100.2	100.3	100.9	100.6
镇　江	100.5	101.5	101.8	101.9	100.6	漯　河	99.3	100.6	101.0	101.4	101.2
泰　州	101.3	102.0	102.8	102.9	101.7	三门峡	101.5	100.3	100.4	102.0	102.0
宿　迁	100.1	101.4	102.4	102.4	101.2	南　阳	99.6	99.7	99.7	100.4	100.0
杭　州	97.9	106.1	105.6	106.1	103.3	商　丘	99.5	100.3	100.4	101.2	100.8
吉　安	101.4	102.5	103.1	103.0	102.0	信　阳	100.1	100.8	101.0	101.5	101.2
宜　春	100.6	101.9	102.6	102.6	101.3	周　口	99.1	100.2	100.5	101.5	101.4
抚　州	102.9	101.8	102.6	102.5	101.5	驻马店	100.1	100.7	100.8	101.3	100.9
上　饶	100.3	102.8	103.6	103.5	102.2	武　汉	99.2	100.0	100.1	101.1	101.0
济　南	99.6	101.6	101.6	101.7	100.6	黄　石	101.0	103.3	102.6	102.5	102.0
青　岛	102.3	102.5	102.4	102.6	101.5	十　堰	101.2	103.5	103.1	103.0	102.4
淄　博	100.7	102.5	102.5	102.7	101.3	宜　昌	99.2	102.9	102.7	102.7	102.1
枣　庄	99.9	102.1	102.1	102.5	101.2	襄　阳	100.3	103.3	103.0	103.1	102.5
东　营	99.6	102.0	102.7	102.8	101.6	柳　州	100.9	105.1	104.9	105.0	102.9
烟　台	102.1	103.6	103.2	103.4	101.9	桂　林	102.1	105.1	104.3	104.9	102.8
潍　坊	101.7	103.3	103.2	103.5	102.1	梧　州	101.6	104.8	104.6	105.7	103.5
济　宁	100.2	102.3	102.2	102.6	101.3	北　海	101.1	104.5	104.7	105.1	103.1
泰　安	100.2	102.2	102.1	102.4	101.1	防城港	100.9	105.2	104.7	105.1	103.1
威　海	100.5	102.4	102.3	102.6	101.3	钦　州	102.4	104.7	104.5	105.5	103.4
日　照	100.1	102.3	102.1	102.4	101.1	贵　港	102.4	105.3	105.1	105.6	103.5
临　沂	100.2	102.4	102.4	102.7	101.4	玉　林	100.3	104.5	104.2	104.8	102.8
德　州	99.1	101.9	101.9	102.3	101.0	百　色	102.6	104.5	104.7	105.3	103.1
聊　城	100.5	102.9	103.0	103.4	102.0	贺　州	103.1	104.7	104.4	105.0	103.0
滨　州	100.7	103.1	103.1	103.5	102.0	河　池	101.1	104.8	104.9	105.3	103.2
菏　泽	99.9	102.5	102.8	103.2	101.9	来　宾	100.2	104.5	104.6	105.2	103.1
郑　州	101.7	102.5	102.3	102.6	101.4	崇　左	103.7	104.9	104.9	105.5	103.3
开　封	100.3	100.8	101.0	101.6	101.3	海　口	101.1	104.4	104.4	104.9	103.0
洛　阳	99.4	100.2	100.3	100.8	100.3	三　亚	99.9	103.3	103.0	104.3	102.4
平顶山	99.8	100.4	100.3	100.7	100.3	重　庆	102.3	104.6	103.8	105.1	102.8
安　阳	99.5	100.4	100.4	101.8	100.4	成　都	97.5	102.7	103.6	103.7	101.9
鹤　壁	100.4	100.9	101.2	101.9	101.6	自　贡	102.1	104.1	104.3	104.1	102.2
新　乡	100.1	100.8	101.1	101.8	101.5	攀枝花	100.8	104.3	104.8	104.6	102.6
焦　作	101.5	101.7	101.8	102.4	102.0	泸　州	100.4	103.9	103.9	103.8	102.0
濮　阳	99.4	100.2	100.3	100.9	100.6	德　阳	101.6	104.2	104.5	104.5	102.6

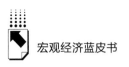
续表

城 市	2018 年	2019 年	2020 年	2021 年	2022 年	城 市	2018 年	2019 年	2020 年	2021 年	2022 年
绵 阳	100.7	103.7	104.0	104.0	102.2	玉 溪	101.3	104.9	105.3	105.5	103.0
广 元	99.7	103.3	103.7	103.6	101.8	保 山	101.4	104.6	105.2	105.4	102.8
遂 宁	100.4	103.7	104.4	104.3	102.5	白 银	99.6	101.4	101.0	101.7	100.7
内 江	101.4	104.1	104.4	104.3	102.5	天 水	99.0	100.4	100.1	100.5	99.6
乐 山	100.4	103.7	104.1	104.1	102.3	武 威	101.0	102.6	102.2	102.9	101.7
南 充	100.9	103.7	103.8	103.7	101.9	张 掖	99.9	101.6	101.2	102.0	101.0
眉 山	107.0	104.2	104.4	104.1	102.3	平 凉	98.9	101.1	100.8	101.5	100.6
宜 宾	100.1	103.5	103.9	103.9	102.0	酒 泉	100.4	101.6	101.1	101.8	100.6
广 安	100.7	103.7	104.1	104.2	102.4	庆 阳	113.4	101.1	100.5	100.8	100.0
达 州	102.2	103.8	104.1	104.1	102.3	定 西	103.4	100.4	99.9	100.4	99.7
雅 安	99.3	103.1	103.6	103.5	101.7	陇 南	106.7	100.7	100.2	100.7	99.8
巴 中	100.2	103.4	103.9	103.8	102.1	西 宁	97.5	102.3	101.9	102.6	101.6
资 阳	100.2	103.3	103.8	104.6	102.7	银 川	98.4	101.5	101.5	102.0	100.9
贵 阳	99.7	104.1	104.5	104.5	102.7	石嘴山	100.3	102.1	101.8	102.6	100.9
六盘水	100.4	103.8	103.9	104.2	102.1	吴 忠	99.2	101.2	101.2	101.9	100.2
遵 义	100.9	103.5	103.5	103.9	101.9	固 原	109.5	102.0	100.1	100.2	99.0
安 顺	99.8	103.4	103.5	103.9	101.9	中 卫	106.1	101.8	102.2	102.8	101.3
昆 明	99.8	103.5	103.6	104.0	101.9	乌鲁木齐	100.3	101.0	101.5	101.1	100.0
曲 靖	101.3	104.1	104.7	104.8	102.4	克拉玛依	98.0	98.5	100.0	99.8	99.5

表 107　2018～2022 年城市环境质量指数（以 1990 年为基期）

城 市	2018 年	2019 年	2020 年	2021 年	2022 年	城 市	2018 年	2019 年	2020 年	2021 年	2022 年
北 京	167.1	172.5	178.5	185.5	188.7	廊 坊	160.7	161.7	163.7	166.0	166.5
天 津	157.1	159.9	164.3	168.1	169.2	衡 水	167.2	169.1	172.2	175.8	177.4
石家庄	139.6	141.0	143.5	146.6	148.1	太 原	130.4	130.1	130.3	129.5	129.4
唐 山	140.9	143.4	147.1	151.4	153.4	大 同	172.8	173.4	174.6	174.9	175.8
秦皇岛	140.0	142.4	145.8	149.8	152.1	阳 泉	132.7	131.3	130.4	128.8	127.8
邯 郸	146.8	146.7	147.5	148.9	148.5	长 治	148.2	148.2	148.8	148.5	148.8
邢 台	143.6	145.9	149.3	153.1	155.2	晋 城	139.8	138.9	138.5	137.4	136.7
保 定	164.8	167.0	170.4	174.4	176.5	朔 州	163.4	163.8	164.5	164.2	164.6
张家口	164.4	166.2	169.4	173.4	175.7	晋 中	168.9	168.1	167.7	166.5	165.9
承 德	138.6	140.6	143.6	147.0	148.7	运 城	120.2	119.7	120.3	120.6	120.7
沧 州	134.8	136.1	138.5	141.4	142.7	忻 州	123.3	123.3	123.6	123.1	122.9

续表

城　市	2018 年	2019 年	2020 年	2021 年	2022 年	城　市	2018 年	2019 年	2020 年	2021 年	2022 年
临　汾	127.2	127.2	128.0	127.3	126.9	马鞍山	120.9	119.9	120.2	120.7	121.2
吕　梁	170.0	170.4	171.1	170.8	171.2	淮　北	139.0	137.0	136.3	136.3	136.5
呼和浩特	145.9	150.5	154.7	159.4	162.4	铜　陵	139.7	139.2	140.3	141.8	143.7
包　头	137.2	141.4	144.8	149.2	151.5	安　庆	129.0	126.8	125.9	125.5	125.6
乌　海	172.5	177.4	181.7	187.2	190.4	黄　山	195.5	192.8	191.6	192.0	192.7
赤　峰	117.7	120.8	123.5	126.8	128.5	滁　州	120.4	117.8	116.6	116.0	115.7
通　辽	137.7	141.6	144.9	149.0	151.2	阜　阳	126.0	124.7	124.2	123.9	123.7
鄂尔多斯	172.7	177.1	181.7	186.4	188.8	宿　州	132.9	131.1	130.4	130.3	130.5
呼伦贝尔	105.3	108.3	110.7	113.9	115.5	六　安	140.2	136.2	133.7	132.1	131.0
巴彦淖尔	121.1	124.5	127.3	130.8	132.6	亳　州	129.5	127.3	127.1	127.8	128.5
乌兰察布	144.6	147.6	150.0	153.3	154.6	池　州	161.8	159.3	158.9	159.7	161.4
沈　阳	127.4	129.5	131.5	134.4	135.4	宣　城	152.0	148.8	147.1	146.2	145.8
大　连	130.8	133.7	136.4	140.1	141.5	福　州	120.5	122.1	125.0	127.9	129.1
鞍　山	107.0	109.2	112.4	116.0	117.7	厦　门	119.7	121.5	124.4	127.3	128.5
抚　顺	108.5	110.6	112.8	115.9	117.1	莆　田	110.5	111.7	114.2	117.0	118.1
本　溪	146.9	150.4	153.7	158.1	160.6	三　明	118.3	119.9	122.6	125.7	126.9
丹　东	137.4	140.0	142.6	146.2	147.5	泉　州	124.1	125.3	128.6	131.9	133.3
锦　州	132.6	135.7	138.7	142.7	144.5	漳　州	123.1	124.8	128.0	131.5	133.2
营　口	122.9	126.6	130.0	134.3	136.2	南　平	113.4	115.0	117.9	121.0	122.4
宁　波	156.5	167.6	178.2	190.1	197.4	龙　岩	114.9	116.1	118.7	121.6	122.7
温　州	157.3	167.5	177.3	188.8	195.4	宁　德	156.3	158.0	161.5	165.7	167.3
嘉　兴	173.6	184.4	194.9	206.8	213.5	南　昌	148.7	151.8	155.5	159.7	162.5
湖　州	178.2	189.8	200.9	213.5	220.8	景德镇	142.2	144.9	148.7	152.6	155.0
绍　兴	170.9	182.0	192.8	205.1	212.2	萍　乡	151.5	154.6	159.0	163.4	166.4
金　华	166.8	177.5	187.6	199.4	206.0	九　江	144.6	148.1	153.3	158.6	162.3
衢　州	166.0	177.1	188.4	200.1	206.5	新　余	163.4	167.2	172.0	177.1	180.6
舟　山	218.8	230.0	240.8	253.6	260.7	鹰　潭	141.7	144.2	147.9	151.8	154.2
台　州	183.7	196.2	208.3	222.2	230.5	赣　州	146.8	150.0	154.3	158.7	161.4
丽　水	182.7	194.0	204.8	217.3	224.2	鄂　州	128.6	132.9	136.7	139.7	141.6
合　肥	112.3	110.3	109.3	108.8	108.6	荆　门	122.4	125.3	128.2	131.5	134.2
芜　湖	123.1	122.5	123.0	124.2	125.7	孝　感	123.0	127.0	130.6	134.1	136.8
蚌　埠	137.1	135.8	135.8	136.4	137.4	荆　州	102.5	106.3	110.0	113.8	117.1
淮　南	124.7	123.4	122.3	122.0	122.1	黄　冈	144.9	148.5	151.3	154.0	156.0

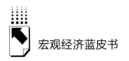

续表

城　市	2018 年	2019 年	2020 年	2021 年	2022 年	城　市	2018 年	2019 年	2020 年	2021 年	2022 年
咸　宁	186.6	192.1	196.8	201.3	204.6	中　山	144.5	149.9	151.0	155.4	157.5
随　州	159.2	162.2	165.0	168.3	171.0	潮　州	174.4	179.4	179.8	184.3	186.4
长　沙	139.8	145.1	149.7	154.6	158.6	揭　阳	163.6	168.4	168.7	173.0	174.9
株　洲	131.3	137.1	142.6	148.4	151.9	云　浮	145.0	149.5	150.2	154.7	157.1
湘　潭	128.3	133.3	138.1	143.5	146.6	南　宁	167.3	172.2	173.0	177.4	179.8
衡　阳	136.6	142.6	148.7	155.4	159.3	昭　通	137.2	143.5	150.7	158.1	161.7
邵　阳	149.1	154.4	159.3	164.7	167.2	丽　江	243.1	252.0	264.1	275.8	281.4
岳　阳	120.2	124.9	129.5	134.7	137.7	普　洱	152.1	159.3	168.0	177.4	182.7
常　德	150.4	155.4	160.2	165.5	168.1	临　沧	134.8	140.6	147.6	155.2	159.3
张家界	179.6	187.1	194.4	202.0	206.5	西　安	147.5	152.7	158.9	165.8	169.1
益　阳	126.3	131.2	136.0	141.5	144.7	铜　川	194.7	195.5	198.3	201.0	203.3
郴　州	117.9	122.2	126.4	131.0	133.4	宝　鸡	147.0	148.0	151.2	154.7	157.4
永　州	136.0	141.0	145.9	151.1	153.8	咸　阳	140.4	140.0	141.1	142.2	143.1
怀　化	112.6	117.3	121.9	126.7	129.4	渭　南	204.9	205.4	208.5	211.6	214.2
娄　底	140.5	145.9	151.3	157.3	160.9	延　安	164.8	164.1	165.6	167.1	168.3
广　州	156.7	161.5	166.2	170.2	172.1	汉　中	167.5	167.1	169.4	171.7	173.9
韶　关	137.4	141.7	142.2	146.2	148.1	榆　林	160.4	159.6	160.6	161.7	162.5
深　圳	127.1	130.3	130.5	133.3	134.4	安　康	209.6	206.6	206.1	204.7	203.4
珠　海	143.1	146.7	147.2	151.2	153.4	商　洛	145.0	144.7	146.2	147.6	148.9
汕　头	154.9	159.4	159.6	163.6	165.4	兰　州	139.9	139.2	140.2	140.9	141.5
佛　山	130.4	134.9	135.8	139.9	142.1	嘉峪关	172.1	174.2	175.7	176.8	177.0
江　门	147.7	152.9	154.2	158.9	161.4	金　昌	123.3	126.2	128.5	132.0	134.1
湛　江	139.4	144.8	146.0	150.1	151.9	阜　新	116.4	118.0	119.5	122.0	122.6
茂　名	146.3	150.5	150.8	154.6	156.2	辽　阳	135.2	138.5	141.2	145.3	146.7
肇　庆	140.0	145.1	146.1	151.1	153.9	盘　锦	141.1	143.7	146.2	149.8	150.9
惠　州	152.0	156.5	156.8	160.8	162.6	铁　岭	134.1	137.3	140.5	144.8	146.8
梅　州	140.1	144.7	145.7	150.1	152.5	朝　阳	155.2	157.7	161.4	166.4	169.1
汕　尾	166.5	172.6	174.4	180.2	183.6	葫芦岛	132.7	136.6	140.4	145.4	148.0
河　源	174.0	180.1	181.4	186.8	189.6	长　春	122.4	126.6	130.8	135.8	138.5
阳　江	142.1	146.6	147.0	150.9	152.7	吉　林	120.0	124.7	129.1	134.3	137.0
清　远	153.2	159.3	160.1	164.9	167.3	四　平	132.1	138.0	143.5	149.9	153.7
东　莞	191.9	196.8	197.0	200.5	201.8	辽　源	155.1	160.8	166.3	172.9	176.5

续表

城　市	2018 年	2019 年	2020 年	2021 年	2022 年	城　市	2018 年	2019 年	2020 年	2021 年	2022 年
通　化	117.0	120.8	124.6	129.0	131.1	宜　春	129.2	131.7	135.0	138.3	140.0
白　山	185.1	193.8	202.1	211.6	217.5	抚　州	151.0	153.8	157.8	161.8	164.2
松　原	146.8	151.7	156.4	161.8	164.5	上　饶	102.6	105.4	109.2	113.0	115.5
白　城	130.6	135.9	141.0	146.9	150.4	济　南	140.5	142.7	144.9	147.3	148.2
哈尔滨	134.6	139.4	143.3	148.6	150.9	青　岛	137.2	140.7	144.1	147.9	150.2
齐齐哈尔	131.0	136.5	140.2	145.3	147.3	淄　博	131.8	135.1	138.4	142.1	144.0
鸡　西	142.9	148.5	153.4	160.0	163.4	枣　庄	124.1	126.7	129.3	132.5	134.2
鹤　岗	154.1	159.3	163.7	169.7	172.2	东　营	173.1	176.4	181.2	186.4	189.4
双鸭山	113.1	117.0	120.1	124.6	126.3	烟　台	131.0	135.8	140.1	144.8	147.5
大　庆	155.9	161.0	165.3	171.4	174.2	潍　坊	128.0	132.1	136.4	141.1	144.1
伊　春	145.9	151.4	156.0	162.5	165.7	济　宁	126.1	128.9	131.7	135.1	136.8
佳木斯	123.4	127.8	131.4	136.3	138.3	泰　安	130.9	133.8	136.5	139.8	141.3
七台河	161.7	167.1	171.5	177.6	180.1	威　海	140.4	143.8	147.1	150.9	152.9
牡丹江	128.2	133.4	137.8	143.7	146.5	日　照	135.5	138.5	141.5	144.9	146.4
黑　河	144.8	149.9	154.1	160.1	162.6	临　沂	125.4	128.4	131.5	135.1	137.0
绥　化	109.8	114.1	117.8	122.8	125.2	德　州	140.4	143.1	145.9	149.3	150.4
上　海	170.2	176.6	181.8	186.0	189.3	聊　城	131.3	135.1	139.1	143.8	146.8
南　京	157.7	161.4	166.8	170.5	173.2	滨　州	117.0	120.6	124.3	128.6	131.2
无　锡	141.0	143.7	147.6	151.0	152.8	菏　泽	137.3	140.7	144.7	149.4	152.2
徐　州	136.6	137.9	140.6	143.4	144.4	郑　州	145.6	149.3	152.7	156.7	158.8
常　州	139.1	141.3	144.7	148.1	149.9	开　封	153.7	155.0	156.5	159.1	161.1
苏　州	155.7	158.1	162.0	165.6	167.1	洛　阳	145.0	145.3	145.6	146.9	147.4
南　通	141.0	142.9	146.0	149.2	150.5	平顶山	145.2	145.8	146.2	147.3	147.8
连云港	161.2	162.8	167.1	170.9	172.6	安　阳	153.9	154.4	155.0	156.3	156.9
淮　安	130.1	132.2	135.6	139.3	141.4	鹤　壁	163.7	165.1	167.0	170.4	173.1
盐　城	148.0	150.1	153.6	157.3	159.0	新　乡	136.7	137.8	139.3	141.9	144.0
扬　州	158.1	160.9	164.9	169.3	171.6	焦　作	145.6	148.0	150.6	154.3	157.4
镇　江	141.0	143.2	145.8	148.5	149.5	濮　阳	162.3	162.6	163.1	164.6	165.6
泰　州	156.0	159.0	163.5	168.2	171.0	许　昌	135.1	135.4	135.7	136.9	137.7
宿　迁	144.4	146.3	149.8	153.4	155.3	漯　河	177.3	178.3	180.0	182.6	184.7
杭　州	143.5	152.2	160.7	170.5	176.2	三门峡	135.2	135.5	136.1	138.8	141.6
吉　安	169.1	173.3	178.8	184.2	187.9	南　阳	164.3	163.7	163.2	163.8	163.7

续表

城　市	2018 年	2019 年	2020 年	2021 年	2022 年	城　市	2018 年	2019 年	2020 年	2021 年	2022 年
商　丘	193.6	194.2	195.0	197.4	199.0	乐　山	159.3	165.2	171.9	178.9	183.0
信　阳	164.0	165.4	167.1	169.6	171.7	南　充	182.8	189.6	196.9	204.3	208.2
周　口	153.1	153.6	154.5	156.8	158.9	眉　山	200.1	208.6	217.8	226.7	231.9
驻马店	150.9	151.9	153.2	155.2	156.7	宜　宾	149.5	154.7	160.7	167.0	170.4
武　汉	131.2	131.2	131.3	132.7	133.9	广　安	169.7	176.0	183.3	191.0	195.7
黄　石	151.5	156.4	160.4	164.4	167.6	达　州	168.5	174.9	182.2	189.7	194.1
十　堰	122.6	126.9	130.8	134.8	138.1	雅　安	135.3	139.5	144.5	149.6	152.1
宜　昌	103.2	106.2	109.0	112.0	114.3	巴　中	167.4	173.1	179.9	186.7	190.7
襄　阳	102.3	105.7	108.9	112.2	115.0	资　阳	196.5	203.0	210.8	220.5	226.5
柳　州	150.8	158.4	166.3	174.6	179.7	贵　阳	129.9	135.2	141.4	147.8	151.7
桂　林	145.7	153.2	159.8	167.5	172.3	六盘水	175.9	182.7	189.7	197.7	201.8
梧　州	161.4	169.1	176.8	186.8	193.4	遵　义	145.6	150.6	155.9	162.0	165.1
北　海	190.7	199.3	208.7	219.4	226.2	安　顺	184.3	190.7	197.3	204.9	208.7
防城港	181.2	190.6	199.5	209.8	216.2	昆　明	130.5	135.1	140.0	145.6	148.5
钦　州	253.0	265.0	276.8	292.2	302.2	曲　靖	165.3	172.1	180.3	188.9	193.4
贵　港	153.9	162.1	170.5	180.0	186.3	玉　溪	179.2	188.0	198.0	208.8	215.1
玉　林	200.4	209.5	218.3	228.8	235.2	保　山	125.8	131.6	138.5	146.0	150.1
百　色	183.2	192.1	201.2	211.9	218.4	白　银	161.9	164.1	165.7	168.5	169.7
贺　州	185.5	194.3	202.8	212.9	219.2	天　水	145.2	145.8	146.0	146.7	146.2
河　池	182.3	191.3	200.5	211.1	217.9	武　威	139.3	142.9	146.0	150.3	152.8
来　宾	172.2	180.4	188.8	198.6	204.7	张　掖	141.0	143.2	144.9	147.8	149.4
崇　左	164.4	172.6	181.1	191.0	197.3	平　凉	159.9	161.8	163.1	165.6	166.5
海　口	145.3	151.6	158.2	166.0	171.0	酒　泉	109.4	111.1	112.3	114.3	115.1
三　亚	228.1	235.8	242.9	253.3	259.3	庆　阳	173.2	175.1	176.0	177.5	177.5
重　庆	152.8	159.8	165.8	174.2	179.2	定　西	212.6	213.5	213.3	214.2	213.4
成　都	172.5	177.1	183.5	190.4	194.0	陇　南	145.4	146.4	146.7	147.7	147.5
自　贡	173.3	180.4	188.1	195.9	200.1	西　宁	177.5	181.6	185.0	189.8	192.8
攀枝花	122.8	128.1	134.2	140.4	144.1	银　川	155.3	157.7	160.1	163.2	164.6
泸　州	158.3	164.5	170.9	177.4	181.1	石嘴山	160.1	163.4	166.3	170.7	172.3
德　阳	178.7	186.1	194.5	203.3	208.5	吴　忠	152.3	154.1	155.9	158.8	159.1
绵　阳	149.0	154.5	160.7	167.2	170.9	固　原	205.1	209.2	209.5	209.9	207.8
广　元	186.9	193.2	200.2	207.5	211.2	中　卫	141.1	143.7	146.8	150.9	152.9
遂　宁	209.2	216.9	226.4	236.1	241.9	乌鲁木齐	196.1	198.1	201.0	203.3	203.3
内　江	160.8	167.4	174.9	182.4	186.9	克拉玛依	179.7	177.0	177.0	176.6	175.7

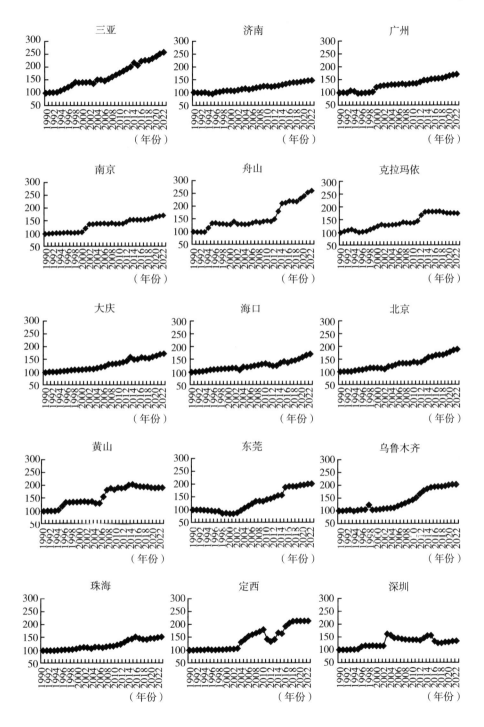

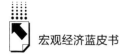

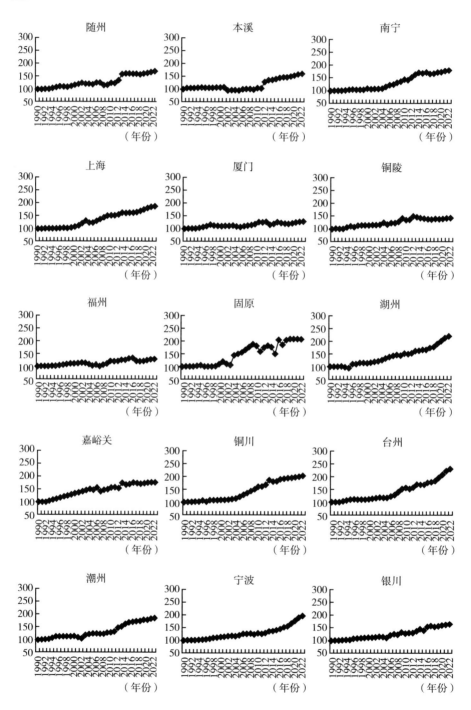

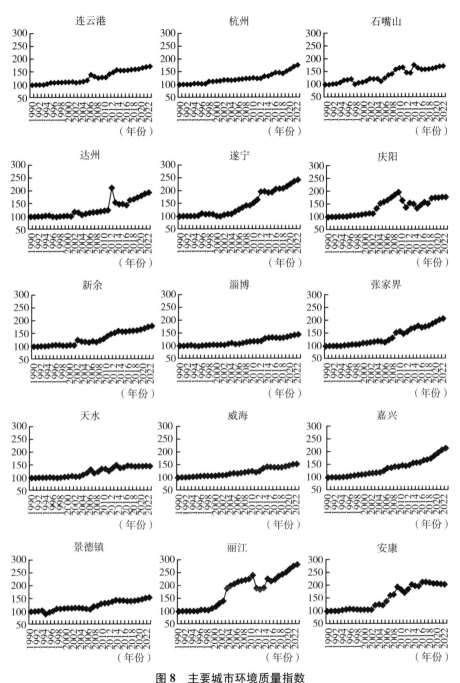

图8 主要城市环境质量指数

中国式现代化指标设计专题

Subject of Index Designation of Chinese-style Modernization

B.3

2023年大都市中国式现代化
进展评价报告

张小溪[*]

摘　要： 本文基于促进人的高质量集聚、实现共富共进、发展精神文化、实现人与自然和谐共生、加强对外交流五大方面构建了中国式现代化大都市评价指标体系，并根据主要城市的现实数据进行测度和评价。结果发现，更加注重人的高质量集聚与人的现代化是未来中国式现代化大都市建设的重中之重与核心主题，稳步推进型城市要充分汲取国内外优秀现代化城市案例经验。

关键词： 中国式现代化　大都市　人的现代化

---

* 张小溪，博士，中国社会科学院经济研究所副研究员，中国社会科学院大学经济学院副教授，主要研究方向为对外投资与经济增长。

一　引言

现代化是当今社会发展的主题，是提高人民生活质量、促进经济发展的总抓手。中心城市是中国式现代化的主要空间载体，超大特大城市不断推动高质量发展并承担起中国式现代化建设的先行示范任务。上海提出"勇当中国式现代化的开路先锋"，正处于加快建设社会主义现代化国际大都市的关键时期；深圳经过四十多年的发展，已成为国际化大都市，在未来规划中进一步提出"现代化国际大都市"发展目标；杭州提出"打造中国式现代化城市范例""争当共同富裕示范区城市范例"，正奋力打造世界一流的社会主义现代化国际大都市。

从现实背景来看，以中国式现代化标准重新审视，国内大城市的过往发展存在诸多问题。一是，长期将大城市视为经济发展与产业集聚的主要载体，忽略了区域、城乡之间的协调发展，导致了区域城乡发展失衡并出现了区域发展差距拉大、中小城市收缩、农村经济社会发展萎缩等大量问题。二是，发展过程中存在"大城市病"，如优质公共资源空间配置不均衡、土地城市化过快、顶层制度设计存在缺陷等。三是，发展目标偏离了"人民城市人民建、人民城市为人民"的以人民为中心的根本原则，制约了城市满足人民日益增长的美好生活需要的能力。因此，目前我国存在中国式现代化发展要求与超大特大城市的现实情况明显错位的矛盾，存在发展前进性与道路曲折性的矛盾，超大特大城市亟须在目标与现实中找到标准精准明确、思路清晰合理、目标清晰统一的可持续发展导向，即建设中国式现代化大都市。

从理论背景来看，一方面中国式现代化如何落位在城市发展层面，实现理论的科学过渡与有效衔接尚待研究；另一方面根据文献研究，现有的城市发展评价体系纷繁多样，目前关于中国式现代化的理论研究相对较少。因此，本文旨在系统提出中国式现代化大都市的相关理论，该理论以中国式现代化的五大特征和本质要求为基础，以满足中国式现代化理论的科学需求为

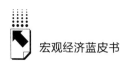

目标。本研究与以往的学界城市评价研究有共同之处，但更加强调人口高质量有序集聚、经济效率与公平、文化事业与产业、生态环境发展、国际经济交流五大方面。

二 中国式现代化大都市的理论界定

中国式现代化大都市的理论界定，紧扣中国式现代化的理论要求，将符合新时代中国国情的中国式现代化理论拓展至中心大城市的发展层面。中国式现代化高度概括了五大现代化发展特征，作为党的二十大报告核心内容为中国发展明确了方向，也为中心大城市提出了新的理论要求与时代任务。

（一）中国式现代化大都市的定义、发展原则与特征

"中国式现代化大都市"是契合中国式现代化发展现实进程和理论特征的超大特大级中心城市载体。中国式现代化大都市在发展方向上以习近平新时代中国特色社会主义思想为指导，坚持以人民为中心，以共同富裕为重要特征，以促进人的全面发展为核心，科学串联"五位一体""三新理论""高质量发展"等战略定位，协同推进经济建设、政治建设、文化建设、社会建设、生态文明建设，走国家中心城市升级发展和国际化大都市跨越发展之路。

中国式现代化大都市的发展原则可以分为两个方面。一是基于一般规律的历史承接。现代化是工业化发展的结果和新阶段，既是承继西方城市现代化发展的历史新进步，更是遵循马克思主义理论、以夯实经济基础为底层逻辑的客观规律使然。二是立足对中国国情的未来展望、立足新发展阶段，要结合城市自身特色、把握国家战略要求，以中国式现代化科学内涵为"武器"开辟康庄大道，走与西方不同的现代化发展道路——更加重视"人"、四化同步的"并联式"发展道路等，这是中国式现代化大都市借鉴国际经验但更符合中国特色的部分，也是中国特色城市现代化发展道路与西方城市现代化发展道路的核心区别所在。

从总体上看，中国式现代化与西方现代化的区别在于，西方现代化存在资本无法克服自身狭隘性的危机，而中国式现代化则超越了西方现代化。中国式现代化关键是以人民为中心，实现全体人民共同富裕，与"以资为本"的西方现代化不同，中国式现代化更强调人民至上。从性质来看，中国式现代化是中国共产党领导的社会主义现代化，既有各国现代化的共同特征，更有基于自己国情的中国特色，超越了西方现代化对政党地位与功能的狭隘理解，扬弃了以依附—世界体系论为代表的国外左翼现代化理论，打破了"现代化＝工业化""现代化＝西方化""现代化＝遗忘传统"的迷思，是一种展现历史自觉性的现代化。从中国式现代化的五大特征来看，始终坚持以人民为中心使中国在实现经济快速发展的过程中，同时有效避免西方现代化中人的异化。例如，共同富裕克服了西方现代化贫富差距与阶级分化弊病，物质文明与精神文明协调发展则解决了西方现代化进程中的精神危机问题，人与自然和谐共生超越了西方以牺牲生态环境为代价的粗放型生产方式，走和平发展道路则打破了西方中心论与"国强必霸论"。

综上所述，本文所提出的建设中国式现代化大都市路径，以"坚持中国共产党领导，坚持中国特色社会主义"为根本要求，以"人民城市为人民"为最终归宿，这是其与西方大都市现代化路径的核心区别。建成中国式现代化大都市，根本在于坚持中国共产党的领导和中国特色社会主义本质要求，从城市治理、经济、文化、生态、开放等五大维度协调推进。具体体现在注重人的高质量集聚和人口现代化治理、致力于高质量发展与全体人民共同富裕、推动城市文化公共服务与文化产业发展、统筹城市生态保护与价值开发、融合和平发展与国际城市交往等五维十项要点上，最终将人的现代化发展贯彻到城市现代化建设各方面。明确中国式现代化的本质要求与西方城市现代化的本质要求的区别后，中国式现代化大都市应当具有以下相对应的特征。

中国式现代化大都市需紧紧把握自身本质要求，即旗帜鲜明地强调政治导向。这包括坚持中国共产党的领导以及中国特色社会主义，因为中国式现代化是中国共产党引领的社会主义现代化。党的领导决定了中国式现代化的基本性质，而坚定党的领导能够确保中国式现代化蓄势前行，激发强大动力以及凝聚

伟大力量来推动中国式现代化。坚持中国特色社会主义道路是中国式现代化的实践之需，坚持中国特色社会主义理论体系是中国式现代化的理论之要，坚持中国特色社会主义制度是中国式现代化的固本之策，坚持中国特色社会主义文化是中国式现代化的铸魂之举。在城市现代化进程中，要始终坚持中国共产党的领导和坚持中国特色社会主义，使党成为城市发展的坚强核心领导。

中国式现代化大都市在"人口规模巨大的现代化"要求上具现为推动人的高质量集聚与人的现代化发展，实现全过程人民民主。中国式现代化是人口规模巨大的现代化，我国超大特大城市是人口远超西方国家城市的巨大规模人口集聚载体。始终坚持以人民为中心、强调人口有序的高质量集聚，能够为中国式现代化大都市发展提供向心力与凝聚力，要更加强调满足人民对美好生活的需要，以城市居民的高质量就业和民生服务为出发点，实现全过程人民民主，实现城市人口治理现代化，实现人的全面发展进而实现人的现代化。

中国式现代化大都市在"全体人民共同富裕"要求上具现为共富共进、经济发展兼顾效率与公平，实现高质量发展与全体人民共同富裕。中国式现代化是全体人民共同富裕的现代化，社会主义的本质要求不允许我国超大特大城市长期存在西方城市衰退的周期律和贫富差距拉大的经济社会问题。强调共富共进，能够为中国式现代化大都市发展提供战斗力与保障力。推动共同富裕，一方面要把"蛋糕"做大，激活城市经济活力；另一方面要重点解决城市经济发展中的城乡二元失衡、居民幸福感受损等问题。

中国式现代化大都市在"物质文明与精神文明相协调"要求上具现为对城市文化高度重视，实现文化精神生活与文化经济动能的双轮驱动。中国式现代化是物质文明和精神文明相协调的现代化，现代的城市文明亟待在我国历史悠久的文化资源积淀中得到重塑。强调丰富人民群众的文化生活与提高文化动能，能够为中国式现代化大都市发展提供支撑力与精神力。一方面，保障居民基本的文化权益、文化公共服务，是人民共享城市文化公共品的"托底"；另一方面，挖掘文化资源发展文化产业，进一步丰富人民的城市文化生活，并将此转化成为城市经济发展的文化动能。

中国式现代化大都市在"人与自然和谐共生"要求上具现为生态保护

与价值开发，实现人与自然和谐共生。中国式现代化是人与自然和谐共生的现代化，不容重蹈覆辙走"先污染后治理"的西方城市现代化老路，我国超大特大城市的持续发展亟待资源环境承载容量内涵和外延的拓宽。强调城市的生态保护与生态价值模式建设，能够为中国式现代化大都市发展提供可持续力与创造力。要坚持"绿水青山就是金山银山"发展逻辑，投入建设公园城市、田园城市等；同时推广绿色低碳的城市生产生活方式，挖掘城市生态价值并将其转化为经济价值。

中国式现代化大都市在"走和平发展道路"要求上具现为与各国际城市密切往来，推动共建人类命运共同体。中国式现代化是走和平发展道路的现代化，我国国际化大都市的繁荣不允许来自对国际资源和财富的掠夺。以建设国际化大都市为门户窗口和枢纽，强调国际交流与经贸往来，体现了中国式现代化大都市的亲和力与影响力。要致力于寻求国际文化交流的"民心相通"，拓展建立国际友好城市"朋友圈"，争办国际赛事、会议，深化跨境创新、科研合作，探索城市层面的国际交流合作；凭借优质的城市营商环境，吸引外资外商，统筹发展进出口双向贸易，深化国内国际双循环。通过经济文化国际交流合作，不断增强自身在世界范围内的辐射力。

（二）中国式现代化大都市发展的总体目标

中国式现代化是全面的，未来的中国式现代化大都市发展如同人体的全面发展，具体对应关系是人体的大脑对应人口，人体的四肢对应经济、文化、生态与开放，一个部位的缺失与发展失衡对人体全局性能的发挥具有强大的限制作用。建设中国式现代化大都市我们应牢牢把握马克思主义关于普遍联系、整体与局部的理论观点，要树立系统思维，既要抓主要矛盾促进经济发展、人口集聚等，又要防止次要矛盾如自身短板向不利方面转化。

基于中国式现代化五大特征与本质要求，中国式现代化大都市发展目标可概括为"坚持中国共产党领导，坚持中国特色社会主义，实现治理利民、经济富民、文化文民、生态利民、开放友民"。在坚持中国共产党领导与坚持中国特色社会主义的总原则下，促进人的高质量集聚和实现人的现代化特

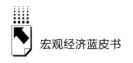

征的直接体现是"治理利民"，其他四大目标与实现过程也均围绕人展开、促进人的全面发展。

具体要求一是"治理利民"。超大特大城市在率先实现现代化道路上往往会集聚大量人口，因此对人口的治理更加重要，实现政通人和与百姓安居乐业，是中国式现代化大都市建设的核心目标，其他目标均以人为出发点与落脚点，始终围绕人民展开。二是"经济富民"。中国式现代化走的是与西方现代化不同的经济道路，强调"四化"同步与共同富裕，中国式现代化大都市要实现城市经济发展与人民共富，让经济发展成果由全体人民共享。三是"文化文民"。中国式现代化强调人的现代化，中国式现代化大都市要实现文化事业与文化产业的高度繁荣，促进人的高素质发展与人的全面现代化，丰富人的精神世界。四是"生态利民"。要实现对生态的全面保护培育与生态价值模式的营造，提高城市人居环境质量与生态价值。五是"开放友民"。走和平发展道路为国家在城市发展过程中的重要要求，要打造国际化大都市，与其他国际城市建立密切经济贸易往来与文化科研交流，充分融入国际国内双循环，让更多的国际优秀发展成果惠及城市居民，切实增强国际辐射力。

（三）中国式现代化大都市的理论来源

1. 理论逻辑

习近平总书记在论述城乡发展关系时指出城乡发展一体化既要遵循普遍规律又不能墨守成规，既要借鉴国际先进经验又不能照抄照搬。根据习近平总书记讲话思路，中国式现代化大都市理论应以中国特色社会主义理论为主。具体而言，应以中国特色的国情基础特征及本质要求为核心理论源泉，以马克思主义城市化理论和现代化理论为基本理论源头，以习近平总书记关于城市高质量发展的重要论述为出发点，以中国式现代化科学论断为落脚点。通过适当借鉴西方和中国特色城市现代化理论的有益成分，以国际大都市发展经验为借鉴参考，本文为构建中国式现代化大都市理论提供了参考线索（见图1）。

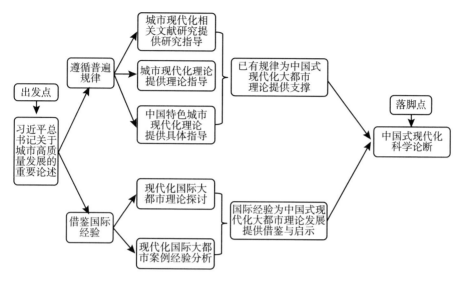

图1 中国式现代化大都市理论

2. 具体来源

西方城市经济学中对工业化与城市化理论的探讨主要有两种。一种认为工业化是因，城市化是果，此为集聚理论；另一种是工业化发展过程亦为城市化过程，反过来也是一样的，二者互为因果。从实证的角度来看，世界银行《1981年世界发展报告》指出：工业化率每增长1%，城市化率会增长1.88%。其他理论主要有马克思主义理论与拉美依附理论、阿尔蒙德理论、霍华德田园城市和花园城市理论、城市群及大都市——连绵区发展模式理论、美国精明增长理论、现代化理论等。

针对西方城市经济学理论的不足，阎小培和翁计传（2002）等国内学者界定了城市现代化的内涵，即随着科技创新和体制改革，城市的就业和经济活动逐渐市场化、信息化，城市管理科学民主化，居民物质文化生活不断改善，城市居民素质不断提高，城市经济效益、社会效益和环境效益高度统一的过程。同时，提出城市国际化与城市现代化的关系：二者互相促进、不可分割——没有现代化的基础就没有真正意义上的国际化、脱离了国际交流就没有真正意义上的城市现代化。

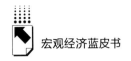

　　关于国际大都市或者国际化大都市的定义，国际大都市或者国际化大都市主要是指具有卓越的政治、经济、科技和文化实力，并和世界各国或大多数国家之间具有经济、政治、科技和文化交流关系，有全球性影响的国际一流都市。这些城市硬环境与软环境都是一流的，具有丰富的人力资源和强大的经济能力，在本国以及世界范围内发挥着重要的辐射作用，且在城市基础设施的便利性与人文环境等方面都有独一无二的优势。综合国际著名城市规划专家彼得·霍尔（Peter Hall）、美国著名城市学家弗里德曼（J. Freedman）及中国学者徐巨洲、姚士谋、文军和贺修铭等人的观点与纽约、巴黎、伦敦、东京、北京、上海、深圳等国际化大都市的现实发展做法，国际大都市或者国际化大都市发展经验可以总结为：对人口的包容、人才的尊重、人居环境的建设是城市人口承载力的主要体现；多样化的支柱产业、现代化的经济体系、发达的国际贸易、一流的国际营商环境是城市经济发展动能所在；对文化的重视与文化产业的发展是城市文化成为世界一流文化的核心要点；对生态环境的建设是城市打造宜居环境的必要条件；传统贸易与文化交流活动、国际交往、对外来人口的包容等充分利用国际市场、国际资源，而这也是城市现代化发展必不可少的手段之一。

　　中国特色城市现代化理论主要来源于习近平总书记关于城市高质量发展的重要论述。《习近平关于城市工作论述摘编》指出，城市是人民的城市，人民城市为人民。无论是城市规划还是建设，无论是新城区建设还是老城区改造，都应以人民为中心，关注人民群众的需求，合理布局生产、生活和生态空间。我们要走内涵丰富、集约高效、绿色可持续的高质量发展道路，致力于创造宜业、宜居、宜乐、宜游的良好环境，让人民享受更多的成果，为人民创造更加幸福美好的生活。"人民城市人民建，人民城市为人民"是习近平总书记关于城市工作一系列重要论述的高度凝练和集中体现。城市群形成和发展有其内在规律，不是人为"捏"出来的。城市发展不能单纯追求规模经济效益，还要更加重视生态和安全，综合考虑城市布局涉及的经济、生活、生态和安全需求。我们要贯彻创新、协调、绿色、开放、共享的发展理念，坚持以人为本、科学发展、改革创新、依法治市的原则，转变城市发展方式，完善城市治理体系，提升城市治理能力。重点解决"城市病"等突出问题，不断提高城市环境质量、人民生活水平和城市竞争力，为中国特色的城市发展道路打下坚实基础。

三 中国式现代化大都市评价指标体系构建

基于前文系统论述的中国式现代化大都市理论体系，本部分构建了具有中国特色的中国式现代化大都市评价指标体系，并试图分析其与中国式现代化的深刻关系。

（一）指标选取原则与构建思路

中国式现代化大都市评价指标体系构建遵循城市子系统全面统一发展总原则，遵守客观性、代表性、时效性、可比性、可操作性原则。我们结合中国式现代化科学内涵、城市现代化相关要求与国际化大都市发展特征，围绕经济、科技、文化、生态等领域充分论述了"现代化""高水平"城市发展特征，以此为基础探索中国式现代化大都市的评价指标。具体来看，围绕中国式现代化大都市五大特征，应当构建坚持中国共产党的领导与坚持中国特色社会主义本质要求下包含促进人的高质量集聚（人本发展维度）、实现共富共进（物质生活维度）、发展精神文化（精神生活维度）、实现人与自然和谐共生（生态文明维度）、加强对外交流（和平发展维度）五个方面的相关指标体系（见图2）。

（二）中国式现代化大都市评价指标体系构建

在构建如表1所示的中国式现代化大都市评价指标体系后，选取北京、上海、广州、深圳4个一线城市与东、中、西部发展水平较高且具有代表性的杭州、武汉、长沙、重庆、成都5个国家级中心城市作为评价对象，以各地统计年鉴与统计公报为数据来源，根据指标科学性和数据可得性原则，对2019年、2021年两个年份的数据进行对比研究，并以2021年数据为核心确定指标权重。本文共选取5个一级指标（目标层）、11个二级指标（准则层）以及34个具体指标（指标层）构建了中国式现代化大都市评价指标体系。

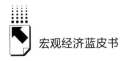

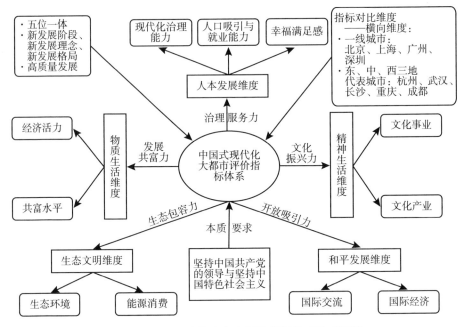

图 2　中国式现代化大都市评价指标体系构建逻辑

表 1　中国式现代化大都市评价指标体系

目标层	准则层	指标层	单位	解释说明
人口规模巨大的现代化——治理利民：治理服务力	现代化治理能力	公共安全与社会保障和就业支出财政占比	%	体现政府财政支出对公共服务、社保、就业等民生重点领域的重视程度，反映收入分配的公平与效率
		公共服务占财政支出比重	%	
		城镇职工基本养老保险覆盖率	%	体现当地民生社会保障发展水平
		网络理政受理案件数量	万件	反映政府数字化治理能力
	人口吸引与就业能力	常住人口城镇化率	%	体现当地在高速发展过程中对人口的吸引力
		人口规模	万人	
		城镇登记失业率	%	失业率反映当地就业压力与就业现状
		第三产业从业人员占比	%	反映当地服务业就业吸纳能力
	幸福满足感	平均受教育年限	年	反映促进人的现代化过程中至关重要的教育发展水平
		平均预期寿命	年	反映增进民生福祉过程中推进健康中国建设水平
		城乡居民消费水平	元	反映居民消费能力

续表

目标层	准则层	指标层	单位	解释说明
全体人民共同富裕——经济富民：发展共富力	经济活力	地区生产总值	亿元	反映当地经济实力
		人均GDP	万元	
		第三产业占GDP比重	%	反映产业结构情况
		规模以上工业增加值增速	%	反映城市高质量工业化发展程度
		全社会固定资产投资额增速	%	衡量城市发展规模的增长速度
		全社会研发经费投入强度	%	反映城市对科创研发的重视程度与投入规模
		专利授权数量	万件	反映城市科技创新能力
		大数据交易平台数量	个	反映城市数字经济现代化发展实力
		货物运输量	万吨	反映城市交通运输水平
	共富水平	城镇私营单位就业人员平均工资	元	反映影响共富水平的劳动报酬情况
		城乡居民可支配收入比	—	衡量共同富裕进程中的城乡差距
物质文明与精神文明相协调——文化文民：文化振兴力	文化事业	图书馆数量	座	反映文化事业发展程度
		普通高校数量	座	反映城市高等教育水平
		互联网宽带接入数	万户	反映文化方面的数字化现代化发展水平
	文化产业	旅游总收入	亿元	反映以旅游业为代表的文化产业发达程度
		人均文教消费比	%	反映居民消费结构中文化方面消费的占比
人与自然和谐共生——生态利民：生态包容力	生态环境	城市建成区绿化覆盖率	%	"公园城市"发展趋势背景下，衡量一地生态环境的重要指标，除此之外还有"森林覆盖率"等备选指标
		人均公园绿地面积	平方米	
		城市空气质量优良天数比例	%	反映人居环境质量
	能源消费	单位GDP能耗	吨标准煤/万元	反映能源消费水平和节能降耗状况

目标层	准则层	指标层	单位	解释说明
走和平发展道路——开放友民：开放吸引力	国际交流	国际友好交流城市数量	个	是城市走和平发展道路的重要体现
	国际经济	外贸进出口额	亿元	衡量城市融入国际大循环的程度、营商环境等
		实际利用外资	亿美元	

关于部分指标说明如下：其一，"坚持中国共产党的领导与坚持中国特色社会主义"相关指标在学界目前无统一分析范式与相关定量指标，考虑到指标数据可获得性、客观性与可比性方面的原因，本文在实际分析过程中未将其纳入指标体系。其二，数字化是现代化发展的重要体现，相关指标反映了不同维度的发展状况，本文选取"网络理政受理案件数量"反映政府数字化治理能力，选取"大数据交易平台数量"反映城市数字经济现代发展实力，选取"互联网宽带接入数"反映文化方面的数字化现代化发展水平。其三，促进人的高质量集聚方面，紧紧围绕党的二十大提出的"增进民生福祉，提高人民生活品质"目标，从完善分配制度、实施就业优先战略、健全社会保障体系、推进健康中国建设四个层面展开，其中完善分配制度情况由"公共安全与社会保障和就业支出财政占比"这一具体指标予以反映，推进健康中国建设情况由"平均预期寿命"这一具体指标予以反映，促进人的现代化过程中的教育发展水平由"平均受教育年限"这一具体指标予以反映。其四，政府关于共享经济发展成果的目标为"实现居民收入增速与经济发展速度同步、劳动报酬增长与劳动生产率提高同步"，因此本文选取"城镇私营单位就业人员平均工资"反映劳动报酬情况以衡量共富水平。

四　中国式现代化大都市视域下主要城市评价

技术路径熵权 TOPSIS 法与障碍度法是关于指标体系评价的系统方法。本部分采用熵权法确定权重，基于熵权 TOPSIS 法给出评价结果，并进一步采用障碍度法对短板影响程度展开分析。熵权法是通过信息熵的大小反映指标的变异程度，进而明确指标提供信息量的大小与所起作用、权重的一种客观指标赋权法。障碍度法是通过测量因子贡献度与指标偏离度进而得出障碍度的一种分析方法，可以明确各城市的不足之处，障碍度越大即短板影响程度越大。

（一）熵权法权重度量

结合各地市统计数据，运用SPSSAU进行综合分析，由于指标方向与统计单位不一致，本文进行量纲处理的同时对各正趋势指标进行正向化（归一化，MMS）处理，对城镇登记失业率、城乡居民可支配收入比、单位GDP能耗三项负趋势指标予以负向化（NMMS）处理，使各指标均统一为正趋势结果并落在0~1的区间内。各具体指标权重分析结果如表2所示。

指标层各项具体指标权重与汇总后的目标层指标权重充分体现了以下几方面的要求：中国式现代化对人的高质量集聚、物质文明与精神文明相协调、人与自然和谐共生的实践要求，城市现代化发展进程中对经济实力有充分把握以及各子系统协调发展的理论要求，国际化大都市对经济、文化以及国际化水平高度重视的经验要求。

表2　2021年中国式现代化大都市评价指标体系各项具体指标权重

指　　标	权重（%）
公共安全与社会保障和就业支出财政占比	2.67
公共服务占财政支出比重	1.28
城镇职工基本养老保险覆盖率	3.55
网络理政受理案件数量	6.25
常住人口城镇化率	1.35
人口规模	2.54
城镇登记失业率	1.03
第三产业从业人员占比	2.52
平均受教育年限	1.96
平均预期寿命	1.56
城乡居民消费水平	1.59
地区生产总值	2.43

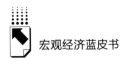

续表

指　标	权重(%)
人均 GDP	1.95
第三产业占 GDP 比重	1.84
规模以上工业增加值增速	3.13
全社会固定资产投资额增速	1.95
全社会研发经费投入强度	2.42
专利授权数量	2.62
大数据交易平台数量	2.78
货物运输量	3.97
城镇私营单位就业人员平均工资	2.43
城乡居民可支配收入比	2.80
图书馆数量	12.53
普通高校数量	2.20
互联网宽带接入数	4.45
旅游总收入	3.22
人均文教消费比	3.52
城市建成区绿化覆盖率	1.62
人均公园绿地面积	3.27
城市空气质量优良天数比例	2.76
单位 GDP 能耗	3.82
国际友好交流城市数量	2.38
外贸进出口额	3.95
实际利用外资	1.65

　　图 3 与图 4 进一步反映了指标评价体系中目标层与准则层指标的权重。结合熵权法数理定义可知，九城在"五力"方面存在发展差距。"北上广深"在营商环境、吸引外资等方面一骑绝尘，政府服务水平更高、经济发展实力更加强劲，补足短板是城市争夺更靠前的排名与进一步实现发展目标的关键所在；结合现实背景，各大城市纷纷提出"打造国际化大都市"发展目标，对对外开放发展均予以高度重视；在"绿水青山就是金山银山"政策导向和"文旅"产业发展大背景下，各地在生态营造、文化振兴等方面的差距逐渐缩小，反映在权重上即为具体指标权重较为接近。

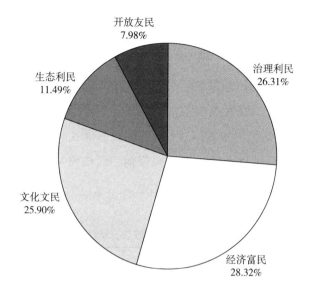

图3　中国式现代化大都市评价指标体系目标层权重

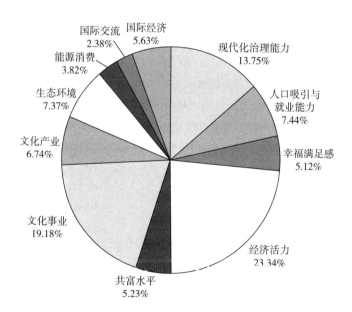

图4　中国式现代化大都市评价指标体系准则层权重

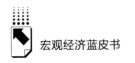

（二）熵权 TOPSIS 法评价结果及其解释

熵权 TOPSIS 法假想出"现代化城市"各项具体指标的理想值，运用熵权 TOPSIS 法得到的分析结果如表 3 所示，深圳、北京、上海、广州四地排名与感性认知相符，其发展没有明显短板，但值得注意的是四地排名与"北上广深"这一传统感知不符。同时其他城市排名似乎与传统现实感知也不符，2021 年评价结果中长沙排名较靠前，而杭州与武汉排名较靠后等。对这些问题的思考与回答是本文的核心。

表 3　熵权 TOPSIS 法分析结果

分析结果 2019 年				
城市	正理想解距离 D	负理想解距离 D-	相对接近度 C	排序结果
北京	0.157360177	0.106609223	0.403869626	2
上海	0.165854248	0.103072863	0.383274347	3
广州	0.165962267	0.100897576	0.378092017	4
深圳	0.111042421	0.158477591	0.587999347	1
杭州	0.184620832	0.057958744	0.238926726	8
武汉	0.192578199	0.05496706	0.222048527	9
长沙	0.187009573	0.058944734	0.239657255	7
重庆	0.180489667	0.078378894	0.302774867	6
成都	0.176206966	0.079683447	0.311396767	5
北京	0.155648104	0.113885734	0.422528521	2
上海	0.152989224	0.11073793	0.419895821	3
广州	0.16719951	0.071860994	0.300597516	4
深圳	0.106111333	0.157733191	0.597826283	1
杭州	0.177970353	0.054371305	0.234014448	9
武汉	0.182672201	0.055842406	0.234125729	8
长沙	0.181732097	0.062618922	0.256266262	7
重庆	0.176331213	0.074088483	0.295857251	5
成都	0.175837173	0.065459862	0.271283326	6

　　为什么熵权 TOPSIS 法评价结果中杭州、长沙、武汉等城市排名与现实感知不符？各大城市与理想值差距均相对较小、城市间正负理想解距离相差较小，熵权 TOPSIS 法仅能明确权重并初步给出城市现代化水平排名，但这一排名不完全准确甚至是相对违背现实感知的。这主要是由于表3排序结果仅为逼近正理想解与远离负理想解的理想或假想情况排名，并不代表实际排名。熵权 TOPSIS 法核心是 TOPSIS 法，TOPSIS 法仅为数学计算方法，核心是 C 值，其内涵为单个城市整体数据偏离对应指标理想数据的程度。表3中深圳全部数据并不全是最优理想解，具体指标理想解是指所有城市中该指标的最大值，各项最大值构成集合 A（即理想城市），而 C 值则是各城市与该理想城市的距离，因此城市在较理想值整体综合距离更近时，排名会更靠前。

（三）熵权 TOPSIS 法评价结果分析

　　根据表3，可将我国9个主要城市2019年、2021年的评价结果汇总如表4所示。北京、上海、广州、深圳、长沙两年评价结果无变化，而武汉上升一名、杭州下降一名，重庆上升一名、成都下降一名，发生换位。

表4　2019~2021年9个主要城市熵权 TOPSIS 法评价结果

城市	北京	上海	广州	深圳	杭州	武汉	长沙	重庆	成都
2019 年评价结果	2	3	4	1	8	9	7	6	5
2021 年评价结果	2	3	4	1	9	8	7	5	6

　　在城市现代化进程中，北京、上海、广州、深圳四市一直以来无明显发展短板，而其他城市若排名未发生变化则说明其发展较为稳定；排名若上升或下降则说明某些具体指标发生变化而导致城市障碍度大小发生变化，影响最终结果。因此，需要进行更加明确的障碍度短板效应动态分析。

（四）指标层障碍度分析

　　指标层障碍度说明了各项指标对每个城市在现代化进程中所起的阻碍作

用大小，障碍度较高的指标被称为"短板因子"。9个城市2019年、2021年两个年份的指标层障碍度分别如表5与表6所示，对其中每个城市障碍度排名前十的指标进行整理，结果如表7所示。

表5　2019年指标层障碍度分析

指标层	北京	上海	广州	深圳	杭州	武汉	长沙	重庆	成都
公共安全与社会保障和就业支出财政占比	0.0345	0.0189	0.0141	0.0490	0.0316	0.0082	0.0066	0.0000	0.0182
公共服务占财政支出比重	0.0445	0.0502	0.0198	0.0333	0.0372	0.0000	0.0233	0.0292	0.0146
城镇职工基本养老保险覆盖率	0.0166	0.0264	0.0409	0.0000	0.0179	0.0362	0.0386	0.0485	0.0313
网络理政受理案件数量	0.0397	0.0135	0.0020	0.0000	0.0071	0.0284	0.0321	0.0272	0.0257
常住人口城镇化率	0.0140	0.0107	0.0119	0.0000	0.0148	0.0133	0.0137	0.0242	0.0187
人口规模	0.0320	0.0218	0.0400	0.0558	0.0397	0.0404	0.0389	0.0000	0.0311
城镇登记失业率	0.0000	0.0327	0.0116	0.0153	0.0054	0.0136	0.0079	0.0147	0.0229
第三产业从业人员占比	0.0000	0.0169	0.0190	0.0449	0.0322	0.0374	0.0345	0.0449	0.0378
平均受教育年限	0.0000	0.0125	0.0115	0.0134	0.0306	0.0121	0.0062	0.0327	0.0213
平均预期寿命	0.0136	0.0000	0.0180	0.0307	0.0067	0.0264	0.0257	0.0311	0.0360
城乡居民消费水平	0.0037	0.0000	0.0201	0.0038	0.0053	0.0104	0.0059	0.0249	0.0196
地区生产总值	0.0056	0.0000	0.0246	0.0242	0.0303	0.0333	0.0297	0.0204	0.0299
人均GDP	0.0094	0.0097	0.0095	0.0000	0.0081	0.0095	0.0093	0.0213	0.0168
第三产业占GDP比重	0.0000	0.0138	0.0145	0.0348	0.0165	0.0224	0.0220	0.0304	0.0181
规模以上工业增加值增速	0.0180	0.0246	0.0110	0.0140	0.0079	0.0000	0.0094	0.0060	0.0027
全社会固定资产投资额增速	0.0296	0.0167	0.0027	0.0000	0.0066	0.0075	0.0084	0.0127	0.0086
全社会研发经费投入强度	0.0000	0.0282	0.0403	0.0300	0.0268	0.0330	0.0292	0.0424	0.0392
专利授权数量	0.1108	0.1044	0.0000	0.1495	0.0951	0.0876	0.0916	0.0940	0.0932
大数据交易平台数量	0.0117	0.0205	0.0197	0.0125	0.0077	0.0145	0.0000	0.0163	0.0246
货物运输量	0.0780	0.0025	0.0698	0.0764	0.0459	0.0256	0.0390	0.0000	0.0519

续表

指标层	北京	上海	广州	深圳	杭州	武汉	长沙	重庆	成都
城镇私营单位就业人员平均工资	0.0000	0.0250	0.0255	0.0239	0.0242	0.0310	0.0027	0.0266	0.0298
城乡居民可支配收入比	0.0208	0.0000	0.0000	0.0000	0.0000	0.0000	0.0000	0.0000	0.0000
图书馆数量	0.2609	0.2281	0.2218	0.0000	0.1739	0.1646	0.1768	0.1759	0.1825
普通高校数量	0.0000	0.0092	0.0036	0.0308	0.0126	0.0094	0.0024	0.0070	0.0094
互联网宽带接入数	0.0443	0.0233	0.0436	0.0577	0.0348	0.0398	0.0364	0.0000	0.0084
旅游总收入	0.0000	0.0400	0.0174	0.0566	0.0171	0.0304	0.0208	0.0039	0.0137
人均文教消费比	0.0359	0.0227	0.0154	0.0362	0.0208	0.0000	0.0221	0.0212	0.0314
城市建成区绿化覆盖率	0.0000	0.0631	0.0206	0.0446	0.0429	0.0361	0.0467	0.0382	0.0327
人均公园绿地面积	0.0072	0.0388	0.0000	0.0151	0.0135	0.0171	0.0242	0.0044	0.0073
城市空气质量优良天数比例	0.0352	0.0077	0.0125	0.0000	0.0114	0.0136	0.0224	0.0043	0.0121
单位 GDP 能耗	0.0655	0.1072	0.1012	0.0356	0.0561	0.0673	0.0823	0.0854	0.0000
国际友好交流城市数量	0.0172	0.0109	0.0077	0.0082	0.0084	0.0183	0.0000	0.0138	0.0021
外贸进出口额	0.0142	0.0000	0.0533	0.0120	0.0496	0.0525	0.0561	0.0519	0.0522
实际利用外资	0.0371	0.0000	0.0764	0.0917	0.0611	0.0601	0.0346	0.0465	0.0562

表6 2021 年指标层障碍度分析

指标层	北京	上海	广州	深圳	杭州	武汉	长沙	重庆	成都
公共安全与社会保障和就业支出财政占比	0.0233	0.0353	0.0216	0.0615	0.0244	0.0228	0.0347	0.0000	0.0301
公共服务占财政支出比重	0.0172	0.0249	0.0031	0.0105	0.0080	0.0067	0.0000	0.0103	0.0044
城镇职工基本养老保险覆盖率	0.0000	0.0231	0.0484	0.0070	0.0174	0.0472	0.0426	0.0480	0.0288
网络理政受理案件数量	0.1187	0.0000	0.0620	0.1213	0.0756	0.0819	0.0834	0.0852	0.0838
常住人口城镇化率	0.0126	0.0092	0.0093	0.0000	0.0101	0.0092	0.0102	0.0184	0.0128
人口规模	0.0267	0.0161	0.0236	0.0387	0.0317	0.0303	0.0342	0.0000	0.0177
城镇登记失业率	0.0093	0.0053	0.0020	0.0030	0.0022	0.0043	0.0000	0.0140	0.0043
第三产业从业人员占比	0.0000	0.0338	0.0117	0.0410	0.0240	0.0296	0.0236	0.0344	0.0277

续表

指标层	北京	上海	广州	深圳	杭州	武汉	长沙	重庆	成都
平均受教育年限	0.0000	0.0111	0.0246	0.0123	0.0217	0.0062	0.0105	0.0269	0.0175
平均预期寿命	0.0121	0.0000	0.0239	0.0046	0.0021	0.0122	0.0162	0.0098	0.0094
城乡居民消费水平	0.0078	0.0000	0.0046	0.0039	0.0023	0.0106	0.0067	0.0217	0.0185
地区生产总值	0.0054	0.0000	0.0186	0.0235	0.0278	0.0275	0.0327	0.0170	0.0260
人均 GDP	0.0000	0.0046	0.0111	0.0062	0.0100	0.0135	0.0149	0.0266	0.0250
第三产业占 GDP 比重	0.0000	0.0105	0.0100	0.0278	0.0118	0.0164	0.0211	0.0251	0.0135
规模以上工业增加值增速	0.0000	0.0479	0.0423	0.0721	0.0331	0.0266	0.0381	0.0329	0.0321
全社会固定资产投资额增速	0.0385	0.0198	0.0039	0.0449	0.0113	0.0000	0.0134	0.0197	0.0085
全社会研发经费投入强度	0.0000	0.0262	0.0289	0.0133	0.0215	0.0223	0.0281	0.0330	0.0256
专利授权数量	0.0203	0.0217	0.0152	0.0000	0.0280	0.0286	0.0353	0.0309	0.0293
大数据交易平台数量	0.0000	0.0406	0.0319	0.0160	0.0190	0.0370	0.0094	0.0190	0.0383
货物运输量	0.0860	0.0000	0.0608	0.0763	0.0440	0.0349	0.0381	0.0044	0.0501
城镇私营单位就业人员平均工资	0.0000	0.0043	0.0218	0.0190	0.0115	0.0323	0.0103	0.0310	0.0286
城乡居民可支配收入比	0.0636	0.0429	0.0342	0.0000	0.0198	0.0265	0.0163	0.0370	0.0215
图书馆数量	0.2794	0.2395	0.1910	0.0000	0.1702	0.1654	0.1683	0.1631	0.1696
普通高校数量	0.0000	0.0143	0.0337	0.0507	0.0161	0.0031	0.0123	0.0079	0.0123
互联网宽带接入数	0.0768	0.0555	0.0576	0.0918	0.0567	0.0593	0.0587	0.0122	0.0000
旅游总收入	0.0000	0.0541	0.0204	0.0615	0.0376	0.0173	0.0403	0.0439	0.0155
人均文教消费比	0.0796	0.0578	0.0312	0.0579	0.0396	0.0348	0.0000	0.0354	0.0485
城市建成区绿化覆盖率	0.0000	0.0311	0.0120	0.0200	0.0180	0.0114	0.0128	0.0126	0.0099
人均公园绿地面积	0.0050	0.0626	0.0000	0.0415	0.0418	0.0136	0.0285	0.0446	0.0285
城市空气质量优良天数比例	0.0636	0.0138	0.0190	0.0000	0.0182	0.0367	0.0281	0.0151	0.0318
单位 GDP 能耗	0.0175	0.0604	0.0325	0.0000	0.0496	0.0508	0.0264	0.0488	0.0464
国际友好交流城市数量	0.0000	0.0336	0.0247	0.0405	0.0325	0.0194	0.0293	0.0125	0.0219
外贸进出口额	0.0238	0.0000	0.0469	0.0122	0.0466	0.0509	0.0533	0.0457	0.0458
实际利用外资	0.0127	0.0000	0.0172	0.0212	0.0157	0.0106	0.0221	0.0129	0.0161

表7　9个城市2019年、2021年十大短板因素

城市	年份	短板因素
北京	2019	公共服务占财政支出比重、网络理政受理案件数量、专利授权数量、货物运输量、图书馆数量、人均文教消费比、互联网宽带接入数、城市空气质量优良天数比例、单位GDP能耗、实际利用外资
北京	2021	网络理政受理案件数量、人口规模、全社会固定资产投资额增速、货物运输量、城乡居民可支配收入比、图书馆数量、人均文教消费比、互联网宽带接入数、城市空气质量优良天数比例、外贸进出口额
上海	2019	公共服务占财政支出比重、城镇职工基本养老保险覆盖率、城镇登记失业率、全社会研发经费投入强度、专利授权数量、图书馆数量、旅游总收入、城市建成区绿化覆盖率、人均公园绿地面积、单位GDP能耗
上海	2021	公共安全与社会保障和就业支出财政占比、规模以上工业增加值增速、大数据交易平台数量、城乡居民可支配收入比、图书馆数量、旅游总收入、人均文教消费比、互联网宽带接入数、人均公园绿地面积、单位GDP能耗
广州	2019	城镇职工基本养老保险覆盖率、人口规模、全社会研发经费投入强度、货物运输量、城镇私营单位就业人员平均工资、图书馆数量、互联网宽带接入数、单位GDP能耗、外贸进出口额、实际利用外资
广州	2021	城镇职工基本养老保险覆盖率、网络理政受理案件数量、规模以上工业增加值增速、货物运输量、城乡居民可支配收入比、图书馆数量、普通高校数量、互联网宽带接入数、单位GDP能耗、外贸进出口额
深圳	2019	公共安全与社会保障和就业支出占比、人口规模、第三产业从业人员占比、专利授权数量、货物运输量、旅游总收入、人均文教消费比、互联网宽带接入数、城市建成区绿化覆盖率、实际利用外资
深圳	2021	公共安全与社会保障和就业支出财政占比、网络理政受理案件数量、规模以上工业增加值增速、全社会固定资产投资额增速、货物运输量、普通高校数量、旅游总收入、人均文教消费比、互联网宽带接入数、人均公园绿地面积
杭州	2019	公共服务占财政支出比重、人口规模、专利授权数量、货物运输量、图书馆数量、互联网宽带接入数、城市建成区绿化覆盖率、单位GDP能耗、外贸进出口额、实际利用外资
杭州	2021	网络理政受理案件数量、规模以上工业增加值增速、货物运输量、图书馆数量、旅游总收入、人均文教消费比、互联网宽带接入数、人均公园绿地面积、规模以上工业增加值增速、单位GDP能耗
武汉	2019	城镇职工基本养老保险覆盖率、人口规模、第三产业从业人员占比、专利授权数量、图书馆数量、互联网宽带接入数、城市建成区绿化覆盖率、单位GDP能耗、外贸进出口额、实际利用外资
武汉	2021	城镇职工基本养老保险覆盖率、网络理政受理案件数量、大数据交易平台数量、货物运输量、人均文教消费比、互联网宽带接入数、城市空气质量优良天数比例、单位GDP能耗、外贸进出口额、图书馆数量

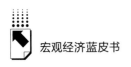
城市	年份	短板因素
长沙	2019	城镇职工基本养老保险覆盖率、人口规模、专利授权数量、货物运输量、图书馆数量、互联网宽带接入数、单位 GDP 能耗、外贸进出口额、实际利用外资、城市建成区绿化覆盖率
	2021	公共安全与社会保障和就业支出财政占比、城镇职工基本养老保险覆盖率、网络理政受理案件数量、规模以上工业增加值增速、专利授权数量、货物运输量、图书馆数量、互联网宽带接入数、外贸进出口额、旅游总收入
重庆	2019	城镇职工基本养老保险覆盖率、第三产业从业人员占比、平均受教育年限、全社会研发经费投入强度、专利授权数量、图书馆数量、城市建成区绿化覆盖率、单位 GDP 能耗、外贸进出口额、实际利用外资
	2021	城镇职工基本养老保险覆盖率、网络理政受理案件数量、第三产业从业人员占比、城乡居民可支配收入比、图书馆数量、旅游总收入、外贸进出口额、单位 GDP 能耗、人均公园绿地面积、人均文教消费比
成都	2019	第三产业从业人员占比、平均预期寿命、全社会研发经费投入强度、专利授权数量、货物运输量、图书馆数量、人均文教消费比、城市建成区绿化覆盖率、外贸进出口额、实际利用外资
	2021	公共安全与社会保障和就业支出财政占比、网络理政受理案件数量、规模以上工业增加值增速、大数据交易平台数量、货物运输量、图书馆数量、人均文教消费比、城市空气质量优良天数比例、外贸进出口额、单位 GDP 能耗

（五）障碍度视角下对熵权 TOPSIS 法动态评价结果的解释

根据表 7 可以基于障碍度视角，解释熵权 TOPSIS 法动态评价结果与现实感知不符这一核心问题。各城市内部影响较大、障碍度较大的指标不尽相同，客观地反映了各城市现代化发展进程中仍存在不同短板，但中国式现代化大都市建设，不仅仅强调发展实力，更加强调全面、均衡、可持续。短板所带来的木桶效应是排名结果背离现实感知的深层原因。

由障碍度计算公式①可知，影响障碍度大小的主要是权重与指标数据。

---

① $O_j = \dfrac{F \times I}{\sum\limits_{j=1}^{m}(F \times I)}$，式中 $F = W \times P$，W 为准则层权重，P 为指标层权重；$I = 1 -$ 指标数据标准化值；j 代表第 j 个指标，共有 m 个指标。

由于计算时各城市权重（F值）相同，因此障碍度大小仅受城市自身指标数据影响。在较强指标现实数据整体更接近理想值的情况下，薄弱方面越多、与理想值差值越大的指标反而会更进一步阻碍城市靠近理想排名，放大城市薄弱方面的障碍度。中国式现代化大都市发展的核心思路是构建以人为本的各领域全面协调可持续的发展体系，某一领域的不足会造成评价结果与现实感知的偏离，这一问题需各大城市予以高度重视。

五　基于评价的中国式现代化大都市建设政策启示

一是更加注重人的高质量集聚与人的现代化是未来中国式现代化大都市建设的重中之重与核心主题。中国式现代化是始终坚持以人民为中心的现代化，是人口规模巨大的现代化，是经济建设、政治建设、文化建设、社会建设、生态文明建设协同推进的现代化。在中国式现代化进程中，各大中小城市要始终坚持以人为本，不能以牺牲人民的利益为代价来谋取所谓的发展，要树立长远目光，从战略思维高度把握人本思维，满足人民群众对美好生活的需要，紧跟国家战略步伐实现"政通人和、百业俱兴"的现代化发展。

二是稳步推进型城市要充分汲取国内外优秀现代化城市案例经验。学习先进做法，弥补自身弱势；继续做大做强已有基础规模优势，推动自身比较优势向竞争优势转化，以高质量建设中国式现代化大都市为自身争创全国示范城市提供强大支撑。水平均衡型城市要进一步深挖自身比较优势，为形成竞争优势向更高阶段迈进奠定基础，同时也要发挥好均衡特性，以试点形式探索区域内小范围高水平现代化发展模式，为城市现代化发展提供更多经验。补足短板型城市要找到自身现代化发展的最大短板，明确短板因子，积极学习优秀城市的相关做法，解决好木桶效应问题。

三是推进现代化进程"两点论与重点论"的统一。无论是何种规模的城市，都必须用系统的矛盾观对待未来现代化发展之路。明确自身发展主要矛盾与矛盾的主要方面，同时要未雨绸缪、防患于未然，解决好短板带来的负面效应，以全面的姿态建成中国式现代化大都市。虽然促进经济社会高质量发展是现代化的主题，但仍要协同推进其他领域发展，不能"瘸着腿"走路，更不能通过透支未来实现现在的发展，我们的现代化是有别于西方的现代化，不能忽略生态、忽视人民、丢失文化。同时，在世界激荡潮流中积极探索与其他城市的友好交流、合作共赢，也是实现现代化必不可少的重要助力。

参考文献

[1] 曹萍：《坚持中国特色社会主义是中国式现代化的本质要求》，《人民论坛·学术前沿》2023 年第 4 期。

[2] 方雷、黄硕明、周昊：《中国共产党领导国家建设的历史变革、政治效能与基本经验》，《山东大学学报》（哲学社会科学版）2023 年第 3 期。

[3] 付文军：《中国式现代化的学理考辨》，《理论与改革》2023 年第 3 期。

[4] 洪银兴：《以人民为中心的中国式现代化》，《治理研究》2023 年第 2 期。

[5] 兰洋：《中国式现代化对依附—世界体系论的扬弃与超越》，《内蒙古社会科学》2023 年第 1 期。

[6] 李程骅：《"中国式现代化新道路"的生动实践与重要支撑——"中国情景"城市群发展战略提升》，《江南大学学报》（人文社会科学版）2021 年第 5 期。

[7] 刘伟兵：《关于中国式现代化的深层思考》，《理论探索》2023 年第 1 期。

[8] 罗卫东：《人的全面发展与中国式现代化——经济思想理论资源和浙江实践本土经验》，《治理研究》2023 年第 2 期。

[9] 王阳、谭永生、李璐等：《收入分配评价指标体系重构研究——基于体现效率、促进公平的视角》，《经济纵横》2019 第 3 期。

[10] 阎小培、翁计传：《现代化与城市现代化理论问题探讨》，《现代城市研究》2002 年第 1 期。

[11] 余雁、梁樑：《多指标决策 TOPSIS 方法的进一步探讨》，《系统工程》2003 年第 2 期。

[12] 袁蓓：《超越西方现代化何以可能：资本"空间修复"的双重限度与中国式现代化——基于〈共产党宣言〉空间化视角的分析》，《福建师范大学学报》（哲学社会科学版）2023 年第 2 期。

［13］张伦阳、王伟：《中国式现代化：中国共产党开辟实现中华民族伟大复兴的中国道路探索》，《西南民族大学学报》（人文社会科学版）2023第3期。

［14］张书琛、蒋耀建：《我国城市化与工业化关系的实证分析》，《广东商学院学报》2006年第5期。

［15］赵凌云、楚武干：《习近平关于共同富裕重要论述的重大创新和现实意义》，《江汉论坛》2022年第5期。

［16］石忆邵：《"大城市病"的症结、根源、诱发力及其破解障碍》，《南通大学学报》（社会科学版）2014年第3期。

Abstract

This report believes, under the impact of drastic changes in the internal and the external environment, the Chinese economy has entered a recovery track and continued to improve since 2023 and still facing various challenges. The short-term economic growth has declined, which further increases the risk appetite of market entities. In order to accelerate the formation of a favorable situation of expected upward spiral growth, short-term policies need to be guided in advance and continuously release favorable impacts, while also carrying out long-term institutional and mechanism reform and improvement work.

This report emphasizes, China also faces the challenge of modernization with a huge population. From the perspective of pressure and trial, China's high population growth period has passed, and the population size will remain stable or decline slightly for a long time. The aging of the population is an indisputable fact, which restricts the long-term economic growth and brings pressure. It is also a stress and test to realize Chinese-style modernization. In terms of achieving modernization with a huge population, China faces four major liabilities: total debt, structural debt, gender debt, human capital debt, etc.

This report states, Chinese-style modernization is different from traditional modernization. It is not only the modernization of huge population, common prosperity, low-carbon transformation and green development, but also the modernization of simultaneous development of spiritual civilization and material civilization. At the same time, Chinese-style modernization is a modernization that relies on the self-reliance of the Chinese people. Only in this way can we better promote the goals of shared development, green development, coordinated development and peaceful development. To discuss the Index of Chinese-style modernization can better promote Chinese path to modernization.

This report puts forward policy recommendations on the path to Chinese-style modernization through detailed data research as follows: (1) Promote the transformation of human capital into intellectual capital, hedge against the impact of negative population growth, efficiently utilize human resources, comprehensively develop the dividend of population quality, fully tap into the dividend of talent, knowledge and continuously improve the dividend of health, obtain the dividend from aging and develop the digital economy and accelerate the digital transformation. (2) Accelerate the formation of a favorable channel for the upward spiral of expectations and growth, and reverse the negative feedback mechanism of tightening and downward cycles. On the one hand, it should continue to implement proactive fiscal and prudent monetary policies, while stabilizing market expectations through policy sustainability, promoting market entities to shift from balance sheet repair to active investment willingness, and reversing the negative feedback signs of tightening and downward cycles; On the other hand, it should vigorously develop the private economy and continuously stimulate its development vitality. (3) Promote the integration and synergy of carbon and pollution reduction as well as green growth, transform green transformation constraints into incentives. At the same time, to achieve Chinese style modernization, it needs pay more attention to innovation driven and efficiency upgrading.

With rich statistical data and field surveys, this report is divided into three parts: the general report, the report on sustainable development of Chinese cities, and the subject of index designation of Chinese-style modernization. It analyzes and discusses China's macroeconomic operation, growth momentum, and short-term and long-term growth prospects in 2023. It evaluates sustainable development of Chinese cities for the first time, and puts forward policy recommendations.

The general report introduced China's macro and near economic operation in 2023, analyzed the challenges and opportunities of Demographic transition faced by the modernization with a large population, and made a long-term forecast and implementation path of Chinese-style modernization. Based on Chinese-style modernization, evaluated the sustainable development of Chinese cities, and puts

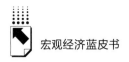

forward the path and measures for turning to Chinese-style modernization.

The second part is the report on sustainable development of Chinese cities. Based on the five characteristics of Chinese-style modernization and the evaluation data of sustainable development of cities in previous years, the report evaluates the sustainable economic development of 284 prefecture level and above cities in China.

The third part is the subject of index designation of Chinese-style modernization. As a supplement to the second part of China's sustainable development report, this part explores indicator system of metropolis of Chinese-style modernization. This report first defines and theoretically discusses the connotation of metropolis of Chinese-style modernization, and then constructs the evaluation of metropolis of Chinese-style modernization based on five aspects: high-quality and orderly population agglomeration, Economic efficiency and equity, cultural undertakings and industries, ecological environment development, international economic exchanges. It measures and evaluates according to the actual data of major cities. The result shows the most important and core theme of metropolis construction of Chinese-style modernization in the future is to pay more attention to the high-quality agglomeration of people and the modernization of people. The steadily advancing city should fully draw on the development experience of excellent modern city cases from both domestic and foreign sources.

Keywords: Index Designation of Chinese-style Modernization; Development of Chinese Cities; Intellectual Capital; Sustainable Development Evaluation

Contents

I General Report

B.1 Economic Resurgence and Path Choice of

Chinese-style Modernization

Research Group of China Economic Growth Frontier / 001

    1. Economic Resurgence since 2023 and should Strengthen

    Positive Expectations   / 003

    2. Modernization in a Huge Population: Challenges and

    Opportunities of Demographic Transition   / 018

    3. Prospect Prediction and Propulsion Direction of Chinese-style

    Modernization   / 023

    4. Evaluation of Sustainable Development of Cities

    based on Chinese-Style Modernization   / 029

    5. Path Choice of Chinese-style Modernization   / 063

Abstract: Under the impact of drastic changes in the internal and the external environment, the Chinese economy has entered a recovery track and continued to improve since 2023 and still facing various challenges. The short-term economic growth has declined, which further increases the risk appetite of market entities. In order to accelerate the formation of a favorable situation of expected upward spiral growth, short-term policies need to be guided in advance and

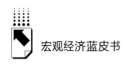

continuously release favorable impacts, while also carrying out long-term institutional and mechanism reform and improvement work. At the same time, China also faces the challenge of modernization with a huge population. From the perspective of pressure and trial, China's high population growth period has passed, and the population size will remain stable or decline slightly for a long time. The aging of the population is an indisputable fact, which restricts the long-term economic growth and brings pressure. It is also a stress and test to realize Chinese-style modernization. In terms of achieving modernization with a huge population, China faces four major liabilities: total debt, structural debt, gender debt, human capital debt, etc.

Chinese-style modernization is different from traditional modernization. It is not only the modernization of huge population, common prosperity, low-carbon transformation and green development, but also the modernization of simultaneous development of spiritual civilization and material civilization. At the same time, Chinese-style modernization is a modernization that relies on the self-reliance of the Chinese people. Only in this way can we better promote the goals of shared development, green development, coordinated development and peaceful development. To discuss the Index of Chinese-style modernization can better promote Chinese path to modernization. Based on the five characteristics of Chinese-style modernization, this paper constructs the evaluation index system of sustainable development of cities at and above the prefecture level, which based on the essence and basic characteristics of economic development quality and referred to the five major international indicator systems and the high-quality development indicators of provincial economy.

Finally, the research proposes policy recommendations as follows: (1) Promote the transformation of human capital into intellectual capital, hedge against the impact of negative population growth, efficiently utilize human resources, comprehensively develop the dividend of population quality, fully tap into the dividend of talent, knowledge and continuously improve the dividend of health, obtain the dividend from aging. At the same time, develop the digital economy and accelerate the Digital transformation. (2) Accelerate the formation of a favorable channel for the upward spiral of expectations and growth, and reverse the negative feedback mechanism of tightening and downward cycles. On the one hand, it should continue to implement proactive fiscal and prudent monetary policies, while stabilizing market expectations through policy sustainability, promoting market entities to shift from balance sheet repair to active investment willingness, and reversing the negative feedback signs of tightening and downward cycles; On the other hand, it should vigorously develop the private economy and continuously stimulate its development vitality. (3) Promote the integration and synergy of carbon and pollution reduction as well as green growth, transform green transformation constraints into incentives. At the same time, To achieve Chinese-style modernization, it needs pay more attention to innovation driven and efficiency upgrading.

Keywords: Path of Chinese-style Modernization; Development of Chinese Cities; Intellectual Capital; Sustainable Development Evaluation

Ⅱ Subject of Sustainable Development

B.2   Report on Sustainable Development of Chinese Cities
from 1990 to 2022

Zhang Ziran, Zhang Ping / 068

Abstract: Based on the five characteristics of Chinese-style modernization and the evaluation data of sustainable development of cities in previous years, the report optimizes the evaluation system of economic sustainable development of cities at and above the prefecture level. Appendix 1 include five parts: economic growth, growth potential, government efficiency, people's living and environmental quality. Through 61 specific indicators such as economic structure, economic stability, output consumption, growth sustainability, public service efficiency, social security, income level, health security, quality of life, ecological environment, industrial and domestic emissions, and air monitoring, it

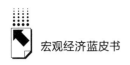

analyzes the sustainable development status of 284 prefecture-level city by using the principal component analysis method, and obtains the ranking, growth index and growth index of sustainable development of 284 prefecture-level cities in China from 1990 to 2022. It also divided 284 prefecture-level cities into five levels according to the three stages since 2010, 2000, 1990 and eight years from 2015 to 2022, according to the 3 : 3 : 2 : 1 : 1 weight ratio of 284 prefecture-level cities' sustainable economic development. In addition, it also analyzes the weights of specific indicators of economic sustainable development and describes a sustainable development chart that reflects the appendix 1 of economic growth, growth potential, government efficiency, people's living and environmental quality in major cities in 2022.

Keywords: Quality of Economic Development; Sustainable Development Evaluation; Cities at and above the Prefecture Level

III   Subject of Index Designation of Chinese-style Modernization

B.3   Evaluation Report on Metropolis
of Chinese-style Modernization Progress in 2023

Zhang Xiaoxi / 332

Abstract: this part explores indicator system of metropolis of Chinese-style modernization. This report first defines and theoretically discusses the connotation of metropolis of Chinese-style modernization, and then constructs the evaluation of metropolis of Chinese-style modernization based on five aspects: high-quality and orderly population agglomeration, Economic efficiency and equity, cultural undertakings and industries, ecological environment development, international economic exchanges. It measures and evaluates according to the actual data of major cities. The result shows the most important and core theme of metropolis construction of Chinese-style modernization in the future is to pay more attention to the high-quality agglomeration of people and the modernization of people. The steadily advancing city should fully draw on the development experience of excellent modern city cases from both domestic and foreign sources.

Keywords: Chinese-style Modernization; Metropolis; Human Modernization

皮 书

智库成果出版与传播平台

❖ 皮书定义 ❖

皮书是对中国与世界发展状况和热点问题进行年度监测，以专业的角度、专家的视野和实证研究方法，针对某一领域或区域现状与发展态势展开分析和预测，具备前沿性、原创性、实证性、连续性、时效性等特点的公开出版物，由一系列权威研究报告组成。

❖ 皮书作者 ❖

皮书系列报告作者以国内外一流研究机构、知名高校等重点智库的研究人员为主，多为相关领域一流专家学者，他们的观点代表了当下学界对中国与世界的现实和未来最高水平的解读与分析。截至 2022 年底，皮书研创机构逾千家，报告作者累计超过 10 万人。

❖ 皮书荣誉 ❖

皮书作为中国社会科学院基础理论研究与应用对策研究融合发展的代表性成果，不仅是哲学社会科学工作者服务中国特色社会主义现代化建设的重要成果，更是助力中国特色新型智库建设、构建中国特色哲学社会科学"三大体系"的重要平台。皮书系列先后被列入"十二五""十三五""十四五"时期国家重点出版物出版专项规划项目；2013~2023 年，重点皮书列入中国社会科学院国家哲学社会科学创新工程项目。

权威报告·连续出版·独家资源

皮书数据库
ANNUAL REPORT(YEARBOOK)
DATABASE

分析解读当下中国发展变迁的高端智库平台

所获荣誉

- 2020年，入选全国新闻出版深度融合发展创新案例
- 2019年，入选国家新闻出版署数字出版精品遴选推荐计划
- 2016年，入选"十三五"国家重点电子出版物出版规划骨干工程
- 2013年，荣获"中国出版政府奖·网络出版物奖"提名奖
- 连续多年荣获中国数字出版博览会"数字出版·优秀品牌"奖

皮书数据库   "社科数托邦"
微信公众号

成为用户

登录网址www.pishu.com.cn访问皮书数据库网站或下载皮书数据库APP，通过手机号码验证或邮箱验证即可成为皮书数据库用户。

用户福利

- 已注册用户购书后可免费获赠100元皮书数据库充值卡。刮开充值卡涂层获取充值密码，登录并进入"会员中心"—"在线充值"—"充值卡充值"，充值成功即可购买和查看数据库内容。
- 用户福利最终解释权归社会科学文献出版社所有。

数据库服务热线：400-008-6695
数据库服务QQ：2475522410
数据库服务邮箱：database@ssap.cn
图书销售热线：010-59367070/7028
图书服务QQ：1265056568
图书服务邮箱：duzhe@ssap.cn

社会科学文献出版社 皮书系列
SOCIAL SCIENCES ACADEMIC PRESS (CHINA)

卡号：895876654416
密码：

中国社会发展数据库（下设 12 个专题子库）

　　紧扣人口、政治、外交、法律、教育、医疗卫生、资源环境等 12 个社会发展领域的前沿和热点，全面整合专业著作、智库报告、学术资讯、调研数据等类型资源，帮助用户追踪中国社会发展动态、研究社会发展战略与政策、了解社会热点问题、分析社会发展趋势。

中国经济发展数据库（下设 12 专题子库）

　　内容涵盖宏观经济、产业经济、工业经济、农业经济、财政金融、房地产经济、城市经济、商业贸易等 12 个重点经济领域，为把握经济运行态势、洞察经济发展规律、研判经济发展趋势、进行经济调控决策提供参考和依据。

中国行业发展数据库（下设 17 个专题子库）

　　以中国国民经济行业分类为依据，覆盖金融业、旅游业、交通运输业、能源矿产业、制造业等 100 多个行业，跟踪分析国民经济相关行业市场运行状况和政策导向，汇集行业发展前沿资讯，为投资、从业及各种经济决策提供理论支撑和实践指导。

中国区域发展数据库（下设 4 个专题子库）

　　对中国特定区域内的经济、社会、文化等领域现状与发展情况进行深度分析和预测，涉及省级行政区、城市群、城市、农村等不同维度，研究层级至县及县以下行政区，为学者研究地方经济社会宏观态势、经验模式、发展案例提供支撑，为地方政府决策提供参考。

中国文化传媒数据库（下设 18 个专题子库）

　　内容覆盖文化产业、新闻传播、电影娱乐、文学艺术、群众文化、图书情报等 18 个重点研究领域，聚焦文化传媒领域发展前沿、热点话题、行业实践，服务用户的教学科研、文化投资、企业规划等需要。

世界经济与国际关系数据库（下设 6 个专题子库）

　　整合世界经济、国际政治、世界文化与科技、全球性问题、国际组织与国际法、区域研究 6 大领域研究成果，对世界经济形势、国际形势进行连续性深度分析，对年度热点问题进行专题解读，为研判全球发展趋势提供事实和数据支持。

法律声明

"皮书系列"（含蓝皮书、绿皮书、黄皮书）之品牌由社会科学文献出版社最早使用并持续至今，现已被中国图书行业所熟知。"皮书系列"的相关商标已在国家商标管理部门商标局注册，包括但不限于 LOGO（ ）、皮书、Pishu、经济蓝皮书、社会蓝皮书等。"皮书系列"图书的注册商标专用权及封面设计、版式设计的著作权均为社会科学文献出版社所有。未经社会科学文献出版社书面授权许可，任何使用与"皮书系列"图书注册商标、封面设计、版式设计相同或者近似的文字、图形或其组合的行为均系侵权行为。

经作者授权，本书的专有出版权及信息网络传播权等为社会科学文献出版社享有。未经社会科学文献出版社书面授权许可，任何就本书内容的复制、发行或以数字形式进行网络传播的行为均系侵权行为。

社会科学文献出版社将通过法律途径追究上述侵权行为的法律责任，维护自身合法权益。

欢迎社会各界人士对侵犯社会科学文献出版社上述权利的侵权行为进行举报。电话：010-59367121，电子邮箱：fawubu@ssap.cn。

社会科学文献出版社